Les faux-semblants
du Front national

Domaine Fait politique

Les Inaudibles
Sociologie politique des précaires
Céline Braconnier et Nonna Mayer (dir.)
Collection Académique (2015)

La Citoyenneté européenne
Un espace quasi étatique
Teresa Pullano
Collection Académique (2014)

La Vie privée des convictions
Politique, affectivité, intimité
Sous la direction d'Anne Muxel
Collection Académique (2012)

Le Vote normal
Les élection présidentielle et législatives d'avril-mai-juin 2012
Sous la direction de Pascal Perrineau
Collection Académique (2012)

Le Discours présidentiel sous la Ve République
Chirac, Mitterrand, Giscard, Pompidou, de Gaulle
Damon Mayaffre
Collection Références (2012)

Nicolas Sarkozy, mesure et démesure du discours
2007-2012
Damon Mayaffre
Collection Références (2012)

Le Vote des Français de Mitterrand à Sarkozy
1988 – 1995 – 2002 – 2007
Richard Nadeau, Éric Bélanger, Michael S. Lewis-Beck, Bruno Cautrès, Martial Foucault
Collection Académique (2011)

Les faux-semblants du Front national

Sociologie d'un parti politique

Sous la direction de
Sylvain Crépon
Alexandre Dézé
Nonna Mayer

Catalogage Électre-Bibliographie (avec le concours de la Bibliothèque de Sciences Po)

Les faux-semblants du Front national : sociologie d'un parti politique / sous la direction de Sylvain Crépon, Alexandre Dézé, Nonna Mayer. – Paris : Presses de Sciences Po, 2015.

ISBN papier 978-2-7246-1810-5
ISBN pdf web 978-2-7246-1811-2
ISBN epub 978-2-7246-1812-9
ISBN xml 978-2-7246-1813-6

RAMEAU :
– Front national (France ; 1972-...) : 1990-...
– Le Pen, Marine (1968-...)
– Sociologie politique : France

DEWEY :
– 324.218 3 : Partis nationalistes

La loi de 1957 sur la propriété individuelle interdit expressément la photocopie à usage collectif sans autorisation des ayants droit (seule la photocopie à usage privé du copiste est autorisée).
Nous rappelons donc que toute reproduction, partielle ou totale, du présent ouvrage est interdite sans autorisation de l'éditeur ou du Centre français d'exploitation du droit de copie (CFC, 3, rue Hautefeuille, 75006 Paris).

© Presses de la Fondation nationale des sciences politiques, 2015.

SOMMAIRE

ONT CONTRIBUÉ À CET OUVRAGE   11

Introduction / **REDÉCOUVRIR LE FRONT NATIONAL**   13
    Sylvain Crépon, Alexandre Dézé, Nonna Mayer

I – LA RECONSTRUCTION DU PARTI   25

Chapitre 1 / **LA «DÉDIABOLISATION»**
                UNE NOUVELLE STRATÉGIE ?   27
                Alexandre Dézé
                De quoi la «dédiabolisation» est-elle le nom ?   27
                Une stratégie ordinaire du répertoire frontiste   30
                La dédiabolisation mariniste :
                une nouveauté illusoire   34
                Conclusion : la «dédiabolisation» a-t-elle une fin ?   45

Chapitre 2 / **LES RÉSEAUX DU FRONT NATIONAL**   51
                Abel Mestre, Caroline Monnot
                Les réseaux internes   54
                La diplomatie mariniste   64
                Conclusion : une cheffe, un parti, mais deux lignes   75

Chapitre 3 / **LE FRONT NATIONAL ET LES SYNDICATS**
                UNE STRATÉGIE D'ENTRISME ?   77
                Dominique Andolfatto, Thierry Choffat
                L'expérience des syndicats frontistes
                des années 1990   78
                Des parcours plus individuels   81
                Une nouvelle stratégie syndicale
                pour la direction du «nouveau» FN ?   87
                Un cercle secret de syndicalistes frontistes ?   92
                Conclusion : une stratégie ambiguë   94

| LES FAUX-SEMBLANTS DU FRONT NATIONAL

Chapitre 4 / **LE FRONT NATIONAL ET LA NOUVELLE DROITE** 97
Jean-Yves Camus
La Nouvelle droite : quelques questions
de méthode 97
Les années 1970 : la séparation du GRECE
et du Club de l'Horloge 101
1986-1999 : un FN sous influence néodroitière ? 105
Les rapports entre FN et Nouvelle droite
après la scission mégretiste de 1998-1999 112
Conclusion : des voies divergentes 117

Chapitre 5 / **LE FRONT NATIONAL ET LA GALAXIE
DES EXTRÊMES DROITES RADICALES** 121
Nicolas Lebourg
Le compromis nationaliste sous Jean-Marie Le Pen 123
La prise en main du parti par Marine Le Pen 127
Le « nouveau » FN et l'extrême droite radicale 131
Conclusion : « Marcher ensemble,
frapper séparément » 137

Chapitre 6 / **LES USAGES FRONTISTES DU WEB** 141
Julien Boyadjian
Internet comme outil de mobilisation :
la nouvelle « force du nombre » 143
Internet comme vecteur et comme vitrine
de l'entreprise de normalisation 152
Internet comme chambre d'écho
du double discours frontiste 156
Conclusion : investir le net
comme objet d'étude du FN 159

II – L'ÉBAUCHE D'UNE RÉNOVATION
PROGRAMMATIQUE ET DISCURSIVE 161

Chapitre 7 / **DU NÉOLIBÉRALISME AU SOCIAL-POPULISME ?
LA TRANSFORMATION DU PROGRAMME
ÉCONOMIQUE DU FRONT NATIONAL (1986-2012)** 163
Gilles Ivaldi
Des enjeux économiques plus saillants 166
Continuités et ruptures dans la doctrine
économique frontiste 169

	Populisme économique, antiglobalisation	176
	Conclusion : une nouvelle formule gagnante ?	179

Chapitre 8 / **LA POLITIQUE DES MŒURS
AU FRONT NATIONAL** 185
Sylvain Crépon
L'éternel masculin de l'extrême droite 188
La nouvelle politique des mœurs du FN 193
Conclusion : le nationalisme sexuel du FN 204

Chapitre 9 / **LE FRONT NATIONAL
ET LES SERVICES PUBLICS
UN RENOUVEAU PROGRAMMATIQUE ?** 207
Delphine Espagno, Stéphane François
L'extrême droite, le Front national
et les services publics 209
Les usages marinistes de la notion
de service public :
une stratégie de normalisation juridique ? 214
Conclusion : une inflexion en trompe-l'œil ? 222

Chapitre 10 / **LE FRONT NATIONAL
ET L'UNION EUROPÉENNE
LA RADICALISATION COMME CONTINUITÉ** 225
Emmanuelle Reungoat
Construire une opposition doctrinale à l'Europe 228
Comprendre la mobilisation de l'Europe
dans les discours des acteurs FN 236
Conclusion : l'UE comme ressource politique 244

Chapitre 11 / **MOTS, MYTHES, MÉDIAS
MUTATIONS ET INVARIANTS
DU DISCOURS FRONTISTE** 247
Cécile Alduy
Mythologies 250
Sémiologie des figures 257
Les mots 260
L'auteur comme signe 262
Conclusion : « Plus ça change... », rénovations
stylistiques et permanences idéologiques 267

| LES FAUX-SEMBLANTS DU FRONT NATIONAL

Chapitre 12 / **LA FORMATION AU FRONT NATIONAL
(1972-2015)
SON HISTOIRE, SES ENJEUX ET TECHNIQUES** 269
Valérie Igounet
Les premières formations FN 270
L'apogée de la formation militante 278
Campus Bleu Marine : de nouvelles perspectives ? 293
Conclusion : la formation,
une priorité constante du FN 295

III – LA RECONQUÊTE ÉLECTORALE ET MILITANTE 297

Chapitre 13 / **LE PLAFOND DE VERRE ÉLECTORAL
ENTAMÉ, MAIS PAS BRISÉ** 299
Nonna Mayer
La barrière gauche-droite 302
Un ancrage avant tout populaire 307
Une percée chez les femmes 314
Conclusion : vers la fin du *radical right
gender gap*? 320

Chapitre 14 / **LES OUVRIERS ET LE VOTE FRONT NATIONAL
LES LOGIQUES D'UN RÉALIGNEMENT ÉLECTORAL** 323
Florent Gougou
Comprendre les votes ouvriers pour le FN :
les enjeux du débat 325
Données et variables : un usage raisonné
des enquêtes électorales nationales 330
Résultats : la poursuite d'un réalignement électoral 335
Conclusion : un dilemme stratégique 342

Chapitre 15 / **LES RESSORTS PRIVÉS DU VOTE FRONT NATIONAL
UNE APPROCHE LONGITUDINALE** 345
Christèle Marchand-Lagier
Une large gamme de rapports au FN 348
La préférence FN, une monnaie d'échange
dans la sphère domestique 356
Conclusion : votes FN et trajectoires biographiques 367

Sommaire

**Chapitre 16 / LE VOTE FRONT NATIONAL
DANS LES ÉLECTORATS MUSULMAN ET JUIF** 375
Jérôme Fourquet
Le vote FN dans l'électorat juif :
un verrou qui a partiellement sauté 379
L'électorat musulman demeure très réfractaire
au vote frontiste 384
Présence arabo-musulmane et vote FN 390
Conclusion : le poids des fondamentaux 392

**Chapitre 17 / LE CHANGEMENT DANS LA CONTINUITÉ
GÉOGRAPHIES ÉLECTORALES
DU FRONT NATIONAL DEPUIS 1992** 395
Joël Gombin
La hausse du niveau électoral 396
Les points cardinaux du vote FN 403
Front des villes et Front des champs 411
Conclusion : un discours frontiste qui s'adapte
aux évolutions électorales 414

**Chapitre 18 / VOTER FRONT NATIONAL EN MILIEU RURAL
UNE PERSPECTIVE ETHNOGRAPHIQUE** 417
Sylvain Barone, Emmanuel Négrier
Une enquête sur le vote FN à « Carignan » 420
Le vote Le Pen en profils 423
Les six leçons de l'enquête 426
Quelle est la spécificité rurale du vote FN ? 428
Conclusion : pour une analyse
en trois dimensions 434

**Chapitre 19 / LE RENOUVELLEMENT DU MILITANTISME
FRONTISTE** 435
Sylvain Crépon, Nicolas Lebourg
Le FN, combien de divisions ? 436
La structuration du corps militant 441
Ce que disent les congrès
des lignes idéologiques internes 447
Conclusion : le FN dans ses contradictions 450

IV – LA POLARISATION DU CHAMP POLITIQUE ET MÉDIATIQUE 453

Chapitre 20 / **LA CONSTRUCTION MÉDIATIQUE DE LA «NOUVEAUTÉ» FN** 455
Alexandre Dézé
La «nouveauté» FN : une construction sondagière 458
Le traitement médiatique du FN en question 485
Conclusion : un mirage politique 501

Chapitre 21 / **LA GAUCHE ET LA DROITE FACE AU FRONT NATIONAL** 505
Gaël Brustier, Fabien Escalona
La gauche face au FN 506
La droite face au FN 517
Conclusion : face au FN, changer pour que rien ne change 526

Conclusion / **QUELLES PERSPECTIVES POUR LE FRONT NATIONAL ?** 529
Sylvain Crépon, Alexandre Dézé, Nonna Mayer
Le FN n'est (toujours) pas le «premier parti de France» 530
Le FN n'est pas (encore) «aux portes du pouvoir» 531
Forces et faiblesses d'une organisation partisane comme les autres 536

REPÈRES CHRONOLOGIQUES 545

BIBLIOGRAPHIE 559

INDEX 591

TABLE DES DOCUMENTS 601

Ont contribué à cet ouvrage

- Cécile ALDUY, Associate Professor en littérature et civilisation française à Stanford University.
- Dominique ANDOLFATTO, professeur de science politique à l'Université de Bourgogne, chercheur au CREDESPO.
- Sylvain BARONE, chercheur en science politique à l'IRSTEA (UMR GEAU).
- Julien BOYADJIAN, docteur en science politique, ATER à l'Université de Montpellier et chercheur associé au CEPEL.
- Gaël BRUSTIER, chercheur en science politique au CEVIPOL.
- Jean-Yves CAMUS, chercheur à l'IRIS, directeur de l'ORAP.
- Thierry CHOFFAT, maître de conférences en science politique à l'Université de Lorraine, chercheur à l'IRENEE.
- Sylvain CRÉPON, maître de conférences en science politique à l'Université François-Rabelais de Tours, chercheur au LERAP.
- Alexandre DÉZÉ, maître de conférences en science politique à l'Université de Montpellier, chercheur au CEPEL.
- Fabien ESCALONA, doctorant en science politique, ATER à l'IEP de Grenoble, collaborateur scientifique au CEVIPOL (ULB).
- Delphine ESPAGNO, maîtresse de conférences en droit public, chercheuse au LaSSP.
- Jérôme FOURQUET, directeur du Département opinion et stratégies d'entreprise de l'IFOP.
- Stéphane FRANÇOIS, docteur en science politique, chercheur associé au GSRL.
- Joël GOMBIN, doctorant en science politique au CURAPP-ESS, Université de Picardie-Jules Verne/CNRS.
- Florent GOUGOU, chargé de recherches F.R.S-FNRS, Université libre de Bruxelles, CEVIPOL, chercheur associé au CEE, Sciences Po.
- Valérie IGOUNET, historienne, chercheuse rattachée à l'Institut d'histoire du temps présent (CNRS).

LES FAUX-SEMBLANTS DU FRONT NATIONAL

- Gilles IVALDI, chargé de recherche CNRS à l'URMIS, Université de Nice Sophia-Antipolis.
- Christèle MARCHAND-LAGIER, maîtresse de conférences en science politique à l'Université d'Avignon, chercheuse au LBNC, associée au CHERPA-IEP d'Aix en Provence.
- Nicolas LEBOURG, docteur en histoire, chercheur associé au CEPEL.
- Nonna MAYER, directrice de recherche CNRS émérite au CEE, Sciences Po.
- Abel MESTRE, journaliste au *Monde*.
- Caroline MONNOT, journaliste au *Monde*.
- Emmanuel NÉGRIER, directeur de recherche CNRS au CEPEL.
- Emmanuelle REUNGOAT, maîtresse de conférences en science politique à l'Université de Montpellier, chercheuse au CEPEL.

Introduction / REDÉCOUVRIR LE FRONT NATIONAL

Sylvain Crépon, Alexandre Dézé, Nonna Mayer

« Exsangue financièrement », obtenant de « piètres scores » aux élections, miné par une « guerre » interne et des « sécessions » : c'est dans ces termes, aujourd'hui impensables, que le Front national était encore décrit dans les médias à la fin des années 2000[1]. Nombre de commentateurs n'hésitaient pas alors à pronostiquer l'extinction de l'organisation frontiste, comme d'autres s'y étaient déjà aventurés après la scission mégrétiste de l'hiver 1998-1999. Mais la politique se joue des prédictions. Et depuis que Marine Le Pen a été élue à sa présidence en janvier 2011, le Front national connaît une dynamique politique inédite dans son histoire. Jamais il n'a engrangé de tels scores électoraux, disputant même la première place aux autres formations politiques lors des européennes de 2014 (24,9 % des suffrages exprimés) et des départementales de 2015 (25,2 %)[2]. Jamais il n'a compté autant de militants – 51 551 adhérents à jour de cotisation en juillet 2015[3]. Jamais il n'a bénéficié d'une telle implantation et d'une telle représentation, avec 11 mairies, 1 546 conseillers municipaux, 118 conseillers régionaux, 61 conseillers départementaux,

---

[1]. Voir lemonde.fr, *19 novembre 2007, 14 novembre 2008, 11 février 2009 et 24 février 2009.*

[2]. *Sur l'évolution électorale récente du Front national, voir le chapitre 13 de cet ouvrage.*

[3]. *Loin des 83 087 militants revendiqués par les dirigeants frontistes à la fin du mois d'octobre 2014 – un chiffre présenté sans vérification ni retenue comme un « record historique » par un certain nombre de médias (« Un record historique pour le parti, qui aurait doublé ses troupes depuis janvier 2012 »,* lefigaro.fr, *31 octobre 2014 ; « Le Front national compte 83 000 adhérents, le plus haut niveau depuis sa fondation »,* huffingtonpost.fr, *30 octobre 2014). Il n'empêche, le FN compte actuellement 10 000 adhérents de plus qu'en 1998, qui représentait jusqu'alors son pic historique (42 000).*

LES FAUX-SEMBLANTS DU FRONT NATIONAL

23 eurodéputés, 2 députés, 2 sénateurs. Cela ne suffit certes pas à faire du Front national le « premier parti de France » ni à le placer « aux portes du pouvoir[4] », comme l'affirment ses dirigeants. Mais il est clair que le FN a rarement occupé une telle position dans la compétition politique française.

La résurgence du phénomène frontiste a suscité un vif intérêt éditorial. À la fin des années 2000, alors que le parti semble sur la voie du déclin, rares sont les ouvrages qui lui sont consacrés : deux seulement entre 2008 et 2010. Il faut attendre l'élection de Marine Le Pen à la présidence de l'organisation frontiste en janvier 2011 pour enregistrer un regain d'attention. De 2011 à 2012, pas moins de 27 ouvrages vont être publiés[5]. Et depuis lors, la production n'a cessé de s'intensifier : 21 ouvrages pour la seule année 2014, sans oublier les chapitres de livres collectifs, les articles de revue, les rapports d'experts et les mémoires inédits. Cette littérature a notamment permis de redécouvrir l'histoire du Front national[6], mais aussi celle, plus longue, de l'extrême droite française[7]. Elle compte également plusieurs biographies actualisées de ses dirigeants[8], des essais journalistiques, sociologiques et

---

4. Sur cet aspect, voir la conclusion de cet ouvrage.

5. Sans doute en raison du calendrier électoral de 2012 mais aussi, cette même année, des quarante ans d'existence du parti, créé en 1972.

6. Joseph Beauregard et Nicolas Lebourg, Dans l'ombre des Le Pen. Une histoire des numéros 2 du FN, Paris, Nouveau Monde Éditions, 2012 ; Joseph Beauregard et Nicolas Lebourg, François Duprat, l'homme qui inventa le Front national, Paris, Denoël, 2012 ; Dominique Albertini et David Doucet, Histoire du Front national, Paris, Éditions Tallandier, 2013 ; Valérie Igounet, Le Front national de 1972 à nos jours. Le parti, les hommes, les idées, Paris, Seuil, 2014 ; Joseph Beauregard, Nicolas Lebourg et Jonathan Preda, Aux racines du FN. L'histoire du mouvement Ordre nouveau, Paris, Fondation Jean-Jaurès, 2014 ; Jean-Paul Gautier, De Le Pen à Le Pen : continuités et ruptures, Paris, Syllepse, 2015.

7. Novak Zvonimir, Tricolores. Une histoire visuelle de l'extrême droite, Montreuil, L'Échappée, 2011 ; Pierre-Louis Basse et Caroline Kalmy, La Tentation du pire. L'extrême droite en France de 1880 à nos jours, Paris, Hugo Image, 2013.

8. Jean-Marc Simon, Marine Le Pen, au nom du père, Paris, Jacob-Duvernet, 2011 ; Caroline Fourest et Fiammettta Venner, Marine Le Pen, Paris, Grasset, 2011 ; Philippe Cohen et Pierre Péan, Le Pen, une histoire française, Paris, Robert Laffont, 2012 ; Patrice Machuret, Dans la peau de Marine Le Pen, Paris, Seuil, 2012.

Introduction |

politiques[9], ou encore des témoignages de militants[10]. Un certain nombre de contributions ont quant à elles cherché à déconstruire la supposée « nouveauté » du Front national, en repérant les variants et les invariants (organisationnels, programmatiques, discursifs, stratégiques) entre le FN « mariniste » et le FN « lepéniste »[11]. Il manque cependant à cette littérature une synthèse analytique explorant les différentes dimensions constitutives du phénomène frontiste d'aujourd'hui – une synthèse telle que pouvait l'offrir dans les années 1980 et 1990 *Le Front national à découvert*[12].

Dans la lignée de ce « classique » de la littérature, le présent ouvrage entend prendre au sérieux le FN en tant qu'organisation partisane pour questionner, avec les outils ordinaires de la recherche, le changement partisan en cours. À ce jour, les responsables frontistes n'ont toujours

---

9. Abel Mestre et Caroline Monnot, Le Système Le Pen. Enquête sur les réseaux du Front National, Paris, Denoël, 2011 ; Mehdi Ouraoui, Marine Le Pen, notre faute : essai sur le délitement républicain, Paris, Michalon, 2014 ; Romain Rosso, La Face cachée de Marine le Pen, Paris, Flammarion, 2011 ; Claire Checcaglini, Bienvenue au Front ! Journal d'une infiltrée, Paris, Jacob-Duvernet, 2012 ; Michel Wieviorka, Le Front national, entre extrémisme, populisme et démocratie, Paris, Éditions de la Maison des sciences de l'homme, 2013 ; Luc Boltanski et Arnaud Esquerre, Vers l'extrême. Extension des domaines de la droite, Paris, Éditions Dehors, 2014 ; Pierre-André Taguieff, Du diable en politique. Réflexions sur l'antilepénisme ordinaire, Paris, CNRS Éditions, 2014.
10. Nadia Portheault et Thierry Portheault, Revenus du Front. Deux anciens militants FN racontent, Paris, Grasset, 2014.
11. Laszlo Liszkai, Marine Le Pen. Un nouveau Front national ?, Paris, Favre, 2011 ; Sylvain Crépon, Enquête au cœur du nouveau Front national, Nouveau Monde Éditions, 2012 ; Alexandre Dezé, Le Front national à la conquête du pouvoir ?, Paris, Armand Colin, 2012 ; Pascal Delwit (dir.), Le Front national. Mutations de l'extrême droite française, Bruxelles, Éditions de l'Université de Bruxelles, 2012 ; Magali Balent, Le Monde selon Marine. La politique internationale du Front national, entre rupture et continuité, Paris, Armand Colin, IRIS Éditions, 2012 ; Pascal Perrineau, La France au Front : essai sur l'avenir du Front national, Paris, Fayard, 2014 ; Nicola Genga, Il Front national da Jean-Marie a Marine Le Pen. La destra nazional-populista in Francia, Soveria Mannelli, Rubbettino Editore, 2014 ; Charlotte Rotman, 20 ans et au Front. Les nouveaux visages du FN, Paris, Robert Laffont, 2014 ; Cécile Alduy et Stéphane Wahnich, Marine Le Pen prise aux mots. Décryptage du nouveau discours frontiste, Paris, Seuil, 2015 ; Alexandre Dézé, Le « Nouveau » Front national en question, Paris, Fondation-Jean-Jaurès, 2015 ; Jean-Paul Gautier, De Le Pen à Le Pen..., op. cit.
12. Nonna Mayer et Pascal Perrineau (dir.), Le Front national à découvert, Paris, Presses de Sciences Po, 1996 [1989].

pas entamé d'aggiornamento, entendu comme processus de « transformation affectant l'ensemble des pratiques et le corpus doctrinal de l'institution [partisane] [13] ». Le FN n'a changé ni de nom ni de symbole ni d'orientations programmatiques, autant d'opérations qui autoriseraient à parler de « nouveau » parti [14]. De fait, il faut se résoudre à aborder l'évolution actuelle du FN comme un processus partisan routinier où s'entremêlent nécessairement mutations et continuités, et l'examiner *en soi* et *pour soi*. On considèrera donc le changement partisan non pas comme un phénomène exceptionnel ou ponctuel [15], mais comme une évolution relevant du développement normal de n'importe quelle organisation partisane [16]. Loin de constituer une réalité figée, un parti est le produit de constants ajustements endogènes (liés à la lutte pour la définition de ses orientations légitimes et, partant, pour le contrôle de ses ressources) et exogènes (tenant à l'habilité des collectifs à anticiper les évolutions du jeu politique et à s'y adapter). Il convient dès lors de dépasser les analyses qui tendent à projeter deux visions opposées du FN, entre, d'un côté, ceux qui considèrent que le FN n'a pas changé et reste un parti d'extrême droite et, de l'autre, ceux qui estiment qu'il s'est « dédiabolisé » et est devenu un parti « comme les autres ». La perspective adoptée dans ces pages procède donc d'un effort de normalisation méthodologique

---

13. Bernard Pudal, Prendre parti. Pour une sociologie historique du PCF, *Paris, Presses de Sciences Po, 1989, p. 282.*
14. *Pour prendre la mesure des opérations qu'implique une véritable refondation partisane, de leur complexité et de l'incertitude qui les entoure, voir, entre autres : Michel Offerlé, « Transformation d'une entreprise politique : de l'UDR au RPR (1973-1977) »,* Pouvoirs, 28, 1984, p. 5-26 ; Jean-Yves Dormagen, I communisti. Dal PCI alla nascita di Rifondazione comunista. Una semiologica politica, Rome, Edizioni Koinè, 1996 ; Marco Tarchi, Dal MSI ad AN : organizzazione e strategie, Bologne, Il Mulino, 1997 ; Florence Haegel, Les Droites en fusion. Transformations de l'UMP, Paris, Presses de Sciences Po, 2012.
15. *Comme l'aborde l'essentiel de la littérature sur le changement organisationnel des partis politiques. Pour une synthèse précieuse, voir Benoît Rihoux,* Les Partis politiques : organisations en changement, Paris, L'Harmattan, 2001.
16. *Pour une mise en discussion stimulante des approches du changement organisationnel, voir Thierry Barboni,* Les Changements d'une organisation. Le Parti socialiste, entre configuration partisane et cartellisation (1971-2007), *Thèse de science politique, Université Paris-1, 2008, p. 17 et suiv.*

de l'objet, effort qui fait encore défaut à de trop nombreux travaux pour lesquels l'illégitimité politique du FN semble justifier une sorte d'exceptionnalisme dans son traitement[17]. Cet ouvrage mobilise pour ce faire les théories et concepts classiques de la recherche en sciences sociales, qu'il s'agisse de la sociologie des organisations partisanes, de la sociologie du militantisme, de la sociologie des comportements électoraux, de la géographie électorale, de l'ethnographie, de l'histoire des idées, de la sémiotique ou encore de l'analyse lexicale. Alors que le FN suscite de quotidiennes spéculations médiatiques et politiques sur son évolution, il paraît plus que jamais nécessaire de «refroidir» l'objet et d'aborder les changements en cours comme un processus *en train de se faire* à l'issue nécessairement incertaine[18].

Pour saisir cette «réalité en mouvement», il convient tout d'abord de repartir de l'organisation frontiste en tant que telle et, en premier lieu, de l'entreprise de reconstruction dont elle fait l'objet depuis 2011 – le FN ayant connu pendant les années 2000 une importante crise électorale, militante et financière. La première partie de cet ouvrage se donne ainsi pour objet d'étudier les modalités de relance du parti, tant du point du point de vue de sa stratégie, de ses réseaux d'influence que des outils de mobilisation mis en œuvre. Dans le chapitre 1, Alexandre Dézé revient sur la «dédiabolisation» du Front national. Opérant un travail de déconstruction sémantique, il replace l'inscription de cette notion dans le répertoire stratégique ordinaire du parti (les opérations déployées par Marine Le Pen depuis 2011 n'ont de fait pas grand-chose d'inédit) et s'interroge sur la dynamique partisane frontiste au regard du jeu dialectique entre «normalisation» («dédiabolisation») et «radicalisation» («diabolisation»). Dans le chapitre 2, Abel Mestre et Caroline Monnot dressent une cartographie

---

17. *Ce qu'illustre assez bien la persistance, dans nombre d'ouvrages, de propos normatifs visant à condamner le FN ou à définir les moyens efficaces de la lutte contre ce parti, ou encore le recours à des méthodes d'investigation hétérodoxes comme l'infiltration. Pour une illustration, voir Caroline Fourest et Fiammetta Venner,* op. cit.; *Claire Checcaglini,* op. cit.

18. *Pour une approche similaire centrée sur le cas de la droite française, voir Florence Haegel,* Les Droites en fusion..., op. cit.

inédite des réseaux marinistes. Après avoir mis au jour l'économie des ressources internes et externes que la nouvelle présidente du Front national a cherché à se constituer dans sa stratégie de conquête du parti – et qu'elle tente, depuis, de consolider –, ils en dévoilent les nombreuses lignes de fracture qui tendent à être occultées par le travail d'homogénéisation assuré par la direction du parti. Dans le chapitre 3, Dominique Andolfatto et Thierry Choffat s'intéressent aux tentatives du Front national pour élargir son audience dans le secteur professionnel. Revenant sur l'ancienneté de cette stratégie de déploiement satellitaire et sur le lancement passé de syndicats frontistes, ils montrent comment le FN mariniste cherche à former des réseaux susceptibles d'accueillir des militants issus des organisations syndicales. Dans le chapitre 4, Jean-Yves Camus interroge les relations complexes entre le Front national et la Nouvelle droite en évoquant l'histoire de ce courant culturel à visée métapolitique, puis en prenant la mesure de l'influence qu'il a pu exercer et qu'il continue d'exercer sur l'organisation frontiste. Dans le chapitre 5, Nicolas Lebourg déplace la focale pour dénouer les connexions entre le Front national et l'extrême droite radicale, montrant que le FN a toujours représenté un enjeu stratégique pour les groupuscules de l'extrême droite, que ce soit pour influencer sa ligne ou pour le concurrencer, mais que ces groupuscules ont également été un point d'appui tant en termes d'idées que de ressources militantes pour le parti frontiste, l'ascension de Marine Le Pen ne faisant que redéployer cette logique. Enfin, dans le chapitre 6, Julien Boyadjian ausculte les usages frontistes d'internet. Ainsi, le web ne permet pas seulement au FN de mettre en scène sa capacité de mobilisation et d'en jouer comme une ressource dans la compétition politique, il constitue aussi un instrument à part entière de son entreprise de normalisation, tout en lui offrant un espace de diffusion de ses positions les plus radicales.

Partir de l'organisation nécessite ensuite de se tourner vers le programme et le discours du FN afin d'y repérer d'éventuels ajustements ou renouvellements. C'est l'objet de la deuxième partie de cet ouvrage. Il ne s'agit pas d'explorer toutes les dimensions programmatiques ou discursives du parti (il faudrait, pour cela, un autre livre), mais plutôt de privilégier une logique cumulative de production des connaissances trop rarement à l'œuvre dans les travaux sur le Front national. Nous avons donc choisi de nous intéresser aux points les moins étudiés et les plus sensibles du programme et du discours frontistes, et notamment à ceux qui tendent à être présentés comme autant d'innovations ou de ruptures par rapport aux positions frontistes traditionnelles. Ainsi, dans le chapitre 7, Gilles Ivaldi se penche sur la dimension sociale et économique de l'offre frontiste en retraçant son évolution sur le long terme pour mieux rendre compte de l'entre-deux programmatique dans lequel se trouve actuellement le FN, pris entre ambition modernisatrice et héritage protestataire, entre repositionnement en faveur de l'État-providence et inertie de son patrimoine droitier. Sylvain Crépon explore ensuite dans le chapitre 8 la façon dont le FN envisage la question des mœurs. L'introduction dans le discours mariniste de références libérales (féminisme, homosexualité) a pu laisser penser à une modification des positions ordinaires du FN sur ce sujet. Or si une évolution discursive est bien repérable, elle n'en reste pas moins solidement ancrée dans l'orthodoxie frontiste pour servir, *in fine*, le discours exclusionnaire du parti. Dans le chapitre 9, Delphine Espagno et Stéphane François analysent la manière dont le FN appréhende la problématique des « services publics ». Ils rappellent notamment que si l'importance accordée à cette question s'est accrue dans les versions les plus récentes du programme du FN, les propositions défendues par le parti n'en demeurent pas moins conformes à ses orientations idéologiques traditionnelles dans la mesure où elles restent soumises au principe de préférence nationale. Dans le chapitre 10, Emmanuelle Reungoat examine les positions du FN à l'égard de l'Union européenne – une dimension programmatique étrangement peu étudiée à ce jour. Soulignant, notamment, la grande continuité des positions du FN, l'auteure revient sur les raisons pour lesquelles le discours frontiste s'est plutôt durci depuis que Marine Le Pen a pris le leadership du parti. Dans le chapitre 11, Cécile Alduy propose une analyse immanente et comparée du discours de Marine et Jean-Marie Le Pen. Mobilisant les outils de la sémiologie et de l'analyse lexicale, elle dévoile les structures fondamentales (théorie du complot, récit victimaire, martyrologie, âge d'or) et les figures (tautologies, jeux de mots, glissements de sens) qui relient le discours de la fille et du père et constituent un système stable de «sémantisation» des réalités sociales, économiques et culturelles. Enfin, dans le chapitre 12, Valérie Igounet s'intéresse au dispositif de formation du parti frontiste. Si les Campus Bleu Marine ont pu être présentés comme une innovation mariniste, l'auteure rappelle que les responsables du FN ont toujours accordé une attention particulière à la mise en place de structures permettant d'assurer la production et la reproduction, parmi ses militants, des orientations idéologiques du parti, mais aussi leur professionnalisation.

On ne saurait prendre la mesure de l'évolution que connaît actuellement le FN sans s'interroger sur la façon dont elle se traduit en pratique chez les électeurs et les militants frontistes. C'est pourquoi, après avoir étudié l'organisation et l'offre du FN, cet ouvrage s'intéresse dans une troisième partie à ses soutiens. La sociologie et la géographie de l'électorat ont-elles changé? Le socle militant s'est-il renouvelé? Peut-on, en somme, parler d'une nouvelle «population» frontiste, contemporaine du renouvellement du leadership? Pour répondre à ces questions, Nonna Mayer propose tout d'abord de revenir, dans le chapitre 13, sur l'évolution électorale du FN, et plus particulièrement sur les résultats de Marine Le Pen à l'élection présidentielle de 2012. Elle insiste sur les «résistances» d'une partie de l'électorat frontiste aux sirènes de la «dédiabolisation» (même si certains signes de fléchissement se font jour chez les femmes, jusqu'alors plus rétives au vote FN) et note que si le «plafond de verre» évoqué par Marine Le Pen a été entamé, il n'est toujours pas brisé. Florent Gougou entreprend dans le chapitre 14 de déconstruire les fausses évidences qui entourent le vote des ouvriers pour le Front national : à partir des résultats des grandes enquêtes postélectorales nationales, il replace l'évolution de ce vote sur le long terme, souligne son caractère particulièrement hétérogène et rappelle qu'il est avant tout le fait d'électeurs ouvriers se situant à droite ou se déclarant ni à gauche ni à droite. Dans le chapitre 15, Christèle Marchand-Lagier s'intéresse au vote des femmes en faveur du FN à partir d'un dispositif d'enquête qualitatif. Là encore, l'auteure renverse certaines prénotions en montrant que le vote frontiste féminin résulte, comme tout vote, de transactions et d'arbitrages, de considérations d'ordre privé tout autant, sinon plus, que de motivations idéologiques et politiques. Dans le chapitre 16, Jérôme Fourquet tente d'évaluer l'importance du vote frontiste au sein des populations de confession juive et musulmane, une analyse d'autant plus complexe qu'il n'existe pas, en France, de statistiques ethniques et religieuses. Pour pallier cette absence, Jérôme Fourquet a recours à une méthodologie originale dont il tire des estimations intéressantes. Si dans l'électorat juif, le vote FN semble avoir augmenté lors de la présidentielle de 2012 par rapport aux précédents scrutins, dans l'électorat musulman, en revanche, il est resté stable et se maintient à des niveaux marginaux – des résultats pour lesquels l'auteur livre une grille d'analyse plurifactorielle. Le chapitre 17 s'emploie à resituer le vote FN dans son cadre territorial de développement. À partir d'une stimulante approche fondée, entre autres, sur des cartes en anamorphose, Joël Gombin y rappelle les continuités et les évolutions de long terme de la géographie électorale frontiste tout en insistant sur l'absence de changements réels depuis le renouvellement du leadership FN – à l'exception, bien sûr, de la hausse importante du niveau moyen de suffrages recueillis par le parti. Pour compléter cette approche, Sylvain Barone et Emmanuel Négrier ont fait le choix de s'intéresser, dans le chapitre 18, à la signification du vote FN à partir d'une échelle d'observation particulière : le milieu rural. Dans cette perspective, ils ont combiné les trois grandes traditions d'analyse du comportement électoral (sociologique, écologique et stratégique) en les confrontant aux résultats d'une enquête ethnographique longitudinale réalisée dans deux communes du sud de la France entre 2007 et 2012. Il ressort de leur analyse qu'il est illusoire de vouloir dresser un profil-type de l'électeur FN tant la diversité des profils et des motivations de vote l'emportent. Dans le chapitre 19, enfin, Sylvain Crépon et Nicolas Lebourg complètent ce tour d'horizon des soutiens frontistes en revenant sur les évolutions du militantisme au Front national. Ils montrent que les deux entreprises de normalisation qu'a connues le parti – la première avec Bruno Mégret, la seconde avec Marine Le Pen – ne sont pas sans conséquences sur sa structuration sociologique, la compétition interne pour l'obtention de rétributions, ou encore la conflictualité idéologique, mise en scène ou étouffée selon les cas, dans le cadre des congrès visant à renouveler les instances dirigeantes.

Enfin, pour comprendre ce qui se joue actuellement dans l'évolution du FN, il faut réinterroger sa capacité à polariser le champ politique et médiatique français. Pourquoi ce parti focalise-t-il autant l'attention ? Comment expliquer la place qui lui est accordée dans les médias ? Quelle est la part des instituts de sondages, mais aussi des entreprises de presse, de radio et de télévision, dans la construction de la « nouveauté » supposée du FN ? Autant de questions auxquelles Alexandre Dézé tente de répondre dans le chapitre 20 qui ouvre la quatrième et dernière partie de ce livre. Dans le chapitre 21, et de manière complémentaire, Gaël Brustier et Fabien Escalona reviennent sur les rapports que les forces politiques françaises entretiennent avec l'organisation frontiste, et sur la façon dont ces rapports interagissent dans la définition de leurs orientations stratégiques, discursives et militantes.

En définitive, cet ouvrage ambitionne de dresser un état des lieux de la réalité frontiste, alors que le FN se trouve à mi-chemin du renouvellement du leadership de 2011 et de l'élection présidentielle de 2017, et qu'il semble engagé dans une nouvelle phase de développement politique. L'une des questions que soulève l'évolution actuelle du FN n'est pas tant de savoir si l'organisation frontiste est devenue ou est en train de devenir un « nouveau » parti, mais plutôt de déterminer si elle est en mesure d'opérer une conversion « systémique », autrement dit se délester de ce qui, jusqu'à présent, en a fait un parti « antisystème »[19]. L'évolution en cours met en effet en jeu l'économie d'un parti qui, tout en s'opposant au système et à ses fondements axiologiques et

---

19. *Sur cette notion, voir Giovanni Sartori*, Parties and Party Systems. A Framework for Analysis, *Cambridge, Cambridge University Press, 1976, p. 133 ; Giovanni Sartori, « Guidelines for Concept Analysis », dans Giovanni Sartori (ed.),* Social Science Concepts. A Systematic Analysis, *Beverly Hills (Calif.), Sage, 1984, p. 15-88. Pour une discussion critique et une tentative de redéfinition du concept, voir Giovanni Capoccia, « Anti-System Parties. A Conceptual Reassessment »,* Journal of Theoretical Politics, *14 (1), 2002, p. 9-35. Pour une application de cette notion au FN, voir Alexandre Dézé,* Le Front national : à la conquête du pouvoir ?, *op. cit.*

politiques, n'a eu de cesse de s'y intégrer. Un tel processus ne peut aller de soi. Changer un parti est une opération complexe, incertaine et chronophage. En l'occurrence, la transformation partisane du FN impliquerait un renoncement à ce qui fait sa singularité : à savoir sa radicalité. La dédiabolisation, dès lors, comporte nécessairement des limites. Tenter de dessiner les perspectives à venir de l'organisation frontiste sans verser dans le discours prophétique : tel est l'objectif, entre autres, de la conclusion de cet ouvrage[20].

---

20. *Ouvrage dont il convient de rappeler qu'il procède à l'origine de deux rencontres scientifiques organisées en 2013 sur le Front national : « 1972-2012. Retour sur quarante ans de Front national », 20 et 21 juin 2013, Sophiapol, Université Paris-Ouest Nanterre-La Défense (organisation : Sylvain Crépon et Alexandre Dézé) et « Le "nouveau" Front national en question », section thématique 27, 12ᵉ congrès de l'AFSP, 9-13 juillet 2013, Sciences Po Paris (organisation : Alexandre Dézé et Nonna Mayer). Les organisateurs tiennent à remercier l'ensemble des participant(e)s et notamment celles et ceux qui, pour des raisons de disponibilité ou des contrainte liées au format de cet ouvrage, n'ont pu y apporter leur contribution.*

I – LA RECONSTRUCTION DU PARTI

Chapitre 1 / LA « DÉDIABOLISATION »
UNE NOUVELLE STRATÉGIE ?

Alexandre Dézé

À force d'être repris sans discernement par les médias, le néologisme « dédiabolisation », pourtant d'origine frontiste, a fini par devenir un mot usuel du vocabulaire. Aujourd'hui, il sert aussi bien à désigner la stratégie de Marine Le Pen qu'à expliquer l'évolution récente du Front national. Dans tous les cas, la dédiabolisation est considérée comme un phénomène nouveau. Il importe pourtant de déconstruire les fausses évidences qui entourent désormais cette notion : en revenant sur son étymologie et sur les significations attenantes à son usage ; en montrant que la dédiabolisation n'a rien d'inédit et qu'elle s'inscrit dans le répertoire stratégique ordinaire du FN ; en rappelant que si le parti est certes tenu par des impératifs de respectabilisation, il l'est tout autant par une contrainte d'affirmation identitaire, ce qui le conduit, toujours et encore, à se radicaliser, à se « diaboliser ».

Mots clés : dédiabolisation – discours – FN – Front national – idéologie – sociologie des organisations partisanes – stratégie

De quoi la « dédiabolisation » est-elle le nom ?

En 2015, le néologisme « dédiabolisation » a fait son entrée dans le dictionnaire *Larousse*, comme s'il s'agissait d'un mot usuel du vocabulaire qui désignerait un phénomène nouveau. Il est manifeste que l'utilisation du terme s'est considérablement routinisée au cours de ces dernières années, notamment depuis que Marine Le Pen en a fait l'étendard lexical de sa stratégie de conquête du pouvoir. Depuis lors, les médias en ont usé et abusé pour traiter du Front national, contribuant à sa normalisation sémantique. La dédiabolisation n'est pas seulement devenue un moyen ordinaire de désigner le processus apparemment inéluctable dans lequel serait engagé le FN depuis le renouvellement

du leadership frontiste, en janvier 2011. Elle fonctionne également désormais comme une sorte de concept magique qui serait susceptible d'expliquer l'évolution récente du parti[1].
Il s'agit là, pourtant, d'évidences mal fondées. Que le terme soit désormais d'usage courant ne saurait faire oublier son étymologie. C'est à partir d'un autre néologisme – celui de «diabolisation[2]» – que le mot a été forgé à la fin des années 1980 par les responsables du Front national. La dédiabolisation désigne alors une «contre-offensive théorique[3]» qui vise à inverser la charge du discours disqualifiant («diabolisant») dont le FN serait l'objet. Pour les responsables frontistes, la «diabolisation» repose en effet sur des ressorts exclusivement exogènes. En somme, l'illégitimité politique du parti ne saurait s'expliquer autrement que par le discours d'illégitimation de ses adversaires[4]. Comme l'affirme encore Jean-Marie Le Pen en juillet 2014, «la diabolisation ne dépend pas de nous. Elle dépend de nos ennemis[5]». Une conception que partage Marine Le Pen: «par une diabolisation assez bien construite, il faut bien dire, on nous a coupé de la classe politique, de la classe de la société civile, d'un certain nombre de populations, des fonctionnaires, des patrons, on

---

1. Voir par exemple: «*Une stratégie de dédiabolisation payante, une image qui s'améliore*» (letelegramme.fr, *12 février 2014*); «*Européennes 2014: en bonne position dans les sondages, le FN récolte les fruits de sa stratégie*» (rtl.fr, *7 mai 2014*); «*Succès aux élections municipales, européennes et sénatoriales, ralliement d'anciens UMP: le FN a engrangé les succès en 2014. Le résultat d'une stratégie de dédiabolisation réussie*» (ledauphine.com, *28 décembre 2014*); «*Marine Le Pen en tête au premier tour en 2017: la stratégie du FN porte ses fruits*» (bfmtv.com, *30 janvier 2015*). *Sur le traitement médiatique de la «dédiabolisation», voir également le chapitre 20 de cet ouvrage.*
2. Voir Pierre-André Taguieff, «Diabolisation», dans Pierre-André Taguieff (dir.), Dictionnaire historique et critique du racisme, Paris, PUF, 2013, p. 456-459.
3. Voir Le Monde, *2 septembre 1989*.
4. *Pour Yvan Blot, ancien membre du RPR et cofondateur du Club de l'Horloge, la «diabolisation» n'aurait pas seulement été orchestrée à des fins «éthiques» mais également «stratégiques». Selon cet ancien membre du GRECE, qui adhère au FN à partir de 1989, c'est notamment François Mitterrand qui aurait cherché à diaboliser le FN pour le faire exister et, partant, affaiblir la droite. Voir Yvan Blot*, Mitterrand, Le Pen, le piège. Histoire d'une rencontre secrète, *Paris, Éditions du Rocher, 2007.*
5. Cité dans Rivarol, *3148, 3 juillet 2014.*

nous a coupé de beaucoup de gens[6].» La diabolisation procède ainsi d'une rhétorique victimaire et complotiste parfaitement conforme à la pensée extrême droitière[7] : elle fonctionne en retour comme principe justificateur du discours oppositionnel du FN (contre le «Système», la «bande des quatre», l'«UMPS», la «Caste», l'«hyperclasse», le «lobby médiatique», etc.). La dédiabolisation est donc bien plus qu'un mot. Elle est également le produit d'une vision du monde qui s'ancre au plus profond de l'orthodoxie frontiste. En faire usage n'est donc pas neutre et revient non seulement à donner crédit au discours frontiste sur la diabolisation, mais également à faire oublier que le FN est aussi l'agent de sa propre diabolisation (voir *infra*). De même, à rebours des usages désormais ordinaires qui en sont faits par les médias, on ne saurait considérer la dédiabolisation comme un concept opératoire qui permettrait de saisir la réalité frontiste. Tout d'abord parce qu'il s'agit, on l'a rappelé, d'un terme indigène. Ensuite parce que l'évolution du FN s'explique par bien d'autres facteurs que la seule dédiabolisation (ce qui supposerait, au préalable, de s'entendre sur ce qu'elle désigne précisément). Enfin parce que la dédiabolisation, ou du moins ce à quoi elle renvoie, n'est en rien un phénomène nouveau. Pour le comprendre, il faut renoncer à faire usage de cette notion et appréhender le Front national avec les outils classiques de la sociologie des organisations partisanes. Cette normalisation méthodologique de l'objet présente l'intérêt de ramener le couple diabolisation-dédiabolisation à des questions relatives à l'économie de fonctionnement du Front national comme parti politique. Elle permet ainsi de montrer que les notions de dédiabolisation et de diabolisation relèvent du répertoire stratégique ordinaire du FN, que la dédiabolisation mariniste n'a pas grand-chose

---

6. *Entretien de Marine Le Pen au Grand Jury RTL-Le Monde-LCI, 26 janvier 2003.*

7. *Sur ce point, voir Ariane Chebel d'Appollonia,* L'Extrême-droite en France. De Maurras à Le Pen, *Bruxelles, Complexe, 1988, p. 64 et suiv. Pour une analyse de la place et des usages du complot dans la rhétorique frontiste, voir Pierre-André Taguieff, «La rhétorique du national-populisme»,* Mots, *9, 1984, p. 113-139; Cécile Alduy et Stéphane Wahnich,* Marine Le Pen prise aux mots, *Paris, Seuil, 2015, p. 144 et suiv.*

d'inédit, et que la diabolisation constitue autant un impératif stratégique pour l'organisation frontiste qu'une limite potentielle à sa dédiabolisation.

Une stratégie ordinaire du répertoire frontiste

Dénaturaliser les évidences liées aux usages de la notion de dédiabolisation implique d'en passer par une normalisation de son approche. La sociologie des partis politiques offre de ce point de vue de précieux instruments d'objectivation pour saisir ce que recouvre la notion de dédiabolisation au sein de la réalité partisane frontiste. Il convient tout d'abord de rappeler que le Front national est, comme tout parti, une « entreprise politique[8] », autrement dit un groupement engagé dans la lutte concurrentielle pour l'obtention du pouvoir politique – un constat qui vaut aussi bien pour le FN mariniste que le FN lepéniste[9]. Mais le Front national n'est pas qu'une entreprise politique. Il est aussi une « organisation » qui, en tant que telle, se structure autour de relations entre des agents ainsi disposés qu'ils luttent pour imposer leur propre définition du parti (de ses orientations programmatiques, de sa stratégie) et, indissociablement, pour contrôler ses ressources

---

8. *Sur les fondements de l'approche entrepreneuriale des partis, voir Michel Offerlé*, Les Partis politiques, *Paris, PUF, 1987.*

9. *Dans les médias s'est installée l'idée selon laquelle Marine Le Pen souhaiterait « vraiment », « à la différence de son père », gouverner : « Contrairement à son père, Marine Le Pen veut le pouvoir »,* liberation.fr, *25 avril 2012 ; « À la différence de son père, Marine Le Pen veut accéder au pouvoir »,* latribune.fr, *23 avril 2012. Or, un tel point de vue constitue en soi un véritable défi à la sociologie des entrepreneurs politiques, « intéressés au premier chef par la vie politique et désireux de participer au pouvoir », comme le rappelait déjà Max Weber dans ses conférences de 1917 et 1919 (*Le Savant et le Politique, *Paris, Plon, 1959, p. 149). Peut-on imaginer sérieusement que Jean-Marie Le Pen ait dédié l'essentiel de sa vie à la politique sans vouloir prendre le pouvoir ? Lorsqu'on lui demande s'il a « réellement voulu le pouvoir », l'intéressé répond : « C'est une légende : "Le Pen ne voulait pas le pouvoir". Ça part de quoi ça ? Jamais le Front national n'a eu plus de 18 % à une élection présidentielle. Or, on ne prend pas le pouvoir avec 18 % des voix. On commence à l'espérer à partir de 25 %. Par conséquent, il est bien évident que le FN, comme tous les mouvements politiques, a eu pour vocation naturelle de prendre le pouvoir, de mettre en pratique ses idées », cité dans* lejdd.fr, *5 octobre 2012.*

matérielles et symboliques (postes de direction, emplois administratifs, notoriété...). Le dernier conflit en date entre Marine et Jean-Marie Le Pen n'est que l'une des multiples illustrations de ces luttes internes qui sont le quotidien de toute organisation partisane [10]. Enfin, comme tout parti, le Front national constitue une «institution de sens», autrement dit un producteur d'idéologie «historiquement habilité à dresser le modèle de la société légitime, à désigner les principes essentiels à partir desquels les actions particulières prennent leur pleine justification [11]». L'idéologie est constitutive de la marque politique des organisations partisanes et fonctionne comme un principe distinctif sur le marché politique. Dans le cas du FN, sa place et son rôle s'avèrent déterminants. Ses principes fondamentaux sont exposés à travers un vaste corpus d'ouvrages, de discours et d'argumentaires. Ils sont définis, au sein du FN, comme un «système d'explication du monde et [une] doctrine pour l'action [12]». Le parti dispose par ailleurs d'un important dispositif interne de formation, qui a pour vocation d'apprendre à ses membres à se «battre avec [leurs] idées, pour [leurs] idées [13]». Des experts, d'abord réunis au sein du «Conseil scientifique» du FN puis du think tank Idées Nation, ont pour mission d'apporter leur contribution à l'édifice doctrinal du parti. Enfin, les cadres et les militants se déclarent étroitement attachés aux fondements idéologiques du parti – même s'il serait illusoire de croire qu'ils n'agissent que pour la cause. En somme, le FN peut être considéré comme un parti à forte «intensité idéologique [14]».

---

10. Voir Alexandre Dézé, «Entre Marine et Jean-Marie Le Pen : un conflit ordinaire», lemonde.fr, 9 avril 2015.
11. Michel Hastings, «Partis politiques et administration du sens», dans Dominique Andolfatto, Fabienne Greffet et Laurent Olivier (dir.), Les Partis politiques : quelles perspectives ?, Paris, L'Harmattan, 2001, p. 22-23.
12. Front national, Pour un avenir français. Le programme de gouvernement du Front national, Paris, Godefroy de Bouillon, 2001, p. 181 ; la pagination fait ici référence à la version électronique du programme : http://www.frontnational.com/pdf/programme.pdf (consultation : novembre 2006).
13. Front national, 1972-1992. Le Front national a vingt ans, Paris, APFN, 1992, p. 19.
14. Jean Charlot, Les Partis politiques, Paris, Armand Colin, 1971, p. 42-43. Sur l'idéologie du FN comme «idéologie totale», voir Bernard Pudal,

Si l'on fait la synthèse de ces trois propriétés, il devient dès lors possible de considérer le Front national comme une «entreprise doctrinale[15]», autrement dit comme une organisation ayant pour vocation de conquérir le pouvoir et de défendre ses idéaux. Rien de plus classique, finalement, puisque tout parti poursuit ces deux types d'objectifs, même si les dirigeants peuvent choisir de privilégier une logique plutôt électorale afin d'augmenter les profits politiques de l'organisation, ou, à l'inverse, décider de mettre l'accent sur une logique plutôt doctrinale, ce qui limite en général les perspectives d'accroissement du capital partisan. C'est autour de cette ligne de clivage stratégique que s'organisent le plus souvent les luttes internes entre tendances ou échelons d'un parti[16]. Le Front national ne fait pas exception : toute son histoire peut être relue à l'aune d'une succession d'affrontements ayant porté sur la définition légitime de ses orientations stratégiques[17]. Ce n'est pas tant le principe de la conquête du pouvoir qui se trouve à l'origine de ces luttes que la manière d'y parvenir. Deux options n'ont à ce titre jamais cessé d'être mises en concurrence : la normalisation (ou dédiabolisation) et la radicalisation (ou diabolisation). La première consiste à considérer que la conquête du pouvoir passe nécessairement par une série d'ajustements aux normes de la compétition politique : pour réunir l'électorat le plus large possible, le FN doit renoncer à son «atypicité politique[18]» et, partant, afficher une façade politique

---

«Les identités "totales" : quelques remarques à propos du Front national», dans CURAPP, L'Identité politique, *Paris, PUF, 1994, p. 197-205.*

15. *Voir Alexandre Dézé, «Le Front national comme "entreprise doctrinale"», dans Florence Haegel (dir.),* Partis politiques et système partisan en France, *Paris, Presses de Sciences Po, 2007, p. 255-284. Sur l'approche en termes d'«entreprise culturelle», voir Frédéric Sawicki, «Les partis comme entreprises culturelles», dans Daniel Céfai (dir.),* Les Cultures politiques, *Paris, PUF, p. 191-212.*

16. *Sur le caractère routinier de ces luttes, voir Pierre Bourdieu, «La représentation politique. Éléments pour une théorie du champ politique»,* Actes de la recherche en sciences sociales, *36-37, 1981, p. 13.*

17. *Voir Guy Birenbaum,* Le Front national en politique, *Paris, Balland, 1992 ; Alexandre Dézé,* Le Front national : à la conquête du pouvoir ?, *Paris, Armand Colin, 2012.*

18. *Maurice Olive, «"Le Pen, le peuple". Autopsie d'un discours partisan»,* Mots, *43, 1995, p. 128-134.*

respectable, promouvoir un discours modéré, ou encore laisser la possibilité ouverte à des compromis programmatiques en vue d'éventuelles alliances. La seconde option, à l'inverse, repose sur l'hypothèse d'une évolution exogène du marché politique (affaiblissement des forces partisanes de droite, normalisation des idées défendues par le FN) permettant, à terme, que le parti puisse conquérir le pouvoir sans jamais avoir pris ses distances avec l'essentiel de ce qui fonde son orthodoxie doctrinale. Dans les deux cas, la dédiabolisation comme la diabolisation relèvent bien, *in fine*, du répertoire stratégique ordinaire du Front national. De ce fait, la dédiabolisation ne saurait être considérée comme une innovation mariniste[19]. Pour s'en convaincre, il suffit de rappeler que la création de l'organisation frontiste en 1972 procède de l'adoption même de cette stratégie – même si le terme n'existe pas encore. Le FN fut en effet fondé par les responsables du mouvement nationaliste-révolutionnaire Ordre nouveau dans le but de se constituer une façade politique légaliste et de participer aux élections législatives de 1973[20]. Les opérations nécessaires à cette création partisane ont forgé un répertoire qui sera largement réutilisé par la suite (modération programmatique, euphémisation discursive, changement de logotype, exploitation du capital de légitimité de personnes-ressources, etc.)[21]. Plus largement, le développement électoral du parti s'est toujours doublé d'un travail de normalisation de l'entreprise frontiste destiné à attirer de nouveaux soutiens. C'est ce travail que Marine Le Pen a décidé de relancer à la suite de son élection en 2011, en cherchant à « transformer le Front national » pour en faire

---

19. *Ce que laisse encore entendre le contenu de l'entrée « dédiabolisation » de l'encyclopédie en ligne* Wikipédia, *parfaitement illustratif des croyances dominantes actuellement en vigueur : « La dédiabolisation du Front national est un processus récent de l'histoire du Front national [...]. Ce processus est conduit par Marine Le Pen qui préside le Front national depuis 2011. »*

20. Voir Joseph Beauregard, Nicolas Lebourg et Jonathan Pedra, Aux racines du FN. L'histoire du mouvement Ordre nouveau, *Paris, Fondation Jean-Jaurès, 2014.*

21. *Voir Myriam Aït-Aoudia et Alexandre Dézé, « Contribution à une approche sociologique de la genèse partisane. Une analyse du Front national, du Movimento sociale italiano et du Front islamique de salut »,* Revue française de science politique, *61 (4), 2011, p. 631-657.*

un «parti renouvelé, ouvert, efficace», un «instrument puissant [...] de conquête du pouvoir[22]». Ce faisant, la présidente frontiste n'a fait que renouer avec la ligne stratégique adoptée une trentaine d'années plus tôt, au moment où le parti se lance ouvertement à la «conquête du pouvoir» – pour reprendre le mot d'ordre du congrès du FN qui se tient à Nice en 1990. Bien plus, force est de constater qu'elle a repris à son compte la plupart des actions qui avaient été engagées à l'époque.

La dédiabolisation mariniste : une nouveauté illusoire

Marine Le Pen a tout d'abord tenté d'imposer un nouveau registre de discours euphémisé, en utilisant les notions de «priorité nationale[23]», de laïcité ou de République. Or, ce travail d'ajustement sémantique est tout sauf nouveau. Il remonte au milieu des années 1980, lorsque

---

22. *Marine Le Pen, discours de clôture du congrès du Front national, Tours, 16 janvier 2011. Rappelons que ce positionnement est défendu par Marine Le Pen depuis qu'elle a intégré l'appareil partisan frontiste au début des années 2000. Dès 2002, elle prend la présidence de l'association «Générations Le Pen», structure qui fédère les jeunes cadres du parti avec laquelle elle entend officiellement respectabiliser l'image de Jean-Marie Le Pen et «contribuer à donner une culture de gouvernement au FN» (cité par Le Monde, 16 octobre 2002). Le choix d'une telle orientation s'explique sans doute par un différentiel générationnel, mais aussi peut-être plus finement par la force du stigmate (scolaire, social, professionnel) qui s'est exercé sur elle tout au long de sa trajectoire, et qu'elle confie ouvertement vouloir renverser. À partir du milieu des années 2000, Marine Le Pen va ainsi s'employer à renouveler le lexique frontiste (en commençant à importer les notions de laïcité ou de République), à moderniser certaines des positions du Front national (sur l'interruption volontaire de grossesse, le divorce ou l'homosexualité), à «intellectualiser» la pensée frontiste (avec le ralliement ponctuel d'Alain Soral, inspirateur du discours de «Valmy» lançant la campagne présidentielle lepéniste de 2007) ou à rajeunir l'image du parti (en faisant poser, sur une affiche de la campagne de 2007, une jeune fille métisse, ventre apparent, pantalon taille basse – une affiche jugée par Marine Le Pen en «parfaite cohérence avec le message du FN depuis trente ans», cité par Le Figaro, 13 décembre 2006). C'est enfin cette même optique qu'elle défend dans la lutte pour l'obtention de la présidence du FN face à Bruno Gollnisch. De fait, la dédiabolisation a aussi constitué une ressource interne dans sa stratégie de conquête du parti.*

23. *Pour Marine Le Pen, la «préférence nationale a été dévoyée par ceux qui font croire qu'il s'agit d'une préférence raciale, ethnique ou religieuse» (cité par*

Jean-Yves Le Gallou et Bruno Mégret, récents transfuges du PR et du RPR, suggèrent d'adopter le concept de «préférence nationale» pour contourner la législation antiraciste et rendre plus acceptables les propositions xénophobes de l'organisation frontiste[24]. Quant au discours mariniste sur la laïcité et la République, il peut certes donner l'illusion d'un alignement sur les normes et les valeurs du système institutionnel français – et donc d'une rupture avec le FN lepéniste. En réalité, il sert surtout de ressort légitimant aux positions islamophobes du parti. Ainsi, lorsque Marine Le Pen évoque la laïcité, c'est en général pour mieux justifier les mesures discriminatoires qu'elle propose de prendre à l'égard des populations musulmanes[25].

Dans une veine similaire, Marine Le Pen a cherché à mettre en avant des thématiques qui ont été présentées et généralement perçues comme étant nouvelles au Front national. Il en va ainsi du «social», qui occuperait désormais une place centrale dans l'offre programmatique frontiste, marquant ainsi une rupture avec les orientations ultralibérales du FN de Jean-Marie Le Pen. Pourtant, s'il y a rupture,

---

l'AFP, 9 septembre 2011). Le terme a donc été remplacé par celui de «priorité nationale» ou «priorité citoyenne», sans néanmoins supplanter les usages du terme de «préférence nationale», qui reste dominants.

24. *La «préférence nationale» est le titre d'un ouvrage publié en 1985 par Jean-Yves Le Gallou et le Club de l'Horloge (*La Préférence nationale : réponse à l'immigration, *Paris, Albin Michel, 1985) dont les principales propositions sont intégrées au corpus programmatique du FN dès 1985 (*Pour la France. Programme du Front national, *Paris, Albatros, 1985). L'année suivante, Bruno Mégret publie un ouvrage (*L'Impératif de renouveau. Les enjeux de demain, *Paris, Albatros, 1986) dans lequel il évoque, parallèlement à plusieurs thématiques proches du FN, la «préférence aux nationaux», en préconisant d'établir une «différence nette entre les Français et les étrangers dans le domaine économique et social» (p. 95). L'importation de ce concept et la possibilité pour les frontistes d'un faire un usage indigène permettent de rappeler que le ralliement de Bruno Mégret et Jean-Yves Le Gallou s'est opéré dans le cadre d'une relation transactionnelle (intéressant donc les deux parties). Mégret et Le Gallou trouvent ainsi au FN (alors en plein essor électoral) des opportunités de carrière qui leur semblent alors interdites dans leur formation d'origine. Sur ces différents points, voir le chapitre 4 de cet ouvrage.*

25. *On ne s'attarde pas davantage sur ce point qui a été largement mis en lumière par Cécile Alduy et Stéphane Wahnich,* Marine Le Pen prise aux mots..., *op. cit., p. 94 et suiv., ainsi que par Sylvain Crépon,* Enquête au cœur du nouveau Front national, *Paris, Nouveau Monde Éditions, 2012.*

celle-ci ne date pas de la présidence de Marine Le Pen mais bien de celle de son père. En effet, c'est à partir du huitième congrès de 1990 que les dirigeants frontistes commencent à s'intéresser à cette thématique. Cette inflexion doit être rapportée à l'évolution de la composition sociologique de l'électorat frontiste au sein duquel les ouvriers (provenant pour l'essentiel de la droite), les employés et les chômeurs commencent à se compter en nombre croissant. Rédigées en 1992, les « 51 mesures pour faire le point sur le social » forment dès lors l'armature de base du programme social du FN. Ce texte préconise notamment de « lutter contre la pauvreté », de « revaloriser le travail », de « développer la propriété populaire », de « favoriser la famille », de « juguler le chômage » et de « garantir les avantages sociaux ». Ces mesures sont cependant toutes passées au prisme de la préférence nationale (RMI, HLM, allocations familiales, aides sociales devant être prioritairement attribués aux Français), ce qui interdit par conséquent de les considérer comme relevant d'orientations de gauche (un constat qui vaut encore aujourd'hui). C'est également à cette époque que le FN rompt pour la première fois avec l'ultralibéralisme. À partir de 1992, les responsables du parti dénoncent en effet de plus en plus vigoureusement le « mondialisme croissant », l'« utopie libre-échangiste [26] », et prônent un « nouveau protectionnisme » économique et social (réservé aux nationaux) – un positionnement semblable à celui adopté par Marine Le Pen depuis le congrès de Tours, notamment sous l'influence de Florian Philippot [27]. Au milieu des années 1990, la « défense des travailleurs » devient par ailleurs l'un des thèmes du discours frontiste, les dirigeants tentant de s'approprier le monopole de la représentation du social. L'un des principaux slogans de l'époque est : « Le social, c'est le Front national [28] ». En 1996, lors de la Fête de Jeanne d'Arc (que le FN célèbre le 1er Mai depuis l'élection présidentielle de 1988 pour

---

26. Cité dans Le Monde, 7 novembre 1992.
27. Voir par exemple le discours prononcé par Marine Le Pen à Bompas le 11 mars 2011, qui avait pour thème : « La vague bleu Marine, la vague sociale ».
28. Encore repris par Marine Le Pen dans une des vidéos de son site internet (marinelepen.com) : https://www.youtube.com/watch?v=2y_RqcWfy8o (consultation : décembre 2014).

la faire coïncider avec la Fête du travail), Jean-Marie Le Pen salue « la longue lutte des travailleurs et des syndicats pour plus de justice, plus de sécurité, plus de liberté dans le travail[29] », dans un registre proche de celui qu'adoptera Marine Le Pen lors du défilé organisé le 1er mai 2011 « en l'honneur des travailleurs[30] ». De fait, le FN mariniste s'inscrit bien ici dans la continuité du FN lepéniste[31]. Certes, l'importance accordée aux thématiques sociales s'est accentuée depuis 2011[32]. Mais là encore, lorsque Marine Le Pen s'adresse aux « oubliés, cette majorité invisible[33] », ou célèbre la « vraie vie, les vrais gens[34] », elle ne fait finalement que renouer avec la fibre populiste des discours de son père (« Vous les petits, les sans-grades, les exclus[35]... »).

Marine Le Pen a également mis sur pied une structure périphérique susceptible d'accueillir toute personne souhaitant rallier le FN sans en devenir membre, autrement dit sans endosser le stigmate de la marque frontiste. C'est ainsi que le Rassemblement Bleu Marine (RBM) a vu le jour en mai 2012 dans la perspective des élections législatives, avant d'être transformé en association en septembre et de servir de structure d'accueil à des transfuges (dont Gilbert Collard et Sébastien Chenu), mais aussi de sigle pour des listes dites d'ouverture lors des élections municipales de 2014 – listes sur lesquelles ont pu figurer des personnalités appartenant aux courants monarchistes, identitaires et nationalistes-révolutionnaires de l'extrême droite[36]. Le RBM sert donc bien de façade dédiabolisée au FN, dont la refonte idéologique

---

29. Cité par Libération, 29 mars 1997.
30. Cité par Le Monde, 1er mai 2011.
31. Voir encore sur ce point Michel Soudais, Le Front national en face, Paris, Flammarion, 1996, p. 131-145.
32. Voir sur ce point le chapitre 7 de cet ouvrage.
33. Discours de Marine Le Pen à Metz, 11 décembre 2011.
34. « À Hénin-Beaumont, Marine Le Pen s'affiche avec les "vraies gens" », lemonde.fr, 14 avril 2012.
35. Intervention de Jean-Marie Le Pen, 21 avril 2002.
36. Voir Jean-Yves Camus, « À quoi sert le Rassemblement Bleu Marine ? À intégrer ceux que le FN dédiabolisé n'assume plus », slate.fr, 19 mars 2014. Voir également sur ce point Abel Mestre et Caroline Monnot, « Le Rassemblement Bleu Marine tourne à l'auberge espagnole d'extrême droite », 12 mars 2014. Source : http://droites-extremes.blog.lemonde.fr/page/2 (consultation : décembre 2014).

et organisationnelle, dès lors, peut attendre... Mais il fait aussi office d'«organisation parapluie» abritant «sous son toit plusieurs sensibilités idéologiques dont le FN, tout à sa stratégie de dédiabolisation, ne souhaite pas assumer la présence en son sein même[37]». Or, ce n'est pas la première fois que le parti se dote d'une telle structure. À l'approche des élections législatives de 1986, les dirigeants frontistes avaient déjà mis sur pied un «Rassemblement national» (RN) dans le but de «regrouper tous ceux qui, parallèlement au Front, mènent un combat comparable au sien[38]». Il s'agissait alors, tout comme avec le RBM, de favoriser le recrutement de candidats extérieurs au FN, mais également de combler le manque de personnel politique du parti. En définitive, une trentaine de néofrontistes rejoindront le FN sous l'étiquette RN. Et ils seront vingt à faire leur entrée à l'Assemblée nationale, aux côtés des quinze autres élus issus de la branche «historique» du parti.

Un autre ressort de la stratégie de «dédiabolisation» mariniste a consisté à créer en avril 2010 un think tank, Idées Nation, initialement présenté par son premier responsable, Louis Aliot, comme une «structure autonome et indépendante[39]». Or, les fonctions de ce «club de réflexion» censé constituer «un arsenal intellectuel et technique[40]» au service de la présidente du FN ne diffèrent en rien de celles du Conseil scientifique créé à la fin des années 1980 par Bruno Mégret[41]. Dans un même contexte stratégique de conquête du pouvoir, il s'agissait déjà d'assurer le «rayonnement intellectuel[42]» du parti, mais aussi

---

37. Jean-Yves Camus, «À quoi sert le Rassemblement Bleu Marine?», art. cité.
38. Damien Bariller et Franck Timmermans, 20 ans au Front. L'histoire vraie du Front national, Paris, Éditions nationales, 1993, p. 66. Les deux auteurs sont cadres du FN à l'époque de la publication de cet ouvrage hagiographique.
39. Source: http://clubideesnation.fr/colloque-idees-nation-la-republique-face-aux-zones-de-non-droit (consultation: décembre 2014).
40. Source: http://ideesnation.fr/p/propos-de-club-idees-nation.html (consultation: juin 2011).
41. Sur cette instance, voir Alexandre Dézé, «Justifier l'injustifiable. Fondements, place et fonctions du discours scientifique dans la propagande xénophobe du Front national», dans Philippe Hamman, Jean-Mathieu Méon et Benoît Verrier (dir.), Discours savants, discours militants. Mélanges des genres, Paris, L'Harmattan, 2002, p. 57-82.
42. Front national, Institut de formation nationale, Militer au Front, Paris, Éditions nationales, 1991, p. 41.

de combler son déficit d'expertise tout en crédibilisant ses propositions programmatiques. Dans une démarche identique, l'actuel think tank du FN s'est fixé comme objectif de réunir des «universitaires» et des «professionnels reconnus[43]» dont l'extériorité partisane est censée constituer le gage de leur neutralité et donc, au-delà de leur titre, le fondement légitime de leur expertise. L'examen de la liste des participants aux différentes activités de ce «club», et notamment aux quelques «colloques» ou «tables rondes[44]» qui ont été organisés, témoigne cependant des difficultés du FN à mobiliser la communauté scientifique française. On y retrouve certes quelques intellectuels ou savants titulaires de titres et de diplômes. Mais, le plus souvent, soit ils évoluent en dehors du champ académique proprement dit (comme Norman Palma, docteur en philosophie et en économie, ou Gérard Lafay, docteur en sciences économiques, diplômé de Sciences Po Paris), soit ils sont déjà connus pour leur proximité avec la droite extrême ou certains membres du FN – à l'instar de François Costantini, docteur en science politique de l'Université Paris-1, diplômé de Sciences Po Paris, professeur associé à l'université de Beyrouth, auteur notamment des *Relations internationales en fiches* paru chez Ellipses, et proche d'Aymeric Chauprade. Quant aux «professionnels reconnus», soit ils sont déjà membres du FN (Wallerand de Saint-Just, Louis Aliot, Bruno Lemaire, désormais en charge du think tank, Gilbert Collard, Thibaut de La Tocnaye, Michel Stirbois, Patrick Hays), soit ils appartiennent à des organisations défendant des idées proches (La Manif pour tous pour Camel Bechikh, Riposte laïque pour René Marchand). À l'instar du Conseil scientifique, Idées Nation est donc essentiellement une vitrine. Sa seule existence doit permettre au FN de se donner les allures d'un «laboratoire d'idées[45]», de montrer que le parti est capable de produire de la matière grise tout en se conformant, dans une optique de normalisation, à l'image des autres formations partisanes du jeu

---

43. *Pour reprendre une expression employée par les responsables frontistes.*
44. *Idem.*
45. *Selon les termes utilisés par Marine Le Pen dans son allocution de clôture du premier colloque du think tank organisé sur le thème «La République face aux zones de non-droit», Paris, 16 juin 2011.*

politique, dont la plupart ont désormais leur propre think tank (Terra Nova pour le PS, la Fondation pour l'innovation politique pour l'UMP). La notoriété et l'activité d'Idées Nation s'avèrent cependant en deçà de celles du Conseil scientifique, qui a compté jusqu'à une trentaine de membres (dont certaines figures universitaires relativement établies, comme Jules Monnerot, Jacques Robichez ou Pierre Milloz), possédait sa propre «revue d'études», *Identité*, et publiait même des ouvrages et des actes de colloques. Principal lieu et relais de ses activités, le site internet d'Idées Nation témoigne par ailleurs d'une baisse très sensible de ses activités depuis 2011 : six colloques à ce jour, dont quatre en 2011, un en 2012 et un en 2013, une quarantaine de contributions sous forme de tribunes ou de courtes analyses rédigées pour l'essentiel entre 2011 et 2012.

Dans son entreprise de dédiabolisation, la direction frontiste a également misé sur la constitution de collectifs thématiques : le collectif Racine pour les «enseignants patriotes», le collectif Marianne pour la «jeunesse patriote», le collectif Audace pour les jeunes actifs, le collectif Cardinal pour les patrons de PME-PMI, le collectif Nouvelle Écologie pour les questions environnementales, le collectif Clic en charge de la culture, le collectif Comef dédié à la mer et à la francophonie. Il reste que ces structures satellites ne font que prolonger l'action des anciens «cercles» nationaux créés à partir du milieu des années 1980 pour tenter, dans la même optique, de mobiliser la société civile et s'assurer le soutien de divers secteurs socioprofessionnels : banque (Cercle national de la banque), fonction publique (Cercle national fonction publique), éducation nationale (Cercle éducation nationale), jeunes (Cercle national des étudiants de Paris), santé (Cercle national du corps de santé, Cercle national de défense des handicapés), religion (Cercle national des Juifs de France[46]), agriculture (Cercle national des agriculteurs), restauration (Cercle national des professionnels des

---

46. *Créé en 1986 par Robert Hemmerdinger, ce cercle rappelle l'antériorité des tentatives des responsables frontistes pour s'attirer le soutien des populations de confession juive. Cette stratégie sera rapidement mise à mal par les déclarations successives de Jean-Marie Le Pen. Depuis son élection la présidence du FN, Marine Le Pen tente cependant de la relancer. Voir sur ce point Jean-Yves*

métiers de la table), transports (Cercle national mer et ports, Cercle national RATP)[47]... Au début des années 1990, le FN compte ainsi plus d'une vingtaine de « cercles », dont la plupart sont cependant peu actifs. On ne saurait donc considérer la création des nouveaux collectifs frontistes comme des opérations inédites ou exceptionnelles pour le FN. C'est pourtant l'impression qui ressort à la lecture des nombreux articles et reportages consacrés à leur lancement[48]. Or, qu'il s'agisse des cercles d'hier ou des collectifs d'aujourd'hui, l'activité de ces structures importe moins que leur existence même. Comme le rappelle Sylvain Crépon, l'enjeu pour le FN est surtout médiatique : « En communiquant sur ces collectifs, le Front national cherche à montrer qu'il se normalise, à l'image des autres partis[49]. »

D'autres actions de dédiabolisation ont été entreprises par le FN. Cependant, là encore, elles n'ont rien d'inédit et se déploient dans le cadre du répertoire stratégique ordinaire du parti. La politique de main tendue en direction de la droite à l'occasion des élections municipales de 2014 (via la « charte d'action municipale au service du peuple français ») et départementales de 2015 (à travers la « charte d'engagement politique pour le département ») trouve ainsi de nombreuses illustrations dans le passé, qu'il s'agisse des élections municipales de Dreux en mars 1983 (le FN présente alors une liste commune avec le RPR[50]), ou des élections régionales de 1998 (à l'issue desquelles

---

Camus, « Front national », dans Jean Leselbaum et Antoine Spire (dir.), Dictionnaire français du judaïsme français depuis 1944, Paris, Armand Colin, 2013, p. 362-364.

47. Pour une présentation de ces structures périphériques du FN, voir Guy Birenbaum, Le Front national en politique, op. cit. ; Jean-Yves Camus et René Monzat, Les Droites nationales et radicales en France, Lyon, Presses universitaires de Lyon, 1992.

48. Voir par exemple « Le Front national se met au vert », lefigaro.fr, 11 décembre 2014 ; « Écologie : le Front national se met au recyclage », liberation.fr, 9 décembre 2014. Pour une analyse critique des rapports entre écologie et extrême droite, voir l'entretien accordé par Stéphane François sur le site internet des Inrocks, 9 décembre 2014 (« L'idée d'une écologie patriote semble étrange, et assez peu cohérente »).

49. « Les collectifs du FN : un enjeu plus médiatique que politique », lefigaro.fr, 3 septembre 2014.

50. L'élection sera annulée et reportée en septembre 1983. Obtenant 16,7 % des voix au premier tour, les listes FN s'allient alors dans la perspective du deuxième

cinq présidents de région UDF sont désignés grâce au soutien du FN). De même, les exclusions de membres trop radicaux, la formation interne (assurée hier par l'Institut de formation nationale, aujourd'hui par les campus Bleu Marine[51]) ou la valorisation de la présence de jeunes militants censée attester la modernité partisane du FN font partie des pratiques stratégiques routinières du parti depuis le début des années 1990.

Enfin, il convient de rappeler que, pour se respectabiliser, le FN a toujours cherché à attirer des individus extérieurs dont les diplômes, les fonctions professionnelles, la notoriété médiatique ou l'origine politique pouvaient constituer un capital symbolique exploitable à des fins de légitimation. On dénombre depuis 2011 une quinzaine de transfuges s'inscrivant dans ce cadre, parmi lesquels : Paul-Marie Coûteaux (ancien membre du cabinet de Jean-Pierre Chevènement au ministère de la Défense, ancien membre du cabinet de Philippe Séguin à la présidence de l'Assemblée nationale, ancien député européen villiériste) ; Florian Philippot (diplômé de l'ENA et de HEC, ancien sympathisant chevènementiste, haut fonctionnaire à l'Inspection générale de l'administration rattachée au ministère de l'Intérieur) ; Philippe Martel (diplômé de l'ENA, ancien collaborateur d'Alain Juppé) ; Aymeric Chauprade (docteur en science politique, diplômé de Sciences Po) ; Sébastien Chenu (ancien secrétaire national de l'UMP en charge de la culture, ancien chef de cabinet de Christine Lagarde sous le gouvernement Villepin, cofondateur de Gaylib). À cette première liste de noms, il faut encore ajouter ceux de l'avocat médiatique Gilbert Collard, de l'humoriste Jean Roucas, du professeur de droit public de l'Université du Havre Gilles Lebreton, de l'ancien mannequin Bruno Clavet ou encore de l'ancien secrétaire général de l'association Reporters sans frontières Robert Ménard. Conclus dans le cadre de relations transactionnelles, ces ralliements, nécessairement intéressés, ont été présentés par les principaux responsables frontistes

---

tour avec la liste RPR-UDF. Le 11 septembre, la liste RPR-FN l'emporte avec 55,3 % des voix. Le FN obtient dix élus municipaux, dont trois adjoints au maire.
51. Voir le chapitre 12 de cet ouvrage.

comme autant de signes de l'«ouverture»[52] politique du parti et de sa capacité à se constituer un vivier de technocrates. On aura noté que plus ces ralliements paraissent *a priori* improbables, plus ils suscitent l'attention médiatique, et plus les gages de normalité qu'ils apportent au FN sont élevés. Il reste que l'on aurait tort de considérer ces soutiens comme un phénomène extraordinaire dont l'explication tiendrait à la seule dédiabolisation supposée du FN. Le parti ayant renoué avec une dynamique électorale positive, il offre aux individus qui le rejoignent des perspectives de profit matériel et symbolique (postes, candidatures, visibilité médiatique) qu'ils ne trouvent pas nécessairement ailleurs, y compris lorsqu'ils ont déjà une carrière importante derrière eux. On ne saurait comprendre autrement les multiples ralliements qui ont scandé l'histoire du FN[53] ni oublier que, par le passé, les «prises de guerre» – comme elles sont surnommées dans le vocabulaire journalistique[54] – ont pu être plus nombreuses et plus éclatantes que celles remportées par Marine Le Pen : que l'on songe à Bruno Mégret, polytechnicien, ingénieur des Ponts et Chaussées, diplômé de l'Université de Berkeley, conseiller technique au cabinet ministériel à la Coopération de 1979 à 1981, membre du comité central du RPR de 1978 à 1981 ; à Olivier d'Ormesson, diplômé de l'Essec, membre du Centre national des indépendants et paysans, député de 1958 à 1962, député européen élu sur la liste UDF conduite par Simone Veil ; ou encore au petit-fils du général de Gaulle, Charles de Gaulle, candidat sur les listes frontistes aux élections européennes de 1999 et municipales de 2001. Enfin, il faut se souvenir que l'intégration de ces néofrontistes ne s'opère pas sans difficultés ni tensions. Paul-Marie Coûteaux, qui était pourtant un important pourvoyeur de ressources pour le parti, a fini par en être écarté en avril 2014

---

52. Pour Gilbert Collard, le ralliement de Sébastien Chenu constituerait ainsi la «*preuve de l'ouverture du RBM*» (cf. lepoint.fr, *11 décembre 2014*).

53. Guy Birenbaum et Bastien François, «*Unité et diversité des dirigeants frontistes*», dans Nonna Mayer et Pascal Perrineau (dir.), Le Front national à découvert, *Paris, Presses de Sciences Po, 1996 [1989], p. 86.*

54. Voir les articles parus sur le FN dans 20minutes.fr *(18 décembre 2014)*, lefigaro.fr *(16 décembre 2014)* ou encore le huffingtonpost.fr *(24 février 2015)*.

en raison de désaccords avec Marine Le Pen. Après avoir diffusé une vidéo controversée dans laquelle il tenait des propos insultants envers les musulmans, Aymeric Chauprade s'est vu non seulement désavoué mais également rétrogradé dans ses fonctions par Marine Le Pen, dont il était pourtant le proche conseiller[55]. Florian Philippot est critiqué aux différents échelons du parti pour l'influence excessive qu'il exercerait sur Marine Le Pen[56]. L'arrivée de Sébastien Chenu a provoqué un mouvement de contestation au sein de plusieurs fédérations qui « ont fait remonter [au siège du parti] le mécontentement de leurs militants les plus traditionnels[57]. » De son côté, Bruno Gollnisch a émis des doutes quant à la sincérité de ces différents ralliements : « S'ils ne sont mus que par intérêt, ces personnalités nous laisseront tomber dès les premières difficultés. On en a fait l'expérience en 1986 en faisant élire des gens qui ne nous sont pas restés fidèles deux ans plus tard[58]. » En somme, l'ouverture politique ne va pas de soi au FN, qui peine comme par le passé à élargir ses équipes et à se professionnaliser.

La stratégie de dédiabolisation de Marine Le Pen n'est donc nouvelle ni dans son principe, ni dans ses modalités. Sa réactivation témoigne simplement de l'inscription du parti dans une logique électorale de conquête du pouvoir, comme cela s'est déjà produit autrefois dans son histoire.

---

55. *De fait, Marine Le Pen marque sans conteste une promptitude plus manifeste à prendre position sinon à sanctionner ce genre d'attitude que ne pouvait le faire son père par le passé. Entre temps, cependant, Aymeric Chauprade a réintégré l'entourage de la présidente frontiste. Voir* « Aymeric Chauprade revient par la petite porte », lemonde.fr, *10 avril 2015.*

56. « Florian Philippot, le "gourou" de Marine Le Pen, incarne-t-il les impasses et les contradictions du FN actuel ? », entretien avec Sylvain Crépon, atlantico. fr, *8 mars 2013.*

57. *Cité par Raphaëlle Bacqué,* « Le FN pour tous », Le Monde, *18 décembre 2014.*

58. *Cité dans* « Le Front national va-t-il siphonner la droite et le centre ? » 20minutes.fr, *18 décembre 2014.*

Conclusion : la « dédiabolisation » a-t-elle une fin ?

Dans les médias, la dédiabolisation ne renvoie pas seulement à un ensemble d'opérations stratégiques, elle sert également d'étalon pour mesurer l'évolution du Front national. Ainsi, pour d'aucuns, la dédiabolisation du FN serait un processus toujours en cours [59]. En revanche, pour d'autres, elle serait en passe de se terminer [60], voire déjà achevée [61]... On perçoit une nouvelle fois toute la nécessité de sortir des analyses ordinaires de la « dédiabolisation » pour en revenir à des considérations plus sociologiques. Ce dont on peut convenir, c'est que la dédiabolisation n'est ni un processus « inéluctable [62] », ni un processus « impossible [63] », et qu'elle reste tributaire du produit complexe d'un ensemble de variables exogènes (tenant par exemple à l'acceptabilité du FN comme partenaire de coalition) mais aussi endogènes. Sur ce point, on ne saurait sous-estimer l'importance de l'idéologie dans l'économie de fonctionnement du parti frontiste. On l'a rappelé, le FN n'est pas qu'une « entreprise politique », il est aussi un producteur d'identité. Cette identité ne lui est pas seulement indispensable pour exister et se différencier sur le marché politique. Elle constitue également une ressource symbolique majeure pour les membres de la communauté partisane, comme vision du monde, raison d'agir ou mode de socialisation. Il suffit de pénétrer l'arène interne du FN (ses meetings, sections, réseaux sociaux) pour prendre la mesure de l'attachement des militants et des sympathisants à l'idéologie manifeste du parti et comprendre que l'une des premières limites potentielles à la dédiabolisation réside dans les convictions d'une partie de ses soutiens. Or la singularité de l'identité frontiste tient à sa radicalité, et notamment à son antisystémisme, que l'on définira ici de manière classique comme le rejet des

---

59. « *Marine Le Pen à New York : la dédiabolisation du FN se poursuit* », nouvelobs.com, *22 avril 2015.*
60. « *Dernière étape de la dédiabolisation et première étape de la normalisation* », francetvinfo.fr, *9 avril 2015.*
61. « *Front national : la dédiabolisation, c'est fait* », franceinfo.fr, *6 septembre 2013.*
62. « *Une dédiabolisation inéluctable* », valeursactuelles.com, *17 avril 2015.*
63. « *Front national : l'impossible dédiabolisation* », lepoint.fr, *2 décembre 2013.*

LES FAUX-SEMBLANTS DU FRONT NATIONAL

fondements et des valeurs du système politique dans lequel évolue le FN (qui n'en respecte pas moins les règles du jeu politique de ce système)[64]. Ce qui distingue doctrinalement le FN de ses concurrents, c'est le caractère extrémiste des positions qu'il défend – de la sortie de la zone euro au rétablissement de la peine de mort. De fait, si le FN devait se déradicaliser (ou se dédiaboliser), il prendrait le risque d'affaiblir substantiellement son économie partisane. Comme l'affirme de manière plus prosaïque Jean-Marie Le Pen, « un Front national gentil, ça n'intéresse personne[65] ». C'est pourquoi il faut convenir que la diabolisation n'est pas seulement le produit d'un travail de disqualification opéré par les adversaires du FN, mais aussi un positionnement stratégique parfaitement assumé par ses dirigeants. Pour exister en politique, le FN a autant besoin de se légitimer que d'entretenir les fondements radicaux de son identité. On comprend mieux dès lors pourquoi l'organisation mariniste n'a toujours pas entamé de véritable aggiornamento programmatique, pourquoi Marine Le Pen prend elle-même soin d'entretenir l'atypicité politique du parti (voir encadré 1) ou encore pourquoi la dédiabolisation s'arrête, pour les dirigeants du FN, à la suppression de toute forme de négationnisme, de néonazisme ou d'antisémitisme[66]. De fait, un tel processus ne peut être effectif tant que le FN n'aura pas modifié de manière substantielle son logiciel doctrinal,

---

64. Sur cette définition classique de l'antisystémisme partisan, voir Giovanni Sartori, Parties and Party Systems : A Framework for Analysis, Cambridge, Cambridge University Press, 1976, p. 132-133.

65. Le Nouvel Observateur, 25 janvier 2007, cité par Laszlo Liszkai, Marine Le Pen. Un nouveau Front national ?, Paris, Favre, 2011, p. 87.

66. Comme l'affirme Louis Aliot dans un entretien à Valérie Igounet, « La dédiabolisation ne porte que sur l'antisémitisme. En distribuant des tracts, dans la rue, le seul plafond de verre que je voyais, ce n'était pas l'immigration ni l'islam... D'autres sont pires que nous sur ces sujets-là. C'est l'antisémitisme qui empêche les gens de voter pour nous. Il n'y a que cela. À partir du moment où vous faites sauter ce verrou idéologique, vous libérez le reste [...] », cité dans Valérie Igounet, Le Front national de 1972 à nos jours. Le parti, les hommes, les idées, Paris, Seuil, 2014, p. 420. Une affirmation qui semble cependant quelque peu contredite par la forte proportion d'opinions antisémites au sein même des soutiens frontistes. Ainsi, selon l'enquête Fondapol, 46 % des électeurs de Marine Le Pen sont d'accord avec l'affirmation selon laquelle « les Juifs ont trop de pouvoir dans le domaine de l'économie et de la finance » (contre 25 % dans le reste de l'électorat) ; 48 %, avec l'idée que les « Juifs ont trop de pouvoir dans les

dont la préférence nationale, qui demeure un principe anticonstitutionnel, reste l'élément central. C'est à cette condition, c'est-à-dire en renonçant à son héritage fasciste, que l'ancien parti d'extrême droite italien, le MSI, est devenu, au terme d'un long processus de transformation, un parti de droite conservateur (l'Alleanza nazionale, qui a fini par disparaître en 2009 au sein de la coalition partisane du Peuple de la liberté).

Encadré 1 : La « diabolisation » mariniste

À considérer Marine Le Pen comme une « femme politique normalisée [67] », autrement dit comme la présidente définitivement respectable d'un parti qui n'aspirerait plus qu'à devenir un parti « comme les autres », on tend à oublier que la fille de Jean-Marie Le Pen continue d'entretenir un discours qui n'est pas forcément très éloigné de celui de son père. Marine Le Pen n'est sans doute ni antisémite, ni négationniste. Elle s'est toujours tenue à distance des déclarations de Jean-Marie Le Pen sur la Shoah ou la seconde guerre mondiale et a fini par rompre définitivement avec lui à la suite de la publication d'un entretien dans *Rivarol* où il multipliait les dérapages [68]. À cette exception, qui est indiscutablement notable, le contenu de la plupart de ses prises de position n'en reste pas moins fidèle à l'orthodoxie lepéniste. Dans cette mesure, Marine Le Pen contribue bien à entretenir l'auto-diabolisation du FN, une stratégie déjà utilisée par son père pour permettre au FN d'exister en politique et de conforter ses soutiens les plus radicaux. C'est le cas, par exemple :
- lorsqu'elle compare les prières de rue sur la voie publique à une « occupation » (11 décembre 2011 ; propos réitérés le 1er juillet 2013 et qui sont à l'origine de la levée de son immunité parlementaire) ;
- lorsqu'elle parle de « mondialisation identicide », de « Tchernobyl moral » ou de « monstre européiste » (16 janvier 2011) ;
- lorsqu'elle propose de « dérembourser » ce qu'elle appelle les « avortements de confort » (8 mars 2012) ;

> médias » (contre 22 %) ; 49 % répondent préférer « éviter » d'« avoir un président de la République juif » (contre 21 %). Voir Fondapol, « L'antisémitisme dans l'opinion publique française. Nouveaux éclairages », novembre 2014, p. 16-17.
> 67. Pour reprendre les termes du journaliste Denis Tugdual, « Marine Le Pen : une femme politique normalisée », lexpress.fr, 24 avril 2013.
> 68. Rivarol, 3183, 9 avril 2015. La publication de cet article constitue a posteriori le début d'une procédure interne qui a valu à Jean-Marie Le Pen d'être exclu du FN.

- lorsqu'elle envisage de «supprimer» le voile et la kippa dans l'espace public (21 septembre 2012);
- lorsqu'elle qualifie l'antenne de France Inter de «radio bolcho» (1ᵉʳ juillet 2013);
- lorsqu'elle affirme que la France est «la maîtresse des États-Unis» et la «catin d'émirs bedonnants» (15 septembre 2013);
- lorsqu'elle émet l'hypothèse que les otages français enlevés au Niger en 2010 par Aqmi et libérés en octobre 2013 puissent avoir «basculé» du côté de leurs ravisseurs en se basant sur la seule appréciation de leur allure physique et vestimentaire («j'ai ressenti un malaise en voyant ces images [...]. On avait l'impression de voir des images d'hommes qui étaient très réservés, deux portaient la barbe taillée de manière étonnante... L'habillement était étrange... Et cet otage avec le chèche sur le visage, cela mérite peut-être quelques explications de leur part», 31 octobre 2013);
- lorsqu'elle compare l'UMP à une «pétaudière» (15 mai 2014);
- lorsqu'elle déclare qu'elle veut «détruire l'Union européenne», qu'elle considère comme un «monstre antidémocratique» (2 juin 2014);
- lorsqu'elle suggère de «renvoyer tous les migrants [de Calais] chez eux», «même ceux dont les pays sont en guerre» (24 octobre 2014);
- lorsqu'elle stigmatise l'«idéologie du métissage» qui aurait pour effet de «camoufler l'extinction accélérée de la diversité des sociétés humaines» (30 novembre 2014);
- lorsqu'elle justifie l'utilité du recours à la torture dans le cas d'affaires terroristes (10 décembre 2014);
- lorsqu'elle invoque la possibilité de rétablir la peine de mort (à laquelle elle se dit «personnellement favorable») au lendemain de l'attaque terroriste perpétrée contre *Charlie Hebdo* (7 janvier 2015);
- lorsqu'elle dénonce «le service public en mode Pol Pot» (5 février 2015);
- lorsqu'elle déclare avoir trouvé un «surnom» pour le PS et l'UMP, «le ROM, rassemblement des organisations mondialistes» (25 mars 2015)...

Cette dialectique stratégique et identitaire entre normalisation (dédiabolisation) et radicalisation (diabolisation) se trouve au fondement de la dynamique partisane du FN depuis sa création en 1972. Elle est, par exemple, puissamment explicative de la scission de 1998, qui procède directement d'une lutte pour l'imposition d'une définition légitime des orientations stratégiques du parti, entre d'un côté le camp mégrétiste, prêt à des compromis programmatiques et à des alliances électorales avec la droite pour conquérir le pouvoir[69], et de l'autre le camp lepéniste, attaché au respect de l'orthodoxie doctrinale et rejetant toute forme de partenariat politique. Il reste que le Front national évolue actuellement dans un contexte politique inédit qui modifie notoirement le jeu de cette dialectique ainsi que ses implications. Aujourd'hui, l'organisation mariniste semble en effet en mesure de se présenter sous les auspices d'un parti apparemment dédiabolisé tout en continuant d'exploiter les fondements radicaux de son identité. Jean-Marie Le Pen peut ainsi déclarer que « Monseigneur Ebola » pourrait régler « l'explosion démographique » (sous-entendue l'immigration) en « trois mois » et obtenir dans la foulée près de 30 % des voix dans la circonscription Sud-Est aux élections européennes de 2014. Marine Le Pen peut de la même manière évoquer le recours à la torture dans le cas d'affaires terroristes (décembre 2014) ou chercher à exploiter les attentats de *Charlie Hebdo* pour fonder la légitimité de ses positions politiques (janvier 2015) sans provoquer de réactions réelles (excepté dans la presse internationale[70]) et sans enregistrer de baisse dans les enquêtes sondagières de popularité. On peut encore apprendre que Sophie Montel, candidate frontiste à une législative partielle en 2015, a soutenu en 1996[71] les propos de Jean-Marie Le Pen sur « l'évidente inégalité des races » sans que la mobilisation électorale autour de sa candidature en soit affectée. Quant aux 104 candidats frontistes aux départementales de 2015 dont on a appris qu'ils avaient tenu des propos illicites, 48 ont certes été éliminés au premier tour, et tous ont été battus au second ; mais certains d'entre eux n'en ont pas moins réalisé des scores élevés, comme Aimé Deléglise (33,5 % dans le canton de Paumiers, dans l'Ariège), qui avait qualifié Christiane Taubira de « banane sur pattes », ou Fabien Rouquette (31 % dans le canton de

---

69. *Alors même que, contrairement à une idée reçue, le camp mégrétiste pouvait être bien plus radical dans certaines de ses positions que l'autre principale tendance constitutive du FN.*
70. Voir lemonde.fr, *8 janvier 2015*.
71. Voir « *Quand la candidate du FN dans le Doubs défendait les propos de Jean-Marie Le Pen sur "l'évidente inégalité des races" »*, lelab.europ1.fr, *2 février 2015.*

Narbonne), qui avait écrit sur sa page Facebook : « Socialistes, communistes, musulmans ! Faites un geste pour la terre : suicidez-vous[72] ! » Il y a encore quelques années, ces propos auraient eu un coût pour le FN et entraîné une baisse au moins ponctuelle de l'importance de ses soutiens dans l'opinion et, par extension, dans le corps électoral. Or, il faut croire que ces effets de disqualification sont devenus quasi nuls. Les dérapages s'accumulent, mais sans avoir d'incidence majeure pour le FN. Ce qui en dit long sur le niveau de banalisation, non pas tant du parti, mais de certaines de ses idées[73]. On comprend ainsi les raisons pour lesquelles l'organisation frontiste n'a pas intérêt à trop se dédiaboliser, sinon à changer pour devenir un « nouveau » parti – opération qui s'avère en outre toujours chronophage, complexe et risquée. Car c'est peut-être parce qu'il n'a pas tant changé que le Front national remporte aujourd'hui un tel succès. En somme, la dédiabolisation contient en elle-même ses propres limites.

---

72. *Cité dans* liberation.fr, *23 mars 2015. Précisons que la commission des conflits du Front national a examiné 31 cas (sur la centaine recensée) pour ne finalement exclure que 16 candidats. Voir « Le mystérieux "procès" des candidats FN à problèmes »,* europe1.fr, *27 mai 2015.*

73. *Une banalisation qui est indissociable des récentes évolutions contextuelles, où l'immigration n'a cessé de prendre une part croissante dans les débats, faisant par ailleurs l'objet de toutes les convoitises politiques. Pour une analyse des effets de légitimation des positions frontistes par des agents exogènes au FN, voir Alexandre Dézé, Le « Nouveau »* Front national en question, *Paris, Fondation Jean-Jaurès, Observatoire des radicalités politiques, 2015, p. 120 et suiv.*

Chapitre 2 / LES RÉSEAUX DU FRONT NATIONAL

Abel Mestre, Caroline Monnot

Marine Le Pen a bâti son succès politique en s'appuyant, au fil des années, sur différents cercles de soutien. Étudier le Front national à travers le prisme des différents réseaux qui le structurent permet de dépasser le discours officiel d'un parti qui s'affirme dédiabolisé. Il ressort de cette plongée que Marine Le Pen n'a rien renié de la radicalité consubstantielle au FN. La candidate à l'Élysée manie en permanence un double discours. En interne, elle s'appuie aussi bien sur le courant national républicain de Florian Philippot – faussement modéré – que sur sa bande d'amis de jeunesse issus de l'extrême droite radicale. Au niveau international, ses partenaires sont autant de formations qui développent un discours d'exclusion, xénophobe et islamophobe. En décryptant ces liens, on fait émerger le vrai visage de ce que l'on appelle le nouveau Front national.

Mots clés: anti-islam – dédiabolisation – extrême droite radicale – FN – Front national – radicalité – réseaux

Le Front national est à un tournant de son histoire. La crise qui le secoue depuis le mois d'avril 2015 donne une nouvelle physionomie au parti de Marine Le Pen. À la suite de nouvelles déclarations sur la seconde guerre mondiale et sur les chambres à gaz «détail de l'histoire», d'abord sur le plateau de BFMTV le 2 avril 2015 puis, quelques jours plus tard, le 9 avril, dans les colonnes de l'hebdomadaire *Rivarol*, Jean-Marie Le Pen, le cofondateur et ancien président du parti (1972-2011), a été poussé sans ménagement vers la sortie. Ses proches, comme Bruno Gollnisch ou Marie-Christine Arnautu, sont quant à eux marginalisés. Plusieurs cadres intermédiaires, fidèles lepénistes, sont écartés de l'organigramme. Pour Marine Le Pen, cela ressemble au début d'une nouvelle ère: pour la première fois depuis son accession à la tête du parti en 2011, son appareil lui est entièrement dévoué. Cela ne veut pas dire pour autant qu'elle aborde les échéances présidentielles et législatives de 2017 à l'abri de toute rivalité interne. Cette unité est de façade. Dans son ombre, la compétition pour sa succession a déjà commencé.

Pour l'heure, deux personnalités semblent en mesure de jouer un rôle clé dans la perspective de la succession. D'un côté, Florian Philippot, l'omniprésent numéro 2, a pris une importance considérable à la faveur de la crise frontiste. À tel point que l'on peut résumer la situation du FN selon cet adage : si Marine Le Pen préside le Front national, Florian Philippot le dirige. L'influence de cet énarque trentenaire est telle que certains se demandent en interne s'il n'est pas le « numéro 1 bis » du parti. Florian Philippot a su patiemment constituer son réseau en interne, plaçant ses proches à des postes stratégiques. Avec son courant « national-républicain », il mène une bataille idéologique pour changer le logiciel frontiste en une sorte de synthèse chevénemento-lepéniste, se revendiquant plus que jamais du leitmotiv « ni droite ni gauche ».

Face à lui, la jeune députée Marion Maréchal-Le Pen (née en 1989) se revendique de droite et incarne ce que l'on peut appeler le courant « libéral conservateur » qui cherche l'union de toutes les droites, du parti Les Républicains (ex-UMP) aux groupuscules plus radicaux comme le Bloc identitaire. Beaucoup moins présente dans les médias que Florian Philippot, elle tente avant tout de construire un fief, une base arrière en Provence-Alpes-Côte d'Azur, sans doute le meilleur moyen d'échapper à l'omnipotence de sa tante. C'est manifestement à cette aune qu'il faut comprendre sa candidature à la tête de la Région pour le scrutin de décembre 2015.

Face à ces deux personnalités, Marine Le Pen navigue au gré de l'actualité et de ses priorités. Elle dit ouvertement avoir « besoin » de ces « deux plateaux de la balance » pour que le FN puisse parler à un maximum d'électeurs[1]. Mais, pour asseoir son pouvoir, elle n'hésite pas non plus à s'appuyer sur différents réseaux extérieurs à son parti ou qui évoluent dans son sillage. Ce mode de fonctionnement par la

---

1. Entretien avec les auteurs.

mise en concurrence a toujours été le sien, bien avant son accession à la tête du FN. Si elle s'est séparée de plusieurs compagnons de la première heure, elle reste fidèle à certaines amitiés à la trajectoire jugée sulfureuse, au nombre desquelles on compte des proches issus du GUD (Groupe union défense, extrême droite radicale étudiante). D'autres sont, quant à eux, apparus lors de la campagne présidentielle de 2012, comme les « nationaux républicains » de Florian Philippot. Ce courant, qui se dit issu de la branche nationaliste du chevénementisme, entend concilier la République, le gaullisme et la doctrine classique frontiste. Le but? Dédiaboliser le FN en le faisant accepter comme un parti « banal », « patriote », et non pas un parti d'extrême droite.

Ce qui est vrai au niveau national l'est aussi au niveau international. Marine Le Pen maintient plusieurs réseaux internationaux qui se superposent sans se recouper. Le plus ancien est le réseau des partis européens dits « populistes ». Belge, italien, autrichien ou néerlandais, ces partis partagent un discours anti-islam virulent. Plus récemment, elle s'est affichée à plusieurs reprises en Russie, avec pour objectif de faire du FN l'interlocuteur privilégié en France du pays de Vladimir Poutine. Enfin, depuis peu de temps, elle cherche à étendre son influence jusque dans les pays arabes, comme l'a montré sa récente visite en Égypte.

Étudier le Front national à la lumière des différents réseaux qui le structurent permet de dépasser le discours officiel d'un parti soi-disant dédiabolisé. En se plongeant dans ses ramifications internes, on constate que Marine Le Pen s'est toujours construite en travaillant avec des « bandes de copains » plus qu'avec des courants au sens strict du terme. En outre, la campagne présidentielle a été un moment structurant des réseaux marinistes et l'arrivée des « nationaux républicains » autour de Florian Philippot a permis à Marine Le Pen de renouveler une bonne partie des cadres dirigeants du parti. Cette transformation a contribué aux succès électoraux du FN, qui a émergé comme la troisième force de l'échiquier politique du pays. Mais ces nouveaux élus ne forment pas un groupe homogène. Malgré ce travail d'unification du parti, Marine Le Pen doit toujours composer entre deux lignes – celles de Florian Philippot et de Marion Maréchal-Le Pen – qui s'opposent sur des points essentiels du programme. Elle cherche d'autre part à construire une véritable diplomatie alternative. Dans le cadre du Parlement européen, d'abord, mais également vis-à-vis de la Russie et, dernièrement, du monde arabe. L'un des rouages essentiels de cette doctrine mariniste est le géopoliticien Aymeric Chauprade, avec lequel la nouvelle présidente frontiste entretient des rapports au demeurant compliqués.

Les réseaux internes

Pour aborder la question des réseaux du « nouveau » FN, et plus particulièrement ceux de sa présidente, il convient de revenir en 2010. Nous sommes alors juste avant le congrès de la consécration, celui de Tours, qui, en janvier 2011, l'adoube comme nouvelle patronne du parti d'extrême droite et lui donne une visibilité sans précédent pour la campagne présidentielle de 2012. Marine Le Pen, qui guigne la succession de son père, est en réalité relativement isolée au sein de l'appareil FN. Elle dispose certes d'atouts décisifs : son nom, le soutien appuyé du cofondateur du parti et de son clan familial, qu'il s'agisse de son compagnon Louis Aliot ou de sa sœur Yann. Mais elle n'a guère de prise sur le reste de l'appareil frontiste et sur ses dirigeants les plus installés, qui ont les moyens de compliquer sa conquête et de peser sur la ligne politique du parti.

La période artisanale

Depuis qu'elle a décidé de conquérir l'appareil partisan frontiste en 2005, Marine Le Pen a une conviction : le succès du parti passe nécessairement par une stratégie dite de dédiabolisation. Elle en a esquissé les traits dans *À contre flots*, un livre mi-autobiographie mi-programme rédigé en 2006[2]. L'énoncé tient en quelques mots : s'il veut gouverner un jour, le parti d'extrême droite doit cesser de donner des arguments à ceux qui le considèrent comme infréquentable. Pour

---

2. Marine Le Pen, À contre flots, Paris, Éditions Grancher, 2006.

se constituer une équipe, et alors même qu'elle n'est pas encore très populaire au sein de son propre parti, Marine Le Pen va donc se tourner vers l'extérieur, aller chercher des collaborateurs en marge du FN et adjoindre d'autres cercles à celui, somme toute réduit, de ses fidèles de toujours.

Ce premier cercle est composé en grande partie de gens de sa génération, des quadras qui n'ont pas connu d'autres maisons politiques que le FN et ont été formés, dans les années 1990, au Front national de la jeunesse (FNJ), présidé alors par Samuel Maréchal. Ils ont grandi à l'ombre de Jean-Marie Le Pen, à qui ils sont restés loyaux après la scission de Bruno Mégret en 1998. Pour la plupart de ces héritiers du lepénisme, l'ascension de Marine Le Pen doit être la leur et le saut générationnel doit leur profiter. Si Louis Aliot peut être considéré comme leur chef de file, on y trouve aussi des profils moins connus, mais qui sont des rouages essentiels du cercle mariniste. C'est le cas, notamment, d'Édouard Ferrand, de Sandrine Leroy ou de Guillaume Vouzellaud, lequel sera mis sur la touche quelques années plus tard.

Il faut ajouter à ces quadras des cadres plus âgés, proches de Jean-Marie Le Pen, quasi-membres de la famille comme Marie-Christine Arnautu[3] ou France Jamet, la fille d'Alain Jamet, vieux compagnon de route de Le Pen père. Une bonne partie d'entre eux sont des anciens de l'association Générations Le Pen, relancée en 2002 pour promouvoir Marine Le Pen[4]. Ils l'ont défendue face à Bruno Gollnisch et à Carl Lang[5] et vont s'efforcer de convaincre les cadres de leur âge bénéficiant d'une implantation locale, à l'instar de Stéphane Ravier, futur maire d'arrondissement à Marseille, de rejoindre leur entreprise de conquête interne.

---

3. *Marie-Christine Arnautu veillera aux premiers pas de Marion Maréchal-Le Pen lors des élections régionales de 2010.*
4. *La structure est initialement créée en 1998 par Samuel Maréchal pour s'opposer à l'influence croissante de Bruno Mégret au sein du FN.*
5. *Carl Lang sera suspendu du FN pour avoir voulu présenter une liste dissidente face à Marine Le Pen dans la région Nord-Ouest lors des élections européennes de 2009.*

Ce premier groupe de fidèles, qui ressemble plus à une « bande de potes » qu'à une armée de *spin doctors*, s'avère évidemment insuffisant dans la perspective de la présidentielle de 2012. Consciente de cette limite, la future patronne du FN se met en quête de sources d'inspiration intellectuelle plus aguerries. Elle va donc s'adjoindre les services de quelques technocrates ou intellectuels qui fraient dans le sillage du FN (sans y être totalement) et sont aptes à lui fournir conseils, idées, notes ou synthèses afin de l'aider à sortir son parti de sa posture purement protestataire.

Ses tout premiers conseillers spéciaux et « visiteurs du soir » ont des profils très différents. Philippe Olivier, époux de sa sœur ainée, Marie-Caroline, a été l'un des lieutenants de Bruno Mégret, grand artisan de la modernisation du parti dans les années 1990. « Félon » et « traître à la famille », selon les termes de Jean-Marie Le Pen, il est à ce titre doublement *persona non grata* au FN. S'il n'est pas convaincu par la stratégie de la dédiabolisation, il est attaché à la « professionnalisation du parti » sur une base idéologique identitaire et droitière assumée. Aujourd'hui, il a rejoint Debout la France, le parti de Nicolas Dupont-Aignan, mais le positionnement politique de Marion Maréchal-Le Pen ne peut que lui plaire.

Emmanuel Leroy jouera un temps le rôle de plume. Cet ancien d'Ordre nouveau a un parcours beaucoup plus marqué à l'extrême droite dure. Il a, par le passé, animé une lettre aux relents néonazis (la *Lettre noire*[6]) et revendique toujours sa filiation nationaliste révolutionnaire et gréciste. Il a quitté le FN au début des années 1990. Partisan d'un État fort, il est un fervent défenseur de l'actuel pouvoir russe au sein duquel il cultive quelques contacts. Il amènera au FN Laurent Ozon, écologiste identitaire radical dont le passage au sein du parti frontiste sera bref en raison d'une personnalité jugée ingérable par la direction[7]. Si Emmanuel Leroy est aujourd'hui tenu à distance, il est encore consulté de temps à autre sur des dossiers précis, notamment concernant les relations avec la Russie.

---

6. Voir Jean-Yves Camus et René Monzat, Les Droites nationales et radicales, op. cit., p. 469.
7. *Depuis, Laurent Ozon anime un cercle groupusculaire identitaire confidentiel et extrémiste.*

Un troisième acteur est Philippe Péninque. Ancien du GUD, « avocat omis » devenu homme d'affaires spécialiste des montages fiscaux, il apparaît au grand jour au moment du fameux discours de Valmy de Jean-Marie Le Pen en 2006 alors que Marine Le Pen dirige la campagne présidentielle de son père. Ce discours étonnant, aux tonalités antilibérales et antimondialistes, est axé sur les classes populaires et s'adresse aussi bien à ce que le FN nomme les « Français de souche » qu'aux Français issus de l'immigration, ces deux catégories étant appelées à participer dans un même élan à un mouvement d'union nationale. À cette époque, Philippe Péninque ambitionne d'amener une partie de la jeunesse de banlieue au mouvement d'extrême droite, persuadé que celle-ci peut être séduite par la radicalité du discours frontiste. À ce titre, il participe activement à la création d'Égalité et Réconciliation, l'association d'Alain Soral.

Déroutante pour bien des militants et des électeurs, cette grande hétérogénéité d'expertise – les axes idéologiques développés par Péninque sont à l'exact opposé de ceux défendus par Philippe Olivier – débouche sur un échec cuisant en 2007 face au candidat de la droite qui a fait de la conquête de l'électorat frontiste un de ses leitmotivs. Cette défaite n'entame pourtant en rien le crédit de Philippe Péninque, qui continue de prodiguer ses conseils à Marine Le Pen, celle-ci le chargeant de surcroît de quelques missions délicates, notamment en ce qui concerne les finances de son parti[8].

La campagne présidentielle de 2012 et la structuration autour de Marine Le Pen

Portée à la tête du FN, Marine Le Pen commence à structurer son dispositif et son discours. Elle garde de la ligne Valmy le « ni droite, ni gauche », mais gomme les appels du pied « aux Français d'origine étrangère ». Sous sa houlette, le FN se veut le parti « des victimes de la mondialisation » et prône l'interventionnisme économique. Il se veut

---

8. Notamment dans le dossier de la vente de l'ancien siège du FN. Voir sur ce point Abel Mestre et Caroline Monnot, *Le Système Le Pen. Enquête sur les réseaux du Front national*, Paris, Denoël, 2011.

également le meilleur défenseur de la laïcité contre « l'islamisation » de la nation, cet argument se substituant désormais, dans le discours frontiste, à la lutte contre l'immigration.

Le Front national développe alors un souverainisme radical inspiré par de nouvelles recrues telles que Paul-Marie Coûteaux[9], ancien conseiller de Philippe Séguin passé par le RPF de Charles Pasqua puis par le Mouvement pour la France de Philippe de Villiers, et plus encore Florian Philippot, qui ne cessera de prendre de l'importance auprès de Marine Le Pen. Sous cette influence, la sortie de l'euro devient un marqueur frontiste face à l'européisme de l'« UMPS », la plupart des « penseurs » du FN étant alors convaincus que la crise de l'euro qui a éclaté à l'été 2011 ne sera pas jugulée et terrassera la zone euro. Ce constat a pour avantage non négligeable de fédérer les recrues récentes comme les conseillers des débuts. « La crise, l'effondrement de la zone euro, c'est une fenêtre de tir que Jean-Marie Le Pen n'a jamais eue », explique alors Philippe Olivier en 2011[10].

La campagne présidentielle de 2012 marque un tournant. C'est de là que l'on peut dater l'émergence officielle du courant « nationaliste républicain » au sein du FN. Outre Paul-Marie Coûteaux et Florian Philippot, d'autres souverainistes ou anciens chevènementistes rejoignent alors Marine Le Pen, à l'instar de Bertrand Dutheil de la Rochère. Même s'ils sont peu nombreux, ils sont très écoutés par la présidente. Florian Philippot, énarque, est capable de fournir des argumentaires clés en main à une présidente frontiste peu au fait des questions économiques et sociales. Très à l'aise sur les plateaux de télévision, il se rend vite indispensable pour incarner la compétence intellectuelle du FN et contribuer à sortir le parti de son ornière purement protestataire. Sans expérience électorale aucune ni ancienneté ou réseaux dans le parti, il parvient à devenir le directeur stratégique de Marine Le Pen dans la course à l'Élysée.

---

9. *L'ancien eurodéputé villiériste rompt avec Marine Le Pen à l'automne 2014 après avoir été débarqué en juin de la même année de la présidence du SIEL (Souveraineté Indépendance et Libertés), petit mouvement qu'il avait fondé et placé dans l'orbite du FN dans l'optique de la présidentielle de 2012.*
10. *Entretien avec les auteurs.*

C'est par ailleurs à l'occasion de cette campagne que les cercles et réseaux marinistes ont été réaménagés. S'il y a encore les fidèles de toujours, avec Louis Aliot comme chef de file, les moins fiables ont été expurgés. Soucieux de respectabilisation, Aliot a convaincu le très médiatique avocat Gilbert Collard – futur député RBM – d'intégrer la sphère d'influence frontiste. On y compte aussi d'anciens mégrétistes, à qui la trahison passée a été apparemment pardonnée et dont on attend qu'ils relancent la stratégie d'ancrage territorial engagée par leur ancien mentor. L'équipe d'Hénin-Beaumont, autour de Steeve Briois, devenu entre-temps secrétaire général, et Bruno Bilde, en sont les meilleurs symboles. À eux incombe le soin de superviser cette politique d'implantation locale dédaignée en son temps par Jean-Marie Le Pen. Entre ces différents cercles, il existe naturellement des rivalités, mais la compétition porte davantage sur l'exclusivité de l'accès à Marine Le Pen que sur la structuration de courants à même d'infléchir la ligne du parti. La présidente du FN travaille beaucoup en face à face, recevant ses interlocuteurs les uns après les autres, ce qui contribue à nourrir cette concurrence.

Un ultime groupe évolue quant à lui en dehors du FN. La trajectoire politique de ses membres, quadragénaires passés par le GUD et réunis autour de Frédéric Chatillon, de même que la révélation dans la presse de certaines affaires politico-financières dont ils seraient les instigateurs mettront la nouvelle présidente frontiste dans l'embarras. De sa jeunesse d'étudiante en droit à l'université parisienne d'Assas, Marine Le Pen a en effet conservé des amitiés qui nuisent à sa stratégie de dédiabolisation et de normalisation. Frédéric Chatillon, président du GUD au début des années 1990, est de celles-ci. Lui et une poignée d'anciens militants de ce syndicat étudiant aux méthodes violentes ont monté un réseau d'entreprises où les prises de participation se font entre amis et dont les avocats-conseil sont eux-mêmes d'anciens du GUD. À partir de 2012, ils forment l'un des cercles les plus fermés et les plus rapprochés de la présidente du FN. Mêlant affaires et politique, ils vont devenir les prestataires de services quasi exclusifs du parti version Marine Le Pen. Ils sont notamment aux commandes de Jeanne, le microparti dont s'est dotée la présidente du FN pour financer ses campagnes électorales. La conception et la fabrication du matériel de campagne sont exclusivement dévolus à Riwal, l'entreprise de communication de Frédéric Chatillon. La société de sécurité d'Axel Loustau (Vendôme, puis Colisée) se substitue ici et là au Département protection sécurité (DPS), le service d'ordre officiel du FN, souvent composé de bénévoles. Les «gudards» apparaissent ainsi au cœur de la logistique et du financement du «nouveau» FN. Malgré leurs écarts de conduite, notamment des actes d'intimidation répétés envers la presse, une proximité affichée avec Alain Soral ou l'humoriste Dieudonné, ils bénéficient de la part de Marine Le Pen d'une impunité totale[11].

L'élection présidentielle de 2012 a été un pivot pour le FN. Depuis cette échéance, le parti d'extrême droite enchaîne les succès électoraux (aux élections municipales et européennes de 2014 puis, au moins, au premier tour des départementales de 2015). Une nouvelle catégorie d'adhérents est créée: les élus locaux. Si certains d'entre eux sont des frontistes de longue date, d'autres sont fraîchement encartés. Mais tous ont en commun de devoir leur fonction à Marine Le Pen et lui sont par conséquent totalement dévoués.

Les nouveaux élus

Les législatives de 2012 n'offrent au FN que deux députés, sans doute en raison du mode de scrutin uninominal à deux tours qui continue de pénaliser les candidats frontistes encore peu implantés: Gilbert Collard, élu dans le Gard, qui se plaît à n'être qu'au Rassemblement Bleu Marine, la structure montée pour permettre des ralliements sans avoir à sauter le pas de la prise de carte au Front; et Marion Maréchal-Le Pen, nièce de Marine Le Pen, élue dans le Vaucluse, qui acquiert immédiatement une stature nationale.

---

11. Frédéric Chatillon, Axel Loustau, Olivier Duguet, membres de ce clan «gudard», ainsi que le trésorier du FN et l'expert-comptable du parti ont été mis en examen dans le cadre de l'enquête menée par les juges financiers Renaud van Ruymbeke et Aude Buresi. Cette enquête porte sur le financement des campagnes présidentielle et législative 2012 et vise le FN, un parti satellite, Jeanne, et la société Riwal, qui conçoit et réalise de nombreux documents de propagande pour l'organisation frontiste.

Les municipales de 2014 offrent ensuite l'occasion au FN d'enlever dix mairies, plus le 7e secteur de Marseille, et d'obtenir plus de 1 500 conseillers municipaux, un record historique pour le parti frontiste. L'élection de nombre de ces nouveaux maires était globalement attendue, qu'il s'agisse de Robert Ménard (non encarté FN) à Béziers (Hérault), de David Rachline à Fréjus (Var), de Steeve Briois à Hénin-Beaumont (Pas-de-Calais) ou encore de Julien Sanchez à Beaucaire (Gard). D'autres ont créé la surprise. C'est le cas notamment de Cyril Nauth, devenu maire de Mantes-la-Ville (Yvelines). Pour tous, en tous cas, il s'agit du premier mandat à la tête d'un exécutif local. Le FN commence enfin à produire des notables : David Rachline, qui fit ses premières classes politiques à Égalité et Réconciliation, l'association d'Alain Soral, devient même sénateur à 26 ans après avoir conquis la mairie de Fréjus.

Ces élus ne forment pas un groupe homogène qui défendrait ses intérêts propres au sein du Front. Si l'on exclut Robert Ménard, qui a conclu avec le FN une alliance stratégique et qui, à Béziers, joue avant tout son équation personnelle, et le cas singulier de Marion Maréchal-Le Pen, les nouveaux maires frontistes sont très légitimistes. Tous savent qu'ils doivent leur élection à Marine Le Pen et à sa stratégie de renouvellement du parti. Ces nouveaux notables personnifient la possibilité qu'offre le FN de faire carrière[12] et appuient Marine Le Pen en interne, envers et contre tout. Pour l'instant, aucun d'entre eux n'imagine s'émanciper de sa tutelle à la faveur de leur nouveau mandat, même si cela pourrait leur donner une certaine autonomie.

Un parti totalement marinisé, mais où deux lignes émergent

L'exclusion de Jean-Marie Le Pen, survenue après la tentative (finalement invalidée par la justice) de suppression des statuts du FN

---

12. *Comme ce fut cependant déjà le cas dans les années 1980 et 1990. Voir Guy Birenbaum et Bastien François, « Unité et diversité des dirigeants frontistes », dans Nonna Mayer et Pascal Perrineau (dir.),* Le Front national à découvert, *op. cit., p. 83-106.*

de la fonction de président d'honneur qu'il occupait depuis 2011, parachève la mainmise de Marine Le Pen sur le parti d'extrême droite : le FN entre dans une nouvelle phase de son histoire. Déjà, en novembre 2014, lors du congrès du parti à Lyon[13], le « marinisme » est devenu hégémonique dans les instances du FN. Des jeunes, purs produits de l'ère Marine Le Pen, ont fait leur entrée au comité central[14]. Les rangs des partisans de Bruno Gollnisch – qui représentaient 45 % du comité central sortant – ont fondu. Autre résultat symbolique, le très mauvais classement d'Alain Jamet, 1er vice-président du FN (une fonction honorifique), cofondateur du parti et à ce titre figure historique du mouvement, a montré que les adhérents frontistes n'ont, aujourd'hui, plus la mémoire militante suffisante pour remercier un « ancien ».

En quatre ans, Marine Le Pen a donc pris le contrôle intégral du parti, dégagé celui-ci de l'emprise de son père, vaincu ce qui restait des troupes favorables à son ex-rival Bruno Gollnisch et remodelé à sa main l'appareil frontiste en promouvant une génération militante qui n'a connu qu'elle. Pour autant, dans ce parti totalement acquis à sa nouvelle présidente, deux sensibilités se sont affirmées au fil des mois. La première regroupe les fameux « nationaux républicains ». Portée par Florian Philippot, elle privilégie le ni droite ni gauche, la sortie de l'euro, le jacobinisme et souhaite combiner discours social et discours national. Cette sensibilité est très présente au FNJ, la génération qui n'a pas de mémoire militante. La seconde, que l'on peut qualifier de « libérale conservatrice » ou d'« identitaire », est l'apanage de Marion Maréchal-Le Pen et de ses proches, dont le géopoliticien Aymeric Chauprade. La matrice idéologique de nombre d'entre eux a été le « nationalisme intégral » de l'Action française, d'où une certaine défiance à l'encontre du libéralisme hérité des Lumières et de

---

13. Abel Mestre, « *Front national, une page se tourne* », Le Monde, 30 novembre 2014.

14. L'élection au comité central du FN se fait par vote direct des adhérents par correspondance. Ceux-ci pouvaient choisir jusqu'à cent candidats sur une liste de quatre cents noms. Le candidat qui a récolté le plus de suffrages arrive en première position. Aux cent membres élus s'ajoutent vingt membres cooptés par la présidente du Front national.

la Révolution. Cette ligne politique trouve aussi des soutiens auprès des cadres et militants du Bloc identitaire qui, au gré des municipales, des cantonales et plus récemment des régionales[15], ont rejoint le FN ou ses satellites, qu'il s'agisse du Rassemblement Bleu Marine ou du SIEL, l'association souverainiste fondée par Paul-Marie Coûteaux. Cette sensibilité n'est pas hostile à une «union des droites», dont elle estime être une des composantes. Elle voit d'un bon œil la théorie dite du «grand remplacement[16]» et promeut celle du choc des civilisations – à laquelle Marine Le Pen s'est dite opposée. En première ligne dans les manifestations contre le mariage pour tous, elle courtise volontiers les milieux catholiques traditionalistes et discute la pertinence du mot d'ordre sur la sortie de l'euro. Entre ces deux mouvances, la majorité des cadres et des militants n'ont pas choisi, ce qui explique sans doute qu'elles ne se soient pas cristallisées sous forme de courants officiels lors du dernier congrès du FN. Si Marine Le Pen pencherait *a priori* pour la première, elle s'efforce de faire la synthèse ou de jouer de l'une ou de l'autre, au gré de ses appréciations tant idéologiques que stratégiques.

Marine Le Pen s'est donc construite politiquement en s'adjoignant plusieurs «bandes» successives qui ont contribué à son ascension au sein du parti. Des «copains» du début, il ne reste plus beaucoup, mis à part Louis Aliot. Les nouveaux venus, en revanche, tel Florian Philippot, ont pris une place prépondérante et essentielle dans le dispositif mariniste, sans pour autant mettre tout le monde d'accord, puisque Marion Maréchal-Le Pen figure comme une opposante potentielle à l'omnipotence des «nationaux républicains» du jeune énarque. Cependant, si Marine Le Pen doit composer avec ces différents courants en interne, il en va autrement sur le plan international. Tous ses nouveaux alliés européens sont, comme elle, tournés vers la Russie. Avec ses

---

15. *Philippe Vardon ayant rejoint officiellement la liste conduite par Marion Maréchal-Le Pen en PACA.*
16. *Cette thèse, forgée par Renaud Camus et portée par l'extrême droite identitaire, pose qu'une substitution de population est à l'œuvre, une immigration de «peuplement» remplaçant progressivement la population française d'origine, avec la bénédiction d'un «pouvoir remplaciste».*

partenaires étrangers, Marine Le Pen cherche à créer une nouvelle doctrine diplomatique fondée sur l'anti-islam et une certaine dose d'anti-américanisme.

La diplomatie mariniste

Marine Le Pen en est persuadée : sa stratégie de dédiabolisation passe par les relations internationales. L'un de ses chantiers prioritaires, lorsqu'elle est arrivée à la tête du Front national en janvier 2011, fut de bâtir de nouvelles alliances avec des partis de gouvernement étrangers afin d'appuyer son entreprise de normalisation. « Je veux tourner le dos à l'ensemble des mouvements qui ne sont pas sur les mêmes grandes lignes que nous ou qui n'ont pas le sérieux nécessaire pour réfléchir avec nous. Je veux travailler avec des partis crédibles et de tout premier plan », nous avait-elle ainsi déclaré en juin 2011. Elle a, de fait, vite mis fin aux partenariats construits par son père Jean-Marie Le Pen et Bruno Gollnisch. Ces derniers avaient lancé en 2009 l'Alliance européenne des mouvements nationaux – une entreprise mise sur pied pour l'essentiel par Bruno Gollnisch. On y retrouvait de nombreux groupuscules radicaux, comme les néofascistes espagnols du MSR ou encore les italiens nostalgiques de Mussolini, notamment des néofascistes de Fiamma Tricolore, des partis trop infréquentables pour un parti en quête de crédibilité internationale.

L'anti-islam comme ciment

Les nouveaux alliés du FN s'appellent la Ligue du Nord (Italie) ; le FPÖ (Autriche) ; le Vlaams Belang (Belgique, extrême droite flamande) ou encore le Parti de la liberté (PPV) de Geert Wilders aux Pays-Bas. Ils sont regroupés, dans le cadre du Parlement européen, au sein de l'Alliance européenne pour la liberté [17] et sont désignés, de façon

---

17. Pour créer un groupe parlementaire à Strasbourg, ces partis se sont alliés, en juin 2015, avec une eurodéputée britannique exclue du parti europhobe UKIP et avec deux Polonais issus du Congrès de la nouvelle droite (KNP). Le KNP, réputé jusque-là infréquentable, s'est débarrassé début 2015 de son encombrant chef

un peu vague, comme « les nouveaux populismes européens ». Ils tournent officiellement le dos à l'antisémitisme pour privilégier la défense de l'Occident contre la menace de l'islam. Ils sont libéraux sur les questions de société – défense des droits des femmes, des droits homosexuels –, dont ils se servent pour justifier leur condamnation de l'islam en tant que tel. Autant d'arguments utilisés par Marine Le Pen dans le débat hexagonal quand elle évoque la défense de la laïcité ou de la devise républicaine « Liberté, égalité, fraternité ». Pour Jean-Yves Camus, cette « nouvelle génération de partis populistes [...] est beaucoup plus focalisée sur l'islam, sur son expression politique, et sur son incompatibilité supposée avec les valeurs qui sont censées fonder l'espace européen[18] ». En somme, ces formations mettent en avant l'idée d'une incompatibilité de nature d'où découle, à terme, la nécessité d'interdire l'expression de l'islam en Europe. Leur corpus idéologique se distingue également par l'adoption d'un positionnement géopolitique pro-israélien : pour eux, Israël est le poste avancé de l'Occident judéo-chrétien, premier rempart contre l'islam.

Le cas Chauprade

Cette modification de la carte des alliances internationales du FN nourrit le discours des adversaires de Marine Le Pen au sein de l'extrême droite. En septembre 2014, l'affaire « Aymeric Chauprade » en a constitué une parfaite illustration. Ce géopoliticien, ancien professeur au Collège interarmées de défense, proche de l'Action française, récemment venu au FN et élu eurodéputé sous cette étiquette en 2014, est un rouage essentiel de la « diplomatie mariniste ». Il fait partie de ceux qui explorent de nouvelles alliances en Russie ou au Moyen-Orient. Nous y reviendrons.

---

de file, le révisionniste et homophobe Janusz Korwin-Mikke. Cette constitution d'eurogroupe qui apporte des moyens financiers conséquents a sans aucun doute été possible grâce à l'éviction de Jean-Marie Le Pen du parti d'extrême droite. Par ailleurs, un Mouvement pour une Europe des nations et des libertés, structure extérieure au Parlement européen, a été créé en octobre 2014 par le FN, la Ligue du Nord, le Vlaams Belang, le FPÖ et le PPV.

18. Cité dans lemonde.fr, *1ᵉʳ décembre 2009*.

Aymeric Chauprade se distingue par des prises de position sans concessions, notamment pro-israéliennes. Dans un texte faisant office de manifeste géopolitique publié en août 2014 et intitulé « La France face à la question islamique : les choix crédibles pour un avenir français [19] », il livrait sa vision du monde. Prorusse, mais soutenant les frappes américaines contre l'État islamique, voulant défendre « militairement les chrétiens d'Irak », il prônait « l'élimination *in situ* » des djihadistes français partis combattre en Irak et en Syrie pour les empêcher de revenir en France, une prise de position dont Marine Le Pen s'est rapidement désolidarisée. Surtout, Chauprade prenait la défense d'Israël. « Israël n'est pas l'ennemi de la France. La France n'a aujourd'hui qu'un véritable ennemi : le fondamentalisme islamique sunnite. [...] À moins donc qu'il ne soit gouverné par un antisémitisme obsessionnel, un patriote français ne peut chercher à former, contre Israël, et avec l'extrême gauche propalestinienne, la racaille de banlieue et les islamistes, une alliance à la fois contre-nature et sans issue politique. » Un peu plus loin, Aymeric Chauprade explicitait son soutien inconditionnel à la politique militaire israélienne : « Un argument que l'on entend sans cesse est que tout cela est injuste parce que les Israéliens n'ont que cinquante morts (militaires) tandis que les Palestiniens en déplorent deux mille (essentiellement civils). [...] Si l'on me confiait le ministère de la Défense français et que mon pays était agressé par des roquettes, alors oui, je ferai le maximum pour avoir zéro mort du côté français et pour infliger des pertes maximales à mon ennemi. »

Ce texte n'a pas eu l'heur de plaire à certains proches de Marine Le Pen, ceux issus de la bande du GUD, notamment Frédéric Chatillon – dont l'antisionisme et les liens avec le régime syrien sont connus – et Philippe Péninque [20]. Peu de temps après, Aymeric Chauprade se fera

---

19. *Source : http://blog.realpolitik.tv/2014/08/la-france-face-a-la-question-islamique-les-choix-credibles-pour-un-avenir-francais/ (consultation : juin 2015).*
20. *Mais pas seulement. Alain Soral, ancien du FN mais toujours proche de Frédéric Chatillon et Philippe Péninque, s'en est pris à Aymeric Chauprade, estimant que son texte équivalait à de la « haute trahison ». Le climat s'est*

évincer de la direction du FN et du premier cercle mariniste. Hasard ? Officiellement, étaient en cause ses prises de position relevant du « choc des civilisations », une théorie à laquelle Marine Le Pen affirme ne pas souscrire, comme elle l'a rappelé récemment : « Ce n'est pas ma ligne, j'y ai toujours été opposée. On doit justement éviter ce choc de civilisations[21]. » Peu après les attentats des 7 et 11 janvier contre *Charlie Hebdo* et le supermarché Hyper Casher, Aymeric Chauprade publia une vidéo dans laquelle il dénonçait l'existence d'« une cinquième colonne » islamiste en France, estimant qu'une « guerre avec des musulmans » était en cours. Marine Le Pen le désavoua et transmit la consigne de ne pas diffuser cette vidéo[22]. Furieuse et vexée de ne pas avoir été prévenue en amont, la présidente du FN décida de sanctionner le géopoliticien en le mettant à l'écart. Un bannissement qui a pris fin en mai-juin 2014[23].

Si Marine Le Pen entend multiplier les alliances avec des « partis frères » pour asseoir sa légitimité internationale, il en est un qui compte plus que les autres : la Ligue du Nord, dirigée par le jeune Matteo Salvini. Des deux côtés des Alpes, les deux chefs de parti développent un même discours centré sur le rejet de l'immigration et éprouvent une véritable fascination pour la Russie de Vladimir Poutine.

---

détérioré à un tel point qu'Aymeric Chauprade a dû venir avec des gardes du corps aux universités d'été du FNJ à Fréjus, début septembre 2014, car il craignait une éventuelle action de la part des amis de Soral. Voir sur ce point : http://droites-extremes.blog.lemonde.fr/2014/10/31/comment-alain-soral-veut-evincer-aymeric-chauprade-du-fn/ (blog d'actualité du Monde tenu par les auteurs de ce chapitre).

21. Olivier Faye, « M. Chauprade revient par la petite porte », Le Monde, 10 juin 2015.

22. La vidéo vaut à Aymeric Chauprade une enquête de la justice après un signalement de la Licra et SOS Racisme. Selon l'AFP, une phrase est en particulier visée : « On nous dit qu'une majorité de musulmans est pacifique, certes. Mais une majorité d'Allemands l'était avant 1933 et le national-socialisme. »

23. Voir infra (« Le pari arabe »). Aymeric Chauprade démissionna de son poste de « chef de la délégation FN au Parlement européen ». Il n'apparaît pas non plus sur le nouvel organigramme frontiste issu du XVe congrès. Autre élément à charge contre Aymeric Chauprade : il a vertement critiqué la venue au FN de Sébastien Chenu, ancien cadre UMP et militant de la cause homosexuelle. Lors d'un bureau politique en décembre 2014, il avait ainsi fustigé un « lobby gay » – des propos peu appréciées par la présidente du parti.

Le pacte de fer

Le compagnonnage entre Marine Le Pen et la Ligue du Nord remonte à 2010. Pour son premier déplacement à l'étranger, sur l'emblématique île italienne de Lampedusa, Mme Le Pen était accompagnée par Mario Borghezio, eurodéputé du parti autonomiste. L'eurodéputé italien, francophone, s'est avéré un extrémiste incontrôlable, condamné à plusieurs reprises dans son pays pour des faits de violence et de dégradation[24]. Marine Le Pen s'en est d'ailleurs rendu compte et a cessé, après ce voyage, tout contact avec ce personnage infréquentable. Deux ans après, la Ligue du Nord est revenue aux avant-postes du jeu politique avec à sa tête un jeune leader beaucoup plus policé. Ainsi, fin 2013-début 2014, Marine Le Pen et Matteo Salvini (le nouveau chef léguiste) scellent une nouvelle alliance. Les deux leaders se ressemblent : jeunes, populistes, démagogues, férocement anti-immigrés et anti-islam. Leurs personnalités aussi sont complémentaires. Ni l'un ni l'autre ne dédaignent s'amuser, comme on a pu le voir lors du XVᵉ congrès du FN en 2014, où les deux politiques ont dansé ensemble. « C'est un type remarquable, il a de très grandes qualités politiques », confie ainsi Marine Le Pen. « C'est un énorme bosseur. Il a donné l'impulsion, au bon moment, pour faire de son parti un mouvement national[25]. »

---

24. *Mario Borghezio n'est pas un inconnu en France. Il est de tous les colloques et autres réunions de l'extrême droite française. On l'a vu, en 2009, aux côtés des Identitaires. Un an plus tôt, il était au Club de l'Horloge. En 2010, il s'est rendu à la journée de Synthèse nationale – des antimarinistes virulents. Mario Borghezio apparaît en 2009 aux côtés de Philippe Vardon dans un documentaire de Canal + intitulé « Ascenseur pour les fachos ». Voilà ce qu'il y déclarait : « Il faut rentrer dans les administrations et les petits pays. Il faut insister beaucoup sur le côté régionaliste de votre mouvement. [...] C'est une bonne manière de ne pas être classé comme fasciste nostalgique, mais comme une nouvelle mouvance régionale, catholique, etc. Mais en dessous, nous sommes toujours les mêmes. » Dans son pays, Mario Borghezio a eu de nombreux démêlés avec la justice. Il a notamment été condamné en 1993 pour avoir violenté un vendeur marocain de douze ans et aussi, en 2000, pour avoir incendié un abri de SDF étrangers.*

25. *Abel Mestre et Philippe Ridet, « Matteo Salvini, le cousin italien de Marine Le Pen »,* Le Monde, *29 novembre 2014.*

Du côté italien, on évoque même un « pacte de fer » entre les deux partis. Cette alliance ne va pas cependant de soi, tant sont nombreux les points de divergence entre les deux formations. Ce rapprochement va même à l'encontre de deux principes érigés en dogmes par Marine Le Pen : la revendication de l'Europe des nations et la stratégie de dédiabolisation. Ainsi, le FN se dit jacobin, farouche partisan de l'État-nation et opposant tout aussi virulent au régionalisme. De son côté, la Ligue du Nord est séparatiste et prône une Europe des peuples. Elle souhaite l'indépendance du nord de l'Italie, qui regroupe les régions les plus riches du pays. Par ailleurs, sa conception de l'identité, très exclusive, l'empêche d'avoir une vision « assimilationniste » de l'immigration, comme le revendique le FN. Et si la Ligue du Nord a participé aux gouvernements Berlusconi, elle n'en demeure pas moins extrémiste, avec des déclarations problématiques. En 2009, Matteo Salvini s'était par exemple déclaré favorable à des wagons séparés pour les Milanais de souche dans le métro de la capitale lombarde. De même, la Ligue du Nord n'a pas hésité à attaquer *ad hominem* Cécile Kyenge à l'été 2013, lorsqu'elle était ministre de l'Intégration italienne, pour sa couleur de peau.

Consciente de ces contradictions, Marine Le Pen ménage plusieurs contacts différents de l'autre côté des Alpes[26]. Ainsi, elle entretient de très bonnes relations avec Giorgia Meloni[27], jeune députée italienne qui a lancé Fratelli d'Italia, dernier avatar issu du MSI, l'ancien mouvement néofasciste italien refondu, à partir du milieu des années 1990, en un parti de droite conservateur. « Abondance de biens ne nuit pas. J'entretiens des relations avec tous les mouvements politiques respectables qui partagent notre ligne. Il n'y a pas d'exclusive », explique Marine Le Pen[28]. La présidente du FN a également rencontré, en octobre 2011,

---

26. *Évacuons ici la rencontre en 2012 entre Marine Le Pen et Francesco Storace. Ancien chauffeur de Giorgio Almirante, Francesco Storace est à la tête d'un petit parti nommé La Destra (La Droite). Cet entretien n'a rien donné politiquement.* Source : http://droites-extremes.blog.lemonde.fr/2012/04/14/marine-le-pen-a-rencontre-francesco-storace-figure-de-lextreme-droite-italienne/
27. Source : http://droites-extremes.blog.lemonde.fr/2014/04/05/europennes-vers-une-alliance-marine-le-pen-gianni-alemanno/
28. Entretien avec les auteurs.

plusieurs cadres locaux de Forza Italia, le parti de Silvio Berlusconi, tous issus de la formation néofasciste. Rien d'étonnant à cela. Le FN fut longtemps le parti frère de son équivalent transalpin. Lorsque Marine Le Pen est allée en Italie en 2011, tous ses contacts politiques étaient d'anciens du MSI. Asunta Almirante – la veuve de Giorgio Almirante, le leader historique du MSI – lui avait même rendu hommage[29]. De plus, Frédéric Chatillon, ami proche de Marine Le Pen, s'est installé en Italie, où il bénéficie de nombreux contacts politiques[30]. C'est d'ailleurs lui qui sert d'intermédiaire entre les élus transalpins issus du MSI et Marine Le Pen.

Des réseaux russes en concurrence

Mais les contacts internationaux de la présidente frontiste ne se cantonnent pas à l'Europe occidentale. Ainsi, lors du congrès du parti en novembre 2014, Marine Le Pen a voulu faire l'étalage de tous ses alliés internationaux. Le 29 novembre 2014, sur la scène du Centre de congrès de Lyon, pas moins de sept invités – un Hollandais, un Russe, un Italien, un Belge, un Autrichien, un Tchèque et un Bulgare – se sont succédé[31]. Si la plupart étaient les « partenaires » classiques de Marine Le Pen – Matteo Salvini de la Ligue du Nord ; Hanz-Christian Strache du FPÖ ou encore Geert Wilders du Parti pour la liberté –, celui que tout le monde attendait était Andreï Issaïev, le vice-président de la Douma et membre de Russie unie, le parti de Vladimir Poutine. S'adressant à l'assistance en russe, il avait alors lancé un tonitruant « chers camarades » à une salle qui l'acclamait debout. Rappelant « l'amitié historique » liant la France et la Russie, Andreï Issaïev avait critiqué les « fonctionnaires inconnus de l'Union européenne, pantins des États-Unis », et dénoncé « le coup d'État anticonstitutionnel » en Ukraine ainsi que les sanctions commerciales frappant la Russie.

---

29. Source : http://droites-extremes.blog.lemonde.fr/2011/10/22/marine-le-pen-en-italie-lombre-portee-du-msi/
30. Source : http://droites-extremes.blog.lemonde.fr/2014/10/17/le-reseau-de-frederic-chatillon-setend-a-litalie/
31. Abel Mestre, « Avec ses alliés étrangers, Marine Le Pen plaide pour une "Europe de l'Atlantique à l'Oural" », lemonde.fr, 29 novembre 2014.

La venue d'un membre de Russie unie était une première pour le Front national. Les relations officielles entre les deux formations sont récentes et constituent un indice supplémentaire des liens étroits qui relient désormais le parti d'extrême droite français au pouvoir russe.

Marine Le Pen n'a jamais caché son admiration pour Vladimir Poutine. Son État impérial s'accorde au discours autoritaire du FN et son souci de se démarquer de l'Occident répond à l'antiaméricanisme de Mme Le Pen, sans oublier le chauvinisme et la xénophobie toujours prégnante dans la volonté des autorités de restaurer la Russie comme grande puissance. En un mot, la Russie agit comme un modèle. Marine Le Pen reconnaît d'ailleurs facilement son attirance pour ce régime. « La France a tout intérêt à se tourner vers l'Europe, la Grande Europe[32], notamment à travailler à des partenariats avec la Russie pour des raisons évidentes : civilisationnelles, géostratégiques et d'intérêt pour notre indépendance énergétique », a-t-elle indiqué devant la presse étrangère en avril 2011.

De son côté, la Russie, en froid avec les États-Unis et l'Union européenne depuis les événements en Ukraine et en Crimée, se cherche des appuis parmi l'aile politique anti-européenne et anti-atlantiste. Le Front national est depuis longtemps courtisé par le parti Russie unie, comme en témoignent les visites régulières de ses représentants dans la capitale russe. Marion Maréchal-Le Pen a fait le déplacement le 10 décembre 2012 ; Marine Le Pen en juin 2013 puis en avril 2014 et en mai 2015. À cette occasion, le président de la Douma, Serguei Narychkine, a même déclaré : « Grâce à votre influence personnelle, les définitions nouvelles de votre parti correspondent au temps et à l'esprit de la France moderne[33]. »

---

32. *Vladimir Poutine a lui-même prôné la création d'une « Grande Europe » dotée d'un complexe énergétique unique et dénuée de visa, sous la forme d'une « communauté harmonieuse d'économies de Lisbonne à Vladivostok » et « d'une intégration effective Russie-UE », dans un discours devant le Douma, le 20 avril 2011 (source : agence Ria Novosti).*

33. *Isabelle Mandraud, « À Moscou, Marine Le Pen est l'hôte de marque de la Douma », Le Monde, 28 mai 2015.*

Mais les liens avec la Russie poutinienne ne se cantonnent pas à une proximité strictement idéologique. La dimension financière est primordiale pour comprendre les réseaux russes du FN. L'affaire a été amplement relayée dans les médias fin 2014. Une banque russe, la First Czech-Russian Bank, a prêté 9 millions d'euros au parti d'extrême droite[34]. La question est de savoir si ce prêt a un sens politique : est-ce un geste du Kremlin pour un parti ami ? Si Marine Le Pen esquive le problème en décrétant la question « ridicule », à Moscou, il n'y a guère de doute : ce prêt ne peut avoir été accordé sans l'aval du Kremlin[35]. La divulgation de milliers de SMS[36], en avril 2015, émanant d'un cadre de l'administration présidentielle de Vladimir Poutine va dans ce sens. Dans ces milliers d'échanges, plusieurs messages concernent la présidente du FN, via un « contact français » identifié comme étant Konstantin Rykov. Ce dernier, élu en 2007 député de la Douma (la chambre basse du Parlement) sous l'étiquette du parti au pouvoir Russie unie, est un fervent partisan du chef de l'État, dont il a soutenu les campagnes électorales par le biais de plusieurs sites Internet[37].

Pour conclure ce prêt avec la First Czech-Russian Bank, Marine Le Pen a eu recours à l'entregent de l'un des eurodéputés frontistes, Jean-Luc Schaffhauser. Passé par le centre-droit, cet homme de 58 ans a conduit la liste FN aux municipales à Strasbourg. Ancien consultant chez Dassault, il collabore avec la présidente du FN pour les questions économiques depuis plusieurs années. Jean-Luc Schaffhauser dispose en Russie d'un carnet d'adresses fourni. De son côté, Aymeric Chauprade affirme « en aucun cas n'avoir été dans le circuit » des démarches auprès de la banque russe et soutient que les contacts de Jean-Luc Schaffhauser ne sont pas les siens. Au FN, deux réseaux

---

34. Marine Turchi, « Le Front national décroche les millions russes », Mediapart, 22 novembre 2014.
35. Abel Mestre, « Un prêt russe qui embarrasse le FN », Le Monde, 25 novembre 2014.
36. Agathe Duparc, Karl Laske et Marine Turchi, « Crimée et finances du FN : les textos secrets du Kremlin », Mediapart, 2 avril 2014.
37. Abel Mestre, Caroline Monnot et Isabelle Mandraud « Le FN embarrassé par une nouvelle affaire russe », Le Monde, 4 avril 2015.

russes cohabitent donc et se font concurrence. Cette concurrence au sujet de la Russie n'est pas nouvelle. En 2010-2011, c'était déjà le cas, mais les acteurs étaient différents. À cette époque, Emmanuel Leroy et Philippe Olivier devaient composer avec Philippe Péninque qui se vantait de pouvoir ramener les Russes dans l'escarcelle frontiste[38].

Le pari arabe

Marine Le Pen sait qu'elle ne peut se contenter de ses liens avec la Russie pour acquérir un rayonnement international. Dans la perspective de 2017, et dans un souci de crédibilisation, elle doit montrer aux Français qu'elle compte sur la scène mondiale. C'est à cette aune qu'il faut comprendre son voyage en Égypte et sa rencontre, fin mai 2015, avec Ahmed Al-Tayyeb, cheikh de la mosquée d'Al-Azhar, la plus haute instance de l'islam sunnite[39]. Ce déplacement, dont Aymeric Chauprade est à l'origine, n'a pas manqué de surprendre, y compris dans son propre parti. Pourquoi un parti dont la ligne s'ancre de plus en plus autour du rejet de l'islam, et qui ne cesse de condamner le Qatar et l'Arabie saoudite, solliciterait un tel entretien ? À en croire Jean-Yves Camus, le but est « de rendre son parti acceptable, ou du moins audible, par une prestigieuse institution musulmane qui veut incarner un islam modéré et contrer l'influence wahhabite[40] ». Il est clair que ce déplacement s'inscrit dans la rhétorique lepéniste des « bons » et des « mauvais » musulmans.

Sur la scène nationale, les « bons » musulmans sont, pour Marine Le Pen ou son lieutenant Florian Philippot, les musulmans assimilés, chez lesquels il ne subsiste aucune trace de leur extraction cultuelle (et culturelle). Les « mauvais » sont tous ceux qui « refusent de s'assimiler ». Une catégorie très large si l'on se rappelle que pour la formation nationaliste, toute manifestation d'un particularisme culturel ou cultuel est synonyme de refus de s'assimiler. Il en va ainsi du port du

---

38. Abel Mestre et Caroline Monnot, Le Système Le Pen..., op. cit.
39. Olivier Faye, « Marine Le Pen en Égypte, un "pays arabe anti-islamiste" » Le Monde, 30 mai 2015.
40. Cité dans Charlie Hebdo, 1194, 10 juin 2015.

voile (que Marine Le Pen voudrait interdire, y compris dans l'espace public) ou de la nourriture hallal (un des thèmes favoris du FN étant l'interdiction des menus halal à la cantine). À l'étranger, les bons musulmans sont ceux qui s'opposent, par tous les moyens nécessaires, à l'expansion islamiste. Pour Marine Le Pen, il en va ainsi de l'Égypte. « Al-Azahar est une instance officielle égyptienne, de cette Égypte qui mène une lutte sans merci contre les Frères musulmans, qui se défie de plus en plus du Hamas gazaoui et réclame une coalition internationale contre les djihadistes libyens[41] », poursuit Jean-Yves Camus. D'ailleurs, Marine Le Pen ne s'est pas privée de complimenter le maréchal Al-Sissi, président du pays, auprès du Premier ministre égyptien Ibrahim Mahlab : « [Le maréchal Al-Sissi] est l'un de nos remparts les plus solides face aux Frères musulmans[42]. » Ce début de lien avec l'Égypte complète les bonnes relations que le FN entretient avec la Syrie de Bachar Al-Assad. Marine Le Pen n'a jamais démenti son soutien à Damas, même si aucun voyage ni aucun contact direct ne sont connus à ce jour. Certains voient dans ses prises de position prosyriennes la main de Frédéric Chatillon. Proche du pouvoir, il a été en première ligne dans l'organisation du soutien au régime d'Al-Assad depuis la France.

Marine Le Pen cherche à tous prix à se crédibiliser sur la scène internationale. Pour ce faire, elle a choisi de ne travailler qu'avec des formations ayant déjà exercé le pouvoir. C'est là son seul et unique critère : peu importe la radicalité du discours, pourvu que l'on ait été élu. Par ailleurs, elle se tourne résolument vers l'Est, privilégiant une diplomatie « boréale » avec la Russie poutinienne. Mais ces alliances et ces choix internationaux montrent que Marine Le Pen, à chaque fois, prend le parti de régimes autoritaires au nom d'un intérêt supérieur, que ce soit la lutte contre l'islamisme ou une supposée défense des intérêts français.

---

41. Ibid.
42. Cité dans « Marine Le Pen raconte sa "petite expédition" en Égypte », lopinion.fr, *3 juin 2015.*

Conclusion : une cheffe, un parti, mais deux lignes

En quatre années à la tête du Front national, Marine Le Pen a su s'affranchir de la structure dont elle a hérité de son père. Elle n'a d'ailleurs pas hésité à purger ses opposants, au premier rang desquels Jean-Marie Le Pen, pour s'entourer uniquement de fidèles. Cette volonté de caporalisation était présente dès avant son élection à la tête du parti en 2011. « À la faveur de l'élection du président du FN, c'est toute une ligne politique qui va être choisie. Et c'est essentiel. Ceux qui ne sont pas d'accord avec cette ligne politique, soit ils se soumettent à la volonté des adhérents du FN, soit ils se mettent en retrait. J'ai joué le choix. Parce que moi, je crois que les synthèses, c'est nul. On voit ce que ça donne au PS, c'est dramatique. Et je crois que la politique, ça s'incarne[43] », avertissait-elle à la veille du XIVe congrès du FN en janvier 2011. Jamais le parti n'a été aussi monolithique. Depuis la crise avec son père, le bureau exécutif et le bureau politique du FN – les deux instances dirigeantes – sont monochromes. Cette apparente unité n'empêche pas qu'en coulisses les futures divisions se préparent à éclater au grand jour. Marine Le Pen en a conscience. Elle navigue entre tous ces réseaux telle une équilibriste. Elle doit ainsi composer entre les tenants d'un discours national républicain, incarné par Florian Philippot, et ceux qui se reconnaissent dans le discours libéral conservateur d'une Marion Maréchal-Le Pen. Elle s'appuie sur ses amis anciens du GUD, mais ne peut pas le faire ouvertement pour ne pas se mettre à dos les partisans de sa nièce ou les cadres proches de son compagnon Louis Aliot, qui n'apprécie guère ces anciens activistes à la réputation sulfureuse. Sur le plan international, elle doit gagner en crédibilité et en respectabilité tout en conservant ses liens avec des partis peu fréquentables selon les canons hexagonaux (tels la Ligue du Nord italienne ou le Vlaams Belang flamand) ou des régimes autoritaires, comme la Russie.

Ces multiples pôles d'influence la forcent à se maintenir en permanence sur la ligne de crête. C'est notamment le cas au sein de son parti :

---

43. Cité dans Abel Mestre, « Otages : le dérapage de Le Pen brouille sa stratégie », lemonde.fr, *31 octobre 2013.*

Marine Le Pen veille toujours à ce que, par leur lutte constante, aucun des clans ne puisse l'emporter et donc remettre en cause sa position d'arbitre. Les réseaux qui l'entourent ont beau incarner une pluralité d'opinions et de stratégies, la présidente ne prend pas en compte les positions n'allant pas dans son sens. Non seulement la direction du parti est omnipotente et autoritaire, mais elle méprise la pluralité politique, qui, selon elle, n'aboutit qu'à des synthèses forcément molles.

Pour la présidentielle de 2017, Marine Le Pen a néanmoins besoin de mettre en ordre de bataille tous ses réseaux, toutes les forces de son parti, pour s'adresser au plus grand nombre d'électeurs. Il lui faudra avant tout se battre contre elle-même : Mme Le Pen semble en effet pécher dans la « gouvernance » de son parti. Autoritaire, cassante, elle ne sait pas mettre les talents en commun dans un travail collectif[44]. Tout se passe avec elle en face à face, de manière bilatérale. En agissant de la sorte, la présidente du Front national se heurte à un écueil : celui de l'absence de débat et de confrontation d'idées. Tout se passe en coulisse. À tel point qu'un ancien conseiller affirme, avec humour, que le lieu de pouvoir au FN, « c'est la cuisine de Marine Le Pen ». En cela, le Front national révèle une nature inchangée qui le ramène à son statut de parti d'extrême droite. La normalisation affichée, les dénégations répétées de ses dirigeants ainsi que leurs menaces de poursuites n'y feront rien. Le Front national n'a pas changé *essentiellement* depuis l'arrivée de Marine Le Pen à sa tête. Le leader *est* le parti. Il l'incarne, au sens propre du terme. C'est d'autant plus vrai qu'au FN, le nom de Le Pen fait figure de synonyme du parti. C'est la présidente qui donne la ligne à suivre et il faut s'y conformer, sous peine d'exclusion. On a pu le voir dès l'accession de Marine Le Pen à la tête du FN en 2011. Quelques mois seulement après son élection, elle s'est séparée d'une partie de ses opposants qui émargeait à l'Œuvre française[45]. Récemment, elle a procédé exactement de la même manière avec son propre père.

---

44. Abel Mestre, « Comment Marine Le Pen dirige le Front national », Le Monde, 8 décembre 2014.
45. Groupuscule antisémite et pétainiste, dissous le 24 juillet 2013.

Chapitre 3 / LE FRONT NATIONAL ET LES SYNDICATS UNE STRATÉGIE D'ENTRISME ?

Dominique Andolfatto, Thierry Choffat

> *Les rapports entre l'extrême droite et le syndicalisme sont habituellement conflictuels. Ils sont aussi complexes. Si, à ses origines, l'appareil du FN fait montre d'antisyndicalisme, cela n'empêche pas certains militants de rejoindre la CFTC ou, par anticommunisme, FO. Pour consolider sa percée dans l'électorat populaire à compter du scrutin présidentiel de 1995, la direction du FN va chercher à développer des syndicats FN. Mais cette stratégie échoue pour des raisons juridiques et politiques, avant que la direction du « nouveau » FN tente prudemment de renouer avec elle. Pour autant, il ne s'agit plus de créer des syndicats ex nihilo ni même de pratiquer l'entrisme dans les confédérations existantes, mais de composer discrètement un réseau qui accueille des militants issus de ces organisations tout en témoignant d'un élargissement des ancrages sociaux du « nouveau » FN. La dégénérescence des organisations classiques explique aussi le ralliement au FN de certains syndicalistes.*
>
> Mots clés : extrême droite – FN – Front national – national-syndicalisme – ouvriéro-lepénisme – syndicats

Les rapports entre l'extrême droite et le syndicalisme sont habituellement conflictuels. Dès les années 1970, l'appareil frontiste, dont les membres sont souvent issus de milieux hostiles au syndicalisme ouvrier, met en garde contre les confédérations syndicales même si, instinctivement, certains militants catholiques du FN rejoignent la Confédération française des travailleurs chrétiens (CFTC) tandis que d'autres, par anticommunisme, préfèrent Force ouvrière (FO). Mais ces réseaux extrémistes sont alors très marginaux. Ils ne prendront consistance que dans les années 1990 avec l'affirmation du phénomène « ouvriéro-lepéniste »[1], soit la montée du

---

1. Selon *l'expression de Nonna Mayer,* Ces Français qui votent FN, *Paris, Flammarion, 1999.*

vote Le Pen dans la population ouvrière, jusqu'alors orientée majoritairement à gauche (même s'il a toujours existé un vote ouvrier orienté à droite[2]) ou abstentionniste. Bruno Mégret, alors numéro 2 du FN, cherche de façon très volontariste à développer les implantations du FN dans le monde du travail afin de toucher cette nouvelle manne électorale, avant que la scission de 1999 ne remette en cause cette stratégie. Plus récemment, la direction du « nouveau » FN de Marine Le Pen tente prudemment de réactiver cette stratégie, moins sans doute pour pénétrer véritablement le milieu syndical, qui s'est fortement rétracté depuis une trentaine d'années, que pour servir son discours social et fidéliser et élargir ses soutiens populaires. C'est cette stratégie récurrente, qui n'exclut pas des ambiguïtés mais aussi des nuances, à une quinzaine d'années de distance, qui est ici examinée.

L'expérience des syndicats frontistes des années 1990

Après les bons résultats obtenus par Jean-Marie Le Pen dans l'électorat ouvrier lors du scrutin présidentiel de 1995, le FN cherche à investir le monde du travail. Plusieurs stratégies sont alors déployées : l'entrisme dans les syndicats, le regroupement de militants frontistes déjà syndiqués au sein d'un Cercle national des travailleurs syndiqués ou encore la création *ex nihilo* de syndicats liés au FN. C'est finalement la troisième solution qui est privilégiée.

Le FN constitue alors plusieurs organisations, essentiellement dans le secteur public : le FN-RATP, transformé ensuite en Force nationale transports en commun, le FN pénitentiaire, le FN police (FNP). Cependant, à la suite de saisines de la justice par les syndicats classiques, ces structures se verront refuser la qualité de syndicat, les juges se fondant sur l'article L 411-1 du code du travail qui stipule que « les syndicats professionnels ont exclusivement pour objet l'étude et la défense des droits ainsi que des intérêts matériels et moraux, tant

---

[2]. *Ainsi, même au temps des relations privilégiées entre la gauche et les ouvriers, 30 % des ouvriers votent à droite (résultat des élections législatives de 1978).*

collectifs qu'individuels, des personnes visées par leur statut ». Il existe donc une spécificité de l'action syndicale et celle-ci doit se distinguer de l'action des partis « par la poursuite d'objectifs professionnels[3] », ce qui, dans le cas des « syndicats » FN, n'est manifestement pas le cas pour la justice. Plusieurs arrêts interviennent en ce sens entre 1996 et 1998. Il est vrai que le FN n'a pas souhaité avancer masqué, l'acronyme FN apparaissant clairement sur les tracts ou les bulletins de vote lors des élections professionnelles. En outre, les dirigeants et candidats de ces organisations sont des responsables ou des élus du FN. Ainsi, le FNP est présidé par Jean-Paul Laurendeau, conseiller municipal FN de Brunnoy, dans l'Essonne, de 1989 à 1995, et ancien secrétaire général de la Fédération professionnelle indépendante de la police (FPIP), syndicat déjà classé à l'extrême droite. Évoquant la création du FNP, Jean-Marie Le Pen avait indiqué en 1995 : « Il n'y aura pas plus de lien entre le Front national de la police qu'il y en a entre la CGT et le Parti communiste [...]. Puisque les syndicats français sortent de leur rôle de défense corporative et se déclarent en toutes circonstances ennemis du FN, je ne vois pas pourquoi nous aurions à leur égard un respect hiératique[4]. » Jean-Marie Le Pen poursuit que si le FNP prospère, on pourrait assister à la création de fronts nationaux des métallurgistes, des agriculteurs, des pêcheurs, des employés de banque ou de ceux de la fonction publique. Mais la justice, qui ne reconnaît donc pas ces organisations et leur représentativité, met un coup d'arrêt à leur essaimage. Au FNP, le tribunal reprocha en particulier l'objectif de « diffuser l'idéologie d'un parti politique », mais aussi le fait que son président devait statutairement « être informé de l'appartenance politique des adhérents[5] ».

Lors des élections professionnelles organisées dans la police nationale en décembre 1995, le FNP a recueilli 7,5 % des voix dans le corps de maîtrise et d'application. Localement, certains « pics » ont pu être

---

3. Laure de La Pradelle, « Les organisations Front national ne sont pas des syndicats », Revue pratique de droit social, 626, 1997, p. 199.
4. Présent, 18 novembre 1995.
5. TGI Evry, 10 mars 1997, Syndicat national des policiers en tenue, confédération CGT et autres c/FN police.

enregistrés : 12 % des voix à Paris, 29 % à Béziers et à Agde, 30 % à Charleville-Mézières, 31 % à Saint-Lô, 34 % à Chelles, 41 % à Bezons et à Orange, 42 % à Auxerre... En revanche, le tribunal de grande instance de Lyon a reconnu la qualité de syndicat à la Force nationale-Transports en commun lyonnais (FN-TCL) (jugement du 11 septembre 1996). Cependant, dans le même jugement, la FN-TCL n'a pas obtenu la représentativité dans l'entreprise au motif qu'elle ne disposait pas d'une ancienneté suffisante ni d'une quelconque expérience et que la faiblesse de ses cotisations ne lui permettait pas d'exercer une activité syndicale réelle et indépendante[6]. Elle n'a donc pu désigner de délégués syndicaux ni présenter de candidats au premier tour des élections professionnelles dans l'entreprise. La FN-TCL revendiquait pourtant 350 adhérents, soit 10 % des effectifs de l'entreprise.

Durant la même période, d'autres syndicats liés au FN ont émergé : le FN-Poste, la Fédération nationale des fonctionnaires (FNF), la Force nationale Santé ou le Mouvement pour une éducation nationale (MEN) présidé par Olivier Pichon, conseiller régional FN. Ces organisations se sont rassemblées au sein d'une Coordination française nationale des travailleurs (CFNT), qui a présenté des listes aux élections prud'homales de 1997 et enregistré quelques succès, notamment dans le sud de la France[7]. Elle a obtenu aussi plusieurs élus, mais tous ont été invalidés en raison de leur dépendance idéologique – selon les tribunaux – à l'égard du FN, cet élément ressortant clairement de leur matériel électoral. Après ces élections, le droit du travail a été modifié pour éviter toute nouvelle candidature inspirée par un parti politique lors des élections prud'homales. Désormais, ce type de candidature est considéré contraire à l'impartialité de la justice, à laquelle les conseillers prud'hommes participent. Après 1998, toutes ces organisations ont donc disparu, *de facto* ou *de jure*. En outre, la plupart étant tenues par

---

6. Laure de La Pradelle, « Les organisations Front national ne sont pas des syndicats », art. cité.
7. La CFNT présenta 132 listes dans 34 départements aux élections prud'homales de 1997, recueillant 5,9 % des voix où elle était présente. Elle a réalisé ses meilleurs scores à Mantes-la-Jolie (10,1 % des voix), Salon-de-Provence (9,8 %), Dreux (9,0 %), Nice (8,9 %), Romans (8,9 %).

des mégrétistes, la scission du FN leur fut fatale. Par la suite, absorbée par d'autres priorités, la direction du parti a délaissé l'implantation syndicale, d'autant plus que perdurait au sein des élites frontistes un antisyndicalisme foncier.

Des parcours plus individuels

À la fin des années 1990, parallèlement à la création de syndicats frontistes, des militants du FN sont également engagés, plus ou moins discrètement, au sein des confédérations traditionnelles. On peut citer les exemples de Daniel Simonpiéri, délégué FO des Banques, élu maire de Marignane en 1995 ; Jean-Louis d'André, secrétaire général de la CFTC de l'IGN, conseiller municipal de Mantes-la-Jolie ; Roselyne Viallès, déléguée CFTC des personnels communaux de l'Hérault, conseillère régionale FN ; Franck Timmermans, délégué syndical CGC dans l'édition et membre du bureau politique du FN ; Bernard Vincent, président de la CGC métallurgie de Midi-Pyrénées et conseiller régional FN ; Gilbert Albano, militant CGT et conseiller d'arrondissement FN de Marseille... Ce type de double engagement, syndical et politique – relativement classique mais touchant habituellement des adhérents de la CGT et du PCF ou de FO et du PS... – a perduré jusqu'à une période récente. Mais le « nouveau » FN va chercher à mettre en scène quelques-unes de ces doubles appartenances afin de leur donner une dimension exemplaire. Ainsi, la direction du parti fait émerger des candidats issus du milieu syndical ou étant passés par un engagement à gauche afin de souligner l'ancrage social ou, plus encore, populaire du parti. Ces engagements sont censés conférer une sorte de brevet civique aux candidats présentés par le FN en témoignant de leur insertion sociale ou de leur engagement dans des causes collectives. De son côté, la presse va mettre en lumière le parcours de quelques-uns de ces doubles militants, *a priori* si atypiques dans la sociologie politique française et motivant l'indignation de leurs adversaires. Fabien Engelmann est l'une de ces figures emblématiques, stigmatisées dans certains cercles militants, adorées dans d'autres. Militant trotskiste, Fabien Engelmann est d'abord adhérent de LO, de 2001 à 2008 et, sous cette étiquette, se retrouve tête de liste aux élections municipales à Thionville en 2008. Il recueille 6,9 % des voix. Il rallie ensuite le NPA et figure en deuxième position sur la liste de cette formation aux élections régionales en Lorraine en 2010. Il quitte le NPA peu après, avec les trois quarts de sa section, à la suite de la candidature d'une femme voilée sur une liste NPA dans le Vaucluse. Il rejoint alors Riposte laïque, puis adhère au FN en octobre 2010. En mars 2011, il est candidat aux élections cantonales en Moselle. Outre ses activités politiques, le nouveau frontiste est également un militant de la CGT. Ouvrier communal, il a même fondé la section CGT des agents territoriaux de Nilvange, commune de 4 900 habitants, en Moselle, où il est employé et dont il est tout naturellement devenu le secrétaire.

Trois semaines après la publication d'un article que lui consacre *Le Figaro* (24 janvier 2011), la CGT entame (le 16 février) une procédure d'exclusion à son encontre. De son côté, la fédération à laquelle il appartient demande aux militants de sa section de le désavouer. Fabien Engelmann bénéficie cependant du soutien inattendu et massif de ces derniers : sur 26 adhérents, 23 choisissent de le soutenir. En réaction, l'union départementale CGT de la Moselle et la fédération des services publics de la CGT suspendent la section et provoquent un conseil de discipline au siège de la confédération, à Montreuil. Accompagné par Lionel Hoffmann, secrétaire adjoint de la section, Fabien Engelmann se rend au siège de la confédération où – selon son témoignage[8] –, après avoir été accueilli sous les huées et les crachats de militants manifestement convoqués pour l'occasion, la direction de sa fédération décide son exclusion au terme d'un échange « stérile » – de l'avis de l'intéressé – de trois quarts d'heure.

Cette « affaire » est l'occasion pour la direction confédérale de la CGT de préciser son positionnement à l'égard du FN, afin de donner un coup d'arrêt à un courant de sympathie frontiste qui tendrait à se développer dans une partie de ses rangs. Ainsi, la direction de la CGT diffuse à compter d'avril 2011 un document de dix pages intitulé « Le Front national ou l'imposture sociale. » Il s'agit clairement, selon ce document, de contrecarrer la « nouvelle stratégie » du FN qui, mettant à profit la « crise systémique », recherche le « soutien des couches populaires ». Et

---

8. *Entretien avec les auteurs.*

l'argumentaire de rappeler que «le concept de préférence nationale» qui fonde la «politique de ce parti» n'en fait pas un «parti républicain comme les autres», celui-ci étant en outre contraire aux conventions qui régissent l'Organisation internationale du travail. Cette «stratégie» du FN – selon le mot de la CGT – n'est pas nouvelle mais semble connaître un renouveau qui oblige la CGT à monter au créneau une douzaine d'années après sa mobilisation, plus juridique, contre la CFNT. Il s'agit cette fois d'alerter, et au besoin de sanctionner, les équipes militantes montrant quelques sympathies à l'égard du FN, comme si le mal, désormais endogène, était plus profond. Le document revient en conclusion sur l'«affaire Engelmann», précisant que les instances de la CGT ont décidé la «désaffiliation du syndicat de Nilvange», car «il n'est pas envisageable qu'au nom de la liberté d'opinion dans la CGT, celle-ci puisse être représentée, à quelque niveau que ce soit, par des militants revendiquant par ailleurs publiquement leur adhésion au concept de préférence nationale, socle idéologique du FN».

Le 19 janvier 2012, l'Institut d'histoire sociale de la CGT organise également une journée «anti-FN» à laquelle assiste de bout en bout Bernard Thibault, secrétaire général de la CGT, ce qui montre toute l'importance de cette manifestation pour la direction de la confédération. C'est une nouvelle occasion de souligner la pédagogie déployée pour contrer le FN. Il s'agit, notamment, de rappeler que le FN est un parti d'extrême droite qui s'inscrit dans une tradition remontant au XIXe siècle et de dévoiler «la réalité de son programme social». En conclusion, Bernard Thibault souligne que «les idées développées par le FN sont incompatibles avec les valeurs du mouvement ouvrier». Revenant sur le cas Engelmann, il procède à un rappel à l'ordre: l'exclusion de ce dernier a été suivie d'un courrier à tous les secrétaires de syndicats de la CGT mentionnant les «raisons qu'avait le mouvement syndical à combattre les positions racistes et les tentatives de division de la classe ouvrière véhiculées par le F haine[9]».

---

9. *En ligne sur le site du NPA:* Hebdo Tout est à nous!, *134, 2 février 2012* (source: http://www.npa2009.org/category/tout-est-%C3%A0-nous/journal/hebdo-tout-est-%C3%A0-nous-134-020212).

Depuis l'exclusion décidée par la CGT, la section syndicale de la mairie de Nilvange a disparu. Cependant, Fabien Engelmann et ses proches restent élus du personnel. Ce dernier poursuit désormais des objectifs plus politiques. L'affaire Engelmann a permis au FN de démontrer qu'il attire à lui des électeurs et des militants d'un profil nouveau. Jeune, ouvrier, fonctionnaire territorial, venu de l'extrême-gauche, plusieurs fois candidat à des élections, l'ancien syndicaliste CGT devient une figure emblématique du nouveau parti frontiste, normalisé et transclivages, que Marine Le Pen s'efforce de mettre en avant. C'est sans doute pourquoi, malgré son engagement récent au FN, il connaît une ascension fulgurante au sein de son appareil : responsable de la 8e circonscription de la Moselle, membre du bureau départemental, mais surtout coopté en 2011 au bureau politique, l'instance suprême du FN, où il représente le monde ouvrier (mais où il n'a toutefois pas été reconduit lors du congrès de 2014)[10]. En 2014, il est nommé tête de liste FN aux élections municipales, à Hayange (15 700 habitants), avec pour colistière Marie Di Giovanni Da Silva, également ex-militante de la CGT, puis élue du personnel FO au quotidien *Le Républicain lorrain*. À la faveur d'une triangulaire au second tour, leur liste gagne les élections. Fabien Engelmann devient ainsi maire d'Hayange, une ville emblématique de la sidérurgie lorraine et du monde ouvrier contemporain. Hayange, en Moselle, est en effet le siège des hauts-fourneaux d'Arcelor-Mittal qui ont polarisé l'actualité sociale en 2012 (bien que les médias aient davantage évoqué les usines de Florange, la commune limitrophe). Cette ville ouvrière, anciennement communiste puis socialiste, porte donc à sa tête un personnage qui apparaît comme l'antithèse – syndicale et politique – d'Édouard Martin, militant de la CFDT, figure marquante du long conflit de Florange contre les restructurations opérées par Arcelor-Mittal, et élu

---

10. Mais cela est lié à un contentieux concernant la campagne des élections municipales de 2014. En effet, Fabien Engelmann a été élu maire de Hayange en avril 2014, mais ses comptes de campagne ont été rejetés (en raison d'une somme litigieuse de 1 575 euros) par la Commission nationale des comptes de campagne et des financements politiques et il a été, en conséquence, déclaré inéligible par le Tribunal administratif de Strasbourg.

en mai 2014 eurodéputé sur la liste PS de la circonscription du grand Est. Mais à Hayange, lors des élections européennes, la liste socialiste ne rassemble que 18,8 % des voix, deux fois moins que celle du FN, qui totalise de son côté 37,7 % des suffrages exprimés. Autrement dit, l'itinéraire *a priori* si singulier de Fabien Engelmann paraît symboliser un véritable séisme sociopolitique. Sa trajectoire est donc loin d'être anecdotique en dépit d'une personnalité plutôt discrète, voire timide, et des vicissitudes que connaît son équipe après son installation à la mairie d'Hayange.

Dans d'autres régions, notamment dans le Nord et dans l'Est, on retrouve des itinéraires militants similaires et recouvrant une signification sociologique comparable. Ils sont le signe qu'il n'y a pas véritablement d'entrisme syndical de la part de militants du FN (comme c'était déjà le cas avec Fabien Engelmann), mais bien plutôt des trajectoires qui vont des syndicats vers le FN. Ce sont en effet le plus souvent des militants syndicaux, issus de toutes les organisations, qui se tournent vers le FN alors même que le mouvement syndical traditionnel ne paraît plus offrir de débouchés politiques à leur activisme. Le déclin de l'assise sociologique des syndicats est plus globalement en cause. À titre d'exemples, citons les cas de plusieurs candidats aux élections cantonales de 2011 : Annie Lemahieu, militante puis responsable régionale et fédérale de FO depuis 1980, ex-PS, candidate du FN dans le Nord ; Roger Demassieux, salarié de *Sea France*, délégué du personnel CFDT, candidat FN à Calais ; Daniel Durand-Decaulin, adhérent de la fédération Santé-Sociaux de la CFDT, après être passé par FO et SUD, candidat FN en Moselle. Tous seront exclus de leurs organisations syndicales respectives. Le dernier sera également contraint de quitter le FN à la suite d'une photo qui le montre faisant le salut nazi à côté du panneau indicateur de Vichy. D'autres exemples rendus publics concernent des adhérents de la CGT, de la CFTC, de l'UNSA et même de SUD, candidats, voire têtes de liste lors des élections municipales de 2014 respectivement dans l'Aude, le Gard, le Pas-de-Calais, la Haute-Garonne, l'Ille-et-Vilaine, la Seine-Maritime et l'Essonne. Mais combien de doubles appartenances demeurent simplement une affaire privée ?

La multiplication de ces engagements croisés et leur publicisation ont conduit la plupart des confédérations syndicales, à l'instar de la CGT, à adopter des documents condamnant explicitement l'adhésion au FN. La direction de la CFDT a diffusé de son côté en 2011 un document sur «le faux nouveau FN». Elle dénonce une stratégie qui «cible ses électeurs potentiels sur leurs lieux de travail, là où le malaise s'exprime et s'intensifie». Elle annonce les «régressions concrètes» qu'entraînerait la mise en œuvre du programme économique du FN. Elle réaffirme la résolution adoptée par son congrès confédéral de 1998 selon laquelle «le Front national est un parti antidémocratique et liberticide, raciste et xénophobe. Le recul de son audience est une urgente nécessité pour tous les démocrates».

Il serait bien sûr nécessaire de mesurer l'impact sur le terrain de ces arguments qui, longtemps, furent ceux d'autres organisations syndicales – FO notamment – contre le PCF et l'influence qu'il exerçait au sein de la CGT. Quant à recruter des électeurs sur le lieu du travail, cela n'a-t-il pas été, et est toujours, le projet de bien des formations politiques, à travers la mise en place, notamment, de sections d'entreprise? Il semble que les syndicats, devenus affaire de professionnels, soient finalement assez démunis face au FN. Au moyen d'exclusions, ils peuvent tout au plus établir un cordon sanitaire. Plus profondément, c'est la fonctionnarisation de l'activité syndicale, pour reprendre une analyse de Pierre Rosanvallon[11], qui paraît en cause. Celle-ci s'est substituée au syndicalisme «à la française[12]», soit à une myriade de petites cellules sur le lieu de travail, autour de militants et élus du personnel. L'essentiel de la vie syndicale se situait alors dans les entreprises ou les établissements, tandis que les appareils syndicaux étaient relativement faibles. Ces syndicats contribuaient largement aux identités professionnelles. Les militants consacraient l'essentiel de leur temps au contact avec les salariés. Ils étaient les vecteurs d'une négociation informelle, mais permanente, avec les directions, qui débouchait sur de nombreux

---

11. Pierre Rosanvallon, La Question syndicale, *Paris, Calmann-Lévy, 1988.*
12. Voir Dominique Andolfatto et Dominique Labbé, Sociologie des syndicats, *Paris, La Découverte, 2011.*

arrangements touchant aux conditions de travail. Dans ce contexte, une organisation extrémiste, sans légitimité historique, sans militants reconnus, ne pouvait prospérer. Les syndicats, compte tenu de leur présence et visibilité sociales, ainsi que des résultats qu'ils obtenaient, attiraient de nombreux adhérents et composaient un réseau efficace et vivant. Depuis une trentaine d'années, le déclin de ce réseau et le repli des syndicalistes dans les lieux de la négociation et du paritarisme ont rendu plus aisées les stratégies d'implantation du FN.

Ce soutien populaire au FN se perpétue en dépit de la contre-offensive idéologique menée par les syndicats et semble même connaître un regain depuis 2012. Début 2014, la presse a d'ailleurs fait état de la popularité auprès de militants et responsables de la CGT de l'humoriste Dieudonné, proche de Jean-Marie Le Pen et condamné pour des propos antisémites ou incitant à la haine raciale[13]. Sans que cela se traduise nécessairement par un vote ou un engagement en faveur du FN, c'est bien une sorte de substrat national-populiste qui imprégnerait certaines bases syndicales ou collectifs de travail, en dépit de rappels à l'ordre ou de sanctions des directions syndicales qui apparaissent pour le moins dépassées.

Une nouvelle stratégie syndicale pour la direction du « nouveau » FN ?

Naturellement, la direction du FN a cherché à tirer profit d'un contexte qu'elle n'a pas nécessairement recherché. L'engagement de syndicalistes au FN semble davantage découler de démarches individuelles liées à des déceptions politiques que d'une stratégie cohérente et réfléchie des élites frontistes. Celles-ci nourrissent d'ailleurs quelques suspicions à l'égard de ces militants syndicaux porteurs d'une culture politique pas toujours en phase avec le programme du parti et dont l'expérience et le savoir-faire militant, et même parfois la trajectoire sociale, en font des compétiteurs redoutés en interne pour l'obtention de

---

13. Libération, *30 janvier 2014* et Le Figaro, *31 janvier 2014.*

rétributions. La direction du « nouveau » FN, qui ambitionne de parvenir au pouvoir, considère toutefois que ce « filon » mérite d'être cultivé afin d'élargir l'assise du parti auprès de l'électorat populaire et de s'entourer de cadres expérimentés bénéficiant de surcroît de précieux relais dans des milieux professionnels diversifiés.

Tout un travail politique à destination des ouvriers, et plus globalement des catégories populaires, avait déjà été développé dans les années 1990, durant lesquelles le FN a commencé à séduire l'électorat ouvrier. Outre le projet spécifique de CFNT, déjà évoqué, ce travail reposait sur un discours social, sinon anticapitaliste, rompant avec l'ultralibéralisme qui avait séduit le FN dans les années 1980. En 1996, le discours très œcuménique du 1er Mai de Jean-Marie Le Pen traduisait symboliquement ce tournant : « Il convient de saluer ici la longue lutte des travailleurs et des syndicats pour plus de justice, plus de sécurité, plus de liberté dans le travail. Saluons la mémoire des mineurs, des marins, des cheminots, des métallos, des Français fiers de leur métier, attachés à leur outil de travail et y voyant par leur effort de transformation de la société non plus l'instrument de leur servitude, mais le moyen de leur libération[14]. » Un tract distribué le même jour énonçait : « Le Front national est le syndicat des Français. Il considère qu'il n'y a pas de défense des intérêts des travailleurs français sans défense de la France. Lorsque la France perd sa souveraineté économique et monétaire à cause des accords de Maastricht, ce sont les travailleurs français qui en paient les conséquences par une augmentation des taxes, le gel des salaires ou même des licenciements. » Depuis 1988, la captation par le FN du 1er Mai se révèle elle-même significative de cette évolution, même si ses dirigeants ont toujours développé une liturgie en réalité plus nationale qu'ouvrière[15].

Aujourd'hui, les dirigeants du « nouveau » FN s'expriment régulièrement sur les questions sociales. Sa nouvelle présidente distribue des tracts aux portes des usines, adresse des lettres ouvertes à diverses catégories (fonctionnaires, enseignants, policiers...) pour les rassurer sur

---

14. *Cité dans* Libération, *29 mars 1997*.
15. *Voir Danielle Tartakowsky,* La Part du rêve. Histoire du 1er Mai en France, *Paris, Hachette, 2005, p. 218*

ses intentions ou, s'agissant du secteur privé, exprimer son opposition, à l'instar de la CGT ou de FO, à l'accord sur la compétitivité et la sécurisation de l'emploi du 11 janvier 2013, censé assurer le maintien dans l'emploi de salarié d'entreprises menacées de restructurations.

Lors de la campagne présidentielle de 2012, la direction du FN s'est même émue de la faiblesse de la syndicalisation en France, « triste spectacle... car cette sous-représentativité professionnelle [serait] justement une des causes fondamentales de l'abandon du monde du travail face à toutes les menaces qui pèsent sur lui : délocalisations et dumping social, capitalisme financier et désindustrialisation, étatisme administratif et fiscalisme » (communiqué du 18 avril 2012). Et de préciser que le projet du FN « vise donc à réformer d'urgence la représentativité professionnelle en libérant le monde du travail et en permettant l'émergence de nouveaux syndicats et le développement des centrales actuelles pénalisées par le critère de représentativité de la loi de juin 2008. En particulier les seuils de 8 et 10 %, exigés pour avoir des élus aux élections professionnelles, seront revus nettement à la baisse ». La direction du FN approuve même le projet de nationalisation temporaire d'entreprises en difficulté, comme dans le cas du site Arcelor-Mittal de Florange en 2012. C'est aussi l'occasion de reformuler la thèse de la préférence nationale, puisqu'il importe de donner « une priorité... à l'acier produit en France pour la consommation nationale » (communiqué du 21 décembre 2012). Ce discours et ces prises de position sont manifestement entendus par une part croissante de l'électorat populaire. Plus profondément, l'anomie, soit l'effacement des valeurs traditionnelles, le sentiment d'aliénation, le désordre social gagnent, en lien avec un contexte économique dégradé, l'affaiblissement de la capacité d'action des syndicats, leur dégénérescence en tant que mouvements sociaux, le renouvellement des générations ouvrières, une défiance toujours plus grande à l'égard des élites politiques. Autant de phénomènes qui nourrissent ce que Pierre Rosanvallon a nommé une « démocratie négative [16] », affaire de mécontents, de nihilistes ou de

---

16. Voir *Dominique Andolfatto et Dominique Labbé*, Toujours moins ! Déclin du syndicalisme à la française, *Paris, Gallimard, 2009 ; Florent Gougou*, « La droitisation du vote des ouvriers en France. Désalignement, réalignement et renouvellement des générations », dans *Jean-Michel De Waele et Mathieu*

« soldats perdus ». Les Le Pen père et fille peuvent ainsi compter lors des scrutins présidentiels sur le vote d'une majorité relative des ouvriers depuis 1995 (exception faite de 2007). Ainsi, en 2012, un tiers des votes exprimés par cette CSP étaient en faveur de Marine Le Pen[17].

Des enquêtes régulières par sondage, publiées notamment par *Liaisons sociales*, indiquent plus précisément dans quelle proportion les sympathisants syndicaux votent FN lors des divers scrutins. Le tableau 1 ci-dessous en présente une synthèse.

Quels que soient le type de scrutin et les sympathies syndicales, on note une stabilité relative des attitudes à l'égard du FN (et une augmentation sensible en 2014)[18]. Le reflux du vote en faveur du candidat du FN en 2007 se révèle sans incidence comparable du côté des sympathisants des syndicats, témoignant de l'existence d'un socle difficilement réductible. En revanche, la propension des mêmes sympathisants à voter en faveur de la candidate FN en 2012 augmente, et même assez sensiblement (environ un tiers de votes supplémentaires, quelle que soit la sympathie syndicale). Cela dit, à l'exception des sympathisants de FO, les électeurs qui se déclarent proches des autres syndicats se prononcent moins en faveur du FN que la moyenne de l'ensemble des électeurs (4 à 5 points de moins en moyenne). L'engagement syndical joue donc en défaveur du vote FN sans pour autant l'exclure. *A contrario*, n'être proche d'aucun syndicat catalyse le vote en faveur du FN (4 à 5 points de plus que la moyenne des électeurs). Cela tend à indiquer que même si le FN a capté le soutien de poignées de syndicalistes, être syndiqué prémunirait contre le vote FN. Les initiatives des syndicats contre l'entrisme syndical ne sont sans doute pas étrangères à cette relative allergie mais, plus au fond, la sympathie syndicale paraît surtout un indicateur de plus forte socialisation politique, et là se trouve probablement la clé des différences.

Vieira (dir.), Une droitisation de la classe ouvrière en Europe ?, *Paris, Economica, 2012, p. 142-172* ; Pierre Rosanvallon, La Contre-démocratie. La politique à l'âge de la défiance, *Paris, Seuil, 2008.*

17. *Voir les données du Panel électoral français-Cevipof (1988-2007) et du sondage TriElec-TNS Sofres (2012). Voir également le chapitre 13 de cet ouvrage.*

18. *Mais les votes selon la proximité syndicale sont calculés par rapport aux suffrages exprimés, et le niveau de participation est en fort recul en 2014.*

Tableau 1 : Sympathie syndicale et vote FN
(en % des personnes interrogées)

Élections	Législative 1993	Présidentielle 1995	Législative 1997	Présidentielle 2002	Régionale 2004	Présidentielle 2007	Régionale 2010	Cantonale 2011	Présidentielle 2012	Européenne 2014	Moyenne (1)
CGT	4	7	11	12	11	12	10	6	9	22	9
CFDT	7	6	7	10	8	8	9	8	12	17	8
FO	19	16	18	15	18	14	17	15	25	33	17
CFTC	–	5	6	19	11	8	3	–	15	–	10
CGC	11	24	–	12	10	10	–	8	11	–	12
UNSA	–	–	–	–	–	–	–	–	16	–	–
SUD	–	–	–	3	1	1	0	3	4	27	2
FEN	–	17	–	–	–	–	–	–	–	–	–
FSU	–	–	–	6	–	–	–	–	3	–	–
Tout syndicat (2)	–	–	–	–	–	–	–	9	12	25	11
Proche d'aucun syndicat	–	–	19	22	–	–	–	21	22	34	22
FN (3)	12,4	15,0	14,9	16,9	14,7	10,4	11,4	15,1	17,9	24,9	14

Source : sondages « sorties des urnes » ou « jour du vote » des instituts CSA (1993-2010), Harris-Interactive (2011-2012) et IFOP (2014). Méthode des quotas. Échantillon de 2 057 à 5 913 personnes (selon le scrutin). Ces sondages cherchent à mesurer le vote selon la sympathie ou la proximité syndicale des personnes interrogées. Ainsi, en 2014, 25 % des électeurs exprimant une sympathie syndicale – toute organisation – ont fait le choix du vote FN. Dans le cas des sympathisants de FO, 33 % d'entre eux ont fait le choix du FN.
(1) La moyenne ne prend pas en compte 2014 dont les résultats, en nette croissance, apparaissent hétérogènes par rapport au reste de la série.
(2) Ensemble des sympathisants syndicaux.
(3) Audience nationale du FN (en % des suffrages exprimés)

Un cercle secret de syndicalistes frontistes ?

Dès 1995, le FN décidait, en parallèle de la création de syndicats FN, de rassembler l'ensemble de ses adhérents syndiqués au sein d'un Cercle national de défense des travailleurs syndiqués (CNDTS). Rien de très novateur ici. La direction du FN a toujours cherché à agréger au parti diverses catégories – les mères de famille, les rapatriés, les artisans et commerçants… – en leur offrant des structures spécifiques, un peu à la manière du PCF d'autrefois, sorte de référence organisationnelle. Le CNDTS, placé sous l'égide de Bruno Gollnisch, était présidé par Bernard Ferré, cadre local et confédéral de la CFTC. La structure était chargée d'accueillir et d'aider les adhérents syndiqués en pratiquant l'entrisme dans les syndicats représentatifs, et de les assister en cas de difficultés. Après la scission du FN, en 1998, le cercle, qui revendiquait 1 500 adhérents, essentiellement à la CGT, FO, CGC et CFDT, fut mis en sommeil.

À la suite des « affaires » Engelmann et Lemahieu, le FN a ressorti le CNDTS de ses oubliettes. Steeve Briois, alors secrétaire général du parti, constate en décembre 2012 que « de plus en plus de syndiqués, même des élus et des mandatés, prennent leur carte chez nous. Nous n'avions pas ces profils il y a deux ou trois ans ». L'idée est donc de les réunir, de les motiver, de les défendre en cas d'exclusion ou de sanction pour appartenance au FN. Le 10 mars 2011, dans un communiqué de presse cosigné par Louis Aliot, l'un des dirigeants du FN et Thierry Gourlot, président en devenir du CNDTS, adhérent de la CFTC (ancien responsable local de sa fédération des cheminots) et conseiller régional de Lorraine, il est annoncé que ce cercle serait une « association de défense des intérêts sociaux, moraux et juridiques des militants FN subissant au sein de leurs syndicats discriminations politiques et exclusions ».

Le CNDTS demeure toujours à l'état de nébuleuse. Avec une centaine de « contacts » recensés en 2013, il ne constitue qu'un réseau informel dont les activités semblent se borner à médiatiser les affaires de militants FN en difficulté dans leurs syndicats respectifs. En d'autres termes, cette stratégie ne serait pas celle de l'entrisme mais viserait plutôt à « protéger » et à mettre en exergue le cas de syndicalistes chassés de leurs organisations respectives après le dévoilement de leur engagement au FN, afin de démontrer l'élargissement de son assise dans le monde du travail, donc sa légitimité sociale, voire de mettre en scène une certaine victimisation de ses militants, qui seraient exemplaires. En ce sens, cette stratégie ne peut que se focaliser sur des cas individuels et ponctuels. En outre, le CNDTS semble réduit à une activité occulte. Agir en pleine lumière, donc révéler certaines appartenances syndicales de ses membres, conduirait à leur exclusion assurée de leurs organisations respectives, même si ces dernières n'ont pas toutes la même attitude à l'égard du FN, certaines s'accommodant d'une appartenance de leurs membres à ce parti. Mais dès lors que toutes semblent veiller – même la CFTC, dont les ambiguïtés sont parfois dénoncées – à ce que leurs adhérents ne se prévalent pas publiquement de leur appartenance syndicale lorsqu'ils sont engagés politiquement, il devient difficile pour le FN de s'inscrire en porte-à-faux avec ce principe de base de l'appartenance syndicale.

Le secrétaire général – également en devenir – du CNDTS aurait été un temps Fabien Engelmann. La comparaison de son itinéraire avec celui de Thierry Gourlot est riche d'enseignements quant au renouvellement des doubles engagements syndicaux et frontistes depuis une trentaine d'années : Thierry Gourlot, syndicaliste chrétien depuis les années 1980, vient de la droite (RPR puis CNI) et a rejoint le FN très tôt ; Fabien Engelmann, ex-cégétiste, vient de l'extrême-gauche et adhère au FN plus âgé. L'un est plutôt conservateur, l'autre sur une ligne « ni droite ni gauche » et davantage sur la ligne « progressiste » de Marine Le Pen. Malgré des trajectoires générationnelles et sociales différentes, et des positionnements également distincts, ils n'en partagent pas moins un même projet stratégique, cherchant habilement à renforcer la présence et la visibilité du FN dans le monde du travail. N'est-ce pas, cela aussi, le « nouveau » Front national : une stratégie qui fait se rencontrer des militants aux profils *a priori* irréductibles ? Mais cela demeure affaire de cas individuels et ne fait pas un mouvement collectif.

Tandis que le CNDTS paraît patiner, la direction du FN a lancé depuis 2013 de multiples collectifs à destination de catégories spécifiques (enseignants, étudiants, entrepreneurs). Un collectif d'«enseignants patriotes», le collectif Racine, à l'initiative d'enseignants du secteur public, a ainsi été créé à l'été 2013. Quelques dizaines d'entre eux étaient présents lors d'une assemblée inaugurale, mais le collectif revendique trois cents adhérents. Plus largement, Marine Le Pen cherche à renforcer l'influence du FN au sein de la fonction publique, même si cette stratégie ne vise pas précisément les fonctionnaires syndiqués. Il s'agit de mettre en scène l'élargissement de la base du parti en direction de secteurs inattendus mais sans prétendre se substituer aux syndicats.

Conclusion : une stratégie ambiguë

Si le «nouveau» Front national s'intéresse de près aux syndicats, c'est non seulement afin de s'implanter durablement – et, en l'occurrence, électoralement – dans les milieux populaires, mais aussi de montrer que Marine Le Pen bénéficie de solides ancrages dans le monde du travail, où son parti est traditionnellement absent. Médiatiquement, la présentation sous l'étiquette FN de syndicalistes CGT, FO, CFDT ou CFTC contribue aussi à dédiaboliser le mouvement. Toutefois, cette stratégie réactivée, et reformatée, à défaut d'être nouvelle – et même partiellement involontaire –, ne bénéficie probablement pas du soutien unanime du bureau politique du FN. Ainsi, Thierry Gourlot signale que, désormais, les bulletins d'adhésion et les fiches que doivent remplir les candidats ne mentionnent plus l'appartenance syndicale, ce dont, en tant que président du CNDTS, il s'est plaint car cette information, selon lui, aurait permis au parti de tirer profit de nouveaux profils de militants syndiqués. L'implantation syndicale serait donc loin d'être la priorité d'une direction frontiste qui, au fond, demeurerait plutôt antisyndicale. Si celle-ci s'est évertuée à exploiter certaines «affaires» emblématiques, telle l'exclusion de Fabien Engelmann de la CGT, c'était essentiellement dans le but de se réapproprier un sujet qui rencontre par ailleurs les inflexions sociales du discours de sa nouvelle présidente.

S'il existe finalement assez peu de syndicalistes frontistes, au-delà de quelques affaires très fortement médiatisées mais finalement assez isolées, ces dernières interrogent toutefois l'essoufflement du syndicalisme contemporain, en l'occurrence les faiblesses d'implantation des équipes, les difficultés de leur capacité d'action, le brouillage des identités syndicales. En outre, une entropie politico-sociale paraît gagner certains territoires, expliquant des engagements *a priori* contre-nature, tel le rapprochement «rouge-brun». Mais le frontisme peut être également affaire de convictions. Fabien Engelmann, par exemple, a rejoint le FN en vertu d'une problématique identitaire (la lutte contre un islam visible, à tout le moins dans la sphère public) et secondairement sociale. *A contrario*, face à ce qui serait une désertion de certains territoires sociaux par les organisations politiques ou syndicales, la société civile peut se montrer réactive. Ainsi, *Le Républicain lorrain* du 14 juin 2012 évoque la constitution d'un «collectif contre la montée du FN» dans le bassin houiller de la Moselle animé par un enseignant, Régis Metzger: «Nous allons faire des actions avec des artistes qui nous soutiennent – explique ce dernier –, peut-être recréer des lieux de rencontre pour discuter d'avenir et recréer du lien social. Nous ne nions pas les problèmes, surtout économiques, du bassin houiller. Nous savons que les gens souffrent et peuvent avoir des raisons d'être en colère. Mais nous disons aussi que le FN n'est pas la solution. Notre secteur n'a pas besoin de coupables, ces Saïd, Nabila, Irma, Mario que montre du doigt l'extrême droite. Nous avons besoin d'une ambition et d'une dynamique.» La CGT et la CFDT locales se sont jointes à cette initiative. Quelques jours plus tard, Florian Philippot, le numéro 2 du FN, recueillait 46,3 % des voix au second tour des élections législatives dans cette circonscription.

Chapitre 4 / LE FRONT NATIONAL ET LA NOUVELLE DROITE

Jean-Yves Camus

École de pensée fondée en réaction aux échecs historiques de l'extrême droite française, la Nouvelle droite a élaboré après 1968 une stratégie métapolitique à l'opposé de celle du FN, consistant à tenter, en vain, d'influencer le logiciel idéologique des droites de gouvernement. Son organisation principale, le GRECE, a rapidement rompu avec le Club de l'Horloge, autre association néodroitière, sur la question centrale du libéralisme économique. Tandis que l'association et son principal intellectuel, Alain de Benoist, se situaient de plus en plus au-delà du clivage droite-gauche, certains néodroitiers réunis derrière Bruno Mégret popularisaient le concept de «préférence nationale» et obtenaient des postes dirigeants au sein du parti. Toutefois leur discours ethnocentriste sur l'immigration différait des idées directrices d'Alain de Benoist : opposition à l'idéologie du Même et à l'omniprésence de la Forme-Capital. On peut ainsi parler d'une rupture pratique et théorique entre celui-ci et des «identitaires» demeurés dans la droite radicale. Même si certains thèmes néodroitiers recueillent un écho au sein du FN mariniste, la Nouvelle droite et plus encore son auteur-phare ont connu une trajectoire autonome par rapport à ce parti. Si son programme est fait en partie d'emprunts simplifiés à son corpus, les divergences restent insurmontables sur les questions de l'Europe, des institutions et des origines de la civilisation européenne.

Mots clés : Club de l'Horloge – ethno-différentialisme – Europe – Front national – GRECE – identité – Nouvelle droite – préférence nationale

La Nouvelle droite : quelques questions de méthode

« Nouvelle droite » est un terme qui devrait être écrit entre guillemets. D'une part parce qu'il s'agit d'une nébuleuse ou d'une mouvance intellectuelle et non pas d'une organisation politique. D'autre part parce que les associations et personnalités qui y sont habituellement associées, à commencer par le GRECE (Groupement de recherche et d'études pour la civilisation européenne) et Alain de Benoist, n'ont accepté, avec réticence, d'endosser cette étiquette qu'une fois celle-ci passée dans le langage journalistique, après la campagne de presse qui a révélé l'existence du GRECE au grand public, lors de l'été 1979. Les animateurs du GRECE avaient préféré s'autodésigner promoteurs d'une « nouvelle culture », capable de refonder intellectuellement la famille idéologique dont la plupart étaient issus (l'extrême droite), tant au plan des pratiques militantes que des idées et des moyens de parvenir aux fins du politique. C'est tout le sens de la démarche « métapolitique » que l'ancien président du GRECE, Jacques Marlaud, a définie comme étant « tout travail de réflexion, d'analyse, de diffusion d'idées et de pratiques culturelles susceptible d'influencer à long terme la société politique. Il ne s'agit plus de prendre le pouvoir, mais de lui fournir un aliment idéologique, philosophique et culturel capable d'orienter (ou de contredire) ses décisions[1] ». Étudier les rapports entre la Nouvelle droite et le FN, nés à la même époque (entre 1968 et 1972) et tous deux encore existants, pose donc le problème central de devoir comparer un parti politique, visant à rassembler le plus de militants possibles puis à les encadrer hiérarchiquement pour parvenir à la conquête du pouvoir, avec un ensemble très hétéroclite d'associations, bulletins, groupes militants et personnalités dont l'objectif principal est d'œuvrer, sur le long terme, à la formulation d'une vision du monde éventuellement, mais éventuellement seulement susceptible de faciliter la prise du pouvoir politique. Le GRECE n'a jamais eu pour but de prendre le pouvoir mais de former des individus qui, par choix personnel, décideraient, ensuite, de « faire de la politique » ; et il a opéré pour ce faire un recrutement très sélectif, principalement tourné vers celles et ceux que leur situation ou leurs perspectives professionnelles disposaient à être des agents actifs de la dissémination, par capillarité, du corpus néodroitier. La Nouvelle droite voulait être élitiste : Jean-Claude Valla, qui en fut un des piliers, explique que « Le GRECE se voulait un

---

1. *Jacques Marlaud (1944-2014) a été président de l'organisation de 1987 à 1991. Cette citation est extraite de l'entretien publié le 9 décembre 2008 par le site identitaire Novopress et consultable sur le site http://esprit-europeen.fr/entretiens_marlaud.html.*

groupe relativement fermé, avec des membres peu nombreux, triés sur le volet[2]. » Il avait donc dès le départ une forme d'organisation diamétralement opposée à celle du FN, ce d'autant plus qu'elle n'orientait pas ses militants voulant entrer en politique vers un parti précis (par exemple le FN) mais les laissait juger eux-mêmes où leur présence serait la plus féconde. Ce put être le RPR (Yvan Blot), le Parti républicain (Jean-Yves Le Gallou), le Centre national des indépendants et paysans (Dominique Gajas), le FN à partir du milieu des années 1980, mais on connaît aussi des trajectoires plus hétérodoxes, comme celle de Stéphane Bourhis, passé de Terre et Peuple[3] (et du FN) à une liste municipale centriste en Alsace puis à l'UMP ou, si l'on suit Maurice Rollet, de Théo B., qui aurait fait partie du petit noyau fondateur du GRECE avant d'accéder à d'importantes responsabilités au sein de la fédération des Bouches-du Rhône du Parti socialiste[4], jusqu'en 2011. Ajouté au fait que nombre de figures de la Nouvelle droite se sont abstenues de tout engagement partisan (Alain de Benoist, Michel Marmin, Jean Varenne, Yves Christen), même lorsqu'elles exerçaient une influence intellectuelle sur les droites radicales (Jean Mabire[5]

---

2. Jean-Claude Valla, Engagements pour la civilisation européenne, Billère, Éditions Alexipharmaque, 2013, p. 116.

3. Voir notamment Terre et Peuple Magazine, 13, automne 2002 et 4, hiver 2002.

4. Maurice Rollet, «Nous étions douze», dans Le Mai 1968 de la Nouvelle Droite, collectif, Paris, Éditions du Labyrinthe, 1998, p. 135-139. Théo B., président de la commission des adhésions de la fédération socialiste des Bouches-du-Rhône, a démissionné du PS en novembre 2011, après qu'il lui a été demandé de quitter l'Association pour la défense des intérêts moraux et matériels des anciens détenus de l'Algérie française (Adimad). Ancien militant OAS, il avait été candidat FN aux élections législatives de 1973 avant de servir de «passerelle» entre le maire de Marseille, Gaston Defferre, et le milieu «pied-noir». Seul Maurice Rollet, chancelier du GRECE, le cite parmi les fondateurs.

5. Mabire se borna à tenir, de 1990 à sa mort en 2006, une chronique littéraire dans l'hebdomadaire frontiste National Hebdo. Quelques heures après son suicide, le 21 mai 2013, Venner fut salué en ces termes par Marine Le Pen : «Tout notre respect à Dominique Venner dont le dernier geste, éminemment politique, aura été de tenter de réveiller le peuple de France.» Ce message Twitter constituait toutefois une annexion posthume de celui qui, dans La Nouvelle Revue d'histoire (39, novembre-décembre 2008), avait signé un éditorial titré : «Les équivoques du nationalisme», dans lequel il réaffirmait son idéal d'une identité européenne non réductible à l'identité française».

et Dominique Venner particulièrement), cela montre que le FN était un des débouchés possibles pour ceux qui, dans la Nouvelle droite, souhaitaient intégrer un parti, mais qu'il n'était ni le seul ni même le principal, jusqu'au milieu des années 1980 du moins. Cette précision est d'autant plus indispensable que la littérature militante antifasciste, mais aussi des ouvrages ou articles scientifiques, ont depuis la fin des années 1970 décrit la Nouvelle droite comme une entreprise concertée consistant à reformuler, de manière euphémisée, le discours raciste des droites extrêmes traditionnelles, dans le cadre d'une stratégie de dissimulation ou de travestissement qui passerait par l'utilisation constante d'un double langage.

Nous touchons là à un point fondamental de la recherche sur cet objet passionnel qu'est le champ des droites radicales : la croyance de certains en une invariance des idées malgré les mutations objectives du discours, en une sorte d'intangibilité des structures mentales de l'extrême droite, qui conduit à mettre en avant les continuités au détriment des ruptures ou des évolutions et à stipuler que celles-ci ne sont que des ruses tactiques visant à adapter le fascisme, voire une partie de l'idéologie nationale-socialiste, à l'ère de l'après 1945. Cette façon d'envisager la Nouvelle droite comme le FN, doit être nuancée. Sauf à s'approcher dangereusement des schémas de la théorie du complot, on ne peut qu'être frappé par la différence entre l'optique ethnobiologisante des premiers numéros de la revue *Nouvelle École* (1973) et la manière dont, en 1992, Alain de Benoist répondait à une question du quotidien *Le Monde* l'interrogeant sur ce qu'il pense «de l'usage discriminatoire que le FN fait du droit à la différence, que vous avez-vous-même contribué à vulgariser» : «Le droit à la différence est un principe et, comme tel, il ne vaut que par sa généralité. Autrement dit, je ne suis fondé à défendre ma différence que pour autant que je reconnais et respecte celle d'autrui. À partir du moment où vous instrumentalisez ce droit pour opposer votre différence à celle des autres, au lieu d'admettre que celle des autres ne menace pas la vôtre, mais au contraire la renforce, à partir du moment où vous considérez la différence, non comme ce qui permet le dialogue mais comme ce qui légitime son refus, lorsque par conséquent vous posez la différence comme un absolu alors qu'elle n'existe par définition que dans la relation, vous retombez dans le nationalisme tribal, dans l'appartenance comme subjectivité pure[6]. » Pour comprendre l'histoire des relations entre la Nouvelle droite et le FN, il faut donc la périodiser et montrer, pour chacune des époques, quels en furent les points de convergence, non négligeables, mais aussi les désaccords, souvent rédhibitoires.

Les années 1970 : la séparation du GRECE et du Club de l'Horloge

À la création du Front national en octobre 1972, le GRECE est en pleine phase de structuration : la revue *Nouvelle École* paraît déjà depuis 1968 mais *Éléments* verra le jour un an après, et la revue doctrinale *Études et recherches* en 1974. La fondation du FN va à l'encontre même de l'objectif poursuivi par les anciens militants de la Fédération des étudiants nationalistes (FEN) qui ont impulsé celle du GRECE, pour qui il importait d'une part d'en finir avec les engagements dans des groupuscules stériles et, d'autre part, de partir sur d'autres bases idéologiques que celles de l'« opposition nationale » et des « nationaux », dont Dominique Venner avait instruit le procès à charge dans *Pour une critique positive* (1964). Or c'est de ceux-ci dont Le Pen est l'héritier et le continuateur et nul doute que l'on trouve, dans le GRECE des premières années, l'écho de ce que Venner écrivait à leur sujet : « Les "nationaux" s'attaquent aux effets du mal, pas à ses racines. » L'idéologue de Jeune Nation et de la FEN expose deux de leurs travers. D'une part : « ils sont anticommunistes mais oublient que le capitalisme et les régimes libéraux sont les principaux artisans de la propagation du communisme » ; on retrouve ici l'hostilité principielle de la Nouvelle droite au libéralisme. D'autre part : « ils voulaient sauver l'Algérie française contre le régime, mais ils reprennent à leur compte

---

6. Entretien d'Alain de Benoist au quotidien Le Monde *en mai 1992 et finalement non publié par la rédaction. Pour consulter ce texte :* http://files.alaindebenoist.com/alaindebenoist/pdf/entretien_sur_la_politique_francaise.pdf.

ses principes et ses mythes »; on voit là la critique néodroitière de l'idéologie du métissage et du mythe de l'assimilation, du slogan « Un drapeau, trois couleurs » cher à Roger Holeindre, membre du premier bureau du FN[7]. Le GRECE, lui, met alors l'accent sur la découverte de l'éthologie, emprunte au néopositivisme de Louis Rougier[8] et défend l'idée de celui-ci selon laquelle l'universalisme du christianisme serait la source de l'égalitarisme, s'intéresse au paganisme comme moyen de ré-enchantement du monde et de retour à la « vraie religion de l'Europe[9] ». Il continue de publier sur les racines indo-européennes de la culture, des représentations mentales et du fonctionnement des sociétés européennes et a déjà mis au centre de sa vision du monde la notion d'ethno-différentialisme qui, d'une part débouche sur le constat de l'incomparabilité des cultures et qui, d'autre part, si elle suppose une forte défiance à l'écart du métissage (que Pierre-André Taguieff nomme justement « mixophobie[10] »), conduit logiquement Alain de Benoist vers une remise en cause radicale de l'occidentalocentrisme et de l'organisation bipolaire du monde (ce qui aboutira à la publication en 1986 d'un ouvrage intitulé *Europe, Tiers monde, même combat*). Autant dire que l'on ne retrouve rien de la doctrine néodroitière dans le FN de la période qui précède l'adhésion à celui-ci des cadres dirigeants néodroitiers comme Jean-Yves Le Gallou (adhésion en 1985); Jean-Claude Bardet (1986) ou Pierre Vial (1988), pour ne citer que les plus connus. Au sein de la Nouvelle droite, certains cadres se retrouvent

---

7. Roger Holeindre dédie ainsi son livre C'étaient des hommes (Pont-Authou, Éditions d'Héligoland, 2012) « à tous nos morts, quelles que soient leur race, leur religion, leur couleur de peau ». Expression typique de l'esprit « ancien combattant » des guerres coloniales, assez répandu au FN.

8. Décédé en 1982, le philosophe Louis Rougier, qui eut une influence déterminante sur le GRECE, resta totalement à l'écart du FN. Sur son œuvre, voir Olivier Dard, « Itinéraire intellectuel et politique, des années vingt à Nouvelle École », Philosophia Scientiæ (consultable en ligne : http:// philosophiascientiae.revues.org/429).

9. Voir Sigrid Hunke, La Vraie Religion de l'Europe. La foi des « hérétiques », Paris, Le Labyrinthe, 1985. Le terme est repris par Alain de Benoist dans son livre Comment peut-on être païen, Paris, Albin Michel, 1981, p. 241-242.

10. Pierre-André Taguieff, « Face à l'immigration : mixophobie, xénophobie ou sélection. Un débat français dans l'entre-deux-guerres », Vingtième Siècle. Revue d'histoire, 47, 1995, p. 103-131.

même davantage dans le Parti des forces nouvelles (PFN, fondé en novembre 1974), comme Jean-Claude Jacquard, qui quitte le FN pour son concurrent et présidera le GRECE en 1992. Le PFN, qui joue la carte du modernisme face à des «nationaux» frontistes qu'il juge passéistes, s'inspire des thèses néodroitières dans ses plaquettes doctrinales : *Propositions pour une Nation nouvelle* (1974) et *Propositions pour une nouvelle droite politique* (1979), ainsi que dans l'intitulé de son *Forum de la nouvelle droite* en 1975.

La convergence est venue d'ailleurs. Dès sa fondation, en 1974, le Club de l'Horloge (CDH) se donne pour objectif d'orienter la droite de gouvernement vers un national-libéralisme qui n'est absolument pas en phase avec les orientations de l'aile nationaliste-révolutionnaire du FN, mais qui se retrouve pour partie dans le programme de Jean-Marie Le Pen pour l'élection présidentielle qui a lieu la même année[11]. Le CDH structure son programme autour de l'opposition à toute forme d'égalitarisme et de la promotion d'une société dont les règles sont dictées par les acquis des sciences du vivant[12] ; de la défense de l'identité nationale contre les dangers du déracinement et de l'immigration, renommée «interpénétration des ethnies sur un même territoire[13]» ; de la référence à l'Occident (terme continuellement utilisé comme synonyme d'Europe) et à la «révolution conservatrice», non pas l'allemande dont se réclame la Nouvelle droite mais celle incarnée par Margaret Thatcher, Ronald Reagan et George Bush[14]. Le candidat Le Pen fustige alors «la fiscalité écrasante et inquisitoriale», demande la réduction du train de vie de l'État et la privatisation «de

---

11. Voir la profession de foi officielle de Jean-Marie Le Pen, «candidat de salut public», consultable sur http://www.enquete-debat.fr/archives/anti-etatiste-en-1974-le-front-national-est-etatiste-en-2011.

12. Voir Henry de Lesquen et le Club de l'Horloge, La Politique du vivant, *Albin Michel*, 1979, corédigé par Bruno Mégret et Yvan Blot.

13. Identité et croissance de l'Homme, *études et documents du Club de l'Horloge*, 1989.

14. Voir Henry de Lesquen, «Identité et liberté, des valeurs complémentaires en Occident», Club de l'Horloge, consultable en ligne : http://www.clubdelhorloge.fr/index.php?option = com_content&view=article&id=82:lesquen-05&catid=13:principes-politiques.

ce qui peut l'être», explique que «l'indépendance de notre pays est liée à celle de l'Europe et de l'Occident». La mise en avant, électoralement rentable, du thème de l'immigration viendra plus tard, en 1978, avec l'utilisation du slogan «Un million de chômeurs, c'est un million d'immigrés en trop. Les Français d'abord», dont la paternité n'est toutefois pas due au CDH mais au nationaliste-révolutionnaire François Duprat. C'est bien le Club de l'Horloge qui a théorisé le national-libéralisme et qui a formé Bruno Mégret, Yvan Blot en étant le président et rejoignant le FN en 1989. Sa stratégie n'était cependant pas d'influencer le FN, dont l'émergence électorale ne se réalise qu'en 1983-1984, mais de produire un nouveau logiciel intellectuel pour la droite des «années Giscard» et d'un Rassemblement pour la République (RPR) déjà post-gaulliste. De même que le GRECE avait un moment cru pouvoir influencer le cours de la politique française parce que quelques-uns de ses cadres, dont Alain de Benoist, avaient gagné des positions d'influence au sein des rédactions des hebdomadaires *Valeurs actuelles* et le *Figaro-Magazine*, le Club tenta de faire passer ses propositions auprès des lecteurs des mêmes publications, très majoritairement des électeurs de droite. Entamée en 1977, l'aventure *Figaro-Magazine* se fracassa en 1979-1980, selon Jean-Claude Valla[15], sur la campagne de presse contre la Nouvelle droite (été 1979), puis sur les craintes de Louis Pauwels de voir son journal pâtir des accusations de collusion intellectuelle entre le milieu néodroitier et un néonazisme parodique auquel était attribué, à tort on le sait, l'attentat antisémite de la rue Copernic du 3 octobre 1980. Cette interprétation n'est que partielle : le cheminement intellectuel chaotique de Pauwels, sa conversion au catholicisme et son reagano-thatchérisme affirmé, tout comme l'indifférence totale des dirigeants des Républicains indépendants et du RPR à l'égard de certains marqueurs grécistes comme le paganisme, l'anti-américanisme, les origines indo-européennes des peuples et cultures de notre continent et surtout son antilibéralisme foncier, condamnaient sans nul doute cette politique

---

15. *Jean-Claude Valla*, Engagements pour la civilisation européenne, op. cit., p. 109 et suiv.

dite « d'entrisme » à l'échec. Raymond Bourgine, dirigeant de *Valeurs actuelles*, finit par avoir les mêmes réticences vers 1983, alors qu'il avait accompagné et promu le GRECE dès le début des années 1970. Ainsi le corpus idéologique du Club de l'Horloge a-t-il sans doute, sur le long terme, imprégné davantage la droite de gouvernement (devenue en 1981 l'opposition) que celui du GRECE, tout en acquérant une audience au sein des sphères dirigeantes du FN. L'arrivée à la direction frontiste de Bruno Mégret et de ses proches, formés au contact des milieux néodroitiers, ayant souvent été interprétée comme une « prise en main » du parti par la Nouvelle droite [16], il faut maintenant déterminer la part de vérité dans cette assertion.

1986-1999 : un FN sous influence néodroitière ?

La montée en puissance, au sein du FN, d'un appareil à l'intérieur même de l'appareil, dont Bruno Mégret a été la « tête », peut être datée de l'accession de celui-ci au poste de délégué général en 1988 et se termine avec la scission de décembre 1998. S'il n'y a pas lieu ici d'énumérer les noms de tous ceux qui, occupant un poste à responsabilité à la délégation générale ou en tant qu'élus, ont été considérés comme proche de la Nouvelle droite, il importe de souligner que quelques militants néodroitiers connus sont effectivement arrivés au FN et ont été vus par leurs adversaires à l'intérieur du parti comme constituant un réseau destiné à promouvoir Bruno Mégret en tant que successeur de Jean-Marie Le Pen à la présidence d'un FN rénové, qui accepterait de participer au pouvoir en coalition avec une partie de la droite conservatrice et libérale. Jean-Yves Le Gallou est secrétaire général du groupe

---

16. Voir notamment Renaud Dély, Histoire secrète du Front national, *Paris, Grasset, 1999*. Cette vision des choses a été reprise dans le discours politique par le Premier ministre Manuel Valls, déclarant en mars 2015 : « Quand un philosophe connu [...], Michel Onfray, explique qu'Alain de Benoist – qui était le philosophe de la Nouvelle droite dans les années 1970 et 1980, qui d'une certaine manière a façonné la matrice idéologique du Front national, avec le Club de l'Horloge, le GRECE – [...] vaut mieux que Bernard-Henri Lévy, ça veut dire qu'on perd les repères ». « Manuel Valls s'en prend au philosophe Michel Onfray », lindependant.fr, 8 mars 2015.

parlementaire FN de 1986 à 1988, président du groupe FN puis MNR au conseil régional d'Île-de-France de 1986 à 1999 et député européen de 1994 à 1999. Yvan Blot devient député européen en 1989. Pierre Vial est conseiller régional de Rhône-Alpes et membre du bureau politique en 1997, alors même qu'il a fondé deux ans plus tôt l'association Terre et Peuple. Philippe Milliau est conseiller régional d'Île-de-France. En plus de truster les postes, la tendance mégretiste est à partir de 1989 aux commandes de la revue théorique du FN, *Identité*, que dirige Jean-Claude Bardet. De nombreux universitaires néodroitiers y apporteront leur signature, ainsi qu'au conseil scientifique du parti dont Jean Varenne (président du GRECE dans les années 80) et l'indo-européaniste Jean Haudry. Cela autorise-t-il pour autant à valider l'hypothèse d'une tactique concertée d'entrisme de la Nouvelle droite au sein du FN? Cela semble peu probable. D'une part Alain de Benoist a déjà, en 1988, exprimé son désaccord avec les idées « tout à fait étrangères aux nôtres » d'un parti auquel il reproche et son atlantisme, et sa critique des institutions de la Cinquième République et sa « campagne anti-immigrés »[17], réitérant ses objections qui culminent dans l'interview non publiée qu'il avait donnée en mai 1992 au quotidien *Le Monde*. Il y affirme, au nom précisément du droit à la différence, son refus de toute « hiérarchie des dilections » et de la différence posée comme « absolu », plaidant pour une forme de « communauté ouverte » qui « ne fait pas payer l'intégration du prix de l'oubli des origines », qui admet la possibilité de l'intégration et même des identités complexes, tout en récusant la logique marchande qui est selon lui la cause de l'immigration[18]. Dès lors, ceux qui rejoignent le FN le font en divergence, partielle ou totale, avec la figure de proue de la mouvance. Par ailleurs, ces itinéraires individuels qui vont de la Nouvelle droite au FN sont la conséquence d'une configuration politique nouvelle. Alors qu'ils n'ont pas pu faire évoluer le logiciel des droites de gouvernement,

---

17. Voir Anne-Marie Duranton-Crabol, Visages de la Nouvelle droite: le GRECE et son histoire, *Paris, Presses de Sciences Po, 1988, p. 216.*

18. Le texte de cet entretien est consultable sur http://files.alaindebenoist.com/alaindebenoist/pdf/entretien_sur_la_politique_francaise.pdf.

notamment celui d'un RPR où tant Jacques Chirac que Philippe Séguin sont profondément hostiles au FN et aux alliances avec celui-ci, les néodroitiers ne peuvent que constater la percée électorale frontiste aux élections législatives de 1986, suivie par les 14,3 % de Le Pen à la présidentielle de 1988. En termes d'opportunités de carrière, d'élection et d'influence idéologique, le FN devient un parti non négligeable. Enfin, les passages au Front national résultent des crises successives qui secouent la Nouvelle droite et en particulier le GRECE. Guillaume Faye, responsable du secrétariat Études et recherches du GRECE où il milite depuis 1970, le quitte en 1986. Lui qui avait été à la fin des années 1970, dans *Éléments*, l'un des principaux critiques du concept de civilisation occidentale, justifie ainsi son départ : « La Nouvelle droite, comme le GRECE, ne sont plus que l'ombre d'eux-mêmes et ont abandonné le combat identitaire. Ils ont abandonné toute idée de défense de l'identité européenne et, en faux rebelles, avides de se faire (évidemment en vain) reconnaître par le système, ils s'alignent totalement sur les positions de l'extrême-gauche et du *Monde diplomatique*, par exemple : islamophilie, tiers-mondolâtrie, silence radio sur l'immigration (stratégie d'"évitement" : surtout ne pas parler de ce qui choque), anticapitalisme sommaire, anti-américanisme rabâcheur et inefficace, antisionisme affligeant, tapageur et haineux. » Robert Steuckers, proche du GRECE depuis 1973 et un temps permanent de celui-ci, officialise son départ fin 1992 et fonde, avec l'ancien vice-président du FN et ancien secrétaire général de l'organisation néodroitière Gilbert Sincyr (1936-2014), le réseau Synergies européennes (1993), qui formulera dans sa revue *Vouloir*[19] une charge très vigoureuse contre Alain de Benoist et le GRECE, principalement fondée sur le reproche d'intellectualisme déconnecté du réel, notamment sur les questions de l'immigration. À la lecture des critiques de Robert Steuckers, les griefs d'ordre personnel paraissent l'emporter sur les clivages de fonds. Si lui-même, étant citoyen belge, n'a jamais souhaité s'impliquer dans la vie politique française, sa structure s'est assuré le concours de

---

19. « *Sur la Nouvelle droite, réflexions impertinentes et constructives* », Vouloir, 11, automne 1999.

deux universitaires membres du Conseil scientifique du FN : Christiane Pigacé et Bernard Notin. Il semble donc bien que le refus d'Alain de Benoist de s'engager et d'engager la GRECE, en tant qu'organisation, aux côtés du FN, ainsi que des désaccords idéologiques réels sur la question de l'identité, de l'immigration et de l'islam, aient contribué à faire éclater la nébuleuse néodroitière. La fondation de Terre et Peuple sur une base ethnoracialiste confirme cette hypothèse : dès le second numéro de sa revue éponyme (hiver 1999), les signatures sont nombreuses de militants frontistes qui vont basculer vers le MNR (Olivier Chalmel, Agnès Belbéoch, Stéphane Bourhis, Xavier Guillemot, Bruno Racouchot, Gilles Pennelle, Jean-Pascal Serbera[20]).

Au plan des idées et des méthodes, il a été imputé à la Nouvelle droite deux faits majeurs dans l'action du FN des années 1990 : la première est la proposition d'instaurer la « préférence nationale », la seconde est la formulation explicite, dans les documents de formation remis aux militants et élaborés par la délégation générale, de ce qu'Alexandre Dézé appelle l'« euphémisation discursive[21] » laquelle, loin de ne porter que sur les questions de l'identité et de l'immigration, entraîne un renouvellement global du discours frontiste supposé mettre en œuvre – près de vingt ans avant que Marine Le Pen soit élue présidente – la dédiabolisation. La « préférence nationale » a été théorisée en 1985 par Jean-Yves Le Gallou dans un ouvrage éponyme signé avec le Club de l'Horloge[22]. L'absence de volonté de l'opposition de droite de préconiser cette mesure semble être une des raisons qui ont amené son concepteur à s'engager au FN. Toutefois, loin d'avoir été imposée par lui, ou par un quelconque « lobby » néodroitier, elle fait alors et fait toujours l'unanimité au sein du parti, même lorsque celui-ci s'élargit en 1986, sous le nom de Rassemblement national, à des notables, transfuges des partis de droite. De même, elle n'a jamais posé aucun problème à l'aile nationale-catholique du FN. Enfin, sa

---

20. *Certains sont revenus au FN à l'occasion des élections départementales de 2015, notamment dans l'ouest de la France.*
21. *Alexandre Dézé*, Le Front national : à la conquête du pouvoir ?, *Paris, Armand Colin 2012, p. 90 et suiv.*
22. *Jean-Yves Le Gallou et le Club de l'Horloge*, La Préférence nationale. Réponse à l'immigration, *Paris, Albin Michel, 1985.*

mise en place ne résoudrait en rien ce qui constitue le souci majeur du GRECE et du cœur de la nébuleuse néodroitière : la recherche des plus anciennes traditions européennes et leur maintien par, entre autres, l'usage de rites et de célébrations[23], ainsi que l'attachement à voir dans presque tous les peuples européens actuels les descendants d'un peuple indo-européen originel, dont le point de départ pour la colonisation de l'Europe reste discuté mais dont l'existence est tenue pour certaine[24]. Quand Bruno Mégret déclare que « la population de notre pays est restée homogène depuis les origines », ajoutant que « l'identité française est donc liée au sang[25] », il ne reprend évidemment pas mot à mot les écrits néodroitiers sur l'origine des peuples européens, qui seraient difficiles à transformer en arguments de séduction de l'électorat. Toutefois, il marque un tournant par rapport au nationalisme barrésien imprégnant le FN. Si l'on suit Brigitte Krulic, pour qui, chez Barrès, « le peuple, ou la nation, n'est pas une "race", mais une dynamique continue animée par la volonté de se conformer aux traces laissées par l'histoire[26] », on ne peut que constater l'existence, au sein du parti de la période mégrétiste, d'une tension entre un nationalisme de « la terre et les morts », qui laisse (modérément) ouverte la porte de l'assimilation sur la longue durée et un autre, impulsé par des transfuges de la Nouvelle droite, de caractère nettement ethno-différentialiste.

23. D'où l'existence au sein du GRECE d'une Commission des traditions dont les bulletins sont rassemblés en un volume, Traditions d'Europe, publié en 1986 sous la direction d'Alain de Benoist. Voir aussi Jean Mabire et Pierre Vial, Les Solstices, histoire et actualité, Paris, Le Flambeau, 1991.
24. Notamment par Jean Haudry dans son ouvrage Les Indo-Européens, Paris, PUF, coll. « Que sais-je ? », 1981 [réédité en 1985 et 1992].
25. Intervention au colloque « Immigration : les solutions », Marseille, 16 novembre 1991. Dans son livre La Flamme. Les voies de la renaissance, Paris, Robert Laffont, 1990, Bruno Mégret datait la naissance de la France de 1 500 ans. Dominique Venner lui, publie en 2004 un livre intitulé Histoire et tradition des Européens : 30 000 ans d'identité, Paris, Éditions du Rocher. Les deux datations sont conciliables, si l'on considère que le « stock ethnique » des populations que Clovis réunit dans ce qui deviendra la France était alors strictement « de souche indo-européenne ».
26. Brigitte Krulic, « Le peuple chez Maurice Barrès : une entité insaisissable entre unité et diversité », Sens public. Revue électronique internationale, 2 février 2007, http://www.sens-public.org/IMG/SensPublic_Peuple_BKrulic.pdf (consultation : juin 2015).

La question de l'euphémisation du langage frontiste est souvent vue comme la «preuve» de l'existence, au sein du FN, d'un discours public expurgé de sa radicalité et d'un discours interne à connotation raciste. Dans la bataille de l'image que livre le FN au cours des années 1990, les services de la délégation générale (mais aussi l'Institut de formation nationale, dirigé par Bernard Antony, catholique traditionnel opposé à la Nouvelle droite) élaborent des directives pour les militants et les cadres, dont la plus controversée est celle-ci : «Ne pas utiliser de propos [sic] outranciers. Pour séduire, il faut d'abord éviter de faire peur et de créer un sentiment de répulsion. Or dans notre société soft et craintive, les propos excessifs inquiètent et provoquent la méfiance ou le rejet dans une large partie de la population. Il est donc essentiel lorsqu'on s'exprime en public, d'éviter les propos outranciers et vulgaires. On peut affirmer la même chose avec autant de vigueur dans un langage posé et accepté par le grand public. De façon certes caricaturale au lieu de dire "les bougnoules à la mer"', disons qu'il faut "organiser le retour chez eux des immigrés du tiers-monde"[27].» Si cette préconisation conforte l'idée que le racisme hiérarchisant et vulgaire, encore utilisé du temps d'Europe-Action, matrice de la Nouvelle droite, a cédé la place à l'ethno-différentialisme, elle doit aussi être lue au regard de deux mécanismes intellectuels. Le premier est la nécessaire adaptation du discours frontiste aux normes juridiques antiracistes que sont la loi Pleven (1972) et la loi Gayssot (1990). En 1990 encore, Bruno Mégret fustige «La France de M. Mamadou» et, dans *La Flamme*, utilise des formules comme «racisme anti-Français», «établissement cosmopolite», «Ceux qui ont fauté doivent se plier à une éternelle expiation.» De même, il recourt aux termes «identitaire» et «Français de souche». Puis, la loi rendant prudent le contournement des formulations susceptibles de poursuites, la partie mégrétiste de l'appareil opte pour l'adoption d'un langage moins polémique, tout en restant fidèle à l'objectif, clairement néodroitier, d'une société reposant sur «l'application continue et scrupuleuse du principe selon lequel chaque ethnie doit disposer

---

27. *La Stratégie du Front national*, note interne, Institut de formation nationale, délégation générale, non daté, p. 9.

en propre d'un territoire[28] ». Le second mécanisme intellectuel est l'irruption du langage technocratique dans la sphère, habituellement moins policée, de la diatribe nationale-populiste. De par leur formation, plusieurs cadres néodroitiers issus de la haute fonction publique et des grands corps de l'État sont rompus à l'exercice consistant à faire passer, sous couvert de la neutralité supposée de la décision administrative et des préconisations des experts, des concepts éminemment politiques. Pour en rester encore aux écrits de Bruno Mégret, on peut ainsi trouver dans un même ouvrage à la fois des passages tenant de la note de synthèse ou du cours magistral (notamment dans les domaines de l'économie et des institutions), d'autres tenant uniquement de l'argument d'autorité et enfin, des formulations purement idéologiques empruntées au corpus néodroitier. Dans *La Nouvelle Europe* (1998), appartient à la première catégorie le paragraphe sur «les critères de Mundell» en politique monétaire ; à la seconde la phrase «Il faut donc rompre avec l'entreprise maastrichienne qui n'est qu'une imposture, car on ne peut construire une organisation de l'Europe sur la base de principes qui n'ont rien de spécifiquement européen» ; et à la troisième tout le chapitre quatre sur «la communauté de civilisation[29] ». Une stratégie ainsi que certains idéogèmes néodroitiers ont bien irrigué le FN de cette période. Toutefois, selon Philippe Milliau, qui fut un des principaux responsables de ces formations, «étant destinées à un parti politique, elles restaient très consensuelles sur les sujets clivants», par exemple ceux qui pouvaient faire débat avec les catholiques traditionalistes. Il souligne cependant qu'elles ont «au moins permis de faire émerger des cadres[30] ». Si, sur le court terme, la ligne de Jean-Marie Le Pen triomphe puisque l'aventure mégrétiste du MNR échoue totalement, il serait intéressant de déterminer combien des jeunes cadres d'alors ayant suivi ces formations sont aujourd'hui en responsabilité après le retour au FN, dans l'entourage de Marine Le Pen.

---

28. Bruno Mégret, La Flamme, op. cit., chapitre 2, «Le cosmopolitisme militant». L'ouvrage est en accès direct sur http://www.m-n-r.fr/ouvrages_laflamme_chap2_flamme.php.

29. Bruno Mégret, La Nouvelle Europe, 1998 (texte intégral sur http://www.bruno-megret.com/ouvrages_nouvelle_europe.php3).

30. Entretien avec l'auteur, 11 juin 2015.

Les rapports entre FN et Nouvelle droite après la scission mégretiste de 1998-1999

En 1999, peu après la scission mégretiste et la création du MNR, un numéro de la revue *Éléments*[31] donne une idée de l'autopositionnement de la «Nouvelle droite» par rapport au FN. Il contient à la fois un manifeste rédigé par Alain de Benoist et Charles Champetier, intitulé *La Nouvelle Droite de l'an 2000*, et un dossier sur les trente-six familles de la droite qui tente d'établir une cartographie de toutes les sous-familles d'un vaste ensemble allant des droites libérale et conservatrice au néonazisme avec, pour chacun de ces courants, un slogan-phare, des auteurs de référence, une époque emblématique, une sorte de Panthéon des grandes figures admirées et même des films-fétiches. Dès l'éditorial de Robert de Herte (pseudonyme d'Alain de Benoist) est éreintée «une droite radicale souvent désertée par l'intelligence et le talent, et dont l'implosion programmée du parti de la principauté de Saint-Cloud a récemment encore donné la juste mesure». Dans l'essai de classification, la «Nouvelle droite» est la trente-sixième sous-famille, qui ne se reconnaît donc dans aucune des autres, parmi lesquelles la «droite nationale-libérale», dont feraient partie Louis Pauwels et Henry de Lesquen. Les références de cette sous-famille seraient Bruno Mégret, Jörg Haider et Antoine Pinay, ce qui n'est pas si mal vu dans la mesure où cette tendance conjugue, dans un flou certain, le conservatisme social, le libéralisme économique, la phobie du «socialisme» et la croyance en une sorte de nature éternelle des Nations. Le Pen, lui, est classé (avec Doriot, Pierre Sidos et le rexisme!) en tant que figure d'une «droite nationaliste» dont Édouard Drumont, Jacques Ploncard d'Assac et François Brigneau seraient les auteurs favoris – ce qui peut difficilement passer pour une mise en corrélation positive, en particulier au moment où la plupart des ex-néodroitiers du FN passent au MNR, avant de se replier parfois sur des structures hors-partis comme la Fondation Polémia (créée par Jean-Yves Le Gallou en 2003), Terre et Peuple, et plus tard la mouvance identitaire (Philippe Milliau rejoint le

---

31. *Éléments*, *94, février 1999*.

Bloc identitaire en 2008). Le manifeste néodroitier corédigé par Alain de Benoist et Charles Champetier peut sembler, pour le lecteur trop rapide, recouper plusieurs thèmes centraux du FN de cette période de transition qui voit Marine Le Pen monter en puissance à partir de 2002 et chercher à regagner les ressources militantes perdues lors de la scission. Ce sont toujours l'anti-égalitarisme, l'anti-universalisme, l'organicisme et la conception holiste de la société, la critique de ce que Roger Garaudy avait appelé le « monothéisme du marché[32] ».

Cette ressemblance de surface masque toutefois des différences fondamentales. La première est que l'objectif gréciste de dépasser le clivage droite-gauche, en passant au tamis de sa vision du monde l'ensemble de la production intellectuelle d'où qu'elle vienne, se heurte à la mentalité hémiplégique d'une « droite nationale », FN compris, pour qui emprunter des références à l'adversaire, dialoguer avec lui et même discuter ses idées restent encore tabou. Alain de Benoist, fondant en 1988 la revue *Krisis*, part d'un point de vue strictement opposé, et ce n'est que vers le début des années 2010 que deviendra courante au FN la référence à des auteurs « hors mouvance », notamment des économistes opposés à l'euro, des universitaires souverainistes ou critiques de la tendance à l'affaissement des cadres nationaux. Ainsi, en 2012, dans la bibliographie de son livre-programme *Pour que vive la France*[33], Marine Le Pen citera des auteurs aussi différents que Jean-Claude Michéa, Emmanuel Todd ou Maurice Allais. Toutefois, si la Nouvelle droite fouille réellement dans le domaine des idées et se livre à une lecture quasi-encyclopédique de tout ce qui paraît dans le domaine des idées, le mécanisme de citation et de référence à des auteurs extérieurs à la droite semble relever, au FN, davantage du domaine de l'annexion intellectuelle et du processus de légitimation. Une autre différence de taille, démontrée par l'abondance de références aux mouvements néodroitiers existant hors de France dans

---

32. Roger Garaudy, Les États-Unis avant-garde de la décadence, *Paris, Vent du large, 1997, p. 20.*
33. *Paru aux éditions Grancher.*

le numéro d'*Éléments*[34] qui publie le manifeste, est que le FN demeure prisonnier d'une vision hexagonale du nationalisme, de la culture et de l'histoire. La Nouvelle droite, elle, a su dès le départ associer à ses travaux des intellectuels étrangers qui ont compté dans son parcours (Armin Mohler, Giorgio Locchi), elle a regardé de très près la Révolution conservatrice allemande, le mouvement des idées en Italie (y compris des auteurs de la gauche radicale comme Costanzo Preve et Danilo Zolo) et même le mouvement national flamand. L'intérêt limité du FN pour ce qui se pense et se publie à l'étranger lui rend difficile d'énoncer précisément ce «nouveau Nomos de la terre» que le manifeste néodroitier de 1999 estime être advenu. Par rapport au concept forgé par Carl Schmitt, la Nouvelle droite et le FN s'accordent sur l'agencement du monde en grands blocs dont certains émergents, sur le règne de l'immatériel et ses conséquences sur la transformation de l'économie, plus globalement sur le refus de la globalisation, de l'uniformisation et de l'indifférencié et, moins qu'on veut bien le croire cependant, sur l'articulation de l'action politique autour de la distinction ami-ennemi, que la formation lepéniste lit d'une manière manichéenne. Il y a loin, par exemple, de la notion d'identité dialogique développée par Alain de Benoist dans *Nous et les autres* (2006) à l'utilisation constante par Jean-Marie Le Pen de la rhétorique du complot, à ses déclarations dépréciatives sur les Juifs et sur l'inégalité des races et, enfin, à son obsession de l'«ennemi irréductible». Or lorsqu'Alain de Benoist décrypte le Nomos schmittien, certaines de ses propositions vont à l'encontre du programme frontiste. Alors que le FN se déclare «contre la mondialisation», il explique qu'il s'agit là d'une pétition vaine car relevant «du cadre de notre histoire présente». Là où le FN refuse toute supranationalité, il considère que seule l'Europe peut faire échec à l'hyperpuissance américaine. Alors que le FN demeure un parti fortement centralisé, opérant à partir d'un siège national qui fait redescendre décisions et argumentaires sur le mode de la fonctionnalité verticale, et subordonné à un dirigeant charismatique, Alain de Benoist explique que la résistance à la globalisation impose une stratégie de

---

34. Éléments, *94, février 1999.*

rupture fondée sur l'organisation en réseaux et le fait «d'opposer le local au global, le très petit au très grand[35]». Lorsqu'il appelle «à se défaire de cette vision étatiste et absolutiste qui a trop longtemps interdit de penser l'exercice de la démocratie dans un cadre autre que l'État-nation[36]», comme lorsqu'il promeut la démocratie participative, la décroissance et le fédéralisme intégral, Alain de Benoist diverge absolument du FN. Cela ne signifie pas qu'il s'en désintéresse, ni que cet intérêt ne soit pas partiellement réciproque. Ainsi, fin 2004, il accorde une longue interview au journal dont s'est dotée Marine Le Pen, alors à la tête de l'association Générations Le Pen qui accompagne sa montée en puissance dans l'appareil[37]. Tout en affirmant qu'il n'a jamais souhaité contribuer à la «diabolisation» du FN, il y livre une critique très dure d'un bilan qu'il juge négatif pour la droite française puisque, selon lui, centrant son discours sur l'immigration, le FN est perçu comme «le parti de la xénophobie et de l'exclusion». Ce qui, écrit-il, a conduit le parti à «se condamner par avance à un compagnonnage avec toutes sortes d'aigris, de perpétuels perdants, d'anciens de ceci ou de cela, avec leurs nostalgies, leurs idées fixes, leurs crispations et leurs slogans». Se retrouvent condensées toutes les idées-forces de l'entreprise de dédiabolisation engagée par Marine Le Pen à partir de 2011. Après l'élection présidentielle de 2007 qui vit la réduction du score frontiste à son plus bas niveau depuis 1984, Alain de Benoist accentuait la critique dans un texte qui mérite d'être longuement cité: «En juillet-août 2006, Jean-Marie Le Pen confiait au *Choc du mois* avoir toute sa vie durant "traîné l'extrême droite comme un véritable boulet". Que ne l'a-t-il dit plus tôt! Le Front national paraît avoir mis du temps à comprendre que la culture de ses électeurs n'était pas forcément la même que celle de ses militants. Sa défaite du 22 avril pourrait très bien précipiter en son sein une crise qui se serait ouverte de toute façon dans l'après-Le Pen. Là aussi, à terme, une

---

35. *Conférence* Europe et mondialisation, *p. 6. Source: http://files.alaindebenoist.com/alaindebenoist/pdf/europe_et_mondialisation.pdf (consultation: juin 2015).*
36. Ibid., *p. 7.*
37. L'Aviso, *12, septembre-octobre 2004.*

scission n'est pas à exclure. Dans l'immédiat, l'avenir du FN dépendra de sa capacité à comprendre que son "électorat naturel" n'est pas le peuple de droite, mais le peuple d'en bas. L'alternative n'est pas pour lui de s'enfermer dans le bunker des "purs et durs" ou, au contraire, de chercher à se "banaliser" ou à se "dédiaboliser" (le fait d'être diabolisé n'a pas empêché Sarkozy d'être élu, mais lui a au contraire valu des voix supplémentaires) tout en adoptant, d'élection en élection, la tactique du hamster qui tourne sans cesse dans sa roue tout en restant sur place. L'alternative à laquelle il se trouve confronté aujourd'hui de manière aiguë est toujours la même : vouloir encore incarner la "droite de la droite" ou se radicaliser dans la défense des couches populaires pour représenter le peuple de France dans sa diversité. Rien n'indique pour l'instant qu'il choisira la deuxième solution. Il reste au FN à apprendre comment devenir une force de transformation sociale dans laquelle puissent se reconnaître des couches populaires au statut social et professionnel précaire et au capital culturel inexistant, pour ne rien dire de ceux qui ne votent plus (entre 2002 et 2007, l'abstention est passée de 20 à 31 % en milieu ouvrier). Rien n'indique, là non plus, qu'il en ait la capacité ni même la volonté[38]. »

Avec le recul que procurent les huit années pendant lesquelles Marine Le Pen a œuvré à remodeler le FN, à le purger des outrances de l'extrême droite historique et à cibler en priorité l'électorat des couches les plus modestes de la population, et nonobstant les divergences fondamentales qui perdurent, on ne peut que constater que cette tribune a sans nul doute été lue et méditée par le nouveau leadership frontiste, sans que ni Alain de Benoist en tant qu'individu, ni le GRECE en tant qu'organisation à l'activité désormais limitée, ni même la Nouvelle droite en tant qu'école de pensée ne s'engagent ouvertement et publiquement en faveur du FN, la raison principale étant qu'ils agissent sur des plans et dans des perspectives qui, pour parfois se

---

38. Tribune libre publiée sur *voxnr.com*, site internet alors dirigé par le militant nationaliste-révolutionnaire Christian Bouchet, cadre frontiste de Loire-Atlantique, élu à Nantes. Source : http://www.voxnr.com/cc/tribune_libre/ EEZAFkZkkupMUvwKLi.shtml (consultation : juin 2015).

rejoindre sur les constats, n'en demeurent pas moins opposées, comme le sont depuis le début de l'aventure néodroitière, la métapolitique et l'action dans le cadre de la forme-parti.

Conclusion : des voies divergentes

Entre le Front national et la Nouvelle droite, il semble que dès le début aient été présents les motifs d'une impossible route commune, ce qui n'exclut nullement des convergences personnelles, des engagements individuels et des interactions à durée limitée. Les deux raisons principales sont l'une d'ordre organisationnel, l'autre d'ordre idéologique. Le GRECE, tout comme le Club de l'Horloge, le réseau Synergies européennes et les structures de type communautaires-völkisch que sont Terre et Peuple ou le Thule Seminar du Franco-Allemand Pierre Krebs, ont été créées dans un but élitiste, excluant par principe toute perspective de transformation en parti politique et tout arrimage à une formation électorale, en réaction aux expériences groupusculaires désastreuses des années 1960 que furent, en particulier, le Mouvement nationaliste de progrès (MNP) et le Rassemblement européen de la liberté (REL). Sans doute ceux des néodroitiers (une petite minorité) qui ont été influencés par la pensée de René Guénon et/ou de Julius Evola verraient-ils en outre une manifestation tangible du « règne de la quantité[39] » dans toute organisation de masse dont l'accès ne serait pas soumis à un processus rigoureux de sélection.

Au plan idéologique, l'objectif premier de la Nouvelle droite – bâtir une vision du monde en recourant aux catégories les plus diverses de la pensée – diffère rigoureusement de celui du FN comme de tout parti politique tout entier tendu vers l'exercice du pouvoir, et ce d'autant plus que la formation frontiste n'a jamais réussi à attirer des intellectuels qu'en nombre restreint, sans aucune mesure avec le magnétisme qu'exercèrent les droites non conformistes ou radicales des années 1930. C'est en réaction contre la prééminence donnée à

---

39. René Guénon, Le Règne de la quantité ou le signes des temps, *Paris, Gallimard, 1945.*

l'action métapolitique que certains, notamment Pierre Vial, ont choisi de rejoindre le FN puis de suivre leur voie propre, reprochant au GRECE et à son principal théoricien de «se placer sur Sirius ou sur la planète Mars[40]», là où eux-mêmes entendent s'engager dans un combat binaire du Bien contre le Mal qui se résume à la défense de la race blanche contre le reste du monde.

Alain de Benoist, en tant qu'individu, peut s'exprimer dans des publications frontistes ou favorables à la «droite nationale»: il n'en reste pas moins qu'il n'a pas l'ambition d'être un homme politique et que la liste est longue de ses écrits qui vont à l'exact opposé des idées lepénistes, sur des thèmes fondamentaux comme la nation, l'Europe, l'omnipotence du marché et le libéralisme, la religion et, enfin, cette fameuse «idéologie du Même» dans laquelle il voit le travers principal de l'égalitarisme[41]. N'est-elle pas, au fond, au cœur du projet frontiste d'une nation et d'une citoyenneté totalement normées tout comme du refus des identités infranationales, et même du mode de fonctionnement de toute formation politique, surtout quand elle n'admet plus en son sein, comme c'est le cas du FN de 2015, l'expression des tendances et des sensibilités minoritaires? Comme l'affirme Bruno Larebière, «la pénétration des idées de la Nouvelle droite a été stoppée net par la crise de 1998 avec le départ des cadres et militants formés par elle. Son influence sur la doctrine frontiste est aujourd'hui égale à zéro et le "souverainisme intégral" de Marine Le Pen, ainsi que son obsession "républicaine", sont même à l'opposé des idées qu'elle a développées[42]». Dans la tentative entamée par Marine Le Pen de penser à la fois le «social» et la nation, on peut évidemment être tenté de voir la réalisation de l'objectif prôné par Alain de Benoist de dépasser la droite et la gauche. «Je n'entends pas par là que l'on ne soit "ni de droite ni de gauche" – ce qui ne veut rien dire. Mais que l'on parvienne

---

40. Pierre Vial (Terre et Peuple, 28, été 2006) fait alors référence au refus gréciste de la théorie du «choc des civilisations».
41. Alain de Benoist, «Rebelles et rébellion», intervention au colloque du GRECE, janvier 2002.
42. Bruno Larebière, qui a notamment collaboré à Minute et au Choc du mois, a collaboré à Eléments, 154, 2015.

à être en même temps et la droite et la gauche. Je crois que l'avenir appartient à ceux qui seront capables de penser simultanément ce qui, jusqu'ici, n'a été pensé que contradictoirement[43]», écrivait-il ainsi en 1976. Depuis, à diverses reprises, lors de son «tournant social» de fin 1995 avec Alain Soral et sa «Gauche du travail, Droite des valeurs», puis à partir de 2011 sous l'influence probable de Florian Philippot, le Front national a tenté des «collages» idéologiques, mais il ne s'agit nullement d'un dépassement au sens où la Nouvelle droite a tenté de le théoriser. Certes, jamais autant qu'en 2015, certaines thématiques néodroitières n'ont été aussi présentes dans les propositions frontistes depuis la scission mégretiste. Dans un entretien de 2011 au bimensuel *Flash*[44], se situant dans une optique «alternationaliste», Alain de Benoist disait approuver l'inflexion frontiste vers la «critique accentuée du libéralisme économique et du pouvoir de l'argent», avant d'ajouter qu'il «n'avait jamais voté FN» et désavouait «sa critique très jacobine du "communautarisme"» et «une critique de "l'islamisation"» qui lui paraissait «se substituer de plus en plus à la critique de l'immigration» (formulée par lui-même au nom du «droit des peuples»). Le FN n'est donc pas une transposition dans le champ politique de la vision du monde néodroitière : il lui emprunte des lectures (simplifiées) en laissant de côté ce qui invaliderait le nationalisme hexagonal et le vieux fonds plébiscitaire de la «droite nationale».

---

43. Alain de Benoist, «*La vieille droite est morte : elle l'a bien mérité*», Item, janvier-février 1976 (consultable en ligne : http://www.voxnr.com/cc/dt_autres/EklFZkpApucxCsWARD.shtml).
44. Voir Flash, *27 janvier 2011.*

Chapitre 5 / LE FRONT NATIONAL ET LA GALAXIE DES EXTRÊMES DROITES RADICALES

Nicolas Lebourg

La récente ascension de Marine Le Pen et sa stratégie de dédiabolisation s'accompagnent d'une apparente prise de distance avec l'extrême droite radicale. L'étude attentive des interrelations entre le Front national et les multiples groupuscules qui composent cette mouvance, de l'Œuvre française à Égalité et Réconciliation en passant par les Identitaires, montre cependant que la réalité est plus complexe, et qu'entre le Front du père et celui de la fille, il existe autant de continuités que de ruptures.

Mots clés : antisystème – compromis nationaliste – extrême droite – groupuscule – Identitaires – national-socialisme ; racialisme – völkish

La question de la rénovation du Front national est souvent confondue avec celle de son éloignement de la mouvance extrême droitière. Cette question s'avère toutefois particulièrement complexe, en raison de l'absence d'unanimité autour de l'appellation « extrême droite » dans le champ scientifique [1], et du fait que le FN a toujours regroupé des tendances idéologiquement plurielles, parfois même contradictoires. La démarche consistant à cerner les liens que ce parti entretient avec les multiples groupes qui composent cet espace politique, afin de pouvoir identifier ses spécificités tant idéologiques que stratégiques, s'avère plus pertinente.

La dimension « antisystème » tend à être le plus petit commun dénominateur idéologique de la mouvance d'extrême droite. Inspiré de la dénonciation du *Systemzeit* par les nationalistes allemands durant les années 1920, qui faisaient de la République de Weimar un tout aussi

---

[1]. Voir Cas Mudde, « The War of Words : Defining the Extreme Right Party Family », West European Politics, 19 (2), 1996, p. 225-248.

homogène que malfaisant, ce concept pénètre les milieux néofascistes français à partir de 1951. En 1954, il est mis en avant pour fonder le Rassemblement national, qui relie une vingtaine de groupuscules. Si le FN s'ancre dans la veine nationale-populiste installée dans la vie politique française par le général Boulanger (1887-1889) et visant à établir une république autoritaire, il a toujours attiré des membres issus de l'extrême droite radicale dont l'action s'inscrivait dans une perspective révolutionnaire. Cette dernière a émergé des tranchées de la Grande Guerre avec le rêve de débarrasser l'humanité des traits du libéralisme. Face à cette bipartition de l'espace extrême droitier entre réactionnaires et révolutionnaires, obstacle à un rassemblement efficace en vue de la prise effective du pouvoir, le théoricien de l'Action française Charles Maurras proposa dès 1934 que les extrêmes droites forment un «Front national» via un «compromis nationaliste». Ce principe de compromis nationaliste est resté depuis lors un questionnement stratégique récurrent au sein des extrêmes droites, des années 1930 jusqu'aux récentes recompositions de la décennie 2010.

Malgré une légende tenace, le Front national n'a jamais clairement défini sa stratégie, ni même régulé sa vie interne, en s'appuyant sur ce concept de «compromis nationaliste». Les courants internes au FN et la dynastie Le Pen ont toujours joué les uns contre les autres, dans une stratégie de renforcement de leurs positions respectives, plutôt que de chercher un compromis obligeant à renoncer à certains principes clés pour pouvoir s'entendre. Si Jean-Marie Le Pen s'est efforcé de rassembler les multiples composantes de l'extrême droite, y compris radicale, dans le giron de son parti, c'était essentiellement pour renforcer sa propre hégémonie dans la mouvance, afin de mieux peser ensuite sur l'ensemble du champ politique. La récente ascension de Marine Le Pen puis le nouvel essor du parti s'inscrivent davantage dans une apparente prise de distance avec l'extrême droite radicale, afin d'appuyer la stratégie de «dédiabolisation» et de normalisation du FN. Or, l'étude attentive des interrelations qui se jouent entre le Front national et les autres groupes de l'extrême droite depuis 2011 montre que la réalité est plus complexe qu'il n'y paraît et qu'entre le Front du père et celui de la fille, il existe autant de ruptures que de continuités.

Le compromis nationaliste sous Jean-Marie Le Pen

Quand ils créent le Front national en 1972, les néofascistes d'Ordre nouveau (ON) ont dans l'idée de mettre en place une stratégie directement inspirée du compromis nationaliste maurrassien, mais dans une version redéfinie par Dominique Venner[2], principal théoricien de la mouvance dans les années 1960. Elle peut se résumer ainsi : une organisation nationaliste à l'idéologie intransigeante contrôle un mouvement unitaire dont la vocation est de se présenter aux élections afin de notabiliser ses cadres et diffuser ses idées au-delà des cercles groupusculaires initiaux. Le mouvement unitaire devait avoir trois co-présidents, mais, finalement, Jean-Marie Le Pen est nommé seul président du FN : il a comme atouts sa visibilité politique, son expérience et son statut de modéré dans la mouvance extrême droitière[3]. La dissolution d'ON pour atteinte à la sûreté de l'État en 1973, après des affrontements de rue avec le service d'ordre de la Ligue communiste, lui permet de prendre totalement la main sur le FN. Il empêchera par la suite les cadres d'ON, désormais orphelins de leur structure mère, de réintégrer le FN, afin d'en rester le seul maître[4]. Malgré cette dissolution, Alain Robert, chef d'un ON fantôme et ancien secrétaire général du FN, espère toujours perpétuer cette stratégie de contrôle du parti. Il lance dans cette optique le journal militant *Faire face* en lui assignant l'objectif de « regrouper notre courant de pensée et, pourquoi pas, exprimer la tendance nationaliste-révolutionnaire au sein du Front, de la même façon que le CERES de Chevènement représente la fraction gauchisante du PS[5] ». Si Jean-Marie Le Pen se lance durant les années 1970 dans un laborieux mais néanmoins efficace

---

2. Dominique Venner, Pour une critique positive, *Nantes, Ars Magna, 1962* [réédition 1997].
3. *Rappelons qu'il fut élu deux fois député sous la bannière poujadiste et fut par ailleurs le directeur de campagne de Jean-Louis Tixier-Vignancour à l'élection présidentielle de 1965.*
4. *Voir Nicolas Lebourg, Joseph Beauregard et Jonathan Preda,* Aux racines du FN. L'histoire du mouvement Ordre nouveau *(préface de Jean-Yves Camus), Paris, Fondation Jean-Jaurès, 2014.*
5. Faire face, *été 1973.*

rassemblement des différentes tendances de l'extrême droite autour de son parti, plusieurs de ces groupes tenteront de leur côté de nouer des liens avec le mouvement unitaire afin de peser sur ses orientations idéologiques, perpétuant ainsi, à des degrés divers, la stratégie de compromis nationaliste impulsée par Maurras et repensée par Venner. Ainsi, trente ans plus tard, le groupuscule Unité radicale, l'un des principaux héritiers de la tendance nationaliste-révolutionnaire, dissous en 2002 après l'attentat manqué contre le président Jacques Chirac par l'un de ses membres, reprendra le flambeau du compromis nationaliste en se donnant pour « but ultime » de fonctionner à l'égard du FN comme le courant « Gauche socialiste » au sein du PS, la fraction trotskyste Militant à l'intérieur du New Labour ou encore les nationaux-catholiques de Chrétienté-Solidarité, organisés à l'intérieur et à l'extérieur tant du FN que de l'Église romaine[6].

Après la dissolution d'ON, le FN, désormais passé sous la coupe de Jean-Marie Le Pen, manque cruellement de cadres. Le président frontiste se lance alors dans une intense campagne de recrutement et, afin d'attirer à lui des militants de l'ensemble de la mouvance extrême-droitière, déclare dans la presse nationaliste-révolutionnaire de François Duprat que le FN « autorise la double appartenance et respecte le choix idéologique de ses adhérents ». Mais, quelques années plus tard, jugeant que le FN pâtit de la présence de radicaux dont l'antisémitisme « diabolise » le parti, Jean-Pierre Stirbois, dirigeant de la mouvance solidariste ralliée en 1977, décide de les expurger[7]. Malgré cette purge, le parti continue d'être le point de ralliement de l'ensemble de la mouvance. Claude Cornilleau résume assez bien la situation en 1980, avant de devenir ensuite le chef du Parti nationaliste français et européen, de sensibilité ouvertement néonazie : « Le Front national est monolithique par sa notion du chef. Ce qui le différencie, en revanche, du Parti des forces nouvelles [crée par les

---

6. L'Europe combattante, *note d'orientation n° 44 et dernière, été 1997, archives personnelles*.
7. Nicolas Lebourg et Joseph Beauregard, François Duprat, l'homme qui inventa le Front national, *Paris, Denoël, 2012*.

anciens membres d'ON], c'est qu'il existe au Front national différents courants unis autour de Le Pen pour un combat commun : nationaux et nationalistes s'y côtoient[8]. » Le Front national se présente à l'extérieur comme un bloc, alors que, dans les faits, il est le point de réunion des droites extrêmes qui reconnaissent en Jean-Marie Le Pen leur arbitre et point d'équilibre.

Très attachée à son omnipotence, rappelée dans les statuts du parti, la présidence frontiste n'a jamais permis que se constituent des courants idéologiques officiels susceptibles de peser sur la ligne du parti lors des différents congrès, comme cela existe dans d'autres partis. Autoriser de tels courants aurait de surcroît fait prendre le risque que l'un d'eux ne devienne hégémonique, obligeant la présidence à composer avec lui, voire à se faire imposer son orientation programmatique. En jouant l'homme de la synthèse idéologique au-dessus des minorités, mais sans autoriser qu'elles puissent se compter, Jean-Marie Le Pen gardait ainsi la main sur le parti et son orientation. De plus, en entravant la constitution de baronnies locales, le président empêchait ses cadres emblématiques de rétribuer leur entourage politique au prorata de leurs victoires électorales et de s'émanciper ainsi de la tutelle de la présidence.

Toutefois, cette défiance à l'égard du pluralisme interne n'a pu empêcher que des logiques de vote plus diffuses soient portées par des personnalités au sein de l'appareil, comme ce fut le cas aux congrès de 1997, avec Bruno Mégret, et de 2007 avec Bruno Gollnisch. Dès lors, les réseaux de clientèle et de soutiens ne s'exprimaient pas à travers des motions idéologiques mais sous forme d'écuries. La querelle restait ainsi strictement personnelle, ce qui pouvait être lourd de conséquences puisque tout débat se limitait à un affrontement avec la présidence, déclenchant des scissions, à l'instar de celles de Bruno Mégret et de Carl Lang, le premier créant le Mouvement national républicain (MNR) en 1999, le second le Parti de la France en 2009. On peut d'ailleurs faire l'hypothèse que cette tendance à étouffer les structurations idéologiques a favorisé les forces centrifuges internes.

---

8. Militant, *janvier 1980*.

Alors que, dans un parti traditionnel, un conflit autour des orientations programmatiques peut être réglé par une motion de synthèse, au FN, l'absence de toute possibilité de négociation et la personnalisation des conflits conduisent inévitablement à des scissions. Paradoxalement, cet étouffement idéologique a favorisé les pressions extérieures. On a vu en effet des militants FN en provenance de groupes radicaux appuyer telle ou telle personnalité frontiste dans le but de diffuser leurs idées au sein du parti, ou d'obtenir des rétributions des postes éligibles, impossibles à obtenir dans leurs groupuscules d'origine. Des néodroitiers ou des nationalistes-révolutionnaires (NR) ont ainsi soutenu Bruno Mégret lors de son ascension au sein du FN. En somme, ce fonctionnement a contribué à unifier le mouvement en période de forte domination charismatique de la présidence, mais a provoqué ruptures et scissions dès lors que le capital symbolique frontiste a diminué.

Cette position ambiguë, combinant omnipotence du chef et existence de sensibilités diverses mais diffuses, a conduit certains leaders radicaux à organiser une stratégie d'entrisme plus ou moins affichée. Ainsi, le courant néopaïen réuni autour de Pierre Vial et de son association Terre et Peuple, qui se réfère au nationalisme *völkisch* («sang et sol») et entretient des affinités explicites avec le néonazisme, a soutenu de façon très active la tentative de prise de contrôle du parti par Bruno Mégret en 1998. Jean-Marie Le Pen a eu alors beau jeu de se démarquer en dénonçant les «racialistes» qui entouraient son rival, qui s'est dès lors retrouvé piégé par le poids de Terre et Peuple dans ses soutiens, puis au sein du MNR, lui qui rêvait de dédiaboliser le camp nationaliste dans le but d'établir une stratégie d'alliance avec la droite. Par la suite, la défaillance du pouvoir charismatique de Le Pen au sein de son propre camp (la moitié de l'appareil militant ayant rejoint le camp mégrétiste au moment de la scission) a conduit ce dernier à transformer son parti en écurie présidentielle, et donc à se couper complètement et définitivement de la stratégie du compromis nationaliste.

La prise en main du parti par Marine Le Pen

Lorsqu'elle décide d'entreprendre sa stratégie de normalisation, au début des années 2000, Marine Le Pen s'applique à marquer une rupture avec les fondamentaux nationalistes des origines. Celle-ci passe par une prise de distance avec les conceptions racialistes et antisémites et par un virage sociétal en rupture avec les conceptions des nationaux-catholiques qui continuent de peser dans l'appareil, ne serait-ce qu'indirectement grâce à leur liens avec Bruno Gollnisch[9]. La nouvelle présidente prône ainsi une modération de la loi Veil, qu'elle déclare ne pas vouloir abroger, assume sa vie en concubinage ou ses amitiés homosexuelles et ne manque jamais dans ses discours d'encenser les valeurs laïques et républicaines.

Il ne s'agit pas là d'un double discours. Au sein de l'extrême droite, l'opposition aux nationaux-catholiques est un mode de différenciation courant qui s'appuie sur le registre progressiste. La mise en cause des «fous de Jésus» sert à affirmer sa modernité et son adaptation à une opinion de plus en plus acquise à la libération des mœurs et aux valeurs laïques. Cette stratégie permet à Générations Le Pen, structure qui soutient l'ascension de Marine Le Pen dans l'appareil frontiste à partir de 2002, tout à la fois de «déringardiser» le parti contre les nationaux-catholiques, de le déracialiser contre les racialistes et les identitaires et de purger le lepénisme des provocations antisémites – tandis que la mise en avant de la laïcité républicaine est érigée en arme interne de haute qualité pour marginaliser tout à la fois les nationaux-catholiques et les néopaïens «völkischen» tenants de conceptions racialistes. Il s'agit bien d'une lutte de positions dans un contexte où ne se joue pas seulement la succession de Jean-Marie Le Pen. Les polémiques contre les maurrassiens sont aussi des «critiques positives» au sens de Dominique Venner: la recherche d'un mode opératoire de prise du pouvoir en accord avec son temps.

---

9. *Beaucoup d'entre eux avaient d'ailleurs commencé à prendre leur distance avec le parti dès 2004, dépités par l'ascension de la «fille du chef», qu'ils percevaient comme une menace pour leurs fondamentaux idéologiques.*

Dans l'autoreprésentation des militants marinistes, qui suivent ici la même logique que les nationalistes-révolutionnaires au-delà de la simple opposition «radicalité-dédiabolisation», ce nouveau discours se construit en référence à certains marqueurs «de gauche». Cette appropriation idéologique à première vue contre-nature se rapporte moins à un programme socio-économique qu'à une vision du monde forgée autour de la notion de «gauche» telle qu'elle s'est historiquement constituée. Comme le rappelle Michel Winock, «les deux principales lignes d'identification de la dualité droite/gauche ont été celles qui opposaient laïcité à catholicisme et socialisme à libéralisme. [La gauche] se réclamait de 1789, des immortels principes, de la République, de la laïcité[10]». Cette appropriation de thèmes de gauche a pour objectif de brouiller les repères historiques de la démarcation gauche-droite afin de trouver une position aussi inédite qu'originale dans le jeu politique institutionnel. C'est la même volonté de subvertir le système politique qui conduit aussi bien les nationalistes-révolutionnaires que les cadres marinistes acquis à la ligne «ni droite ni gauche» à s'identifier à certains marqueurs de gauche liés au registre sociétal, comme la laïcité ou le libéralisme en matière de mœurs.

De ce point de vue, une entente avec les nationaux-catholiques signifie un ancrage droitier et donc, implicitement, un rattachement à ce système politique. Ainsi, lorsque Carl Lang fonde le Parti de la France, il s'approprie le principe du compromis nationaliste et renoue avec la ligne droitière du FN de 1984. Face à Jean-Marie Le Pen, il tente un rapprochement avec les nationaux-catholiques, une ligne que n'est pas loin d'incarner Marion Maréchal-Le Pen aujourd'hui. En effet, la benjamine des Le Pen a soutenu le Printemps français, affiche une ligne plus catholique et libérale et prône l'union des droites. Sa tante affiche de son côté une opposition aux nationaux-catholiques. Elle refuse de soutenir la mouvance du Printemps français, rhizome issu de la Manif pour tous et, tout en s'appropriant des marqueurs de gauche, tente de faire exploser les droites. Le marqueur procatholique

---

10. Michel Winock, «*Le terrain vierge de la nouvelle gauche*», Le Banquet, 7, 1995, p. 81-88.

est clairement associé au compromis nationaliste et à un ancrage à droite du parti. L'ampleur de l'agitation contre le Mariage pour tous montre que le travail en profondeur des réseaux nationaux-catholiques a été mésestimé par la nouvelle présidente du FN. Celle-ci a fait à tort le pari que ce socle culturel n'était pas politique, parce que les candidats de droite tentés par l'aventure réactionnaire avaient recueilli des scores insignifiants ces quinze dernières années (2,2 % pour Philippe de Villiers en 2007 ; 1,19 % pour Christine Boutin en 2002 et 1,1 % aux européennes de 2014). Son calcul politique s'est borné à de l'arithmétique. Son alignement sur la position de neutralisme sociétal prôné par Florian Philippot a été critiqué au sein même du FN. La convergence d'une droite radicalisée et de l'extrême droite radicale a montré qu'il existait bien un bloc des droites sur le thème du refus du libéralisme culturel.

L'exemple des liens entre le FN et l'Œuvre française (OF) est à cet égard éclairant. Fondé en 1969 par Pierre Sidos, ce mouvement pétainiste s'affirme fasciste, blanc et catholique. Il entretient une histoire complexe avec le principe de compromis nationaliste. Après la dissolution du mouvement Jeune Nation (JN) créé par Pierre Sidos, un Parti nationaliste, souhaitant (officiellement du moins) regrouper l'ensemble des mouvements dans un Comité d'entente, est lancé en 1958. Il est à son tour dissous[11]. Pierre Sidos pousse alors à la création du mouvement Occident, mais en est écarté. L'OF représente sa conversion à l'idée d'une organisation monolithique, qualifiée de « secte » par ses ennemis au sein de l'extrême droite. En 1980, les services de police estimaient que l'association pouvait tomber sous le coup d'une dissolution au titre de la législation contre les milices privées, mais conseillait au gouvernement de la conserver sous surveillance[12]. Une dissolution sera d'ailleurs envisagée par le ministère de l'Intérieur en

---

11. *Courrier entre Michel Leroy et Dominique Venner, novembre 1958, cité dans le procès-verbal d'interrogatoire de Michel Leroy, Tribunal de grande instance de la Seine, 18 juin 60, p. 2, AN F7/5W267.*

12. *Ministère de l'Intérieur, direction de la réglementation et du contentieux, note à l'attention de Monsieur le directeur de cabinet, 14 novembre 1980, AN 19990426/5.*

2005, puis finalement écartée. Cette fragilité des groupuscules face à l'ordre juridique, combinée à l'attrait pour la succession de Jean-Marie Le Pen, a mené l'OF à investir le FN à partir de 2007. Cette intégration a été négociée directement entre Jean-Marie Le Pen et Pierre Sidos[13]. Néanmoins, Marine Le Pen a tapageusement exclu en 2011 les cadres du FN membres de l'OF, Yvan Benedetti et Alexandre Gabriac, faisant ainsi coup double, puisqu'ils étaient également des soutiens de Bruno Gollnisch. Les groupuscules périphériques apparaissent ainsi instrumentalisés dans le jeu de concurrence interne au parti, même si Pierre Sidos affirme que l'OF n'a nullement cessé son entrisme[14]. Marine Le Pen a pu de cette manière se donner à voir comme celle qui rompait avec l'antisémitisme et le référentiel fascisant. D'ailleurs, sitôt élue présidente du FN, elle a fait une déclaration qui se voulait exemplaire, en indiquant que «ce qui s'est passé» dans les camps nazis constitue le «summum de la barbarie[15]». La commission de discipline frontiste a également été rénovée, avec un règlement qui permet à la présidente de décider seule, en dernier recours, si un militant doit être exclu pour cause d'atteinte «à la stabilité ou à la considération du Mouvement[16]».

En retour, l'OF a tenté de nuire à Marine Le Pen en soutenant la candidature de Carl Lang à l'élection présidentielle de 2012, mais celle-ci a finalement avorté, faut d'obtenir les cinq cents parrainages nécessaires. On y verra un signe que ces militants ne rejettent pas l'idée d'un retour potentiel au compromis nationaliste, pour peu que ce compromis soit réorienté vers la ligne du FN de 1984. L'hebdomadaire *Rivarol*, proche de l'OF, voue aux gémonies Marine Le Pen pour ce qu'il estime être ses reniements sur les mœurs, l'antisionisme et le négationnisme, mais affiche sa sympathie pour Marion Maréchal-Le Pen. Certes, son pari d'un écroulement de Marine Le Pen, qui emporterait avec

---

13. Dominique Albertini et David Doucet, Histoire du Front national, Paris, Tallandier, 2013.
14. David Doucet, «*Pierre Sidos, ce pétainiste qui a voulu tuer de Gaulle*», Charles, 5, 2013, p. 106-130.
15. Le Point, 3 février 2011.
16. «Commission de discipline et de conciliation dite commission des conflits, règlement intérieur», 2011, p. 1 (archives personnelles).

elle un parti au bord de la ruine financière et permettrait l'éclosion électorale d'un autre parti acquis au compromis nationaliste, ne s'est pas réalisé. Et la stratégie de normalisation a redonné de la chair aux groupuscules. Mais le dynamisme de l'opposition de l'OF au Mariage pour tous, via sa structure des Jeunesses nationalistes, a aussi été l'occasion pour Marine Le Pen et Florian Philippot de proclamer que le FN était un parti républicain, sans rapport avec cette fraction radicale, la seule, à leurs yeux, méritant l'appellation d'extrême droite. En l'état, le FN use du même procédé rhétorique que ses opposants médiatiques – une synecdoque, ramenant la question de l'extrême droite à sa seule frange radicale. Enfin, le cas de l'OF permet de relativiser le lien d'évidence souvent perçu entre la normalisation frontiste et les succès électoraux récents du parti. Ainsi, Yvan Benedetti et Alexandre Gabriac ont mené une liste électorale aux élections municipales de 2014 à Vénissieux. Un semestre après que la dissolution de l'OF et des JN pour atteinte à la sûreté de l'État a placé sur eux l'attention médiatique, en invitant sur leurs affiches les électeurs à « glisser une quenelle dans l'urne[17] », ils sont parvenus à obtenir 11,5 % des suffrages. Il existe donc bien une demande sociale d'extrême droite, au-delà du seul critère de la progression des scores d'un FN se voulant « dédiabolisé ».

Le « nouveau » FN et l'extrême droite radicale

L'extrême droite radicale s'est profondément réorganisée sous l'impact du 11 septembre 2001, mise dans l'obligation de désigner son ennemi principal : islam ou sionisme ? Cette réorganisation a réduit considérablement l'influence de deux courants qui avaient beaucoup compté dans les trois dernières décennies du XXe siècle : la Nouvelle droite et les nationalistes-révolutionnaires. La première s'est enfoncée dans une posture intellectuelle aussi vaine qu'improductive, tant sur le plan théorique que politique[18]. Les seconds n'ont pas su transformer un

---

17. *L'expression et le geste proviennent de l'humoriste Dieudonné, avec lequel ces nationalistes partagent la même lecture du «judéo-sionisme».*
18. *Voir sur ce point le chapitre 4 de cet ouvrage.*

romantisme de l'époque industrielle en une offre adaptée à la postmodernité. L'autonomie acquise par le FN de Marine Le Pen a été facilitée par la difficulté de ces milieux à agir et à se rénover politiquement pour proposer une offre politique et une vision du monde à même d'influencer le discours des partis politiques issus de l'extrême droite et de peser dans le champ politique. Le FN de Jean-Marie Le Pen avait été en lien avec les hommes du Groupement de recherche et d'études pour la civilisation européenne (GRECE) comme du Club de l'Horloge, avec les Groupes nationalistes-révolutionnaires (GNR) de Duprat comme avec l'Unité radicale de Christian Bouchet. Le FN actuel n'a pas ses liens, du fait de sa volonté normalisatrice, et de la disparition ou de l'affaiblissement de telles structures. Lorsque des personnalités issues de ces groupes effectuent un travail d'adaptation politique, elles se retrouvent pourtant dans le «marinisme». On peut citer à titre d'exemples la figure du Club de l'Horloge Jean-Yves Le Gallou (moteur de la scission de 1998-1999, animant aujourd'hui la fondation Polémia, et en lien avec Florian Philippot), ou Christian Bouchet, qui a voté lepéniste pour la première fois le 5 mai 2002 et a été tête de liste aux élections municipales à Nantes en 2014, après avoir soutenu la candidature de Marine Le Pen à la primaire interne du FN en 2011. L'extrême droite radicale est donc recyclable dans le Front national de Marine Le Pen, à condition qu'elle soutienne la présidente et sa ligne stratégique, sans que cette dernière lui demande en retour de renier sa trajectoire idéologique passée.

L'ascension de Marine Le Pen s'est donc faite autant contre les nationaux-catholiques que contre l'extrême droite radicale, la tentation racialiste souvent présente chez cette dernière contredisant toute stratégie possible de dédiabolisation. Nommé secrétaire général du parti en 2005, Louis Aliot y gagne vite le surnom de «Loulou la purge» par son ardeur à expurger l'influence radicale dans l'encadrement du parti. La définition qu'il donne du compromis nationaliste n'a rien à voir avec celle de François Duprat, ni avec celle de Jean-Marie Le Pen : «le compromis nationaliste ça ne concerne pas les nazis, c'est sur le programme»[19]. De l'union de toutes les nuances idéologiques pour

---

19. Entretien avec Louis Aliot, 27 mai 2011.

mettre à bas le « système », voilà le compromis réduit au respect de la plateforme programmatique monolithique d'un parti électoral. Au bout du compte, au dire de Louis Aliot, les radicaux seraient passés de la moitié des cadres avant la scission mégretiste à 5 % en 2011[20]. C'est cependant lui qui, en 2006, médiatise l'entrée d'Alain Soral au FN pour montrer que le parti peut rallier un intellectuel présenté comme « marxiste », et qui s'insère donc dans la stratégie « ni droite ni gauche » de subversion du système politique.

En 2007, avec l'aide de l'ancien responsable du Groupe union défense (GUD) Philippe Péninque, Alain Soral a lancé l'association Égalité et Réconciliation (E&R) pour recruter sur une base ethnique ou confessionnelle, et fournir des cadres « issus de la diversité » au FN[21], afin d'appuyer la normalisation d'un parti se voulant désormais acquis au républicanisme. Mais l'antisionisme et la personnalité volcanique d'Alain Soral deviennent vite ingérables. Se voyant refuser l'octroi d'une tête de liste aux élections européennes de 2009, il claque la porte du parti. Replié avec succès sur E&R, il y développe un combat culturel sur internet dont les résultats sont patents. Il joue désormais la diabolisation jusqu'à se déclarer « national-socialiste », alors même que son absence de racialisme interdit de le comparer au nazisme. L'influence soralienne se fait sentir au demeurant dans la jeunesse FN, tandis qu'E&R a paru jouer la carte de Florian Philippot dans l'appareil par la diffusion de ses interventions et leurs commentaires positifs sur les réseaux sociaux soraliens, ce que reconnaissent même certains cadres et militants frontistes.

Mais comment gérer les radicaux dans le cadre de la stratégie de normalisation ? Dans une réunion des adhérents départementaux du FN en 2013, Louis Aliot n'hésite pas à interpeller les militants : « Nous avons un devoir d'exemplarité. Ceux qui pensent que madame Taubira est un singe nous causent du tort et n'ont rien à faire chez nous ! Ceux qui sont obnubilés par des évènements passés et des communautés

---

20. Idem ; Le Monde, *30 mai 2007.*
21. Abel Mestre et Caroline Monnot, Le Système Le Pen. Enquête sur les réseaux du Front national, *Paris, Denoël, 2012.*

particulières n'ont rien à faire chez nous ! Nous savons qui a fait partie de notre Empire. Certains étaient noirs, jaunes, juifs ou musulmans, mais leur religion c'était la France. Nous avons un programme : si vous voulez défendre autre chose, il y a des groupuscules pour ça[22]. » Autrement dit : soraliens et Identitaires sont invités à prendre la porte. Alain Soral a finalement officialisé sa rupture intégrale avec le FN en 2014.

Le Bloc identitaire (BI) est plus difficile à cerner. L'histoire du mouvement s'enracine dans un courant NR qui a apporté au FN dans les années 1970-1980 les thématiques de l'anti-immigration, de l'anti-sionisme et de l'anti-américanisme. Romantisme fasciste lié à l'époque industrielle, le nationalisme-révolutionnaire, violemment antisioniste, a vu sa base se tourner vers l'islamophobie, notamment à partir des attentats de septembre 2001. La dissolution d'Unité radicale (UR) en 2002 a suscité un aggiornamento profond, qui a débouché sur la création de la mouvance identitaire.

UR avait eu en son temps le tort de soutenir Bruno Mégret, lors de la scission de 1998-1999. Les Identitaires qui ont succédé à UR ont ensuite soutenu Jacques Bompard, ancien cadre frontiste devenu maire d'Orange, aujourd'hui député, lors de la querelle qui l'a opposé aux Le Pen père et fille. Dans la concurrence que se sont livrée Marine Le Pen et Bruno Gollnisch pour la présidence frontiste, en 2011, l'emblématique journal d'extrême droite *Minute*, qui avait alors un cadre du Bloc identitaire parmi ses plumes, a soutenu le second. Ce ne sont pas des choses que les Le Pen oublient. Or, la prétention du BI à concurrencer le FN en se transformant en parti a échoué : comme tous les autres groupes avant lui, il a dû admettre qu'il n'y avait pas de place dans le champ politique pour un parti issu de l'extrême droite autre que le FN, que ce dernier était le seul vers lequel orienter aujourd'hui une éventuelle stratégie de compromis nationaliste. Cependant, la direction frontiste se montre réticente à une entrée des Identitaires, malgré leur capital de cadres, loués pour leurs compétences en matière de communication, en particulier sur

---

22. *Réunion des militants du département des Pyrénées-Orientales, 19 octobre 2013.*

les réseaux sociaux et dans les médias. Certes, Jean-Marie Le Pen et Steeve Briois ont soutenu la venue au FN de Philippe Vardon (ex-UR), et Florian Philippot son intégration au Rassemblement Bleu Marine (RBM). Mais le leader identitaire n'a eu sa carte que moins d'une journée, le RBM annonçant que celle-ci avait été émise par erreur... Le BI est toutefois parvenu à installer une cinquantaine de militants moins connus sur les listes RBM aux municipales de 2014, essentiellement dans le sud de la France. Le BI continue à être un laboratoire de propagande très efficace dont le FN peut ainsi espérer tirer profit sans risquer de voir une fraction organisée prospérer en son sein. Conscient que la mouvance identitaire n'a pas renoncé à toute stratégie d'influence sur l'unique représentant d'envergure du camp nationaliste au sein du champ politique, la direction frontiste prend bien soin de maintenir les cadres identitaires au sein du RBM, celui-ci devenant dès lors autant un espace d'ouverture pour les cadres issus des partis traditionnels que de cantonnement pour ceux issus de la mouvance groupusculaire. Mais la distance n'est pas synonyme de rejet, comme en témoigne la présence de Philippe Vardon à la manifestation FN du premier 1er mai 2015, où il a reçu un accueil chaleureux des militants frontistes du Sud-Est. Et il devrait figurer sur la liste menée par Marion Maréchal-Le Pen aux élections régionales de 2015.

Marine Le Pen a par ailleurs individualisé, voire privatisé, les relations avec des figures issues de la mouvance radicale. Celles-ci n'ont pas la carte du FN et ne disposent plus de structures militantes mais plutôt d'entreprises, ce qui lui permet d'affirmer que le parti ne serait pas lié à des éléments radicaux. Les anciens du GUD semblent particulièrement impliqués[23]. Ce groupuscule a connu diverses évolutions et changé souvent de ligne, mais les «gudards» qui entourent Marine Le Pen l'ont tous été à la période radicalement antisioniste du mouvement, quand il considérait qu'à l'instar de la Palestine, la France était victime d'une occupation sioniste. Le microparti de Marine Le Pen fondé en 2010, Jeanne, est ainsi passé de la direction d'Olivier Duguet à celle d'Alex Lousteau lorsque le premier a été condamné

---

23. Voir sur ce point le chapitre 2 de cet ouvrage.

pour escroquerie. Le second, également mis en examen au même motif en 2015, est responsable du cercle Cardinal destiné à prospecter les milieux patronaux, et tout particulièrement ceux des PME-PMI, pour le compte du FN. La communication des candidats frontistes, elle, est entre les mains de Frédéric Chatillon, ancien meneur gudard proche d'Alain Soral et prosyrien, mis en examen pour escroquerie, faux et usage de faux, abus de biens sociaux et blanchiment entre 2012 et 2015. C'est de cette mouvance que vient Minh Tran Long, ancien de la Fédération d'action nationaliste et européenne (FANE), mouvement ouvertement néonazi, dont l'entreprise a travaillé pour la campagne présidentielle de Marine Le Pen en 2012, ainsi que pour la mairie de Fréjus conquise par le FN en 2014. Les radicaux ne se trouvent pas que parmi les techniciens, comme en témoigne le ralliement de deux ex-mégretistes : celui d'Emmanuel Leroy, premier conseiller en relations internationales de la jeune présidente, marqué par l'idéologie du GRECE, à la lisière des courants néonazis et NR, ou encore celui de Philippe Olivier, le beau-frère de Marine Le Pen.

Enfin, les municipalités FN représentent un réel débouché social pour les radicaux. Les maires FN de Beaucaire et de Cogolin ont fait appel aux Identitaires pour gérer leur communication. Le cas le plus intéressant est celui de la mairie de Béziers, conquise par Robert Ménard. Ce dernier a fait campagne en rassemblant toutes les chapelles, du FN au Bloc identitaire en passant par l'Action française. S'installant à la mairie, il a pris des collaborateurs avec des trajectoires très marquées, par exemple André-Yves Beck, ancien de Troisième Voie, Nouvelle Résistance et Unité radicale, puis cadre de la mairie d'Orange, ou Robert Ottaviani, ancien du groupe néonazi Ultime Assaut, du FN et de son Département protection et sécurité. Les postes d'assistants parlementaires au Parlement européen ont également permis de placer divers anciens radicaux[24].

La relation entre les instances frontistes et l'extrême droite radicale n'a donc pas pris fin, elle s'est atomisée. Cette évolution n'est pas

---

24. Alexandre Dézé, Le « Nouveau » Front national en question, Paris, Fondation Jean-Jaurès, Observatoire des radicalités politiques, 2015.

illogique, les radicaux étant juridiquement très fragiles. La protection qu'était censé leur assurer un puissant parti d'extrême droite s'est avérée inopérante lors de la vague de dissolutions de 2013. Les mouvements radicaux pensaient que le FN était pour eux une possibilité de stabilisation de leur capital militant et de notabilisation : à quatre décennies d'intervalle, François Duprat et Christian Bouchet ont constaté que, sans places d'élus à distribuer grâce au FN, ces mouvements radicaux étaient condamnés à voir fuir leurs militants les plus aptes à la politique. Or, en mettant fin à la possibilité de la double appartenance, le FN a obligé les cadres radicaux à se plier à sa présidence. Il ne leur est pas demandé de disparaître mais de se soumettre. La stratégie de la présidente en termes de distribution des capitaux sociaux et financiers fait qu'ils se retrouvent personnellement gagnants dans cette transaction.

Conclusion : « Marcher ensemble, frapper séparément »

En un peu plus de quarante ans, l'extrême droite est passée de la stratégie « Marcher séparément, frapper ensemble », pour parodier une formule trotskyste, à « Marcher ensemble, frapper séparément »... Le leadership de Jean-Marie Le Pen s'est imposé de manière non dogmatique, le FN n'ayant guère d'orthodoxie autre que le thème de la « préférence nationale ». Une contradiction s'est installée entre la cristallisation de courants et le centralisme affiché, qui subvertit le principe affiché du compromis nationaliste. Un autre paradoxe constant est le lien entre présence de cadres radicaux et dédiabolisation. Le jeu des relations entre les groupes aux marges du parti a eu des effets contradictoires sur l'instauration du pouvoir dynastique des Le Pen. Finalement, ceux-ci ont liquidé le compromis nationaliste au bénéfice du lepénisme. La stratégie de normalisation elle-même résulte pour partie de cette interaction. Le lepénisme a trouvé ce qui manquait au modèle maurrassien du compromis nationaliste : la figure du sauveur... et des statuts donnant tout pouvoir au président dans son organisation. Les difficultés électorales survenues après la scission de 1998-1999 ont déséquilibré temporairement l'appareil, tant il y avait peu de places distribuables. Mais cela a permis le renforcement à terme de la centralisation. Stratégiquement, le compromis nationaliste a été replié sur le RBM, qui accueille aussi bien des éléments de droite radicalisés que des radicaux «normalisés», tandis que le FN reste plus que jamais une écurie présidentielle.

Le vivier militant lui-même a changé: les nouveaux adhérents que le FN met en avant viennent «pour Marine», sans avoir, pour nombre d'entre eux, de rapports de filiation avec les doctrines et les cultures passées. Cependant, les élections de 2014 et 2015 ont montré les limites de ce dispositif. Les médias ont largement relayé des commentaires racistes, antisémites, islamophobes, postés sur les réseaux sociaux par des candidats FN. De leur côté, un certain nombre de nouveaux militants, censés être modérés, s'approprient des points de vue jugés excessifs par la présidente quand elle est interrogée à leur propos dans les médias, qu'il s'agisse du «grand remplacement» ou de la «remigration», deux thèmes issus des périphéries du FN mais bien relayés dans le parti. Se défaire de membres de l'extrême droite radicale ne saurait suffire à débarrasser le FN de sa virulence altérophobe. Le caractère dissymétrique de la porosité électorale entre FN et UMP, les électeurs de droite rechignant nettement plus que ceux d'extrême droite à se reporter sur le candidat restant au second tour, en témoigne: le FN n'a pas achevé sa normalisation aux yeux de l'opinion. Pour le parti, la solution passe à l'évidence par la formation des militants. En confiant celle-ci à son aile modérée en 2012, alors qu'elle avait été jusqu'ici marquée de la patte des radicaux, le FN entrave tout projet éventuel de l'extrême droite radicale d'influencer la ligne du parti. S'il parvenait à mener cet encadrement à terme, ce serait la défaite définitive de Dominique Venner, lui qui espérait un contrôle du parti unitaire par un groupuscule radical, avec une cristallisation peut-être plus nette des deux sous-ensembles majeurs de l'extrême droite, l'un constitué de ses groupuscules, l'autre que l'on pourrait qualifier, dorénavant, d'institutionnel.

La crise qui a éclaté au printemps 2015 entre Jean-Marie et Marine Le Pen souligne néanmoins que les exclus et les scissionnistes (OF, E&R ou PDF) continuent à considérer le premier comme le représentant du «FN réel», la présidente n'étant censée œuvrer qu'au «FN légal». Jean-Marie Le Pen, lui, s'est comporté comme tout militant critique envers la présidence dans l'histoire du FN : il a concentré ses feux sur le numéro 2 – en l'espèce Florian Philippot[25]. Quant à Marine Le Pen, sa première déclaration politique consécutive au conflit familial fut pour annoncer que si elle était élue présidente, elle abrogerait le mariage gay. Autrement dit, en tuant le père, elle se recentrerait au sein de son espace, en adressant un signe à contre-sens de la ligne Philippot afin de rassurer la base sociale et militante du parti.

L'organisation actuelle de l'extrême droite conserve de grandes faiblesses, mais cette nébuleuse correspond manifestement à une demande sociale. La croissance conjointe des mouvements d'extrême droite, tant en termes militants qu'électoraux et culturels, témoigne incontestablement d'un socle populaire. Là où le FN n'a pas réussi à constituer de liste aux élections municipales de 2014, les autres groupements d'extrême droite ont pu enregistrer d'excellents scores. La normalisation du parti est certes passée par des purges et la stabilisation de son camp, mais elle relève moins d'une dédiabolisation que d'une droitisation de la vie politique française.

---

25. Nicolas Lebourg et Joseph Beauregard, *Dans l'ombre des Le Pen. Une histoire des numéros 2 du Front national*, Paris, *Nouveau Monde Éditions*, 2012.

Chapitre 6 / LES USAGES FRONTISTES DU WEB[1]

Julien Boyadjian

Encore peu étudié en science politique, internet constitue un terrain privilégié pour analyser les organisations partisanes, et notamment le FN. L'étude des usages frontistes du web fait ressortir au moins deux éléments centraux qui éclairent les orientations stratégiques actuelles de la formation d'extrême droite. Les réseaux sociaux offrent tout d'abord au FN la possibilité de mettre en scène sa capacité de mobilisation et d'arguer de la force du nombre dans la compétition électorale. Le web constitue ensuite un observatoire de la permanence du caractère dual de la tactique frontiste : instrument à part entière de son entreprise de normalisation, il permet dans le même temps au parti de donner corps et expression à sa logique doctrinale de radicalisation.

Mots clés : *communication partisane – Front national – internet – militantisme en ligne – réseaux sociaux*

Le Front national a longtemps fait figure de précurseur dans l'histoire du web politique français[2]. Premier parti politique à se doter d'un site internet en 1996, le FN est également l'une des premières formations partisanes à ouvrir un compte sur le réseau social Facebook, en 2006. Initialement appréhendé comme un instrument de « communication directe » censé pallier la sous-représentation du parti dans les médias « traditionnels »[3], le web constitue

---

1. Les directeurs de cet ouvrage remercient Florian Philippot, vice-président du Front national chargé de la stratégie et de la communication, pour les avoir autorisés à reproduire les illustrations présentes dans ce chapitre.
2. Alexandre Dézé, « Un parti "virtuel" ? Le Front national au prisme de son site internet », dans Fabienne Greffet (dir.), Continuerlalutte.com. Les partis politiques sur le web, Paris, Presses de Sciences Po, 2011, p. 139-152.
3. Même si, comme le rappelle Jacques Le Bohec, les médias ont contribué à la construction du succès électoral du FN. Voir Jacques Le Bohec, L'Implication des journalistes dans le phénomène Le Pen, Paris, L'Harmattan, 2004.

aujourd'hui pour le FN tout à la fois un outil de recrutement et d'encadrement militant, un instrument de mobilisation, un moyen de financement et un espace d'action et d'expression pour ses sympathisants. Les activités numériques du Front national n'ont cessé en effet de se diversifier au gré des évolutions d'internet (apparition des réseaux sociaux, des plateformes de partage de vidéo, de l'internet mobile[4], etc.).

Au-delà du rapport que le FN entretient aux Nouvelles technologies de l'information (NTIC), l'analyse de ces différentes activités numériques permet de dégager un certain nombre d'observations plus générales quant à l'évolution de ce parti. Trois enseignements peuvent être tirés de l'observation des principaux sites, blogs et comptes de l'organisation frontiste. *Premier enseignement*, le web et les réseaux sociaux constituent un instrument de mobilisation qui permet au FN de renforcer sa légitimité électorale en arguant de la « force du nombre[5] ». Le nombre de fans sur Facebook ou de followers sur Twitter est ainsi mobilisé comme une ressource à faire valoir dans la compétition politique. *Deuxièmement enseignement*, internet constitue pour le FN un instrument et une vitrine de sa stratégie de normalisation. En effet, les sites et comptes officiels du FN, en adoptant une apparence formelle très proche de celle des partis de gouvernement et en mettant en exergue une parole fortement contrôlée et homogénéisée, témoignent de la volonté du parti de se construire une façade politique respectable[6]. Enfin, *troisième enseignement*, en marge de cette vitrine institutionnelle, le web permet à une parole frontiste moins contrôlée de se déployer et de mettre en balance le discours officiel du parti. Si

---

4. Lors de la campagne présidentielle de 2012, le FN est le premier parti politique à proposer une application pour téléphone mobile, « Marine Le Pen 2012 ». L'application reprend pour l'essentiel les contenus publiés sur le site national du FN.

5. Expression qui renvoie ici à l'idéal-type des partis de masse, classiquement opposés, dans la typologie duvergienne, aux partis de cadres dont les ressources reposent davantage sur la « force du nom ». Voir Michel Offerlé, « Le nombre de voix. Électeurs, partis et électorat socialistes à la fin du XIXe siècle en France », Actes de la recherche en sciences sociales, 71, 1988, p. 5-21.

6. Alexandre Dézé, « Un parti "virtuel" ?... », art. cité.

ces prises de parole peuvent parfois nuire à sa stratégie de normalisation[7], elles permettent néanmoins d'assurer en « sous-main » sa logique doctrinale de radicalisation.

Internet comme outil de mobilisation : la nouvelle « force du nombre »

Si internet permet au FN de mobiliser et d'encadrer ses soutiens sur la toile, les différents indices d'audience disponibles sur les médias sociaux (nombre de fans, de followers, etc.) permettent également à l'organisation frontiste de rendre visible cette capacité de mobilisation et de la monétiser politiquement.

Une managérialisation du travail militant

La stratégie numérique de mobilisation et d'encadrement des soutiens frontistes sur le web repose sur un dispositif articulant sites nationaux et locaux, blogs et comptes sur les réseaux sociaux. Nous nous arrêterons sur deux sites explicitement et exclusivement réservés aux militants du parti : le site fninfos.fr, un blog relayant l'« actualité des militants du front[8] », et lespatriotes.net, un « réseau social militant[9] » (voir figure 1). Alors que le premier dispositif remplit une fonction essentiellement informative – le site répertorie de façon relativement classique les principaux communiqués du parti, certaines dépêches d'agence, des articles de presse, ainsi que des extraits vidéo des dirigeants frontistes dans les médias – et laisse peu de place à l'interactivité, lespatriotes.net se présente au contraire comme un espace

---

7. *Plusieurs candidats frontistes ont ainsi perdu leur investiture, voire ont été exclus du parti, après que des médias ont révélé des photos ou propos compromettants sur leur compte Facebook. En 2011, Alexandre Gabriac, un candidat frontiste aux élections cantonales, a été exclu du parti après que des journalistes ont trouvé plusieurs photos de lui en train d'effectuer le salut nazi sur son compte Facebook. Au 10 juin 2015, 16 exclusions avaient été prononcées pour des propos illicites tenus sur les réseaux sociaux.*
8. Source : http://fninfos.fr (consultation : juin 2015).
9. Source : https://www.lespatriotes.net (consultation : juin 2015).

participatif et collaboratif, inspiré des réseaux sociaux – aujourd'hui inactifs ou disparus – du Parti socialiste («La Coopol[10]») et de l'UMP («Les créateurs du possibles»).

Figure 1 : Page d'accueil du site www.lespatriotes.net (mai 2015)

Missions quotidiennes
Rendez-nous visite et consultez vos missions

Ce second dispositif s'inspire d'une conception rationalisée du travail militant, directement issue des techniques de campagne américaines[11]. Lespatriotes.net repose en effet sur un ensemble de pratiques «managériales» clairement affirmées : ordres de mission, classement et valorisation des militants en fonction de leurs résultats[12]... Dès la page d'accueil du site, trois injonctions sont adressées aux visiteurs : «partagez», «agissez» et «mobilisez»[13]. Après s'être inscrits sur le réseau social, les internautes – militants encartés ou non[14] – ont pour

---

10. *Pour une analyse de ce réseau social, voir Thierry Barboni et Éric Treille, «L'engagement 2.0. Les nouveaux liens militants au sein de l'e-parti socialiste»,* Revue française de science politique, *60 (6), 2010, p. 1137-1157.*

11. *François Heinderyckx, «Obama 2008 : l'inflexion numérique»,* Hermès, *59, 2011, p. 135-136.*

12. *Anne-Sophie Petitfils, «L'institution partisane à l'épreuve du management. Rhétorique et pratiques managériales dans le recrutement des "nouveaux adhérents" au sein de l'Union pour un mouvement populaire (UMP)»,* Politix, *79, 2007, p. 56-76.*

13. *Source : https://www.lespatriotes.net (consultation : juin 2015).*

14. *Sur le web, les militants «encartés» ont très largement perdu leur monopole d'agents de propagande partisane. Internet contribue en effet à redéfinir les frontières entre militants, sympathisants et activistes. Sur ce point, voir notamment Thierry Barboni et Éric Treille, «L'engagement 2.0...», art. cité, et Anaïs Théviot,*

principal objectif de «gagner des points», afin d'intégrer le «top 5 des volontaires». Figurer dans le classement hebdomadaire des militants les plus chevronnés constitue ainsi la principale rétribution symbolique réservée aux militants du réseau social[15]. Pour y parvenir, les internautes sont invités à remplir des «missions quotidiennes», qui consistent le plus souvent à publier, à partager et à diffuser des documents sélectionnés par le parti (résultats de sondages, annonces de meeting, tracts, podcasts, etc.) sur les réseaux sociaux et les plateformes de partage de contenu en ligne (Youtube, Dailymotion, etc.). L'action des militants est ensuite évaluée : les administrateurs du site peuvent, via les différents indices de mesure délivrés par les réseaux sociaux et les plateformes de partage, observer le nombre de documents partagés par les militants et leurs nombres de «vues». Le web s'avère ainsi un outil particulièrement ajusté à cette évaluation individuelle et quantifiée du travail militant.

À travers cette tentative de rationalisation du travail militant, l'objectif explicitement revendiqué par le FN est de renforcer la diffusion de ses idées et d'améliorer leur audience : «Agissons ensemble pour que nos idées et nos propositions puissent être diffusées à tous les Français ! Nous avons élaboré une liste de missions dont la réussite dépend de l'engagement de chacun d'entre vous. Pour multiplier notre audience, aidez-nous chaque jour en remplissant vos missions ! Pour chaque mission, vous gagnerez des points ! Ensemble, faisons découvrir nos propositions pour la France[16] !» À ce titre, une attention particulière est accordée aux différents indices d'audience disponibles sur les médias sociaux : nombre de fans, de *like*, de followers, de commentaires, de vues, etc. Générées automatiquement et publiées

---

Mobiliser et militer sur internet. Reconfigurations des organisations partisanes et du militantisme au Parti socialiste (PS) et à l'Union pour un mouvement populaire (UMP), *thèse de doctorat en science politique, Sciences Po Bordeaux, 2014.*

15. Daniel Gaxie, «Économie des partis et rétributions du militantisme», Revue française de science politique, 27 (1), 1977, p. 123-154.

16. Source : https ://www.lespatriotes.net/pages/comment-gagner-des-points. html (consultation : juin 2015).

en temps réel, ces métriques du web permettent non seulement d'évaluer l'action militante mais également de donner une visibilité à cette capacité de mobilisation.

Mobiliser et compter ses fans

Les indices de mesure d'audience délivrés par les médias sociaux rendent en effet visible – aux yeux des formations concurrentes, des journalistes et autres commentateurs du jeu politique[17] – la capacité de mobilisation du FN sur la toile. Sur Facebook en particulier, le nombre de fans de la page de Marine Le Pen est appréhendé comme un indice permettant d'évaluer le nombre de soutiens de la présidente frontiste. En septembre 2014, le bandeau de sa page Facebook exhortait ainsi les internautes inscrits sur le réseau social à la « soutenir » afin d'atteindre l'« objectif » de 500 000 fans[18] et de lui permettre de devenir « la première personnalité politique française sur le plus grand réseau social[19] » (devant le président de la République, François Hollande). Rassembler et compter ses fans (au même titre que compter ses électeurs à la suite d'une élection[20]) constitue dès lors un moyen d'arguer de la « force du nombre » dans la compétition politique (voir figure 2).

En présentant le nombre de fans de la page Facebook de Marine Le Pen comme un indice mesurant sa popularité auprès des Français, le FN, comme les autres formations politiques, impose de fait une définition univoque de cette pratique sociale. « Aimer » ou « s'abonner » à une personnalité sur les réseaux sociaux reviendrait ainsi à la soutenir politiquement. Cette définition ne tient pas compte de la pluralité des significations que les agents sociaux attribuent en réalité à cette

---

17. Patrick Champagne, *Faire l'opinion. Le nouveau jeu politique*, Paris, Minuit, 1990.

18. *À cette date (le 24 septembre 2014), la personnalité politique française qui comptabilisait le plus grand nombre de fans sur Facebook était Nicolas Sarkozy (984 755 mentions « j'aime »), suivi de François Hollande (498 499). Marine Le Pen était alors la troisième personnalité la plus suivie avec 468 304 fans. Source : https://www.facebook.com/MarineLePen (consultation : septembre 2014).*

19. *Source : https://www.facebook.com/MarineLePen (consultation : septembre 2014).*

20. Michel Offerlé, « Le nombre de voix… », art. cité.

pratique. Les internautes qui s'abonnent aux comptes de Marine Le Pen ne sont pas tous nécessairement des «fans» ou des «supporters» de la dirigeante frontiste, et s'ils la soutiennent, ils ne le font pas forcément avec la même intensité. Les internautes peuvent s'abonner au compte d'un acteur politique sur les réseaux sociaux non pas pour exprimer leur soutien, mais plus simplement pour s'informer de ses déclarations ou de ses prises de position : 49 % des internautes qui ont consulté les sites web, les pages Facebook ou les fils Twitter des candidats et des partis durant la campagne présidentielle de 2012 déclaraient le faire pour «être informés sans délai sur la campagne», 40 % «pour en apprendre plus sur les enjeux défendus par les candidats» et 37 % pour «obtenir des informations plus fiables que les médias traditionnels[21]». Cette pluralité de significations que les internautes attribuent à la pratique du *like* ou du *following* n'entre cependant pas en compte dans l'interprétation politique donnée par le FN du nombre de fans de Marine Le Pen[22]. Au même titre que pour son électorat[23], l'organisation frontiste entend de fait imposer une représentation unifiée et homogénéisée de sa communauté de «fans».

---

21. Frédérick Bastien et Gersende Blanchard, «Les internautes face à la communication électorale à l'ère des campagnes postmodernes», dans Philippe J. Maarek (dir.) Présidentielle 2012, une communication politique bien singulière, Paris, L'Harmattan, 2013, p. 145.

22. Cette interprétation politique des métriques du web n'est pas propre au FN mais est partagée par un grand nombre d'agents du champ politique. Nicolas Sarkozy, après l'annonce de sa candidature à la présidence de l'UMP en septembre 2014, déclarait au JDD se féliciter de l'audience de son message sur Facebook et de son effet supposé sur sa «popularité» au près des Français : «Déjà deux millions et demi d'internautes ont lu mon message. [...] j'ai gagné 35 000 nouveaux amis en moins d'une journée. C'est bouleversant de voir tous ces gens qui reprennent confiance.» Source : http://www.lemonde.fr/pixels/article/2014/09/22/comment-nicolas-sarkozy-deforme-a-son-avantage-les-statistiques-de-sa-page-facebook_4492298_4408996.html (consultation : septembre 2014). Les médias participent également de cette entreprise de «politisation» des métriques du web. En mars 2011, le site d'information slate.fr titrait ainsi «Marine Le Pen gagne des supporters sur Facebook», constatant, en reprenant les conclusions d'une étude parue sur le sujet, que sur la période étudiée, la dirigeante frontiste «gagne trois fois plus de fans sur Facebook que les autres présidentiables». Source : http://www.slate.fr/lien/35073/marine-le-pen-facebook (consultation : septembre 2014).

23. Patrick Lehingue, «L'objectivation statistique des électorats, que savons-nous des électeurs du Front national», dans Jacques Lagroye (dir.), La Politisation, Paris, Belin, 2003, p. 247-278.

Figure 2 : Page Facebook de Marine Le Pen (septembre 2014)

Un dernier indice témoignant de l'importance accordée à ces métriques du web concerne le recours substantiel à des achats de fans ou de followers. Les organisations politiques, comme toute autre instance, ont en effet la possibilité d'acheter sur internet de faux comptes d'utilisateurs. Ces services, proposés par des entreprises spécialisées en « e-réputation »[24], consistent à générer de manière totalement artificielle des comptes d'utilisateurs « fantômes » dans l'unique but d'augmenter significativement le nombre de fans ou de followers d'une page Facebook ou d'un compte Twitter. En 2014, une étude affirmait, à partir d'une analyse d'un échantillon aléatoire de fans, que 85,5 % des abonnés de Marine Le Pen sur Twitter étaient ainsi de faux comptes créés par des robots ou des comptes inactifs[25]. Précisons que cette pratique n'est pas propre au FN mais semble concerner, selon des proportions différentes, une grande part des personnalités et

---

24. Dominique Boullier et Audrey Lohard, Opinion mining et Sentiment analysis. Méthodes et outils, *Marseille, OpenEdition Press, 2012, p. 189.*
25. Source : http://mcetv.fr/mon-mag-buzz/2910-majorite-abonnes-twitter-marine-pen-sarkozy-hollande-faux/ (consultation : 15 janvier 2015).

organisations politiques présentes sur les réseaux sociaux. Son usage constitue en tout cas une illustration supplémentaire de l'importance accordée par les partis politiques en général, et par le FN en particulier, à ces indices de mesure des médias sociaux pour en user dans la compétition politique.

Audience virtuelle et audience réelle

Étant donné leur caractère très largement artificiel, ces métriques du web ne peuvent donc constituer des outils sociologiquement satisfaisants pour évaluer le soutien politique « réel » dont bénéficient les formations et personnalités politiques sur le web. Sur Twitter, au terme de la campagne présidentielle du printemps 2012, Marine Le Pen apparaissait, avec près de 70 000 « abonnés », comme la quatrième personnalité politique la plus suivie du réseau social (voir tableau 2). Or, d'après les résultats d'une enquête que nous avons réalisée, seuls 3 % des utilisateurs du réseau social déclaraient avoir voté pour la candidate frontiste au premier tour de l'élection[26]. A contrario, Jean-Luc Mélenchon, dont l'électorat est très nettement surreprésenté sur Twitter (20,8 % des enquêtés déclarent avoir voté pour le candidat du Front de gauche, contre 11,1 % des électeurs dans leur ensemble) bénéficiait d'un nombre de *followers* légèrement inférieur à celui de Marine Le Pen. Le nombre de soutiens réels – ou plutôt d'électeurs – du Front national sur Twitter apparaît donc très largement en deçà de ce que laisse suggérer *a priori* le nombre de *followers* du parti ou de sa présidente (voir tableau 2).

---

26. *Comme pour toute enquête par questionnaire, on ne peut exclure l'hypothèse d'une sous-déclaration du vote Le Pen. On peut néanmoins supposer que ce biais est limité. D'une part, l'électorat de Nicolas Sarkozy est lui aussi sous-représenté, alors que le vote de droite n'est d'ordinaire pas sous-déclaré par les enquêtés. D'autre part, d'après un panel de contrôle constitué d'individus non-répondants dont nous avons pu, pour la moitié d'entre eux, identifier certaines des propriétés sociales, il semble que les non-répondants présentent un profil sociologique – et donc sans doute politique – relativement similaire à celui des répondants. Voir Julien Boyadjian, « Twitter, un nouveau baromètre de l'opinion publique ? »,* Participations, 8, 2014, p. 55-74.

Tableau 2 : Comparaison du nombre d'abonnés des principaux candidats sur Twitter avec leur pourcentage de voix parmi la population des inscrits au réseau social au premier tour de l'élection présidentielle du 22 avril 2012

Vote au premier tour des présidentielles 2012	Nombre d'abonnés (mai 2012)	Score parmi la population des *twittos* politiques ($n = 491$)
François Hollande (PS)	262 600	34,2 %
Nicolas Sarkozy (UMP)	191 815	19,1 %
François Bayrou (Modem)	107 360	13,2 %
Marine Le Pen (FN)	69 748	3,1 %
Jean-Luc Mélenchon (FDG)	64 757	20,8 %
Éva Joly (EELV)	60 656	6,70 %

Si le nombre d'abonnés apparaît donc comme une variable très largement artefactuelle, il s'agit néanmoins du seul élément de comparaison dont nous disposons, du moins à notre connaissance, pour comparer à ce jour, même approximativement, l'audience des partis et des personnalités politiques sur Facebook. Sur ce réseau social, le FN apparaît comme le parti politique français le plus « suivi [27] ». En mai 2015, la page du parti totalisait un nombre de fans près de deux fois supérieur à celle de l'UMP (224 079 fans contre 121 217 pour l'UMP, voir tableau 3). Avec 657 927 fans, Marine Le Pen était quant à elle la seconde personnalité politique la plus suivie sur le réseau et avait ainsi réussi son objectif de dépasser le score de François Hollande (voir *supra*) (542 417 fans), tout en restant derrière Nicolas Sarkozy (951 355 fans).

---

27. *L'usage de cette terminologie indigène pose bien évidemment problème. Se départir de ces notions empruntées au marketing et préférer des notions sémantiquement plus précises et partagées par la communauté scientifique seraient sans doute salutaire.*

Tableau 3 : Nombre de fans des principaux partis politiques français sur Facebook (au 5 mai 2015)

Parti politique	Nombre de fans
FN	224 079
UMP	121 217
PS	100 936
PCF	31 885
EELV	31 851
PG	26 264
UDI	10 963
NPA	8 810
Modem	6 886

Même si l'usage de cet indice de mesure du nombre de fans apparaît une fois de plus discutable, on peut supposer que l'audience du Front national est sensiblement plus élevée sur Facebook que sur Twitter. Deux hypothèses peuvent l'expliquer. La première a trait à la sociologie très différente des populations de ces deux réseaux sociaux. D'une part, le taux d'internautes français inscrits à Twitter (17 %) est presque quatre fois inférieur au taux d'inscrits à Facebook (63 %)[28]. D'autre part, la population des *twittos* est bien moins diversifiée socialement et moins représentative de la population française. À l'inverse de Facebook, les catégories populaires, ainsi que les artisans et petits commerçants, sont très nettement sous-représentées sur Twitter. Or ces catégories constituent précisément une part importante de l'électorat sociologique de l'extrême droite[29]. Leur sous-représentation sur Twitter, et, à l'inverse, leur plus forte présence sur Facebook, peut

---

28. Source : IFOP, « *Observatoire des réseaux sociaux* », 2013. Étude disponible en ligne : http://www.ifop.com/media/poll/2436-1-study_file.pdf (consultation : septembre 2014).

29. Nonna Mayer, « From Jean-Marie to Marine Le Pen : Electoral Change on the Far Right », Parliamentary Affairs, 66 (1), 2013, p. 160-178 ; Pascal Perrineau, « L'électorat de Marine le Pen : ni tout à fait le même, ni tout à fait un autre », dans Pascal Perrineau (dir.), Le Vote normal. Les élections présidentielle et législatives d'avril-mai-juin 2012, *Paris, Presses de Sciences Po, 2013, p. 227-247.*

donc constituer un élément explicatif de cette plus forte audience du FN sur Facebook. L'absence d'enquête sur la proximité partisane des utilisateurs de Facebook n'autorise cependant pas à valider empiriquement cette hypothèse. On peut simplement supposer que le taux d'électeurs frontistes est plus important sur Facebook que sur Twitter, sans toutefois affirmer que l'électorat frontiste y est surreprésenté par rapport aux autres partis. La seconde hypothèse susceptible d'expliquer cette audience *a priori* sensiblement plus importante sur Facebook a trait à la plus grande considération accordée par le FN à ce réseau social. Conscient du potentiel d'audience du «plus grand réseau social français», le FN a consacré plus de moyens à sa communication sur Facebook, en termes de communication, de mobilisation militante[30], mais aussi peut-être d'achat de fans. Il est en tout cas certain que le FN accorde de l'importance à ces métriques du web, car elles permettent de rendre visible sa capacité de mobilisation et, ainsi, de se prévaloir de la force du nombre.

Internet comme vecteur et comme vitrine de l'entreprise de normalisation

Outil de mobilisation et d'encadrement militant, internet constitue également un relais dans la stratégie frontiste d'intégration et d'adaptation au jeu politique. Le site internet du parti et, plus encore, ses comptes sur les différents réseaux sociaux permettent en effet au FN de se présenter comme un «parti comme les autres».

Un instrument de conformation partisane

Un premier indice de la stratégie de normalisation du FN réside dans la forte similitude de ses sites internet[31] avec ceux des partis

---

30. Pour ne donner qu'un exemple : les militants de patriotes.net ont la possibilité de gagner des points en invitant des amis à eux à rejoindre leur page Facebook, en revanche aucun point n'est accordé pour inviter ces mêmes amis à rejoindre Twitter.

31. On peut citer ici le site «amiral» (www.frontnational.com), mais également lespatriotes.net, ou encore le site du Rassemblement Bleu Marine (RBM).

institutionnels. À titre d'exemple, la comparaison des sites du Rassemblement Bleu Marine et du parti Les Republications est particulièrement édifiante (voir figures 3 et 4). La ressemblance est remarquable d'abord d'un point de vue formel. La charte graphique épurée, la déclinaison des couleurs du drapeau tricolore ou encore l'esthétique et la taille des illustrations choisies sont en effet sensiblement identiques. Cette similitude s'observe également dans l'architecture générale des sites et le contenu de leurs rubriques génériques (actualités, contact, adhésion, etc.). Cette standardisation partisane est davantage marquée encore sur les réseaux sociaux, où l'agencement et la charte graphique des pages sont imposés aux organisations. Sur Facebook ou Twitter, les pages des partis proposent ainsi les mêmes fonctionnalités de navigation et de communication aux internautes : s'abonner à la page du parti, *liker* ou commenter un message, diffuser et partager les contenus de la page avec ses abonnés, etc.

Figures 3 et 4 : Pages d'accueil des sites du Rassemblement Bleu Marine et du parti Les Républicains (juin 2015)

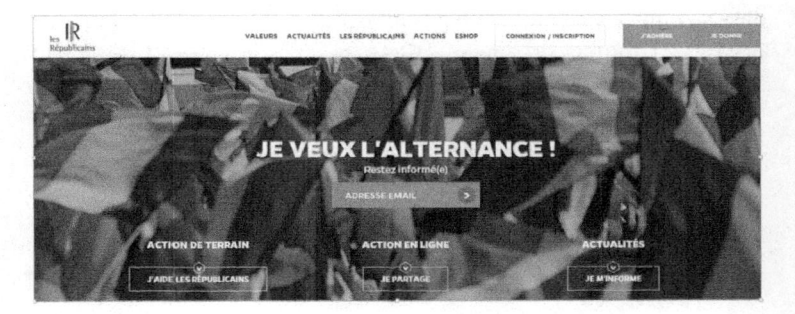

Pour le FN, l'adoption d'une production standardisée et professionnalisée de contenus numériques obéit à une double logique d'alignement sur les principaux partis politiques institutionnels[32], notamment de droite, mais aussi de démarcation, envers les partis d'extrême gauche d'une part[33], et les blogs et sites d'extrême droite (royalistes, identitaires, catholiques, etc.) composant la « réacosphère[34] » d'autre part. À l'instar des fanzines dans le milieu de la presse écrite, cette nébuleuse de sites d'extrême droite, outre une production de contenus sensiblement plus subversifs, présente un aspect techniquement moins perfectionné, plus « amateur » que la webosphère frontiste. Si la plus grande professionnalisation des sites du FN s'explique bien sûr par des moyens budgétaires plus conséquents, ce choix n'est pas seulement financier, mais relève d'une véritable volonté politique de démarcation et d'affirmation d'une image de respectabilité et de sérieux politique. Se doter d'un site internet comparable aux principaux partis de gouvernement constitue pour le FN un moyen supplémentaire de s'affirmer comme un (futur) parti de gouvernement.

Le web comme outil de contrôle et d'homogénéisation de la parole frontiste

Un second indice de la stratégie de normalisation du FN concerne l'aspect extrêmement contrôlé et homogénéisé de sa communication sur le web. L'observation des sites internet nationaux du FN et des comptes Facebook et Twitter de ses principaux dirigeants – dont ceux de Marine Le Pen, Marion Maréchal-Le Pen, Florian Philippot et Louis Aliot – révèle une communication fortement centralisée. On peut ainsi observer que les mêmes contenus alimentent, souvent de façon indifférenciée, les différents comptes frontistes. D'un compte à l'autre, seul

---

32. Alexandre Dézé, « Un parti "virtuel" ?... », art. cité.
33. Les sites des partis trotskistes (notamment de Lutte ouvrière) se sont longtemps caractérisés par leur aspect rudimentaire. Le site de Lutte ouvrière a ainsi longtemps présenté une apparence similaire à un tract de l'organisation.
34. Yannick Cahuzac, « Les stratégies de communication de la mouvance identitaire. Le cas du Bloc identitaire », Questions de communication, 23, 2013, p. 275-292.

change le locuteur du message publié. Ainsi, un même message sur Facebook annonçant l'intervention de Marion Maréchal-Le Pen dans une émission radiophonique sera publié à la troisième personne sur le compte du parti – «Marion Maréchal-Le Pen, député FN de Vaucluse, était hier l'invitée de "Mardi politique" sur RFI» – et à la première personne sur le compte «personnel» de la députée : «J'étais hier soir l'invitée du Mardi politique de RFI» (publié le 5 novembre 2014). Hormis le passage de la troisième à la première personne, le message publié est donc strictement le même. Ces contenus identiques sont produits et publiés par une cellule nationale unique qui gère, cordonne et alimente les différents comptes du parti et de ses principaux dirigeants sur le web.

Cette communication numérique *top-down*, fortement contrôlée et centralisée, participe de la stratégie de normalisation du parti. Centraliser la gestion des principaux comptes frontistes au sein d'un seul service permet d'éviter tous risques de dérapage. Les pages des principaux dirigeants frontistes s'apparentent dès lors à des vitrines d'une communication presque institutionnelle. Les messages postés sur ces comptes appartiennent en effet davantage au registre informatif que polémique. Souvent très brefs, ils se limitent pour la plupart à publiciser l'agenda politique des cadres et élus nationaux du parti, leurs communiqués de presse, et, on l'a vu, à relayer leurs interventions médiatiques. À l'inverse, aucune tribune, aucun éditorial, aucune prise de position polémique ne sont directement publiés sur ces comptes. Les principaux comptes frontistes n'affichent ainsi aucun signe de radicalisation doctrinale.

Les contenus diffusés par l'organisation frontiste sur le web servent également sa stratégie de normalisation. Si, autrefois, le FN diffusait sur son site internet, entre autres, des programmes internes reprenant les mêmes codes que les journaux télévisés, entretenant ainsi l'impression d'une production télévisuelle allogène, ce sont aujourd'hui essentiellement des extraits de véritables journaux ou émissions télévisées que le parti diffuse sur son site et sur les réseaux sociaux. Les interviews des principaux dirigeants frontistes, Marine Le Pen et Florian Philippot notamment, dans les émissions télévisées ou radiophoniques nationales sont ainsi systématiquement relayées sur le site et sur les comptes du parti. En l'espace de deux mois[35], on dénombrait, sur le compte Facebook officiel du FN, pas moins de dix posts annonçant la participation d'un dirigeant frontiste à une émission sur un média national et huit extraits vidéo de ces interventions, contre seulement trois vidéos produites en interne. Si cette valorisation des interventions des dirigeants frontistes dans les grands médias nationaux participe bien de la stratégie de légitimation du parti, elle met en avant un paradoxe : le FN semble désormais utiliser internet moins comme un instrument de communication directe que comme une chambre d'écho médiatique. L'analyse des usages des outils numériques par le FN fournit ainsi un indicateur complémentaire et précieux du renforcement de l'institutionnalisation du parti au cours de ces dernières années.

Internet comme chambre d'écho du double discours frontiste

Si les comptes du FN et de ses principaux cadres jouent le rôle de vitrines d'une communication contrôlée et « normalisée », l'observation de comptes de militants et de sympathisants, ainsi que de certains espaces de discussion du web 2.0 – tels les forums des portails et sites d'information –, laisse entrevoir une autre logique de diffusion de sa communication, plus nébuleuse, moins centralisée, et qui ne s'arrête pas aux frontières de ces vitrines institutionnelles. Sur les réseaux sociaux, les militants et sympathisants commentent et relaient activement sur leurs comptes personnels les messages « officiels » du parti. Or, contrairement aux posts publiés par les dirigeants, les commentaires personnels des internautes empruntent souvent au registre polémique et présentent parfois un discours idéologique plus radical. Le compte Twitter du FNJ illustre ce phénomène. Ne sont publiés sur ce compte que des tweets de l'organisation ou des retweets de dirigeants

---

35. *Du 29 août 2014 au 29 octobre 2014.*

nationaux (Marine Le Pen, David Rachline, etc.). Le fil Twitter du FNJ est «verrouillé», aucune discussion par tweets interposés n'y est publicisée. Les messages publiés présentent de surcroît peu de signes de radicalité. Ainsi, à propos d'affrontements intervenus entre manifestants et forces de l'ordre lors de manifestions de soutien en hommage à Rémi Fraisse, un militant écologiste, le compte du FNJ publie un tweet « sobrement » intitulé «Émeutes urbaines : à qui le tour[36]?», suivi d'un lien hypertexte renvoyant vers un communiqué de presse du FNJ. La réaction de certains abonnés du compte du FNJ à cet événement a été, en revanche, plus radicale, comme l'illustre ce tweet de @Nico[37] : «Soutien aux CRS à #Nantes et à #Toulouse Il faut charger et exploser ces #écolos, #anarchistes et autres #ultra-gauchos[38].» En déléguant à ses militants et à ses sympathisants le soin d'animer le «débat d'idées» en leurs noms propres, le FN se dédouane ainsi de toute responsabilité en cas de possibles dérapages ou débordements.

C'est aux militants et aux sympathisants que revient donc la tâche d'«alimenter le débat d'idées» – et la polémique – sur le web. La fonction de radicalisation idéologique est ainsi en quelque sorte « externalisée » : «On incite fortement nos militants à commenter les articles, à répondre aux sondages en ligne, pour qu'il y ait toujours un débat d'idées, ça leur donne une occupation, presque un horizon[39].» Les militants et sympathisants frontistes investissent également les portails et sites d'information plus ou moins généralistes – comme le portail d'informations de Yahoo, le site du *Figaro*, ou encore le blog de Jean-Marc Morandini – pour y commenter les articles en lien avec des sujets politiques ou sociétaux. On retrouve ainsi, dans une très grande majorité d'articles politiques publiés sur ces différents médias, des commentaires d'internautes se référant plus ou moins explicitement aux prises de position, aux mots d'ordre et aux «éléments de langage» frontistes : «Qui peut encore croire que l'UMPS saura un jour

---

36. *Tweet publié le 3 novembre 2014.*
37. *Pour lui conférer un pseudonyme numérique.*
38. *Tweet publié le 3 novembre 2014.*
39. *Entretien réalisé par téléphone avec Gauthier Bouchet, conseiller municipal FN de Saint-Nazaire et créateur du compte Twitter du FN, 5 décembre 2012.*

gérer les problèmes de la France, leur principale préoccupation c'est une perpétuelle "guéguerre" face aux caméras depuis déjà trente ans, ce qui a rendu la France ingouvernable et dans cette situation catastrophique[40]!» Mais d'autres commentaires, plus agressifs, virulents, radicaux, sont également très régulièrement publiés sur ces sites et portails d'information. Rien n'indique formellement – et c'est une réelle difficulté pour l'analyste des opinions numériques[41] – que leurs auteurs soient des sympathisants ou militants frontistes : «Et les singes? Ils n'ont pas porté plainte??? C'est quand même insultant pour eux[42]!!» Néanmoins, leur fréquence et leur abondance laissent à penser qu'il s'agit d'une production collective, ou du moins d'une production fortement incitée et partiellement organisée. Cette parole militante moins contrôlée, moins euphémisée, idéologiquement plus affirmée vient ainsi contrebalancer la parole frontiste «officielle» véhiculée sur les sites et comptes institutionnels. On peut supposer que, loin de contrarier la stratégie des dirigeants du FN, ces espaces de discussions non contrôlés, qui laissent entrevoir la réalité d'une certaine parole frontiste, permettent au parti d'affirmer en sous-main sa logique doctrinale de démarcation politique et de radicalisation idéologique.

L'attitude de l'organisation frontiste envers certains de ses candidats ayant tenu des propos xénophobes, racistes, antisémites ou homophobes sur internet lors des élections départementales du printemps 2015 est révélatrice de cette ambiguïté. Si le FN a bien mis en place une équipe chargée de vérifier les profils de ses candidats sur les réseaux sociaux, et si une commission des conflits a bien entamé

---

40. *Commentaire publié le 13 novembre 2014, à la suite d'un article intitulé «L'article à lire pour comprendre l'affaire Jouyet-Fillon» sur le site francetvinfo. fr, via le portail d'information Yahoo.fr.*

41. *Entreprendre une mesure rationalisée et systématisée de ces opinions numériques, objectiver le nombre d'auteurs uniques de ces commentaires et les situer socialement et politiquement, constitueraient à ce titre des perspectives de recherche heuristique pour mieux saisir les ressorts de la communication frontiste sur le web et, plus largement, pour mieux objectiver ces rapports de force idéologiques.*

42. *Commentaire publié le 12 novembre 2014, à la suite d'un article intitulé «Le parquet de Paris fait appel du jugement contre Minute comparant Christiane Taubira à un singe le jugeant "trop clément"», sur le site de Jean-Marc Morandini.*

des procédures d'exclusion à l'encontre de certains d'entre eux, le nombre de cas examinés (31) et de candidats définitivement exclus (16) apparaît nettement inférieur à la centaine de profils jugés «litigieux» recensés par différents organes de presse[43]. Bien plus, la réintégration de plusieurs candidats exclus lors de précédentes élections pour propos illicites[44] montre que le FN semble trouver un certain intérêt à conserver des candidats éloignés de sa stratégie de normalisation. Tout laisse à penser que les profils numériques de ces candidats, en véhiculant des propos ne respectant pas la ligne officielle de l'organisation, sont utiles pour conforter, voire mobiliser des militants frontistes que le discours officiel et normalisé du parti – tel qu'il peut se donner à entendre dans les médias audiovisuels ou à lire sur les sites et comptes officiels – ne parvient plus à fédérer. Internet joue ainsi comme une chambre d'écho à ce double discours frontiste.

Conclusion: investir le net comme objet d'étude du FN

Bien que peu étudié par la science politique, internet constitue un terrain d'enquête privilégié pour l'analyse des formations partisanes. L'observation de l'usage qu'en fait le Front national a permis de rendre saillantes certaines des logiques à l'œuvre dans le parti depuis plusieurs années. S'il est un outil privilégié de sa stratégie de normalisation, le web offre dans le même temps un large espace à l'expression d'une parole militante plus radicalisée. Associée à des indicateurs d'audience en apparence très élevés pour le FN sur les médias sociaux, cette parole frontiste semble, à première vue, dominer sur le web. Le recours à des techniques d'enquête «classiques» laisse néanmoins entrevoir le caractère très largement construit, et donc illusoire, de cette hégémonie numérique.

---

43. «*Résultats départementales 2015: les candidats FN épinglés pour des dérapages ont tous été battus*», huffingtonpost.fr, *30 mars 2015.*
44. «*Départementales: la cuvée raciste et homophobe des candidats FN*», rue89.nouvelobs.com, *24 février 2015.*

II – L'ÉBAUCHE D'UNE RÉNOVATION PROGRAMMATIQUE ET DISCURSIVE

Chapitre 7 / DU NÉOLIBÉRALISME AU SOCIAL-POPULISME ? LA TRANSFORMATION DU PROGRAMME ÉCONOMIQUE DU FRONT NATIONAL (1986-2012)

Gilles Ivaldi

> *L'analyse empirique des évolutions du programme socio-économique du FN depuis les années 1980 montre que le parti s'est progressivement éloigné de ses préférences néolibérales originelles pour endosser un agenda redistributif, protectionniste et interventionniste, dont le centre de gravité se situe aujourd'hui à gauche de l'axe économique. Cette welfarisation s'est accompagnée d'une saillance croissante des enjeux économiques en 2012, ainsi que d'une diminution significative des ancrages nativistes et social-conservateurs. Le FN conserve toutefois son statut de parti niche centré sur les enjeux culturels, et il ne s'est pas totalement départi de certains de ses marqueurs néolibéraux. La présence d'une forte composante populiste dans son programme témoigne en outre de son adaptation au contexte de crise, mais pose la question de l'existence d'un espace structurel stable pour la nouvelle offre socio-économique frontiste.*
>
> *Mots clés : crédibilité – économie et social – formule gagnante – FN – Front national – libéralisme – programme – saillance – social-populisme – variance programmatique – welfare-chauvinisme*

Depuis son accession aux commandes du parti en 2011, Marine Le Pen a placé les questions économiques et sociales au cœur de la stratégie de transformation du Front national. L'attention accordée à ces enjeux répond à l'ambition affichée par la nouvelle présidente du FN de permettre à sa formation de « marcher sur ses deux jambes[1] », en combinant une offre socio-économique crédible et compétitive avec les thèmes plus traditionnels que sont l'immigration ou l'insécurité notamment. En posant un nouveau

---

1. Marine Le Pen déclare à ce propos pendant la campagne présidentielle : « je marche sur mes deux jambes. D'un côté le chômage, la dette, le pouvoir d'achat. De l'autre, l'immigration et l'insécurité » (TF1, 6 mars 2012).

regard sur l'économie et le social, Marine Le Pen tente de répondre à un double objectif. Le premier est d'extirper le Front national de son statut originel de parti « niche[2] » essentiellement centré sur les enjeux « culturels ». À cet impératif de crédibilisation s'ajoute la nécessité d'un repositionnement stratégique. Depuis le milieu des années 2000, le FN a dû faire face aux mutations idéologiques de la droite classique, et notamment de l'UMP, qui, sous l'impulsion de Nicolas Sarkozy, est venue concurrencer la formation lepéniste dans le quadrant « libéral-autoritaire » de l'espace partisan[3]. La crise de 2008 a ensuite profondément transformé le contexte général de la compétition partisane, contraignant le Front national à développer une offre programmatique adaptée aux nouvelles demandes sociales cristallisées par la tempête financière et ses multiples ramifications sociales et économiques.

Parce qu'elle s'inscrit dans la problématique générale de la transition et/ou du changement partisan, la formulation par le FN de ce nouveau « programme de crise » ouvre sur deux interrogations au moins. La première porte sur la nature de la transformation de l'offre socio-économique frontiste. Faut-il, pour reprendre les termes de l'analyse classique de Robert Harmel, Kenneth Janda et Alexander Tan[4], opérer une distinction entre des changements externes relatifs à l'image du parti, son packaging, et ceux, plus fondamentaux, qui altèrent son identité ? Elle touche ainsi à la magnitude et à la portée de ces changements : est-il possible d'identifier des ruptures significatives dans la trajectoire socio-économique du FN depuis les années 1980 ? La seconde concerne le degré d'homogénéité du nouveau projet économique et social lepéniste. Les acteurs de la droite radicale

---

2. *Bonnie Meguid*, Party Competition between Unequals : Strategies and Electoral Fortunes in Western Europe, *Cambridge, Cambridge University Press, 2008.*
3. *Voir l'analyse de Simon Bornschier*, « The New Cultural Divide and the Two-Dimensional Political Space in Western Europe », West European Politics, *33 (3), 2010, p. 438.*
4. *Robert Harmel, Kenneth Janda et Alexander Tan*, « Substance vs. Packaging : An Empirical Analysis of Parties' Issue Profiles », APSA Annual Meeting, *Chicago (Ill.), 1995.*

populiste demeurent caractérisés par leur inconsistance sur ce terrain[5]. Leurs électorats présentent également des préférences économiques hétérogènes, voire contradictoires[6].

Il convient donc d'interroger la capacité réelle du FN nouvelle version à formuler une offre économique cohérente – et durable? – hors de ses enjeux de prédilection d'immigration ou d'insécurité. Le rapport programmatique du parti à l'économie et au social sera ici appréhendé au travers d'une analyse empirique des évolutions de son portfolio idéologique depuis 1986. Sous l'angle théorique, les modifications subies par les enjeux socio-économiques seront évaluées à l'aune des deux paramètres fondamentaux que constituent les attributs de saillance (*issue salience*) et de position (*issue position*), c'est-à-dire, d'une part, la place accordée à ces enjeux dans les programmes et, d'autre part, les solutions proposées. Sur la base d'une approche quantitative longitudinale, l'amplitude et la signification des changements opérés par le FN sur le terrain économique seront mesurées en termes d'importance accordée à cette catégorie d'enjeux et de trajectoire sur l'axe de compétition économique. Cette étude se centre exclusivement sur les programmes électoraux officiels du parti, laissant de côté les autres composantes de sa communication politique (discours, communiqués, interventions médias, etc.). Les méthodes d'analyse des programmes politiques (manifestes) ont fait l'objet d'une importante littérature scientifique, qui a montré que ces documents constituent généralement des sources fiables d'information sur les positions idéologiques des partis[7].

---

5. Jan Rovny, «*Where Do Radical Right Parties Stand? Position Blurring in Multi-Dimensional Competition*», European Political Science Review, 5 (1), 2013, p. 1-26.

6. Elisabeth Ivarsflaten, «*The Vulnerable Populist Right Parties: No Economic Realignment Fuelling their Economic Success*», European Journal of Political Research, 44 (3), 2005, p. 465-492.

7. Gary Marks (ed.) «*Special Symposium: Comparing Measures of Party Positioning: Expert, Manifesto, and Survey Data*», Electoral Studies, 26 (1), 2007 (*numéro spécial*).

Des enjeux économiques plus saillants

À l'instar d'autres mouvements de droite radicale populiste en Europe, le FN a émergé sur la scène politique française comme un parti niche privilégiant les questions culturelles relatives à l'immigration, à la sécurité ou à la défense des valeurs traditionnelles[8]. Ainsi que le suggère notamment Cas Mudde, l'économie demeure un sujet relativement secondaire et instrumental pour ces partis, procédant avant tout des principes nativistes[9] qui caractérisent leur corpus idéologique.

Cette première partie de l'analyse est fondée sur les données recueillies dans le cadre du *Comparative Manifesto Project* (CMP), et qui permettent une mesure quantitative de l'importance d'une ou plusieurs catégories d'enjeux pour les principaux partis dans plus d'une cinquantaine de pays depuis 1945[10]. L'examen des programmes économiques du Front national depuis 1986 en termes de « saillance » – c'est-à-dire du poids relatif des questions économiques et sociales dans chaque manifeste – montre que la formation de Marine Le Pen a récemment élargi son périmètre programmatique hors du triptyque traditionnel « immigration-sécurité-valeurs ».

En 2012, les enjeux socio-économiques représentent 37 % au total du programme du FN, contre 16 % à la fin des années 1990.

---

8. Jens Rydgren, « *Is Extreme Right-Wing Populism Contagious? Explaining the Emergence of a New Party Family* », European Journal of Political Research, 44 (3), 2005, p. 413-437.

9. *Voir Cas Mudde*, Populist Radical Right Parties in Europe, *Cambridge, Cambridge University Press, 2007, p. 132. Le « nativisme » est défini par Mudde comme l'idéologie selon laquelle un État devrait être exclusivement peuplé par les natifs (nationaux), posant que tous les éléments allogènes (non natifs), personnes ou idées, sont fondamentalement une menace pour l'homogénéité de l'État-nation. En termes politiques, le nativisme revient à favoriser systématiquement les « natifs » par rapport aux immigrés, matérialisé dans le cas du FN par le principe de « préférence nationale »* (Ibid., p. 19).

10. *Ian Budge, Hans-Dieter Klingemann, Andrea Volkens et Judith Bara,* Mapping Policy Preferences. Estimates for Parties, Electors, and Governments 1945-1998, *Oxford, Oxford University Press, 2001. Nous utilisons ici la série française du CMP pour la période 1986-2012. Les programmes du FN de 1988 et 1993, absents des données originales et estimés par interpolation, ont été codés par nos soins.*

Dans le même temps, les thèmes culturels ont vu leur proportion diminuer de 44 à 28% entre 1997 et 2012, signe d'un rééquilibrage de l'offre idéologique du mouvement lepéniste (voir tableau 4). Ce processus n'est pas entièrement nouveau. Un mouvement de balance similaire entre enjeux économiques et culturels était déjà observable en 1993. La stratégie revendiquée par Marine Le Pen ne fait ainsi que réactualiser la ligne moderniste incarnée à l'époque par Bruno Mégret, soucieux déjà d'imposer l'image du FN en tant que « parti de gouvernement » et alternative crédible aux forces de gauche et de droite

La structure du programme présidentiel de Marine Le Pen en 2012 illustre ce changement d'emphase : des enjeux tels que le pouvoir d'achat, l'euro, l'emploi, la dette publique, les retraites ou la politique fiscale occupent les premières pages du document, devant les questions d'immigration ou de sécurité. Les travaux préparatoires au manifeste de 2012 attestent par ailleurs les efforts fournis par le FN pour tenter de renforcer sa crédibilité sur ces questions, allant parfois jusqu'à la caricature d'un jargon économique et financier censé faire la preuve des nouvelles compétences du parti[11].

Tableau 4 : Saillance des enjeux socio-économiques et culturels dans les programmes du FN (1986-2012)

Année	Enjeux économiques			
	Moyenne système de partis[1]	Écart type[1]	Saillance FN	Niche[2]
1986	42,9	9,6	14,2	Oui
1988	40,0	11,1	24,1	Oui
1993	47,3	9,6	30,3	Oui
1997	27,5	5,3	16,0	Oui
2002	30,8	4,1	28,2	Non
2007	38,9	4,1	23,0	Oui
2012	47,0	3,2	36,7	Oui

11. Rappelons que cette « technocratisation » avait dominé la préparation stratégique de la campagne présidentielle de 2007, sous la houlette, déjà, de Marine Le Pen. L'université d'été du parti en septembre 2006 avait mis en place des Commissions d'action présidentielle (CAP) thématiques et privilégié l'affichage par le Front d'une « culture de gouvernement ».

		Enjeux culturels			
Année	Moyenne système de partis[1]	Écart type[1]	Saillance FN	Niche[2]	> 10%[2]
1986	10,0	5,6	23,3	Oui	Oui
1988	7,6	5,0	39,7	Oui	Oui
1993	1,9	1,9	23,4	Oui	Oui
1997	5,7	2,3	44,0	Oui	Oui
2002	16,7	4,9	28,8	Oui	Oui
2007	9,5	3,2	27,5	Oui	Oui
2012	9,4	6,1	27,6	Oui	Oui

Source : *Comparative Manifesto Project* (CMP). Codage par l'auteur des programmes FN de 1988 et 1993.

[1] Pondérés en fonction des résultats électoraux (base : poids électoral de chaque parti, élections législatives).

[2] Critères selon Wagner : un parti peut être considéré comme un parti « niche » s'il remplit au moins une des trois conditions suivantes : un volume plus important de politiques culturelles, comparé à l'ensemble des autres partis ; un minimum de 10 % de politiques culturelles dans son programme ; un déficit de politiques économiques par rapport aux autres partis. Wagner propose de considérer comme significatives les différences supérieures à un écart type pondéré du système de partis.

Comparée aux autres partis français, l'évolution du positionnement économique du FN demeure d'ampleur toutefois limitée : l'importance conférée aux questions culturelles d'immigration ou de sécurité reste très largement supérieure à la moyenne observée dans l'ensemble du système partisan (+18 points), tandis que la formation de Marine Le Pen continue de souffrir d'un déficit relatif sur les questions socio-économiques (10 points) (voir tableau 4). Si l'on retient ici les critères proposés par Markus Wagner[12], explicités dans la légende du tableau 4, ces divergences significatives témoignent de la persistance d'un statut de parti niche pour le FN dans l'espace compétitif, loin du modèle de « grand mouvement d'alternative » publicisé par la nouvelle direction frontiste.

---

12. Markus Wagner, « Defining and Measuring Niche Parties », Party Politics, 18 (6), 2012, p. 845-864.

Continuités et ruptures dans la doctrine économique frontiste

Ce rééquilibrage partiel au profit des thèmes socio-économiques s'est accompagné en 2012 d'un repositionnement du FN. La signification des changements survenus dans son rapport à la sphère économique mérite toutefois d'être appréhendée sur le temps long. Un premier problème tient à la nature par essence hétérogène de l'offre idéologique des droites radicales, non seulement en France mais dans toute l'Europe. Leurs plateformes économiques sont caractérisées par un fort degré de flexibilité programmatique et une variance importante dans le temps[13]. L'analyse doit pouvoir saisir les moments d'inflexion et/ou de changement significatifs – au sens statistique – de la trajectoire du FN, qui traduisent une réorientation profonde de ses stratégies sur l'axe économique plutôt que de simples ajustements tactiques ou langagiers.

Les résultats présentés ici sont fondés sur une analyse quantitative directionnelle[14] des positions économiques du FN, à partir d'un codage manuel exhaustif des programmes publiés par le parti entre 1986 et 2012 (voir encadré 2). L'unité de codage utilisée est la « mesure politique » (*policy pledge*), qui constitue une entité homogène et stable dans le temps[15]. L'axe économique correspond à l'opposition classique entre « État » et « marché » – Kitschelt évoque à ce propos des positions « socialistes » et « capitalistes »[16] –, exprimée en termes de « gauche »

---

13. Jan Rovny, « Where Do Radical Right Parties Stand ?... », art. cité.

14. Contrairement au CMP, qui mesure le volume consacré à certaines catégories d'enjeux dans chaque programme électoral, l'analyse directionnelle regroupe les travaux qui s'attachent à coder les positions prises par les partis politiques à l'égard de ces enjeux. Dans le cas du CMP, on peut quantifier par exemple la proportion (%) d'un programme consacrée par un parti politique à la question des impôts, quand l'analyse directionnelle va identifier les positions prises par le parti sur cette question : réduire ou augmenter les impôts, plus ou moins de progressivité, etc.

15. Tjitske Akkerman, « Immigration Policy and Electoral Competition in Western Europe : a Fine-Grained Analysis of Party Positions over the Past Two Decades », Party Politics, 21 (1), 2015, p. 54-67 (d'abord mis en ligne le 8 novembre 2012, p. 6).

16. Herbert Kitschelt, The Transformation of European Social Democracy, Cambridge, Cambridge University Press, 1994.

et de « droite ». Ces deux pôles opposent un ensemble de préférences pour un modèle redistributif, keynésien, fondé sur la demande et l'interventionnisme étatique, par opposition à une approche libérale, promarché, basée sur l'offre, la libre concurrence, la dérégulation et le *small-government*.

Encadré 2 : Corpus et indicateurs

Au total, le corpus est constitué de 677 mesures socio-économiques sur la période 1986-2012. La dimension économique est désagrégée en deux sous-domaines distincts : le premier concerne le *welfare* et des enjeux tels que la protection sociale, la santé, l'éducation ou les retraites ; le second est celui des politiques micro- et macro-économiques (politiques de régulation, politiques fiscales, rôle de l'État et plus généralement modèles de gouvernance économique). Chaque mesure est codée -1 (gauche) ou +1 (droite) en fonction de sa direction sur l'axe économique. Pour chaque programme électoral, la position du FN est estimée par une échelle simple de ratio des mesures de droite et de gauche présentes (D-G)/(D+G), selon le modèle proposé par Will Lowe, Kenneth Benoit, Slava Mikhaylov et Michael Laver[17]. Une mesure complémentaire de dispersion est également proposée à partir d'une composante de variance exprimée par le produit des proportions de mesures de gauche et de droite ($p_D \times p_G$), qui évalue le degré d'hétérogénéité programmatique de chacun des manifestes sur la période.

La lecture des résultats permet d'identifier une trajectoire spécifique du Front national, passant d'une position essentiellement droitière depuis le milieu des années 1980 à une localisation à la gauche de l'axe économique en 2012. Deux moments de basculement témoignent d'altérations significatives dans le positionnement du mouvement lepéniste sur cette dimension de compétition (voir figure 5).

---

17. Will Lowe, Kenneth Benoit, Slava Mikhaylov et Michael Laver, « Scaling Policy Preferences from Coded Political Texts », Legislative Studies Quarterly, 36 (1), 2011, p. 123-155.

Figure 5 : Position du FN sur la dimension économique (1986-2012)

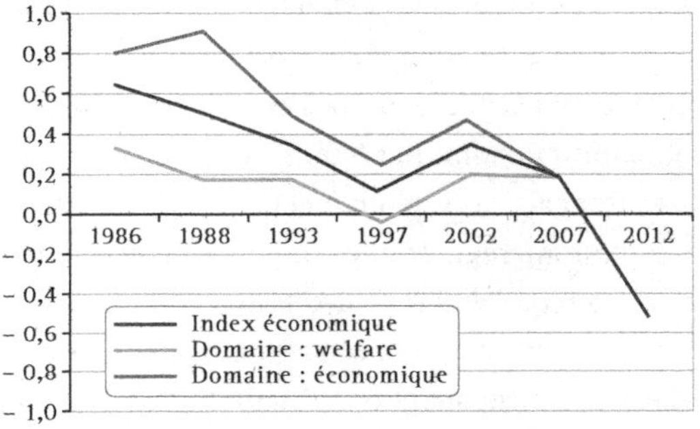

[Figure: graphique montrant l'évolution de l'Index économique, Domaine : welfare, et Domaine : économique entre 1986 et 2012, avec annotations manuscrites « Droite » et « Gauche »]

Source : analyse des programmes du Front national, N = 677 mesures économiques sur la période 1986-2012.

Le modèle de « formule gagnante » électorale qu'aurait incarné le FN, mis en évidence par Kitschelt[18] – combinant autoritarisme culturel et adhésion au libéralisme économique –, domine incontestablement le projet économique lepéniste tout au long des années 1980. À l'orée de la première cohabitation de mars 1986, le FN intègre de manière très ample l'agenda « libériste » de désétatisation, de dérégulation et de lutte contre le « fiscalisme », ainsi que l'atteste son score le plus à droite sur l'axe. Au total, 82 % des mesures mises en avant dans le programme législatif de 1986, intitulé *Pour la France,* se situent à droite sur l'axe économique. Notons qu'un examen similaire de la plateforme européenne de 1984 confirme ces résultats, avec 76 % de propositions économiques droitières. Si l'on isole le sous-domaine de management économique, on constate que l'appel « capitaliste » de la formation frontiste culmine en 1988, tandis que le parti entame déjà un relatif recentrage sur les questions de *welfare*.

La figure 5 montre qu'un premier glissement significatif s'opère au milieu des années 1990, caractérisé par un mouvement vers le centre de l'axe sur le domaine du *welfare* et une révision substantielle

---

18. Herbert Kitschelt, en collaboration avec Anthony J. McGann, The Radical Right in Western Europe. A Comparative Analysis, *Ann Arbor (Mich.), University of Michigan Press, 1995, p. 19.*

du corpus néolibéral sur les questions de gouvernance économique. L'amplitude somme toute limitée de ce recentrage confirme la thèse d'une « formule gagnante atténuée » (*weak winning formula*) proposée par McGann et Kitschelt[19], une proposition validée empiriquement par le travail comparatif conduit par Sarah De Lange sur les partis belges, néerlandais et français[20]. Ce mouvement centripète ne peut masquer la persistance d'un ancrage droitier toujours prédominant au sein du programme économique du FN : entre 1986 et 1993, le pourcentage de mesures situées à droite sur l'axe économique diminue certes, mais ces dernières représentent encore plus des deux tiers (68 %) du programme de 1993.

Au tournant des années 1990, le nouveau positionnement économique du FN laisse entrevoir des thèmes plus sociaux – à l'image de son slogan phare, « Le social sans le socialisme », à destination d'un électorat populaire qui gagne en importance[21]. À l'instar d'autres formations radicales européennes, le programme frontiste agrège un ensemble de thèmes antiglobalisation et protectionnistes, dont la teneur tranche avec les orientations libre-échangistes des années précédentes[22]. L'adhésion au protectionnisme économique dans la sphère internationale permet au parti de se recentrer sans pour autant abandonner totalement ses préférences plus libérales au plan domestique. Cet aspect cumulatif est mis en évidence par l'augmentation notable du volume de mesures avancées par le mouvement lepéniste dans le champ économique, dont le nombre double pratiquement entre 1986 et 1993 (de 82 à 160 au total).

---

19. Anthony J. McGann et Herbert Kitschelt, « *The Radical Right in The Alps. Evolution of Support for the Swiss SVP and Austrian FPO* », Party Politics, 11 (2), 2005, p. 147-171.

20. Sarah L. De Lange, « *A New Winning Formula ? The Programmatic Appeal of the Radical Right* », Party Politics, 13 (4), 2007, p. 411-435.

21. Pascal Perrineau, « *La dynamique du vote Le Pen : le poids du "gaucho-lepénisme"* », dans Pascal Perrineau et Colette Ysmal (dir.), Le Vote de crise : l'élection présidentielle de 1995, Paris, Presses de Sciences Po, 1995, p. 243-261.

22. Andrej Zaslove, « *Exclusion, Community, and a Populist Political Economy : The Radical Right as an Anti-Globalization Movement* », Comparative European Politics, 6, 2008, p. 169-189.

Ce positionnement du FN au centre de l'axe économique va perdurer pendant plus d'une décennie. Dès 1995, elle trouve une traduction politique dans l'affirmation du « ni droite ni gauche » par la formation lepéniste. La position médiane du parti à la veille des législatives de 1997 est particulièrement révélatrice du processus d'atténuation de la « formule gagnante » : à cette occasion, le programme du FN est composé à parts pratiquement égales de mesures empruntées à la gauche (46 %) et à la droite (54 %). Comparée à la situation du parti au milieu des années 1980, cette différence de distribution s'avère statistiquement significative[23]. En 2002, un Jean-Marie Le Pen s'affirmant « socialement de gauche et économiquement de droite » témoigne encore du caractère hybride du programme socio-économique de sa formation, quand bien même le centre de gravité du FN glisse à nouveau à cette occasion vers la droite.

La seconde rupture significative a lieu en 2012[24]. La prise de pouvoir de Marine Le Pen au sein du parti semble bien ouvrir un nouveau cycle programmatique marqué par un repositionnement à gauche sur l'axe économique. Certains signes avant-coureurs de cette transformation sont visibles en 2007, à l'occasion d'une campagne présidentielle placée déjà sous la houlette stratégique de la future présidente du parti, et annonciatrice de la révolution « keynésienne » à venir. Cependant, le glissement à gauche demeure encore à l'époque très modéré et ne conduit qu'à un recentrage mineur.

C'est donc à la veille des élections de 2012 que le Front national amorce son véritable virage économique. En termes spatiaux, le projet lepéniste voit son centre de gravité se déplacer, pour la première fois de son histoire, très clairement à gauche. Ce mouvement marque une rupture nette avec l'ancrage principalement droitier du FN sur la totalité de la période 1984-2007, ainsi qu'une homogénéisation de ses plateformes de *welfare* et de gouvernance économique. Le parti

---

23. Chi^2 pour table de contingence (2 x 2) programmes 1986/1997 significatif : $\chi^2 = 10,61$ dl 1 p<0,01 ; N = 130.

24. Table de contingence (2 x 2) programmes 1997/2012 : $\chi^2 = 13,69$ dl 1 p<0,01 ; N = 136.

endosse l'interventionnisme étatique, arguant du rôle stratégique de l'État et de la nécessaire défense des services publics contre les effets de la RGPP[25]. S'adressant en priorité à la France des «oubliés», le nouvel agenda économique prône un ensemble de mesures de maintien des acquis sociaux et oriente le FN vers une politique de la demande, de la redistribution et d'une plus grande progressivité fiscale – bas salaires, retraites, pouvoir d'achat, contrôle des prix, salaire parental, révision des tranches supérieures de l'impôt sur le revenu. Le parti accentue ses critiques à l'encontre de l'Europe et de la mondialisation, prônant la sortie de l'euro, de nouveaux impôts antidélocalisations, des taxes sur les produits de luxe ou la tutelle de l'État sur le secteur bancaire. Pas moins de 76% des mesures proposées par le Rassemblement Bleu Marine se placent à gauche de l'axe économique lors des législatives de juin 2012, et 68% pour le programme présidentiel de Marine Le Pen quelques semaines auparavant.

La distance parcourue à cette occasion donne la mesure de la magnitude de la révision programmatique opérée par le mouvement lepéniste. En moyenne, sur la période 1984-2007, le FN s'est déplacé de 0,2 point sur l'axe des positions économiques, avec un maximum de 0,3 point lors du recentrage intervenu en 1993. Cette faible amplitude corrobore les observations plus générales quant au caractère essentiellement incrémental des changements programmatiques (*policy shifts*) opérés par les acteurs partisans[26]. En 2012, en revanche, la distance parcourue par le FN lors de son glissement vers la gauche de l'axe économique est plus du triple de celle observée dans les années précédentes (0,7 unité).

Ce glissement du centre de gravité du Front national vers la gauche de l'axe économique en 2012 s'est accompagné d'une relative diminution du niveau de dispersion programmatique observable sur

---

25. *Révision générale des politiques publiques, mise en place par Nicolas Sarkozy en 2007, avec notamment le principe de non-remplacement d'un fonctionnaire sur deux partant à la retraite.*

26. Ian Budge, «A New Theory of Party Competition: Uncertainty, Ideology, and Policy Equilibria Viewed Comparatively and Temporally», British Journal of Political Science, 24 (4), 1994, p. 443-67.

les deux principaux domaines du *welfare* et des politiques macro- et micro-économiques (voir figure 6). Depuis la fin des années 1990, les manifestes économiques du FN présentent un degré élevé de variance interne, qui distingue le mouvement de Marine Le Pen de la plupart des autres acteurs partisans[27]. Cette hétérogénéité économique relativement stable dans le temps témoigne du caractère composite de la doctrine du parti au sortir de son moment néolibéral des années 1980.

Figure 6 : Variance programmatique du Front national sur la dimension économique (1986-2012)

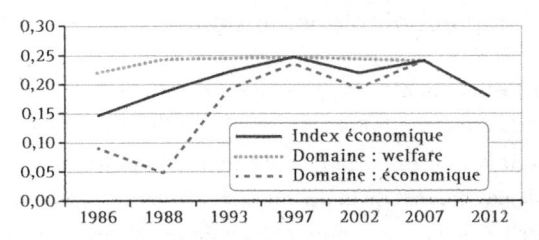

Source : analyse des programmes du Front national, N = 677 mesures économiques sur la période 1986-2012.

Les données recueillies pour 2012 ne démentent pas cette hétérogénéité, quand bien même le parti affiche désormais un profil plus cohérent sur les questions socio-économiques. Cette variabilité tient pour l'essentiel à la présence résiduelle d'un petit nombre d'éléments néolibéraux fortement polarisants, en particulier la lutte contre l'assistanat et la fraude sociale, la critique de la décentralisation et l'hostilité affichée à l'encontre des syndicats. Bien qu'apparue assez tardivement au cours de la campagne présidentielle de 2012, la critique de l'assistanat montre que le FN n'a pas totalement abandonné ses thèmes droitiers. Des recherches récentes suggèrent de considérer l'égalitarisme économique redistributif et le soutien à l'État-providence comme

---

27. Gilles Ivaldi, « A New Populist Radical Right Economy ? The Economic Transformation of the French Front National (1981-2012) », communication présentée au panel « What's Left of the Radical Right ? The Social-Economic Programmes of Radical Right-Wing Populist Parties », ECPR General Conference, Université de Glasgow, 3-6 septembre, 2014.

deux dimensions idéologiques relativement indépendantes, toutes deux présentes conjointement dans l'idéologie de la droite radicale[28]. Le lien avec le répertoire moral-conservateur plus traditionnel du FN s'établit via la distinction qu'opère le mouvement lepéniste entre des «pauvres méritants», bénéficiaires «légitimes» d'une redistribution plus égalitaire des richesses, et ceux qui ne peuvent prétendre aux largesses de l'État-providence lepéniste, au premier rang desquels les étrangers, les délinquants et les fraudeurs.

Populisme économique, antiglobalisation

Un dernier élément caractéristique des évolutions idéologiques du FN sur l'économie nous est fourni par l'examen des répertoires argumentaires mobilisés par ce dernier à l'appui de son nouveau programme. Au travers de la délimitation de certains répertoires structurants sur lesquels le discours économique va venir prendre appui, il est possible de repérer la façon dont le parti entreprend – ou non – de lier les enjeux strictement économiques à certaines des questions culturelles qui constituent sa marque de fabrique historique, révélant ainsi le degré d'autonomie conféré au champ économique.

L'analyse montre que le discours économique «de gauche» du Front national s'est progressivement affranchi de certaines composantes idéologiques fondamentales de son identité partisane pour épouser les contours de nouvelles formes argumentaires adaptées au contexte de crise économique et sociale. Les questions économiques ont ainsi non seulement gagné en saillance mais également en autonomie par rapport au cœur programmatique constitué des valeurs et enjeux culturels typiques de la droite radicale (voir figures 7a, b, c et d).

---

28. Voir notamment: Willem De Koster, Peter Achterberg et Jeroen Van der Waal, «The New Right and the Welfare State: On the Electoral Relevance of Welfare Chauvinism and Welfare Populism in the Netherlands», International Political Science Review (mis en ligne le 28 septembre 2012); Peter Achterberg, Dick Houtman et Anton Derks, «Two of a Kind? An Empirical Investigation of Anti-Welfarism and Economic Egalitarianism», Public Opinion Quarterly, 75 (4), 2011, p. 748-760.

Figures 7a, b, c et d : Distribution des répertoires d'argumentation welfare-chauviniste, social-conservateur, international et populiste dans les mesures « de gauche » du FN (1986-2012)

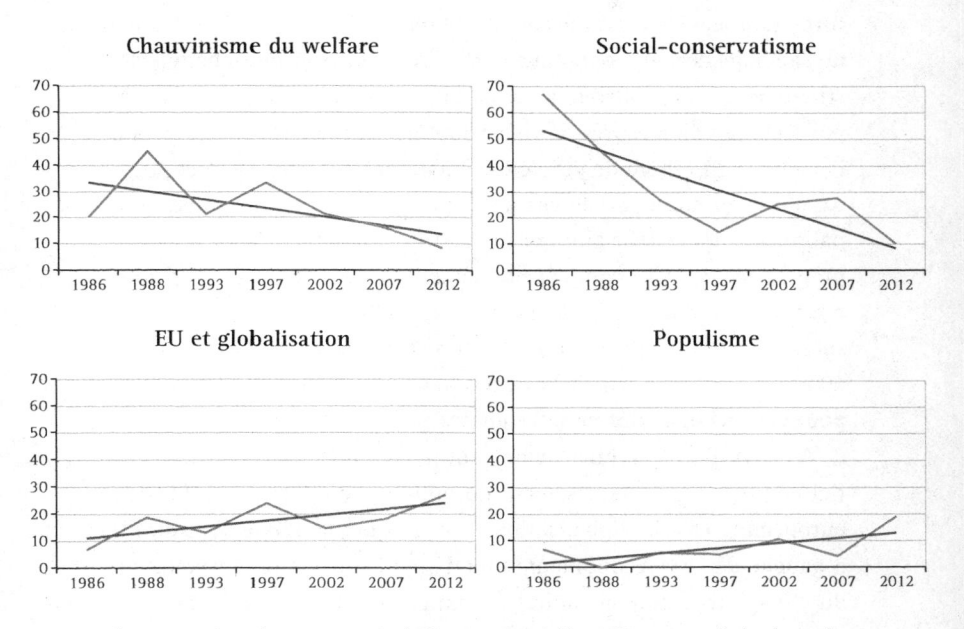

Chauvinisme du welfare

Social-conservatisme

EU et globalisation

Populisme

Source : analyse des programmes du Front national, N = 260 mesures situées à gauche de l'axe économique, sur la période 1986-2012.

On observe, en premier lieu, un décrochage net d'avec le répertoire moral-conservateur qui a longtemps coloré les politiques du FN. Dans les années 1980, la plateforme sociale du parti est encore très imprégnée de l'univers idéologique de l'extrême droite conservatrice, signe notamment de la présence active et de l'influence doctrinale de la mouvance catholique traditionaliste au sein du Front. Les valeurs morales d'ordre, d'autorité, de discipline et, plus fondamentalement encore, de la famille irriguent plus de la moitié des politiques de redistribution du mouvement lepéniste. En 2012, les références directes aux valeurs morales et familiales se font beaucoup plus rares et représentent autour de 10 % des mesures proposées par le FN, à l'image de l'emblématique salaire «maternel» transformé en salaire «parental»[29].

De la même manière, le nouveau positionnement compétitif de la formation lepéniste s'est accompagné d'une diminution significative de l'ancrage de son programme dans le répertoire welfare-chauviniste stricto sensu. On constate ainsi en 2012 une baisse significative du pourcentage de mesures de redistribution explicitement adossées à l'exigence du critère de «préférence nationale» : entre 1984 et 2007, un quart en moyenne de ces politiques étaient conditionnées à la nationalité des bénéficiaires. En 2012, cette proportion tombe à 9%. Le programme de 2012 contient notamment une palette de propositions pour une politique de la demande non exclusivement fondée sur ce socle nativiste: augmentation des bas salaires, retour à la retraite à 60 ans, blocage des prix de l'essence ou baisse des tarifs de l'électricité, pour citer ici quelques mesures phares.

À l'inverse, les données montrent la cristallisation d'un référentiel populiste et l'accroissement du nombre de références à l'Union européenne et à la globalisation économique. Le glissement du FN à gauche de l'axe économique prend appui sur une réinterprétation du clivage traditionnel capital-travail par un appel à la France dite «d'en bas». La plateforme économique de 2012 formalise cet antagonisme entre «gros» et «petits» – pour reprendre les termes de Pierre Birnbaum[30]. Cette forme argumentaire plébéienne représente près de 20% des mesures sociales du projet frontiste, contre moins de 10% dans les périodes précédentes. Historiquement, cette construction discursive dans la sphère des activités économiques a servi, pour l'essentiel, de châssis au «capitalisme populaire» lepéniste à destination de l'électorat petit-bourgeois d'artisans, commerçants et petits entrepreneurs. Ce répertoire continue d'accompagner un certain nombre de mesures fiscales à destination des PME en 2012, et se décline plus que

---

29. Cette évolution traduit la prise de distance de Marine Le Pen avec la frange traditionaliste de son parti, en particulier Bernard Antony, la captation stratégique de la laïcité, ainsi que les positions de la nouvelle présidente FN, jugée plus «moderne» sur certaines questions de société tels le PACS ou l'avortement.
30. Pierre Birnbaum, Le Peuple et les gros, Paris, Fayard, 1979.

jamais au travers de la distinction opérée entre petits entrepreneurs « vertueux » et grandes entreprises tournées vers le profit. S'agissant des mesures les plus à gauche, le manifeste de 2012 est structuré symboliquement par l'appel au peuple des « invisibles » et des « oubliés » – ouvriers, agriculteurs, étudiants, commerçants et artisans, mais aussi fonctionnaires et employés, ou petits retraités – contre les puissants, représentants de l'idéologie « mondialiste » dominante – responsables politiques, Commission européenne, marchés financiers, entreprises du CAC 40, super riches, patrons voyous ou grande distribution.

Au fil du temps, les thématiques relatives à la mondialisation et à la construction européenne sont venues infuser les politiques socio-économiques du FN, colorant plus d'un quart de ses propositions de redistribution en 2012. Cette évolution témoigne de la reformulation du projet politique du FN et de sa tentative d'imposer un nouveau clivage dans l'espace de la compétition partisane. À l'affrontement classique de la gauche et de la droite, le mouvement lepéniste a tenté de substituer progressivement une ligne de fracture verticale plaçant face à face la nation et le « mondialisme », défini comme un projet d'élites « cosmopolites ». Cette volonté de résistance au « mondialisme » a depuis longtemps conduit le FN au rejet de l'intégration européenne, contre « l'Europe de Maastricht, cheval de Troie de la mondialisation ». Avec la crise financière de 2008, le parti a encore intensifié sa volonté de démarcation vis-à-vis de l'Union européenne et de ses politiques d'austérité.

Conclusion : une nouvelle formule gagnante ?

La révision de ses positions économiques est un élément central de la rotation opérée par le mouvement lepéniste dans l'espace multidimensionnel de la compétition partisane depuis le milieu des années 1980. L'analyse empirique illustre le processus d'éloignement du FN de ses préférences néolibérales originelles et l'adoption progressive d'un agenda redistributif et interventionniste dont le centre de gravité se situe à gauche de l'axe économique. Si l'on considère par ailleurs l'inertie du FN à l'extrémité droite de la dimension culturelle de conflit, la formation de Marine Le Pen se distingue aujourd'hui par son positionnement original et inédit dans le quadrant «socialiste-autoritaire» de l'espace compétitif tel que conceptualisé par Kitschelt.

Sous l'angle théorique, cette rotation invite à repenser certains des modèles établis pour la particularisation de la droite radicale[31]. Sous l'égide de Marine Le Pen, le FN a convergé vers une forme de chauvinisme du *welfare* (*welfare chauvinism*), défini par Kitschelt comme l'alliage d'une position située à gauche sur l'axe économique et d'un agenda autoritaire et exclusionniste sur les questions culturelles[32]. Plus précisément, les données présentées dans ce chapitre soutiennent l'argumentation développée par McGann et Kitschelt, qui en proposent une redéfinition en termes de «welfarisme chauviniste», à savoir une stratégie associant redistribution économique et xénophobie[33]. En 2012, on a assisté à la «welfarisation» du programme économique du FN au travers de la diminution significative de l'ancrage nativiste stricto sensu et du décrochage d'avec le registre moral-conservateur traditionnel.

À bien des égards, cependant, l'analyse dresse le portrait d'un parti en transition, entre ambition modernisatrice et héritage protestataire, entre repositionnement welfariste et inertie de son patrimoine droitier. L'importance et l'autonomisation croissantes du champ économique au sein de son offre programmatique illustrent le processus encore très embryonnaire d'intégration systémique dans lequel le FN paraît vouloir s'engager. Si elle n'est pas totalement une nouveauté dans l'histoire du parti, cette «technocratisation» correspond assez largement aux impératifs posés aux mouvements populistes dans la phase

---

31. *Hans-Georg Betz et Susi Meret, «Right-wing Populist Parties and the Working Class Vote: What Have You Done for Us Lately?», dans Jens Rydgren (ed.),* Class Politics and the Radical Right, *Londres, Routledge, 2013, p. 107-121.*
32. *Herbert Kitschelt, en collaboration avec Anthony J. McGann,* The Radical Right in Western Europe..., *op. cit., p. 22-24.*
33. *Ibid., p. 150.*

ultime de leur stabilisation institutionnelle[34]. La continuité observable en revanche sur son statut de parti niche au sein du système politique français renvoie à la nature même de la mobilisation par un FN pris en tenaille entre volonté de normalisation et impératif de différentiation. En quête de respectabilité économique, la formation lepéniste n'a toutefois pas rompu avec son ADN radical, ainsi que l'attestent sa position sur la sortie de l'euro ou le poids différentiel des questions culturelles d'immigration et de sécurité.

L'analyse des programmes frontistes met en évidence l'hétérogénéité des préférences socio-économiques du parti depuis la fin des années 1980. À aucune des étapes de son évolution, le FN ne peut être intégralement réduit à sa localisation à l'un ou l'autre des pôles du continuum économique. Au contraire, l'articulation d'éléments puisés dans des doctrines opposées demeure une caractéristique des projets économiques formulés par le mouvement lepéniste depuis près de trente ans. En 2012, en dépit d'un déplacement net de son centre de gravité à gauche de l'axe économique, le FN n'a que très partiellement réduit sa variance programmatique, conservant notamment un ensemble de marqueurs néolibéraux forts sur les questions relatives à l'assistanat, à la décentralisation ou au rôle des organisations syndicales.

L'hétérogénéité doctrinale dont fait encore montre le FN en matière économique pose la question du degré d'intégration systémique du parti et de la redéfinition de son objectif principal (*primary goal*). En dépit d'une appétence réaffirmée pour la conquête et l'exercice du pouvoir local ou national, le modèle de mobilisation du FN demeure encore profondément marqué au sceau du populisme protestataire antisystème[35], qui structure fortement l'opposition des « petits » et des « gros » au sein du référentiel plébéien de l'économie lepéniste en 2012. L'importance conférée à ce « social-populisme » dans la nouvelle

---

34. *Robert Harmel et Lars Svåsand, «Party Leadership and Party Institutionalization : Three Phases of Development»*, West European politics, *16 (2), 1993, p. 67-88.*

35. *Pierre-André Taguieff*, Le Nouveau National-populisme, *Paris, CNRS Éditions, 2012.*

doctrine économique frontiste est révélatrice de la tension qui demeure entre deux types de stratégies, l'une, *office-seeking*, tournée vers le pouvoir, l'autre, *vote-seeking*, toujours dominante, motivée par la maximisation du potentiel électoral protestataire du parti.

Sous l'angle compétitif, le FN se trouve plus que jamais à la croisée des chemins, confronté à l'opportunité politique d'engager une réelle déradicalisation de sa doctrine, au risque cependant de perdre de son attrait tribunicien pour la frange la plus protestataire de l'électorat[36]. En termes spatiaux, la nouvelle plateforme économique du FN réduit également de manière sensible son potentiel de coalition avec la droite parlementaire au niveau national. Le virage à gauche de la formation lepéniste accroît la distance qui la sépare d'une UMP, devenue Les Républicains, dont les principaux leaders se tournent aujourd'hui vers un package socio-économique résolument libéral.

Il découle de ce premier enjeu stratégique un second challenge, d'ordre sociologique celui-ci, relatif à l'existence d'une demande électorale pour les solutions social-autoritaires du FN. En 1995, Kitschelt prédisait l'échec des stratégies welfare-chauvinistes au motif, selon lui, de l'absence d'un « espace structurel » dans les sociétés capitalistes post-industrielles, hors des frontières, trop étroites à son sens, du monde ouvrier[37]. À l'inverse, des travaux plus récents suggèrent, à l'instar notamment de ceux de Wouter Van der Brug et Joost Van Spanje, qu'une nouvelle « formule gagnante » pourrait précisément venir se structurer autour de l'alliance de l'autoritarisme

---

36. *Adams et al. valident empiriquement cette hypothèse de «costly policy moderation result», et montrent à cet égard que les partis niches sont plus fortement pénalisés électoralement lorsqu'ils entreprennent de modérer leurs positions pour accroître leur potentiel de mobilisation. Voir James Adams, Michael Clark, Lawrence Ezrow et Garett Glasgow, «Are Niche Parties Fundamentally Different from Mainstream Parties? The Causes and the Electoral Consequences of Western European Parties' Policy Shifts, 1976-1998»,* American Journal of Political Science, *50 (3), 2006, p. 525.*

37. *Herbert Kitschelt, en collaboration avec Anthony J. McGann,* The Radical Right in Western Europe..., *op. cit., p. 23.*

culturel et de solutions ancrées à gauche sur l'axe économique, au cœur d'un segment du marché électoral négligé par les autres compétiteurs au sein du système de partis[38].

Le social-populisme du FN, mâtiné d'antiglobalisation et d'hostilité à l'Union européenne, résonne assurément aujourd'hui auprès d'un électorat de crise. Les groupes sociaux qui ont fait les succès récents du FN ne suffiront cependant pas à eux seuls à assurer l'assise du parti. Dans les années à venir, la formation lepéniste se trouvera confrontée à la nécessité d'élargir sa surface électorale en direction de classes moyennes-supérieures et du contingent d'inactifs, qui demeurent pour l'heure toujours rétifs au FN. La crédibilité et la cohérence de son offre économique constitueront alors des critères essentiels pour juger de la capacité du mouvement de Marine Le Pen de s'imposer en alternative véritable au «système» qu'il combat sans relâche depuis plus de quarante ans.

---

38. Wouter Van der Brug et Joost Van Spanje, «Immigration, Europe and the "New Socio-Cultural Dimension"», European Journal of Political Research, 48 (3), 2009, p. 309-34. Voir également Zoe Lefkofridi, Markus Wagner et Johanna Willmann «Left-Authoritarians and Policy Representation in Western Europe : Electoral Choice across Ideological Dimensions», West European Politics, 37 (1), 2014, p. 65-90.

Chapitre 8 / LA POLITIQUE DES MŒURS AU FRONT NATIONAL

Sylvain Crépon

Si le Front national de Jean-Marie Le Pen a longtemps gardé l'image d'un parti conservateur en matière de mœurs, les prises de position de Marine Le Pen permettent de pointer un infléchissement en la matière : opposée à l'abrogation de la loi Veil, défendant ses conseillers dont l'homosexualité a été révélée, assumant l'image d'une femme moderne à la situation matrimoniale en phase avec son temps. Prétendant incarner un FN libéral sur le plan des mœurs, la nouvelle présidente ne manque pas de fustiger le sexisme et l'homophobie des populations d'origine immigrée, en particulier musulmanes, ainsi jugés inassimilables. Aussi, loin de couper le FN de sa logique nationaliste, cette réorientation en matière de mœurs ne fait que l'adapter aux évolutions sociétales contemporaines, et ce alors qu'il doit composer avec une frange conservatrice qui continue de peser très significativement dans le parti.

Mots clés : communautarisme – conservatisme – déviance – féminisme – FN – Front national – homophobie – musulman – nationalisme – sexisme – virilité

Dans son numéro du 2 janvier 2013, le journal hebdomadaire d'extrême droite *Minute* consacrait un dossier spécial[1] au « lobby gay ». Celui-ci avait pour titre : « Associations, entreprises, médias, politiques : le lobby gay s'introduit partout. » La couverture présentait sur fond rose (de circonstance) une photo montrant, lors d'un défilé de la Gay Pride à Paris, des individus portant à bout de bras un grand drapeau arc-en-ciel, symbole de la lutte pour les droits des homosexuels. Elle se faisait ainsi l'écho d'une obsession récurrente de l'extrême droite, habituée à fustiger la liberté des mœurs, synonyme de décadence, au même titre que l'avortement ou

---

1. *« Associations, entreprises, médias, politiques : le lobby gay s'introduit partout »*, Minute, 2596, 2 janvier 2013.

les « invasions migratoires ». En bas à gauche de cette photo figurait également un titre plus petit mais au demeurant bien mis en valeur, et pour le moins surprenant du point de vue de la ligne du journal : « Question taboue : existe-t-il un lobby gay au FN ? »

Autrefois soutien inconditionnel du parti frontiste, le journal *Minute*, mais également l'organe pétainiste *Rivarol* ou encore une myriade de médias d'extrême droite sur internet ne cessent de le critiquer depuis que Marine Le Pen en a pris la tête. Ils imputent désormais à la nouvelle présidente, outre son entreprise de « dédiabolisation », sa mise en avant des valeurs républicaines, ses positions sur les mœurs, notamment sur la loi Veil qu'elle affirme ne pas vouloir abroger, ou encore son soutien affiché aux homosexuels[2]. En proclamant que les homosexuels doivent être intégrés à la communauté nationale au même titre que d'autres minorités, juifs et musulmans[3], la nouvelle présidente frontiste n'a pas manqué de s'attirer la vindicte de ces défenseurs d'un nationalisme conservateur intransigeant qui ont fait de la fille de leur ancien champion leur principale bête noire. Celle-ci le leur rend bien en leur interdisant l'accès aux meetings et congrès de son parti. Ces attaques ne manquent d'ailleurs pas de légitimer sa stratégie de dédiabolisation en détachant apparemment son parti de la mouvance de l'extrême droite radicale.

Outre la question gay, des figures des cercles conservateurs, catholiques traditionnalistes pour la plupart, n'ont de cesse de dénoncer les positions ambiguës de la présidente frontiste sur l'avortement, sa supposée jeunesse « dissolue » ou encore le fait qu'elle ait divorcé deux fois et vive aujourd'hui dans une famille recomposée sans être mariée[4]. Effrayés à l'idée que cet archétype de la femme décadente puisse succéder à Jean-Marie Le Pen, plusieurs d'entre eux ont appuyé

---

2. *Marine Le Pen a ainsi déclaré lors de son discours à la fête de Jean d'Arc le 1ᵉʳ mai 2011 : « Qu'on soit homme ou femme, hétérosexuel ou homosexuel, chrétien, juif, musulman ou non croyant, on est d'abord français ! »*

3. *Marine Le Pen, discours à la fête de Jean d'Arc le 1ᵉʳ mai 2011.*

4. *Jérôme Bourbon, « Le néo-FN est une vraie cage aux folles », Rivarol, 3168, 18 décembre 2014. Voir également sur ce point l'interview du même Jérôme Bourbon sur le site internet catholique traditionnaliste e-deo, où il qualifie*

une fronde à son encontre à mesure que la succession semblait se dessiner en sa faveur dans le courant des années 2000, fronde finalement entravée par le chef frontiste qui a tout fait pour favoriser l'ascension de sa fille.

Sur la base des multiples enquêtes que nous menons au sein du parti frontiste depuis plusieurs années, nous proposons d'interroger le renouveau du Front national de Marine Le Pen en matière de mœurs. Car si le FN a longtemps gardé l'image d'un parti conservateur, sexiste et homophobe, certains discours tenus par Marine Le Pen et une partie de son entourage permettent de pointer un infléchissement en la matière. Autrefois sous-représenté chez les femmes, les homosexuels et bisexuels, il semblerait que dans ces trois catégories d'électeurs le niveau du vote FN se rapproche de plus en plus de celui de l'électorat dans son ensemble[5]. Il convient de se demander si ce renouveau électoral correspond à un véritable renouveau idéologique du FN en matière de mœurs et, partant, si celui-ci signifie que le parti est en train de sortir de l'ornière conservatrice de l'extrême droite pour se rapprocher d'autres droites populistes européennes, comme par exemple le Partij voor de Vrijheid (PVV) de Geert Wilders aux Pays-Bas, conjuguant xénophobie et liberté des mœurs.

Après un retour sur l'émergence de la virilité comme valeur centrale des nationalismes européens aux XIXe et XXe siècles, nous reviendrons sur le sexisme et l'homophobie comme fondements idéologiques du parti frontiste, avant de questionner le libéralisme en matière de mœurs mis en avant par le FN de Marine Le Pen depuis 2011. Nous verrons que loin d'éloigner le parti frontiste de ses fondements nationalistes, cette réorientation, au demeurant réelle, ne fait que les adapter aux évolutions sociétales contemporaines.

Marine Le Pen de «gourgandine sans foi ni loi». Source : http://e-deo.typepad.fr/mon_weblog/2010/10/j%C3%A9r%C3%B4me-bourbon-rivarol-se-porte-bien.html

5. Sur le vote FN des femmes, on se reportera aux chapitres 14 et 16 de cet ouvrage. Sur le vote des homosexuel(le)s, Voir François Kraus, «Les électorats sociologiques. Gay, bis et lesbiennes : des minorités sexuelles ancrées à gauche», note n°8, Cevipof, 2012.

L'éternel masculin de l'extrême droite

Dans ses travaux sur la virilité moderne, l'historien George L. Mosse situe l'apparition de cet idéal masculin comme consubstantielle à celle des nationalismes qui émergent en Europe au XIXe siècle. Pour appuyer leurs desseins militaires, les États-nations ne font plus appel à des armées de mercenaires, suscitant défiance et mépris de la part de la population, mais à des armées de conscrits dont la figure archétypale demeure l'armée citoyenne de la Révolution française prête à défendre la patrie en danger. Ces armées nationales, désormais composées de l'entourage immédiat des familles du peuple, fils ou voisin, deviennent de véritables écoles du patriotisme et de la bravoure virile dont l'idéal se diffuse alors à l'ensemble de la société. L'individu ainsi engagé dans une grande cause qui le dépasse voit sa vie et sa mort sur les champs de bataille sanctifiées, ce qui constitue un préalable à l'« héroïsme viril [6] ». Ce sentiment masculin fortement teinté d'agressivité, l'armée décernant aux jeunes conscrits des « brevets de virilité militaire [7] » en diffusant une « pédagogie de la violence [8] », selon les formules de l'historien Jean-Paul Bertaud, devient en ce sens indissociable de l'émergence des consciences nationales.

Nationalisme et virilité

Cette nouvelle image de soi des hommes qui émerge au XIXe siècle exige par ailleurs des termes de comparaison permettant leur mise en valeur positive. Les représentations picturales patriotiques ont ainsi pris soin d'opposer au corps viril du soldat celui, sensuel ou maternel, de la (faible) femme réclamant protection. Plus tard, au XXe siècle, l'extrême droite s'étant approprié le nationalisme, elle exhorte les femmes au devoir de maternité, fustigeant le comportement malthusien porté

---

6. George L. Mosse, L'Image de l'homme. L'invention de la virilité moderne, Paris, Éditions Abbeville, 1997, p. 57.
7. Jean-Paul Bertaud, « L'armée et le brevet de virilité », dans Alain Corbin, Jean-Jacques Courtine et Georges Vigarello (dir.), Histoire de la virilité, tome 2, Le Triomphe de la virilité au XIXe siècle, Paris, Seuil, 2011, p. 68.
8. Ibid., p. 69.

par l'individualisme égalitaire issu de 1789[9]. Symbole de la nation, la femme se doit de régénérer le corps national en lui donnant des fils-soldats à même de le protéger. Nombreux sont ceux qui accusent alors les idées républicaines d'avoir contribué à féminiser les hommes en en faisant des êtres passifs, c'est-à-dire détachés de l'agressivité grégaire propre au nationalisme, et, ce faisant, d'avoir affaibli le corps national[10].

Pour exister, ce stéréotype viril a par ailleurs besoin de contre-exemples masculins qu'il trouve dans les figures jugées menaçantes pour la nation, les individus sans racines. Ces nouveaux parias, Juifs, Gitans, Noirs, criminels, fous et naturellement homosexuels, de même que les ennemis héréditaires (les Prussiens pour les Français et inversement), sont considérés comme lâches, pleutres, agités, incapables de maîtriser leurs émotions, en bref dépourvus des valeurs propres à la virilité, caractérisées quant à elles par le sens de l'honneur, le courage et la maîtrise de soi[11].

Cette conjonction entre nationalisme et virilité conduit à féminiser ces ennemis intimes de la nation, meilleur moyen de les inférioriser. Durant la première moitié du XXe siècle, la littérature et la caricature antisémites ont ainsi tendance à montrer les Juifs sous des traits féminins afin de souligner leur «comportement passif, lâche, déviant[12]». S'ils sont volontiers présentés comme des bisexuels, leur sexualité débordante est paradoxalement brandie comme une menace pour les femmes blanches[13]. Plus tard, dans les années 1960

---

9. Françoise Thébaud, «*Maternité et famille entre les deux guerres : idéologies et politiques familiales*», dans Rita Thalmann (dir.), Femmes et fascismes, Paris, Éditions Tierce, 1986, p. 86, 89.

10. Michèle Bordeaux, «*Femmes hors de l'État français. 1940-1944*», dans Rita Thalmann (dir.), Femmes et fascismes, op. cit., p. 138.

11. George L. Mosse, L'Image de l'homme, op. cit., p. 69-71.

12. Georges L. Mosse, Nationalism & Sexuality. Respectability and Abnormal Sexuality in Modern Europe, New York (N. Y.), Howard Fertig, 1985, p. 136.

13. Pierre Birnbaum, Un mythe politique : la «République juive». De Léon Blum à Pierre Mendès France, Paris, Gallimard, 1995, p. 196-198 ; Sarah Al-Matary, « "Gare au Juif!" : Le Gorille d'Oscar Méténier, portrait du Sémite en enleveur de femmes», dans Elsa Dorlin (dir.), Sexe, race, classe. Pour une épistémologie de la domination, Paris, PUF, 2009, p. 218.

et 1970, ces stéréotypes sont transposés sur la figure du travailleur immigré maghrébin présenté comme lâche, fourbe et de surcroît potentiel violeur de femmes françaises, comme le montrent alors sans équivoque les caricatures de l'organe nationaliste révolutionnaire *Europe-Action*[14]. C'est également durant ces décennies que certains idéologues nationalistes, tel Maurice Bardèche, propagent la phobie d'une dévirilisation de l'Occident, l'islam étant perçu quant à lui comme une religion virile[15]. Cette conception aura plus tard pour conséquence de diffuser la crainte d'un affaiblissement de la nation française face au « déferlement » de populations du Sud qui n'auraient, quant à elles, rien perdu des valeurs viriles indispensables à la préservation des identités traditionnelles

La virilité du FN

Jusqu'en 2011, le Front national prolonge cette conception à la fois sexiste et homophobe en usant d'une rhétorique conservatrice sensiblement proche de celle des mouvements d'extrême droite qui l'ont précédé. Conjuguant sexisme et nationalisme, tant dans ses discours que dans son programme, il assigne aux femmes un rôle procréateur afin qu'elles assurent la perpétuation du corps national. Jean-Marie Le Pen déclare ainsi à propos des femmes, lors d'une interview accordée au quotidien *Le Parisien* en 1996, qu'il « est ridicule de penser que leur corps leur appartient, il appartient au moins autant à la nature et à la nation[16] », renouant par là avec une conception d'un ordre naturel auquel les femmes ne sauraient déroger. Le programme du FN, conceptualisé par Bruno Mégret dans les années 1990, incite de son côté la mère de famille à retourner au foyer par des mesures fiscales incitatives afin qu'elle puisse « se consacrer à plein temps à

---

14. Collectif, Bêtes et méchants, Petite histoire des jeunes fascistes français, Paris, *Reflex*, 2002, p. 19.
15. Nicolas Lebourg, *Le Monde vu de la plus petite extrême droite. Du fascisme au nationalisme-révolutionnaire*, Perpignan, Presses universitaires de Perpignan, 2010, p. 149.
16. *Cité dans le* Dictionnaire de l'extrême droite *(sous la direction d'Erwan Lecœur)*, Paris, Larousse, 2007, p. 142.

l'éducation de ses enfants[17]». Cette assignation à la procréation, qui a pour conséquence de fustiger l'avortement, n'est sans doute pas étrangère au fait qu'à partir du début des années 1980 le FN reçoit le soutien actif de militants catholiques traditionalistes, dont l'un des chefs de file, Bernard Antony, devient un cadre important du parti jusqu'à la fin des années 2000.

Très fortement masculin dans sa composition, le Front national de Jean-Marie Le Pen cultive les valeurs viriles, le chef recourant dans ses discours à une symbolique aussi machiste que « gauloise » et violemment homophobe. La virilité se donne à voir également dans l'action militante elle-même. Nous avions établi, lors d'enquêtes conduites durant les années 1990 et 2000[18], que les militants affectionnaient alors les actions nécessitant une présence sur le terrain (collage d'affiches, distribution de tracts), particulièrement dans des espaces où leur parti, du fait de sa réputation sulfureuse, était considéré *a priori* comme indésirable (lycées ou universités « aux mains de la gauche », cités-dortoirs où vivent d'importantes populations d'origine immigrée). Mener des actions de propagande dans ces zones revenait à s'exposer à de possibles rixes, ce qui impliquait de n'y envoyer que les hommes, les femmes devant se contenter de tâches administratives beaucoup moins valorisées[19]. Les jeunes en particulier trouvaient là une occasion d'éprouver leur courage, leur force physique mais aussi leur réputation

---

17. *Front national*, 300 Mesures pour la renaissance de la France. Programme de gouvernement, Paris, *Éditions nationales*, 1990, p. 59

18. Sylvain Crépon, La Nouvelle extrême droite. Enquête sur les jeunes militants du Front national, Paris, L'Harmattan, 2006, p. 162-169.

19. *On aurait naturellement tort de croire que cette inégale répartition sexuelle des tâches militantes ne concerne que le Front national ou les partis conservateurs. De nombreux travaux ont montré que cette tendance à reléguer les femmes hors du champ politique ou, lorsqu'elles y sont admises, de les cantonner à des tâches subalternes est le propre de la plupart des mouvements politiques, y compris les plus progressistes. Voir sur ce point Catherine Achin et Sandrine Levêque*, Femmes en politique, *Paris*, La Découverte, *2006, p. 29 ; Lucie Bargel, « La socialisation politique sexuée : apprentissage des pratiques politiques et normes de genre chez les jeunes militant-e-s »*, Nouvelles questions féministes, *24 (3), 2005, p. 36-49 ; Olivier Fillieule et Patricia Roux, « Avant-propos », dans Olivier Fillieule et Patricia Roux, (dir.)*, Le Sexe du militantisme, *Paris, Presses de Sciences Po, 2009, p. 13. La spécificité du FN, du point de vue de*

en faisant plus tard le récit de leurs exploits sur le terrain auprès de leurs pairs et aussi, voire surtout, des militantes. Cela leur permettait de s'attribuer un rôle indépassable, presque initiatique, de protecteur tant de la nation (menacée par les immigrés et leurs descendants) que du sexe faible[20], renouant par là avec la mémoire mythique de leur famille politique valorisant les affrontements de rue avec les opposants, voire les guerres contre les ennemis extérieurs.

De ce point de vue, l'homosexualité est non seulement fustigée en tant que menace pour la loi naturelle, Jean-Marie Le Pen la qualifiant «d'anomalie biologique et sociale[21]», mais aussi en tant qu'elle porte atteinte à la virilité du militant-soldat. Ce dernier ne saurait dès lors tolérer la présence de «folles» dans le parti[22], ce qui risquerait de le déviriliser et donc de nuire à l'efficacité de son combat, voire à sa réputation, l'homosexuel, par «sa nature féminine» et sensible, étant associé dans les discours conservateurs à la faiblesse[23].

Si la virilité et les positions morales conservatrices, telles que l'opposition à l'avortement ou la réprobation de l'homosexualité, ont longtemps continué d'être prisées au sein du FN, un changement s'amorce en matière de mœurs, notamment à partir des années 1990, principalement au sein de la jeune génération, celle de Marine Le Pen. Exprimant des positions notablement divergentes avec celles

cette problématique, tient à son héritage idéologique qui conjugue la mise en avant assumée d'une virilité agressive et le cantonnement de la femme à des fonctions organiques correspondant à une vision spécifique d'un ordre naturel.
20. On peut émettre l'hypothèse que cette répartition sexuelle des tâches militantes dans un sens conservateur n'est pas étrangère au fait que de nombreux militants frontistes rencontrés dans le cadre de nos enquêtes ont grandi dans une famille où la mère était au foyer, ce qui a pu favoriser ce penchant pour un engagement valorisant la reconduction de ces stéréotypes genrés.
21. «L'heure de vérité», Antenne 2, 13 février 1984.
22. Lors de l'université d'été du FN en 1995, le président frontiste lance à l'assistance : «Je confesse qu'il doit y avoir des homosexuels au FN, mais il n'y a pas de folles. Les folles, on les envoie se faire voir ailleurs.» Cette phrase prend une tournure particulière quelques jours seulement après le meurtre de Jean-Claude Poulet d'Achary, adjoint au maire frontiste de Toulon et ancien légionnaire, dont la presse vient de révéler le goût pour le travestissement dans les milieux festifs gays de la région.
23. Régis Revenin, «Homosexualité et virilité», dans Alain Corbin, Jean-Jacques Courtine et Georges Vigarello (dir.), Histoire de la virilité..., op. cit., p. 373.

des catholiques traditionalistes, cette jeunesse frontiste revendique désormais l'égalité entre les sexes, notamment en matière d'emploi, le libre accès à la contraception, le droit à l'avortement, voire le respect de l'orientation sexuelle. Et c'est cette nouvelle conception des mœurs, en gestation dans les années 2000 au sein de la structure Générations Le Pen, chargée d'appuyer l'ascension de la fille du chef en interne, qui émerge au grand jour lorsque celle-ci prend la tête du FN en janvier 2011.

La nouvelle politique des mœurs du FN

Lorsqu'elle est élue présidente du FN, Marine Le Pen compte déjà de nombreuses inimitiés au sein de la mouvance de l'extrême droite, y compris dans son propre parti. Les griefs à son encontre ne manquent pas parmi certains cadres historiques, qu'ils incriminent le soutien non dissimulé de son père en sa faveur pour conquérir le parti, la mise à l'écart des cadres tenant des propos racistes dans les médias ou sur les réseaux sociaux, la prise de distance avec la phraséologie antisémite du président (sans pour autant qu'elle le condamne, ou du moins tardivement) ou l'usage récurent d'un lexique laïque et républicain. Ses positions sur les questions sociétales suscitent également beaucoup d'indignation. Outre que sa vie privée, notamment conjugale, s'avère en phase avec l'évolution récente des mœurs, ce sont ses positions sur l'avortement et l'homosexualité qui lui valent le plus de remontrances et, inversement, l'attention de nombreux médias et de nouveaux soutiens qui vont y voir, de façon parfois quelque peu précipitée, un revirement idéologique.

Le féminisme du nouveau lepénisme

Dans le courant des années 1990, une nouvelle génération militante émerge au sein du Front national dont les considérations sur les questions sociétales tranchent avec celles de ses aînés. Beaucoup considèrent en effet certaines avancées sur le droit des femmes (accès à l'emploi, à la contraception, droit à l'avortement) comme des acquis qu'il n'est pas question de remettre en cause[24]. Et c'est cette génération qui se trouve aujourd'hui aux commandes du parti. La volonté d'abroger la loi Veil ne réunit plus désormais qu'une poignée de dirigeants proches des milieux catholiques traditionalistes et marginalisés dans l'appareil, à l'instar de Bruno Gollnisch, qui n'a de cesse de dénoncer, à propos de l'avortement, une «culture de la mort». Certes, Louis Aliot a suscité une polémique durant la compagne présidentielle de 2012 en faisant part de sa volonté de remettre en cause le remboursement des avortements dits de «conforts»[25]. Il reste que beaucoup de ceux qui, aujourd'hui, se déclarent par principe opposés à l'avortement au nom de convictions religieuses conviennent qu'il serait utopique de vouloir revenir sur la loi Veil, arguant, tel le jeune Antoine Mellies, candidat frontiste à l'élection municipale de Givors en 2014 et catholique pratiquant, que les conséquences sanitaires seraient «catastrophiques» (entretien réalisé le 11 janvier 2011). D'autres paraissent embarrassés d'évoquer un sujet dont ils connaissent l'effet diviseur dans leur propre parti. Pragmatique, Nicolas Bay, le nouveau secrétaire général, catholique pratiquant assumé, nous déclarait ainsi à propos de l'avortement quelques mois après l'intronisation de Marine Le Pen à la tête du FN et après que celle-ci l'eut imposé au bureau politique, que «les positions moralistes peuvent avoir légitimement leur place en matière religieuse, mais pas en matière politique» (entretien réalisé le 24 août 2011). Il prenait ainsi acte que l'accès à l'IVG ne faisait plus partie des combats prioritaires de son parti en dissociant opportunément positions morales et axes de lutte politique. Interrogés sur ce sujet, les cadres frontistes font donc preuve de prudence, à l'instar de Louis Aliot qui, se gardant de remettre en cause le principe du libre accès à l'IVG, se contente de questionner son remboursement.

En ce qui concerne le programme, il est significatif que celui-ci, sans mentionner explicitement l'abandon de la loi Veil, s'inspire de la rhétorique des mouvements anti-avortement retournant l'argumentaire

---

24. Sylvain Crépon, La Nouvelle extrême droite, op. cit., p. 244-253.
25. «Mots croisés» sur France 2, 30 janvier 2012.

libéral des partisans de la loi Veil, en revendiquant par exemple
«le libre choix pour les femmes [...] de ne pas avorter[26]». Soucieux
de ne pas s'inscrire en porte-à-faux avec les évolutions sociétales
contemporaines qui voient la liberté en matière de mœurs gagner
toujours plus de terrain, principalement chez les jeunes générations
et chez les femmes[27], deux catégories de plus en plus nombreuses à
voter pour le FN, mais également afin de ne pas rompre définitivement avec une partie de son appareil toujours fortement empreint
de conservatisme traditionaliste, la direction du FN est obligée de
naviguer avec beaucoup d'adresse entre ces écueils contradictoires.

Il est éclairant que les nouvelles générations militantes du Front
national bénéficient largement dans leur vie privée des avancées des
luttes féministes pour l'égalité des droits, ne serait-ce que dans les
domaines professionnel et politique avec l'application du principe
de la parité (même si de nombreux progrès restent naturellement à
accomplir), de même qu'en matière de contraception et d'avortement,
à l'instar de Stéphanie Koca, jeune conseillère régionale du Nord-
Pas-de-Calais qui clame qu'il est selon elle aujourd'hui «impossible
d'être contre l'avortement» (entretien réalisé le 11 septembre 2011).

Pour autant, bien que les avancées des droits des femmes soient
jugées légitimes par la plupart des jeunes frontistes, et ce en dépit
du fait que le programme du FN ne comporte aucun élément relatif
à ce sujet, les luttes féministes qui les ont rendues possibles sont
quant à elles largement déconsidérées par l'ensemble des militants
et des militantes. Les frontistes n'ont pas de mots assez durs pour
fustiger les mouvements féministes, considérés comme «ringards»
ou composés d'«hystériques», reprenant par là tous les poncifs des
discours sexistes, voire misogynes. Pour eux, les avancées dans ce
domaine ne seraient pas la conséquence de combats politiques ayant
amorcé un changement des mentalités et des normes juridiques par

---

26. http://www.frontnational.com/le-projet-de-marine-le-pen/avenir-de-la-nation/famille/
27. Nathalie Bajos et Michel Bozon (dir.), Enquête sur la sexualité en France. Pratiques, genre et santé, Paris, La Découverte, 2008, p. 581.

la mise en cause des formes traditionnelles de la culture occidentale, mais bien plutôt le fait d'une évolution quasi naturelle de cette culture occidentale dont les fondements chrétiens contiendraient les germes des valeurs démocratiques, égalitaires et universelles, qui ne demandaient qu'à éclore au moment opportun. Soit une façon de nier le féminisme comme fait politique concret[28]. Tandis que les anciennes générations de l'extrême droite perçoivent les idées progressistes, dans le domaine sociétal notamment, comme une menace pour l'ordre traditionnel de la culture chrétienne, les nouvelles générations font le raisonnement inverse : elles situent ces idées progressistes dans l'héritage de la culture traditionnelle européenne.

Ces deux conceptions s'inscrivent au demeurant parfaitement dans une perspective nationaliste en ce sens qu'elles aboutissent à une forme, certes différenciée, de rejet de l'autre. Alors que le nationalisme traditionnel rejetait l'autre au nom de conceptions antiuniversalistes, les Juifs étant par exemple rejetés car jugés étrangers à la tradition catholique française (selon l'héritage maurrassien), le nationalisme contemporain tel qu'il se redéfinit au Front national rejette l'autre parce que celui-ci s'opposerait aux formes universelles de la culture moderne. La logique différentialiste perdure, mais sur des bases différentes, traditionalistes dans un cas, modernes dans l'autre.

Le féminisme, tel qu'il s'exprime aujourd'hui au FN, est donc né comme fait politique, c'est-à-dire en tant qu'il a dû affronter les formes traditionalistes de la culture occidentale, mais s'inscrit dans une vision essentialisante de la culture en déniant aux musulmans français tout potentiel progressiste. Une nouvelle forme de nationalisme émerge donc, qui rejette l'intégration de l'autre au nom de sa supposée incompatibilité avec les valeurs progressistes universelles, renouant par là avec l'essentialisme identitaire propre à l'extrême droite, mais adapté aux évolutions sociétales contemporaines.

---

28. Sur le féminisme comme axe de lutte et de connaissance, voir Christine Delphy, L'Ennemi principal, tome 1, Économie politique du patriarcat, *Paris, Syllepse, 2009, p. 268-269.*

Pour autant, tout ce qui touche aux femmes dans le programme reste cantonné à la politique familiale et à l'identité nationale[29]. Ainsi en est-il par exemple du taux de fécondité français, officiellement de 2,2 enfants par femme, que le programme frontiste recalcule en soustrayant les enfants nés de femmes étrangères établies en France, et donc en évacuant le droit du sol[30], dont l'abrogation figure toujours en bonne place dans le programme frontiste. On retrouve là, une fois encore, une logique nationaliste propre à l'extrême droite de toujours pour laquelle le droit du sang repose sur un principe ethnique de la nationalité visant à rejeter tous ceux qui sont jugés inassimilables.

Il en va de même pour l'attribution des allocations familiales, qui doivent être réservées aux familles dont « un parent au moins est français ». Sur ce dernier point, on note toutefois quelques changements tangibles, par exemple la volonté de mettre en place un revenu parental devant permettre « aux mères *ou aux pères* de choisir librement entre l'exercice d'une activité professionnelle et l'éducation de leurs enfants[31] ». Un tel revenu ne serait plus l'exclusive des femmes, comme stipulé dans le programme des années 1990, ce qui montre que le FN, une fois encore, s'adapte aux évolutions sociétales contemporaines, même si cela reste pour le moins limité.

Soutenir les politiques natalistes et leurs pendants conservateurs sans renier les avancées féministes et plus globalement le progressisme sociétal, tel est le choix du FN mariniste. C'est sans doute ce qui explique les multiples tergiversations de la direction frontiste à propos de l'opportunité de se joindre ou non aux manifestations contre le mariage pour tous durant l'hiver 2013-2014, Marine Le Pen ayant décidé de ne pas s'y rendre, au contraire de sa nièce Marion Maréchal-Le Pen, jugée davantage conservatrice. L'objectif consistait

---

29. *Évoquant la naissance de sa fille, Marion Maréchal-Le Pen a indiqué à ce propos avoir accompli « un de ses devoirs de patriote, qui est de faire des enfants pour payer nos retraites »* (Le Monde *du 24 novembre 2014), renouant par là avec les fondements originels de sa famille politique en conjuguant politique nataliste et objectifs patriotes.*

30. http://www.frontnational.com/le-projet-de-marine-le-pen/avenir-de-la-nation/famille/

31. http://www.frontnational.com/le-projet-de-marine-le-pen/avenir-de-la-nation/famille/ *(c'est nous qui soulignons).*

à ne pas s'aliéner le vote catholique, où le Front national peine encore à percer mais garde l'espoir d'y engranger de futurs ralliements, sans pour autant rebuter les classes moyennes citadines diplômées, dont sont issus de nouveaux cadres frontistes de plus en plus en vue, et marquées par leur progressisme en matière de mœurs. Telle est la nouvelle équation qui se pose au FN de Marine Le Pen[32] et qui l'a amené à se positionner également sur la question de l'homosexualité[33].

Homosexualités frontistes

Lors de la campagne interne pour la présidence du Front national, plusieurs opposants à l'ascension de Marine Le Pen n'ont pas manqué de dénoncer la proximité de cette dernière avec certains cadres frontistes dont l'homosexualité était notoirement connue. L'éditorialiste du journal pétainiste Jérôme Bourbon a ainsi fustigé, lors d'une interview au site internet e-deo, un cercle de proches conseillers composé aussi bien de «juifs patentés» que d'«invertis notoires[34]». Dans la même veine, certaines figures historiques du parti nationaliste ont dénoncé l'ascension dans les instances décisionnelles de cadres gays. Comme le relatent Nicolas Lebourg et Joseph Beauregard dans leur ouvrage sur les numéros deux du FN, c'est une des raisons invoquées par Roger Holeindre, frontiste de la première heure, figure virile haute en couleur aimant à rappeler ses faits d'armes lors des guerres coloniales, pour expliquer son départ du parti une fois que Marine Le Pen a pris la succession de son père. Celui-ci est même allé jusqu'à présenter à son vieux compagnon de route une liste de vingt-deux noms de cadres frontistes supposés homosexuels[35] pour justifier son retrait.

---

32. Voir Gaël Brustier, Le Mai 1968 conservateur. Que restera-t-il de la Manif pour tous?, Paris, Édition du Cerf, 2015, p. 183-184.

33. Cette difficulté de positionnement n'a pas empêché Marine Le Pen de prendre une position très ferme sur le mariage pour tous, qu'elle veut abroger. Ella avait ainsi argué, dès 2001, qu'il est contraire à notre civilisation au même titre que la polygamie («La Matinale», France Inter, 14 juin 2011).

34. Interview de Jérôme Bourbon, directeur du journal pétainiste Rivarol, sur le site internet e-deo, publiée le 16 octobre 2010. Source: http://e-deo.typepad.fr/mon_weblog/2010/10/j%C3%A9r%C3%B4me-bourbon-rivarol-se-porte-bien.html.

35. Nicolas Lebourg et Joseph Beauregard, Dans l'ombre des Le Pen. Une histoire des numéros 2 du FN, Paris, Nouveau Monde Éditions, 2012, p. 369-370.

Si Jean-Marie Le Pen manie de son côté avec emphase le phrasé homophobe, par exemple en comparant les homosexuels à des « chapons[36] » ou encore en stipulant que l'homosexualité « nous conduit, si elle se développe, à la disparition du monde[37] », son attitude vis-à-vis des homosexuels n'est pas aussi vindicative que ses déclarations pourraient le laisser croire. Joseph Beauregard et Nicolas Lebourg relatent ainsi que le leader frontiste s'est depuis longtemps fort bien accommodé d'homosexuels dans son entourage politique, celui-ci ayant même un jour poussé la délicatesse jusqu'à réserver une chambre d'hôtel double pour un de ses collaborateurs qui venait lui rendre visite à la Trinité-sur-Mer avec son compagnon[38]. De même que le programme du FN ne prévoit pas de supprimer le Pacte civil de solidarité (PACS), Jean-Marie Le Pen déclarait en 2006 ne pas souhaiter son abrogation[39]. C'est ce qui peut faire dire à Marine Le Pen que son père « ne s'est jamais positionné contre l'homosexualité » (entretien réalisé le 25 octobre 2011).

Concernant ce type de contradiction, la sociologie interactionniste des phénomènes de déviance a permis d'apporter certaines clarifications analytiques. Comme l'analyse Howard Becker en prenant appui sur l'étude faite, par l'anthropologue Bronislaw Malinowski, d'un cas d'inceste dans les îles Trobiand, en matière de normes morales, les attitudes exprimées ne s'accordent pas nécessairement avec les idéaux[40]. Dans le passage cité par Becker, Malinowski rapporte le cas

---

36. *Le 20 février 2007, Jean-Marie Le Pen avait ainsi déclaré devant les adhérents de la Fédération nationale des chasseurs réunis à la Maison de la chimie à Paris : « Dans le Marais de Paris, on peut chasser le chapon sans date d'ouverture ou de fermeture, mais dans le marais de Picardie, on ne peut chasser le canard en février. » Rapporté par* lemonde.fr, *2 mars 2007.*
37. *« L'heure de vérité »,* Antenne 2, *13 février 1984.*
38. *Nicolas Lebourg et Joseph Beauregard,* Dans l'ombre des Le Pen, op. cit., *p. 370.*
39. *« Je ne vois pas beaucoup d'intérêt à cette formule, mais dans le fond, si elle permet à certaines personnes de se témoigner réciproquement de leurs intérêts matériels, je ne vois pas d'inconvénient ». Interview à la chaîne BFM TV le 21 février 2006.*
40. *Howard S. Becker,* Outsiders. Études de sociologie de la déviance, *Paris, Métailié, 1985, p. 35.*

d'un inceste qui, bien que connu de tous et formellement prohibé par les normes en vigueur dans le village où il menait ses enquêtes, n'a suscité aucune réaction tant qu'il n'a pas été rendu public. Il a fallu que l'acte répréhensible soit dénoncé devant l'ensemble des villageois réunis, aboutissant à un scandale, ces derniers ne pouvant dès lors plus feindre de l'ignorer, pour que la réprobation finisse par avoir des conséquences dramatiques en conduisant l'un des protagoniste à l'ostracisme puis au suicide. Malinowski en conclut que « lorsque l'affaire se passe *sub rosa*, [...] sans bruit et sans trouble, "l'opinion publique" se contente de jaser, sans exiger un châtiment sévère [41] ». Et Becker de comparer cette attitude aux ragots et hypocrisies qui rythment la vie des petites communautés sans nécessairement avoir de conséquences sur la vie sociale des personnes visées, du moins tant que leur comportement déviant ne débouche pas sur un scandale public [42].

Si le FN de Jean-Marie Le Pen s'est accommodé de la présence d'homosexuels dans ses rangs, ce dernier interdisait que leur orientation sexuelle s'affiche dans l'espace public. C'est en ce sens qu'il condamnait la présence de « folles » au sein de son parti, c'est-à-dire d'une homosexualité affichée et donc assumée comme telle. Nulle doute que les récents coming out forcés de cadres frontistes, qu'ils viennent de la presse ou d'opposants politiques, auraient fortement nui à la carrière interne des concerné(e)s s'ils avaient eu lieu du temps de Le Pen père. Telle est du moins le sentiment que nous ont rapporté certains cadres touchés par ces affaires.

Un cadre frontiste dont l'orientation sexuelle a été récemment rendue publique puis médiatisée nous a confié avoir été surpris de recevoir alors le soutien, certes discret, de Bruno Gollnisch et de son entourage catholique traditionaliste en vertu du fait que lui et son compagnon s'étaient gardés d'étaler leur vie privée. Une magnanimité qui ne profite pas aux homosexuels dont la vie privée se trouve mêlée

---

41. Bronislaw Malinowski, Crime and Custom in Savage Society, New York (N. Y.), Humanities Press, 1926, p. 77-80, *cité par Howard Becker*, Outsiders, op. cit., p. 34-35.
42. Ibid.

au combat politique, à l'instar de Pierre Ducarne, candidat frontiste à Nancy dont le même Bruno Gollnisch avait condamné le fait qu'il côtoie publiquement des militants d'une association LGBT[43]. Or M. Ducarne n'a finalement pas été convoqué devant la Commission des conflits du parti, comme cela avait été initialement envisagé au nom d'une «attitude communautariste» jugée incompatible avec la ligne du parti[44]. C'est là sans doute un des changements les plus notables du FN de Marine Le Pen en la matière.

Alors que toute publicisation d'une tendance déviante telle que l'homosexualité risquait autrefois de briser la carrière du cadre ou du militant mis en cause, il ne semble plus que ce soit le cas aujourd'hui[45]. Les récents *outings* de cadres frontistes très en vue n'ont eu, *in fine*, aucune conséquence sur la carrière des intéressés. Ainsi, lorsque la vie privée de Florian Philippot a été révélée dans un magazine de la presse à scandale, celui-ci a reçu immédiatement le soutien de la présidente et de la plupart des dirigeants du FN. Autre événement emblématique, la venue au Rassemblement Bleu Marine en décembre 2014 de Sébastien Chenu. Cet ancien secrétaire national de l'UMP, fondateur de l'association LGBT de droite GayLib, est venu conseiller Marine Le Pen sur les questions de politique culturelle. Si ce ralliement a suscité quelques remous internes dans un contexte où le mouvement contre le mariage pour tous n'était pas encore retombé, M. Chenu a trouvé toute sa place au sein de l'équipe qui conseille la présidente frontiste. Le député mariniste Gilbert Collard a pu déclarer que cette «prise» était la preuve «de l'ouverture du RBM» et du succès de l'entreprise frontiste de dédiabolisation[46]. Moins médiatisé, le cas de Matthieu

---

43. Alexandre Poplavsky, «Pierre Ducarne: trop gay pour le FN», estrepublicain.fr, *28 novembre 2014*.

44. «Le FN renonce à sanctionner un militant accusé de soutenir une association homosexuelle», lemonde.fr, *29 octobre 2014*.

45. *Il reste que certains militants identifiés comme homosexuel(e)s dans une fédération frontiste proche des milieux catholiques intégristes ne manquent pas de subir une certaine forme d'ostracisme de la part de leurs camarades. Voir sur ce point Sylvain Crépon*, Enquête au cœur du nouveau Front national, *Paris, Nouveau Monde Éditions, 2012, p. 274-275*.

46. «UMP: un secrétaire national rejoint Marine Le Pen», lepoint.fr, *11 décembre 2014*.

Chartraire, élu Mister gay 2015 par le magazine gay *Têtu*, a également suscité un certain malaise parmi les militants lorsque celui-ci a fait son coming out politique en avouant dans les médias avoir voté pour le FN puis pris sa carte de militant dans la foulée, se disant excédé par les problèmes liés à l'immigration[47]. Venu sans compétence particulière à faire valoir hormis le fait d'être un symbole de la visibilité gay dans l'espace public, il a amplement servi le discours frontiste établissant un lien de cause à effet entre homophobie et présence de populations musulmanes en France.

Pour autant, l'impératif de discrétion, afin de ne faire le jeu d'aucun « communautarisme », est repris par la plupart des homosexuels frontistes que nous avons interviewés dans nos dernières enquêtes. Tous ont invoqué le refus d'inscrire leur orientation sexuelle dans un quelconque combat politique, si ce n'est pour dénoncer de façon exclusive l'homophobie des personnes issues de l'immigration « arabo-musulmane ». Les raisons qui les ont poussés à rejoindre le FN ne diffèrent finalement pas de celles de leurs camarades non homosexuels. Tous étaient acquis aux idées frontistes depuis longtemps. Si certains hésitaient à rejoindre le parti tant que Jean-Marie Le Pen, perçu comme foncièrement homophobe, le présidait, les paroles de sa fille dénonçant une homophobie qui sévirait dans certaines banlieues ont contribué à briser leurs réticences, certains y voyant une reconnaissance de leur statut de personne discriminée. Il reste qu'aucun homosexuel interviewé dans le cadre de nos enquêtes les plus récentes ne nous a indiqué avoir adhéré au FN en réaction à des attaques homophobes, physiques ou verbales, à son encontre de la part de personnes issues de l'immigration[48].

Si la direction frontiste a incontestablement évolué sur l'homosexualité, et si nombre de nouveaux militants issus des classes citadines éduquées sont résolument tolérants en la matière, la question homosexuelle suscite encore beaucoup de réticences parmi certains candidats, élus ou cadres empreints de références nationalistes. Un conseiller municipal frontiste du Mans, Louis Noguès, a ainsi comparé

---

47. Voir son portrait dans Libération *du 31 mars 2015.*
48. *Sylvain Crépon,* Enquête au cœur du nouveau Front national, *op. cit., p. 241-289.*

l'homosexualité à la zoophilie lors d'un conseil municipal tenu en février 2015 où était présentée une nouvelle charte LGBT[49]. Chantal Clamer, candidate FN aux élections départementales de 2015 en Ariège, a diffusé de son côté des tweets violemment homophobes et racistes dans lesquels elle s'en prenait aux «sales gouines» dont le physique rebuterait n'importe quel homme hormis les Noirs et les Arabes[50]. Interviewée sur ces tweets, Marine Le Pen en a minimisé la portée en invoquant un «manque de prudence». Tout aussi emblématique est de ce point de vue le départ du FN de Julien Rochedy en juin 2015, sur lequel il revient dans un entretien accordé au site internet catholique proche de l'extrême droite Le Rouge & le Noir[51]. L'ancien président du Front national de la jeunesse, qui assume une culture maurrassienne, y explique son départ en raison de l'omnipotence de Florian Philippot, mais à travers une tournure non dénuée de relents homophobes. Renouant avec la posture virile du nationalisme traditionnel, associant l'homosexualité au féminin et à la faiblesse, il dénonce le ralliement au FN d'un «certain nombre de petits mecs autour de Florian Philippot [...], des jeunes gens qui ne sont pas des hommes selon mon cœur». Et de préciser qu'il est très difficile «de travailler avec des gens que vous méprisez dans le privé et même à qui vous aimeriez mettre des claques de temps en temps». Au cours d'enquêtes menées au sein du FN en 2011-2012, nous avions par ailleurs recueilli le témoignage d'une militante indiquant que sa compagne et elle avaient été mises à l'écart au sein de leur section, acquise au conservateur Gollnisch, dès lors qu'elles avaient été identifiées comme lesbiennes, aboutissant à une discrimination homophobe de fait[52].

Comme pour le féminisme, l'équipe dirigeante du FN revendique plus de tolérance à l'égard de l'homosexualité, mais refuse pour

---

49. «Le Mans: un élu FN compare homosexualité et zoophilie», ladepeche.fr, 2 mars 2015.
50. «En Ariège, Marine Le Pen relativise les tweets polémiques de la candidate de Pamiers», ladepeche.fr, 23 février 2015.
51. Source: http://www.lerougeetlenoir.org/opinions/les-inquisitoriales/julien-rochedy-et-le-front-national (consultation: juin 2015).
52. Sylvain Crépon, Enquête au cœur du nouveau Front national, op. cit., p. 273-274.

autant d'accorder l'égalité des droits aux homosexuels, par exemple le mariage, en arguant que ce serait faire la part belle à une revendication «communautariste» facteur de division sociale, et minimise les comportements homophobes qui se font jour dans son parti. La lutte contre le communautarisme est devenue l'argument républicain princeps par lequel le FN s'oppose à l'égalitarisme contemporain et dont l'efficacité électorale n'est plus à démontrer. En ce qui concerne l'homosexualité, sans être homophobe, ce discours serait davantage «hétérosexiste», établissant une hiérarchie entre les sexualités[53]. Et comme pour le féminisme, cette rhétorique permet au FN de s'opposer à l'immigration non européenne en stipulant que les populations originaires de pays musulmans sont par essence homophobes, ce qui lui évite de s'inscrire en porte-à-faux avec une société où l'homosexualité est de mieux en mieux tolérée[54].

Conclusion: le nationalisme sexuel du FN[55]

Si la tolérance en matière de mœurs a indéniablement progressé au FN, comme dans le reste de la société, celle-ci sert désormais une logique nationaliste qui érige une barrière hermétique entre les immigrés et leurs descendants et les autochtones. C'est en ce sens que les nouveaux dirigeants frontistes, mais également nombre de cadres ou de militants, ne cessent de stigmatiser l'attitude supposée intrinsèquement sexiste ou homophobe des populations originaires de pays musulmans. Ainsi Louis Aliot dénonçant la condition des homosexuels, «des gens qui souffrent», qui «sont montrés du doigt» et sont «victimes de ségrégation» dans certaines banlieues où règne

---

53. Éric Fassin, L'Inversion de la question homosexuelle, Paris, Éditions Amsterdam, 2005, p. 64-65.
54. Nathalie Bajos et Nathalie Beltzer, «Les sexualités homo-bisexuelles: d'une acceptation de principe aux vulnérabilités sociales et préventives», dans Nathalie Bajos et Michel Bozon (dir.), Enquête sur la sexualité en France, op. cit., p. 259.
55. Alexandre Jaunait, Amélie Le Renard et Élisabeth Marteu, «Nationalismes sexuels? Reconfigurations contemporaines des sexualités et des nationalismes», Raisons politiques, 49, 2013/1, p. 5-23.

« l'intégrisme musulman » (entretien réalisé le 31 mai 2011), ou Marine Le Pen prononçant en décembre 2010 à Lyon cette déclaration restée fameuse : « J'entends de plus en plus de témoignages sur le fait que dans certains quartiers il ne fait pas bon être femme, ni homosexuel, ni juif, ni même français ou blanc. » Toutes les catégories de population évoquées ici sont désormais rattachées à la communauté nationale, puisque supposément discriminées dans les quartiers où vivent d'importantes populations supposément musulmanes.

On retrouve ici la problématique de la virilité associée au nationalisme contemporain depuis son émergence au XIXe siècle. Comme l'analyse Jasbir K. Puar[56], les hommes musulmans sont perçus en Occident, particulièrement depuis les attentats du 11 septembre, comme porteurs de certaines perversions sexuelles, tantôt une homosexualité mal assumée débouchant sur des comportements agressifs, tantôt une hétérosexualité hypertrophique menaçant les femmes autochtones. Incapables de maîtriser leurs émotions, notamment libidinales, ils ne sauraient par conséquent avoir leur place dans nos sociétés où la permissivité sexuelle est censée aller de pair avec la maîtrise de soi. Les formes occidentales du libéralisme sexuel qu'incarne l'amélioration des conditions féminine et homosexuelle seraient ainsi devenues les nouveaux étendards du nationalisme contemporain, et ce en dépit du fait que le programme du Front national ne contient aucun élément relatif à l'amélioration du droit des femmes et continue de s'en tenir à une forme d'hétérosexisme refusant d'accorder l'égalité des droits aux homosexuels.

---

56. Jasbir K. Puar, Homonationalisme. Politiques queer après le 11 septembre 2001, Paris, Éditions Amsterdam, 2012, p. 8-10.

Chapitre 9 / LE FRONT NATIONAL ET LES SERVICES PUBLICS UN RENOUVEAU PROGRAMMATIQUE ?

Delphine Espagno, Stéphane François

Bien qu'elle demeure peu étudiée, l'attitude de l'extrême droite française à l'égard du service public est intéressante tant elle s'avère symptomatique du rapport de cette famille politique à l'État. Depuis l'époque de la Troisième République, la critique de l'administration française ou de la «gabegie» financière de l'État a été un thème récurrent sinon omniprésent de l'extrême droite. Or, après l'avoir fustigée, celle-ci – tout du moins son principal représentant actuel, le Front national – a récemment opéré un travail de réappropriation et de redéfinition de la question des services publics, en développant une conception singulière à des fins de normalisation juridique.

Mots clés : droit – extrême droite – FN – Front national – République – services publics

La notion de service public est une notion complexe, protéiforme et polysémique. Elle n'est pas que l'expression d'une activité d'intérêt général prise en charge par une personne publique. Elle constitue tout d'abord, et plus fondamentalement, le marqueur d'un régime juridique spécifique. C'est sous la Troisième République qu'émerge, en droit, le principe de dualité des ordres juridiques. La naissance du droit administratif – souvent associée à l'adoption par le Tribunal des conflits de l'arrêt Blanco de 1873 mais aussi à l'arrêt Cadot de 1889[1] – conduit à la reconnaissance de critères d'identification d'un

---

1. *Classiquement, ces deux décisions juridictionnelles sont considérées comme fondatrices de l'ordre administratif. La première consacre la responsabilité de l'État du fait de ses activités de service public tout en précisant que cette responsabilité est soumise à des règles exorbitantes du droit commun ; la seconde reconnaît à la juridiction administrative la compétence pour connaître des recours contre les décisions administratives et consacre l'autonomie juridictionnelle.*

régime juridique singulier applicable aux activités publiques. Dans ce contexte, le service public doit faire office de critère de répartition des compétences entre les deux ordres de juridiction et, en tant que tel, il lui est assigné un rôle essentiel en droit positif. La notion de service public renvoie ensuite, et plus largement, à une théorie de l'État et du droit, à une manière de penser le rôle, le fondement et la limite de l'État. Cette conception a été notamment théorisée, toujours sous la Troisième République, par Léon Duguit. Dans ses travaux[2], ce juriste spécialiste du droit public démontre en effet le rôle indispensable et nécessaire du service public dans la réalisation de l'État de droit. Il s'agit alors d'en faire une notion fondatrice de ce type d'État afin d'écarter l'État autoritaire. Dans cette perspective, la notion de service public induit une représentation d'un État prestataire garant de la solidarité sociale. Elle suppose ainsi, dans le cadre de la République, une volonté d'égalité, une soif de liberté. Autrement dit, elle incarne juridiquement la solidarité sociale et représente l'un des éléments clés du pacte social républicain français.

Ce rappel introductif n'est peut-être pas inutile dès lors que l'on s'attèle à comprendre la façon dont le Front national conçoit et mobilise la question des services publics. Il permet tout d'abord de rappeler la nécessité de combiner un regard à la fois juridique et sociologique pour comprendre les usages que le FN peut faire de cette question – c'est la raison pour laquelle ce texte a été écrit à quatre mains par une spécialiste du droit et par un spécialiste de science politique. Il permet ensuite d'insister sur le fait que la notion de service public n'est pas une notion sémantiquement flottante : ses acceptions sont clairement associées à une conception particulière de la relation sociale et du rôle de l'État. C'est à l'aune de cette conception qu'il convient tout d'abord d'interroger la façon dont l'extrême droite en général et le FN en particulier ont pu appréhender cette notion. Il s'agira ensuite d'examiner les modalités et les finalités de

---

2. Léon Duguit, Les Transformations du droit public, *Paris, Armand Colin, Paris, 1913 ; Léon Duguit,* Traité de droit constitutionnel, *Paris, Fontemoing, 5 vol., 1927 [3ᵉ édition].*

son appropriation récente par la nouvelle direction du parti. De la sorte, on entend démontrer que la question des services publics est sujette à une définition singulière de la part du Front national, que cette définition trace plutôt des continuités entre le FN lepéniste et le FN mariniste, et qu'elle est notamment instrumentalisée à des fins de normalisation juridique du parti.

L'extrême droite, le Front national et les services publics

Si la notion de service public est restée longtemps absente du discours frontiste, la critique de l'administration française (de son fonctionnement, de ses membres) fait en revanche partie intégrante du dispositif rhétorique de l'extrême droite historique. Depuis la Troisième République, les différentes formations ayant appartenu à cette famille ont mis l'accent, dans leur discours, sur la nécessité de lutter contre la gabegie financière de l'État et des pouvoirs publics tout en cherchant à peser sur les politiques publiques. Il est symptomatique que cette dimension critique des pouvoirs publics soit relativement concomitante de l'apparition, dans le paysage administratif, politique et juridique, des activités de services publics. La Troisième République voit émerger l'école publique (service public par excellence) mais aussi les hôpitaux, qui quittent progressivement l'escarcelle de l'Église pour revenir aux communes. C'est aussi le moment de l'autonomisation et de l'indépendance du juge administratif par rapport au pouvoir et à l'ordre judiciaire. Cette séparation entre l'autorité administrative et l'autorité judiciaire, déjà en germe en 1641 dans l'édit de Saint-Germain, réaffirmée en 1790 et confirmée par le décret du 16 fructidor an III, entraîne la reconnaissance de deux sphères distinctes : une sphère privée régie par le code civil et une sphère publique régie par un droit exorbitant du droit commun.

Cette dualité juridictionnelle, qui ne sera véritablement effective qu'à partir de l'adoption de la loi du 28 mai 1872 sur le Conseil d'État, suppose l'existence de critères d'identification des affaires publiques mais aussi de répartition des compétences entre ces deux ordres juridictionnels. C'est dans un premier temps au service public qu'il incombera de jouer ce rôle de «répartiteur». La Troisième République fait du service public le critère d'identification de l'activité publique et du régime administratif. C'est le moment de la construction et de la consolidation de l'État administratif. En théorie du droit, c'est aussi une période essentielle au cours de laquelle les professeurs de droit public, notamment, vont se lancer dans la construction de théories juridiques dans l'objectif de légitimer l'existence de l'État. À l'instar de la théorie du droit allemand, se développe en France une doctrine juridique des rapports entre État et droit parmi lesquelles la théorie du service public occupe une place importante.

Sous la période de Quatrième République, république sociale par volonté politique avec l'inscription dans le préambule de la Constitution de la doctrine duguiste du service public[3], les partis de la droite extrême bénéficient d'une représentation à l'Assemblée nationale. En 1956, Jean-Marie Le Pen est élu député de l'Union et fraternité française (UFF), prolongement électoral de l'Union de défense des commerçants et des artisans (UDCA) fondée par Pierre Poujade. Ce mouvement politique avait notamment pour revendication l'abandon des contrôles fiscaux des petits artisans et commerçants, la contestation des partis politiques institués, la critique de l'État et plus particulièrement des politiques de prestation de celui-ci.

Ce discours va trouver un prolongement avec la création du Front national en 1972. En remontant le fil de la production programmatique du parti, on peut identifier trois grandes sources d'inspiration doctrinale dans le traitement de la question des services publics sous la présidence de Jean-Marie Le Pen. Ces sources se cumulent de manière indistincte pour justifier un ensemble de positions qui s'avèrent éminemment critiques. La première procède d'une veine traditionnelle d'extrême droite qui porte plus largement sur la place et le rôle de l'État. Elle

---

3. *En matière de service public, Duguit a véritablement fondé une théorie qui consiste, pour l'énoncer rapidement, à placer la solidarité sociale au centre de l'action de l'État. Faisant une lecture sociologique de l'État et du pouvoir, il considère que le service public justifie et limite le pouvoir des gouvernants.*

constitue l'un des fils rouges des dispositions frontistes à l'égard des services publics sur la presque totalité de son histoire politique. Comme le rappelle Jean-Yves Camus, le premier programme du FN est en rupture avec les orientations interventionnistes du groupuscule Ordre nouveau qui est à l'origine de la création du parti[4]. L'organisation frontiste, qui dénonce déjà les «scandales», le «gaspillage» [de l'argent public][5] et «l'impôt, s'il est excessif[6]», préconise alors de «réduire le secteur public et nationalisé au strict minimum» et de limiter l'État à ses «fonctions essentielles[7]» – autrement dit «régaliennes». Depuis la création du parti, l'État frontiste est ainsi considéré comme un «État fort» dont la vocation première est de garantir la sécurité de la «communauté nationale». «Il faut recentrer l'État sur ses compétences régaliennes», peut-on lire encore dans l'édition 2001 du programme du Front national: «l'État doit assumer préférentiellement ce pourquoi il existe dans la société des hommes: la défense, l'action extérieure, la sûreté intérieure et la justice [...][8]»; dans cette mesure, il doit «unifier et renforcer les services de police», mieux «rémunérer» et augmenter les «moyens matériels de la police[9]». Si le FN revendique plus d'État pour maintenir l'ordre et la sécurité, il souhaite en revanche moins d'État dans le domaine économique et social. Ce retrait s'ancre, là encore, dans des considérations d'ordre extrême droitière qui voit dans les services publics des instances subverties par la «politisation» (*i.e.* de gauche et d'extrême gauche): «L'introduction légale de la politique à l'école nous semble aussi l'un des périls qui menacent l'avenir

---

4. Jean-Yves Camus, «Origine et formation du Front national (1972-1981)», dans Nonna Mayer et Pascal Perrineau (dir.), Le Front national à découvert, Paris, Presses de Sciences Po, 1996 [1989], p. 20.
5. Front national, Défendre les Français avec la droite sociale, populaire et nationale, *affiche-texte programmatique de 1973*.
6. Front national, Texte de base du Front national, 1973. *Le fiscalisme n'aura de cesse par la suite d'être dénoncé.* Voir par exemple Front national, 300 Mesures pour la renaissance de la France. Programme de gouvernement, Paris, Éditions nationales, 1993 [«Fiscalité: en finir avec le fiscalisme»].
7. Front national, Texte de base du Front national, op. cit.
8. Front national, Pour un avenir français. Programme de gouvernement du Front national, 2001, p. 81 *(la pagination correspond à l'édition électronique)*.
9. Ibid., p. 98.

des adolescents [...]. Les fonctionnaires de l'État sont au service de la collectivité. Dans le service public, ils n'ont pas à faire état de leurs préférences politiques[10]. »

Dans son programme de 2002, le FN entend encore « rendre leur impartialité aux services publics » soumis à la « pratique d'une république bananière qui fit classer la France parmi les plus corrompus du monde[11] ». L'un des secteurs les plus vilipendés reste de ce point de vue l'éducation. Dans son programme de 1983, ce secteur est décrit comme « un de ceux où les forces marxistes et antinationales ont choisi de peser de tout leur poids » pour mener une opération de « démantèlement de l'Éducation qui n'a plus de nationale que le nom[12] ». Cette « désétatisation » du système d'enseignement est encore à l'ordre du jour dans le programme de 1993 : comme le remarque Alain Bihr, le FN projette ni plus ni moins le démantèlement du service public d'Éducation nationale qualifié de « dernier dinosaure bureaucratique depuis la disparition de l'Armée rouge[13] ». Mais cette vision critique est également travaillée par une deuxième source d'inspiration doctrinale qui va s'affirmer tout au long de la production programmatique frontiste des années 1980, le libéralisme, qui « témoigne de la volonté d'adapter le FN à l'actualité politico-économique de son temps[14] ». L'empreinte en est présente dès le programme économique de 1978[15],

---

10. *Front national*, Texte de base du Front national, op. cit.
11. *Front national*, Pour un avenir français, op. cit., p. 186. *Dans une perspective similaire, le FN entend depuis sa création limiter le droit de grève, «surtout dans les services publics »* (Texte de base du Front national, *1973).*
12. *Front national*, Le Programme du Front national : défendre les Français, *1983.*
13. *Front national*, 300 Mesures pour la renaissance de la France, op. cit., *cité par Alain Bihr*, Le Spectre de l'extrême droite. Les Français dans le miroir du Front national, *Paris, Les Éditions de l'Atelier, 1998, p. 123.*
14. Jean-Philippe Roy, «Le programme économique et social du Front national en France », *dans Pascal Delwit, Jean-Michel De Waele et Andrea Rea (dir.),* L'Extrême Droite en France et en Belgique, *Bruxelles, Complexe, 1998, p. 87.*
15. *Comme l'affirme a posteriori Jean-Marie Le Pen, le FN a été «un précurseur dans le domaine de la liberté économique puisque le petit livre* Droite et démocratie économique, *qui résume d'une façon très pragmatique nos grands principes sur la question, date de 1978, c'est-à-dire deux ans avant que*

qui est réédité en 1984 avec une préface de Jean-Marie Le Pen[16]. Elle s'affirme lors de la période parlementaire du FN entre 1986 et 1988, avec le dépôt de plusieurs propositions de loi hostiles à la fiscalité ou prônant la suppression de l'impôt sur le revenu[17], et se double d'un discours particulièrement critique à l'égard de l'État-providence, « qui ne peut déboucher que sur l'État totalitaire[18] ». Dans le programme de 1993, l'État est encore considéré comme un « État exploiteur[19] ». La sécurité sociale y est décrite comme un « monstre bureaucratique et une œuvre de charité publique » dont le fonctionnement est la cause de « gaspillages considérables[20] », tandis que le système de « prestations, d'ailleurs toutes étatiques, obligatoires et redistributives » est accusé d'avoir transformé les « Français en assistés en les plaçant sous la tutelle de l'État qui les prend en charge du berceau à la tombe[21] ». Les mesures que le FN préconise se déploient dès lors à partir d'une troisième source d'inspiration doctrinale, pilier de la pensée frontiste depuis le milieu des années 1980 : la préférence nationale. Le FN n'entend pas mettre un terme aux services publics, mais plutôt en limiter l'accès et les dépenses par la mise en place d'un système d'assistance préférentialiste (encore appelé, dans la littérature académique, le « chauvinisme du bien-être[22] »).

M. Reagan n'arrive au pouvoir et ne donne le ton à tous les pays industrialisés avec ses reaganomics ». Voir Jean-Marie Le Pen, L'Espoir, Paris, Albatros, 1989, *p. 117.*

16. Front national, Droite et démocratie économique. Doctrine économique du Front national, *1984 [1978].*

17. *Voir Christophe Maisonneuve,* Le Front national à l'Assemblée nationale : histoire d'un groupe parlementaire, 1986-1988, *mémoire de DEA d'histoire du XXe siècle, IEP de Paris, 1991, p. 43-44. Comme on le sait, le FN finira par rompre avec ces orientations libérales pour s'adapter à l'évolution de la composition sociologique de son électorat et adopter à partir du début des années 1990 un discours préconisant des mesures plus sociales (mais réservées aux nationaux).*

18. Front national, Droite et démocratie économique, op. cit.

19. Front national, 300 Mesures pour la renaissance de la France, op. cit., *p. 220.*

20. Ibid., *p. 218-219.*

21. Ibid., *p. 221.*

22. *Sur cette notion de « chauvinisme du bien-être » (*welfare chauvinism*) forgée dans le cadre de l'analyse des mouvements populistes de droite (et plus particulièrement scandinaves), voir Jorgen Goul Andersen,* « Denmark : the Progress Party – Populist Neo-Liberalism and Welfare State Chauvinism »,

Pour les responsables du parti, la faillite de l'État-providence provient notamment de la « charge considérable qu'impose l'immigration au budget social de la nation [23] ». L'usage des services publics doit donc être réservé en premier lieu aux nationaux, qu'il s'agisse de l'école (« Nous assurerons la priorité de l'enseignement aux enfants FRANÇAIS [sic] et limiterons le nombre des étudiants et des élèves étrangers »), ou plus largement de l'accès au système de protection sociale (« aides sociales, RMI, logements sociaux, allocations familiales ») [24]. Dans cette perspective, le FN préconise l'adoption de certaines mesures, comme la création d'un service national de fraternité française (ayant pour « mission d'assurer l'octroi et le suivi des aides en direction des plus défavorisés » mais avec un « principe de base à respecter [qui] sera la préférence nationale [25] »), ou celle d'une « allocation de solidarité nationale » grâce à laquelle « l'État mettra en place un nouveau type de RMI fondé sur la préférence nationale [26] ».

Sous la présidence de Jean-Marie Le Pen, la position du FN à l'égard des services publics apparaît donc relativement bien établie : le rôle de l'État doit être limité à ses fonctions sécuritaires ; l'État-providence est un système faillitaire ; le service public doit être réformé et son accès limité aux nationaux.

Les usages marinistes de la notion de service public : une stratégie de normalisation juridique ?

L'élection de Marine Le Pen en janvier 2011 constitue un changement important pour le FN : un changement de leadership, mais aussi un changement dans certains aspects programmatiques, ou du

---

dans Paul Hainsworth (ed.), The Extreme Right in Europe and the USA, New York (N. Y.), St. Martin's Press, p. 193-205. Voir également le chapitre 7 de cet ouvrage.

23. Front national, Droite et démocratie économique, op. cit.

24. Front national, Le Contrat pour la France avec les Français. Le Pen Président, Saint-Brieux, Les Presses bretonnes, 1995, p. 9.

25. Front national, 300 Mesures pour la renaissance de la France, op. cit., p. 224.

26. Ibid. Autant de mesures encore reprises et développées dans le programme de 2001 (voir Front national, Pour un avenir français, op. cit.).

moins dans l'importance qui leur est accordée. La présidente a certes maintenu les fondamentaux programmatiques du parti. Elle entend par ailleurs pleinement en assumer, comme son père, la dimension «populiste» – en considérant positivement cette notion. Néanmoins, elle a opéré, du moins en apparence, certains revirements. C'est le cas en ce qui concerne le positionnement traditionnel du FN à l'égard de la question des services publics.

Jusqu'à l'avènement de Marine Le Pen, les services publics étaient appréhendés dans une perspective critique et n'occupaient qu'une place limitée dans l'offre programmatique[27]. Désormais, c'est l'inverse : non seulement ils font partie des axes clairement identifiés du programme, mais ils sont en outre ardemment défendus. « Les services publics sont un patrimoine de première importance auquel les Français sont très légitimement attachés[28]. » Or, pour les responsables frontistes, ce «trésor national» a été «décimé par trois décennies d'idéologies ultra-libérales : l'UMP et le PS ont progressivement détruit le service public en votant traités et directives européennes qui organisent dans tous les domaines la libéralisation, et en privatisant les services publics[29] ». On peut être légitimement surpris par de telles assertions compte tenu des orientations économiques défendues par le parti dans les années 1980 (avec lesquelles il a certes rompu au début des années 1990) et des mesures qu'ils préconisaient alors. Toujours est-il que le FN tente bien aujourd'hui de s'imposer comme le promoteur du «redressement des services publics». Dans cette perspective, le parti préconise plusieurs mesures : la modernisation des services publics ; l'interruption des processus de libéralisation (incluant la renégociation des Traités européens pour mettre fin au dogme de la «concurrence libre et non faussée»), la sanctuarisation des participations publiques, ou encore la

---

27. *La défense des services publics a pu cependant intégrer ponctuellement la gamme des revendications frontistes, après que le parti a rompu avec ses orientations libérales, comme le rappelle Erwan Lecœur,* Un néopopulisme à la française. Trente ans de Front national, *Paris, La Découverte, 2002, p. 88.*
28. Front national, Notre projet. Programme politique du Front national, *Paris, 2012.*
29. Ibid.

garantie de la continuité territoriale[30]. Ce dernier aspect a fait l'objet d'une attention toute particulière lors de la campagne pour les élections départementales de 2015. Dans la brochure nationale diffusée à cette occasion, le FN entend ainsi se battre pour « le maintien de services publics de proximité et de qualité », « qu'il s'agisse de gendarmeries, de services d'accueil des personnes âgées, de casernes de pompiers ou d'hôpitaux », et ce plus particulièrement dans les zones rurales[31].

Ces évolutions par rapport aux positions ordinairement adoptées par le FN à l'égard du service public autorisent-elles pour autant à parler de rupture programmatique ? On l'a vu, la conception traditionnelle défendue par le FN s'alimentait à diverses sources d'inspiration doctrinale. Il en est au moins une avec laquelle la césure semble nette : c'est le libéralisme. Même si cette césure date du début des années 1990[32], le FN de Marine Le Pen apparaît aujourd'hui bien plus interventionniste que le FN de Jean-Marie Le Pen. Mais a-t-il rompu avec les deux autres sources ? Rien n'est moins sûr. Il est tout d'abord remarquable que les développements consacrés aux services publics dans le programme 2012 du Front national soient insérés dans un chapitre intitulé « L'autorité de l'État ». De fait, cette nouvelle revendication frontiste qui consiste à faire l'apologie des services publics s'inscrit dans l'une de ses plus anciennes propositions : l'instauration d'une « État fort ». Comme on peut le lire dans le dernier programme en date du parti : « Le redressement des services publics constitue donc un axe essentiel du projet présidentiel, et s'inscrit en cohérence avec la restauration d'un État fort, partout sur le territoire[33]. » Au-delà de l'étonnement que tout spécialiste du service public et de la chose publique peut ressentir à la lecture de tels propos, il convient d'y voir non pas une ode à la notion de service public mais bien une réappropriation d'un concept juridique essentiel à des fins de mise en conformation idéologique. Autrement dit, de ce point de vue, le FN mariniste prolonge bien le

---

30. Ibid.
31. *Front national*, Face aux trahisons de l'UMPS, l'espérance Bleu Marine, 2015.
32. Voir les chapitres 1 et 7 de cet ouvrage.
33. *Front national*, Notre projet…, op. cit.

FN lepéniste. Comme l'affirme encore la nouvelle présidente du parti : « Ma conviction profonde est que la France et le peuple français ont plus que jamais besoin d'un État fort. [...] La réponse de l'État doit être policière, judiciaire, carcérale, administrative pour les reconduites systématiques à la frontière, et éducative[34]. » Mais cette continuité est également repérable dans la façon dont le FN conçoit aujourd'hui les services publics, et qui s'avère en parfaite conformité avec l'orthodoxie lepéniste.

Le FN n'a tout d'abord pas complètement cessé d'être critique à l'égard des services publics ou du moins de certaines activités de service public. Il en va ainsi du service public de la restauration scolaire, notamment pour contester le fait que certaines municipalités procèdent à la mise en place de repas alternatifs pour les enfants musulmans. Les élections municipales de mars 2014 ont porté à la tête de onze municipalités des maires frontistes ou proches du FN. Béziers, Fréjus, Hénin-Beaumont, Villers-Cotterêts, Beaucaire, considérées par le parti comme emblématiques d'une conquête du pouvoir, sont désormais dirigées par des élus issus du FN ou soutenus par le FN. Au-delà de l'événement politique que constitue cette prise de onze villes par un parti d'extrême droite, il faut être attentif à l'utilisation des règles de droit applicables en matière de service public local, tels que les cantines scolaires[35], les accueils de loisirs associés à l'école ou

---

34. Marine Le Pen, *discours de clôture du congrès du Front national*, Tours, 16 janvier 2011.

35. *La restauration scolaire constitue un service public facultatif que les collectivités territoriales sont libres d'organiser, de prendre en charge directement, dans le cadre de régie, ou de déléguer. Quels que soient les modes de prises en charge, tous les usagers du service de restauration scolaire ont, en application de la tarification du service qui peut être différenciée en vertu d'une jurisprudence constante de la juridiction administrative, accès à ce service sans distinction des croyances religieuses. Certaines municipalités prises par le FN ont fait valoir, c'est le cas de la Ville de Fréjus, la nécessité d'adopter un nouveau règlement concernant la présence de porc dans les cantines scolaires. Invoquant une interdiction, par circulaire ministérielle, de faire figurer du porc dans le menu des cantines, le maire considérait qu'il y avait là une discrimination faite au profit des enfants de confession musulmane. En réalité, aucune directive de l'Éducation nationale ne porte sur cette question, et pour cause. Les collectivités territoriales contournent le plus souvent ce problème en proposant aux enfants des menus alternatifs avec l'introduction d'un plat au choix, ce qui n'est en rien illégal.*

encore du droit applicable aux associations tant d'un point de vue des subventions susceptibles de leur être accordées que du point de la mise à disposition de locaux[36].

La lecture de comptes rendus de conseils municipaux met en lumière une instrumentalisation des règles de droit administratif applicables aux services publics locaux. La ville de Béziers n'a pas hésité à remettre en cause le droit applicable aux activités périscolaires soumises au code de l'éducation. Dans une décision en date du 27 mai 2014, le conseil municipal a adopté par trente-sept votes favorables, douze abstentions et aucun vote contre une délibération visant à modifier les conditions d'accueil des enfants à la garderie du matin et du soir, avant et après l'école. Hors du temps scolaire, ces activités relèvent en effet de la compétence de la collectivité territoriale, qui est libre de décider si elle offre ou non cet accueil mais dont l'organisation doit être conforme aux principes juridiques applicables en matière de service public local. Il est donc impossible juridiquement de soumettre l'accueil des enfants à des conditions conduisant à remettre en cause le principe d'égal accès au service public. Pourtant, la délibération du 27 mai, en son trente-deuxième point, précise que ces activités seront désormais réservées « aux enfants dont les parents exercent une activité professionnelle ou dans le cas d'une famille monoparentale, dont le parent ayant la garde de l'enfant exerce une activité professionnelle », privant de fait de cet accueil les enfants dont les parents n'ont pas d'activité professionnelle[37]. Avec cette délibération illégale et discriminante, la ville de

---

36. *La municipalité de Hénin-Beaumont a remis en cause dès son installation la mise à disposition de locaux à la Ligue des droits de l'homme et le versement d'une subvention d'un montant de 300 euros en arguant d'une part de l'inexistence d'un bail entre la municipalité et l'association, d'autre part du fait que cette association est « politisée » et « s'immisce dans la vie locale avec des a priori ». Se fondant sur un arrêt du Conseil d'État de 2002 dans lequel la haute juridiction considère qu'une association, en l'occurrence la Licra, « se proposait de combattre une formation politique dont l'existence est légalement reconnue » et « aurait été de nature politique et partisane », le conseil municipal a demandé à la LDH de quitter la ville. Voir CE 28.10.2002 Commune de Draguignan, req. n° 216706.*

37. *Délibération du conseil municipal du 27 mai 2014, n° 32. Affaires scolaires. Règlement dispositifs périscolaires des écoles primaires, Registre du Conseil*

Béziers n'hésite pas à ne pas appliquer le droit en vigueur. L'avenir de cette délibération pourrait être remis en cause par le juge administratif dans le cadre d'un examen de légalité, soit à la demande du préfet, soit sur recours pour excès de pouvoir exercé par un administré. Encore faut-il que le juge en soit saisi...

Il en va ainsi, également, de l'application du principe de laïcité et de la compatibilité entre service public et port de signes religieux. L'application de ce principe est sujette à des interprétations juridiques complexes, notamment en matière scolaire et plus particulièrement dans l'enseignement secondaire. Le FN ne manque pas de se saisir de cette question délicate juridiquement et socialement en contestant, le plus souvent, le port du voile sous couvert de la défense de la laïcité de la République. À l'occasion de l'affaire, emblématique, de la crèche Baby-Loup[38], Marine Le Pen a rappelé, selon ses propres termes, que le port du voile constituait une atteinte au principe de laïcité dans notre République : « L'affaire Baby-Loup et l'annulation du licenciement pourtant justifié d'une salariée voilée pose le problème très grave du respect de la laïcité dans notre pays. Depuis des années la République française ne fait plus respecter ses principes. Dans les écoles, les piscines, les hôpitaux, les entreprises, les services publics, des groupes politico-religieux bafouent quotidiennement la laïcité dans une impunité généralisée[39] » (communiqué de presse du 6 juin 2013). D'un point de vue politique comme juridique, il convient de ne pas se tromper. La défense mariniste de la laïcité ne doit pas être interprétée comme une volonté de faire appliquer la loi de 1905. Il s'agit pour le FN de démontrer une fois encore, à partir de la question de l'accès aux services publics ou de celle de la neutralité des agents du service public, la nécessité de réglementer l'accès même aux services publics.

---

municipal de la Ville de Béziers. Sources : http://www.ville-beziers.fr/sites/ville-beziers.fr/files/media/pdf/registre_du_conseil_municipal_du_27_mai_2014.pdf. (consultation : septembre 2014).

38. Voir sur ce point l'arrêt de la Cour de cassation du 19 mars 2013 n° 536.

39. Sources : http://www.frontnational.com/2013/06/apres-laffaire-baby-loup-et-le-cynisme-de-lump-les-francais-attendent-une-action-tres-ferme-pour-la-laicite/ (consultation : juin 2013).

Qu'il s'agisse du service public de l'emploi, de celui des allocations familiales, de l'école, de l'hôpital, le FN considère que le traitement des usagers est inégalitaire parce qu'il privilégie les immigrés, les étrangers au détriment des Français. Dans ce jugement, plusieurs éléments sont contestables, au-delà de l'idéologie elle-même. D'abord, ce discours d'un service public prétendument discriminant n'est pas fondé juridiquement, puisque les services publics ont vocation à être ouverts à l'ensemble de la population, sans considération de nationalité, en vertu d'un principe général du droit – l'égal accès de tous les usagers au service public – posé par la jurisprudence du Conseil d'État et repris par le Conseil constitutionnel pour en faire un principe à valeur constitutionnelle. Ensuite, il est contestable au regard de l'assimilation systématique qu'il suppose entre musulman et non-Français. Enfin, il implique de réserver l'accès au service public aux Français, en considérant que les musulmans ne doivent pas être regardés comme Français. De fait, le discours produit par Marine Le Pen et le FN revient à considérer qu'il faut défendre le service public par l'instauration d'une réglementation visant à en limiter l'accès, en vertu du principe de « préférence nationale ».

Si le discours mariniste sur les services publics s'inscrit dès lors dans la lignée de l'orthodoxie frontiste, c'est en raison des logiques politiques de son instrumentalisation. L'évocation des services publics vient en effet nourrir le discours traditionnellement antisystème du FN : contre le PS et l'UMP, on l'a rappelé, accusés d'être à l'origine de leur démantèlement ; contre la politique européenne, rendue responsable de leur libéralisation[40]. Ainsi, selon le FN, les dérives

---

40. *Le démantèlement des services publics est également avancé dans le cadre de la critique récurrente des politiques publiques de réforme de l'État menées depuis le début de la Ve République, voire antérieurement à 1958. La critique atteint son paroxysme dans le cadre de la mise en œuvre de la Révision générale des politiques publiques, décidée en juillet 2007. Le FN a saisi, avec la RGPP, l'occasion de s'approprier de manière orientée la notion de service public. La diminution des services publics en zone rurale, en application de restrictions budgétaires et de la mise en œuvre de la RGPP, a constitué un argument de défense du territoire pour le FN, qui va se développer à partir de 2011 avec la présidence de Marine Le Pen.*

managériales des politiques publiques auraient provoqué à la fois une hausse des tarifs des services publics et leur dégradation : ils coûteraient plus cher et seraient d'une qualité moindre. En outre, cette libéralisation aurait complexifié les offres tarifaires. Tout cela, selon le texte frontiste, aurait remis en cause le principe d'égalité des citoyens, les plus modestes étant les plus pénalisés par rapport aux plus nantis. Le discours ultralibéral du Jean-Marie Le Pen des années 1980 s'éloigne. Il convient cependant d'être prudent en la matière. Ce parti condamne, de manière habile, la fermeture dans certaines zones des services publics non rentables qui entraîne de nouvelles inégalités. La cible du discours politique du FN est le monde rural, non les quartiers dits « sensibles », pourtant touchés également par cette politique. On s'interroge dès lors sur la sincérité du combat mené par le FN contre la disparition ou la diminution des services publics. La population visée par cette défense du service public reste celle du « terroir », pas celle des banlieues ou des quartiers sensibles. Ce choix n'est pas lié au hasard mais à une volonté d'inscrire cette problématique dans un contexte social et national particulier. Disqualifier les gouvernants en place permet au FN de mieux se construire en creux une légitimité politique. Rappelons qu'en avril 2011 Marine Le Pen a adressé une lettre à tous les préfets de France, initiative inédite, dans laquelle elle condamnait l'affaiblissement de l'État et prenait la défense des agents et du service publics. Cette lettre a suscité quelques réactions de la part de hauts fonctionnaires, mais aucune des préfets en place.

On relève donc de fortes continuités entre le FN mariniste et le FN lepéniste sur la question du service public. Mais on ne saurait sous-estimer l'inflexion également repérable dans ce discours. Quelles en sont les raisons ? Il faut y voir, sans doute, une volonté de capter un socle plus large de votants. L'électorat du FN a évolué sociologiquement, passant d'une bourgeoisie conservatrice, très « vieille France », à un électorat populaire favorable à un volontarisme économique et à une défense du service public, en particulier en milieu rural. De ce fait, Marine Le Pen cherche désormais à se présenter comme la défenseuse des services publics contre les ravages de la mondialisation. Elle pointe l'absence de transports en commun et de couverture numérique, les déserts médicaux, la fermeture de tribunaux et de maternités, le manque de relais du service de l'emploi... en affirmant que les habitants des zones rurales ne jouissent pas des mêmes services de proximité que les urbains[41]. Elle a beaucoup insisté notamment, durant la campagne présidentielle de 2012, sur la fin des fermetures des bureaux de poste si elle était élue. Elle a même promis d'en rouvrir, sachant que ce sujet est particulièrement sensible dans les campagnes, où leur rareté contraint souvent les habitants à parcourir plusieurs kilomètres. Afin de séduire les électeurs ruraux, elle a insisté sur un autre sujet d'importance : la défense de la gendarmerie, érigée en un point central du règlement de la question de l'insécurité dans les campagnes. Elle a ainsi promis à la fois de sanctuariser la gendarmerie dans son statut militaire et de reconstituer ses effectifs en cinq ans. Elle a aussi promis de garantir l'accès aux soins dans zones rurales, et de mettre fin à la fermeture des hôpitaux périphériques. Ce type de proposition rencontre manifestement un écho et attire vers le FN de nouveaux électeurs, notamment des agriculteurs, qui considèrent que la ruralité est mal traitée par les autres partis politiques, mais également des ouvriers qui, lassés de l'inefficacité des politiques pour maintenir leur emploi, trouvent dans le discours du FN une défense de leur travail.

Conclusion : une inflexion en trompe-l'œil ?

Il ne faut pas s'y tromper. L'inflexion du discours frontiste sur la question des services publics n'a pas vocation à les revaloriser. Le FN reste farouchement opposé aux fondements constitutifs et aux conséquences juridiques du service public. Favorable à la préférence nationale, il ne peut promouvoir un service public égalitaire selon le principe d'égalité défini par les théoriciens du service public. Opposé au droit de grève, il ne peut s'approprier un discours cohérent sur la continuité du service public qui suppose des aménagements

---

41. *Sur la défense des zones rurales, voir le site frontiste :* http://www.ruralite2012.fr/ (consultation : janvier 2013)

juridiques au regard du principe constitutionnel du droit de grève pour les agents des services publics. Le changement du FN face à la notion de service public est d'une part très relatif et d'autre part complexe. Il s'agit purement et simplement de procéder à une captation de l'idée du service public pour en faire un instrument au service d'une idéologie. Cette captation est opérée de manière habile par les dirigeants frontistes, dont certains connaissent parfaitement le fonctionnement de l'État et de ses administrations. Toutefois, rien ne peut idéologiquement rapprocher le FN de la théorie du service public sans un dévoiement de cette théorie. Le FN est un ardent défenseur de la souveraineté de l'État et de ses composantes. Or, cette manière d'envisager la souveraineté est difficilement compatible avec la théorie duguiste du service public, dont le but est notamment de substituer le service public à la souveraineté. Égalité, continuité, mutabilité et leurs corollaires sont les caractéristiques du service public. Or l'idéologie du Front national reste très éloignée de cette vision de la République. La notion de service public telle que nous l'avons présentée n'est pas compatible avec l'idéologie du FN.

Chapitre 10 / LE FRONT NATIONAL ET L'UNION EUROPÉENNE LA RADICALISATION COMME CONTINUITÉ

Emmanuelle Reungoat

> *La critique de l'Union européenne constitue une ligne doctrinale stable du programme du FN depuis la fin des années 1980. La nouvelle équipe de direction menée par Marine Le Pen inscrit ainsi son opposition à Bruxelles dans une continuité avec l'héritage du passé. Ce discours de dénonciation s'est néanmoins durci ces dernières années, à partir de la revendication d'une sortie de l'euro notamment. Or ce durcissement peut également être réinscrit dans une continuité de pratiques au sein du FN. Il vient pérenniser des usages de l'arène européenne et de sa critique comme outils de la lutte politique nationale mis en place par les dirigeants du FN depuis vingt ans. En restant radicale, la critique frontiste de l'Europe s'adapte à un nouveau contexte au sein du système partisan pour continuer à permettre aux acteurs FN de gagner à la fois en visibilité, en crédibilité et en distinction, ainsi qu'à maintenir la cohésion au sein du parti.*
>
> *Mots clefs : analyse de discours – européanisation – euroscepticisme – FN – Front national – parti politique – Union européenne*

Analyser les pratiques des acteurs du FN et leur éventuel renouvellement à travers le prisme de l'enjeu européen revient à évaluer l'évolution de la doctrine du parti et, partant, à prendre en considération les usages de la critique de l'Europe[1] opérés dans le contexte de la compétition partisane nationale. Si l'on peut identifier des évolutions dans les discours sur le projet européen impulsées par la direction mariniste depuis le début de l'année 2011, la critique de l'Union européenne (UE) constitue une ligne doctrinale stable du

---

1. On usera ici indistinctement des termes « Europe » et « Union européenne » pour désigner le processus d'intégration européenne tel qu'il s'est développé depuis le traité de Rome.

programme du FN depuis la fin des années 1980. Ce discours de dénonciation s'est cependant durci ces dernières années. Ce durcissement est selon nous à réinscrire dans la continuité de pratiques traditionnelles propres au parti et ne constitue pas, dans cette mesure, un véritable changement de cap. En s'adaptant à un nouveau contexte, le discours sur l'Europe et la gestion des élections européennes développé par la direction mariniste mobilise l'opposition à l'Europe au service de la lutte politique domestique. La nouvelle direction poursuit, ce faisant, des objectifs mis en place par les dirigeants FN depuis plus de vingt ans, à savoir gagner à la fois en en légitimité, en visibilité et en distinction au sein de l'espace politique national tout en assurant le maintien de la cohésion au sein du parti.

Pour analyser le discours frontiste sur l'enjeu européen, nous examinerons les programmes, le matériel de propagande (en particulier les euromanifestes, professions de foi produites lors des élections européennes) et les interventions des leaders du parti dans les médias sur ce sujet. Considérant que ces productions discursives fonctionnent comme des révélateurs de ce que les acteurs partisans mettent en avant[2], nous les aborderons dans une perspective comparative diachronique et synchronique. Il s'agit de saisir l'évolution du discours sur l'Europe à partir de la première participation du FN aux élections européennes en 1984, mais aussi de situer ces productions discursives frontistes par rapport à celles de leurs adversaires au sein du système partisan national[3]. L'analyse d'archives (archive de presse et archive partisane) et la passation d'entretiens avec des cadres en charge des questions européennes ont également pu être utilisées afin de reconstituer les contextes de production discursifs.

---

2. *Michel Offerlé fait du jeu sur les mots un aspect fondamental de la concurrence que se livrent les acteurs partisans. Voir Michel Offerlé,* Les Partis politiques, *Paris, PUF, 1997 [1987].*

3. *On puise également dans une étude des productions discursives des partis français sur l'intégration européenne, réalisée dans notre travail de thèse. Voir Emmanuelle Reungoat,* Résister c'est exister ? Comprendre la construction des résistances à l'intégration européenne au sein des partis politiques français (1979-2009), *thèse de science politique, Université Paris-1, novembre 2012.*

La première partie de ce chapitre est consacrée à l'analyse du discours des acteurs frontistes sur l'Europe dans le temps. Nous reviendrons tout d'abord sur la constitution et l'évolution de la doctrine partisane dans les années 1980 et 1990, avant de mettre celle-ci en perspective avec le discours sur l'UE déployé par la nouvelle direction mariniste. Si l'on peut observer une large continuité sur le fond, l'analyse fera apparaître un durcissement du discours sur l'enjeu européen au cours de ces dernières années.

Pour comprendre cette évolution du discours, la seconde partie de ce chapitre s'attache à croiser deux motifs explicatifs principaux, correspondant aux usages de la critique de l'Europe développés par les acteurs frontistes depuis au moins deux décennies. Cette mise en perspective du discours FN avec celui des autres formations partisanes françaises et la description de leurs évolutions respectives permettent de faire ressortir la logique relationnelle de la constitution du positionnement européen du parti, en place depuis les années 1990 et dominée par une recherche de différenciation. Néanmoins, dans le cadre du débat européen comme ailleurs, cette stratégie n'est pas univoque et s'accompagne également d'une volonté de normalisation caractéristique du parti (qui passe par le développement d'un double discours[4]). Outre la pression exercée par l'appartenance au système partisan, la critique de l'Europe répond également à des contraintes intrapartisanes. Le FN apparaît ainsi comme un parti administrateur de sens[5] et d'une forte cohésion interne, marquée par une culture de la radicalité que la critique de l'UE contribue à irriguer et pérenniser.

---

4. *La dialectique stratégique d'adaptation et de démarcation du FN, décrite par plusieurs auteurs depuis les années 1990, consiste à donner à la fois des gages de crédibilité et de respect de la norme au sein du système partisan, tout en développant un discours de subversion de celle-ci et de démarcation des autres partis. Voir notamment Guy Birenbaum*, Le Front national en politique, *Paris, Balland, 1992 ; Alexandre Dézé*, Le Front national : à la conquête du pouvoir ? *Paris, Armand Colin, 2012 ; Sylvain Crépon*, La Nouvelle Extrême droite. Enquête sur les jeunes militants du Front national, *Paris, L'Harmattan, 2006.*
5. *Michel Hastings, « Partis politiques et administration du sens », dans Dominique Andolfatto, Fabienne Greffet et Laurent Olivier (dir.),* Les Partis politiques : quelles perspectives ?, *Paris, L'Harmattan, 2001, p. 21-36.*

Construire une opposition doctrinale à l'Europe

Constitution et développement de la position du FN sur l'Europe

À la suite de l'échec de la constitution d'une liste commune entre le FN et le Parti des forces nouvelles représenté par Jean Louis Tixier-Vignancour, le mouvement frontiste n'est pas présent lors de la première élection européenne de 1979. Il y prône alors l'abstention. La structuration de son discours sur l'Europe se développe ensuite de manière progressive et non linéaire au cours de la décennie 1980. La première participation du FN à l'élection européenne, en 1984, se fait avec les ressources limitées de l'époque. La doctrine est encore flottante et l'euromanifeste 1984 vise surtout à éreinter «le gouvernement socialo-communiste». Une posture nationaliste pro-intégrationniste est mise en avant par les acteurs frontistes à l'égard du projet européen. Comme dans nombre de partis, la campagne sert surtout à parler de la France et donne lieu à une déclinaison des principales thématiques doctrinales à l'échelle communautaire. Au FN, «c'est le patriotisme des nations qui sauvera l'Europe» face «aux menaces de l'hégémonie soviétique» et de l'immigration (euromanifeste 1984). Bruno Gollnish évoque ainsi l'arrivée d'élus FN au Parlement européen en 1984: «La droite nationale était relativement pro-européenne et même relativement atlantiste. [...] Pourquoi? Ça s'explique par des raisons, heu..., politiques, historiques. C'était essentiellement ce qui nous paraissait nécessaire, la solidarité du monde occidental face à l'immense péril, y compris militaire, que représentait le communisme. [...] Et donc nous sommes arrivés dans cette institution relativement malgré tout pro-européens, en tout cas pas hostiles aux institutions[6].» Au milieu des années 1980, les textes soutiennent l'instauration d'une monnaie commune, d'une défense commune et surtout d'une politique de sécurité et de contrôle des frontières commune, au nom du patriotisme européen. Les écrits de Bruno Mégret ou de Jean-Marie Le Pen mettent en exergue une identité

---

6. Entretien avec Bruno Gollnisch, député européen depuis 1989, ancien vice-président du FN et conseiller régional Rhône-Alpes, réalisé le 8 janvier 2010.

commune des Nations européennes et le soutien à la construction d'un Europe confédérale marquée par une tradition chrétienne[7], offrant ainsi un contre-modèle et un rempart au monde soviétique.

La tension entre la défense d'un État-nation fort et le soutien à l'intégration européenne va néanmoins rapidement amener les dirigeants à opérer un retournement, entre les élections de 1984 et 1989, en faveur d'une opposition de plus en plus structurée autour de la Communauté économique européenne (CEE) et du supranationalisme qui s'affirme dans la création de l'UE, aboutie en 1992. Cette inflexion de la doctrine FN peut être mise en relation avec le renforcement du processus d'intégration lui-même[8], mais aussi avec le fait que l'équipe dirigeante du parti, dont les principaux membres sont devenus eurodéputés dès 1984, gagne progressivement en compétence sur la question et se voit renforcée par l'arrivée de nouveaux membres très critiques de la CEE, Yvan Blot et Jean-Claude Martinez notamment. Cette évolution s'accomplit également en miroir de celle d'un RPR de plus en plus ambigu et divisé sur sa posture européenne, qui ouvre progressivement à droite un espace au souverainisme (dans lequel d'autres entreprises partisanes ne manqueront pas de s'immiscer dans les années 1990). L'euromanifeste FN de 1989 rejette ainsi la mise en place d'un «État» à Bruxelles et dénonce une dérive «vers une Europe mondialiste et tiers-mondiste» pour prôner un modèle d'«Europe des patries, respectueuse de la souveraineté». L'héritage antisoviétique, qui constitue alors une référence partagée au sein de l'organisation, accompagne cette évolution. Il est rapidement reconverti en argument critique de l'UE. Pour les acteurs frontistes, à l'instar de nombre d'opposants français et européens[9], la lutte contre Bruxelles s'inscrit dans la continuité du

---

7. Bruno Mégret, «L'Europe: identité et puissance», Identité, 1, 1989; Jean-Marie Le Pen, Les Français d'abord, Paris, Carrère-Lafon, 1984, p. 160.

8. Présents à l'Assemblée nationale, les députés frontistes s'abstiennent lors du vote sur l'Acte unique en 1986.

9. La comparaison entre l'UE et l'URSS est également reprise par les cadres marinistes de la direction. En France, on la trouve très ponctuellement à la fin de la décennie 2000 au sein du MPF ou dans les discours de Nicolas Dupont-Aignan. Elle est présente dans les argumentaires de plusieurs formations européennes critiques de l'UE, notamment en Europe centrale et orientale et en

combat contre l'URSS, à laquelle celle-ci sera désormais comparée et dénoncée pour son autoritarisme et le poids de sa bureaucratie. L'opposition au traité de Maastricht en 1992 ne suscite pas de débats au sein d'une direction qui cherche désormais à faire apparaître le FN comme le principal détracteur d'un texte conçu comme un « suicide organisé » pour les États-nations[10]. Fidèle à son style, Jean-Marie Le Pen jongle avec les équivoques pour dénoncer une Europe des « fédérastes » et des « Maastricheurs » et pointer les « banquiers apatrides » à l'origine du traité[11]. La position du parti se stabilise au cours des années 1990 dans la dénonciation continue du supranationalisme du projet européen.

Dès lors, ce sont principalement la promotion de la nation, ancrée dans une vision traditionaliste[12], la lutte contre l'immigration et la perte du contrôle des frontières qui structurent la réception de la problématique européenne au FN. L'opposition à l'intégration s'articule également, dès le milieu de la décennie 1990, à une lecture de l'espace politique de plus en plus marquée par la thématique identitaire. Le FN se rapproche des thèses du GRECE et de la Nouvelle droite[13], qui divisent l'espace politique entre les protecteurs de l'identité nationale

---

Europe du Sud. On peut citer la Ligue du Nord italienne, le Jobbik hongrois qui évoque « l'UECCP », l'ODS tchèque (Alliance civique démocratique), les discours du Parti de la Grande Roumanie dès la fin des années 1990 ou encore la Ligue des Familles polonaises (LPR) dénonçant lors du référendum d'accession en 2003 : « Hier Moscou, aujourd'hui Bruxelles ».

10. *300 Mesures pour la renaissance de la France : Front National programme de gouvernement, Paris, Éditions nationales, 1993, p. 366-367.*

11. *Jean-Marie Le Pen, cité dans National Hebdo, 12 décembre 1992, dans La Lettre de Jean-Marie Le Pen, 160, juillet 1992 et dans* Le Monde, *3-4 mai 1992.*

12. *Au-delà d'un territoire et de ses institutions particulières, la nation désigne pour le FN une entité historique millénaire largement antérieure aux individus et conçue comme le seul cadre possible de leur épanouissement. Elle doit être protégée contre l'optique supranationaliste et fédéraliste de l'intégration européenne. L'euromanifeste de 1999 défend ainsi « notre patrie héritée en commun sur des siècles et des siècles ». Voir Frédéric Boily, « Aux sources idéologiques du Front national : le mariage du traditionalisme et du populisme »,* Politiques et sociétés, 24 (1), 2005, p. 34.

13. *Sylvain Crépon « Anti-utilitarisme et déterminisme identitaire. Le cas de l'extrême droite contemporaine »,* Revue du MAUSS, 27, 2006, p. 244 ; *Pierre-André Taguieff,* Sur la Nouvelle droite. Jalons d'une analyse critique, *Paris, Descartes & Cie, 1994, p. 254. Sur les rapports entre Front national et Nouvelle droite, on pourra également se reporter au chapitre 4 de cet ouvrage.*

et ceux qui agissent pour sa dissolution (les « mondialistes » et les « cosmopolites », qui regroupent les européanistes, les fédéralistes mais aussi les partisans de l'immigration)[14]. Enfin, face au soutien à l'Europe de Maastricht exprimé pendant la décennie par le PS et le RPR malgré les divisions internes, l'opposition à l'intégration va venir s'enchâsser au développement de la doctrine « ni droite ni gauche » portée d'abord par les jeunes du parti.

L'UE est alors présentée dans les textes frontistes comme antidémocratique et inféodée aux États-Unis. La liste des domaines « sacrifiés » à l'Europe ne cesse de s'allonger durant la décennie. À l'« Europe-passoire » et vectrice d'insécurité dénoncée dans l'euromanifeste de 1994, qui évoque la multiplication des « émeutes raciales » et la diffusion de la drogue, s'ajoutent la critique de l'« Europe du chômage », qui permettrait « le départ des emplois français vers les pays à bas salaire et faible protection sociale » (euromanifestes 1994 et 1999), l'opposition à l'euro, la dénonciation des accords du GATT et de la PAC ayant « sacrifié le monde rural, les intérêts des paysans français » (euromanifeste 1999). Le discours sur l'UE suit l'évolution de la doctrine économique du FN. Les leaders frontistes balancent régulièrement entre la dénonciation du projet d'impôt européen et la critique de la position économique ultralibérale de l'Union, prenant graduellement des tonalités protectionnistes. Lors de la campagne européenne de 1999, le discours frontiste vilipende « l'Europe de la précarité » et du chômage, défend la sécurité sociale et les « bonnes retraites » tout en déplorant la fermeture de « nombreux services publics, commissariats, maternité ou services hospitaliers ». Le combat de l'entrée de la Turquie dans l'Union vient compléter cette doctrine d'opposition frontiste de plus en plus ostensiblement dans les années 2000.

Au cours de la dernière décennie, la position du FN semble s'être fortement stabilisée et, dans une période où s'aiguisent les rivalités internes en vue de la succession de Jean-Marie Le Pen, les discours

---

14. Magali Boumaza constate la reprise de cette dichotomie dans les discours des militants. Magali Boumaza, « Les militants "frontistes" face à la question européenne », dans Turkmen Füsun (dir.), Turquie, Europe : Le retour des nationalismes ?, Paris, L'Harmattan, 2010, p. 53.

frontistes s'appuient sur ces mêmes bases doctrinales[15]. On retrouve en effet l'ensemble de ces thèmes critiques dans les programmes présidentiels de 2002 et 2007 et dans les euromanifestes de 2004 et 2009. Pour ne citer qu'un extrait de ce dernier : « L'Union européenne est devenue un système totalitaire et son bilan est un véritable désastre économique et social : récession, délocalisations, mépris des peuples, explosion des prix depuis l'instauration de l'euro, disparition de notre agriculture [...] et de nos services publics, immigration massive, destruction de notre identité nationale. » Ces argumentaires sont également mobilisés dans les textes et interventions des dirigeants lors de l'opposition au Traité constitutionnel européen (TCE) en 2005 et au traité de Lisbonne en 2007. Pointés comme des menaces envers la nation, ces traités sont dénoncés pour l'autoritarisme, l'ultralibéralisme et l'ouverture à l'immigration qu'ils porteraient. Si l'opposition à l'intégration n'appartient pas à l'idéologie originelle du parti, elle est désormais profondément enchâssée dans le discours politique du FN. À partir de la fin des années 1990, elle a gagné du terrain dans les textes du parti comme auprès de son électorat. Le FN a effectivement su, au cours des deux dernières décennies et malgré les entreprises partisanes concurrentes, se faire identifier comme un opposant majeur de l'intégration, à tel point qu'un journaliste pouvait déclarer en 2010 à propos du leadership de Marine Le Pen : « Au fond, rien n'a changé, ou presque : immigration, insécurité, Europe, le triptyque continue de fonctionner[16]. »

La résistance à l'Europe en héritage

La position de la nouvelle direction mariniste du FN à l'égard de l'Union s'inscrit donc dans une grande continuité avec l'héritage

---

15. En outre, la production et la diffusion doctrinales semblent relativement désinvesties à partir des années 2000 jusqu'à la fin de la décennie, le parti étant successivement marqué par la scission de la mouvance menée par Bruno Mégret, puis par un passage à vide électoral après 2002, accompagné d'importantes difficultés financières.

16. David Doucet, « Le FN doit s'élargir pour arriver au pouvoir », rue89.com, 1er novembre 2011.

doctrinal du parti. Celui-ci est d'ailleurs immédiatement endossé par la nouvelle présidente lors du congrès d'investiture, en janvier 2011. Marine Le Pen dénonce dans «l'Europe de Bruxelles un projet technocratique, totalitaire et nuisible à nos libertés», qui serait responsable de la destruction des services publics et de la chute de la croissance nationale[17]. Sa critique de l'UE s'articule à la fois à la défense de la souveraineté nationale, à la lutte contre l'immigration (pour assurer la défense de l'identité nationale mais aussi des nationaux contre l'insécurité) et au virage social pris par le FN dans les années 1990. Les productions de propagande perpétuent parfois l'héritage au point de reprendre mot pour mot les programmes précédents[18]. Les textes récents revendiquent ainsi une «Europe des nations libres», le contrôle des frontières, la critique de l'euro, le rétablissement de la primauté du droit national comme la protection des marchés du travail français et la défense de ce qui est présenté comme «nos valeurs, notre identité, notre traditions, notre mode de vie face aux technocrates de Bruxelles»[19]. Des thématiques défendues par le FN depuis la décennie 1990. Seule la revendication d'une contribution nette de la France nulle au budget européen apparaît novatrice, soulignant en creux combien la direction joue la carte de la continuité.

Si le fond de la doctrine s'avère stabilisé, la nouvelle direction marque néanmoins une inflexion réelle du discours sur l'Europe repérable à travers le durcissement de la critique portée par ses leaders. Le phénomène est perceptible surtout à partir de 2010, après les élections européennes de l'année précédente et dans les vagues de la crise financière et économique qui touche les États membres. C'est au travers du thème de la «sortie» de l'euro, désormais régulièrement

---

17. *Discours de Marine Le Pen au congrès de Tours, 15-16 janvier 2011.* Source : http://www.frontnational.com/?p=6295 *(consultation : janvier 2011).*

18. *Les programmes présidentiels de 2002 et 2012 érigent ainsi tous deux Ariane et Airbus en exemples de grands projets industriels, fruits de la coopération des État-nations «décidés en dehors des institutions de l'Union Européenne».*

19. *Voir notamment* Mon projet pour la France et les Français. Projet présidentiel de Marine Le Pen, *2012, p. 15, l'euromanifeste 2014 ainsi que le site officiel du Front national, rubrique Europe (source : http://www.frontnational.com/le-projet-de-marine-le-pen/politique-etrangere/europe).*

LES FAUX-SEMBLANTS DU FRONT NATIONAL

évoquée et, plus ponctuellement, de la sortie de l'UE que ce durcissement se déploie, en offrant une image de radicalité. Ce discours n'est pas inédit au FN. Si l'opposition à l'euro a pu faire débat par le passé, elle est clairement actée depuis 1995, et la sortie de l'UE a été envisagée à plusieurs reprises [20]. Ce type d'appel n'apparaît cependant jamais dans la propagande électorale des élections européennes et, surtout, il se raréfie après 2002.

Le discours anti-UE développé depuis le début de la décennie, au travers d'un vocabulaire choisi et plus clairement offensif, est d'abord porté par Marine Le Pen lors de sa campagne pour le leadership interne. Dans divers communiqués de presse envoyés aux militants en 2010, elle propose notamment « en lieu et place de cette Europe de l'échec un changement de cap radical » et demande à « Nicolas Sarkozy lors de la prochaine réunion de l'Eurogroupe [...] d'engager avec quelques pays européens une sortie groupée et rapide de la zone euro afin que la France quitte ce radeau à la dérive et retrouve sa liberté monétaire [21] ». La revendication d'une « sortie la France de l'euro » se pérennise ensuite, et elle fait partie des thèmes de la candidate FN durant la campagne de l'élection présidentielle de 2012. Sous l'onglet EURO, le projet présidentiel de Marine le Pen propose de « RETROUVER NOTRE LIBERTÉ MONÉTAIRE [sic] », de transformer l'euro en monnaie commune et de rétablir le franc [22]. La présidente du FN se fait plus directe encore dans certaines émissions [23], comme l'illustre cet extrait d'interview sur RMC et BFMTV : Jean-Jacques Bourdin : « Vous êtes présidente de la République, nous sortons de l'euro ? » – Marine Le Pen : « Oui [...] [Il s'agit de] retrouver notre souveraineté monétaire. [...] les Français

---

20. *À l'occasion de la campagne de 1994, certains dirigeants appellent à une sortie de l'UE en l'assortissant en général d'une valorisation de l'Europe des Patries. Le programme de 2002 l'évoque également.*
21. *Communiqués de presse de Marine Le Pen, 28 avril 2010 et 29 octobre 2010.*
22. *Mon projet pour la France et les Français, op. cit., p. 2.*
23. *Par exemple « Des paroles et des actes, » France 2, 23 février 2012. Le projet de sortie de l'euro est régulièrement assorti de la promesse d'un référendum. Voir « Sortie de l'euro : Marine Le Pen change d'approche », lepoint.fr, 22 mars 2012.*

doivent le comprendre, c'est ou l'euro ou la politique sociale[24]. » À l'instar de Florian Philippot, vice-président du parti, appelant à « une fin concertée de l'euro », Louis Aliot, qui assure la même fonction, fait écho à la présidente sur la même antenne en décembre 2011 en affirmant la nécessité d'« anticiper la sortie de l'euro[25] ».

Ce qui change ici, c'est donc que la sortie de l'euro est devenue, dans le discours frontiste, une revendication radicale ostensiblement mise en avant, un thème de campagne et un projet chiffré. Le retour au franc fait en effet partie intégrante du chiffrage du projet présidentiel de 2012 et du « plan de désendettement de la France » présenté par le FN. Depuis l'élection européenne de 2014, un « grand dossier », intitulé « Tout ce qu'il faut savoir sur la fin de l'euro », est mis à la disposition des lecteurs sur le site internet du parti[26]. Cette proposition est assortie, à l'hiver 2013, d'une demande « solennelle au président de la République d'organiser, en janvier 2014 [...] un référendum sur la sortie de la France de l'Union européenne[27] ». Celle-ci est exprimée au lendemain des élections italiennes, où les listes critiques de l'UE ont recueilli une part importante de suffrages. L'affirmation d'une volonté de sortir de l'UE fait néanmoins l'objet d'un usage parcimonieux. Ainsi, si elle est relayée un temps par Florian Philippot notamment au printemps de la même année[28], elle apparaît tempérée par la suite, et peu présente lors de l'élection européenne de 2014.

---

24. *Marine Le Pen, invitée de Jean-Jacques Bourdin sur BFM TV et RMC*, 17 *janvier 2011*.

25. *Florian Philippot, France Info, 24 juillet 2012 ; Louis Aliot, BFM TV et RMC, 13 décembre 2011*.

26. *Sources : http://www.frontnational.com/le-plan-de-desendettement-2013-de-la-france/ et http://www.frontnational.com/pdf/fin-euro.pdf.*

27. *« Marine Le Pen demande à Hollande un référendum sur la sortie de l'Union européenne », lemonde.fr, 2 mars 2013*.

28. *Florian Philippot, matinale de France Info, 25 mars 2013 ; RMC, 26 mars 2013 ; France Inter, 16 mai 2013. Voir également Marie-Christine Arnautu, dans « Un référendum aux européennes, une liste à Guéret », La Montagne, 4 mars 2013. Marine Le Pen reprend cette idée à plusieurs reprises, notamment lors de son « appel aux peuples d'Europe », le 2 avril 2013 (source : http://www.frontnational.com/2013/04/appel-de-marine-le-pen-aux-peuples-deurope/). Le parti met en ligne une pétition à cet effet (http://www.frontnational.com/reclamez-la-fin-de-lunion-europeenne/).*

Comprendre la mobilisation de l'Europe dans les discours des acteurs FN

Comprendre ce durcissement du discours de la nouvelle direction requiert de le réinsérer dans l'analyse plus globale de la mobilisation de l'enjeu et de l'arène politique de l'UE opérée par les acteurs frontistes dans la lutte partisane nationale. Pour ce faire, il est nécessaire de combiner deux échelles d'analyse. Concourent à cette évolution des motifs liés tant aux contraintes de la compétition partisane qu'aux enjeux internes propres à la formation. Les premières sont visibles à travers l'inscription du discours FN sur l'Europe dans une dialectique d'adaptation et de démarcation au sein du système partisan[29], caractéristique du parti. Au plan intrapartisan, il s'agit en particulier d'assurer la cohésion de l'organisation et le maintien du contrôle de l'appareil par les dirigeants. Cette « nouvelle » ligne de conduite discursive prolonge des pratiques traditionnelles propres au parti à l'égard des institutions de l'UE.

L'insertion dans un cadre discursif commun

Deux éléments, liés aux contraintes de l'appartenance au système partisan français, exercent une pression sur la production de la doctrine

---

29. *On retrouve également ce jeu dans les alliances nouées par les dirigeants FN au sein de l'arène politique européenne. Le renouvellement partiel de ces dernières au sein du Parlement européen sert, à l'échelle nationale, la stratégie de respectabilisation de la nouvelle direction, qui s'allie à des partenaires présentés comme plus modérés, tout en permettant à Marine Le Pen de renforcer sa domination à l'intérieur de l'organisation. La nouvelle présidente du FN dénonce ainsi des partenariats qui constituaient une ressource forte de son ancien rival, Bruno Gollnisch (président de l'éphémère groupe parlementaire Identité, tradition et souveraineté en 2007). Ce dernier, comme Jean-Marie Le Pen, n'appartient pas au nouveau groupe. Depuis juin 2015, les acteurs FN et leurs alliés sont en effet parvenus à créer un groupe politique au sein du Parlement européen dont Marine Le Pen a pris la présidence. Le groupe « Europe des nations et des libertés » comprend des membres du PVV néerlandais de Geert Wilders, de la Lega Norte italienne, du Vlams Belang belge, du FPÖ autrichien, du KNP polonais ainsi qu'un ancien membre de l'UKIP britannique. La constitution de ce groupe permet au FN d'accéder à une nouvelle manne financière, puisqu'elle multiplie par deux le montant des ressources allouées sur la durée restante de la législature (soit 17,5 millions d'euros).*

du FN : l'évolution globale de la manière dont les différents partis présentent leurs positions sur l'Europe ; et la concurrence entre le FN et les entreprises partisanes souverainistes sur la question européenne. On s'intéressera tout d'abord au premier motif. S'il existe sans aucun doute un effet de contexte lié à la crise économique actuelle qui touche les États européens, il est nécessaire, pour comprendre l'évolution du discours FN, de la mettre en perspective avec l'évolution de l'ensemble des discours partisans français depuis deux décennies. Celle-ci se développe en deux temps, donnant lieu à la mobilisation, par les directions successives du FN, des deux facettes de la dialectique d'adaptation et de démarcation évoquée.

Le FN comme porteur d'alternative

C'est d'abord sa stratégie de normalisation que cherche à servir le discours du FN, en s'inscrivant dans un premier mouvement discursif transversal au sein du spectre politique à partir du milieu des années 1990. La manière dont les partis s'opposant à l'UE présentent leur position évolue dans l'espace politique français : la critique demeure mais se double progressivement d'un appel à une « autre Europe ». Les détracteurs de l'UE, de droite comme de gauche, se posent désormais en porteurs de projets alternatifs (très inégalement développés). Tout se passe comme si le message envoyé par une opposition stricte à l'UE était devenu trop stigmatisant. Le leitmotiv appelant à « changer l'Europe » s'impose dans l'ensemble de ces formations entre les élections de 1999 et 2004. Au FN, l'euromanifeste de 1994 titrait « Contre l'Europe de Maastricht, allez la France ! ». Celui de 1999 affiche en place centrale : « Pour la France... changeons d'Europe ! » Ce discours va perdurer. Ainsi, en 2009, Jean-Marie Le Pen clame dans l'euromanifeste : « Cette Europe est une véritable arnaque. Mais le déclin n'est pas une fatalité. Pour sauver la France, il faut changer l'Europe[30] ! »

Là aussi, la position européenne de l'actuelle direction s'inscrit dans la continuité. En parallèle du durcissement évoqué (sortie de

---

30. *Euromanifestes 1994, 1999 et 2009.*

l'euro), la critique reste couramment associée à l'évocation d'un contre-projet formulé sous l'aspiration à une Europe des nations. On retrouve cette manière de présenter la position frontiste comme «paneuropéenne» dans le projet présidentiel de 2012, qui propose «de rompre avec la construction européenne dogmatique en total échec. Il faut désormais jeter les bases d'une Europe respectueuse des souverainetés populaires, des identités nationales, des langues et des cultures. [...] Il sera proposé la mise en place d'une Union paneuropéenne (des États souverains) incluant la Russie et la Suisse et respectant le statut de neutralité, le droit national, la fiscalité nationale... La Turquie ne sera pas associée à ce projet[31]». Le vice-président Louis Aliot refuse également l'étiquette d'anti-européen pour se présenter comme porteur d'une alternative. C'est le cas sur les antennes de Sud Radio le 15 mars 2012 : «Vous confondez deux choses. [...] Nous sommes des Européens. Je vous dis, à moins de ne pas parler français, que nous voulons une *autre Europe*, c'est français?!» Ou encore sur le plateau de Serge Moati, sur la chaîne parlementaire, le 25 février 2013 : «Je pense qu'il faut ré-o-rien-ter l'Europe, ce n'est pas sortir de l'Europe, ce n'est pas bunkeriser la France, c'est rebâtir une Europe sur des réalités, sur des projets.»

Les représentants du FN poursuivent une pratique ordinaire du parti. Le soutien à une «autre Europe» agit comme un gage de (bonne) foi européenne et fait écho à la forte légitimité que conserve le soutien à un processus de coopération à cette échelle dans l'espace politique français (visible dans la conversion des opposants en porteurs d'alternative). Or cette souscription publique du FN à la norme politique, réaffirmée par les textes de propagande électorale et par des propos de cadres affichant régulièrement leur soutien, s'accompagne, en parallèle, de la production d'un discours de contestation. Comme il est d'usage au FN, celui-ci vise à subvertir la norme à partir de déclarations brutes qui vont autrement plus loin que les propos des acteurs issus des formations plus centrales dans leur critique de l'UE.

---

31. *Marine Le Pen*, Mon projet pour la France et les Français, op. cit., *p. 15*.

L'invariant de la radicalisation

Ce durcissement du discours frontiste va servir, à partir de 2010, la pérennisation d'une stratégie de démarcation, via la critique de l'UE, au sein du système partisan[32]. Il peut en effet être mis en perspective avec un deuxième mouvement discursif commun aux partis français. À partir de la seconde moitié de la décennie 2000, dans les vagues du rejet du TCE en 2005, la banalisation de la critique de l'UE gagne progressivement les discours de campagne des partis majoritaires (sans que leurs programmes ne s'en trouvent profondément transformés). À la fin de la décennie, la quasi-totalité du spectre politique appelle à «changer l'Europe». Le phénomène n'est d'ailleurs pas exclusif à la France. Il est particulièrement visible lors de l'élection européenne de 2009, où les textes des différentes formations rivalisent d'unanimisme. L'euromanifeste de l'UMP affirme ainsi que «l'Europe doit changer», et ses dirigeants vont jusqu'à reprendre dans leur textes, en meeting ou encore dans leur communication iconographique, le mot d'ordre altermondialiste soutenant qu'«une autre Europe est possible[33]». La formule est également mobilisée par Martine Aubry[34], alors que la propagande socialiste met en avant une liste intitulée «Changer l'Europe maintenant!».

Dès lors, les effets de concurrence au sein des partis vont amener les opposants à l'UE à durcir leur discours afin de préserver une position constituant une ressource de différenciation. C'est bien cette plus-value distinctive sur l'enjeu européen que les acteurs du PS et de l'UMP chercheront à réduire au lendemain du rejet du TCE. Cette évolution n'est pas sans rappeler l'«effet d'incitation» décrit par Robert Harmsen. Dans les systèmes partisans où le soutien à l'égard de l'intégration européenne n'est pas consensuel, lorsque les partis

---

32. Gilles Ivaldi note également cette intensification de la politique de démarcation. Voir Gilles Ivaldi, «Permanences et évolutions de l'idéologie frontiste», dans Pascal Delwit (dir.), Le Front national. Mutations de l'extrême droite française, Bruxelles, Éditions de l'Université de Bruxelles, 2012, p. 106.

33. Euromanifeste 2009. N. Sarkozy mobilise également la formule lors du meeting d'ouverture de la campagne.

34. Le Monde, 9 mai 2009.

dits «mainstream» tendent à adopter un positionnement plus critique à l'égard de l'intégration, les partis dits «périphériques» peuvent être amenés à radicaliser leur discours pour se maintenir comme une «alternative claire[35]».

Le durcissement du discours européen s'articule donc à la concurrence du FN avec les partis majoritaires, mais également à sa compétition avec les partis rivaux cherchant à occuper l'espace du souverainisme. L'évolution du discours frontiste semble notamment répondre à la radicalisation de celui de Nicolas Dupont-Aignan, ex-UMP, leader de la petite formation souverainiste Debout la république (DLR)[36], qui lance dès 2010 une campagne en faveur de la sortie de la zone euro et déchire, lors de l'annonce de sa candidature à l'élection présidentielle, un billet géant de dix euros reproduit ensuite sur ses affiches de campagne.

Or, là aussi, la direction mariniste s'inscrit dans la continuité du leadership frontiste dans la mesure où elle cherche à préserver la domination, notamment électorale, du FN sur l'espace droitier de l'opposition à l'UE, face aux formations briguant un message politique proche sur cet enjeu. Les leaders FN se sont appliqués avec une grande constance, depuis au moins deux décennies, à apparaître comme la vraie voix de l'opposition à l'«Europe», revendiquant régulièrement la paternité du souverainisme et l'exclusivité de son expression politique. Ils ont dû lutter pour cela contre nombre de concurrents successifs (une partie du RPR en 1992, le MPF de Philippe de Villiers dès 1994, le RPF de Charles Pasqua et le Pôle républicain de Jean-Pierre Chevènement à la fin de la décennie 1990, puis DLR). Jean-Marie Le Pen affirme ainsi dès 1992 que «seul le Front national est clairement et unanimement contre Maastricht[37]». De même, à la veille du référendum sur le TCE, il n'hésite pas à redessiner l'histoire politique le temps d'un discours de stigmatisation à peine voilé des villiéristes: «Cette échéance va

---

35. Robert Harmsen, «*L'Europe et les partis politiques nationaux: les leçons d'un non-clivage*», Revue internationale de politique comparée, 12 (1), 2005, p. 90.
36. *Debout la République est devenu, depuis 2014, Debout la France.*
37. *La Lettre de Jean-Marie Le Pen*, 160, juillet 1992.

placer le FN, souverainiste depuis le jour même de sa création en 1972 – pas à la manière de certains, qui, intermittents du souverainisme, ne défendent les libertés françaises que pendant trois mois tous les cinq ans, le temps d'une campagne électorale, avant de soutenir ensuite des majorités parlementaires ouvertement fédéralistes – le Front national, disais-je [...] au centre du débat[38]. » Le même message est repris par Bruno Gollnisch en entretien. Sur cette question comme sur d'autres, il s'agit bien de « préférer l'original à la copie » : « En 1984, si, la position était structurée. Mais c'était l'Europe des patries ! C'est un terme qui nous a été repris, qui a été repris par de Villiers je crois. Nous avons été les pionniers heu... intellectuels de toute la droite. Ou même repris par les gaullistes, [...] le RPR[39]. »

Lorsque Florian Philippot revendique en mai 2013 le monopole d'expression du souverainisme, il s'inscrit dans la droite ligne d'une stratégie élaborée par ses aînés : « Nous incarnons la question souverainiste, nous n'avons pas de concurrence. Nous couvrons tout le champ du camp patriote[40]. » Les rares alliances passées lors des élections de 2012 relèvent d'une logique similaire. La collaboration promue avec la formation Souveraineté, indépendance et libertés (SIEL) fondée *ad hoc* par Paul-Marie Coûteaux[41], figure du souverainisme français, vise notamment à ouvrir le Rassemblement Bleu Marine aux « amis de Philippe de Villiers » et aux « déçus de Nicolas Dupont-Aignan[42] ». Cette proposition de collaboration n'est pas sans rappeler l'élection européenne de 1999, où une alliance électorale souverainiste est montée entre le parti de Philippe de Villiers et la formation gaulliste

---

38. *Discours de Jean-Marie Le Pen, à l'université d'été du FN, 28 août 2004.*
39. *Entretien avec Bruno Gollnisch, député européen depuis 1989, ancien vice-président du FN et conseiller régional Rhône-Alpes, réalisé le 8 janvier 2010.*
40. *« Parlement européen : les deux fronts en embuscade »*, lemonde.fr, *28 mai 2013.*
41. *Le SIEL est fondé en mars 2012. Néanmoins, après la rupture entre Marine Le Pen et son ancien porte-parole, Paul-Marie Coûteaux, en avril 2014, ce dernier est évincé de la direction quelques mois plus tard, le 25 octobre 2014, lors d'un congrès « extraordinaire » faisant définitivement de l'organisation une coquille vide, satellite du FN.*
42. *« Un porte-parole de Marine Le Pen crée un nouveau parti »*, liberation.fr, *1ᵉʳ décembre 2011.*

lancée par Charles Pasqua. Dans ce contexte, et au lendemain de la scission mégrétiste, on choisit alors au FN de mettre en avant, en second de liste aux côtés de Jean-Marie Le Pen, Charles de Gaulle, le petit-fils du Général, qui reste une figure de la défense de la souveraineté nationale au sein des milieux souverainistes.

La fonction cohésive du durcissement

L'échelle intrapartisane apporte des éléments complémentaires pour comprendre le durcissement du discours européen du FN. Celui-ci offre en effet un double avantage : il constitue d'abord une ressource pour Marine Le Pen dans la lutte pour la présidence du parti. Alors qu'elle se voit régulièrement reprocher de vouloir modérer la doctrine frontiste, ce discours lui permet dès 2010 de montrer aux militants-électeurs sa capacité à tenir des discours « musclés » et d'assurer une continuité de style avec son père. Or ce style discursif est partie prenante de l'univers culturel de l'institution partisane frontiste et contribue à l'exercice de la fonction de démarcation au sein du système partisan[43]. En marquant les différences, le discours politique constitue ici un vecteur d'objectivation des clivages dans le langage[44]. C'est également dans le cadre d'une pérennisation de la fonction d'administration de sens du parti que le durcissement de sa critique de l'UE peut être compris. Le FN est en effet une organisation politique productrice de référentiels culturels et identitaires collectifs. Dans les formations plus modestes perpétuant une culture de la radicalité et de la différenciation, l'idéologie constitue

---

43. *Le marquage permettant de spécifier le FN via un style propre se réalise tant au niveau lexical qu'iconographique ou au travers des symboles, rituels et évènements institués au sein du parti et vient s'opposer aux codes dominants dans l'espace politique. Pour une analyse de l'«univers linguistique» du FN, voir notamment Maryse Souchard, Stéphane Wahnich, Isabelle Cuminal et Virginie Wathier,* Le Pen, les mots. Analyse d'un discours d'extrême droite, *Paris, La Découverte, 1998 ; Cécile Alduy et Stéphane Wahnich,* Marine Le Pen prise aux mots. Décryptage du nouveau discours frontiste, *Paris, Seuil, 2015. Sur la spécificité de son «discours graphique», voir Alexandre Dézé, «L'image fixe en questions. Retour sur une enquête de réception du discours graphique du Front national», dans Pierre Favre, Olivier Fillieule et Fabien Jobard (dir.),* L'Atelier du politiste. Théories, actions et représentations, *Paris, La Découverte, 2007, p. 313-330.*

44. *Christian Le Bart,* Le Discours politique, *Paris, PUF, 1998, p. 31-33.*

souvent un élément central de garantie de la cohésion du parti[45]. La forte intensité idéologique de la formation[46] est parfaitement cohérente avec ces fonctions matricielles. Or, sans jamais devenir première, la thématique européenne gagne progressivement en importance au sein du parti, et *a fortiori* dans le référentiel identitaire qui s'y construit. De plus en plus visible dans la propagande interne et externe dans la décennie 2000[47], la question européenne fait également partie des thèmes abordés lors des formations au sein du parti[48]. L'enquête menée par Colette Ysmal pointe, dès les années 2000, la cohésion et la singularité des électeurs et sympathisants FN autour d'une attitude très hostile à la construction européenne, confirmées par des enquêtes récentes[49]. Dans la mesure où la radicalité du discours politique du FN constitue un élément central de son référentiel identitaire, propre à assurer la cohésion, le recrutement et la loyauté des militants et des cadres du parti, le durcissement de sa critique envers l'UE lui permet également de « coller » à cette culture de la radicalité.

---

45. Bruno Villalba, *« Les petits partis et l'idéologie : le paradoxe de la différenciation »*, dans Annie Laurent et Bruno Villalba (dir.), Les Petits Partis. De la petitesse en politique, *Paris, L'Harmattan, 1997, p. 80-81.*

46. *Alexandre Dézé, « Le Front national comme "entreprise doctrinale" », dans Florence Haegel (dir.),* Partis politiques et système partisan en France, *Paris, Presses de Sciences Po, 2007, p. 273.*

47. *Les analyses lexicométriques des professions de foi des élections européennes permettent d'établir que, si toutes les formations voient les thématiques européennes gagner en importance dans leur textes à partir de la fin des années 1990, le FN est celui qui enregistre la plus forte progression : passant d'un peu plus de 10 % de son euromanifeste consacré aux enjeux spécifiquement européens en 1999 à plus de 30 % en 2004 et plus de 50 % en 2009. Voir Emmanuelle Reungoat,* Résister c'est exister..., *op. cit.*

48. *Magali Boumaza, « Les militants "frontistes" face à la question européenne », art. cité.*

49. *Colette Ysmal, « Face à l'extrême droite, la droite existe-t-elle ? », dans Pierre Bréchon, Annie Laurent et Pascal Perrineau (dir.),* Les Cultures politiques des Français, *Paris, Presses de Sciences Po, 2000, p. 139-164 ; Céline Belot, Bruno Cautrès et Sylvie Strudel, « L'Europe comme enjeu clivant, ses effets perturbateurs sur l'offre électorale et les orientations de vote lors de l'élection présidentielle de 2012 »,* Revue française de science politique, *63 (6), 2013, p. 1081-1112 ; Margarita Gómez-Reino et Iván Llamazares, « The Populist Radical Right and European Integration : A Comparative Analysis of Party-Voter Links »,* West European Politics, *36 (4), 2013, p. 789-816.*

Conclusion: l'UE comme ressource politique

Les pratiques des partis à propos des enjeux et échéances liés à l'intégration européenne peuvent constituer un révélateur efficace du fonctionnement d'une organisation partisane et de ses actualisations[50]. Au FN, l'analyse des productions discursives des directions successives sur l'Europe donne à voir une continuité globale sur le fond de la doctrine des années 1990 à nos jours. La nouvelle équipe dirigeante mariniste choisit néanmoins de durcir le discours critique de l'UE, sur la base de la réactivation, de la mise en avant et de la concrétisation d'un projet de sortie de l'euro. S'il y a là une évolution par rapport à la décennie 2000, celle-ci prolonge des stratégies et des pratiques mises en place de longue date, correspondant aux mobilisations routinières de l'arène européenne par les dirigeants FN dans la compétition nationale.

Au FN, le discours sur l'Europe vient servir une double stratégie d'adaptation et de démarcation. Oscillant entre reconnaissance du bienfondé d'une coopération unifiée au niveau européen et dénonciation radicale, le discours frontiste sur l'Europe joue régulièrement de son ambiguïté. Il permet aux dirigeants de spécifier une position radicale sur l'UE alors que la critique de celle-ci se banalise au sein des partis majoritaires depuis 2005, tout en cherchant à conserver une centralité dans l'opposition souverainiste à l'UE. Ce durcissement du discours est également l'occasion, pour Marine Le Pen notamment, de pérenniser la marque FN en perpétuant un style discursif brut et une culture de la radicalité qui contribuent à assurer la cohésion de l'organisation autour de son leader.

Enfin, au-delà de la doctrine, l'avènement d'une arène politique européenne a offert un formidable tremplin à l'entreprise partisane frontiste à plusieurs niveaux[51]. Outre le discours sur l'enjeu européen, l'arène politique de l'UE et ses échéances électorales ont également été

---

50. Voir les *différentes contributions du numéro spécial dirigé par Christophe Bouillaud et Emmanuelle Reungoat, «Opposés dans la diversité. Les usages de l'opposition à l'Europe en France»*, Politique européenne, 1 (43), juin 2014.

51. Emmanuelle Reungoat, «*Mobiliser l'Europe dans la compétition nationale. La fabrique de l'européanisation du Front national*», Politique européenne, 1 (43), 2014, p. 120-162.

mobilisées par les directions successives jusqu'à l'élection européenne de 2014. La mise en avant de son activité communautaire et de ses relations avec des partenaires européens constitue pour le parti une ressource politique symbolique, exploitée à l'échelle nationale dès les années 1990. La configuration politique et institutionnelle spécifique des élections européennes a également pu fournir au parti des succès médiatisés, vecteurs de crédibilité interne. Surtout, le développement d'une arène institutionnelle européenne a constitué une efficace base arrière en assurant en continu la professionnalisation des leaders-eurodéputés. Ceux-ci ont pu ainsi se consacrer à leur activité politique européenne et surtout nationale[52], régulièrement appuyés par des équipes de collaborateurs rémunérés.[53] Ici non plus, la direction menée par Marine Le Pen n'a pas dérogé à la tradition, à l'image de cette dernière, députée européenne depuis plus de dix ans. L'échéance électorale européenne n'en demeure pas moins pour le FN un vecteur de renforcement de la patrimonialisation du parti par le président. Outre que le leader est fortement présent dans les propagandes électorales tant textuelles qu'iconographiques des différentes têtes de liste, c'est surtout son autorité sur l'attribution des investitures[54] dans une élection spécifiquement pourvoyeuse de postes pour le FN qui consolide sa domination. Il suffit de jeter un coup d'œil à la composition des têtes de liste de l'élection de 2009 ou de 2014 pour voir comment, en promouvant certains cadres, parfois nouveaux arrivants, toujours loyaux à la nouvelle présidente, celle-ci a su pérenniser des fonctionnements traditionnels de l'institution partisane tout en leur donnant l'éclat du renouveau.

---

52. Laurent Kestel, «*Le Front national et le Parlement européen. Usages d'une institution parlementaire*», dans Laure Neumayer, Antoine Roger et Frédéric Zalewski (dir.), L'Europe contestée. Espaces et enjeux des positionnements contre l'intégration européenne, Paris, Michel Houdiard, 2008, p. 210-232.
53. *Le FN fait actuellement l'objet d'une enquête de l'Office européen de lutte anti-fraude (OLAF) portant sur l'affectation des assistants parlementaires européens du parti.*
54. *S'il existe formellement une commission d'investiture, dans les faits, le président Jean-Marie Le Pen conservait le pouvoir de décision pour les élections européennes.*

Chapitre 11 / MOTS, MYTHES, MÉDIAS
MUTATIONS ET INVARIANTS
DU DISCOURS FRONTISTE

Cécile Alduy

> En quarante ans d'existence, le Front national a contribué à produire ou à reproduire une série de mythes dont le contenu sémantique a parfois évolué, mais dont les structures fondamentales (théorie du complot, récit victimaire, martyrologie, âge d'or) et les figures (tautologies, jeux de mots, glissements de sens) constituent un système stable de re-sémantisation des réalités sociales, économiques et culturelles. L'analyse rhétorique et statistique d'un corpus de discours de Jean-Marie et Marine Le Pen de 1986 à 2013 permet de repérer invariants et mutations du discours frontiste et de décrypter la vision du monde qui l'informe.
>
> Mots clés : amalgame – archétype – cosmologie – dédiabolisation – discours – FN – Front national – idéologie – lexique – médias – mythes – rhétorique – signe

En 1957, Roland Barthes publie dans ses *Mythologies* « Quelques paroles de M. Poujade...[1] ». Il y décrypte en sémiologue le discours populiste petit-bourgeois : ses tropes, ses maximes, l'impensé de classe qui sous-tend ses figures de style, les archétypes qu'il véhicule. Au détour de ces pages apparaît une figure qui a elle-même pris au fil des ans les allures d'un mythe : Jean-Marie Le Pen, plus jeune député de France en 1956 sous la bannière de l'Union et fraternité française (UFF), cité ici comme incarnation du « sang celte » prisé par Poujade, symbole de la pureté de la « race » française dans la mythologie poujadiste[2]. Pour Barthes, le poujadisme est en effet essentiellement parole productrice de mythes, c'est-à-dire « transformation

---
1. Roland Barthes, *Mythologies*, Paris, Seuil, 1957, p. 79-81.
2. Ibid. p. 175.

de l'Histoire en Nature» qui essentialise les êtres selon un déterminisme biologique ou culturel[3].

Plus de cinquante ans plus tard, le Front national est encore cela : un système de communication global tout autant qu'un groupe politique – des hommes mais aussi des mots et des mythes. Si les premiers relèvent de la sociologie et de l'histoire politique, les seconds participent d'une sémiologie et d'une mythologie, deux champs à part entière d'une histoire des idées. La sémiologie comme étude des signes permet en effet d'éclairer un aspect essentiel de la stratégie de conquête du pouvoir d'un parti qui, faute de mandat exécutif, existe avant tout comme discours, et qui, s'inspirant notamment de Gramsci, a consciemment placé son combat sur le terrain de la bataille des mots dès la fin des années 1970. Jean-Marie Le Pen l'affirme dès 1984 : « la sémantique n'est pas neutre[4] ». Et d'ajouter pour la revue royaliste d'Action française, *Aspects de la France*, en octobre 1991 : « Comme toujours et plus que jamais, la politique [est] d'abord et avant tout une guerre de langage, une guerre des signes, une guerre des modèles, des symboles[5]. » Aujourd'hui, si Marine Le Pen affirme avoir « déjà gagné la bataille des idées[6] », elle n'en continue pas moins de lancer de nouvelles offensives sémantiques, cette fois pour accaparer un certain nombre de vocables « de gauche » ou républicains[7], et elle n'est pas moins consciente que son père du pouvoir de nuisance ou de séduction des mots qui définiront son parti[8].

Au-delà de la bataille du vocabulaire, c'est la logique d'un *discours global* que nous voudrions ici décrypter. Tandis que les leaders du FN prétendent « simplement » mettre des mots sur la réalité, il s'agit de mettre au jour la propension de leurs discours à reconfigurer le réel :

---

3. Ibid., p. 202.

4. Jean-Marie Le Pen, Les Français d'abord, Paris, Carrère-Lafon, 1984, p. 181.

5. Cité dans Erwan Lecœur, Un néo-populisme à la française. Trente ans de Front national, Paris, La Découverte, 2003, p. 218.

6. Marine Le Pen, «Discours du 1ᵉʳ Mai», 1ᵉʳ mai 2013.

7. Cécile Alduy et Stéphane Wahnich, Marine Le Pen prise aux mots. Décryptage du nouveau discours frontiste, Paris, Seuil, 2015, p. 94-98.

8. Abel Mestre, «Marine Le Pen tente une bataille sémantique», Le Monde, 4 octobre 2013.

figures de style et archétypes narratifs récurrents sont autant de structures de pensée qui façonnent un imaginaire et filtrent la réalité pour leur auditoire. C'est là que se joue le combat idéologique : ce discours a pour vocation explicite d'infiltrer la vision du monde, des êtres et de l'histoire des électeurs. C'est aussi là que l'on peut mesurer au plus près si la « dédiabolisation » engagée par Marine Le Pen depuis son accession à la présidence du parti en 2011 doit être interprétée comme une transformation de fond ou un simple changement de style. Décrypter mots, mythes et images médiatiques des deux leaders frontistes permet en effet de mettre le doigt sur l'écart possible entre les mots brandis et le sens réel qu'ils acquièrent dans leur bouche. Les *signes* de la modernité que prodigue une Marine Le Pen soudain républicaine, féministe, étatiste et championne de la laïcité correspondent-ils bien au *sens* que ces concepts ont d'ordinaire ? Inversement, quel sens et quelle idéologie révèlent ces structures profondes récurrentes, qu'il s'agisse du roman national idéalisé, de la rhétorique de l'évidence ou de la figure de l'amalgame et de l'antithèse qui traversent tout autant les textes du père que de la fille ?

À partir d'un corpus de discours et d'écrits allant de 1986 à 2013, et avec l'aide de logiciels de traitement automatique des textes, on esquissera ici une petite sémiologie historique du discours des Le Pen père et fille, des structures profondes (mythes et archétypes narratifs) aux figures de style privilégiées par ces deux tribuns. On s'interrogera alors sur les évolutions thématiques qu'une analyse lexicale permet de déceler et sur l'importance de l'image projetée par l'orateur, analysé lui aussi en tant que signe. L'optique est ici de mesurer invariants et mutations, en gardant à l'esprit qu'un « lifting » rhétorique n'est pas sans conséquence sur la réception du discours[9].

---

9. *Cet article est la version amplement remaniée d'une communication faite au colloque « 40 ans de Front national » organisé par Sylvain Crépon et Alexandre Dézé à l'Université de Nanterre en juin 2012. Certaines de ces analyses ont été depuis développées dans Cécile Alduy, « Mythologies », dans Cécile Alduy et Stéphane Wahnich,* Marine Le Pen prise aux mots..., op. cit., *p. 119-185.*

Mythologies

Le récit mythologique qui sous-tend la cosmologie de Jean-Marie Le Pen a fait l'objet de plusieurs études[10], qui toutes, quelle que soit l'époque scrutée, dégagent une même trame narrative implicite du discours lepéniste. Celle-ci agence en une intrigue efficace un nombre limité de mythèmes ancestraux, ceux-là même dégagés par Girardet dans *Mythes et mythologies politiques*[11] : le mythe de la décadence tout d'abord, qui va de pair avec l'évocation nostalgique de l'Âge d'or qui précède la Chute et la dénonciation du Complot qui provoque cette dernière. Vient alors l'invocation du Chef messianique qui sauvera le Peuple de l'apocalypse annoncée lors d'un « sursaut » qui scelle l'Unité de la nation, lavée des divisions, des élites traîtres et de tout élément allogène. Ces mythèmes transhistoriques ne sont pas propres au national-populisme ni à l'extrême droite[12], mais ils offrent un récit matriciel puissant et prêt à l'emploi pour interpréter n'importe quel événement. Ils parlent en outre un langage immédiatement accessible à tous car profondément ancré dans l'imaginaire collectif. En ce sens, cette transfiguration permanente de l'histoire en mythe assure d'emblée au discours lepéniste une efficacité rhétorique exemplaire : séduction d'une aura légendaire qui transcende les contingences historiques en un destin collectif immémorial, intrigue cyclique rassurante qui replie le présent sur un passé connu et stable, interprétation univoque du réel selon une vision manichéenne qui oppose forces du bien et du mal et

---

10. Pierre-André Taguieff, « *Nationalisme et réactions fondamentalistes en France. Mythologies identitaires et ressentiment antimoderne* », Vingtième Siècle. Revue d'histoire, 25, 1990, p. 49-74 ; Maryse Souchard, Stéphane Wahnich, Isabelle Cuminal et Virginie Wathier, Le Pen, les mots. Analyse d'un discours d'extrême droite, Paris, Le Monde Éditions, 1997 ; Béatrice Turpin, «*Pour une sémiotique du politique : schèmes mythiques du national-populisme*», Semiotica. Revue de l'association internationale de sémiotique, 159 (1-4), 2006, p. 285-304 ; Denis Bertrand, Alexandre Dézé et Jean-Louis Missika, Parler pour gagner. Sémiotique des discours de la campagne présidentielle de 2007, Paris, Presses de Sciences Po, 2007 ; Nicolas Lebourg, Le Monde vu de la plus extrême droite : du fascisme au nationalisme-révolutionnaire, Perpignan, Presses universitaires de Perpignan, 2010.
11. Raoul Girardet, Mythes et mythologies politiques, Paris, Seuil, 1986.
12. Ibid. Voir également Marc Angenot, La Parole pamphlétaire. Contribution à la typologie des discours modernes, Paris, Payot, 1982.

offre une aventure collective aux individus atomisés sont autant de traits propres à séduire une époque en mal de sens, de symboles et de lien social. Marine Le Pen hérite et fait fructifier cet héritage paternel sans guère le moderniser, preuve s'il en est de son utilité politique dans l'économie du discours frontiste. Dans une société postindustrielle frappée par l'anomie sociale, le relativisme des valeurs, des perspectives d'avenir au mieux incertaines[13], ces mythes remplissent un certain nombre de fonctions cruciales, explicatives, ontologiques, sociales et même religieuses[14].

Âge d'or et décadence

La cosmologie lepéniste est d'abord une eschatologie, c'est-à-dire un discours sur la fin des temps. Dans ce millénarisme permanent, la fin de la France est annoncée et dénoncée à longueur d'années. En 1974, Jean-Marie Le Pen fustige déjà « une accélération générale de la décadence de notre pays ». En juin 1981, c'est « une phase d'accélération de la décadence et de l'esclavage de notre pays » auquel préside selon lui le gouvernement socialiste. Le 1er janvier 1988, le suspens est à son comble : « LA FRANCE EXISTERA-T-ELLE EN L'AN 2000 ? », titre la *Lettre de Jean-Marie Le Pen*. Et d'émailler ces prophéties de visions apocalyptiques : « barbarie », « anarchie », « fléaux », « gangrène », imminence d'« une lutte à mort » entre le « monde communiste et le reste de la planète[15] », « torrents de sang[16] » et « guérilla urbaine » que la présence de « plusieurs millions d'étrangers en âge de porter les armes » ne manquera pas de provoquer[17]. Comme l'ont montré Maryse Souchard et ses collègues[18] à partir d'une analyse statistique du lexique

---

13. Alain Bihr, L'Actualité d'un archaïsme. La pensée d'extrême droite et la crise de la modernité, Lausanne, Éditions Page deux, 1998.
14. Voir Cécile Alduy, « Mythologies », art. cité, p. 128-137.
15. Jean-Marie Le Pen cité par Bernard Brigouleix, « M. Le Pen reprend et accentue ses attaques contre le communisme », Le Monde, 16 mai 1975.
16. Jean-Marie Le Pen, « Discours de la Fête Bleus-Blancs-Rouges », 15-16 septembre 1984.
17. Jean-Marie Le Pen, France Inter, 16 février 1981.
18. Maryse Souchard, Stéphane Wahnich, Isabelle Cuminal et Virginie Wathier, Le Pen, les mots..., op. cit.

des allocutions de Jean-Marie Le Pen de 1984 et 1996, la violence surdétermine le discours et structure l'ensemble des rapports humains, conformément à une vision hobbesienne de la société.

Marine Le Pen n'est pas en reste : si elle adoucit la « marque » Le Pen pour les médias nationaux de grande écoute, ses discours aux militants ressuscitent les mêmes peurs et les mêmes images : comme son père, elle parle de « descente aux enfers [19] », d'une « nuit » de la France et d'une « lente agonie [20] » qui mèneront à la « mort de notre civilisation et de notre culture [21] » et à la « mort de la France [22] ». Si elle reprend le même schéma millénariste, elle en sécularise le vocabulaire : plutôt que de « décadence » aux connotations moralisantes et archaïques, elle opte pour un lexique socio-économique qui se veut descriptif mais évoque par le biais d'une allitération suggestive la même thématique du déclin : « délitement », « dégradation », « disparition », « dépression », « désordre », « délinquance », « détresse » saturent ses discours. Surtout « destruction », avec son lot de verbes sinistres de ruine et de ravage – casser, fracasser, saper, violer, violenter, tuer –, implique des forces ennemies agissantes et permettent d'embrayer sur la dénonciation des responsables et la théorie du complot, autre grand mythème.

Complots

On passera rapidement sur les innombrables diatribes de Jean-Marie Le Pen contre les complots communiste, européiste et mondialiste, dont les personnages se recrutent de manière plus ou moins voilée parmi les Quatre États confédérés identifiés naguères par Maurras [23]. Ce qu'il faut souligner, en revanche, c'est la remarquable continuité entre les discours du père et de la fille en dépit même de

---

19. *Jean-Marie Le Pen, « Discours du 1ᵉʳ Mai », 1ᵉʳ mai 2006 ; Marine Le Pen, « Discours du 1ᵉʳ Mai », 1ᵉʳ mai 2013 (http://www.frontnational.com/videos/discours-du-1er-mai-2013/).*
20. *Ibid.*
21. *Jean-Marie Le Pen, France 2, 30 mai 1999.*
22. *Marine Le Pen, « Discours du 1ᵉʳ Mai », 1ᵉʳ Mai 2013.*
23. *Pierre-André Taguieff, « Nationalisme et réactions fondamentalistes en France... », art. cité, 1990, p. 65.*

la tentative de cette dernière de contrer tout soupçon de paranoïa ou d'antisémitisme. Grâce au choix minutieux d'un vocabulaire allusif et à un adroit tissage intertextuel[24], Marine Le Pen parvient à rationaliser le discours lepéniste tout en évoquant en sous-main la même trame narrative, voire les mêmes cibles. Dans *Pour que vive la France*, elle se défend de souscrire à une quelconque théorie du complot : « Des forums internationaux comme la société du Mont-Pèlerin, le groupe de Bilderberg ou le forum de Davos ne sont pas des lieux où se trament de sombres complots[25]. » Le « mondialisme » remplit pourtant dans sa bouche la fonction explicative totalisante que Girardet décrit à propos des théories conspirationnistes : « une grille interprétative se trouv[e] établie dans laquelle se [voit] inséré l'ensemble des événements du temps présent [...]. Par là même l'inconnu infiniment redoutable des questions sans réponses cède devant un système organisé d'évidences nouvelles. Le destin devient intelligible[26] ». Tout découle en effet du mondialisme pour Marine Le Pen : « [...] tous leurs discours et [...] toutes les politiques menées : course à l'Europe et à l'immigration, élimination des frontières et des protections, affaiblissement de l'État, arrogance des technocrates et rupture avec un peuple[27] ». Puissance agissante tentaculaire, ce « monstre » anonyme et menaçant est à l'origine d'une entreprise intentionnelle de destruction : « Cette politique a été théorisée, définie, organisée, voulue et appliquée. » Il ne suffit plus alors que d'évoquer le spectre d'une « armée mondiale » pour raviver les peurs d'invasion et d'« asservissement[28] ».

Tout complot suppose rites initiatiques et conciliabules secrets. Marine Le Pen ne déroge pas au genre. Elle dresse le portrait d'une

---

24. *L'intertextualité est l'ensemble des relations, explicites ou implicites, qu'un texte entretient avec d'autres textes qu'il cite, copie, auquel il fait allusion ou qui lui sert de modèle ou de sources.*
25. Marine Le Pen, Pour que vive la France, Paris, Éditions Grancher, 2012, p. 98.
26. Raoul Girardet, Mythes et mythologies politiques, op. cit., p. 55.
27. Marine Le Pen, Pour que vive la France, op. cit., 2012, p. 34.
28. Ibid.

antireligion idolâtre : le mondialisme « est un *Évangile* » qui a fait « une *idole* du cours de la monnaie, en lui *sacrifiant* pendant des années, comme à un *Moloch* jamais rassasié, la souffrance des familles de chômeurs[29] ». Il souscrit au «*culte* de l'immigration[30] ». Et de décrire rien de moins que « l'économie du Diable », suggérant une sorte de secte satanique aux messes noires dont les officiants seraient «élites apatrides » et « cosmopolites », « puissances de l'argent », « capitalisme [...] transnational » « mondialisé », « féodalités » et « le nomadisme cher à Jacques Attali[31] ».

On reconnaît ici une litanie de clichés familiers qui résonnaient déjà dans *La Fin du monde* de Drumont[32] ou dans un ouvrage moins connu de 1845 : même dénonciation de la « féodalité financière », de la « spéculation cosmopolite », d'une « presse asservie » ou d'un « despotisme du capital ». Le titre de l'ouvrage ? *Les Juifs, rois de l'époque*, d'Alphonse Toussenel[33]. L'anticapitalisme version mariniste a ainsi l'avantage de ressusciter un imaginaire du complot séculaire sans que Marine Le Pen elle-même puisse être taxée d'antisémitisme : tout en allusions vagues contre des cibles anonymes, il se construit avec les mots clés d'un sous-texte implicite dans lequel se reconnaîtra à demi-mots l'extrême droite maurassienne traditionnelle, mais parvient à rester suffisamment ouvert à l'interprétation pour que s'y projettent aussi l'ultragauche anticapitaliste ou l'électeur de base.

Messianisme : le Chef et le Peuple

Le millénarisme des Le Pen appelle également son pendant positif et rédempteur : le messianisme. Au terme de sa diatribe, le prophète se change en messie. Tous leurs discours suivent le même parcours rhétorique : tableau sinistre d'un pays au bord de l'abîme, appel au

---

29. *Ibid., p. 60, nous soulignons.*
30. *Ibid., p. 86, nous soulignons.*
31. *Ibid., passim.*
32. *Voir Marc Angenot,* Ce que l'on dit des Juifs en 1889. Antisémitisme et discours social, *Saint-Denis, Presses universitaires de Vincennes, 1989.*
33. *Alphonse Toussenel,* Les Juifs, rois de l'époque. Histoire de la féodalité financière, *Paris, 1845 [rééd. avec une préface d'Édouard Drumont, Paris 1886].*

souvenir de la «vraie» France, glorieuse et résiliente, puis revendication du statut d'homme ou femme providentiel pour l'orateur, qui se présente à la fois comme miroir du Peuple[34] et incarnation de l'esprit de la France éternelle. Investi d'une mission sacrée, le chef ne représente pas le corps électoral : il *est* le peuple, comme le suggère l'allitération «Le Pen Le Peuple», slogan de 1990, ou «La Voix du peuple, l'esprit de la France» en 2012, qui reste sur le même terrain d'une mystique de l'incarnation. Ce lien métonymique entre le peuple et son chef sanctionne une fois de plus le privilège de l'identique, de la ressemblance[35], logique identitaire où l'on ne conçoit la représentation politique que sur le mode de la reproduction du même, et non de la délégation.

La désignation du leader est en outre fondée sur la naissance : la volonté de pouvoir des Le Pen, père, fille et bientôt nièce avec Marion Maréchal-Le Pen, est présentée comme l'accomplissement d'une destinée naturelle, inscrite dans leur sang et dans leur nom, «Le Pen» signifiant «chef» en breton[36]. Par une sorte de cratylisme racial[37], le leader du Front national est «l'élu» et le leader né avant même de passer par le suffrage universel par la seule vertu de son

---

34. Voir Béatrice Turpin, «*Pour une sémiotique du politique ...*», art. cité, et Cécile Alduy et Stéphane Wahnich, Marine Le Pen prise aux mots..., op. cit., p. 166-168.

35. «*Avec le populisme nous sommes dans une sorte de degré zéro du politique, une représentation sans distance, une homogénéité entre le représentant et le représenté qui s'ajoute à cette homogénéité d'ensemble qu'est "le peuple", catégorie qui ne correspond à aucune catégorie sociologique mais qui est apte à cristalliser un imaginaire, celui d'une communauté fraternelle*» (Turpin, art. cité, p. 292).

36. Il se vante de cette étymologie dans le documentaire de Pierre Jouve et Ali Magoudi, *Jean-Marie Le Pen (1987)* [première diffusion 13 juin 2015, Public Sénat. Source : http://replay.publicsenat.fr/emissions/le_debat/]. C'est par l'ascendance et le nom (autrement dit, le «sang») que Jean-Marie Le Pen explique les talents de sa fille. Cette dernière reprend l'argument patronymique pour complimenter sa nièce, Marion Maréchal-Le Pen, lors du congrès du Front national du 29-30 novembre 2014 : «elle est courageuse, compétente, et elle a une qualité supplémentaire : elle s'appelle Le Pen».

37. Le cratylisme est une théorie naturaliste du langage selon laquelle les mots ne seraient pas une création arbitraire, mais l'expression d'un lien entre sens et forme (comme dans les onomatopées). Par extension ici, c'est l'idée que le nom fait la chose : le patronyme explique l'homme, voire le détermine.

patronyme. C'est toujours l'ordre de la nature (et non un processus démocratique de négociation) qui garantit l'ordre social idéal et prédestine les individus, ici le chef, sanctifié dans sa mission par un patronyme prophétique.

Fonction politique et idéologique des mythes frontistes

Ainsi, les leaders du FN invitent leurs électeurs à vivre l'Histoire sur le mode tragique d'un combat perpétuel où se jouent à chaque instant la vie et la mort et de la nation. Cette menace imminente et mortelle, qui fait écho aux réelles angoisses de déclassement de catégories sociales fragilisées, justifie en retour un ordre sécuritaire et autoritaire : la violence du monde appellerait une violence d'État et un programme de rupture radicale avec le régime actuel. Elle appelle également un double mouvement de «sursaut» et d'union nationale qui doit transcender les intérêts catégoriels, autrement dit une dépolitisation du combat politique envisagé non plus comme une confrontation entre partis et programmes, mais comme l'opposition essentialiste entre «patriotes» et anti-France. Ce choix fermé et joué d'avance construit en retour deux autres mythes : celui de «la» France comme entité unifiée et celui des «Français», classe restrictive redéfinie en excluant ceux qui n'y ont point de racines[38]. La menace d'apocalypse fait en effet émerger l'image d'un «peuple» unique, homogène dans ses origines et son destin national, qui doit se ressaisir pour survivre. L'existence et l'identité de ce peuple unifié sont posées par opposition aux menaces extérieures et intérieures (immigration, Europe, «capitalisme mondialisé», cultures étrangères) et justifient une conception interclassiste de la société qui gomme l'existence de conflits d'intérêts entre classes, sexes, générations, régions ou professions. La lutte est toujours présentée

---

38. Voir Marine Le Pen, «Discours de Châteauroux», 26 février 2012 : «Interrogeons-nous [...] sur ce mot de naturalisation [...] : pour naturaliser, il faut une Nature. Pour naturaliser français, il faut une nature française, une terre française, des paysages, une lumière, un air français ; on ne naturalisera jamais dans une morne grisaille de béton et de bitume, on ne naturalisera d'ailleurs aucun jeune Français, même si ses parents sont Français depuis des générations, sans qu'il ne se reconnaisse une terre, une souche, des racines [...]. »

comme «patriote» et non partisane. D'où un positionnement «ni droite ni gauche» caractéristique de l'extrême droite nationaliste[39], notamment des années 1930.

Cette vision cataclysmique est en outre cyclique : gloire et décadence se rejouent régulièrement à travers les siècles sans que jamais le cycle ne s'épuise, l'âge d'or étant relégué dans un passé immémorial, celui d'une «France éternelle» jamais actualisée. Le mythe signe l'idéalisation de l'Histoire comme destin national et la négation de l'histoire comme processus de changement. Le récit, lui-même inlassablement ressassé, de ce cycle incessant de déclin et de sursaut prive chaque événement de son historicité propre. L'histoire n'est plus une chaîne de temps irréversible, mais un espace circulaire, figé dans la répétition comme sont figées les identités individuelles dans un système de pensée qui entend abolir droit du sol et naturalisations afin de consacrer la prééminence de la naissance, c'est-à-dire d'un déterminisme biologique, pour définir les destinées.

L'anachronisme permanent de cette lecture de l'histoire ne doit pas faire sous-estimer son efficacité rhétorique. Cette «imperméabilité à l'événement[40]» assure la cohérence du discours frontiste au fil des ans, gage de sincérité, voire de crédibilité, et offre une stabilité rassurante dans un monde en perpétuel mutation où les partis traditionnels semblent à l'inverse fluctuer dans leurs positions.

Sémiologie des figures

La «fictionnalisation de la vie politique[41]» s'appuie sur des figures de style elles-mêmes révélatrices : hyperbole, amplification, antithèse assurent la dramatisation du monde en un combat à mort tandis que l'idéologie nationaliste et xénophobe se lit dans des figures de l'identité et du même que sont la tautologie et l'évidence.

---

39. Zeev Sternhell, Ni droite ni gauche. L'Idéologie fasciste en France, *Bruxelles, Complexe*, 2000 [1983].
40. Pierre-André Taguieff, «*Nationalisme et réactions fondamentalistes en France...*», art. cité, 1990.
41. Denis Bertrand, Alexandre Dézé et Jean-Louis Missika, Parler pour gagner..., op. cit., p. 43.

Hyperboles

Les Le Pen ont beau se défendre d'être d'extrême droite, leur rhétorique, elle, est toujours extrême : l'adjectif y est systématiquement superlatif – tout est «dramatique» «insupportable», «catastrophique», «inique». Les services publics sont nécessairement «exsangues», l'immigration «effrénée», les sommes versées à l'Europe «faramineuses.» Le registre de l'absolu, du tout ou rien, domine : les solutions seront «urgentes et radicales», «incontestables», «incontournables». Cette radicalité n'est pas que rhétorique : il s'agit, par exemple, de raser les écoles des ZEP et de récrire le préambule de la Constitution. L'hyperbole est en effet présentée non comme une figure d'emphase, mais comme le reflet d'une réalité sous-estimée par les autres politiques : «Je ne dramatise pas. Je dis la vérité, la situation est dramatique[42].» C'est le réel qui serait hyperbolique, non le discours[43].

Antithèse et amalgames

Le pendant de l'hyperbole comme figure d'exagération est le raccourci comme figure de dramatisation. Ainsi de ce mini-récit par ellipse : «au bout des promesses socialistes, il y a la pénurie, la contrainte et en fin de compte : le Goulag...[44]». D'autres raccourcis procèdent par glissement d'un sens métaphorique à un sens littéral : «les soviets d'avortement préparent les soviets tout court[45]» ; «la délinquance [...] flirte plus ou moins rapidement [...] avec le terrorisme. Sous l'influence de l'islam radical, les plus déterminés passent ainsi de la criminalité au terrorisme intellectuel de leur entourage puis,

---

42. Marine Le Pen, Canal+, *3 février 2012*.
43. C'est aussi vrai lorsque les superlatifs sont positifs : *«Nous voulons une indépendance supérieure, un courage hors du commun, une vision extraordinaire, une volonté inébranlable, un respect indestructible des valeurs qui ont fait, et doivent encore faire, la France, parce que la France est un pays exceptionnel»* (Marine Le Pen, «Discours de La Baule», *26 septembre 2012*).
44. Jean-Marie Le Pen, Les Français d'abord, op. cit., p. 13.
45. Jean-Marie Le Pen, conférence de presse du *17 octobre 1974*, cité dans Le Monde, *21 octobre 1974*.

pour certains, au terrorisme tout court[46]!». L'amalgame le plus utile au FN politiquement est le néologisme «UMPS», qui rassemble en un vocable synthétique (accréditant ainsi l'existence d'une entité elle aussi unique) partis, camps et personnalités non seulement hétérogènes mais rivales. C'est la «règle de l'ennemi unique[47]»: d'un mot, discréditer tous les opposants et réduire le champ politique au seul combat entre la «première opposante[48]» et le «système», autre amalgame totalisant.

L'amalgame va en effet de pair avec l'antithèse pour reconfigurer le monde selon un schéma manichéen où s'opposent des absolus. Jean-Marie Le Pen indexe explicitement son axiologie sur l'opposition entre le bien et le mal. Là encore, sa fille sécularise le discours, mais reprend la même série d'antithèses: nature *vs.* culture, sacré *vs.* raison, vérité *vs.* mensonge, peuple *vs.* élite, «réel» *vs.* «virtuel», nation *vs.* mondialisme et cosmopolitisme, enracinement *vs.* déracinement, Front national *vs.* UMPS, et, récapitulant toutes les précédentes, Français *vs.* étrangers – «nous» et «eux». Cette structure binaire n'admet ni nuance, ni dialogue, ni identités composites, ni transition d'une catégorie à l'autre. Ayant dressé les uns contre les autres en un antagonisme irréductible, le discours prépare en une sorte de prophétie autoréalisatrice leur affrontement inéluctable. Cette rhétorique de l'antithèse consolide l'identité du groupe d'appartenance, présenté comme agressé dans ses valeurs et son essence par l'existence même de cet Autre irrémédiablement étranger.

Tautologie et évidence

La rhétorique de l'évidence justifie alors par une logique «naturelle» les solutions les plus controversées. C'est le «bon sens» poujadiste analysé par Barthes: l'assertion de «vérités» et de valeurs autoproclamées comme évidentes qui court-circuitent tout débat et tiennent lieu d'argumentaire. Et Marine Le Pen de forclore d'une phrase toute analyse du coût et des rentrées économiques de l'immigration:

---

46. Marine Le Pen, «*Discours de Nantes*», 25 mai 2012.
47. Jean-Marie Domenach, La Propagande politique, Paris, PUF, 1973.
48. Marine Le Pen, TF1, 7 décembre 2012.

« toute immigration est *évidemment* un poids supplémentaire pour la communauté nationale[49] ». De même justifie-t-elle par le « bon sens » (et non l'idéologie) sa proposition de réserver les places dans les écoles publiques aux enfants de Français : « C'est une simple mesure de *bon sens* qui n'a pas de caractère raciste[50]. » Son père passait son temps à « rappeler quelques vérités ». Inversement, les adversaires du Front national sont accusés de dissimulation, voire de « mensonges d'État[51] », trope commun aux deux tribuns.

Le paroxysme de ce refus de penser la complexité est la tautologie pure et simple. Ainsi, lorsqu'elle déclare vouloir « que la France soit la France, que l'Europe soit l'Europe, et non ce magma fédéral[52] », Marine Le Pen présente comme une évidence ce qui est justement au cœur du débat politique : la définition de la communauté nationale et de son avenir. Il faut chercher dans une autre citation les présupposés idéologiques de sa définition tautologique : « Par quelle extraordinaire perversion [...] devrions-nous accepter d'oublier que *les Français sont chez eux en France*, que ceci leur donne des droits et même celui d'exiger que *la France reste la France*[53] ? » Une fois encore, une logique de l'identité prévaut, où le même est défini par lui-même en circuit fermé, et où tout changement est refusé au nom d'un ordre « naturel ».

Les mots

Si la structure mythologique et les figures du discours changent remarquablement peu au fil des ans, les acteurs de la fable et leur hiérarchie évoluent : l'anti-France connaît des réincarnations successives. Après le « péril rouge » des années 1970, les stratèges de FN saisissent l'intérêt d'investir une niche propre pour se démarquer de

---

49. *Marine Le Pen, BFM TV, 16 mars 2012.*
50. *Marine Le Pen, France 2, 23 février 2012.*
51. *Marine Le Pen, « Discours de Six-Fours », 12 mars 2011. La famille lexicale « mentir, mensonge » est omniprésente chez les deux orateurs.*
52. *Marine Le Pen, université d'été du Front national, 26 septembre 2012.*
53. *Marine Le Pen, Toulouse, 5 février 2012, nous soulignons.*

la pléthore de discours anticommunistes de l'époque. Sur les conseils de François Duprat[54], Jean-Marie Le Pen construit la «marque» Front national sur l'immigration dès 1978. La thématique du «danger» communiste s'érode dans le discours, avec un rebond en 1989-1990 lors de la chute du mur de Berlin. De manière plus surprenante, dès les années 1990, le thème pourtant porteur de l'immigration décline lui aussi quantitativement, tandis qu'une troisième thématique part en flèche, en parfaite adéquation avec l'air du temps : la mondialisation, rebaptisée «mondialisme»[55].

La tendance s'accentue avec l'arrivée de Marine Le Pen, qui réinterprète dans un sens pro-étatique le combat antimondialisation de son père. Sur l'ensemble des allocutions publiques de Marine Le Pen de 2011 à 2013 recensées pour notre étude, l'immigration n'occupe plus que la dix-septième place en termes de fréquence lexicale, alors qu'elle était à la onzième place dans les discours de son père de 1987 à 2011. L'immigration, cause unique et thème obsessionnel chez Jean-Marie Le Pen, devient l'instrument et la conséquence logique du mondialisme chez sa fille.

Dans le contexte d'une compétition avec une droite de gouvernement qui courtise l'électorat frontiste depuis 2007, Marine Le Pen a compris l'avantage qu'elle avait à *ne pas parler* de l'immigration (les autres s'en chargeant pour elle) et de se faire l'apôtre d'une nouvelle problématique, le combat contre le «mondialisme», facteur explicatif global bien plus rassembleur que l'immigration. Sous couvert d'une analyse strictement économique des méfaits de la mondialisation, Marine Le Pen peut en effet s'exonérer des accusations de xénophobie que la thématique migratoire suscite tout en mettant en avant un nouveau marqueur politique qui la singularise et répond aux aspirations d'un électorat populaire ou en voie de fragilisation. En combinant par ailleurs le vocabulaire de l'ultragauche anticapitaliste

---

54. Nicolas Lebourg et Joseph Beauregard, François Duprat, l'homme qui inventa le Front national, *Paris, Denoël, 2012.*
55. *Nous nous appuyons sur le corpus des discours de Jean-Marie Le Pen établi pour* Marine Le Pen prise aux mots..., op. cit.

et altermondialiste et un souverainisme généralisé lui aussi destiné à transcender le clivage droite-gauche pour séduire certains chevènementistes[56], elle maximise le potentiel de séduction de son discours, tout en gardant le même programme, à commencer par la «préférence nationale».

On aurait donc tort de tirer de trop hâtives conclusions de la régression quantitative du thème de l'immigration dans la rhétorique des leaders frontistes depuis les années 1990. Il semble notamment qu'elle signale leur victoire sur le plan de la bataille des idées, tant le thème envahit de manière exponentielle le débat public dans la même période. L'électorat français ayant été largement inoculé par les problématiques du FN, de brèves piqûres de rappel suffisent à présent pour polariser le débat lors des campagnes électorales. Marine Le Pen peut donc se concentrer sur la conquête de nouveaux électorats.

L'auteur comme signe

La stratégie de conquête du pouvoir de Marine Le Pen lui impose d'asseoir son autorité sur des compétences pratiques, économiques et gouvernementales autant que morales. Pour cela, elle cultive un personnage médiatique plus complexe que celui de son père. Au-delà des énoncés, il faut en effet se pencher sur l'énonciateur et l'image médiatique qu'il projette à destination du public.

L'énonciateur du discours comme signe

L'énonciateur du discours est lui-même un signe porteur de sens. C'est en tant que tel que Jean-Marie Le Pen est brièvement décrypté dans les *Mythologies* de Barthes : pour ce qu'il signifie, autant que pour ce qu'il représente sur l'échiquier politique. Dans le discours poujadiste, son personnage incarne le mythe du «sang celte» et la force physique qui ne ment pas. Depuis, le «signe» Le Pen a connu plusieurs avatars :

---

56. Certains de ses «prises de guerre», à commencer par Florian Philippot, viennent en effet du Mouvement des citoyens. C'est le cas de Paul-Marie Coûteaux et de Bertrand Dutheil de la Rochère.

légionnaire musclé, marin-corsaire borgne affublé d'un bandeau noir, «Reagan français», diable, etc. D'où, pour une part, l'échec de la stratégie de dédiabolisation testée pour les présidentielles 2007 : un Jean-Marie Le Pen statufié depuis quarante ans dans la posture d'un briseur de tabou endurci ne collait guère avec la nouvelle image de gentil rassembleur que sa fille voulait lui faire endosser.

Lorsqu'elle arrive en politique en 2002, Marine Le Pen a l'immense avantage d'être un signifiant «vierge» – plasticité dont elle use depuis pour se présenter alternativement en mère courage affublée d'un chignon retenu par une pince en plastique sur les marchés, en Jeanne d'Arc bottée dans ses meetings, en «people» accessoirisée de lunettes Dior, bronzage et jeans pour *Paris Match*, ou en tailleur noir classique et coiffure blond cendré à la Claire Chazal sur les plateaux de télévision. Autant de visages qui reflètent l'éventail des publics qu'elle vise et ses dons de caméléon. Deux fois divorcée, mère de trois enfants qu'elle élève seule, image en ce sens d'une famille recomposée «moderne», son personnage médiatique parvient d'emblée à incarner le changement alors que son programme a été écrit au moins trente ans plus tôt.

Elle bénéficie en outre de la comparaison implicite avec son père, avec qui elle se partage l'espace sémiotique traditionnel du FN. On assiste à un dédoublement de la parole frontiste depuis 2006 : sur un corpus de discours prononcés cette fois par les deux leaders entre 2006 et 2012, la fréquence du thème de l'immigration est du simple au double entre la fille et le père. Inversement, la laïcité[57] et la défense d'un État fort sont l'apanage de Marine Le Pen, qui prend à contre-pied son père, pourfendeurs des «laïcards», du «fiscalisme» de «l'État-Moloch» et partisan de l'école privée. À Jean-Marie Le Pen la nostalgie du passé, le discours identitaire traditionnel et la rengaine sur l'immigration ; à Marine Le Pen, le diagnostic économique, la projection dans le futur et le discours républicain. Certes, ce sont les mêmes catégories de personnes qui seront stigmatisées en définitive dans les

---

57. *Jean-Marie Le Pen n'emploie le mot et ses dérivés que seize fois au cours des vingt-neuf discours recensés pour la période, sa fille vingt-huit fois pour seulement vingt-et-un discours.*

deux cas, mais sous des noms différents («immigrés»/«musulmans», «communautaristes») et avec des argumentaires différents, du moins, dans l'espace médiatique[58].

Autorité et légitimité

C'est que les deux tribuns ont fondé leur autorité sur des socles différents : il suffit pour s'en convaincre de comparer leurs livres-programmes, *Pour la France* (1985) et *Pour que vive la France* (2012), deux ouvrages publiés à des moments comparables de leur histoire respective, au moment où ils émergent sur la scène médiatique grâce à de premiers succès électoraux.

Le texte de Jean-Marie Le Pen est dominé par le champ lexical des valeurs («famille», «liberté», «droit», «sécurité», «loi», «vie», «défense», «justice») et par les trois pôles du triangle identitaire qu'il souhaite ériger entre lui-même, le parti qu'il dirige et le peuple qu'il incarnerait – d'où la présence massive des mots «Front» et «Français» dans son texte. Il s'agit pour lui de conquérir une place médiatique, de se trouver un public et d'établir la légitimité de sa prise de parole en affirmant son magistère moral et en imposant ses thématiques (voir figure 8).

À l'inverse, Marine Le Pen œuvre en terrain conquis : elle capitalise à la fois sur la notoriété de son père et sur l'acclimatation des thèmes définitoires du FN, largement repris par l'UMP. Elle a déjà un nom, un public et une tribune. Il lui faut une légitimité d'action, non de parole : une crédibilité fondée sur une compétence pratique et une expertise théorique. Chez elle, le «faire» (6e) vient donc avant le «devoir» (7e rang chez le père) et les «principes». Son discours à destination du grand public se concentre sur l'analyse des réalités économiques et sociales. Il y est question de dette, de libre-échange, de banques, de profit, de finances, de croissance, de monnaie, de concurrence, de PIB, là où son père se référait à des concepts abstraits et des valeurs morales. À tel point qu'elle parle davantage de marché que d'immigration, de l'euro que de l'Europe (voir figure 9).

---

58. Cécile Alduy et Stéphane Wahnich, *Marine Le Pen prise aux mots...*, op. cit., p. 54-60.

*Figure 8 : Nuage de mots de Jean-Marie Le Pen,
analyse lexicale de* Pour la France *(1985)*

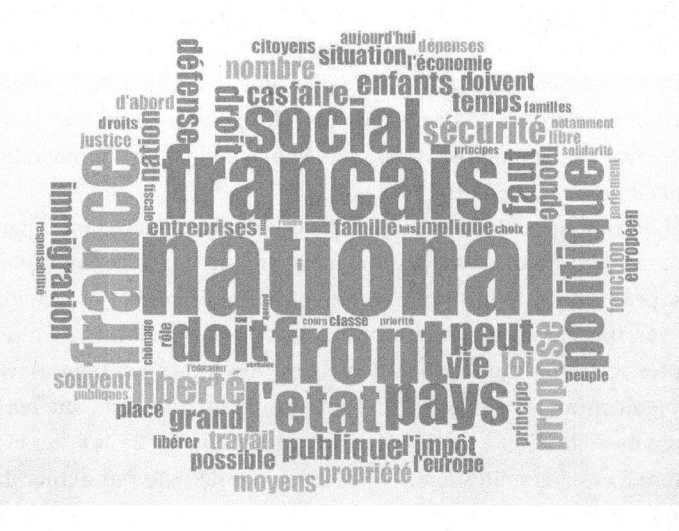

*Figure 9 : Nuage de mots de Marine Le Pen,
analyse lexicale de* Pour que vive la France *(2012)*

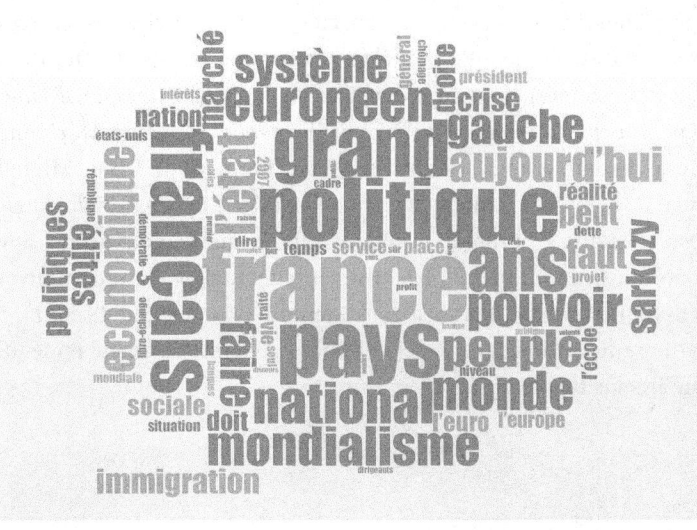

L'enjeu, pour Marine Le Pen, est de naviguer sur une ligne de crête entre distinction et normalisation : de s'exprimer dans un style suffisamment original pour confirmer sa position antisystème tout en étant audible pour les nouveaux publics à qui elle veut prouver qu'elle représente une alternative plausible. Il lui faut donc montrer *les signes,* c'est à dire *le style,* d'une offre politique sérieuse, tout en préservant sa singularité. D'où ce mélange de langue technocratique et d'éloquence de prédicateur.

Elle superpose donc en un patchwork étonnant des trames narratives venant de discours hétérogènes : une mythologie empruntée à son père et à l'extrême droite conservatrice, mais laïcisée et dépouillée de son ton moralisateur, et un bricolage intertextuel qui emprunte à toutes sortes de cautions intellectuelles. Alors que son père, fidèle à son éducation jésuite, porte un projet réactionnaire dans une langue elle aussi classique, la fille multiplie les niveaux de langue et les références hétéroclites pour légitimer sa parole. Elle fait défiler dans son livre cautions intellectuelles de gauche (Pierre Rosanvallon, Marcel Gauchet, Élisabeth Badinter, Serge Halimi), universitaires (dont elle n'omet jamais les titres honorifiques), économistes (Thomas Piketty, Paul Krugman) ou figures politiques modérées (Franklin Roosevelt, Pierre Mendès-France). Élève consciencieuse, elle cite ses sources : organismes reconnus (Bureau international du travail, OCDE, Insee, Cour des comptes) et presse spécialisée ou de gauche (*Financial Times, Économie et statistiques, Le Monde économie,* et même *Marianne*). Elle a ses chouchous : Maurice Allais, Emmanuel Todd, Michèle Tribalat, et cite Karl Marx plutôt que Charles Maurras. Visiblement, c'est un nouveau type de public qu'elle essaie de convaincre avec ce montage de citations : les élites intellectuelles, économiques et médiatiques qu'elle dénonce par ailleurs à longueur de discours. Le mythe se technocratise, au sens littéral du terme, et gagne en légitimité intellectuelle.

Conclusion : « Plus ça change... », rénovations stylistiques et permanences idéologiques

Le « style » propre à l'un ou l'autre orateur est significatif : ton, élocution, niveau de langue, tics de langage, attitude vis-à-vis des interlocuteurs participent de l'*ethos*[59] du locuteur, c'est-à-dire de l'image de soi qu'il veut projeter, et donc de la réception bienveillante, ou non, de son personnage médiatique par le public. Légitimité morale, compétence économique et crédibilité de la parole politique de l'orateur sont ici en jeu. Pour Marine Le Pen, cette construction est cruciale, et ambiguë : il lui faut d'une part se défaire de l'image préalable largement négative qui pèse sur la marque «Le Pen» – c'est la stratégie de dédiabolisation – et, de l'autre, continuer à apparaître comme une personnalité antisystème et récupérer certains attributs paternels (franchise, indépendance, courage, radicalité). Elle s'est donc fabriqué un langage codé où certains mots servent de masques («communautés» pour «immigrés»), d'autres de faire-valoir piratés («laïcité», «République»), d'autres enfin de signal complice à une base électorale qui entendra par allusion tout un corpus sous-jacent à l'évocation d'une simple expression en apparence anodine («élites nomades»).

Ce style neuf ne dessine pourtant pas d'inflexion idéologique. Les modulations de timbre et même de thème n'altèrent pas la forme non démocratique des solutions politiques envisagées et la vision du monde non dialectique, mythologisante, d'une France éternelle assaillie par diverses invasions démographiques, économiques ou politiques. Le paradoxe, et peut-être l'attractivité de Marine Le Pen, est de porter un projet de retour au passé dans une forme elle-même modernisée : d'énoncer sa haine du métissage dans un texte lui-même hybride.

---

[59]. Voir Ruth Amossy et Jean-Michel Adam, Images de soi dans le discours. La construction de l'ethos, *Lausanne, Delachaux et Niestlé, 1999* : «*L'ethos est l'image que l'orateur construit de lui-même dans son discours afin de se rendre crédible. Fondé sur ce qu'il montre de sa personne à travers les modalités de son énonciation, il doit assurer l'efficacité de sa parole et sa capacité à emporter l'adhésion du public*» (p. 27).

Son discours joue ainsi sur plusieurs tableaux : formes nouvelles et fonds ancien, modernité de surface et traditionalisme profond pourront toucher des électorats disparates, séduits pour des raisons hétérogènes. Ce discours caméléon a de quoi dérouter ses adversaires : car comment contrer une cible mouvante qui vous emprunte votre vocabulaire sans jamais céder un iota sur ses fondamentaux ?

Chapitre 12 / LA FORMATION AU FRONT NATIONAL (1972-2015) SON HISTOIRE, SES ENJEUX ET TECHNIQUES

Valérie Igounet

Dès sa création en 1972, le FN s'est employé à proposer une formation à ses militants. Si sa mise en place a été lente pendant les premières années d'existence du FN, ses responsables en saisissent mieux les enjeux depuis l'émergence politique du parti. À partir de 1989, Bruno Mégret et Carl Lang ont instauré une double formation : politique et technique. La première passe par un formatage idéologique et l'apprentissage d'une «unité de pensée "frontiste"». S'inspirant de la formation dispensée dans les entreprises, la deuxième repose sur des cours théoriques, des mises en situation et un suivi des candidats. La formation Campus Bleu Marine, proposée depuis janvier 2013, s'inscrit dans son prolongement. Jeunes mais politiquement expérimentés : c'est le visage que tente d'imposer le FN aujourd'hui avec ses candidats Bleu Marine.

Mots clés : *Campus Bleu Marine – formation politique – formation technique – FN – Front national – militant – propagande – soldat*

Comme tout parti politique, le Front national reconnaît l'importance, et les enjeux, de la formation dispensée à ses militants et à ses cadres. L'histoire de la formation frontiste est donc une donnée intrinsèque de celle du parti. Au FN, deux types de formation cohabitent : la première, sorte de formation continue, est assurée par l'intermédiaire des camps, universités d'été (UDT), congrès, etc., organisés par le FN. Elle s'adresse à un public large, militants et cadres, jeunes et plus âgés ; la seconde, dispensée par l'intermédiaire d'un dispositif spécifique – une école de formation – se structure au fil du temps et affine ses méthodes et thématiques.

La formation des cadres et des militants du FN s'articule selon un double registre : politique et technique. C'est à travers ses principaux vecteurs, ses porteurs et ses fondamentaux que son histoire s'écrit[1]. Le dispositif de formation mis en place deux ans après la création du FN en est le point de départ. Les années 1990 marquent son apogée. La délégation générale (DG) et le secrétariat général (SG) du parti inaugurent alors une double formation, un encadrement serré, destiné à «fabriquer» un soldat frontiste. Techniques de propagande, gestion, organisation, réponses à l'adversaire, devoirs et fonctions des responsables et des adhérents : rien n'est laissé au hasard. Le Campus Bleu Marine, mis en place début 2013, s'inscrit dans le prolongement de la formation antérieure.

Les premières formations FN

Les premières formations politiques et doctrinales auxquelles les militants d'Ordre nouveau (ON) et du Front national assistent sont celles dispensées par ON, fin 1972. Ceux qui ont choisi la double appartenance aux deux mouvements – et qui possèdent donc les deux cartes – se rendent rue des Lombards, à Paris, au siège d'ON, une fois par semaine, pour écouter le principal formateur, Yves Van Ghele. La première scission, à l'automne 1973, entre ON et le FN, mettra fin à ces cours. En septembre 1974, la création de l'Institut des études nationales (IEN) marque une nouvelle étape. L'organisme, chapeauté par Jean-François Chiappe, dispense des cours hebdomadaires et aborde divers thèmes : fascisme, armée-nation, idéologie et politique, nationalisme, etc. Il s'agit de fournir aux futurs cadres du parti un langage politique et légaliste, de donner à tout militant la capacité «d'apporter la contradiction à [ses] adversaires, [de] connaître toutes les ficelles du militantisme et [de] perpétuer [son] idéal[2]». Les formateurs «nationaux» s'appellent Jean Bourdier, Jean-François Chiappe,

---

1. *Cette contribution est écrite, essentiellement, à partir de sources internes du FN (ouvrages, guides, brochures), d'entretiens et d'observations. Celles-ci sont tirées de plusieurs heures passées au siège du FN à Nanterre, en 2013 et 2014, lors de sessions de formation.*
2. Volontaire, *décembre 1976*, p. 5.

François Duprat ou encore Victor Barthélémy. Jean-Marie Le Pen intervient de temps à autre. Les cours, hebdomadaires, sont réguliers. Ils réunissent au siège du FN une trentaine de personnes, militants et cadres. Très vite, l'IEN assure la diffusion par photocopies de ses enseignements aux sections de province. La formation cesse en septembre 1977. Plusieurs raisons expliquent ce premier rendez-vous manqué : l'indisponibilité des organisateurs, le manque d'autodiscipline parmi les auditeurs et, surtout, un potentiel militant très faible.

Parallèlement, la première université d'été du Front national de la jeunesse (FNJ) se tient à Maule, dans les Yvelines (les 6, 7 et 8 septembre 1974). Elle a pour but de préparer les jeunes militants à la vie politique dans deux directions complémentaires : le militantisme et la formation politique, conditions nécessaires de leur compréhension des événements. Comme son aîné, le militant FNJ est un « soldat politique[3] ». Le premier camp nationaliste européen, organisé par le FN, se déroule pendant l'été 1977. Son texte de présentation insiste sur la formation physique et doctrinale du jeune sympathisant, futur cadre du parti mais aussi du militant FN, et sur l'ouverture à d'autres pays : « Ce camp est le complément indispensable de votre formation politique. Le jeune sympathisant y recevra les fondements idéologiques et pratiques de l'action politique telle que nous la concevons. Pour le militant déjà aguerri, le camp sera pour lui l'occasion de faire le point sur le travail d'une année et d'approfondir les capacités indispensables à tout futur responsable nationaliste. Centre de formation militante, le camp sera en outre un lieu de rencontre où membres de diverses organisations et de divers pays pourront échanger leurs points de vue et mieux se connaître[4]. »

Carl Lang, à la tête du FNJ entre 1983 et 1986, reconnaît les emprunts frontistes aux techniques d'apprentissage du militantisme communiste, longtemps le seul mouvement ayant une UDT pour ses jeunes : « On était formateur et on leur apprenait un petit peu toutes les techniques d'agitation politique, d'organisation, l'agit-prop, vous

---

3. *Guide du militant jeune du FN*, non daté.
4. *1ᵉʳ Camp nationaliste européen, Front national, 1977.*

savez, ce que disent les marxistes. [...] Il y a trois éléments importants dans le combat politique : l'agitation, la propagande, l'organisation. Ben, l'organisation c'est ça, c'est utiliser des éléments d'actualité locale pour les exploiter. C'est l'agit-prop, la propagande, c'est le développement d'idées simples au niveau des masses. Et puis l'organisation c'est l'appareil du parti. Donc ces trois éléments nous les avons utilisés en nous inspirant des méthodes d'organisation et d'agitation communistes pour former des jeunes militants patriotes et nationalistes à ces méthodes-là.[5] »

Les résultats très médiocres aux élections législatives et la mort de François Duprat, au printemps 1978, annoncent une nouvelle orientation idéologique du FN. Peu après les élections, Paul Robert, un « presque débutant dans la politique[6] », propose la création d'un département de formation politique générale au sein du parti. Ce projet s'inscrit dans le cadre de l'entreprise de réorganisation et de formation des cadres politiques du mouvement. Il répond à une « arrivée constante de jeunes gens très souvent profanes » dans les rangs du FN. C'est un impératif : il est « nécessaire de reprendre dans les plus brefs délais une formation politique la plus complète possible » ; le but étant de fabriquer des cadres « aptes sur tous les plans à diriger une section ou des actions militantes ». Au mois d'octobre 1978, le FN organise sa première formation politique et pratique à Paris, rue de Surène. À travers elle, il espère transmettre à ses militants et cadres un argumentaire politique complet leur permettant de « participer à des discussions publiques ou privées sans déficience et sans s'écarter de la ligne du FN ». Mais également « constituer la base de départ d'une commission permanente capable d'aider à l'ajustement et au rajeunis-

---

5. *Entretien de Carl Lang, 11 avril 2000 dans Magali Boumaza*, Le Front national et les jeunes de 1972 à nos jours. Hétérodoxie d'un engagement partisan juvénile : pratiques, socialisations, carrières militantes et politiques à partir d'observations directes et d'entretiens semi-directifs, *thèse de science politique, 2002, Université Robert-Schuman, Institut d'études politiques de Strasbourg, p. 306.*

6. *Paul Robert, « Propositions pour la création d'un département de formation politique générale au sein du Front national », mai 1978. Document interne. Les notes suivantes proviennent de ce document.*

sement constant du programme du Front national face à l'actualité». Cette première formation frontiste est structurée en trois domaines gérés par des personnes reconnues comme des «spécialistes» au sein du FN : la formation historique et idéologique, confiée à Jean-François Chiappe, est destinée à mieux faire comprendre le «véritable sens du combat» militant ; la formation doctrinale, supervisée par André Delaporte, se concentre sur le programme du FN et sur ses orientations majeures ; une troisième formation, dite «pratique», assurée par Franck Timmermans, recouvre les multiples «aspects matériels du militantisme élémentaire». Le *Guide pratique de la section et du militant* revient sur «chaque aspect du métier militant, en démonte les rouages pour mieux les comprendre et les assimiler». La page de couverture de ce premier fascicule – imprimé par le FN – consacré à la formation donne un aperçu de la vingtaine de feuillets proposée à des militants néophytes : «COMMENT créer une section même sur une île déserte. COMMENT l'organiser, la développer, et ne jamais la saborder... TOUT ce que vous devez savoir pour réussir vos-dîners-débats, réunions, meetings, manifs etc. COMMENT militer, pratiquer une bonne propagande et ne pas coller une affiche à l'envers... COMMENT participer aux élections sans se retrouver avec 10 millions de dettes, BREF un ABC pour faire de vous un bon et loyal responsable du FRONT NATIONAL[7].» Cette première expérience de formation relève d'avantage d'un coup d'essai. La situation politique et financière du FN – le parti est alors fragilisé par des dettes importantes – empêche de la mettre en œuvre. Elle donne lieu tout de même à quelques cours pratiques – notamment sur la création d'une section – de formation politique. Elle traduit également l'objectif principal de la formation frontiste, à savoir le formatage idéologique et l'apprentissage d'une «unité de pensée "frontiste"» : «Le travail politique, pour bien être effectué, doit être pratiqué par de véritables "professionnels du militantisme bénévole", soucieux de renforcer constamment l'appareil nécessaire à l'implantation et aux progrès du Front national. [...]. Les conditions d'une grande force nationaliste

---

7. *Franck Timmermans*, Guide pratique de la section et du militant, *document interne, non daté (1978).*

tiennent en trois termes : une base de militants organisés, un corps de cadres compétents, une politique définie par des dirigeants permanents. [...]. Notre but est de forger un appareil politique puissant et non un club de pensée. La discipline collective et individuelle est garante de nos progrès futurs. Après six ans d'existence, les erreurs et les carences ne peuvent plus être excusées. [...]. Dans vos discussions, vos arguments doivent toujours aboutir à ces évidences : le Front national est le seul Mouvement de l'Opposition nationale. Il est indépendant des deux blocs politiques qui monopolisent le pays, et les combats. Il est un Mouvement Français et légal et ne fait que l'apologie de son Pays. Il est seul à combattre l'immigration sauvage et à mettre les "Français d'abord". Les nationaux se doivent de le soutenir, car il est pauvre et paria sur les ondes. Il est seul à reconnaître la subversion et à la combattre[8]. »

Entre 1978 et 1985, la formation politique est inexistante. À partir des européennes (juin 1984), puis des élections cantonales (mars 1985), le parti vit une période de structuration importante. François Duprat l'avait anticipé : le plus difficile pour le FN, quand arriveraient les premiers « succès », serait de devoir gérer et former de nouvelles personnes. Et, pour cette étape, une condition doit être remplie : les futurs formateurs doivent être préalablement formés eux-mêmes. Le FN ne se prépare pas à cette phase. Au début des années 1980, les salles de meeting commencent à se remplir et les militants se font plus nombreux. Le parti enregistre des adhésions. En parallèle, les responsables FN nomment le premier venu dans les nouvelles sections. L'urgence se fait sentir : il faut reprendre la formation. Début 1985, 95 % des fonctions de l'appareil sont remplies par des bénévoles, « souvent admirables de dévouement, mais pas toujours disponibles ou compétents[9] ». Le FN doit se professionnaliser, former ses cadres, tenir des réunions de section où les fondamentaux de l'histoire et de la doctrine du FN seront transmis. Son parti se développant, Jean-

---

8. Ibid.
9. *Document interne, non daté, certainement début 1985, rédigé par le responsable de propagande.*

Marie Le Pen doit déléguer. Les dirigeants du FN apprennent donc à « parler politique[10] », ainsi que les cadres et militants, la majorité reproduisant d'ailleurs pratiquement à l'identique le discours de leur président. Ceux qui s'en éloignent et dérapent représentent une minorité ; les militants jugés « trop extrémistes » ont, déjà, l'interdiction de s'exprimer[11]. Franck Timmermans revient au FN à ce moment-là[12]. Il est nommé responsable de la propagande. Dans un document interne, il insiste sur l'importance de l'unité idéologique, ciment de la formation politique. Au FN, elle se fonde sur une histoire politique et doctrinale particulière. La suite du document est explicite : « Sans être une formation secrète, nous devons être extrêmement discrets et prudents et ne jamais ébruiter sur les places publiques nos mécanismes de fonctionnement, bon ou mauvais. Nous sommes environnés de forces hostiles. Ne jamais perdre de vue que celui qui n'est pas du Front risque d'être contre, fût-il votre frère. En famille ou entre amis, en public, l'on ne doit évoquer que ce que notre propagande laisse apparaître de la partie émergée de l'iceberg. [...] on ne fait pas de propagande et encore moins d'agitation à partir du néant. On n'impose pas aux masses extérieures au mouvement n'importe quelles idées. Il faut toujours partir d'un substrat mental préexistant et faire l'amalgame avec nos propres idées force. Par contre, il est possible et nécessaire d'enseigner l'histoire du Front depuis ses origines et sa doctrine aux nouveaux adhérents. Sur dix adhésions réalisées, une ou deux sont le fait d'une décision longuement mûrie de militants ayant épousé l'ensemble de nos idées. La plupart des adhérents nouveaux ont souvent pris leur décision spontanément à la suite du choc émotif suscité par l'une de nos idées force. Malgré la diversité de leurs origines, il faut obtenir une fusion

---

10. Guy Birenbaum, Les Stratégies du Front national : participation au champ politique et démarcation, *mémoire de DEA de sociologie politique, Université Paris-1*, 1985, p. 53.

11. Dans Guy Birenbaum, Les Modalités de l'institutionnalisation d'un parti politique : le cas du Front national, *thèse de science politique, Université Paris-1*, 1992, p. 203.

12. Ancien militant d'Ordre nouveau, Franck Timmermans est responsable de la fédération de Paris et membre du comité central du FN à la fin des années 1970, moment où il quitte le FN. Il y revient en 1985.

idéologique parfaite. Il est donc indispensable qu'ils défendent, à partir de l'instant où ils sont dans nos rangs, non pas UNE idée mais TOUTES les idées du Front et cela sans réserve. Il est donc nécessaire de leur enseigner notre doctrine[13]. »

Pour les cantonales de 1985, le FN veut asseoir sa crédibilité et adopte pour cela un argumentaire reposant sur des données « crédibles ». Dans cette optique, il ne pousse pas la candidature de ceux ayant un enracinement militant : 30 % seulement des militants de la première génération portent les couleurs du FN. Il faut donc former un millier de candidats en un temps record[14]. L'encadrement frontiste s'adresse à ces hommes et femmes qui n'ont aucune expérience en politique. Il leur assure une certaine crédibilité sur le terrain, leur fournit des chiffres, des phrases « clés en main », des questions-réponses, leur dicte même des attitudes à adopter. Le support principal de la formation frontiste se compose de quelques feuillets distribués aux candidats. *National Hebdo* en publie des extraits au printemps 1985 ; une diffusion qui répond à l'attente des lecteurs de l'hebdomadaire du FN désireux de posséder quelques « munitions » dans leur combat quotidien : « Le présent argumentaire ne prétend pas être un programme en vue des élections cantonales. Il a seulement pour but d'aider les responsables, les candidats, les membres du Front national à répondre à quelques objections ou questions qui sont très fréquemment formulées par les observateurs de bonne foi qui, sans nous être hostiles, ont encore des réticences à notre égard. Ces réticences, à leur insu, sont souvent le résultat du travail de désinformation qui émane de nos adversaires dans l'espoir de freiner notre ascension. En l'occurence [sic], c'est le plus souvent avec tact et discrétion qu'il convient de faire prendre conscience à ces personnes de cet état de désinformation dans lequel elles se trouvent. Leur asséner brutalement qu'elles sont bernées par les médias pourrait les amener à se vexer, tant il est vrai que personne n'aime passer pour quelqu'un de facilement influençable. C'est donc à un long et

---

13. *Document interne, non daté, déjà cité.*
14. *Le FN présente 1521 candidats.*

patient travail de persuasion que sont conviés tous les militants du Front national[15]. » Il est accompagné de questions et réponses «toutes faites», dont certaines touchent des thèmes «délicats». Il s'agit de mettre en évidence le programme frontiste d'une manière soft. Vingt-trois questions assorties de réponses aident les candidats à ne pas commettre d'impairs langagiers. En voici une des plus significatives :

> Question 4 : «On dit que vous êtes racistes et xénophobes.»
>
> Réponse : «Nous ne sommes ni racistes ni xénophobes au Front national. Tous ceux qui ont prétendu le contraire ont été condamnés dans les procès que nous avons intentés. N'oublions pas que Jean-Marie Le Pen a été élu avec comme suppléant un antillais, M. Sauvage, et que c'est en faisant la campagne d'Ahmed Djebbour, un musulman qui voulait rester Français, qu'il a été frappé à terre de façon affreuse et qu'il a perdu un œil. [...] Nous ne voulons pas que la France devienne comme le Liban, où des communautés s'affrontent les armes à la main.»

En parallèle, des dossiers d'actualité sur les thèmes phares du frontisme sont publiés dans la presse interne. Des manifestations plus ponctuelles sont également organisées, comme cette Journée d'étude sur l'immigration à la Maison de la chimie (septembre 1985). La première université d'été à Pau (2-8 juillet 1985) – où le parti envoie ses «meilleurs éléments[16]» – entre dans cette stratégie de formation. Pendant une semaine, Bernard Antony réunit une centaine de cadres pour leur offrir des cours de formation et des conférences, le «tout dans une ambiance fraternelle et conviviale[17]». Les études et travaux proposés s'articulent autour de deux pôles : «savoir» et «savoir-faire». Ils incluent des entraînements aux prises de parole et aux débats ainsi que des formations sur les questions électorales, agricoles et fiscales. Le FN aborde les législatives de 1986 avec l'image d'un parti struc-

---

15. Front national. Direction des commissions et argumentaires, document interne, non daté, p. 1.
16. Lettre d'André Dufraisse au président, au secrétariat général, au délégué régional et aux responsables de l'appareil Paris-Ville, 8 juillet 1985. Document interne.
17. Damien Bariller et Franck Timmermans, 20 ans au Front. L'histoire vraie du Front national, Paris, Éditions nationales, 1993, p. 64.

turé et consolidé, son renforcement provenant de l'extrême droite et de la droite traditionnelle via les comités Chrétienté Solidarité, des organisations socioprofessionnelles, divers clubs de pensée et cercles. Un document [18] explique le contexte du printemps 1986 : la « proportionnelle bouleverse les données d'une campagne électorale. L'importance historique de mars 1986 rendrait tout amateurisme criminel ». Dans cette optique, le FN organise pour ses candidats et cadres (15 personnes au minimum et 25 au maximum) des stages « Formation et action », des cycles de préparation aux élections qui se déroulent dans les grandes métropoles régionales, en fonction de la demande, pendant deux jours non-stop. À l'issue de cette formation, les futurs élus sont censés savoir « contrer les adversaires sur leur terrain ; travailler avec la presse » ; maîtriser l'expression orale, la « technique du discours » et celle du débat ; « passer à la TV ». En parallèle sont mises en place des aides techniques à la formation qui consistent en des cours hebdomadaires, par correspondance, à l'attention de ceux qui ne peuvent se déplacer. La première opération débute le 1er octobre 1988 et se termine en février 1989. Vingt et un thèmes ont été proposés, dans une logique militante et géographique.

L'apogée de la formation militante

Le 21 octobre 1988, Bruno Mégret donne une conférence de presse pour présenter son domaine réservé. La délégation générale (DG) a été créée, explique-t-il, « pour pallier la disparition du groupe parlementaire du FN et de l'état-major de campagne [19] ». Cette nouvelle structure « dirigeante [...] en prise sur les fédérations [a] pour objet les études, la propagande, la formation et la communication. Un partage clair de compétences entre délégation générale et secrétariat général est donc

---

18. *« Formation des cadres et des candidats du Front national », non daté, document interne. Archives Michel Soudais.*
19. *Document de travail – 23 octobre 1988. Dossier Bruno Mégret 868 454. Archives de la Préfecture de police de Paris.*

établi[20] ». Deux organisations sont particulièrement soignées par la DG : le Conseil scientifique (CS) et l'Institut de formation nationale (IFN). Leur création, début janvier 1989, intervient au moment où le FN entame son « nouveau souffle[21] », c'est-à-dire un cycle électoral complet qui commence par les municipales (mars 1989). Les « adhérents disponibles et formés doivent constituer partout où cela est possible des sections locales, communales ou de cantons, chargées d'organiser l'action militante, de préparer le travail électoral et de recruter de nouveaux membres[22] ».

L'« effort d'expansion et de rénovation » du FN passe par le « développement de la formation pour tous[23] ». Dans un premier temps, il concerne l'encadrement des fédérations, pour porter, ensuite, sur l'amélioration de la formation politique et « l'assimilation des techniques de l'animation et de l'action politique ». Il s'agit de « donner à chacun une série de réflexes politiques [...] et un ensemble de règles de travail pour l'animation des équipes et l'action politique quotidienne ». La participation est un « élément d'appréciation pour les nominations et les investitures[24] ». Au début des années 1990, le dispositif de formation du FN se veut complet : la direction nationale du FNJ met en place un système de formation basé sur le triptyque « information, formation, réflexion ». Deux « formules » cohabitent : une école des cadres regroupe les jeunes responsables du FNJ dans des stages trimestriels ; l'université d'été forme les jeunes militants pendant une semaine. Par l'intermédiaire de stages, de séminaires, de conférences du soir, des journées culturelles de *National Hebdo* (créées en février 1990), les cadres et militants adultes apprennent de leur côté à penser FN, à « enrichir leur patrimoine doctrinal loin du conformisme ambiant de la

---

20. Ibid.
21. *Le Conseil scientifique, document de travail, 11 janvier 1989*. Dossier Bruno Mégret 868 454. Archives de la Préfecture de police de Paris.
22. Carl Lang, *« Front national : une organisation en mouvement »*, Les Nouvelles du front, *15 novembre 1989*.
23. « Les stages de formation des cadres », circulaire du *6 février 1989, p. 1. Document interne.*
24. Ibid.

pensée politico-culturelle contemporaine[25] ». Ils découvrent une histoire de leur parti, enseignée par et pour les hommes du Front et donc éminemment subjective et parcellaire. L'Institut de formation nationale est au centre de la formation frontiste, enjeu majeur des années Mégret.

La formation politique de la délégation générale

L'objectif affiché de la formation politique proprement dite est de capter une masse électorale de 30 %. Il s'agit de faire du FN un parti qui veut prendre le pouvoir. Dirigé un temps par Bernard Antony, délégué national à la formation, l'IFN prend les traits d'une « véritable université permanente à la disposition des amis[26] » du FN. Les intervenants peuvent être des cadres et élus du parti ou des intellectuels et « spécialistes amis[27] ». Le contenu répond à une « formation politique de haut niveau » consistant à expliquer aux auditeurs « quelle attitude adopter, quelle décision prendre, quelle opinion exprimer à chaque circonstance de la vie politique[28] ». D'une année sur l'autre, les thèmes changent. Bruno Mégret intervient sur « La naissance de la politologie » et Bruno Gollnisch sur « La pensée nationale au Japon » lors du cycle 1989-1990. L'année suivante, les auditeurs peuvent entendre Pierre Vial s'exprimer sur « Les Francs et l'héritage germanique », ou encore Jean-Claude Bardet évoquer cette thématique : « Vers une monoculture mondialiste rock-coca ? » À partir du congrès de Nice (31 mars 1990-1er avril 1990), le FN doit apparaître comme un parti structuré, hiérarchisé et discipliné. Les militants frontistes sont les exécutants de consignes précises émanant de la direction. Edwy Plenel parle de « véritable machine de guerre politique[29] » et d'un travail de « radicalisation idéologique » effectué par trois idéologues majeurs du Front national : Jean-Yves Le Gallou, Yvan Blot et Bruno Mégret.

---

25. Quatrième de couverture de Militer au Front. Cycle du militant, *Institut de formation nationale*, Éditions nationales, 1991.
26. Damien Bariller et Franck Timmermans, 20 ans au Front..., op. cit., p. 99.
27. « Les stages de formation des cadres », circulaire du 6 février 1989, p. 1.
28. Ibid.
29. Edwy Plenel, « Les militants-soldats du Front national », Le Monde, 30 mars 1990.

L'IFN – organisme agréé par le ministère de l'Intérieur pour la formation des élus – dispense sur place des séminaires de formation des cadres. Il transmet les principales directives qui doivent être connues et respectées de tous pour parfaire l'aptitude au combat politique. Priorité est donnée à la connaissance du programme frontiste et du patrimoine idéologique que les cadres vont porter au sein des différents conseils et assemblées. L'IFN amène l'observateur au plus près du système du FN et de ses hommes, à commencer par le militant, « premier contact que la population aura avec le Front national. Il est la vitrine du Mouvement. C'est à travers lui que le mouvement sera perçu et avec lui, les idées que nous défendons. Aussi, doit-il avoir une attitude et un comportement exemplaires tant à l'intérieur qu'à l'extérieur du Front national ».

Les règles dispensées par l'IFN « fabriquent » le militant frontiste. En premier lieu, il est demandé à celui-ci de respecter la discipline et la hiérarchie du mouvement. C'est un des leitmotivs du parti : la politique est un « combat. Et notre Mouvement est une armée. Nous ne pouvons, comme une armée au combat, être efficace que si chacun accomplit sa mission, respecte et exécute les ordres donnés pour que la manœuvre d'ensemble s'exécute avec la meilleure efficacité[30] ». Être responsable ou adhérent du FN devient une profession à part entière. Être militant s'apparente à un devoir. La formation dispensée par le parti prend les traits d'un véritable embrigadement. Les quelques « conseils[31] » donnés aux militants frontistes de l'Oise donnent une image assez précise de la vision du FN : « Le Militant est un soldat politique, comme tout soldat, il doit se plier pour le bien général à un ensemble de règles dont le respect assurera la victoire de notre idéal national. Le souci de rendre l'action efficace constitue donc la justification prioritaire des règles d'ordre, de discipline et d'organisation. Que ce soit au niveau des adhérents et sympathisants mais aussi à celui des adversaires politiques, le militant FN doit donner "une bonne image du mouvement". »

---

30. « Les grandes règles de la politique », note interne, Institut de formation nationale, délégation générale, non datée, p. 9.
31. « Conseils aux militants », note interne, FN Oise, non datée, non paginée.

Pour ce faire, il doit acquérir un «minimum de connaissances» et doit «éviter de ne rien avoir à dire et surtout de ne pas savoir écouter». «Ses activités sont menées partout où il existe une forte concentration humaine. Plusieurs étapes : 1. Marquer sa présence (autocollants, affiches, tracts) ; Rechercher le contact (avec des sympathisants et des gens capables de faire barrage aux socialo-communistes) ; Infiltrer ou faire infiltrer les postes de responsabilités ; Implanter officiellement et publiquement le mouvement.»

Une brochure interne de l'IFN (1990) revient sur l'apprentissage et la construction des valeurs de communication frontistes. Plusieurs thèmes sont abordés. Ils rendent compte du travail des intellectuels du FN lorsqu'ils abordent l'élaboration de la rhétorique frontiste. Il leur est recommandé d'adopter un «comportement serein et confiant qui désarmera l'hostilité et l'agressivité[32]». Les cours dispensés insistent sur l'utilisation d'un vocabulaire adéquat, construit et créé pour la circonstance. «L'image du Front national» en dépend. Elle compte tout autant que les thèmes. Selon le FN, ses idées sont admises par la moitié des Français ; si le parti de Jean-Marie Le Pen ne séduit pas, c'est que son image a été «dénaturée par les campagnes de calomnies[33]». Il faut donc renverser la tendance et déconstruire cette image. Ne plus s'enfermer dans des évocations négatives, des références passéistes[34], mais faire des efforts pour convaincre et séduire : «une main de fer (le discours) dans un gant de velours (l'image), voilà l'objectif[35]». Une attention particulière est portée au choix des mots. Il ne faut pas utiliser ceux de l'adversaire, mais créer son propre vocabulaire. Deux types de mots sont à proscrire : ceux «appartenant à l'idéologie marxiste» et ceux relevant du registre des «droits de l'homme[36]». «Aucun mot n'est innocent. On peut même dire que les mots sont des armes, parce que derrière chaque mot se cache un arrière-plan

---

32. «*L'image du Front national*», note interne, Institut de formation nationale, délégation générale, non datée, p. 11.
33. Ibid., p. 2.
34. Ibid., p. 5-6.
35. Ibid., p. 2.
36. Ibid., p. 7.

idéologique et politique[37]. » La brochure de l'IFN se concentre sur ce registre combatif. Les idéologues du FN veulent faire passer ce message central : l'adoption d'un double jeu, d'un double niveau de langage. Ce document indique non seulement les habiletés rhétoriques dont le militant doit faire usage, mais aussi catégorise l'interlocuteur. Le militant FN doit choisir son vocabulaire en fonction de la personne qu'il a en face de lui. De la situation de l'interlocuteur dépendent les « thèmes sensibles à développer » et les mots clés à mobiliser. La note de l'IFN dispense consignes et conseils :

« *Ne pas tomber dans la mythomanie.* Certains milieux bien typés ne nous aiment pas. Ces milieux jouent souvent un rôle considérable, tant pour la prise de décision politique qu'ils influencent, que pour les attaques qui sont portées contre nous. Ils constituent des groupes de pression et de subordination d'autant plus redoutables qu'ils ne sont pas perçus comme tel par la population [...]. Il convient d'être conscient et informé de cette réalité. Mais accuser nommément ces milieux, c'est accréditer l'idée que nous serions racistes [...]. Autrement dit, c'est tactiquement mauvais et cela détériore notre image. Ce qu'il faut, par contre, c'est s'en prendre aux lobbies et aux groupes de pression par le truchement desquels ces milieux interviennent qu'il s'agisse du MRAP, de la LICRA, de la ligue des Droits de l'Homme, de SOS Racisme, du CRIF, etc. et constituent la partie émergée du "Parti de l'étranger", ou encore du "lobby pro-immigration".

Ne pas utiliser de propose [sic] outranciers. Pour séduire, il faut d'abord éviter de faire peur et de créer un sentiment de répulsion. Or dans notre société soft et craintive, les propos excessifs inquiètent et provoquent la méfiance ou le rejet dans une large partie de la population. Il est donc essentiel lorsqu'on s'exprime en public, d'éviter les propos outranciers et vulgaires. On peut affirmer la même chose avec autant de vigueur dans un langage posé et accepté par le grand public. De façon certes caricaturale au lieu de dire "les bougnoules à la mer", disons qu'il faut "organiser le retour chez eux des immigrés du tiers-monde".

---

37. Ibid., *p. 9.*

Adopter un style valorisant. Le style des hommes fait aussi l'image d'un mouvement. Le style vestimentaire est révélateur de la personnalité et des idées d'un homme. Les gauchistes portaient les cheveux longs, histoire d'exprimer leur refus de la société de consommation. Les socialistes se laissaient pousser la barbe, façon de rappeler leur attachement à leurs ancêtres marxistes et anarchistes. Et plus les groupes sont marginaux, plus les tenues deviennent excentriques. On comprend donc qu'il vaut mieux écarter certaines formes vestimentaires, du moins à l'échelon des responsabilités. Ainsi le style boule à zéro, skinhead, loubard enferme dans la marginalité. Il durcit l'image, il fait peur. Le style béret avec brochette d'insignes et tenue paramilitaire confère une image de mouvement d'avant-guerre. En dehors des cérémonies d'anciens combattants, il doit être également évité. Quant à l'attitude générale, il vaudra mieux paraître posé, calme, pondéré qu'agité, excité et pire véhément, il sera préférable de paraître décontracté qu'anxieux, sérieux que rigolard, plein d'humour qu'agressif ou haineux[38]. »

Rassembler, s'approprier des « valeurs universelles », construire une « image positive[39] » : telle est la stratégie du second souffle du FN. Le parti recourt aux symboles comme le fait le PS avec Solutré ou le Panthéon. Il systématise les « opérations » comme la fête de Jeanne d'Arc, multiplie les anniversaires et les « journées » dans le but d'exalter et de rappeler les valeurs du FN. Il faut « insuffler au militant Front national le contraire d'une mentalité d'exclus, une mentalité de conquérant, de bâtisseur, de pionner et de gagneur[40] ». Les responsables de la propagande donnent des instructions qui insistent sur le sens et la façon dont est délivré le message. Celui-ci doit être clair, simple et bref : « Se taire là où on est faible. C'est par exemple le cas quand un point de programme est fort peu populaire. Retenez aussi que la propagande ne se contredit jamais. Exemple : vous avez un

---

38. Ibid., p. 11-12.

39. « La stratégie du Front national », note interne, Institut de formation nationale, délégation générale, non datée, p. 9.

40. Ibid.

débat sur une radio libre pour les élections cantonales. Dans votre canton justement, un adhérent Front national vient de cambrioler une banque. Il n'est alors pas absolument indispensable de s'attarder sur la progression de la délinquance dans votre canton... Sachez que l'honnêteté est en la matière rarement récompensée. Reconnaître ses torts peut être catastrophique, car l'adversaire saisira la balle au bond et concentrera le tir sur votre point faible[41]. »

La communication reste un des piliers de la stratégie mégrétiste. « L'action en direction des médias doit être considérée comme prioritaire par tout responsable du Mouvement[42]. » Le tractage, le collage d'affiches, la « propagande classique » ne représentent plus que 10 %. De l'avis du FN, les « nombreux médias » sont contrôlés par ses adversaires. Il est donc nécessaire de donner quelques recommandations de base : nommer un responsable chargé des rapports avec la presse ; inculquer les rudiments pour écrire un communiqué de presse et tenir une conférence de presse. Enfin, en cas de réclamation, ne pas injurier le « journaliste s'il a oublié de reproduire votre communiqué ou s'il l'a tronqué ou coupé[43] ».

Largement fondées sur la thématique du complot, les notes internes du FN révèlent la pauvreté intellectuelle du discours et le conditionnement idéologique du militant et/ou des cadres du mouvement. Il s'agit de dénoncer « haut et fort l'opération de désinformation, le complot. Il faut disqualifier l'agresseur, ses relais ; la meilleure des défenses, c'est l'attaque[44] ». Pourquoi le FN est-il attaqué ? Pourquoi est-il amené à choquer ? Parce qu'il remet en cause un « certain nombre de puissances, d'habitudes, d'interdits » ; et ce pour trois raisons essentielles, liées à son combat politique : « 1. Nous levons les tabous politiques. 2. Nous défendons le peuple contre les lobbies. 3. Nous défendons l'identité

---

41. *« La propagande »*, note interne, Institut de formation nationale, délégation générale, non datée, non paginée.
42. *« La communication »*, note interne, Institut de formation nationale, délégation générale, non datée, non paginée.
43. Ibid.
44. *« La désinformation »*, note interne, Institut de formation nationale, délégation générale, non datée, non paginée.

nationale contre l'idéologie cosmopolite dominante[45].» «Tout ce qui ne vous tue pas vous rend plus fort. Cette pression sélective darwinienne s'exerce de façon plus forte sur nous et finira par nous faire devenir meilleurs[46].» Dans une note interne intitulée «L'adversaire», l'ennemi du FN est clairement identifié : c'est «l'établissement dominé par l'idéologie cosmopolite», et il est «très puissant»[47]. Le PS est désigné comme l'ennemi prioritaire car il «orchestre publiquement la mondialisation de la société française», mais d'autres forces «cosmopolites» infiltrent le corps sociétal. «Le cosmopolitisme du PCF est [...] au service exclusif des intérêts soviétiques. [...]»; certains «lobbies cosmopolites» sont contrôlés «directement par la gauche cosmopolite, d'autres sont simplement des alliés objectifs. Ce qui les unit, au-delà de leur différence, c'est l'idéologie Rousseauiste des droits de l'homme»[48]. Les «obédiences maçonniques, la licra, le mrap, Harlem desir [sic] [...], les féodalités infiltrées, les églises, à noter que notre électorat est un électorat peu pratiquant religieusement. Il a échappé ainsi à l'influence délétère du clergé»; les syndicats («eux aussi sont touchés par une infiltration cosmopolite»), l'administration qui fait souvent du «racisme antifrançais voire de référence [sic] nationale à l'envers», les médias[49]. Le message frontiste est sans équivoque : la France est sous contrôle.

Afin de toucher un plus grand nombre de personnes, le FN dispose en parallèle d'une formation papier. Bruno Mégret, Jean-François Jalkh et Damien Bariller sont les principaux rédacteurs du manuel *Militer au Front* (1991), présenté comme un «kit complet de la formation militante frontiste[50]». Des numéros spéciaux[51], des circulaires internes

---

45. *«Pourquoi sommes-nous attaqués ? La riposte», note interne, Institut de formation nationale, délégation générale, non datée, p. 6.*
46. Ibid., *p. 12.*
47. *«L'adversaire», note interne, Institut de formation nationale, délégation générale, non datée, p. 10 et 11*
48. Ibid., *p. 5, 7-8.*
49. Ibid., *p. 8.*
50. *Quatrième de couverture de* Militer au Front, *op. cit.*
51. *Le Guide du militant, les dossiers tricolores de* National Hebdo, *hors-série, hiver 1990-1991.*

complètent l'argumentaire frontiste. Si cet ensemble a le mérite d'exister, il montre ses limites. Pour Franck Timmermans, il se révèle « inadéquate et faillible[52] ».

La formation technique du secrétariat général

Alors qu'il assiste à certains cours de l'IFN, Franck Timmermans constate que de nombreux auditeurs « décrochent ». Il est alors persuadé qu'à l'issue de ces conférences « non-stop », ils ne retiendront rien. D'après lui, les conférenciers n'ont aucune expérience de l'animation d'un stage. Celui-ci doit être vivant, pédagogique et participatif. L'édifice de formation politique mis en place par Bruno Mégret se révèle incomplet et inadapté. Ce besoin d'encadrer les gens pour « s'assurer qu'ils pensent tous la même chose » est perçu comme une « dérive trop doctrinaire ». Ceux qui adhèrent au FN, explique Franck Timmermans, « ne nous rejoignent ni pour entendre une conférence sur les acquis intellectuels laissés par Charles Maurras ou l'héritage de Maurice Barrès, ni pour être gavés de langue de bois. La vocation du FN est justement d'accepter les gens d'origine différente. La règle étant que chacun se plie à une discipline commune : suivre les dirigeants et les consignes du mouvement. » Ce type de formatage est donc hors sujet dans la démarche du FN. « Il faut faire différemment. » Franck Timmermans fait part de ses remarques à Carl Lang. Le secrétaire général partage son analyse. Aussi, parallèlement et en complément des stages de formation politique organisés par l'IFN, le secrétariat général crée une section des cadres chargée de la formation technique aux méthodes d'animation, d'encadrement et d'organisation. Placée sous la responsabilité de Franck Timmermans, nommé secrétaire national à l'encadrement, elle doit également assurer la promotion et le suivi des meilleurs éléments parmi les militants FN en leur confiant progressivement des postes de responsabilité. Les cadres, les secrétaires des sections communale, cantonale, départementale, de circonscription et les militants

---

52. *Entretien de Franck Timmermans avec Valérie Igounet, 9 mai 2013. Les citations suivantes proviennent de cet entretien, sauf indication contraire.*

participent à ces journées de travail. À partir de là, le secrétariat national à l'encadrement, un des six services proposés par le SG, organise des stages au siège du FN (stages de circonscription, stages départementaux) et d'autres formations décentralisées (trésorerie, militant). Dans un premier temps, il s'agit de délivrer une formation sur le Front national. «On ne rentre pas dans le détail», explique Franck Timmermans. Devenant un parti de masse, le FN se plie aux impératifs de la formation classique, choisit des thèmes «faciles, clairs». Les premiers cours de formation militante, expérimentés en Seine-Saint-Denis, sont «bons». Les auditeurs sont de tous horizons. L'immigration, le social, les missions du militant, l'affichage, le tractage, la propagande et les spécificités du FN : les sujets sont traités en fonction du public. Dans certains stages, des gens ont déjà une expérience militante et viennent se former à l'argumentaire pour affiner leurs techniques de propagande. D'autres stages du SG proposent une formation de terrain. Ainsi, une formation pratique et théorique, rattachée au secrétariat général, se met peu à peu en place parallèlement à celle, politique et doctrinale, dispensée par la délégation générale. Elle s'oppose en de nombreux points aux méthodes de Bruno Mégret. Mais la DG s'étant arrogé le monopole de la formation politique, il faut la lui laisser. En revanche, le secrétariat général, sous la direction de Carl Lang et de son équipe (Franck Timmermans, Dominique Chaboche, Jean-François Jalkh et Jean-Pierre Reveau), a la charge des fédérations, donc des cadres, des candidats et des militants. Or il est nécessaire de les former. C'est à partir de ce raisonnement que le SG va concevoir sa propre formation.

Les stages destinés aux aspirants cadres, conseillers régionaux, secrétaires régionaux et départementaux se déroulent selon un rituel préétabli et sélectif. Avant chaque formation, le secrétaire départemental (SD) propose une liste d'une vingtaine de postulants pour l'année. Les critères de sélection portent sur les responsabilités et/ ou les mérites des candidats, sur l'«excellence et l'expérience» pour les cadres et militants confirmés. Certains militants – qui n'ont pas encore fait leurs preuves en tant que cadres du parti – peuvent prétendre à une formation. Ils doivent pour cela avoir adhéré au FN depuis un certain temps et être prêts à s'impliquer davantage dans les structures de la région ou du département. Enfin, d'autres sont choisis sur proposition du SD, si celui-ci pense que leurs «convictions les pousseront à s'engager dans la vie militante et politique et qu'un stage peut être déterminant pour eux[53]». Chaque postulant doit répondre à un questionnaire individuel. La première règle, explique Franck Timmermans, est qu'en dehors du grand bassin parisien, ce ne sont pas les militants qui viennent au siège mais le FN qui, dans le cadre de tournées départementales ou régionales, se rend chez eux : il faut donc «symboliquement être sur le terrain avec eux. En allant sur place, l'équipe repère davantage de talents qui, jusqu'à maintenant, leur étaient cachés ; des gens qui méritent d'être élus ou encore d'être animateurs de section, têtes de liste, etc.». La seconde règle, ajoute Franck Timmermans, est de «n'avoir personne du siège dans les pattes. Je ne veux pas voir arriver Bruno Mégret ou Jean-Marie Le Pen. Mon programme de stage, je le définis et je le fais». Un autre principe guide cette formation interne : les stages sont faits en fonction de l'interlocuteur ; un stage de trésorerie pour des trésoriers et non pour le colleur d'affiches. Sont initiés aux élections des hommes et femmes destinés à être candidats, qui ont déjà reçu l'investiture du parti. Franck Timmermans poursuit : «Si on initie aux élections, aux formalités administratives et à l'animation des campagnes électorales des gens non investis électoralement, ceux-ci vont s'imaginer – parce qu'ils ont suivi ce stage – qu'ils vont pouvoir bénéficier d'une investiture et on va en faire des personnes frustrées qui nous quitteront. Il faut que les stages s'adaptent aux bons destinataires. De la même façon, on ne forme pas à la communication des gens qui n'en sont pas capables. Il faut être passé par une élection, une activité militante expérimentée, par une approche des autres pour prétendre à ce genre de stage. On va donc faire des propositions de module de stage en fonction des publics visés. Le contexte donne aussi le thème. En période non électorale se déroule une formation

---

53. «Les stages de formation des cadres», circulaire du 6 février 1989, p. 2. Document interne.

de perfectionnement. S'il y a des élections, on sera centré dessus. » Franck Timmermans exige une dernière chose : l'absence de toute interférence hiérarchique entre les stagiaires. Les militants assisteront aux stages sans leurs secrétaires départementaux. Carl Lang donne son accord. Il lance un programme de stages pour les cadres et une tournée nationale. Franck Timmermans mise sur la complémentarité des services. Il explique à Bruno Mégret, très réservé sur le projet, que le secrétariat général a une prérogative : celle de s'occuper des fédérations. Ce n'est donc pas à la DG de le faire. Bruno Mégret accepte mais exige que le mot « formation » lui soit réservé et que le SG se contente du terme « encadrement ». Carl Lang demande à Franck Timmermans, en plus de piloter la formation, de confectionner plusieurs supports papiers. Suivront huit *Guides du responsable*, « véritable encyclopédie militante[54] » censée délivrer les fondamentaux frontistes sur l'organisation, la propagande, l'animation, la gestion, etc. Les *Guides* prennent la suite de *Militer au Front* et montrent la volonté du FN d'affiner son offre de formation et de se doter d'un appareil politique performant à la hauteur de ses ambitions. Ils constituent des repères de mémorisation pour les SD. Certains servent de base de stage, comme celui sur les municipales, destiné aux têtes de liste, « le plus réussi ». Parallèlement à la rédaction des *Guides*, les stages commencent. Pour les municipales de 1989, l'équipe de l'encadrement effectue sa première tournée à travers la France. Elle apporte des conseils et une aide technique aux sections en termes d'animation, de propagande, d'organisation et de gestion.

La formation dispensée s'inspire de l'expérience professionnelle de Franck Timmermans. Elle se fonde sur les formations internes des cadres en entreprise et porte sur la communication, la gestion des rapports humains et des conflits personnels. L'analyse transactionnelle ou encore l'ELS (Expressive Learning System), la « méthode des

---

54. *Ces huit guides sont préparés par les services du secrétariat général du FN (Carl Lang, secrétaire général et Franck Timmermans, secrétaire général adjoint du FN). Ils développent plusieurs thématiques : « organisation », « convaincre », « animer », « propagande », « gestion », « élections (la lutte antifraude) », « campagnes électorales » et « élections municipales ».*

communications efficaces», font aussi partie de ses piliers. Franck Timmermans les adapte à son public tout en gardant à l'esprit que l'on ne peut pas comparer la formation en entreprise et celle donnée dans un parti politique pour une raison essentielle : « En entreprise, les gens sont rémunérés. Dans un parti politique, on s'adresse essentiellement à des bénévoles. Nous sommes obligés d'avoir un langage différent, adapté. La question essentielle reste : comment développer la motivation ? Surtout que selon l'âge du public, le turnover est important. C'est pour fidéliser nos militants et cadres que nous avons mis en place une formation continue. C'est pour les motiver, les enraciner au FN, que nous avons adapté notre formation en mettant de côté de nombreux aspects inhérents au monde de l'entreprise. Il fallait aussi atténuer les pesanteurs disciplinaires dues au passé militaire de beaucoup de nos dirigeants[55]. »

Le FN s'inspire aussi des formations d'autres partis politiques, notamment celles du Parti socialiste. Sur certains sujets précis, il demande l'aide de professionnels. Ainsi, les avocats Éric Delcroix et Jean-François Galvaire donnent des « tuyaux » sur le droit de réponse. La formation technique propose très peu de cours didactiques. Des exercices pratiques, assortis de leurs corrigés, constituent sa base. Pendant ses ateliers, Franck Timmermans observe son auditoire, saisit les qualités et défauts de chacun ; un « processus essentiel sur le plan psychologique au-delà de la pédagogie[56] ». Les participants se notent eux-mêmes. Les stages, essentiellement oraux, sont composés de travaux pratiques. Les thèmes sont divers : « Tout savoir sur l'organisation financière d'une fédération », « La communication : mieux communiquer avec la presse », « Les rôles du responsable et les dimensions du management ». Une fois le travail achevé, Franck Timmermans corrige et commente les erreurs. Parfois, un test offre la possibilité d'autoévaluer le style du management. Des exercices vidéo complètent la formation. L'idée générale est de promouvoir les idées du FN par le biais de ce vecteur. Le but est de « leur apprendre à

---

55. Entretien téléphonique avec Franck Timmermans, 28 juin 2013.
56. Ibid.

travailler ensemble, [...] à cibler un sujet et à innover, [...] à s'exprimer devant une caméra[57] ». L'exercice dit de « L'heure de vérité » répond à l'ensemble des exigences de la formation du SG. Certains participants forment le public. D'autres constituent le groupe de journalistes qui poseront les questions. D'autres encore les invités qui répondent aux « questions pièges », déroulant une thématique frontiste large. En voici quelques-unes : « Votre président, Jean-Marie Le Pen, est-il comme le dit Roger Hanin un "mégalomane, un paranoïaque, un nazi fou furieux" ? » ; « Quelle est votre position sur le droit de grève. Que pensez-vous de l'action menée par certaines catégories sociales (infirmières, agriculteurs) ? » ; « Si vous étiez au pouvoir, remettriez-vous en cause les naturalisations françaises déjà accordées et selon quels critères ? » ; « De combien d'adhérents disposez-vous dans votre département et dans votre ville ? » ; « Vous estimez que le maire de votre ville est pour les immigrés et qu'il y a trop d'étrangers dans la commune. Comment expliquez-vous qu'il n'y ait que 2 % d'immigrés parmi les employés communaux de votre ville ? » ; « Si vous aviez des enfants, accepteriez-vous que l'un d'entre eux se marie avec un homme ou une femme de couleur ? » ; « Quelle position avez-vous vis-à-vis de la Chasse ? Êtes-vous pour interdire aux chasseurs l'accès des propriétés privées ? ».

Les deux services – SG et DG – travaillent en autonomie. Ce système bicéphale fonctionne pendant une dizaine d'années. Le FN forme des centaines de militants et de cadres et parvient à constituer un appareil de plus en plus expérimenté. La scission (1998) et ses conséquences sur le long terme vont donner un coup d'arrêt brutal à cette double formation. Il faut attendre une quinzaine d'années pour que le FN et le Rassemblement Bleu Marine (RBM) s'inscrivent, de nouveau, dans la dynamique de la formation. Celle-ci est déterminante pour les échéances électorales à venir. Les municipales du printemps 2014 représentent la première étape.

---

57. « Autres suggestions d'exercices (vidéo) », documentation interne, SG.

Campus Bleu Marine : de nouvelles perspectives ?

C'est à Nanterre, au siège du FN, que la formation Campus Bleu Marine (CBM) se déroule depuis janvier 2013. Louis Aliot, vice-président du FN chargé de la formation et des manifestations, s'en occupe. Chaque week-end, une trentaine de personnes aux âges et profils différents (têtes de liste, secrétaires adjoints, militants, trésoriers, responsables FNJ, secrétaires départementaux) y assistent. Des « personnes qui, pour la plupart n'ont aucune expérience politique et, pour ceux qui l'ont, les règles changent tous les ans[58] », explique Louis Aliot. Trois modules leur sont proposés : les élections municipales, la communication et les actions de terrain. Des ateliers pratiques, des mises en situation complètent cette formation théorique, ainsi qu'une présentation du site internet Campus Bleu Marine, passage obligé des futurs candidats. Un épais classeur, contenant les nombreuses « Fiches Formation : UV Municipales de 2014 », sert de support papier. « Ce chantier de la formation est très certainement le chantier le plus important du Front national pour l'avenir. [...] L'implantation locale et la réussite de nos futurs dirigeants locaux dépendront de notre capacité à former nos cadres dans tous les secteurs de l'action publique et des idées politiques », écrit Marine Le Pen dans une lettre figurant dans ce classeur remis aux participants et orné d'une citation de Socrate : « Tout ce que je sais, c'est que je ne sais rien. »

Pour former ses futurs candidats, le FN s'investit dans une formation municipale technique « assez basique », dispensée majoritairement par les hommes du Front. L'objectif est la constitution de cinq cents listes pour le printemps 2014. Le parti compte réaliser plus de six cents formations. Les candidats sont proposés par les SD. Ils bénéficient, par la suite, d'une attention particulière. « On ne dépense pas environ 200 euros par personne pour qu'ils ne fassent rien. On se renseigne pour savoir comment ils évoluent », affirme Louis Aliot. La formation est payée quasi intégralement par le parti. Le FN demande

---

58. *Entretien de Louis Aliot avec Valérie Igounet, 19 avril 2013. Les citations suivantes proviennent de cet entretien.*

une participation symbolique de 40 euros. Cela « évite que des gens s'inscrivent et ne viennent pas [...]. Il faut que cela devienne un vrai centre de formation. Les choses importantes se déroulent à Paris. Les cadres régionaux et départementaux, lorsqu'ils viennent au siège, cela les valorise. C'est comme dans les entreprises de toute façon. C'est un peu ça d'ailleurs ». À l'issue des stages pratiques, les personnes sont notées. La formation est d'ailleurs diplômante. La suite de la formation se fera « par échanges, par le portail numérique et par cycles de conférences dans les régions », continue Louis Aliot. À partir de septembre 2013, la formation politique commence. Elle se concentre sur le programme du FN. Un *Petit Guide pratique de l'élu municipal Front national* paraît. Son objectif affiché : aider le futur élu à « appréhender au mieux les différentes problématiques (administratives, techniques et évidemment politiques) associées à l'exercice de (son) mandat local ». Pour le FN, les municipales revêtent un « caractère d'enjeu national[59] » : celui d'améliorer son implantation locale pour asseoir son assise électorale et renforcer sa présence politique militante dans les zones rurales. Une première étape qui devrait préfigurer d'autres succès électoraux. Le FN concentre ses efforts sur les 38 villes de plus de 100 000 habitants et les 531 villes de 9 000 à 100 000 habitants dans lesquelles il a obtenu au moins 12 % des suffrages exprimés lors des dernières élections. Le parti de Marine Le Pen entend ainsi montrer sa force dans les zones urbaines, base de sa stratégie électorale : « Il s'agit d'abord d'obtenir le maximum de conseillers municipaux mais aussi de maires. Atteindre cet objectif est possible, compte tenu et du mode de scrutin dans les villes de 3 500 habitants et plus [...] et des excellents résultats obtenus par Marine Le Pen et les candidats du Rassemblement Bleu Marine aux dernières élections. Nous sommes assurés d'avoir des élus, pour peu que nous fassions l'effort de constituer des listes. Il s'agit aussi d'asseoir notre enracinement local en investissant le terrain [...]. Il s'agit encore de réaffirmer haut et fort l'attachement du Front National à la ruralité, à l'identité locale et au développement des provinces [...]. Il s'agit enfin d'amorcer la reconquête des grandes villes. »

59. *Fiche formation n°25*, « *L'enjeu des élections municipales* », Campus Bleu Marine.

La formation CBM se calque sur celle dispensée autrefois par le SG de Carl Lang. Elle n'a donc pas foncièrement évolué. Elle s'est mise à jour en s'adaptant au nouveau contexte. Elle a également tenté de rattraper les années d'inaction qui ont suivi la scission. Parallèlement, le FN mariniste doit faire oublier le bilan des différentes municipalités frontistes des années 1990. Le changement fondamental réside dans le profil idéologique des formateurs. Leur culture politique ne s'enracine pas dans l'extrême droite radicale. À Bernard Antony succède ainsi Frédéric Gourier, directeur de la formation et directeur de campagne de Louis Aliot à Perpignan. Il est arrivé au FN récemment, par le biais de la défense des harkis. Autre exemple : un des principaux intervenants du Campus Bleu Marine est Bruno Lemaire, docteur en mathématiques et en économie, diplômé d'Harvard et ancien enseignant d'HEC. Il est un des plus proches conseillers de Marine Le Pen. Il s'occupe du recrutement du think tank de Louis Aliot Idées Nation – présenté comme un cercle de réflexion animé par des universitaires -, qu'il «va tenter de développer d'une manière beaucoup plus importante». Tout cet édifice «fait partie de la valorisation de tout notre travail de formation et de captation d'un certain nombre de compétences», affirme Louis Aliot. Il entre notamment dans la stratégie de dédiabolisation engagée par le FN depuis quelques années. Or, il reprend les structures et fondamentaux du FN de Jean-Marie Le Pen. Outre ses stages de formation calqués sur la période précédente, le FN s'apprête à lancer une revue rattachée à Idées Nation (comme l'était *Identité* aux temps du Conseil scientifique). La création de la maison d'édition Club Idées Nation (comme les Éditions nationales début 1990) s'inscrit dans la continuité. Le livre de Louis Aliot *Des présidents contre la France* (mai 2014) est le premier livre publié à cette enseigne.

Conclusion : la formation, une priorité constante du FN

Depuis le congrès de Tours (janvier 2011), le FN connaît une phase de croissance sans précédent dans son histoire. Ses adhérents n'ont jamais été aussi nombreux (51 551 à jour de cotisation en mai 2015), de même que ses représentants : 1 546 conseillers municipaux, 103 conseillers régionaux, 61 conseillers généraux. La majorité d'entre eux n'a jamais fait de politique. Peu de cadres expérimentés se sont présentés pour les élections municipales. Un peu plus ont répondu à l'appel pour les départementales. Aujourd'hui, le parti de Marine Le Pen met plus que jamais la priorité dans la formation politique de ses élus et militants. L'enjeu est crucial : les cadres locaux sont les pièces maîtresses de la stratégie du FN, les éléments indissociables du maillage territorial, socle et relais indispensables à l'implantation locale et à la progression électorale du FN. Mais il lui faudra encore du temps avant d'acquérir une organisation locale et une base militante solides lui permettant de s'affirmer comme un parti de professionnels de la politique. La phase de reconstruction se poursuit, avec un objectif avoué : la conquête du pouvoir en 2017.

III – LA RECONQUÊTE ÉLECTORALE ET MILITANTE

Chapitre 13 / LE PLAFOND DE VERRE ÉLECTORAL ENTAMÉ, MAIS PAS BRISÉ

Nonna Mayer

Sur la foi de sondages favorables, Marine Le Pen affirme que le plafond de verre qui empêcherait la victoire électorale du FN a sauté. L'Enquête électorale française 2012 réalisée au Centre d'études européennes (CEE) après le second tour de l'élection présidentielle tempère son optimisme. Le plafond de verre résiste. Malgré sa stratégie de dédiabolisation, Marine Le Pen peine à attirer les électeurs de gauche, les diplômés, les classes moyennes et supérieures. La seule différence avec son père est qu'elle commence à percer dans un électorat féminin jusqu'ici plus réticent à l'égard du FN, comme, plus largement, des autres droites extrêmes en Europe. Les écarts liés au genre s'estompent. Le processus n'est pas stabilisé, mais il pourrait bien s'affirmer lors du scrutin présidentiel de 2017.

Mots clés : féminisme – FN – Front national – genre – Radical Right Gender Gap – vote FN – vote Le Pen – vote ouvrier

L'arrivée de Marine Le Pen à la tête du FN a relancé la dynamique électorale de son parti. Après ses déboires lors des scrutins présidentiels de 2007 et européen de 2009 (respectivement 10,4 % et 6,3 % des suffrages exprimés), et une remontée aux régionales de 2010 (11,4 %), le parti atteint un score de 15,1 % aux cantonales de 2011, 17,9 % au premier tour présidentiel de 2012, et frôle le quart des suffrages exprimés aux élections européennes de 2014, devançant l'UMP de 4 points et le Parti socialiste de 11 points (voir figure 10 et tableau 5). Sa présidente se voit déjà en challenger du candidat de la droite au second tour de l'élection présidentielle de 2017 : « Les sondages nous donnent de l'espoir, ils nous montrent qu'il n'y a plus de plafond de verre qui empêcherait notre victoire électorale[1].» Une enquête réalisée après le second tour de l'élection présidentielle de 2012 tempère son triomphalisme[2]. Le plafond de verre résiste. Malgré sa stratégie de dédiabolisation, Marine Le Pen comme son père hier, et comme les autres droites extrêmes en Europe[3], peine à attirer les électeurs de gauche, les diplômés, les classes moyennes et supérieures. La seule différence est qu'elle commence à percer dans un électorat féminin, jusqu'ici plus réticent à l'égard du FN et de ses idées.

Tableau 5 : Résultats du Front national en nombre de voix (en milliers)

Élections présidentielles (1988-2012)

P 1988	P 1995	P 2002	P 2007	P 2012
4,376	4,571	4,804	3,834	6,421

Élections législatives (1986-2012)

L1986	L1988	L1993	L1997	L2002	L2007	L2012
2,703	2,359	3,159	3,784	2,873	1,116	3,528

1. «Il n'y a plus de plafond de verre qui empêcherait notre victoire», lemonde.fr, 7 septembre 2014. Le sondage en question est un sondage réalisé par IFOP pour Marianne : face à Nicolas Sarkozy pour l'UMP et François Hollande ou Manuel Valls pour le PS, Marine Le Pen arriverait en tête de l'élection présidentielle de 2017, avec 26 % des intentions de vote, devançant le candidat de l'UMP d'un point et le candidat socialiste de 9 points. Dans le cas d'une candidature d'Arnaud Montebourg à gauche, elle obtient 27 points et l'écart avec ce dernier s'élève à 17 points (questionnaire auto-administré en ligne, échantillon national de 947 inscrits, sélectionné selon la méthode des quotas, 21-22 juillet 2014).
2. Enquête électorale française 2012 (EEF 2012) CEE-TNS Sofres sur «l'économie politique du vote», coordonnée par Nicolas Sauger au CEE, 9 mai-9 juin 2012, en face à face auprès d'un échantillon aléatoire de 2 014 individus, représentatifs de l'électorat inscrit en métropole (pour une présentation générale : http://www.cee.sciences-po.fr/en/research/election-analysis/lenquete-electorale-francaise-2012.html). Les votes lepénistes y sont moins sous-déclarés que lors des élections précédentes. On compte 266 électeurs déclarés de Marine Le Pen, soit 15,8 % des votants dans l'échantillon, au lieu des 17,9 % attendus, soit un écart de 2 points alors que celui-ci était auparavant de 4 à 5 points. Voir Nonna Mayer, Ces Français qui votent Le Pen, Paris, Flammarion, 2002, p. 33.
3. Pour une synthèse actualisée sur la dominante populaire des électorats de ces droites, voir Jens Rydgren (ed.), Class Politics and the Radical Right, Londres, Routledge, 2013.

Le plafond de verre électoral entamé, mais pas brisé

Élections régionales (1986-2010)

R1986	R1992	R1998	R004	R2010
2,658	3,375	3,271	3,564	2,223

Élections européennes (1984-2014)

E1984	E1989	E1994	E1999	E2004	E2009	E2014
2,210	2,129	2,050	1,005	1,684	1,091	4,712

Élections cantonales et départementales (2001-2015)

C2001	C2004	C2008	C2011	D2015
0,847	1,490	0,644	1,379	5,142

Source : France entière, http://www.interieur.gouv.fr/Elections/Les-resultats et www.france-politique.fr

Figure 10 : Vote FN-Le Pen aux élections présidentielles, législatives, régionales, européennes, cantonales et départementales (en % des suffrages exprimés)

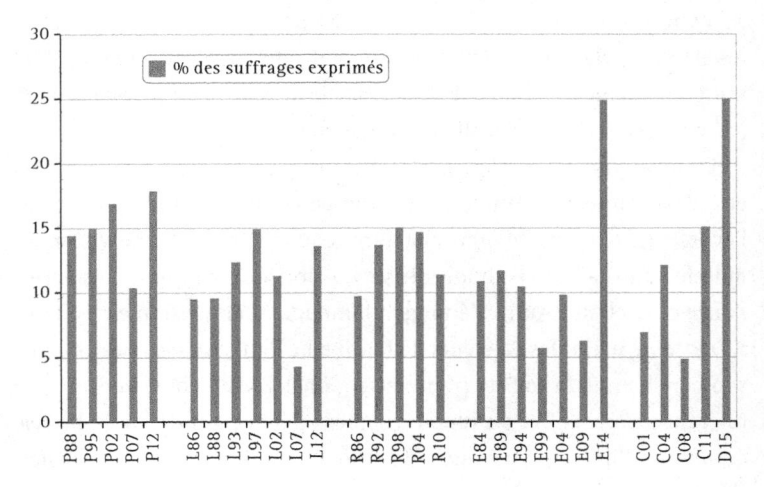

La barrière gauche-droite

Le clivage gauche-droite est une première barrière. Serait-il « élimé comme un vieux tapis qui aurait trois siècles », pour reprendre les termes de Nicolas Sarkozy[4], il fait toujours sens. La probabilité d'avoir voté pour Marine Le Pen le 22 avril 2012 est d'autant plus forte que la personne interrogée se situe plus à droite, passant de 5 % à l'extrémité gauche de l'échelle à 57 % à l'extrémité droite (voir figure 11). Si la candidate attire des électeurs de toutes sensibilités politiques, les « gaucho-lepénistes[5] » y sont minoritaires. Seulement 10 % de son électorat se situe dans les cinq premières cases de l'échelle, les deux tiers dans les cinq cases de droite, le quart restant au centre ou refusant de se situer. Les proportions sont comparables à celles que l'on observait dans l'électorat de Jean-Marie Le Pen en 2007, sinon que l'électorat de sa fille est nettement moins extrême : alors que les scores du père ne décollaient vraiment qu'à partir de la case 8, tout au bout à droite, Marine Le Pen dépasse sa moyenne nationale chez les électeurs classés au centre-droit et à droite, dans les cases 6 à 8, et puise plus largement dans le vivier électoral des « ni gauche ni droite » (case 5). Mais elle ne décolle pas à gauche.

Ce positionnement n'est pas arbitraire, il correspond à des valeurs et à des attitudes distinctes. Plus une personne se situe à droite sur l'échelle gauche-droite, plus elle aura tendance à avoir une vision du monde autoritaire et « ethnocentriste », valorisant le groupe d'appartenance et rejetant l'Autre, l'étranger, l'immigré. Cette vision est poussée à l'extrême parmi les électeurs de Marine Le Pen, comme chez ceux de son père hier. Si la société française a globalement évolué vers plus de tolérance, sous l'effet du renouvellement générationnel, de la hausse du niveau d'instruction et de la diffusion des valeurs postmatérialistes, les électeurs lepénistes restent à l'écart du mouvement.

---

4. *Sur France 2, 21 septembre 2014.*
5. *Au sens où l'entend Pascal Perrineau, « La dynamique du vote Le Pen : le poids du "gaucho-lepénisme" », dans Pascal Perrineau et Colette Ysmal (dir.), Le Vote de crise : l'élection présidentielle de 1995, Paris, Département d'études politiques du Figaro et Presses de Sciences Po, 1995, p. 243-261.*

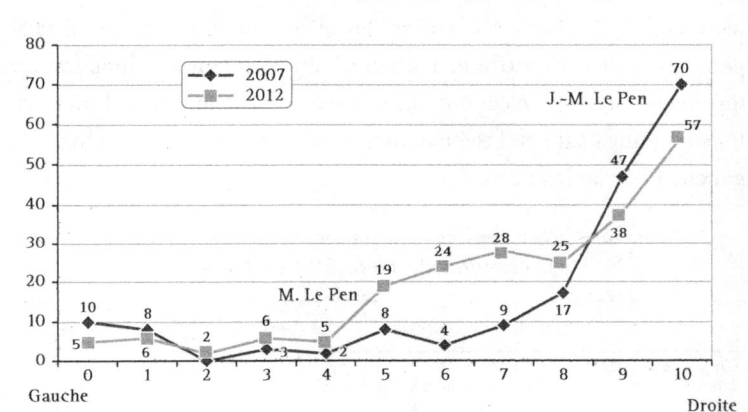

*Figure 11 : Votes Le Pen par position sur l'échelle gauche droite
(2007-2012, en % des suffrages exprimés)*

[Graphique : axe horizontal de 0 (Gauche) à 10 (Droite) ; deux courbes]

J.-M. Le Pen (2007) : 10, 8, 2, 3, 2, 8, 4, 9, 17, 47, 70
M. Le Pen (2012) : 5, 6, 2, -3, 5, 19, 24, 28, 25, 38, 57

Source : Panel électoral français 2007 du Cevipof, vague 1 (IFOP) ; Enquête électorale française 2012 du CEE (TNS Sofres).

C'est ce que montrent leurs réponses à trois questions régulièrement posées dans les enquêtes électorales (voir tableau 6). Ils sont toujours les plus enclins à trouver qu'il y a « trop d'immigrés » en France », à ne plus se sentir « chez soi » dans leur propre pays, et à souhaiter le rétablissement de la peine de mort, dans des proportions supérieures à la moyenne nationale de 30 à 40 points. Des écarts du même ordre transparaissent également dans les questions relatives au droit de vote des étrangers, refusé en 2012 par trois électeurs de Marine Le Pen sur quatre – soit un niveau de rejet supérieur de 31 points à la moyenne des votants –, au sentiment que les immigrés sont une menace pour nos emplois (+32 points), et qu'ils viennent juste pour profiter de la sécurité sociale (+28 points). Et l'écart va croissant en ce qui concerne l'image de l'islam. En 1995, la proportion de jugements négatifs chez les électeurs lepénistes était supérieure de 13 points à la moyenne, en 2012 l'écart atteint 23 points. Mais c'est le nombre d'immigrés qui préoccupe le plus ces électeurs : 94 % des électeurs lepénistes de 2012 s'accordent pour le juger excessif. *A contrario*, cette opinion apparaît comme une condition quasi nécessaire à un tel vote. Chez les personnes qui se disent « pas du tout d'accord », une seule déclare avoir voté pour la candidate du FN, et moins de 6 % chez les « plutôt pas d'accord », contre 17 % chez les « plutôt d'accord » et 37 % chez les « tout à fait d'accord ». Malgré les efforts de la présidente du FN pour diversifier son offre thématique, c'est bien contre l'immigration qu'elle mobilise son électorat. Il se classe clairement plus à droite que tous les autres sur cette thématique, et aux antipodes de l'électorat de gauche (voir tableau 6).

Tableau 6 : Opinions sur les immigrés et la peine de mort par électorat de 1988 à 2012 (en %)

	Gauche	Droite	Le Pen	Total votants	Écart
Trop d'immigrés					
1988	52	75	95	65	+30
1995	58	84	97	74	+23
2002	47	70	97	60	+37
2007	37	60	89	56	+33
2012	43	77	94	62	+32
Plus chez soi					
1988	42	50	78	49	+29
1995	44	61	87	57	+30
2002	41	57	85	52	+33
2007	36	47	78	45	+33
2012	30	54	85	46	+39
Peine de mort					
1988	50	70	91	61	+30
1995	41	61	86	56	+30
2002	36	52	84	47	+37
2007	27	42	71	41	+30
2012*	21	36	61	32	+29

Source : Enquêtes du Cevipof : postélectorales de 1988-1995 (TNS Sofres), vagues préélectorales du Panel électoral français 2002 (TNS Sofres) et 2007 (IFOP). Enquête électorale française 2012 du CEE (TNS Sofres). La question sur la peine de mort n'est pas posée dans l'enquête 2012 du CEE, il s'agit du sondage postélectoral Cevipof-OpinionWay. Données non pondérées.

Un positionnement aussi droitier ne se retrouve dans aucun autre domaine de valeurs. Sur les questions de mœurs, les électeurs de Marine Le Pen voisinent avec ceux de la droite classique : 37 % d'entre eux reconnaissent le droit d'adoption aux couples homosexuels (contre 38 % des électeurs de droite et 57 % des électeurs de gauche), 20 % estiment que les femmes sont faites avant tout pour faire des enfants et les élever (contre 17 % des électeurs de droite et 11 % des électeurs de gauche). Sur les questions économiques en revanche, notamment le degré d'intervention de l'État face au marché et aux entreprises, qui a longtemps été au fondement du clivage gauche-droite, l'électorat lepéniste se situe à gauche de la droite : plus en faveur des nationalisations, plus critique de la notion de profit et plus enclin à faire passer les droits des salariés avant la compétitivité des entreprises. En fait, l'électorat lepéniste est divisé. Sa composante ouvrière est favorable à la régulation étatique et à la redistribution, celle des petits indépendants y est hostile. Si bien qu'il se retrouve sur ces questions en position intermédiaire entre l'électorat de gauche et celui de droite.

Enfin, sur les enjeux européens, on observe plutôt un rapprochement des extrêmes (voir figure 12). Dès le référendum sur Maastricht en 1992, la question européenne vient brouiller les repères politiques, opposant les partis modérés, majoritairement pro-européens aux partis extrêmes tant de gauche (Parti communiste) que de droite (Front national), farouchement opposés à l'intégration européenne[6]. Le référendum de 2005 sur le traité européen a confirmé ce phénomène[7], et la crise économique qui débute en 2008 l'a encore renforcé. En 2012, les jugements négatifs sur l'Europe culminent chez les électeurs de Marine Le Pen, suivis de près par ceux du candidat souverainiste Nicolas Dupont-Aignan, mais remontent aussi légèrement à l'autre extrémité du champ politique, chez les électeurs de Jean-Luc Mélenchon et des deux candidats trotskystes. Les raisons de leur rejet sont toutefois différentes. Les premiers y voient les prémisses d'une immigration incontrôlée et une menace pour l'identité nationale, les seconds dénoncent l'Europe du grand capital et son tournant néolibéral. Le clivage apparaît dans les réponses à deux autres questions cherchant à cerner les peurs que suscite la construction européenne. En 2012, les électeurs d'extrême gauche sont les plus nombreux à craindre que la construction européenne signifie « moins de protection

---

6. Olivier Duhamel et Gérard Grunberg, «Les dix France», dans Sofres, L'État de l'opinion, Paris, Seuil, 1993, p. 79-85.
7. Sylvain Brouard et Vincent Tiberj, «The French Referendum : The Not So Simple Act of Saying "Nay"», PS : Political Science and Politics, 39 (2), 2006, p. 261-268.

sociale en France» (80%, contre 75% chez les lepénistes). Inversement, la proportion de ceux qui y voient un risque de «perdre notre identité et notre culture nationale» bat tous les records chez les électeurs de Marine Le Pen, où elle dépasse 80% (contre 38% à l'extrême gauche).

Figure 12 : Attitudes à l'égard de l'Europe par électorat présidentiel en 2012 (en %)

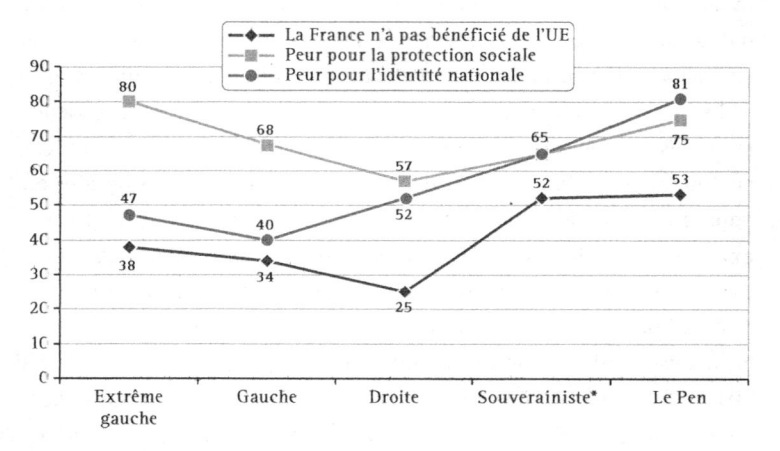

	Extrême gauche	Gauche	Droite	Souverainiste*	Le Pen
La France n'a pas bénéficié de l'UE	38	34	25	52	53
Peur pour la protection sociale	80	68	57	65	75
Peur pour l'identité nationale	47	40	52	52	81

Source : Enquête électorale française 2012 du CEE (TNS Sofres).

Une série de régressions logistiques permet d'évaluer le pouvoir explicatif de ces différentes opinions sur le vote en faveur de Marine Le Pen. Plutôt que de se fier à une seule question pour chacune, quatre indicateurs ont été construits qui synthétisent le degré de libéralisme économique, de libéralisme en matière de mœurs, d'ethnocentrisme et de sentiment anti-européen[8]. Seuls ont un effet significatif

---

8. *Chaque indicateur est construit à partir d'une série de questions posées aux personnes interrogées. Libéralisme économique : image positive du profit, des privatisations, priorité donnée à la compétitivité des entreprises plutôt qu'à l'amélioration de la situation des salariés. Libéralisme des mœurs : reconnaissance du droit des couples homosexuels à adopter des enfants et rejet de l'idée selon laquelle les femmes seraient faites d'abord pour faire des enfants et les élever. Ethnocentrisme : image négative de l'islam, sentiment qu'il y a trop d'immigrés, qu'ils viennent d'abord pour profiter de la sécurité sociale, qu'ils*

sur le vote pour Marine Le Pen, par ordre décroissant, le positionnement sur l'échelle gauche droite, la relation à l'Autre et le niveau d'euroscepticisme. Quand on combine leurs effets, les probabilités prédites par le modèle d'avoir voté pour la présidente du FN passent de 1 % chez les personnes à la fois les plus à gauche, les plus europhiles et les plus ouvertes à la diversité, à plus de 70 % chez celles qui combinent un positionnement à l'extrême droite (cases 9-10), la note maximale d'ethnocentrisme et le niveau maximal d'euroscepticisme. Mais l'attachement à la famille traditionnelle, tout comme l'adhésion au libre jeu du marché et à la dérégulation économique, n'ont aucun impact, une fois contrôlé l'effet des autres variables. La principale nouveauté par rapport à l'électorat du père est la montée en puissance de l'enjeu européen, plus présent dans la campagne menée par sa fille qui, à partir de février 2012, a fait de la critique de l'Europe son premier thème de communication, avant même l'immigration. L'enjeu prend de l'importance dans un contexte de crise économique mondiale, où l'Europe devient une porte ouverte sur un monde menaçant, non seulement pour l'emploi et les droits sociaux, mais pour l'identité nationale et politique[9].

Un ancrage avant tout populaire

Les attitudes ethnocentristes et autoritaires sont étroitement liées au niveau d'instruction. Faire des études ouvre sur les autres cultures, forge la capacité à raisonner de manière autonome, à refuser les

---

« prennent nos emplois », qu'on ne se sent plus chez soi comme avant, refus de donner le droit de vote aux étrangers. Euroscepticisme : sentiment de ne pas avoir bénéficié de l'Union européenne, la crainte qu'elle soit une menace pour la protection sociale, et pour l'identité nationale.

9. Sur l'impact électoral du sentiment anti-européen, voir Nonna Mayer, « De Jean-Marie à Marine Le Pen », dans TNS Sofres, L'État de l'opinion, Paris, Seuil, 2013, p. 88-89. Sur la place de l'Europe dans la campagne présidentielle, voir Dominique Labbé et Denis Monière, « La spirale de la négativité. Contenu et thèmes de la communication des candidats du 25 mars au 7 avril 2012 » (publié le 13 avril 2012 sur le site www.trielec2012.fr). Sur le repli protectionniste, voir Alain Mergier et Jérôme Fourquet, Le Point de rupture. Enquête sur les ressorts du FN en milieux populaires, Paris, Fondation Jean-Jaurès, 2011, p. 77-85.

simplifications et les préjugés. Sans surprise, les votes pour Marine Le Pen, comme pour son père hier, décroissent à mesure que le niveau de diplôme s'élève, passant de 18,5 % chez les personnes qui n'ont pas dépassé le niveau du certificat d'études primaires à 7 % chez les diplômés du supérieur (voir tableau 7). De même, ce vote atteint ses plus bas niveaux chez les enseignants, les étudiants, les professionnels de l'information, de l'art et du spectacle, catégories les mieux pourvues en capital culturel. Inversement, dans une société où l'objectif affiché est d'amener au bac 80 % d'une classe d'âge, échouer à cet examen ou être orienté au préalable vers des filières courtes perçues comme des voies de relégation, condamne aux petits boulots ou au chômage et génère un ressentiment auquel les immigrés servent facilement d'exutoire, surtout parmi les jeunes générations arrivant sur le marché du travail. Si l'on distingue au sein du groupe « primaire supérieur » les titulaires d'un certificat d'aptitude ou d'un brevet professionnel, Marine Le Pen y a recueilli 31 % des voix en 2012 et 44 % chez ceux d'entre eux qui ont moins de 24 ans. Certes, elle a réussi à attirer au FN des intellectuels, des énarques comme Florian Philippot, des universitaires comme Gilles Lebreton, en accord avec ses idées. Mais les probabilités de voter pour la candidate du FN, comme pour son père, sont toujours d'autant plus élevées que la personne possède un faible niveau d'études. Elles dépendent aussi, plus spécifiquement, du degré de politisation, mesuré tant par le niveau d'intérêt déclaré pour la politique que le niveau de connaissances dans ce domaine, évaluées dans notre enquête au moyen de quatre questions posées sous forme de quiz testant la familiarité avec les institutions nationales et internationales, les partis, le niveau de chômage[10]. C'est chez

> 10. Voici les questions : « Laquelle de ces personnes était ministre des Finances juste avant cette élection présidentielle : François Baroin, Xavier Bertrand, Luc Chatel, Alain Juppé ? » ; « Quel est actuellement le taux de chômage en France selon les dernières mesures de l'INSEE : 8 %, 10 %, 12 %, 14 % ? » ; « Quel parti était arrivé en seconde position en termes de sièges à l'Assemblée nationale lors des dernières élections de 2007 : PC, PS, Modem, UMP ? » ; « Quel est actuellement le secrétaire général des Nations Unies : Kofi Annan, Kurt Waldheim, Ban Ki-Moon, ou Boutros Boutros-Ghali ? » La corrélation du score de connaissances avec le niveau de diplôme est de 0,32, et avec le degré d'intérêt pour la politique de 0,46 (R de Pearson).

les électeurs de Marine Le Pen que se trouve la plus forte proportion de personnes peu intéressées par la politique et présentant un faible niveau de connaissances (voir tableau 8).

Tableau 7 : Sociologie des votes Le Pen aux premiers tours présidentiels (1988-2012) (en % des suffrages exprimés)

	Prés. 1988	Prés. 1995	Prés. 2002	Prés. 2007	Prés. 2012
Ensemble	15	15	17	11	18
Sexe					
Hommes	18	19	20	12	19
Femmes	12	12	14	9	17,5
Âge					
18-24 ans	14	18	13	10	26
25-34 ans	15	20	17	10	20
35-49 ans	15	16	18	11	18
50-64 ans	14	14	20	12	20
65 ans et plus	16	10	15	9	13
Prof. interviewé					
Agriculteur	10	10	22	10	21
Patron	19	19	22	10	16
Cadre, profession intellectuelle	14	4	13	7	6
Profession intermédiaire	15	14	11	5	12
Employé	14	18	22	12	23
Ouvrier	17	21	23	16	28,5
Niveau d'études					
Primaire	15	17	24	13	18,5
Primaire supérieur	17	20	21	13	27
Bac	13	12	15	8	19
Bac + 2	10	13	11	3	13
Supérieur	9	4	7	4	7
Religion					
Catho. pratiquant régulier	13	8	12	5	13
Pratiquant irrégulier	13	13	18	10	18,5
Catholique non pratiquant	16	19	20	12	20
Sans religion	10	14	15	12	20
Taille d'agglomération					
Moins de 2 000 hab.	12	14	19	11	23
Agglomération parisienne	17	14	11	5	12

Source : Enquêtes du Cevipof : postélectorales de 1988-1995 (TNS Sofres), vagues préélectorales du Panel électoral français 2002 (TNS Sofres) et 2007 (IFOP). Enquête électorale française 2012 du CEE (TNS Sofres). Chômeurs et retraités reclassés selon leur dernière profession exercée.

LES FAUX-SEMBLANTS DU FRONT NATIONAL

Tableau 8 : *Indicateurs de politisation par électorat présidentiel en 2012 (en % des suffrages exprimés)*

	Gauche	Droite	Marine Le Pen
S'intéresse peu/pas du tout à la politique	20	21	32
Faible niveau de connaissances politiques (1 sur 4)	36	37	60
Non bachelier	41	43	60

Source : Enquête électorale française 2012 du CEE (TNS Sofres). Se lit ainsi : 60 % des électeurs de Marine Le Pen n'ont pas le bac.

De même, comme son père, Marine Le Pen réussit mieux dans les fractions populaires de l'électorat. D'une élection à l'autre, en fonction de l'offre politique, le centre de gravité de cet électorat se déplace, il n'y a pas d'« électeur type » du FN (voir tableau 7). Aux européennes de 1984, Le Pen trouve ses meilleurs appuis auprès d'une bourgeoisie de droite, catholique, aisée, exaspérée par l'arrivée des « socialo-communistes » au pouvoir, qui revient au vote utile dès 1986. Il progresse ensuite chez les petits commerçants et artisans, la fraction la plus populaire de l'électorat de droite, inquiète pour son avenir, dont un sur cinq a voté Le Pen au premier tour de l'élection présidentielle de 1988. Parallèlement il gagne un électorat populaire déçu par la gauche, en particulier les ouvriers, qui, en 1995, lui donnent son meilleur score. Même en 2007, quand Jean-Marie Le Pen recueille à peine plus de 10 % des suffrages exprimés, c'est chez eux qu'il garde le plus de soutiens (16 %), alors que les petits patrons lui ont nettement préféré Nicolas Sarkozy. Sa fille a encore amplifié cette attraction dans les milieux populaires, particulièrement chez les ouvriers, les plus touchés par la crise, les plus exposés au chômage, les plus mécontents de la présidence de Nicolas Sarkozy, dont près de 30 % déclarent avoir voté pour elle le 22 avril 2012.

Il faut, certes, nuancer ces résultats. Les catégories socialement défavorisées sont fortement sous-représentées dans les enquêtes par sondage, et elles ont une plus grande propension à s'abstenir. Si l'on prend comme indicateur de non-participation au scrutin de 2012 les déclarations d'abstention, de vote blanc ou nul et les refus de répondre, 21 % des ouvriers ne seraient pas allés voter au premier tour (contre

15 % dans l'échantillon) et 25 % au second (contre 19 %). Recalculé par rapport aux inscrits, le score de Marine Le Pen chez les ouvriers est de 23 %, soit un résultat supérieur de 2 points à celui des candidats de la droite modérée, mais inférieur de 13 points à celui des candidats de gauche. Une nette majorité des ouvriers, le 22 avril 2012, n'a donc pas voté ou a voté à gauche (57 %). Mais les milieux populaires pèsent lourd dans l'électorat de Marine Le Pen : si l'on ajoute les employés aux ouvriers, ensemble, ils en constituent plus de la moitié. En ce sens l'électorat du FN reste avant tout un électorat populaire. Ce phénomène n'est pas spécifique à la France, il touche peu ou prou tous les partis de droite extrême qui se sont développés en Europe depuis la fin des années 1980, dans un contexte de recul du vote de classe et de montée des enjeux non économiques[11].

La seconde précision concerne le type d'ouvrier susceptible de porter ses voix au FN. Contrairement aux idées reçues, ce ne sont pas les plus désavantagés. L'enquête électorale de 2012 comportait un indicateur de précarité sociale mis au point par les centres d'examen de santé de la Sécurité sociale, le score EPICES, permettant de classer les individus de 0 à 100 sur un gradient de précarité à partir de questions portant sur leur situation économique mais aussi leur degré d'isolement, leur couverture sociale et leur accès aux loisirs[12]. À partir d'un score de 30, une personne est considérée comme précaire, soit 37 % de l'échantillon, proportion qui atteint un niveau record de 53 % chez les ouvriers. Mais c'est dans l'autre moitié, celle des non-précaires au sens du score EPICES, que Marine Le Pen fait ses meilleurs scores (tableau 9). Et tous les autres indicateurs socioéconomiques le confirment. Son score dépasse 30 % chez les ouvriers qualifiés, les titulaires d'un diplôme

---

11. Voir notamment Daniel Oesch, «Explaining Voters' Support for Right-Wing Populist Parties in Western Europe. Evidence from Austria, Belgium, France, Norway and Switzerland», International Political Science Review, 29 (3), 2008, p. 348-373 ; Simon Bornschier et Hanspeter Kriesi, «The Populist Right, the Working Class, and the Changing Face of Class Politics», dans Jens Rydgren (ed.), Class Politics and the Radical Right, op. cit., 2012, p. 10-29 ; Dennis Spies, «Explaining Working-Class Support for Extreme Right Parties : A Party Competition Approach», Acta Politica, 48, 2013, p. 296-325.

12. Voir Céline Braconnier et Nonna Mayer (dir.), Les Inaudibles. Sociologie politique des précaires, Paris, Presses de Sciences Po, 2015, p. 23.

professionnel, ceux qui ont une voiture, sont propriétaires de leur logement, bref ceux qui ont accumulé un petit capital économique et culturel et qui craignent de le perdre, qui ont peur de descendre une échelle sociale qu'ils ont eu du mal à grimper. Une des questions de l'enquête demandait justement à la personne de se situer sur une échelle allant du haut (échelon 1) au bas (échelon 10) de la société. La candidate du FN fait 37 % chez les ouvriers qui se voient sur le septième échelon, contre 23 % seulement auprès de ceux qui se placent plus bas, sur les deux derniers barreaux[13]. Une étude comparative menée dans treize pays à partir de la 4e vague de l'Enquête sociale européenne (2008-2009) confirme le phénomène. Les électeurs les plus défavorisés se distinguent par un taux élevé d'abstention. Les droites extrêmes font leurs meilleurs scores chez les ouvriers dotés d'un minimum de capital culturel et économique[14].

Tableau 9 : *Vote des ouvriers aux deux tours présidentiels de 2012 par niveau de précarité (en %)*

	1er tour				2ème tour		
	Gauche	Droite	M. Le Pen	(Abstention)	Hollande	Sarkozy	(Abstention)
Ouvriers non précaires	40	25	35	(18)	48	52	(21)
Ouvriers précaires	52	27	22	(23)	67	33	(29)

Source : Enquête électorale française 2012 du CEE (TNS Sofres), pondérée. Sont considérées comme précaires les personnes appartenant aux deux derniers quintiles du score EPICES, avec un score égal ou supérieur à 30 sur l'indicateur.

Il faut tenir compte, enfin, de la répartition spatiale de cet électorat populaire. La percée électorale du FN s'est faite au milieu des années 1980 dans les grandes villes et leurs banlieues, dans des zones

13. Voir, dans le même ordre d'idée, les travaux d'Olivier Schwartz sur les conducteurs de bus parisiens se démarquant de ceux « d'en bas », des « assistés », notamment dans « Vivons-nous encore dans une société de classes ? Trois remarques sur la société française contemporaine », laviedesidees.fr, 2009 (source : http://www.laviedesidees.fr/IMG/pdf/20090922_schwartz.pdf), ainsi que l'étude sur la « France pavillonnaire » de Marie Cartier, Isabelle Coutant, Olivier Masclet et Yasmine Siblot, *La France des « petits-moyens ». Enquêtes sur la banlieue pavillonnaire*, Paris, La Découverte, 2008.
14. Simon Bornschier et Hanspeter Kriesi, « The Populist Right... », art. cité, p. 26-27.

industrielles et urbanisées à forte concentration d'immigrés. Au début, son leader a peu convaincu un monde agricole encadré par l'Église, fortement organisé et syndiqué, et entretenant des relations privilégiées avec les élus politiques locaux, principalement de droite. Depuis dix ans, la tendance semble s'inverser. Le 21 avril 2002, c'est chez les agriculteurs que Jean-Marie Le Pen progresse le plus, ces derniers étant pour la première fois aussi nombreux à voter pour lui que les ouvriers, les employés et les petits patrons (tableau 7). Et il progresse dans les communes rurales, inquiètes d'une contagion des problèmes sécuritaires dans les zones périurbaines, qui se sentent abandonnés des pouvoirs publics[15]. La tendance s'affirme en 2012, le score de Marine Le Pen dépasse 20 % dans les communes de moins de 2 000 habitants, le double de son score dans l'agglomération parisienne. Le sur-vote pour le FN concernerait d'abord « la France périphérique » au sens où l'entend le géographe Christophe Guilluy, espace de relégation des classes populaires, ouvriers et employés, chassés des centres-villes par la hausse des loyers et la gentrification et fuyant la présence immigrée dans les banlieues[16]. Le terme « périphérique » est toutefois vague et controversé, regroupant villes petites à moyennes et zones rurales sous la même étiquette. Et un sondage, par définition, atomise des individus extraits de leurs contextes. Mais il permet d'explorer la perception subjective du lieu de résidence. Une question de notre enquête demandait aux personnes interrogées de décrire leur environnement : grande ville, banlieue, ville petite ou moyenne, village, zone rurale[17]. Une autre demandait depuis quand la personne était installée. Effectivement, en 2012, Marine Le Pen obtient nettement plus de voix chez les personnes qui disent vivre dans des villages ou des zones rurales

---

15. *Pour une synthèse du débat, voir le dossier du* Monde *du 28 février 2012 («Dans la France périurbaine, le survote pour le Front national»), rappelant les travaux de Christophe Guilluy sur les «fractures françaises», de Michel Bussi sur le «gradient d'urbanité» et de Jacques Lévy sur le «périurbain».*

16. *Voir notamment Christophe Guilly,* Fractures françaises, *Paris, François Bourin, 2010 et, du même auteur,* La France périphérique. Comment on a sacrifié les classes populaires, *Paris, Flammarion, 2014.*

17. *Les réponses sont fortement corrélées au demeurant avec la taille de l'agglomération telle que recensée par l'Insee (R de Pearson de 0,67).*

(22 et 23 %) plutôt que dans les grandes villes ou leurs banlieues (13 % et 17 %). Son score augmente aussi d'autant plus que l'installation est récente, atteignant un quart des suffrages chez les électeurs installés depuis moins de cinq ans (contre 15 % chez ceux installés là depuis plus de seize ans) et un tiers quand ils vivent dans des communes rurales ou des villages. Mais vivre à la périphérie des villes n'efface pas l'effet des autres variables explicatives du vote Le Pen. Quand on contrôle par l'âge, le diplôme, la profession ou l'orientation politique, l'effet du lieu de résidence disparaît. En revanche, l'effet de la durée de résidence persiste. Toutes choses égales par ailleurs, les chances de voter pour Marine Le Pen sont d'autant plus élevées que l'installation est récente. Il y a là une piste de recherche à explorer, il faudrait mieux cerner le profil de ces nouveaux arrivés, vérifier si leur mobilité résidentielle a été volontaire ou contrainte, etc.

Une percée chez les femmes

La réticence des femmes à soutenir les droites extrêmes, en France comme en Europe, a été très tôt soulignée [18]. De nombreuses explications ont été avancées pour expliquer cet effet de genre qualifié de *radical right gender gap* par Terri Givens [19]. La première renvoie au marché du travail. Occupant plus souvent des emplois dans le commerce et les services que dans l'industrie, les femmes seraient moins au contact des immigrés que les ouvriers, donc moins sensibles aux thématiques xénophobes. Une deuxième explication serait leur religiosité. Les femmes restent globalement un peu plus pratiquantes que les hommes, surtout les plus âgées, et les valeurs chrétiennes

---

18. Voir l'analyse pionnière de Hans-Georg Betz, Radical Right-Wing Populism in Western Europe, New York (N. Y.), Saint Martin's Press, 1994.
19. Terri Givens, « The Radical Right Gender Gap », Comparative Political Studies, 2004, 37 (1), 2004, p. 30-54 ; Phyllis Rippeyoung, « When Women are Right : the Influence of Gender, Work and Values on European Far Right Party Support », International Feminist journal of Politics, 9 (3), 2007, p. 379-397 ; Tim Immerzeel, Hilde Coffé et Tanja van der Lippe, « Explaining the Gender Gap in Radical Right Voting : A Cross-National Investigation in 12 Western European Countries », Comparative European Politics (mis en ligne le 1er juillet 2013).

seraient un rempart contre le message inégalitaire et anti-universaliste des droites extrêmes[20] ; ainsi, en France, l'Église catholique rappelle régulièrement que le programme du Front national est contraire au message universaliste des Évangiles. Un autre facteur avancé serait la diffusion des valeurs féministes dans la société, surtout chez les jeunes, difficilement compatible avec la vision traditionnelle de la femme véhiculée par Le Pen et son parti. Tandis que du côté des hommes, *a contrario*, l'entrée massive des femmes sur le marché du travail et leurs revendications émancipatrices seraient perçues comme une atteinte à la suprématie masculine. Le vote Le Pen aurait une dimension de revanche antiféministe[21]. Les femmes enfin se distingueraient par un rapport plus distant à la politique, perçu comme un monde d'hommes, associé au conflit. L'image de violence physique et verbale qui entoure l'extrême droite les rebuterait tout particulièrement.

Jusqu'en 2012, les femmes ont moins souvent porté leurs suffrages au parti lepéniste. Mais, le 22 avril 2012, l'écart entre le vote Marine Le Pen des électeurs et des électrices s'est réduit à un point et demi, contre 3 en 2007, 6 en 2002, 7 en 1995 et 6 en 1988 (tableau 7). Une analyse de régression logistique introduisant successivement dans le modèle explicatif le sexe, l'âge, le diplôme, la pratique religieuse et le placement sur l'échelle gauche-droite montre que toutes ces variables ont un effet statistiquement significatif sur le vote pour Marine Le Pen, sauf le genre, alors qu'il était un facteur déterminant du vote pour son père. Faut-il y voir les prémisses d'une normalisation du vote féminin pour les droites extrêmes ? Les facteurs initialement mobilisés pour expliquer le différentiel hommes-femmes fournissent des pistes de recherche pour expliquer son érosion. La première, la plus évidente, tient à l'offre partisane et à l'accession de Marine Le Pen à la présidence du parti lepéniste en 2011. C'est une femme.

---

20. *Kai Arzheimer et Elisabeth Carter, « Christian Religiosity and Voting for West European Radical Right Parties »*, West European Politics, 32 (5), 2009, p. 985-1011.

21. *Pascal Perrineau*, Le Symptôme Le Pen. Radiographie des électeurs du Front national, *Paris, Fayard, 1997, p.105-107.*

Jeune, active, deux fois divorcée, elle donne une image plus moderne sur les questions de société (avortement, homosexualité, famille)[22]. Elle présente le message frontiste sous une forme plus policée que son père, excluant les propos antisémites ou nostalgiques de la seconde guerre mondiale. À l'instar d'autres leaders de droites extrêmes, en Norvège, au Danemark ou au Pays-Bas, elle a changé son argumentaire en recentrant son discours sur l'islam[23]. Ce dernier est présenté comme une menace pour les valeurs démocratiques, pour les droits des femmes, des homosexuels, des Juifs. Elle tient par ailleurs un discours plus social que son père, appelant de ses vœux un État protecteur, un renforcement des services publics, et se montre plus critique à l'égard de l'Union européenne, deux thèmes auxquels l'électorat féminin est plus sensible. Les réponses aux questions sur l'image des candidates et des candidats du scrutin présidentiel de 2012 mettent en lumière un «effet Marine» plus marqué chez les femmes : sur un indicateur de sympathie pour la candidate allant de 0 à 10, 55 % de ses électrices du premier tour (contre moins de 48 % de ses électeurs) lui donnent une note égale ou supérieure à 8, alors que sur une échelle de sympathie pour le FN, on n'observe aucune différence selon le sexe. L'adhésion des femmes semble également plus profonde, si l'on en juge par une autre enquête effectuée le jour du premier tour, qui posait une question ouverte : «Quel est le candidat ou la candidate qu'au fond de vous-même, vous souhaitez voir élu(e) ? » : 56 % de ses électeurs répondaient Marine Le Pen, mais aussi et surtout 74 % de ses électrices[24].

La deuxième piste explicative est celle de la religion. Longtemps, on n'a relevé aucun lien entre la force des préjugés et l'intégration à l'univers du catholicisme français. L'affaire des caricatures de

---

22. Voir sur ce point le chapitre 8 de cet ouvrage.
23. Sur la féminisation de l'enjeu migratoire, voir Sarah de Lange et Liza Mügge, «Gender and Right-Wing Populism in the Low Countries : Ideological Variations across Parties and Times», Patterns of Prejudice, 49 (1-2), 2015, p. 61-80.
24. Nonna Mayer, «De Jean-Marie à Marine Le Pen», art. cité, p. 94 et «The Closing of the Radical Right Gender Gap in France ?», French Politics, 2015 (à paraître).

Mahomet, en 2005, marque un tournant. À partir de cette date, le fait d'être catholique et pratiquant fait monter les scores sur les échelles d'ethnocentrisme et d'aversion à l'islam. Tout se passe comme si la plus grande visibilité des religions minoritaires, et en particulier de l'islam, dans l'espace public, les débats autour du voile, puis de la burqa, les velléités d'entrée de la Turquie dans l'Union européenne, la progression internationale d'un fondamentalisme musulman, provoquaient un réveil identitaire et une crispation ethnocentriste chez les catholiques français[25]. Dans ces conditions, la religion ne jouerait plus chez les femmes le rôle dissuasif envers le vote FN qu'elle jouait auparavant. En 2012, les femmes catholiques pratiquantes, celles qui vont au moins une fois par mois à la messe, ont même davantage voté pour Marine Le Pen que les hommes à niveau de pratique égal (15 % contre 10 %), alors qu'en 2002 c'était l'inverse[26]. Quand on contrôle l'effet de la religion par les autres variables, attitudinales et socioculturelles, la pratique n'a toutefois aucun effet sur le niveau de vote Le Pen. En revanche, le fait d'appartenir à une confession minoritaire, essentiellement l'islam dans l'échantillon, a un impact négatif significatif sur ce vote, par opposition à l'ensemble des catholiques, quel que soit leur degré de pratique.

La troisième piste est celle d'un recul du féminisme. Une des questions de l'enquête propose le stéréotype selon lequel les femmes seraient faites avant tout pour faire des enfants et les élever. Chez les hommes qui ont voté pour Marine Le Pen, 43 % seulement rejettent fortement cette opinion, soit une proportion inférieure de 16 points par rapport à l'ensemble des votants. Inversement, près de 40 % de ceux qui adhèrent fortement au stéréotype ont voté pour la candidate

---

25. Nonna Mayer et Guy Michelat, «Les transformations du rapport à l'autre: le rôle des identités politiques et religieuses», Commission nationale consultative des droits de l'homme. La Lutte contre le racisme et la xénophobie. *2006, Paris, La Documentation française*, 2007, p. 122-138; Guy Michelat et Claude Dargent, «Système catholique symbolique et comportements électoraux», Revue française de science politique, 65 (1), 2015, p. 27-60.

26. Mariette Sineau, «Les paradoxes du gender gap à la française», dans Bruno Cautrès et Nonna Mayer (dir.), Le Nouveau Désordre électoral. Les leçons du 21 avril 2002, Paris, Presses de Sciences Po, 2004, p. 207-252.

du FN. Leur vote a clairement une dimension sexiste. Il n'en va pas de même chez les électrices de Marine Le Pen. Leurs réponses ne diffèrent pas de celles du reste de la population : elles sont 61 % à fortement rejeter cette vision de la femme (contre 59 %), proportion qui atteint 69 % chez les moins de 40 ans (contre 70,5 %). Mais cela ne les empêche pas de voter pour le FN, manifestement pour d'autres raisons que la place des femmes dans la société. Mieux, c'est chez les jeunes femmes, pourtant les plus féministes, que le vote Marine Le Pen est le plus fréquent, égal à celui des hommes du même âge (21 et 22 %, contre 18 et 15 % après 40 ans). Ce n'était pas le cas lors des élections précédentes. Une autre explication est que les droites radicales ont changé d'argumentaire, se présentant comme championnes des libertés démocratiques et en particulier des droits des femmes, que bafouerait l'islam[27].

La dernière hypothèse est celle des transformations de la structure socioprofessionnelle. Dans toutes les professions, les femmes sont plus réticentes que les hommes à soutenir Marine Le Pen, sauf parmi certaines catégories d'employés, où elles sont très largement majoritaires. On voit se dessiner un nouveau potentiel de soutien à Marine Le Pen, dans un électorat féminin populaire qui, à la différence de l'électorat ouvrier décrit plus haut, lui est d'autant plus favorable qu'il connaît des conditions de travail et d'existence difficiles. Marine Le Pen obtient 40 % des suffrages chez les employées de commerce. Caissières de supermarché, vendeuses, elles incarnent un prolétariat peu représenté, peu reconnu, mal payé, dont les conditions de précarité n'ont rien à envier à celles des ouvriers. De même, au sein du monde ouvrier, alors que chez les hommes, ce sont les ouvriers qualifiés qui donnent le plus de voix à Marine Le Pen (32 % contre 23 % chez les non-qualifiés), chez les femmes, au contraire, ce sont les ouvrières non qualifiées (33 % contre 23 % chez les ouvrières qualifiées).

---

27. Voir Tjitske Akkerman et Annike Hagelund, «"Women and Children First!" Anti-Immigration Parties and Gender in Norway and the Netherlands», Patterns of Prejudice, 41 (2), 2007, p. 197-214.

Une série de régressions logistiques séparées pour les hommes et les femmes permet d'explorer plus avant les différences liées au genre. Dans les deux populations, ce sont les mêmes variables qui prédisent le vote pour Marine Le Pen. Du côté des attitudes, un positionnement droitier, une fixation anti-immigrés, la crainte de l'Europe. Du côté des facteurs socioculturels, la jeunesse, l'absence d'instruction et de connaissances politiques, un milieu social populaire, la non-appartenance à l'univers du catholicisme. Autrement dit, le potentiel électoral du FN est identique dans les deux populations. Mais ces variables ont systématiquement moins d'influence sur le vote féminin. Les coefficients qui résument le pouvoir explicatif du modèle sont toujours plus faibles chez les femmes que chez les hommes (voir tableau 10). En revanche, quand on introduit la sympathie déclarée à l'égard de la candidate du FN, c'est l'inverse. Ce facteur joue nettement plus chez les femmes que chez les hommes, et le pouvoir explicatif du même modèle est chez elles supérieur de 10 points à son niveau chez les hommes. L'effet « Marine Le Pen » est manifestement décisif en 2012 pour inciter des électrices tentées par le vote à passer à l'acte ; il diminue d'autant le *radical right gender gap*[28].

Tableau 10 : Le pouvoir des modèles explicatifs du vote pour Marine Le Pen en 2012 selon le genre

	Âge, diplôme, profession	Position sur l'échelle gauche/droite, sentiment anti-UE et anti-immigrés	Sentiment anti-UE et anti-immigrés, sympathie pour Marine Le Pen
Femmes	.13	.31	.65
Hommes	.18	.36	.57

Source : Enquête électorale française 2012 du CEE (TNS Sofres). Note de lecture : Trois modèles de régression logistique sur le vote Marine Le Pen. Pouvoir explicatif mesuré par le R^2 de Nagelkerke.

---

28. Sur un comportement électoral féminin qui serait plus conformiste, plus sensible aux normes sociales, plus réticent à l'égard de nouveaux partis ou d'outsiders, voir la communication de Eelco Harteveld, Stefan Dahlberg, Andrej Kokkonen et Wouter van der Brug à la conférence générale de l'ECPR à Bordeaux (5-7 septembre 2013) : « The Gender Gap in Voting : Extremity, Ambiguity and Social Cues ».

Conclusion: vers la fin du *radical right gender gap*?

Il serait imprudent d'affirmer que l'effet du genre a purement et simplement disparu. Les sondages effectués lors des élections européennes de 2014 et départementales de 2015 révèlent de nouveau des écarts conséquents entre les niveaux de soutien féminins et masculins pour les candidats du FN[29]. Une analyse plus systématique, s'appuyant sur une enquête effectuée après les élections européennes, avec des indicateurs comparables à ceux utilisés en 2012, montre que l'effet du genre disparaît quand on contrôle par âge, niveau de diplôme, profession et pratique religieuse, mais revient quand on prend en compte le positionnement sur l'échelle gauche-droite et les attitudes à l'égard des immigrés et de l'Europe[30]. Tandis qu'une autre étude de 2014, fondée sur les *European electoral studies* et se basant non pas sur le vote déclaré mais sur les probabilités de vote, révèle la diversité de l'électorat féminin et l'imbrication étroite de trois *gender gaps* distincts[31]. Autrement dit, le phénomène n'est pas stabilisé, et il

---

29. Le sondage « Jour du vote » réalisé le 25 mai 2014 (N = 3000) par IFOP-Fiducial pour I-Télé, Paris Match *et* Sud Radio *montre que 22 % des femmes ont choisi une liste FN contre 27 % des hommes et un sondage du même institut auto-administré en ligne réalisé le 22 mars 2015 pour I-Télé,* Paris Match *et* Sud Radio, *auprès d'un échantillon national d'inscrits (N = 2971) montre que, 30 % des hommes et 22 % des femmes auraient voté pour les liste du FN. Voir aussi Maura Barisione et Nonna Mayer, « The Transformation of the Radical Right Gender Gap: The Case of the 2014 EP Election », papier présenté à la 22ᵉ International Conference for Europeanists du Council for European Studies, Paris, 8-10 juillet 2015.*

30. *Voir Nonna Mayer, « The Closing of the "Radical Right Gender Gap" in France? », art. cité.*

31. *Mauro Barisione et Nonna Mayer, « The Transformation of the Radical Right Gender Gap… », art. cité. Le gender gap traditionnel se maintient chez les femmes âgées, pratiquantes, peu diplômées, qui votent plus pour la droite conservatrice. Le gender gap « moderne » caractérise des femmes jeunes, diplômées, émancipées, votant autant sinon plus à gauche que les hommes. Le radical right gender gap se maintient dans le monde ouvrier, mais disparaît chez les non-ouvrières en situation d'insécurité économique. Pour une mise en perspective européenne, voir le numéro spécial de la revue* Patterns of Prejudice *consacré à l'impact du genre sur les droites populistes radicales en Europe, et notamment l'ouverture de Niels Spiering, Andrej Zaslove, Liza M. Mügge et Sarah de Lange, « Gender and Radical Right Politics: An Introduction »,* Patterns of Prejudice, *49 (1-2), 2015, p. 3-15.*

dépend largement du contexte électoral. Une campagne présidentielle particulièrement intense et mobilisatrice comme celle de 2012 a pu inciter des femmes jeunes, peu qualifiées, de milieu populaire, à faire de Marine Le Pen, le temps d'un scrutin, la porte-parole de leur ras-le-bol. Les mêmes se détourneraient sans doute des urnes lors d'élections de faible intensité. À l'appui de cette hypothèse, on note une plus forte abstention chez les femmes lors des élections européennes de 2014 et départementales de 2015, alors qu'aux scrutins présidentiels elles participent autant sinon plus que les hommes[32]. Mais le *radical right gender gap* pourrait bien se refermer de nouveau lors de l'élection présidentielle de 2017, et entamer plus profondément encore le plafond de verre électoral du FN.

---

32. *Selon les deux sondages précités, aux européennes 65 % des femmes (contre 55 % des hommes) se sont abstenues et aux départementales l'écart était encore plus marqué (42 % et 57 %), l'abstention atteignant un niveau record chez les employés, groupe majoritairement féminin (64 %). L'enquête européenne du CEE montre également un net effet du genre sur la participation, à partir d'une question détaillée visant à faciliter l'aveu de l'abstention. En ajoutant les refus de répondre aux réponses «je pensais voter mais je ne l'ai pas fait», «d'habitude je vote mais pas cette fois-ci», «je n'ai pas voté», la proportion de non-vote estimé passe de 31 % chez les hommes à 39 % chez les femmes.*

Chapitre 14 / LES OUVRIERS ET LE VOTE FRONT NATIONAL LES LOGIQUES D'UN RÉALIGNEMENT ÉLECTORAL

Florent Gougou

Depuis l'élection présidentielle de 1995, le vote des ouvriers pour le FN est l'objet d'un débat scientifique animé, qui porte à la fois sur son ampleur réelle et sur sa signification profonde dans le paysage politique français. La poussée historique du FN lors des élections européennes de 2014, notamment dans le nord et l'est industriels de la France, ont relancé ce débat en alimentant l'idée d'une nouvelle percée dans les milieux ouvriers liée à l'arrivée de Marine Le Pen à la présidence du parti en 2011. Or, replacée dans le temps long, la progression des votes ouvriers pour le FN renvoie fondamentalement à la reconfiguration durable des structures de la compétition électorale française intervenue au début des années 1980. Dans ce cadre, l'électorat de Marine Le Pen ne diffère pas de celui de Jean-Marie Le Pen. Le vote des ouvriers en faveur du FN est le produit d'un réalignement électoral indépendant de l'identité des candidats.

Mots clés : *élections - FN - Front national - gaucho-lepénisme - générations - ordre électoral - ouvriers - réalignement*

> « N'ayez pas peur, chers compatriotes ! Rentrez dans l'espérance ! L'événement, c'est le 5 mai. En attendant, n'ayez pas peur de rêver, vous les petits, les sans-grade, les exclus. Ne vous laissez pas enfermer dans les vieilles divisions de la gauche et de la droite, vous qui avez supporté depuis vingt ans toutes les erreurs et les malversations des politiciens. Vous les mineurs, les métallos, les ouvrières et les ouvriers de toutes ces industries ruinées par l'euro-mondialisme de Maastricht. »
>
> Jean-Marie Le Pen, 21 avril 2002, discours au soir du premier tour de l'élection présidentielle.

L'électorat ouvrier n'est pas un électorat comme les autres. Depuis que le FN a été proclamé « premier parti ouvrier de France » lors de l'élection présidentielle de 1995, à la suite de la publication d'un sondage postélectoral de la Sofres indiquant que 30 % des ouvriers actifs s'étaient prononcés en faveur de Jean-Marie Le Pen, il est au centre de toutes les attentions et de toutes les convoitises. Par son importance stratégique, d'abord : en dépit du processus de désindustrialisation qui touche la France depuis les années 1970, les ouvriers (définis au sens de l'Insee, actifs et retraités confondus) représentent toujours plus de 20 % du corps électoral potentiel français. Par sa signification politique, ensuite : malgré ses recompositions récentes, associant montée de l'abstention et hausse du vote FN, le comportement électoral des ouvriers reste chargé d'une force symbolique, qui rappelle que la « classe ouvrière » est à l'origine idéologique et partisane d'une partie de la gauche française.

Depuis l'élection présidentielle de 1995, la question du vote des ouvriers en faveur du Front national est essentiellement abordée à travers le prisme du « gaucho-lepénisme »[1] : le FN se nourrirait désormais d'une fraction significative de l'ancien électorat ouvrier de gauche, passée dans le camp de la protestation en raison de son mécontentement face aux échecs du Parti socialiste et de ses alliés au pouvoir. À sa façon, le discours de Jean-Marie Le Pen au soir du premier tour de l'élection présidentielle de 2002 actait cette nouvelle réalité du vote des ouvriers : après s'être qualifié, à la surprise générale, pour le second tour de scrutin en devançant le Premier ministre socialiste en exercice, Lionel Jospin, le leader du FN en appelait directement aux ouvriers pour remporter la victoire finale.

La percée historique enregistrée par le Front national lors des élections européennes de 2014, confirmée lors des élections départementales de 2015, a relancé le débat sur les origines et la sociologie du vote d'extrême droite. La concomitance entre la poussée du FN et la faiblesse inédite de la gauche, plombée par le mauvais bilan de

---

1. Pascal Perrineau, « La dynamique du vote Le Pen : le poids du "gaucholepénisme" », dans Pascal Perrineau et Colette Ysmal (dir.), Le Vote de crise : l'élection présidentielle de 1995, Paris, Département d'études politiques du Figaro et Presses de Sciences Po, 1995, p. 243-261 ; Pascal Perrineau, Le Symptôme Le Pen. Radiographie des électeurs du Front national, Paris, Fayard, 1997.

François Hollande et du Parti socialiste depuis leurs victoires lors de la présidentielle et des législatives du printemps 2012, a notamment redonné corps à la thèse du gaucho-lepénisme[2]. Les choses ne sont pourtant pas aussi directes. Prenant le contrepied des travaux qui identifient un « tournant ouvrier » dans la dynamique du Front national lors de l'élection présidentielle de 1995, et une nouvelle rupture avec l'accession de Marine Le Pen à la tête du parti d'extrême droite en 2011, ce chapitre démontre que la progression du vote frontiste des ouvriers s'inscrit dans une reconfiguration large et durable des structures de la compétition électorale, qui s'est amorcée dans la première moitié des années 1980, et s'est achevée par l'émergence d'un nouvel ordre électoral lors des élections européennes de 1984. La démonstration est divisée en trois parties. La première résume les grandes conclusions de la littérature existante et revient en détail sur les critiques formulées à l'égard de la thèse du « gaucho-lepénisme ». La seconde aborde les problèmes de méthode que pose la mesure du vote des ouvriers pour le Front national et présente les données empiriques mobilisées pour surmonter ces difficultés. La troisième discute les principaux résultats obtenus : elle montre que les structures fondamentales de la progression des votes ouvriers pour le Front national sont en place depuis la phase de réalignement du début des années 1980, et insiste dans cette perspective sur l'impact décisif du renouvellement des générations.

Comprendre les votes ouvriers pour le FN : les enjeux du débat

L'électorat du Front national a longtemps été présenté comme un électorat « interclassiste » réunissant tous les horizons socioprofessionnels, ou presque : indépendants, salariés, actifs, retraités, chômeurs[3]... Dans un premier temps concentré au sein des professions

---

2. Pascal Perrineau, La France au Front : essai sur l'avenir du Front national, Paris, Fayard, 2014.

3. Nonna Mayer et Pascal Perrineau, « Pourquoi votent-ils pour le Front national ? », Pouvoirs, 55, 1990, p. 168.

indépendantes, avec des niveaux très élevés chez les petits artisans et commerçants lors des européennes de 1984 et des législatives de 1986, le vote FN s'est ensuite rapidement développé au sein des milieux populaires, parmi les employés et les ouvriers. Dès l'élection présidentielle de 1988, l'électorat du FN est dépeint comme l'alliance du monde de la boutique et du monde de l'atelier[4].

L'élection présidentielle de 1995 marque un tournant dans les travaux consacrés à la sociologie des électeurs frontistes. L'enracinement de l'extrême droite dans les milieux ouvriers, dont témoigne la très forte progression de Jean-Marie Le Pen dans les bastions industriels du nord et de l'est de la France, traditionnellement favorables à la gauche, conduit ainsi Pascal Perrineau à formuler la thèse du gaucho-lepénisme. Le terme rencontre un puissant écho médiatique et s'impose rapidement comme une clé de compréhension indispensable pour décrypter le vote Le Pen. Il suscite toutefois une série de remises en cause au sein de la littérature, qui ouvrent un débat passionné sur la nature profonde du vote FN et sur ses origines[5]. Cette section revient sur les grandes lignes de ce débat, puis pointe les principales limites des travaux existants.

La thèse du gaucho-lepénisme en question

Dans les travaux de Pascal Perrineau, le concept de « gaucho-lepénisme » vise à rendre compte de trois réalités politiques distinctes, mais complémentaires : un gaucho-lepénisme d'origine, un

---

4. Pascal Perrineau, « Les étapes d'une implantation électorale (1972-1988) », dans Nonna Mayer et Pascal Perrineau (dir.), Le Front national à découvert, Paris, Presses de Sciences Po, 1989, p. 50.

5. Pierre Martin, « Le vote Le Pen : l'électorat du Front national », Notes de la Fondation Saint-Simon, 84, 1996 ; Pierre Martin, « Qui vote pour le Front national français ? », dans Pascal Delwit, Jean-Michel De Waele et Andrea Rea (dir.), L'Extrême Droite en France et en Belgique, Bruxelles, Complexe, 1998, p. 133-165 ; Nonna Mayer, Ces Français qui votent FN, Paris, Flammarion, 1999 ; Patrick Lehingue, « L'objectivation statistique des électorats : que savons-nous des électeurs du Front national ? », dans Jacques Lagroye (dir.), La Politisation, Paris, Belin, 2003, p. 247-278 ; Annie Collovald, Le « Populisme du FN » : un dangereux contresens, Bellecombe-en-Bauges, Editions du Croquant, 2004.

gaucho-lepénisme de l'instant et un gaucho-lepénisme de destination[6]. Le gaucho-lepénisme d'origine renvoie au lien entre le recul électoral de la gauche et la montée du FN : il désigne la fraction de l'électorat Le Pen qui a longtemps voté à gauche et exprime désormais son malaise en votant pour l'extrême droite. Le gaucho-lepénisme de l'instant renvoie au positionnement des électeurs du Front national : il désigne la fraction de l'électorat Le Pen qui continue à se revendiquer de gauche tout en votant à l'extrême droite. Enfin, le gaucho-lepénisme de destination renvoie aux transferts entre le FN et la gauche dans les scrutins à deux tours : il désigne les électeurs qui votent Le Pen au premier tour et se reportent sur la gauche au second. Ces trois formes du gaucho-lepénisme décrivent des stades différents dans le ralliement d'anciens électeurs de gauche au FN, mais elles s'inscrivent toutes dans un cadre d'analyse assumant l'existence de convergences entre idéologie de gauche et idéologie d'extrême droite[7].

Sans contester l'existence des phénomènes mis en lumière par Pascal Perrineau, Nonna Mayer avance un autre concept pour rendre compte du développement du vote des ouvriers en faveur du Front national : l'ouvriéro-lepénisme[8]. Ce concept a l'avantage d'insister sur la dimension sociale de la dynamique et de s'affranchir de la lecture idéologique sous-jacente à la notion de gaucho-lepénisme : ce sont avant tout des ouvriers qui alimentent la progression du FN, pas nécessairement des (anciens) électeurs de gauche[9].

Les travaux de Pierre Martin vont plus loin dans la critique de la thèse du gaucho-lepénisme. La grille d'analyse qu'ils proposent replace le vote des ouvriers en faveur du FN dans les évolutions générales du

---

6. *Pascal Perrineau*, «*L'électorat FN. Droitisation du vote ouvrier ou "gaucho-lepénisme" : diversité d'analyses pour un même fait*», Notes de la Fondation Jean-Jaurès, *5, juin 1997*.

7. *Pascal Perrineau*, La France au Front, op. cit., *p. 185 ; Jocelyn Evans*, «*Le vote gaucho-lepéniste. Le masque extrême d'une dynamique normale*», Revue française de science politique, *50 (1), 2000, p. 21-51.*

8. *Nonna Mayer*, Ces Français qui votent FN, op. cit.

9. *Nonna Mayer*, «*Gaucho-lepénisme ou ouvriéro-lepénisme*», dans *Erwan Lecœur (dir.)*, Dictionnaire de l'extrême droite, *Paris, Larousse, 2007, p. 160-162.*

rapport de force gauche-droite en France. Dans ce cadre, le vote des ouvriers se caractériserait d'abord par un glissement de long terme vers la droite, qui profite largement – mais pas seulement – au FN[10]. Prolongeant cette interprétation, mes travaux montrent que la dynamique ouvrière du vote FN est le produit de deux processus qui se sont combinés sur fond de renouvellement des générations : (1) un processus de désalignement, avec la dilution progressive de l'alignement des ouvriers sur les partis de gauche à partir du milieu des années 1970 ; (2) un processus de réalignement, avec la mise en place brutale d'un rapport de force nettement favorable à l'extrême droite au sein de l'électorat ouvrier de droite dans les années 1980[11].

Ces divergences d'analyse restent encore vivaces aujourd'hui, et aucun consensus n'a pu être dégagé sur les origines et les mécanismes des votes ouvriers en faveur du FN. Au contraire, le redressement très rapide du FN après son effondrement lors de la présidentielle et des législatives de 2007, et la transition réussie entre Jean-Marie Le Pen et Marine Le Pen à la tête du parti, ont nourri l'idée d'une nouvelle phase dans l'histoire de l'extrême droite, qui correspondrait à l'entrée dans un nouvel âge du gaucho-lepénisme. Cette hypothèse mérite examen : l'accentuation des difficultés économiques à la suite de la crise de 2008 et les niveaux historiques atteints par le FN dans des contextes de très fort recul de la gauche, aux européennes de 2014 puis aux départementales de 2015, rendent plausible l'existence de transferts électoraux massifs de la gauche vers l'extrême droite. Un des objectifs de ce chapitre est de vérifier si les structures du vote des ouvriers en faveur du FN ont effectivement changé avec l'arrivée de Marine Le Pen à la présidence du parti.

---

10. Pierre Martin, « Le vote Le Pen... », art. cité, et « Qui vote pour le Front national français ? », art. cité.
11. Florent Gougou, « La droitisation du vote des ouvriers en France. Désalignement, réalignement et renouvellement des générations », dans Jean-Michel De Waele et Mathieu Vieira (dir.), Une droitisation de la classe ouvrière en Europe ?, Paris, Economica, 2012, p. 142-172 ; Florent Gougou, Comprendre les mutations du vote des ouvriers. Vote de classe, transformation des clivages et changement électoral en France et en Allemagne depuis 1945, thèse de de science politique, Institut d'études politiques de Paris, 2012.

Les limites des analyses des votes ouvriers pour le FN

Depuis sa première percée nationale lors des élections européennes de 1984, le Front national est le parti français qui a suscité le plus de travaux, dans la science politique française comme dans la science politique internationale. Cette attention spécifique, qui s'explique à la fois par l'intérêt scientifique provoqué par l'émergence d'un nouveau parti dans le paysage politique et par la volonté de lutter contre un parti généralement considéré comme dangereux pour la démocratie, pose deux problèmes importants à qui veut analyser les contours de son électorat.

Le premier est lié à la domination d'une approche « monopartisane », c'est-à-dire une approche centrée sur le parti lui-même, sur *ses* résultats et sur *ses* électeurs, sans penser de manière systématique ses interactions avec les autres partis qui composent le système partisan. Or, comme tout parti, le FN est inclus dans un système concurrentiel dont il ne représente qu'une des options possibles pour les électeurs. De ce point de vue, une des principales limites des travaux portant sur les votes ouvriers frontistes est la non-prise en compte de la question de l'abstention, notamment dans les scrutins de second ordre[12]. Le second tient à la domination d'une perspective de court terme, focalisée sur les évolutions du vote FN lors du dernier scrutin ou des deux derniers scrutins, sans replacer ces dynamiques dans le temps long. Le découpage chronologique traditionnel de la structuration historique de l'électorat frontiste, fondé sur la distinction de *trois* âges sociologiques successifs sur la période 1984-1995, est typique de cette perspective[13]. Elle conduit fréquemment à des conclusions hâtives, en accordant plus d'importance aux fluctuations conjoncturelles qu'aux tendances générales.

---

12. Patrick Lehingue, «*L'objectivation statistique des électorats*», art. cité. ; Patrick Lehingue, Le Vote. Approches sociologiques de l'institution et des comportements électoraux, *Paris, La Découverte, 2011*.
13. Pascal Perrineau, Le Symptôme Le Pen, op. cit.

Pour dépasser ces deux impasses dans l'analyse sociologique du vote FN, ce chapitre replace les évolutions du vote des ouvriers dans le temps long et les inscrit dans un espace de compétition entre la gauche, la droite modérée et l'extrême droite.

Données et variables : un usage raisonné des enquêtes électorales nationales

Comme tout comportement électoral, le vote FN est un comportement complexe, qui met en jeu des logiques multiples. Ce chapitre repose néanmoins sur le postulat qu'il est possible d'identifier dans ce vote des régularités qui permettent d'en réduire la complexité.

Dans cette perspective, la compréhension du vote des ouvriers en faveur du FN pose deux problèmes spécifiques. Le premier est un problème de mesure : le vote d'extrême droite est un comportement que les électeurs ont tendance à dissimuler dans des situations d'enquête, qu'il s'agisse d'enquêtes quantitatives ou d'enquêtes qualitatives. Cette limite est virtuellement insoluble : dès lors que le niveau d'analyse choisi par le chercheur est celui des individus, le secret du vote impose de recourir à des *déclarations de vote* qui sont nécessairement soumises à un biais de désirabilité sociale. Le second problème est un problème de définition : il n'existe pas d'acception unique, absolue et intemporelle de la catégorie « ouvriers ». Cet obstacle est en général contourné par un recours aux nomenclatures de la statistique publique nationale, mais il ne doit pas empêcher de s'interroger sur les contours du groupe étudié. Cette section discute les principales caractéristiques des enquêtes postélectorales du Cevipof mobilisées pour la démonstration empirique et précise comment leur utilisation peut permettre de progresser dans la compréhension des votes ouvriers pour le Front national.

Les données : mesurer le vote Le Pen dans les grandes enquêtes électorales

Bien qu'il soit communément admis que le vote en faveur du FN est sous-déclaré dans les enquêtes par sondage sur des échantillons représentatifs, aucun travail n'a à ce jour mesuré l'ampleur exacte de cette sous-déclaration dans les enquêtes électorales françaises, ni discuté ses conséquences concrètes pour la sociologie électorale.

Contrairement à une idée fréquemment répandue, les enquêtes Cevipof incluent une partie significative de l'électorat du FN à la présidentielle. La sous-estimation est un fait indéniable, avec un écart entre les déclarations de vote et les résultats effectivement obtenus dans les urnes de l'ordre de 4 points (voir tableau 11), mais le vote Le Pen représente en général au moins 10 % des suffrages exprimés[14]. Il ne s'agit pas, ici, de prétendre que cette observation vaut pour *toutes* les enquêtes par sondage sur des échantillons représentatifs – il est probable que ce n'est pas le cas –, mais plutôt de relever que les données utilisées dans ce chapitre ne sont pas aussi éloignées de la réalité électorale que l'on pourrait le penser de prime abord. Le vote FN n'est d'ailleurs pas le seul concerné par un biais déclaratif : de son côté, le vote en faveur des candidats du Parti socialiste est en général surestimé de 5 points[15].

Cependant, la qualité de la mesure du vote FN ne fait pas tout. Un autre atout des enquêtes universitaires réside dans la taille des échantillons. À la différence de la plupart des enquêtes commerciales, qui se contentent de 1 000 répondants, les enquêtes Cevipof reposent sur de très grands échantillons, formés en général de plus de 4 000 individus (voir tableau 11). Cet aspect est crucial dès lors que l'analyse porte seulement sur un sous-échantillon, comme c'est le cas dans ce chapitre avec les ouvriers : que ce soit pour des analyses bivariées ou pour des analyses multivariées, les estimations sont plus fiables.

---

14. *De ce point de vue, les enquêtes de 1995 et de 2002 sont deux cas déviants, qui s'expliquent par leurs caractéristiques techniques exceptionnelles. En 1995, la déclaration de vote a été recueillie en face à face grâce à une urne, ce qui a permis de réduire le biais de désirabilité sociale induit par la présence physique d'un enquêteur. En 2002, l'enquête post-présidentielle a été intégrée dans un panel et assemblée à deux échantillons distincts (un échantillon panélisé et un échantillon classique), ce qui a produit des distorsions.*

15. *Les données brutes des enquêtes Cevipof donnent François Mitterrand à 39,6 % en 1988, contre 33,9 % dans les urnes ; Lionel Jospin à 28,3 % en 1995, contre 23,2 % dans les urnes ; ou encore François Hollande à 33,5 % en 2012, contre 28,1 % dans les urnes.*

Tableau 11 : La sous-estimation du vote FN dans les enquêtes par sondage (en % des suffrages exprimés)

		P1988	P1995	P2002	P2007	P2012
Résultats officiels	Métropole	14,6	15,3	17,2	10,7	18,3
Données d'enquête	Ensemble	10,9	13,2	10,2	5,8	14,1
	Ouvriers	12,9	18,0	14,2	8,6	24,3
Échantillons (N)	Ensemble	4032	4078	4017	4006	2782
	Électeurs inscrits	3847	4078	4017	4006	2504
	Votes exprimés	3289	3307	3179	3542	2056

Source : les résultats portent sur le premier tour de l'élection présidentielle. Les données d'enquête présentées sont les résultats sans pondération (données brutes) des grandes enquêtes postélectorales commanditées par le Cevipof.

Pour autant, ces données n'écartent pas tous les problèmes que pose l'utilisation d'enquêtes par sondage pour comprendre les votes ouvriers en faveur du FN. La limite sans doute la plus importante tient aux contraintes de l'instrument : les enquêtes par sondage peinent à inscrire les électeurs au sein des environnements dans lesquels ils expriment leurs votes, ce qui peut conduire à éliminer *a priori* certaines variables importantes, notamment le poids des réseaux de sociabilité[16]. La seconde limite renvoie à l'échantillonnage : rien ne garantit que les électeurs FN présents dans les enquêtes soient représentatifs des électeurs FN dans la *réalité*. La troisième limite découle des biais de mesure : il est virtuellement impossible d'inclure le rôle de l'abstention dans la réflexion, le non-vote étant beaucoup trop sous-déclaré pour faire l'objet d'analyses sociologiquement réalistes. D'autres données quantitatives permettent cependant de surmonter une partie de ces difficultés, qu'il s'agisse des résultats agrégés des élections ou des enquêtes «Participation» de l'Insee. Elles ne remettent pas en cause les conclusions présentées dans ce chapitre[17].

---

16. Céline Braconnier, Une autre sociologie du vote. Les électeurs dans leurs contextes : bilan critique et perspectives, *Paris, Lextenso Éditions, 2010.*
17. Florent Gougou, Comprendre les mutations du vote des ouvriers, op. cit.

Les variables : rendre compte de la diversité de la catégorie « ouvriers »

Les défis méthodologiques posés par l'analyse des votes ouvriers pour le FN ne se limitent pas aux difficultés inhérentes à la mesure du vote d'extrême droite ; ils tiennent également à la manière de définir les ouvriers. Dans cette perspective, trois problèmes doivent être discutés. Le premier renvoie à la pertinence de la catégorie « ouvriers » : compte tenu de la désouvriérisation de la société française, de nombreux auteurs plaident pour l'abandon de cette unité d'analyse au profit de la catégorie des « classes populaires [18] » ou de la catégorie des « travailleurs non qualifiés [19] ». Sans contester les nombreux apports de ces changements de focale dans d'autres domaines de recherche, ce chapitre postule que la catégorie « ouvriers » reste éclairante pour la sociologie électorale. D'une part, elle est encore abondamment utilisée par les responsables politiques pour s'adresser aux électeurs pendant les campagnes électorales, et constitue à ce titre un des raccourcis cognitifs utilisés par les citoyens pour se repérer dans la compétition électorale. D'autre part, l'emploi ouvrier a des caractéristiques objectives propres, notamment en termes de logique de travail [20] et de rapport à l'autorité [21], qui continuent de rendre la catégorie politiquement intéressante.

Le deuxième problème touche aux recompositions de la catégorie dans le temps : au cours des quatre dernières décennies, la transformation rapide des activités de production, la féminisation du marché du travail, l'élévation du niveau d'instruction et la précarisation des relations d'emploi ont largement modifié les métiers et les conditions de travail des ouvriers. L'ouvrier de la grande industrie, qui participe à la

---

18. Yasmine Siblot et al., Sociologie des classes populaires contemporaines, Paris, Armand Colin, 2015.
19. Thomas Amossé et Olivier Chardon, « Les travailleurs non qualifiés : une nouvelle classe sociale ? », Économie et statistique, 393-394, 2006, p. 203-229.
20. Daniel Oesch, Redrawing the Class Map : Stratification and Institutions in Britain, Germany, Sweden and Switzerland, Basingstoke, Palgrave Macmillan, 2006.
21. Robert Erikson et John H. Goldthorpe, The Constant Flux : A Study of Class Mobility in Industrial Societies, Oxford, Clarendon, 1992.

transformation des matières premières sur une chaîne de production, a été supplanté par l'ouvrier des services, qui travaille au contact direct des clients dans de petites entreprises. La définition de ce qu'est un ouvrier ne va donc pas de soi. Dans ce chapitre, les ouvriers sont repérés par la nomenclature des professions et catégories socioprofessionnelles de l'Insee. Cette nomenclature a fait l'objet de deux révisions importantes en 1982 et en 2003, pour être adaptée aux modifications récentes de la structure sociale. Mais ce n'est pas toujours suffisant, et les analyses menées dans ce chapitre incluent plusieurs variables supplémentaires destinées à rendre compte de la diversité des ouvriers : genre, génération, niveau d'instruction, profession du père, profession du conjoint, statut de l'emploi, identification subjective à une classe sociale. Des variables importantes font défaut du fait des limitations imposées par les données, la trajectoire professionnelle et le secteur d'activité notamment, mais les variables prises en compte permettent de se prémunir contre toute tentation de réification de la catégorie des ouvriers.

Le troisième problème est lié à l'identification des ouvriers dans les données : l'utilisation de la nomenclature des professions et catégories socioprofessionnelles de l'Insee n'évite pas certains choix de codage. L'enjeu le plus évident est lié au traitement des retraités : la plupart des travaux sur le vote des ouvriers portent sur les seuls actifs, écartant *de facto* une fraction non négligeable du groupe ouvrier. Le second enjeu, moins évident de prime abord, est le choix de la personne de référence : en raison des contraintes imposées par les données disponibles[22], ces mêmes travaux oscillent entre la profession de la personne interrogée et la profession du chef de ménage pour identifier concrètement qui est ouvrier. Dans ce chapitre, les ouvriers sont définis par la profession actuelle ou par la dernière profession exercée de la personne interrogée : ce choix garantit de travailler sur des électeurs qui sont effectivement ouvriers, et permet ensuite de les distinguer selon qu'ils sont actifs, retraités ou chômeurs.

---

22. *Les échantillons des enquêtes par sondage françaises sont en général construits par la méthode des quotas. Parmi ces quotas figure la profession du chef de ménage : la variable est donc présente dans toutes les enquêtes, ce qui n'est pas le cas de la profession de la personne interrogée.*

Résultats : la poursuite d'un réalignement électoral

L'hypothèse principale qui guide ce chapitre est celle d'une nouvelle dynamique du vote des ouvriers en faveur du Front national depuis l'accession de Marine Le Pen à la tête du parti en 2011. L'analyse empirique porte sur l'élection présidentielle – l'élection la plus importante aux yeux des électeurs dans le régime politique de la Cinquième République – et vise à confronter les structures de l'électorat ouvrier de Jean-Marie Le Pen, de 1988 à 2007, avec les structures de l'électorat ouvrier de Marine Le Pen en 2012.

La discussion porte d'abord sur les logiques de la progression des votes ouvriers en faveur du FN, puis sur les facteurs sociaux et politiques qui sous-tendent l'expression de ces votes. Les résultats calculés à partir des enquêtes postélectorales Cevipof sont présentés avec le maximum de précision, afin de pouvoir être aisément retrouvés par d'autres travaux sur le vote FN. L'illusion des virgules ne doit cependant pas faire oublier qu'un certain degré d'incertitude entoure ces résultats, compte tenu du mode de recueil des données et des biais déclaratifs, et ce même si cette incertitude peut être mesurée par des outils statistiques.

La progression des votes ouvriers pour le FN

Depuis la fin des années 1970, la France a été le théâtre de puissantes mutations du vote des ouvriers, au premier rang desquelles figure un recul spectaculaire du vote pour les forces de gauche[23]. Le tableau 12, qui compare les rapports de force entre gauche, droite et extrême droite dans l'électorat ouvrier et dans l'ensemble de l'électorat entre 1988 et 2012, en témoigne : alors qu'ils accordaient encore un avantage de près de 14 points à la gauche au premier tour de la présidentielle de 1988 (cet avantage dépassait régulièrement 20 points lors des années 1970), les ouvriers se prononcent quasiment autant pour la gauche que l'ensemble de l'électorat depuis le premier tour de

---

23. Florent Gougou, « La droitisation du vote des ouvriers en France », art. cité.

la présidentielle de 2002. Ce recul impressionnant de la gauche s'est accompagnée d'une montée concomitante de la droite : depuis 1995, la droite dans son ensemble est systématiquement majoritaire dans l'électorat ouvrier au premier tour de l'élection présidentielle. C'est dans le cadre de cette droitisation du vote des ouvriers que doit être analysée la progression des votes ouvriers en faveur de l'extrême droite.

Tableau 12 : La dynamique du vote des ouvriers pour l'extrême droite : un réalignement électoral

		P1988	P1995	P2002	P2007	P2012
Ensemble	Gauche	45,3	40,7	37,3	36,1	43,4
	Droite modérée	36,3	43,8	31,5	33,3	28,9
	Extrême droite	14,6	15,3	19,6	10,7	18,3
	Autres	3,8	0,3	11,6	19,9	9,4
Ouvriers	Gauche	59,2	48,5	38,7	40,0	40,1
	Droite modérée	20,4	30,1	22,3	27,9	24,3
	Extrême droite	17,6	21,1	25,6	15,6	30,9
	Autres	2,8	0,3	13,4	16,5	4,7
Écarts	Gauche	+ 13,9	+ 7,8	+ 1,4	+ 3,9	- 3,3
	Droite modérée	- 15,9	- 13,7	- 9,2	- 5,4	- 4,6
	Extrême droite	+ 3,0	+ 5,8	+ 6,0	+ 4,9	+ 12,6
Odds ratios	Exd / Autre tendance	1,25	1,48	1,41	1,54	2,00
	Exd / Droite modérée	2,15	2,01	1,84	1,74	2,01

Source : les données sur le vote des ouvriers sont issues des enquêtes postélectorales Cevipof (données pondérées). Les résultats portent seulement sur la France métropolitaine. Pour le premier tour de la présidentielle de 2002, l'extrême droite inclut Jean-Marie Le Pen (FN) et Bruno Mégret (MNR). Note de lecture : les écarts sont obtenus par une soustraction ; pour 2002, la valeur de 6 pour le vote d'extrême droite des ouvriers est le résultat de l'opération 25,6-19,6. Les odds ratios sont obtenus par division entre le rapport de chance des ouvriers de voter pour une tendance plutôt qu'une autre, et ce même rapport de chance dans l'ensemble de l'électorat ; pour 2002, l'odds ratio de 1,54 attaché au vote des ouvriers pour les candidats d'extrême droite plutôt que pour les autres candidats résulte du calcul suivant : (25,6/74,4)/(19,6/80,4).

La montée du vote des ouvriers pour l'extrême droite est un mouvement progressif. Une fois écarté le recul conjoncturel de 2007, qui concerne l'ensemble des électeurs, la dynamique est incontestable : 17,6 % en 1988 ; 21,1 % en 1995 ; 25,6 % en 2002 (22,3 % pour le FN) ; 30,9 % en 2012. Les deux indicateurs d'originalité de ce vote des ouvriers en faveur de l'extrême droite par rapport au vote d'extrême droite de l'ensemble de l'électorat vont dans le même sens : les écarts passent de 3 à 12,8 points entre 1988 et 2012, tandis que les *odds ratios* passent de 1,25 à 2 sur cette même période. De prime abord, trois séquences peuvent être identifiées, avec une première poussée de 1988 à 1995, une stabilisation de 1995 à 2007, et une nouvelle poussée de 2007 à 2012. De ce point de vue, la candidature de Marine Le Pen à la présidentielle de 2012 semble effectivement avoir accentué la dynamique ouvrière du vote Front national, avec un niveau record supérieur à 30 %, et une augmentation soudaine des mesures d'originalité.

Cette lecture reste cependant partielle, car elle ne tient pas compte des évolutions du vote pour les autres tendances politiques. Or, dans cette perspective, l'élection présidentielle de 2012 ne diffère pas significativement des précédentes élections présidentielles : comme lors de tous les premiers tours depuis 1988, les ouvriers ont environ deux fois plus de chances de voter pour l'extrême droite que pour la droite modérée par rapport à l'ensemble de l'électorat (*odds ratios* extrême droite contre droite modérée). En d'autres termes, la candidature de Marine Le Pen n'a pas significativement accru l'avantage dont dispose l'extrême droite sur la droite modérée dans l'électorat ouvrier de droite.

Une approche monopartisane, centrée sur le seul FN, aurait conclu que l'arrivée de Marine Le Pen à la tête du parti a impulsé une dynamique inédite au sein de l'électorat ouvrier. Une fois inscrite dans le temps long, et replacée dans un espace de compétition entre la gauche, la droite modérée et l'extrême droite, la dynamique de réalignement des ouvriers sur le FN n'a pas connu d'inflexion particulière lors de la présidentielle de 2012. Les structures de la progression du vote frontiste des ouvriers n'ont pas évolué depuis les années 1980 : elles associent déclin général de la gauche dans l'électorat ouvrier et domination de l'extrême droite sur l'électorat ouvrier de droite. Entre 2007 et 2012, la gauche s'est redressée de 7 points dans l'ensemble de l'électorat, mais elle a stagné chez les ouvriers, et c'est cette dynamique de droitisation (relative) du vote des ouvriers qui est à l'origine de la progression de leur vote FN. La candidature de Marine Le Pen n'a pas changé la donne : comme depuis la présidentielle de 1988, la poussée de la droite au sein de l'électorat ouvrier a deux fois plus profité à l'extrême droite qu'à la droite modérée. En d'autres termes, Marine Le Pen n'a pas réussi de percée spécifique dans l'électorat ouvrier : elle a simplement bénéficié du glissement général des ouvriers vers la droite, comme le faisait déjà son père.

Cette progression du vote FN chez les ouvriers est typique du déploiement d'un réalignement [24] : alors que leur vote en faveur de Jean-Marie Le Pen ne différait pas significativement de celui de l'ensemble de l'électorat lors de l'élection présidentielle de 1988, la première élection présidentielle organisée après la phase de réalignement de 1981-1984, les ouvriers accordent désormais de manière régulière un très net avantage au FN à ce type de scrutin. Cette dynamique s'observe à toutes les élections, y compris celles *a priori* les moins favorables à l'extrême droite, les européennes notamment [25].

La diversité des votes ouvriers pour le FN

L'électorat ouvrier du FN ne constitue pas pour autant un bloc homogène : il est impossible de prédire, à coup sûr, quels sont les ouvriers qui vont voter Le Pen et quels sont les ouvriers qui ne vont pas voter Le Pen. En revanche, des analyses multivariées permettent de dégager quelques traits distinctifs des électeurs ouvriers du FN (tableau 13).

Ces traits distinctifs ne sont pas spécifiques aux ouvriers, et confirment un certain nombre de résultats établis de longue date au sein de la littérature [26]. Les votes ouvriers pour le FN sont d'abord des votes exprimés par des hommes : les ouvriers accordent en général

---

24. Voir Pierre Martin, Comprendre les évolutions électorales : la théorie des réalignements revisitée, Paris, Presses de Sciences Po, 2000 ; Florent Gougou et Simon Labouret, «Critical Elections : A Revisited Framework. The 2005 German Elections and the 2007 French Elections in Comparative Perspective», communication à l'American Political Science Association, Chicago (Ill.), août 2013 ; Simon Labouret, La Rupture de 2007. Changement électoral et dynamiques de réalignement en France, thèse de science politique, Université de Grenoble, décembre 2014.

25. Florent Gougou, «Comprendre les mutations du vote des ouvriers», art. cité.

26. Nonna Mayer, Ces Français qui votent Le Pen, op. cit. ; Florent Gougou et Nonna Mayer, «The Class Basis of Extreme Right Voting in France : Generational

4 à 8 points de plus que les ouvrières au candidat frontiste. Ce sont aussi des votes d'ouvriers présentant des liens objectifs au monde ouvrier : si le fait d'avoir un père ouvrier n'a pas d'effet clair, le fait d'avoir un conjoint ouvrier accroît en revanche de manière sensible le niveau du vote Le Pen : de 6 à 10 points selon le scrutin (l'élection de 2007 mise à part). *A contrario*, ce ne sont pas des votes d'ouvriers s'identifiant subjectivement à la classe ouvrière : ceux qui expriment un sentiment d'appartenance à la « classe ouvrière » ne votent pas plus souvent Le Pen que ceux qui s'identifient à la « classe moyenne ». Enfin, la pratique régulière de la religion catholique constitue un frein au vote Le Pen : les ouvriers pratiquants sont systématiquement ceux qui votent le moins pour le FN (à l'exception de l'élection présidentielle de 2007), suivis des ouvriers sans religion et des ouvriers catholiques non pratiquants. Sur toutes ces variables, Marine Le Pen ne diffère pas de Jean-Marie Le Pen.

Deux autres variables retiennent tout particulièrement l'attention : l'autopositionnement sur l'axe gauche-droite et la cohorte de naissance. Contrairement à ce que laisse imaginer la thèse du gaucholepénisme, les votes ouvriers pour le Front national sont d'abord le fait d'ouvriers se situant à droite de l'échiquier politique, avec un niveau maximum de 48,5 % lors de la présidentielle de 2012, et d'électeurs se situant ni à gauche ni à droite, avec là aussi un maximum de 36,5 % pour 2012. À l'inverse, jamais plus de 15 % des ouvriers se situant à gauche ne votent Le Pen au premier tour de la présidentielle. De fait, c'est moins le basculement des ouvriers de gauche vers l'extrême droite que l'arrivée de nouveaux ouvriers dans le corps électoral qui explique la progression des votes ouvriers pour le FN : ce sont systématiquement les plus jeunes cohortes d'ouvriers qui votent le plus en faveur du candidat frontiste, alors que les plus vieilles cohortes, celles qui sont nées avant 1945, restent le plus souvent rétives au vote Le Pen.

> *Replacement and the Rise of New Cultural Issues (1984-2007)* », dans Jens Rydgren (ed.), Class Politics and the Radical Right, *Londres, Routledge, 2013, p. 156-172.*

LES FAUX-SEMBLANTS DU FRONT NATIONAL

Tableau 13 : Les facteurs sociaux et politiques des votes ouvriers pour le FN (1988-2012)

		P1988	P1995	P2002	P2007	P2012
Ensemble	Ouvriers	17,6	21,1	22,3	15,6	30,9
Genre	Hommes	20,1	24,8	23,2	17,5	32,1
	Femmes	12,6	13,0	19,8	9,9	27,6
Instruction	Primaire	15,4	19,2	26,2	14,0	32,0
	Secondaire	21,5	23,5	21,3	18,2	31,6
Cohorte de naissance	...-1913	11,3	–	–	–	–
	1914-1928	14,2	9,1	4,2	–	–
	1929-1945	16,8	19,8	25,7	8,7	21,0
	1946-1960	16,7	19,7	24,1	16,5	29,9
	1961-1977	26,0	28,5	22,4	17,6	30,6
	1978-1994	–	–	25,7	16,9	40,5
PCS du père	Père non ouvrier	18,2	19,9	18,7	15,2	31,7
	Père ouvrier	17,0	21,9	25,2	15,9	30,0
PCS du conjoint	Conjoint non ouvrier	16,8	20,2	–	15,8	29,6
	Conjoint ouvrier	23,0	27,7	–	14,7	39,6
Statut de l'emploi	Actifs	19,7	20,5	24,0	17,7	32,4
	Retraités	14,6	15,1	25,1	10,0	26,1
	Chômeurs	16,5	31,2	17,5	21,4	38,2
Classe subjective	Classe moyenne	21,8	14,7	20,6	–	33,1
	Classe ouvrière	17,5	20,1	18,7	–	29,7
Pratique catholique	Pratiquant	13,3	17,7	20,9	15,0	25,6
	Non pratiquant	18,8	23,6	21,8	22,9	34,7
	Sans religion	15,5	17,7	25,0	10,3	32,1
Axe gauche-droite	Gauche	7,2	13,7	7,3	5,0	12,5
	Ni gauche ni droite	24,0	32,6	26,9	16,6	36,5
	Droite	35,9	23,7	37,5	25,6	48,9
N	Ensemble	4032	4078	4017	4006	2782
	Ouvriers	927	851	721	848	531

Source : les données de ce tableau sont issues des grandes enquêtes postélectorales commanditées par le Cevipof. Note de lecture : toutes les données présentées sont des données pondérées. La variable de redressement inclut les principales caractéristiques sociodémographiques des personnes interrogées et les résultats réels du scrutin pour le premier tour des élections présidentielles de 1995, 2002, 2007, 2012 ; elle se limite aux résultats du scrutin pour le premier tour de l'élection présidentielle de 1988.

Une modélisation logistique des votes ouvriers en faveur du FN au premier tour de la présidentielle sur la période 1988-2012 confirme le poids du renouvellement des générations, tout en reconnaissant l'importance des recompositions du groupe ouvrier depuis les années 1970 (tableau 14). Le modèle 1, qui inclut les cohortes de naissance sans variable de contrôle, confirme que les plus jeunes cohortes ouvrières ont plus de chances de voter Le Pen que celles qui les précèdent immédiatement dans le temps, bien que les coefficients ne soient pas toujours statistiquement significatifs. Ce problème disparaît dès que sont prises en compte les principales variables captant les recompositions internes de la catégorie ouvriers : dans les modèles 3 à 5, qui incluent séparément puis conjointement le niveau d'instruction et la pratique catholique, les chances de voter Le Pen au premier tour de la présidentielle sont effectivement plus élevées pour les plus jeunes cohortes d'ouvriers, et statistiquement significatives.

Le contexte de socialisation de ces cohortes est crucial pour comprendre le réalignement des ouvriers sur le FN[27]. Contrairement à toutes celles qui les ont précédées, les plus jeunes cohortes n'ont jamais connu la vie politique française avant la phase de réalignement des années 1980, qui s'est achevée par la percée du FN et l'irruption de l'enjeu de l'immigration : elles ont grandi dans un ordre électoral marqué par la personnalité de Jean-Marie Le Pen et par les échecs successifs des gouvernements de gauche comme de droite sur le problème du chômage. Elles ont accompagné la cristallisation du nouveau clivage à forte composante culturelle opposant « perdants » et « gagnants » de la mondialisation[28], de la même façon que leurs aînés avaient accompagné la cristallisation du clivage de classe dans la vie politique française[29]. En d'autres termes, elles se sont polarisées sur la nouvelle ligne de conflit dominante, alors que les plus vieilles cohortes sont restées très sensibles aux enjeux socio-économiques.

---

27. Florent Gougou, « Comprendre les mutations du vote des ouvriers », art. cité.
28. Hanspeter Kriesi et al., West European Politics in the Age of Globalization, Cambridge, Cambridge University Press, 2008.
29. Guy Michelat et Michel Simon, Classe, religion et comportement politique, Paris, Presses de Sciences Po, 1977.

Tableau 14 : Le poids du renouvellement des générations dans le vote des ouvriers (1988-2012)

		Vote FN				
		M1	M2	M3	M4	M5
Cohorte de naissance	...-1913	0,486 ns	0,490 ns	0,473 ns	0,504 ns	0,476 ns
	1914-1928	0,611*	0,611*	0,598*	0,624*	0,598*
	1929-1945	Ref.	Ref.	Ref.	Ref.	Ref.
	1946-1960	1,128 ns	1,096 ns	1,154 ns	1,144 ns	1,159 ns
	1961-1977	1,452*	1,381*	1,566**	1,528**	1,641**
	1978-1994	1,734*	1,613*	1,937**	1,883**	2,071**
Genre	Hommes		Ref.			Ref.
	Femmes		0,634**			0,616**
Instruction	Primaire			Ref.		Ref.
	Secondaire			0,918 ns		0,823 ns
Pratique catholique	Pratiquant				1,148 ns	1,223 ns
	Non pratiquant				1,467**	1,486**
	Sans religion				Ref.	Ref.
N		3012	3012	3012	3012	3012
Enquêtes		5	5	5	5	5
R^2 de Nagelkerke		0,032	0,037	0,039	0,036	0,049

Source : les données sont issues des grandes enquêtes postélectorales commanditées par le Cevipof. Note de lecture : chaque modélisation est une régression logistique binomiale estimant le rapport de chance du vote Front national par rapport aux autres votes exprimés lors des élections présidentielles de 1988-1995-2002-2007-2012. Seuls les odds ratios (l'exponentielle des coefficients beta) ont été repris dans le tableau car ils facilitent la lecture des résultats et leur interprétation sociologique. Les deux niveaux de significativité statistique sont * < 0,05 et ** < 0,01. Les coefficients statistiquement non significatifs sont accompagnés de la mention « ns ».

Conclusion : un dilemme stratégique ?

Depuis l'irruption du FN dans le jeu politique français au début des années 1980, l'électorat ouvrier s'est massivement réaligné sur l'extrême droite. Ce réalignement électoral, nourri par la droitisation générale du vote des ouvriers et par un rapport de force favorable à l'extrême droite au sein de l'électorat ouvrier de droite, a été porté par le renouvellement des générations. La dynamique a été progressive, sans inflexion particulière : de ce point de vue, l'arrivée de Marine Le Pen à la tête du parti n'a pas changé la donne. Le processus ne dépend pas de la personnalité du candidat dans la famille Le Pen, mais s'inscrit dans un mouvement commun à de nombreuses démocraties européennes, l'Autriche, la Belgique, la Norvège ou la Suisse notamment[30].

De fait, la nouveauté est ailleurs, du côté de la *composition* de l'électorat frontiste : le réalignement des ouvriers vers l'extrême droite a progressivement renforcé la prolétarisation de l'électorat Le Pen. Alors que les ouvriers représentaient 25 % de l'électorat de Jean-Marie Le Pen en 2002, ils comptent pour plus de 30 % de celui de sa fille en 2012. Déjà évidente dans les années 1990[31], cette prolétarisation de l'électorat du FN pourrait déboucher à terme sur un dilemme stratégique pour la présidente du parti : que ce soit en France ou à l'étranger, les seuls suffrages des ouvriers n'ont jamais suffi pour former une coalition électorale majoritaire, et la tendance au déclin numérique des ouvriers dans les sociétés postindustrielles ne devrait pas inverser la tendance au cours des prochaines années. Dans cette perspective, l'ancrage ouvrier du vote FN pourrait devenir un obstacle à la progression du parti s'il l'empêche d'élargir son noyau électoral à d'autres groupes sociaux.

---

30. Daniel Oesch, « Explaining Workers' Support for Right-Wing Populist Parties in Western Europe : Evidence from Austria, Belgium, France, Norway, and Switzerland », International Political Science Review, 29 (3), 2008, p. 349-373.
31. Guy Michelat et Michel Simon, Les Ouvriers et la politique. Permanence, ruptures, réalignements, Paris, Presses de Sciences Po, 2004.

Chapitre 15 / LES RESSORTS PRIVÉS DU VOTE FRONT NATIONAL UNE APPROCHE LONGITUDINALE

Christèle Marchand-Lagier

Dans le prolongement des débats sur une érosion du radical right gender gap, ou la moindre propension des femmes à voter pour les droites radicales, les ressorts du vote FN ont été auscultés parmi un échantillon contrasté d'électrices et d'électeurs ordinaires de la région PACA, suivis sur une durée de plus de quinze ans. Les résultats de l'enquête éclairent les choix de ces soutiens frontistes en les réinscrivant à la fois dans leurs trajectoires sociales et dans leurs relations familiales, amoureuses et conjugales. Il s'agit de la sorte de dépasser les idées reçues sur leur racisme affiché et surinterprété ou sur leur niveau supposé de compétence politique. Comme tout vote, ceux qui se portent sur le FN résultent de transactions et d'arbitrages, de considérations d'ordre privé tout autant sinon plus qu'idéologiques et politiques. Et la personnalité de Marine Le Pen n'est qu'un élément parmi beaucoup d'autres qui interviennent dans ces choix.

Mots clés : *compétence politique – femme – FN – Front national – gender gap – matrice conjugale – vote*

Le terme de *radical right gender gap* a été forgé par la politiste américaine Terri Givens pour désigner l'écart entre le soutien des hommes et des femmes aux droites radicales[1]. Or le phénomène en Europe, et notamment en France lors des dernières élections présidentielles 2012, semble perdre de sa force. Les comportements électoraux masculins et féminins à l'égard du Front national tendraient à s'homogénéiser, alors qu'ils divergeaient nettement

---

[1]. Terri Givens, « The Radical Right Gender Gap », Comparative Political Studies, 37 (1), 2004, p. 30-54 ; Nonna Mayer, « From Jean-Marie to Marine Le Pen : Electoral Change on the Far Right », Parliamentary Affairs, 66, 2013, p. 160-178. Voir également sur ce sujet le chapitre 13 de cet ouvrage.

du temps de Jean-Marie Le Pen[2]. Les électrices du FN votent-elles davantage pour ce parti du fait d'un programme moins discriminant à l'égard des droits des femmes ? Se retrouvent-elles davantage dans la figure de Marine Le Pen que dans celle de son père ? Leur vote est-il politiquement informé, en conscience et en connaissance des idées, des programmes, des candidats ? Ou faut-il plutôt l'envisager comme le fruit de monnayages divers et d'ajustements dans la définition des identités sociales et la hiérarchisation des sphères de vie[3] ? C'est à ces questions que nous nous proposons de répondre en analysant les trajectoires d'électrices et d'électeurs du FN diversement engagés dans ce parti, à partir d'enquêtes menées depuis 1998 dans le sud-est de la France, terre d'élection du FN s'il en est[4].

Notre parti pris a été de ne pas survaloriser *a priori* l'effet Marine Le Pen dans l'attraction de nouvelles électrices, mais d'observer les différentes manières dont les femmes peuvent se saisir de cette préférence politique, en privé et dans leur couple. Pour cela, notre étude inclut une gamme contrastée d'électeurs et d'électrices, allant des militant(e)s les plus engagé(e)s et les plus fidèles aux plus distant(e)s, notamment les primo-votant(e)s. Elle s'inscrit dans la continuité des travaux sur l'engagement militant des femmes, plus spécifiquement dans des mouvements d'extrême droite[5], sur les formes distanciées

---

2. Nonna Mayer, Ces Français qui votent le Pen, *Paris, Flammarion, 2002* ; Mariette Sineau, «*Les paradoxes du gender gap à la française*», dans Bruno Cautrès et Nonna Mayer (dir.), Le Nouveau Désordre électoral. Les leçons du 21 avril 2002, *Paris, Presses de Sciences Po, 2002, p. 207-227.*

3. Florence Passy, «*Interactions sociales et imbrications des sphères de vie*», dans Olivier Fillieule et Patricia Roux (dir.), Le Sexe du militantisme, *Paris, Presses de Sciences Po, 2009, p. 115.*

4. Christophe Traïni (dir.), Vote en PACA. Les élections de 2002 en Provence-Alpes-Côte d'Azur, *Paris, Khartala, 2004.*

5. Olivier Fillieule, «*Travail militant, action collective et rapports de genre*», dans Olivier Fillieule et Patricia Roux (dir.), op. cit., *p.23-74* ; Bert Klandermans et Nonna Mayer (eds), Extreme Right Activists in Europe. Throught the Magnifying Glass, *Londres, Routledge, 2006* ; Birgitta Orfali, L'Adhésion. Militer, s'engager, rêver, *Paris, De Boeck, 2011* ; Kathleen M. Blee et Sandra MacGee Deutsch, Women of the Right. Comparisons and Interplay Across Borders, *Philadelphie (Pa.), The Pennsylvania State University Press, 2012.*

de rapports au vote[6] et au politique[7], et sur les transformations électorales et partisanes récentes du Front national[8]. Très peu de travaux, à l'exception notable de recherches relativement anciennes ou davantage centrées sur les militants[9], s'appuient sur le suivi d'électeurs FN dans le temps[10] (voir encadré 3). Un tel suivi permet pourtant d'investir un angle mort de la recherche : celui des électeurs et électrices « ordinaires » du FN qui, en dépit d'engagements pouvant ponctuellement dépasser le seul vote, témoignent de rapports quotidiens relativement distants à la politique institutionnelle[11]. Cette distance n'empêche pas la relative permanence, chez beaucoup, d'une préférence FN, différemment modulée selon l'évolution du contexte social et matrimonial.

---

6. Daniel Gaxie, Le Cens caché. Inégalités culturelles et ségrégation politique, Paris, Seuil, 1978 ; Céline Braconnier, Une autre sociologie du vote. Les électeurs dans leurs contextes : bilan critique et perspectives, Cergy-Pontoise, Lextenso Éditions, 2010 ; Patrick Lehingue, Le Vote. Approches sociologiques de l'institution et des comportements électoraux, Paris, La Découverte, 2011.
7. François Buton, Patrick Lehingue, Nicolas Mariot et Sabine Rozier (dir.), Enquêtes sur les rapports ordinaires au politique, Paris, PUF, CURAPP, 2015 (à paraître).
8. Sylvain Crépon, Enquête au cœur du nouveau Front national, Paris, Nouveau Monde Éditions, 2012 ; Alexandre Dézé, Le Front national : à la conquête du pouvoir ?, Paris, Armand Colin, 2012.
9. Jacqueline Blondel et Bernard Lacroix, « Pourquoi votent-ils Front national ? », dans Nonna Mayer et Pascal Perrineau (dir.), Le Front national à découvert, Paris, Presses de Sciences Po, 1996 [1989], p. 150-169 ; Daniel Bizeul, Avec ceux du FN. Un sociologue au Front national, Paris, La Découverte, 2003 ; Valérie Lafont, « France. A Two Century Old Galaxy », dans Bert Klandersmans et Nonna Mayer (eds), Extreme Right Activists in Europe..., op. cit., p. 113-146.
10. Christèle Marchand-Lagier, « Le retour aux enquêtés, option méthodologique heuristique pour une analyse longitudinale des préférences électorales », Interrogations ?, 13, 2011 (consultable en ligne : http://www.revue-interrogations.org/article.php?article=254).
11. Loïc Blondiaux, « Faut-il se débarrasser de la notion de compétence politique ? Retour critique sur un concept classique de la science politique », Revue française de science politique, 57 (6), 2007, p. 759-774.

Une large gamme de rapports au FN

Suivi longitudinal d'électrices et d'électeurs FN

Encadré 3 : Matériaux d'enquête

Les analyses produites dans ce chapitre s'appuient sur divers matériaux d'enquête, données de premières mains recueillies depuis 1998 auprès d'électrices et électeurs du FN :
- 12 entretiens réalisés en 2013-2014 avec des hommes et femmes votant pour le FN ;
- 28 entretiens réalisés avec des électrices et militantes FN en 1998, en 2000 puis auprès de quatorze d'entre elles en 2010 (retour sur le terrain de notre thèse) ;
- enquête biographique avec une ancienne militante et élue FN de l'échantillon original (Simone), soit près d'une quinzaine d'entretiens réalisés entre 2010 et 2014 au rythme d'un entretien tous les trois mois ;
- suivi d'une personne rencontrée pour les besoins de notre thèse (Martine) dans le cadre de deux enquêtes, la première sur les conceptions ordinaires de l'Europe[12], la seconde sur l'encastrement social des préférences politiques et électorales[13], effectuées entre 1997 et 2011 ;
- données secondaires, entretiens ponctuels, entretiens panélisés recueillis sur un échantillon d'une vingtaine d'électeurs et militants FN ;
- observations ethnographiques dans divers lieux de socialisation FN (fête Bleu Blanc Rouge, meeting, repas, loto...).

Notre corpus est donc constitué d'entretiens auprès de 60 individus[14], constituant un échantillon qui n'est ni représentatif, ni aléatoire mais délibérément contrasté, et illustrant une large gamme de rapports au parti FN dont l'intensité et la permanence dans le temps peuvent ainsi être analysées.

Cet échantillon est composé pour deux tiers de femmes.

---

12. Daniel Gaxie (dir), *L'Europe des Européens. Enquête comparative sur les perceptions de l'Europe, Paris, Economica, 2011.*

13. *François Buton, Patrick Lehingue, Nicolas Mariot et Sabine Rozier (dir.), Enquêtes sur les rapports ordinaires au politique, op. cit.*

14. *Je remercie Lily Celle, Fanny Martin et Mathilde Salomon, étudiantes de licence 3 AES à l'Université d'Avignon (2011-2012), pour la réalisation de quatre entretiens à Bagnols-sur-Cèze.*

La composition mixte de notre échantillon nous conduit à envisager les rapports au FN selon le sexe des femmes et des hommes de manière relationnelle, sans essentialiser «les» femmes ou «les» hommes, et nous contraint à une forme accrue de vigilance envers toute tentation de réification[15]. L'objectif est de reconstituer une portion de la «carrière» politique des individus rencontrés, au sens retenu par Olivier Fillieule, qui permet de «travailler ensemble les questions des prédispositions au militantisme, du passage à l'acte, des formes différenciées et variables dans le temps prises par l'engagement, de la multiplicité des engagements le long du cycle de vie (défection(s) et déplacement(s) d'un collectif à l'autre, d'un type de militantisme à l'autre) et de la rétraction ou extension des engagements[16]». L'engagement au FN n'est pas l'étape finale et logique d'un processus de socialisation, il en est une étape parmi d'autres, produisant des effets en retour sur la nature même de cet engagement[17].

L'investissement politique peut aller du vote épisodique au militantisme à plein temps et subir de fortes variations temporelles sur la période étudiée. Les liens au parti lepéniste recouvrent variablement des liens professionnalisés dans le cas des candidats, des permanents, des liens diversement politiques dans le cas des militants ou des électeurs les plus compétents, des liens plus idéologiques pour ceux qui ont été socialisés à l'extrême droite, mais aussi des liens amicaux, familiaux et, de manière très significative pour les femmes rencontrées, matrimoniaux. Ces différents types de liens peuvent par ailleurs se croiser et se renforcer. Notre échantillon féminin se compose majoritairement de femmes issues des milieux populaires ou de la classe moyenne inférieure, le brouillage des frontières entre

---

15. Olivier Fillieule et Patricia Roux, Le Sexe du militantisme, Paris, Presses de Sciences Po, 2009, p. 17.
16. Olivier Fillieule, «Post scriptum. *Propositions pour une analyse processuelle de l'engagement individuel*», Revue française de science politique, 51 (1-2), 2001, p. 200.
17. Olivier Fillieule, «Travail militant, action collective et rapports de genre», dans Olivier Fillieule et Patricia Roux (dir.), Le Sexe du militantisme, op. cit., 2009. p. 59.

ces catégories rendant toute classification stricte assez illusoire[18]. Elles sont en outre engagées, pour certaines d'entre elles, dans des réseaux locaux de soutien au parti. Nous avons d'ailleurs pu repérer la porosité des frontières entre les femmes engagées et les femmes plus en retrait, par le bais notamment d'entretiens avec des mères et des filles déclarant une préférence FN (voir tableaux 15 et 16 à la fin de ce chapitre). Ce n'est pourtant pas tant le degré d'engagement que le fait d'« être au FN » diversement qui nous intéresse ici, et d'y être en groupe, en famille et surtout en couple, sachant que, pour nombre d'enquêtés et sur le modèle décrit par Valérie Lafont, « c'est l'engagement qui leur a ouvert la porte de la politique, plutôt que l'inverse[19] ».

Préférences FN et rapports peu informés au politique

La première difficulté, quand on suit des électeurs ou des militants sur le long terme, tient au fait que leur rapport à l'organisation – ici le FN – évolue. Ainsi, sur les quatorze enquêtées réinterrogées en 2010, plus de la moitié étaient encartées ou militantes en 2000 et ne le sont plus en 2010 (voir tableau 15 à la fin de ce chapitre). À la différence des hommes, les femmes apparaissent plus souvent cantonnées dans des formes d'engagement et de militantisme passives (voir encadré 4), qui semblent moins résister à l'épreuve du temps que des formes plus actives (candidat, colleur d'affiche) que pratiquent davantage leurs conjoints ou maris. La division sexuelle des rôles sociaux[20] affecte toujours les tâches militantes, même chez les plus engagées. Le partage des rôles reproduit des stéréotypes de genre que les principales intéressées semblent avoir totalement intériorisés.

---

18. Céline Braconnier et Nonna Mayer (dir.), Les Inaudibles. Sociologie politique des précaires, Paris, Presses de Sciences Po, 2015.
19. Valérie Lafont, « France. A Two Century Old Galaxy », art. cité, p. 130.
20. Pierre Bourdieu, La Domination masculine, Paris, Seuil, 1998.

Encadré 4 : De l'investissement militant à « l'intériorisation de rôles sexués nettement différenciés [21] »

Dans les divers événements organisés par le parti auxquels nous avons pu assister, les femmes soignent en général leur tenue, sortent leurs tailleurs, bijoux et chaussures à talons. Elles viennent voir et se faire voir plus qu'elles ne viennent écouter ce qui va être dit. L'exemple d'une enquêtée, Denise (59 ans, mariée, mère au foyer), lors du meeting de Bruno Mégret à Marseille le 10 juin 1999, est à cet égard significatif. Plutôt masculine, adoptant un langage volontiers « vulgaire », Denise a particulièrement soigné sa tenue ce jour-là. Elle s'est maquillée mais se défend d'avoir fait un brushing pour l'occasion devant ses collègues militants, hommes notamment. Elle reçoit alors les remarques d'un de ces derniers qui n'a pas l'habitude de la voir ainsi : « On va le dire à Bruno que t'as pas fait le brush. » Alors que Denise, rencontrée chez elle, montre un certain détachement à l'égard de son apparence physique, elle fait ici d'importants efforts. Si l'on tient compte des propos formulés en entretien, on peut supposer que cette dernière abandonne son aspect négligé (blouse, savates) dès lors qu'elle quitte son domicile. Ce genre d'observation suggère combien ce qui se joue dans le rapport au FN dépasse le seul univers politique, jusqu'à modifier l'aspect physique de l'enquêtée. Le parti offre à Denise la perspective de sorties et donc la possibilité de mettre en jeu une féminité qu'elle étouffe complètement chez elle.

Lors des meetings, des apéritifs, des réunions diverses... les femmes sont souvent affectées – et le sont visiblement de leur propre initiative – aux tâches d'intendance visant à accueillir et à servir les personnes présentes, ce qui leur laisse relativement peu de temps pour porter attention aux propos effectivement tenus. C'est notamment le cas de Jocelyne (55 ans, divorcée, mère au foyer), Gisèle (68 ans, remariée, commerçante), Denise (59 ans, mariée, mère au foyer), et de manière plus surprenante de la fille de cette dernière, Ludivine (19 ans, célibataire, étudiante en droit), qui, lors de la réunion organisée par le MNR à l'Isle-sur-la-Sorgue le 24 avril 1999, met également la main à la pâte. Alors qu'elle apparaît en entretien comme voulant s'affranchir des contraintes féminines auxquelles sa mère a pu se plier, elle s'identifie à cette dernière dans ce contexte-là. Aux côtés de sa mère, Ludivine renforce leur relation, par opposition à la distance entretenue avec son père qui ne participe jamais à aucune de ces manifestations.

---

21. Géraldine Bozec et Manon Reguer-Petit, « Les femmes, plus vulnérables mais résistantes », dans Céline Braconnier et Nonna Mayer (dir.), Les Inaudibles..., op. cit., p. 235-271.

À l'exception des primo-votantes, les femmes enquêtées qui votent FN sont des électrices régulières depuis de nombreuses années. La plupart votent FN depuis qu'elles sont en âge de le faire et y reviennent en dépit de quelques infidélités circonstancielles. Même si une seule a voté constamment pour ce parti entre 1999 et 2010, on note une relative fidélité de l'échantillon, malgré des défections en 2007 que l'on retrouve dans d'autres électorats[22] et qui ne sont donc pas le propre du FN. Cette relative constance – sauf à donner une définition très rigide de la constance électorale – est à l'image de parcours sociaux peu évolutifs.

Si ces femmes sont, pour la majorité, propriétaires de leur logement, les autres sont en location et pour trois d'entre elles (Sandy, Fabienne et Martine) en situation de relative dépendance à l'égard d'un tiers, parents ou employeur. Toutes vivent dans la même ville et/ou la même maison qu'il y a dix ans, à l'exception des trois en situation de dépendance, auxquelles il faut ajouter Dominique. Pour cette dernière, la mairie de Carpentras a fait jouer son droit de préemption sur sa maison « pour faire partir certaines personnes qui polluent la ville de Carpentras[23] ». S'estimant victime d'une expropriation, Dominique vit désormais dans un petit village de la Drôme provençale où elle s'est littéralement retirée avec son nouveau mari. Cette nouvelle relation matrimoniale reproduit les conditions d'un rapport au monde désenchanté, rendu par les propos de son compagnon, Francis, ancien routier international, qui perçoit 800 € de retraite alors qu'il avait « des trimestres en pagaille » et travaille depuis l'âge de 14 ans : « Déjà qu'y [l'Etat] me donne pas beaucoup, autant le prendre... On est des gens dans la merde, on ne descendra pas plus bas. »

---

22. Sylvie Strudel, « L'électorat de Nicolas Sarkozy : "rupture tranquille" ou syncrétisme tourmenté ? », Revue française de science politique, 57 (3), 2007, p. 459-474.
23. Son conjoint nous précise : « Pour assainir le quartier, c'était soit le lance flamme, soit racheter toutes les maisons [...]. Ils ont acheté la maison au prix qu'ils ont voulu. C'est une affaire politique. La municipalité devait revendre à des promoteurs pour faire un parking. On a perdu 200 000 milles francs dans l'affaire [...]. C'était pas notre projet initial. On pensait finir notre vie professionnelle à Carpentras [...]. »

Une mobilité résidentielle quasi nulle, des situations professionnelles inchangées, sinon plutôt moins valorisantes, maintiennent ces femmes dans des territoires acquis de longue date au FN et entretiennent leur engagement. Sauf quand le conjoint les quitte, ce qui souligne encore une fois la relative dépendance de ces femmes à leur égard. Deux enquêtées ont ainsi, avec la disparition de leur mari, perdu leur place dans les réseaux de sociabilité FN :

Patricia : « Les amis communs avec mon mari, ce n'était pas des amis [...] [concernant plus spécifiquement les relations FN] non et même dans la famille, toutes les années où j'ai été seule [quand son mari militaire partait en déplacement à l'étranger] et depuis maintenant un an, je n'ai eu aucun coup de fil. »

Marie-Thérèse, à propos de ses relations amicales : C'est plus les mêmes [rire]... du moment que mon mari est parti... les amis s'envolent aussi [...] on avait des amis de... de dix ans... par le fait ils se sont... on peut pas dire qu'ils se soient volatilisés complètement mais on se voit moins, on se voit pas... on se voit éventuellement...

E : Par hasard...
MT : Par hasard.
E : Ils n'ont pas été un soutien pour vous ?
MT : Non... non, non... [...]
E : Avez-vous aujourd'hui des activités liées à la politique ?
MT : Non, non, non...
E : Même pas des repas, des...
MT : Non, non...
E : Parce que personnellement ça vous intéresse pas ou parce que vous avez été déçue...
MT : Oh non, disons que c'est parce que... je suivais mon mari, voilà. »

Concernant l'intérêt déclaré pour la politique, notamment chez les femmes rencontrées en couple, la division sexuelle précédemment décrite se retrouve également. Ce sont les hommes qui lisent, s'informent, suivent l'actualité politique, même si cet intérêt se réduit souvent aux seules informations véhiculées par le parti frontiste. Quand ils sont présents lors des entretiens, ils gardent le monopole de la parole politique. Les femmes ont plutôt tendance à esquiver les sujets politiques, alors que les hommes y reviennent. Les hommes m'interrogent sur mon positionnement politique, très rarement les femmes. L'intériorisation du discours FN est leur point fort. Compétence linguistique qui traduit néanmoins seulement partiellement « une aptitude à tenir les discours des agents du champ politique[24] ». Compétence par ailleurs étroitement rattachée, dans le cas des femmes comme des hommes rencontrés, aux activités militantes ou à une socialisation politique familiale de droite ou d'extrême droite souvent associée, pour les plus âgé(e)s, à la décolonisation algérienne.

Même dans les rangs des militants ou électeurs *a priori* moins « ordinaires », très peu parviennent à citer la mesure du FN qui leur plaît le plus. Lors des derniers entretiens réalisés en 2013-2014, la seule mesure citée est « la sortie de l'euro », pour convenir, de manière unanime, qu'il s'agit d'une mauvaise idée par ailleurs irréalisable. On peut légitimement s'interroger sur l'interprétation politique de tels votes, éclairés par la seule mesure à laquelle les enquêtés n'adhèrent pas. Les nouveaux électeurs du FN, ceux que Marine Le Pen a pu séduire – sans qu'ils engagent dans leur vote aucune illusion – ne se rallient donc pas davantage à un discours qui les convaincrait sur le fond. Ils le connaissent peu. Et là encore, même chez les plus jeunes, à classe sociale égale, les hommes en parlent sinon mieux du moins « un peu moins mal » que les femmes rencontrées. Ces dernières ne convoquent pas davantage la figure de Marine Le Pen pour justifier leur choix, alors que chez les plus âgées une préférence pour son père est très largement affichée. Et aucune référence n'est faite aux propositions du FN en (dé)faveur des femmes. Ni lors de notre enquête initiale, où l'on observe une méconnaissance de mesures telles que le salaire parental, le chèque éducation ou le vote familial présentes dans le programme du FN de 1995, ni lors de nouveaux entretiens. En dehors de l'image renvoyée par Marine Le Pen, perçue comme moins

---

24. Daniel Gaxie, Le Cens caché..., op. cit., *p.* 95.

agressive que son père, aucune référence n'est faite aux propositions à destination des femmes, qui restent un sous-domaine du programme «famille» que nos interviewées n'évoquent jamais. Marine Le Pen n'est pas envisagée d'abord comme une femme: c'est sa filiation avec «Le Pen» qui compte avant tout

En dehors de quelques nuances, donc, femmes et hommes affichent dans ces milieux populaires une relative extériorité au politique qui peut venir se nicher au cœur même de l'engagement militant ou d'un vote FN continu et revendiqué. Elle s'incarne dans des formes de «politique naïve» où le peu que l'on sait de ce qu'on est («français», «fils de», «femme de», «de tel endroit», «dans telle famille»...) est le socle d'une identité pour soi qui peut entrer en résonance avec le discours général du FN. Pas plus compétents politiquement que ne le sont les femmes, les hommes s'autorisent néanmoins davantage à parler politique, sans doute parce qu'ils sont plus acculturés aux manières d'être FN, mais également en vertu d'une «balance des pouvoirs entre les sexes[25]» qui légitime leur prise de parole.

Pour les plus dominées, y compris chez les enquêtées primo-votantes comme Charlène, 23 ans, la politique demeure un domaine étroitement associé au conflit et à la compétition, valeurs masculines à ses yeux, dont elle se détourne: «Plus jeune, moi j'avais l'image de la politique, tu penses ça, toi tu penses ça, toi tu penses ça et on vote pour toi. Et non, il faut que tout le monde se démonte la tête, qu'y se fracassent tous, ils font que se battre pour dire moi je veux plus de... de gens pour moi... je comprends pas cette mentalité de se battre.»

Cette permanence de rapports différenciés au politique selon le genre invite à aller plus loin et analyser les usages du vote comme monnaie d'échange dans la sphère privée, notamment matrimoniale. À sa manière, voter pour le FN participe des équilibres conjugaux et familiaux, offrant aux femmes divers moyens de reprendre la main dans la sphère domestique.

---

25. Norbert Elias, «*Les transformations de la balance des pouvoirs entre les sexes. Étude sociologique d'un processus à travers l'exemple de l'État romain antique*», Politix, 13 (51), 2000, p. 15-53.

La préférence FN, une monnaie d'échange dans la sphère domestique

Nous avions constaté lors de notre enquête de 2000 que l'ensemble des femmes mariées ou en couple interrogées partageaient le choix du FN avec leur mari ou conjoint de l'époque. Qu'en est-il dix ans plus tard? Sur les quatorze femmes suivies, nous avons déjà signalé la relative constance des choix électoraux en faveur du FN, alors que six d'entre elles sont toujours mariées avec le même conjoint (Nadège, Martine, Marianne, Fabienne, Leslie, Simone). Une enquêtée est toujours célibataire (Élisabeth), trois parmi les plus jeunes ont un compagnon différent (Sandy, Bérangère, Laurence), trois sont veuves (Liliane Marie-Thérèse et Dominique) et une a été abandonnée par son époux (Patricia). Au-delà de la diversité de ces configurations conjugales, ces permanences et transformations sur une dizaine d'années nous permettent de distinguer au moins deux modulations d'inscription de la préférence FN dans les relations de couple observées : une dépendance que l'on pourrait qualifier «de confort», et une occasion de faire sa place.

Une dépendance de confort

La politique est trop éloignée de ces femmes pour constituer un enjeu. La préférence pour un parti comme le FN semble souvent jouer davantage le rôle de variable d'ajustement dans des stratégies de préservation du couple et de négociation sur d'autres sujets. Nous privilégions ici trois configurations différentes : Martine toujours mariée au même compagnon, Marie-Thérèse veuve et Dominique, veuve et remariée. Si Dominique entretient une vision négative des populations étrangères arabes et africaines qui pourrait justifier à elle seule son vote, c'est beaucoup moins évident pour Marie-Thérèse, qui n'évoque jamais ce type d'arguments, mais aussi pour Martine, qui fréquente ces populations dans son quotidien professionnel.

Le rapprochement de Martine avec la préférence FN, nous le vivons en direct au moment de notre premier entretien en 1998, alors qu'elle vient de rencontrer son compagnon et témoigne d'une confiance dans ce nouveau départ. Son compagnon, militant FN depuis vingt ans, lui paie sa carte FN alors qu'elle a toujours voté à gauche et que ses parents sont socialistes. Cette adhésion ne dure pas au-delà d'une année, Martine nous confiant rapidement qu'elle l'a acceptée au début pour donner toutes les chances à cette union qui lui offre enfin la sécurité financière et la perspective de ne plus avoir à travailler, conformément au modèle transmis par ses parents : « Je suis obligée de vivre de ménages parce que j'ai jamais pu apprendre parce que d'après mes parents, une femme elle était pas obligée d'apprendre [...] à la limite [...] pour mes parents y fallait que je me marie [...] que je reste avec mon mari. » Ils se marient un an plus tard et ont un petit garçon, grossesse inespérée pour Martine qui a alors 44 ans. Nous l'avons suivie depuis, et avons pu observer en quoi ses choix électoraux étaient étroitement liés à ses humeurs sentimentales et à la chute progressive de son époux dans son estime. Se contrôlant dans les entretiens auxquels il participe, elle se laisse aller aux critiques et à l'expression de choix politiques divergents quand il n'est pas là : en faveur de Mégret contre Le Pen en 1999, de Royal contre Le Pen en 2007. Son rapport à la politique s'est immiscé dans son rapport au quotidien qui, en dépit des espoirs mis dans ce nouveau mariage, demeure très difficile. Nos entretiens successifs reflètent sa désillusion totale, ses espaces de liberté se réduisant aux sorties qu'elle fait sans son époux, les amies et sa famille qu'elle voit sans lui et les discussions qu'elle multiplie sur Facebook avec de nouvelles connaissances. Elle prend parallèlement ses distances avec les réseaux de connaissances FN et se replie sur sa famille d'origine[26], ce qui s'accompagne de choix de plus en plus éloignés de la ligne FN, notamment en faveur de Michel Vauzelle (PS) aux régionales 2010 ou Ségolène Royal à la présidentielle 2007. Elle ne revendique toutefois pas ces choix devant son époux,

---

26. Les analyses de Michael Young et Peter Willmot selon lesquelles « c'est à en juger d'après l'anthropologie, une règle quasi-universelle que lorsque la vie conjugale est peu sûre, la femme se tourne vers sa famille d'origine pour trouver un soutien, si bien que les liens conjugaux faibles engendrent des liens de sang forts [...] », peuvent trouver sans doute des traductions dans la modulation des choix politiques. Voir Michael Young et Peter Willmot, Le Village dans la ville, Paris, CCI, Centre Georges-Pompidou, 1983, p. 219.

et baisse la voix à chaque fois qu'elle énonce un choix politique[27], consciente des disputes que cela peut provoquer. Elle évite ce sujet pour ne pas avoir à le contrarier et témoigne parallèlement, à plusieurs reprises, du fait qu'elle ne peut pas vivre financièrement sans lui.

Quand nous parlons de politique, Martine se cantonne à des généralités. Parmi les sujets politiques, elle évoque la défaite de l'équipe de France de football pour la Coupe du monde 2010. Elle dit qu'elle se « tient au courant pour pouvoir en parler si quelqu'un en parle » car elle « ne veut pas être idiote ». Elle développe un rapport intuitif aux événements et entretient des sentiments de sympathie/antipathie à l'égard des différentes personnalités politiques telles que Jacques Chirac, dont elle dit « c'était pas lui le plus mauvais ». Lors de la présidentielle 2007, alors que nous listons les candidats du premier tour, elle plaisante en disant « y'en a certains qui sont mignons, je voterais peut-être pour eux ». Elle puise alternativement dans les argumentaires développés par son mari, dans un ethos socialiste incarné par ses parents puisqu'elle continue à se placer « du côté des ouvriers », et plus récemment dans les informations qu'elle voit et fait circuler via Facebook. Ses sentiments à l'égard de certaines personnes jouent ponctuellement dans ses préférences. Elle dit par exemple qu'elle ne pourrait pas voter pour Marie-Claude Bompard, qu'elle déteste, mais revient à l'occasion de multiples entretiens sur « le facteur » Besancenot qu'elle est « la première à bader ». Employée de mairie, elle développe également un rapport utilitariste à la politique perceptible dans la relation entretenue avec le maire UMP de la commune pour lequel elle vote en 2008 parce qu'il la salue lorsqu'il vient chercher ses filles à l'école. Elle dit qu'elle votera à nouveau pour lui en 2014 car c'est sur sa liste qu'il y a le plus de personnes qu'elle connaît. Elle répète enfin à plusieurs reprises, et sur le modèle des enquêtées les moins compétentes politiquement, qu'elle vote parce que « c'est un devoir » et qu'elle estime que « dans chaque parti y'a des choses bien et des choses mal ». Bien loin d'être dépourvue de ressources pour formuler des jugements politiques,

---

27. *Elle le fait également quand il n'est pas là, ce qui témoigne de l'intériorisation d'une habitude de « mise en retrait » apparente sur ce sujet.*

Martine opère des choix au gré de ses priorités du moment. C'est sans doute un des atouts du FN, l'ancien et le nouveau, que de donner le sentiment de s'intéresser aux problèmes concrets des individus. Le parti semble y parvenir d'autant mieux dans des contextes de vie dégradés, nourris de ressentiments à l'égard des responsables politiques locaux ou nationaux. De ce point de vue, la stratégie d'implantation locale explicitement revendiquée par Marine Le Pen et déclinée par sa nièce, Marion Maréchal-Le Pen[28], dans le Vaucluse, peut contribuer à renforcer l'ancrage de ce parti auprès de ces électeurs et électrices les plus distants de la politique institutionnelle. Les propos de Frédéric, 47 ans, chef d'entreprise, sont explicites de ce point de vue :

E : « Vous êtes content d'être venu au FN ?

F : Oui, car ça me permet de moins ronchonner dans mon coin [rire]... c'est un peu comme un psy voyez [...] ici tout le monde pense comme moi, je me dis je suis pas fou [...] avec ma femme on était dans notre cuisine à dire constamment "Ça, ça va pas ! Ça, ça va pas !". Et puis là on est venu nous chercher et tout ce qu'on dit, au lieu de le dire à la maison, on construit, on met ça sur une feuille, on arrive à construire quelque chose, on n'est plus dans la revendication, on est dans la construction. »

Là, sans doute, des « conditions de possibilités de la montée en politique[29] » sont réunies, donnant par ailleurs un sentiment de compétence et d'utilité sociale à des personnes qui se perçoivent comme relativement isolées dans leurs manières de voir les choses.

L'exemple de Marie-Thérèse témoigne, lui, de la manière dont la préférence FN peut participer d'une dépendance à l'égard de l'époux. Marie-Thérèse a placé toute sa vie la relation de couple et l'équilibre familial au-dessus de tout. Cela explique notamment qu'elle n'ait

---

28. Nous prenons appui ici sur deux entretiens réalisés en juin 2014, pour le premier avec Marion Maréchal-Le Pen et pour le second avec son assistant parlementaire en circonscription, Rémi Rayé, candidat élu sur le canton de Monteux pour les départementales 2015.

29. Charlotte Dolez et Guillaume Garcia, «Rapport au politique et mobilisation des expériences : exploration de discussion politique à partir d'entretiens de couple», dans François Buton, Patrick Lehingue, Nicolas Mariot et Sabine Rozier (dir.), Enquêtes sur les rapports ordinaires au politique, op. cit.

pas travaillé, parce que son mari ne le souhaitait pas. La politique a constitué tout au long de sa vie, et encore aujourd'hui, un domaine trop marginal à ses yeux pour prendre le risque de contrarier son époux. Avant de décéder, ce dernier avait quitté le FN et abandonné toute activité militante car il était en désaccord avec Jean-Marie Le Pen. Marie-Thérèse en a fait autant, elle dit qu'elle «n'est plus du tout FN». Lorsque nous lui demandons pour quelles raisons, elle répond : «C'était les idées de mon mari [...]» Marie-Thérèse évoque l'emprise de son époux, emprise qui dépasse les seules questions politiques : «La présence de mon mari... mon mari était très présent, c'était quelqu'un qui... qui avait beaucoup de... on pouvait se reposer sur lui... C'était un appui, c'était quelqu'un de très fort, de... avec un caractère très... très bien trempé et ça me manque !» En politique, comme plus globalement dans sa vie, ce décès laisse Marie-Thérèse déboussolée et elle n'abandonne pas la politique parce que son mari est décédé, mais parce que lui-même, avant de décéder, avait pris ses distances avec le FN :

E : «Où en êtes-vous du point de vue de votre rapport à la politique ?

MT : Alors là, je n'ai jamais fait de politique, je suivais mon mari... alors là maintenant non, plus du tout.

E : Est-ce que vous soutenez toujours le Front national ?

MT : Non !... non, non... depuis... avant que mon mari s'en aille... c'était terminé depuis un moment.

E : Pour quelles raisons alors ?

MT : C'était les décisions de mon mari... voilà.»

La récurrence de cette phrase dans les entretiens est saisissante. La variable générationnelle pèse sans doute lourd dans cette dépendance de confort à l'égard du mari, mais la distance aux préoccupations politiques se retrouve, dans cette frange d'électeurs plutôt populaires, chez certaines enquêtées plus jeunes. C'est le cas de Laurence, 30 ans, qui exerce le métier d'assistante maternelle à domicile, profession repliée sur l'espace domestique s'il en est. Sa forte mise en retrait de la politique s'inscrit ici dans un univers matrimonial peu politisé, mais dans lequel le mari représente tout de même le peu de lien qu'elle a au politique et, dans ce cas, au FN :

E : « Puis-je vous demander où vous en êtes de votre rapport à la politique ?

L : Alors le néant total !... Mais total, hein, parce que plus ça va et moins ça m'intéresse [...] parce que je trouve que n'importe quel parti que ce soit, c'est toujours la même chose.

E : Est-ce que vous soutenez toujours le Front national ?

L : Je soutiens rien du tout... [petit sourire] rien.

E : Même par votre vote ?

L : Même... non je vote plus, ça fait un petit moment parce que j'ai jamais refait ma carte d'élection en fait... donc non.

E : Et votre époux ?

L : Il vote ça oui.

E : Et il est plus concerné que vous ?

L : Oui, oui [...] il en parle de temps en temps à table au moment des élections... lui il est plutôt Front national. »

En l'absence d'une situation de couple stabilisée, l'univers familial ou les réseaux amicaux peuvent encourager la préférence pour le FN et la renforcer, comme dans le cas de Marion, 20 ans, primo-votante en 2012 :

E : « Vous n'êtes pas adhérente de ce parti, ni militante de ce parti non plus... d'accord. Est-ce que vous auriez envie de le faire ?

M : Euh, j'y pense... J'y pense d'autant plus que... j'ai beaucoup de personnes dans ma famille qui l'ont [la carte du parti]. Notamment... vous allez sûrement rencontrer ma tante [Iris] incessamment sous peu et ma cousine... Qui l'ont, qui participent aux réunions, pas plus tard que hier soir, ma tante y était à Carpentras pour... M. de Lepineau et... c'est un peu du prosélytisme qu'elle me fait sur Facebook [rire]. »

Instrumentalisée dans le cas de Martine et de Marie-Thérèse, évacuée chez Laurence, tout juste expérimentée chez Marion, la préférence FN, lorsqu'elle est questionnée, dans la situation très artificielle d'un entretien, peut trouver à s'exprimer dans des propos anti-immigrés. Ces propos, facilement mobilisables dans un contexte de fortes tensions sociales, en disent finalement assez peu sur les (non-)

rapports entretenus quotidiennement avec la politique. Loin d'être un marqueur des préférences FN, ils se retrouvent en outre dans la bouche d'autres électorats, de gauche comme de droite.

La politique est vécue en couple – les travaux sur d'autres formations politiques témoignent du poids de la « matrice conjugale [30] » dans l'adhésion partisane. Cette matrice est évidemment à interroger pour toutes les formes de rapports au politique. Dans l'intégralité des entretiens réalisés, hommes et femmes partagent la préférence FN et le font dans les mêmes temporalités. Ainsi, Dominique se précipite pour prévenir son conjoint lorsque nous venons réaliser l'entretien en 2010. Cette rencontre ne peut pas avoir lieu sans lui. Les discussions politiques sont menées par ce dernier, Dominique acquiesçant la plupart du temps. Elle parle de son compagnon actuel comme elle parlait de l'ancien, également militant FN. Ce dernier décédé, elle s'est remariée avec un de ses copains militants, et lorsque je la questionne sur son intérêt pour la politique, elle répond : « Ça m'intéresse mais je ne comprends pas grand-chose. [Désignant son époux] Lui il comprend bien et il m'explique. C'est mes idées mais en dehors non [...] Si on n'en parle pas, ça gêne pas. » Elle dit que leur couple est une bonne association tant pour elle que pour lui. Elle a reconstruit son équilibre sentimental, auquel participe indéniablement la stabilité du vote FN. Ce nouveau compagnon lui a permis de ne pas trop modifier son cadre de vie, il maintient la cohérence durement acquise [31] de sa trajectoire. On peut retrouver le même type de propos chez des hommes, pourtant relativement engagés, à l'exemple de Frédéric déjà cité, candidat sur la liste du Pontet pour les municipales 2014 avec son épouse : « Je suis pas un pur et dur du Front national [...] je milite pour ma ville [...] mon épouse va plus s'engager que moi parce qu'elle est plus à l'aise pour parler [...] moi je ne suis pas un orateur [...] j'ai pas les mots qui viennent [...] ». Le rapport à la politique est clairement vécu là aussi

---

30. Florence Haegel, « La mobilisation partisane de droite. Les logiques organisationnelles et sociales d'adhésion à l'UMP », *Revue française de science politique*, 59 (1), 2009, p. 18.
31. Nous ne pouvons hélas pas développer les portraits de chacune de nos enquêtées et renvoyons pour plus de précisions à notre thèse.

en couple et devient, à la faveur des événements biographiques ou des rencontres, un facteur d'équilibre potentiel dont les enquêtées se saisissent de diverses manières et indépendamment de leur niveau de compétence politique.

Une occasion d'affirmer son indépendance

Patricia, elle, cumule sur les dix années qui séparent nos deux rencontres tous les changements. Sociaux d'abord, puisqu'elle est sans emploi après une carrière de kinésithérapeute et désormais coupée des réseaux de connaissances FN qui structuraient son quotidien en 1999. Familiaux ensuite, du fait du décès récent de son père, et matrimoniaux enfin, à la suite du départ brutal de son mari, militant FN qu'elle plaçait dix ans plus tôt sur un «piédestal». Patricia ne vote plus Front national, s'est encartée un temps à l'UMP et vote désormais pour ce parti. Elle revient ainsi à son choix politique originel, fondateur de son rapport à la politique construit contre son père socialiste. Elle répète en 2010 comme en 2000 la phrase qu'elle adressait à ce dernier en 1974 après avoir voté Valéry Giscard d'Estaing : «J'ai pas voté pour le même président que toi.» Dès le début de l'entretien en 2010, elle fond en sanglots en évoquant la disparition de son époux, parti sans donner de nouvelles, la trahison dont elle s'est sentie victime et le processus de reconstruction dans lequel elle est engagée. Elle répète, comme c'était le cas dix ans auparavant, qu'elle n'envisage pas d'être seule, elle ne conçoit pas «le mariage comme une contrainte mais comme un statut». Elle déclare parallèlement ne plus être partisane du FN mais pro-Sarkozy depuis 2007, et verbalise ce changement d'orientation politique comme une des conséquences de ce qu'elle a vécu : «Je vote, c'est un droit mais c'est un devoir. Comme en Belgique, on devrait obliger les gens à le faire. Je ne m'y intéresse plus car j'avais d'autres chats à fouetter, ça, c'est 90 % de la raison et 10 %, je dirais pas par rébellion mais par contrecoup de ce qui m'est arrivé.»

L'exemple de Patricia suggère que ce n'est pas tant le degré de compétence ou d'incompétence politique qui compte dans l'unité des choix politiques conjugaux que le statut accordé par l'enquêtée à la politique selon les périodes de vie. En effet, Patricia ne figure pas parmi les enquêtées les moins compétentes politiquement, elle témoigne même d'un intérêt pour la politique supérieur au reste de l'échantillon rencontré. Elle votait à droite, contre les idées de son père, avant de rencontrer son deuxième époux, elle développe des discours construits sur les différentes thématiques politiques abordées dans les entretiens et fait montre d'une connaissance des acteurs du champ politique. La compétence n'empêche pas la relégation de la politique au second plan, comme un domaine dans lequel on privilégie l'accord plutôt que le conflit, par amour ou pour faciliter son insertion dans certains réseaux[32]. Les rapports au politique peuvent alors être lus comme ce dont on se saisit pour délimiter un périmètre de dépendance-indépendance à l'intérieur du couple. Ils peuvent dès lors être modulés, quel que soit le degré de compétence politique affiché, au gré des processus d'émancipation professionnelle et/ou personnelle vécus par les enquêtées.

Liliane (57 ans, chef d'entreprise), elle, semble plutôt distante à l'égard de la politique institutionnelle mais se définit comme de droite, en opposition très nette avec le communisme de son père et de ses frères. Elle a consacré sa vie à s'affirmer dans un univers familial masculin et répète qu'elle a appris à ne pas se laisser faire par les «bonhommes». Elle a des certitudes et n'en dévie pas. Elle a perdu son mari dans des conditions très difficiles, cinq ans de maladie au cours desquels elle l'a accompagné. Liliane «portait la culotte» dans le couple, partageait sa préférence politique avec son époux mais a construit au fil de sa socialisation primaire notamment, les moyens de la porter seule aujourd'hui. Au décès de son époux, elle a racheté l'entreprise de focardage[33] de ce dernier et a dû encore une fois faire sa place dans un milieu très masculin, puisqu'elle travaille avec son fils et gère des équipes de travail masculines essentiellement maghrébines:

---

32. *Patricia ne fréquente absolument plus aucune personne du FN alors qu'elle a, pendant des années, accompagné son époux, par ailleurs militaire et conseiller municipal à la mairie d'Orange, dans diverses manifestations professionnelles et politiques.*

33. *Entreprise d'entretien et nettoyage des ruisseaux notamment communaux qui permettent l'irrigation des terres agricoles.*

E : « Là, vous travaillez qu'avec des hommes... ça va... c'est pas trop dur ? Je vous fais confiance...

Li : Ah!!! Y z'ont pas le choix, je leur ai dit quand j'ai racheté l'entreprise de mon mari, j'ai dit : "Voilà, c'est plus Claude." Hein je suis une femme, c'est des Maghrébins... beaucoup de Tunisiens, de Marocains, j'ai pas d'Algériens, j'ai dit : "Si vous voulez chez vous, c'est vous qui commandez, ici y'a une petite différence, c'est moi... Si ça vous convient pas, vous êtes pas attachés... vous partez." J'ai dit : "Moi j'ai été mariée avec Claude pendant quarante-trois ans, quand j'ai repris l'entreprise, je me suis jamais fait chier avec lui, c'est pas vous qui allez commencer à m'emmerder"... J'ai été claire et nette, y savent à quoi s'en tenir, voilà. »

Derrière le rapport aux ouvriers maghrébins qui est peut-être, pour partie, l'un des éléments stimulant sa préférence pour le FN, celle-ci peut traduire également une occasion supplémentaire de faire sa place dans un univers masculin. Son positionnement à droite puis sa préférence FN se construisent en effet contre le communisme paternel et la position soumise de sa mère. Le choix politique se révèle ici l'expression d'un positionnement plus général dans l'espace de vie vécu. Dans ce cas, l'absence totale de compétence politique tend à conforter cette analyse :

E : « Parlez-vous politique à la maison ? De quoi discutiez-vous plus particulièrement avec votre mari ?

Li : Pas des sujets, non pas spécialement, papa [elle appelait ainsi son époux] y lisait beaucoup, y s'informait... mais moi, on me demande le premier ministre de l'Éducation nationale et beh... je connais personne... ça m'intéresse pas... Que mon mari on y demandait, j'y disais : "Papa, le premier ministre de... ou de l'armée ou autre, qui est-ce ?" y me le disait, ça je suis incapable, à part le président parce que ça quand même et Fillon parce que c'est le Premier ministre mais sinon le reste... [rire]. »

Pour Simone enfin, l'engagement au FN a accompagné une nouvelle distribution des rôles à l'intérieur de son couple que nous avons pu progressivement analyser au fur et à mesure des entretiens réalisés depuis 2010[34]. Alors que nous avions très longtemps relié sa préférence FN au traumatisme algérien, au détour de plusieurs entretiens réalisés, Simone a éclairé les conditions de son rapprochement effectif avec le FN en le replaçant dans le mouvement plus général d'émancipation professionnelle et de reprise en main de la vie familiale lors de l'arrivée en métropole que son mari – et plus généralement les hommes de la famille – n'ont pas su gérer : « Mon mari s'est mal adapté, c'était pas son genre de vie et moi j'avais trois enfants à la maison [...]. Lui voulait repartir en Afrique mais c'est moi qui ait dit "Je te suivrais pas, on a donné, terminé. [...]". Après j'ai pris les rênes quand il a fallu redresser la situation. [...]. Après l'Algérie, il y a ceux qui ont choisi de vivre dans la nostalgie, c'est le cas de mon mari, et ceux qui ont fait le choix de l'avenir comme moi » (entretien de 2013).

Le choix de son engagement au FN participe de ce choix. Il n'est pas la marque d'un repli sur l'Algérie, comme j'avais pu l'interpréter lors des premiers entretiens, mais d'une ouverture sur la métropole. Il s'inscrit dans la continuité de son émancipation professionnelle, qui la pousse à entreprendre une spécialité en dermatologie, et de son émancipation d'adulte à la suite du décès de sa mère. C'est elle qui reprend alors en main la famille face à l'abandon des hommes, désemparés par la situation. On comprend mieux dès lors comment, en dépit de son histoire algérienne, elle a fait le choix de l'avenir en soutenant, contre toute attente, Bruno Mégret lors de la scission du FN en 1999. Elle voit également dans Sarkozy, en 2007, celui qui peut contribuer au rapprochement du FN avec la droite. Très compétente politiquement, candidate FN pendant plusieurs années, encore très au fait malgré ses 85 ans des questions d'actualité et de politique, Simone illustre le rôle joué par cette forme de terreau social ou politique qui vient nourrir les rapports ordinaires au politique et dont il convient, à chacun des moments de vie, de réévaluer la composition.

---

34. Le retour vers cette enquêtée qui appartenait à l'échantillon originel de notre thèse, en 2010, a été le point de départ d'un travail biographique qui se poursuit encore aujourd'hui.

Conclusion : votes FN et trajectoires biographiques

L'entrée par la catégorie du genre montre que le vote FN fonctionne parfois comme variable d'ajustement dans la construction des identités sociales. Ce vote n'est que marginalement l'expression de rapports «informés» au politique, et cela est sans doute moins lié à la spécificité de ce parti qu'à des inscriptions encore tenaces dans des formes historiques de division sexuelle des rôles sociaux qu'il faudrait interroger, tant pour les hommes que pour les femmes, tant pour le FN que pour les autres partis politiques. Au-delà de l'échantillon étudié, une telle perspective ouvre des pistes de renouvellement de l'analyse de l'électorat FN en ré-encastrant plus systématiquement les choix politiques dans les parcours de vie. On en retiendra trois.

La compétence politique ne précède pas l'engagement et l'engagement ne la crée pas systématiquement : les électrices FN témoignent de faibles niveaux de compétence politique malgré des engagements qui dépassent le vote. Les hommes rencontrés ne sont pas plus compétents, juste un peu mieux placés dans la division sexuelle des rôles sociaux pour parler politique. De ce point de vue, l'engouement de nouveaux électeurs pour le FN ne semble pas reposer sur une compétence politique plus étendue.

Les rapports au FN seraient moins l'expression de convictions politiques ancrées que le sous-produit de trajectoires biographiques au centre desquelles la «matrice conjugale» est cruciale pour les femmes mais sans nul doute aussi, quoique à un moindre degré, pour les hommes. Un chantier de recherche est à ouvrir sur ce qui, dans les trajectoires biographiques masculines, pourrait constituer des invariants dans l'analyse de leurs rapports au politique. En se plaçant au centre du jeu politique, le choix FN devient d'autant plus un enjeu autour duquel les ajustements privés peuvent s'opérer.

Les manières dont ces femmes se saisissent de la préférence FN sont liées aux moyens professionnels, culturels, sociaux mais également affectifs qu'elles sont en mesure de mobiliser pour négocier leur place dans le couple. Dans le cas des femmes comme des hommes, le couple peut par ailleurs trouver, par le rapprochement avec le FN, l'occasion de négocier une place dans des espaces sociaux et locaux en proie à de profonds bouleversements politiques et économiques. C'est singulièrement le cas dans l'approche localisée que nous avons menée sur des terrains aux prises avec des mouvements de recomposition politique accentués par le discrédit des partis de gouvernement mais également la diffusion de sentiments de déclassement sociaux dans des contextes de vie dégradés.

Il ne s'agit pas de minimiser les sentiments d'insécurité, de méfiance à l'égard des populations immigrées exprimés dans les entretiens, ni les ressorts sociaux de cette préférence politique. Ces derniers ne sont néanmoins pas le monopole des électeurs et électrices du FN ; ils sont largement diffusés y compris chez les catégories sociales les plus précaires, qui se tournent plus volontiers vers l'abstention que vers le vote d'extrême droite[35], ou certaines franges d'électeurs de gauche et de droite. Le nouvel électorat FN reste pluriel, comme l'ancien, et nourri de diverses formes de (re)positionnements, au centre desquels les successifs ajustements opérés dans la sphère privée concurrencent des formes d'adhésion relativement marginales au projet politique frontiste. L'approche du vote comme sous-produit des trajectoires sociales peut contribuer à résoudre certaines des contradictions sociologiques apparentes du vote FN, à renouveler l'approche de cet électorat trop souvent présenté comme atypique et, de manière plus globale, à mieux saisir les rapports ordinaires, et souvent dominés, au politique qui sous-tendent ce choix. Des femmes votaient FN avant l'arrivée de Marine Le Pen à la tête du parti, dans de moindres proportions qu'aujourd'hui, certes, mais rien dans nos analyses ne laissent supposer qu'elle les attire davantage du seul fait d'être une femme, ou en vertu d'un programme que les électrices du FN auraient plus significativement intériorisé.

---

35. Céline Braconnier et Nonna Mayer, Les Inaudibles..., op. cit.

Tableau 15 : Échantillon suivi 1998-2014

Prénom	Âge	Profession		Situation matrimoniale et familiale		Lieu de résidence		Préférence électorale		Degré d'engagement politique	
	2010	2000	2010	2000	2010	2000	2010	2000	2010	2000	2010
Marie-Thérèse	78	Retraitée	Idem	Mariée avec **Fernand**, militant FN. 3 enfants	Veuve.	Orange-Villa-Propriétaire	Idem	FN	UMP	Adhérente	Vote
Martine	52	Femme de ménage	Idem	Mariée avec **Patrice**, militant FN. 2 enfants	Idem	L'Isle-sur-la-Sorgue-HLM-Locataire	L'Isle-sur-la-Sorgue-Logement de fonction-Locataire	FN/PS	PS/FN/UMP	Adhérente	Vote
Laurence	29	Chômage	Assistante maternelle à domicile	En concubinage	Veuve et remariée avec un électeur FN. 3 enfants	Orange-Appartement-Locataire	Orange-Villa-Propriétaire	FN	Aucune	Militante	Aucun
Dominique	62	Commerçante ambulante	Idem	Mariée à **Lucien**, militant FN. 2 enfants	Veuve et remariée avec **Francis**, militant FN	Carpentras-Maison de ville-Propriétaire	Drôme Provençale-Villa-Propriétaire	FN	FN/UMP	Adhérente et militante	Vote
Liliane	57	Agricultrice	Chef d'entreprise	Mariée avec **Claude**, électeur FN. 3 enfants	Veuve	Senas-Villa-Propriétaire	Idem	FN	FN/UMP	Vote	Vote
Fabienne	44	Mère au foyer	Responsable de crèche	Mariée à un électeur FN. 2 enfants.	Idem	Lamanon-Villa-Propriétaire	Senas-Villa de sa mère	FN	UMP	Vote	Vote
Leslie	57	Chef d'entreprise	Arrêt maladie	Mariée avec **Patrick**, élu FN. 1 enfant.	Mariée avec **Patrick**, candidat FN	Orgon-Villa-Propriétaire	Idem	FN	FN/UMP	Vote	Vote et candidate pour les élections départementales 2015

LES FAUX-SEMBLANTS DU FRONT NATIONAL

Prénom	Age		Profession		Situation matrimoniale et familiale		Lieu de résidence		Préférence électorale		Degré d'engagement politique	
	2010	2000	2010	2000	2000	2010	2000	2010	2000	2010	2000	2010
Patricia	54	Kinésithérapeute	Sans emploi	Mariée avec **Serge**, militant et élu FN. 3 enfants	Célibataire, abandonnée par son mari **Serge**	Orange-Villa-propriétaire	Idem	FN	UMP	Vote	Vote
Bérangère	30	Étudiante	Huissier salariée	Petit ami écologiste	Mariée à un électeur FN. 1 enfant	Orange-Villa de sa mère	Orange-Villa-Propriétaire	FN	FN/UMP	Vote	Vote et candidate sur la liste municipale de Jacques Bompard
Simone	82	Dermatologue	Retraitée	Mariée à **Robert**, électeur et adhérent FN. 3 enfants	Idem	Marseille-Appartement-Propriétaire (rapatriée d'Algérie)	Idem	FN	FN/UMP	Adhérente et militante	Vote
Nadège	57	Employée de banque	Employée dans agence immobilière	Mariée à un électeur FN. 1 enfant	Idem	Le Pontet-Villa-Propriétaire (rapatriée d'Algérie)	Idem	FN	?	Adhérente et militante	Vote
Marianne	50	Secrétaire d'un comité d'entreprise	Idem	Mariée avec **Pierre**, électeur FN. 2 enfants	Idem	Orange-Villa-Propriétaire	Idem	FN	FN/UMP	Adhérente	Vote
Sandy	44	Chef entreprise-carrosserie	Agent d'accueil-hôpital	Célibataire	En concubinage	Orange-Appartement parents-Locataire	Jonquières-Villa parents-Locataire	FN	FN/UMP	Adhérente	Vote et candidate sur la liste municipale de Jacques Bompard
Élisabeth	62	Assistante de direction dans une cave	Idem	Célibataire, a un petit ami **Jacques**, 2 enfants	Célibataire	Flassan-Villa-Locataire	Idem	FN	FN	Adhérente et militante	Vote et militante

Tableau 16 : Autres électeurs-électrices rencontrés entre 1998 et 2014

Prénom	Age	Diplôme	Profession	Situation matrimoniale et familiale	Lieu de résidence	Degré d'engagement au FN
Jocelyne	55	BEPC (3ème)	Retraitée (Employée à la Sécurité sociale).	Divorcée d'un mari représentant dans l'automobile. 2 enfants	Cavaillon-Appartement-Propriétaire (Originaire de Lyon)	Adhérente et militante
Roxane	23	CAP sanitaire et social	Employée dans une cafétéria	Célibataire	Cavaillon-Appartement de sa mère (Jocelyne)	Aucun
Vanessa	24	BAFA, BEP sanitaire et social, CAP petite enfance	Assistante maternelle	Séparée du père de son fils (livreur)	Le Pontet-Appartement-Locataire	Vote
Christelle	28	CAP esthéticienne	Micro-entreprise. Abandonnera ensuite pour une formation d'hôtesse de l'air	En concubinage, se mariera ensuite avec quelqu'un d'autre	Orgon-Appartement dans la maison de ses parents (Leslie et Patrick)	Vote
Denise	59	Sans-diplôme	Femme au foyer après avoir travaillé dans les terres	Mariée avec un chauffeur routier. 3 enfants.	Cabannes-Villa lotissement-Propriétaire	Adhérente et militante
Nicole	39	BEP Sanitaire et social ; préparation concours auxiliaire puéricultrice	Employée de service dans une grande surface	Mariée à un fonctionnaire de police, militant FN, membre du DPS. 2 enfants	Caumont-Villa-Propriétaire	Vote
Carine	19	BEPA secrétariat, accueil, comptabilité	Inactive	Un petit ami militaire	Caumont-Villa de ses parents (Nicole et Bastien)	Vote
Bastien	44		Ex-militaire, policier	Marié avec Nicole et père de Carine	Caumont-Villa-Propriétaire	Adhérent et Militant-Membre du DPS
Rolande	60	Certificat d'études (CEP)	Gardienne d'immeuble (HLM)	Mariée à un ouvrier devenu gardien d'immeuble, adhérent FN. 2 enfants	Orange-Logement de fonction-Locataire	Adhérente et militante
Bénédicte	24	CAP commerce	Secrétaire à la permanence du FN à Orange	Célibataire	Orange-Appartement-Locataire	Adhérente et militante

Jacqueline	55	BEPC ; 2 années de sténo, dactylo, comptabilité	Retraitée (commerçante puis femme de ménage dans les hôpitaux)	Veuve. En concubinage avec un militant FN de 19 ans son cadet. 1 enfant	Orange-Appartement HLM-Locataire	Adhérente et militante
Christine	44	Formation dans le secrétariat médical	Employée pour un journal municipal	Divorcée, remariée avec <u>Julien</u> un responsable d'entreprise, militant FN dont elle divorcera pour un artiste peintre	Cavaillon-Appartement HLM-Locataire. Originaire de Lorraine	Vote
Julien	60		Responsable d'une entreprise d'agro-alimentaire	Marié avec <u>Christine</u>	Cavaillon-Appartement HLM-Locataire. Originaire d'Algérie (pied-noir)	Adhérent et militant
Gisèle	68	Sans diplôme	Retraitée (commerçante)	Mariée avec <u>Raymond</u>, ancien commerçant, militant FN. 2 enfants.	L'Isle-sur-la-Sorgue-Villa Propriétaire. Originaire du nord de la France	Adhérente et militante
Raymond	65		Retraité, représentant en chambre froide	Marié avec <u>Gisèle</u>	L'Isle-sur-la-Sorgue-Villa-Propriétaire. Originaire du nord de la France	Adhérent et militant (depuis 1983)
Ludivine	20	Étudiante en 1re année de droit	Étudiante	Célibataire, fille de <u>Denise</u>	Cabanne-Villa de ses parents	Vote
Paulette	47	Sans diplôme	Commerçante puis employée de mairie	Divorcée et remariée avec un militaire, militant FN. 1 enfant.	Orange-Appartement-Locataire	Adhérente et militante
Lucien	65		Ex-militaire, cuisinier	Marié avec <u>Dominique</u>	Carpentras-Appartement-Propriétaire	Adhérente et militante
Claude	60		Chef d'entreprise	Marié avec <u>Liliane</u>, décédée en 2009	Senas-Villa-Popriétaire	Vote
Patrick	51		Assureur	Marié avec <u>Leslie</u> et père de <u>Christelle</u>	Orgon-Villa-Propriétaire	Adhérent et militant-Élu
Serge	50		Ex-militaire, élu à la mairie d'Orange	Marié avec <u>Patricia</u>, beau-père de <u>Bérangère</u>	Orange-Villa-Propriétaire	Adhérent et militant-Élu

Prénom	Age	Diplôme	Profession	Situation matrimoniale et familiale	Lieu de résidence	Degré d'engagement au FN
Jacques	53			Petit copain d'Elisabeth	Carpentras	Adhérent et militant-responsable de la permanence FN
Patrice	50	CAP Chaudronnier	Employée SNCF	Marié avec Martine	L'Isle-sur-la-Sorgue-Appartement HLM-Locataire	Adhérent et militant
Robert	87	Diplôme de médecine	Retraité (médecin)	Mariée avec Simone, décédé en 2014	Marseille-Appartement-Propriétaire	Adhérent FN
Albert	62		Retraité (géologue)	Ami d'Elisabeth	Orange-Villa	Ex-adhérent et militant FN
Pierre	49		Militaire	Marié avec Marianne	Orange-Villa-Propriétaire	Vote
Fernand	70		Employé à Cadarache	Marié avec Marie-Thérèse	Orange-Villa-Propriétaire	Adhérent
Paul	40		Employé EDF	Marié avec enfants	Morrières les Avignon-Villa-Propriétaire	Ex-candidat FN
Maurice	75		Retraité (géomètre expert)	Divorcé, en couple, décédé en 2011	Robion/La Grande-Motte-Villa-Logé par sa conjointe	Vote
Arthur	60		Retraité (employé dans une papeterie)	Marié avec enfants	Sorgues-Villa-Propriétaire	Vote
Jean-Pierre	76	CEP	Fonctionnaire, électronicien dans l'aéro-nautique navale à Oran. Retraité (employé à Marcoules)	Veuf. En couple, 3 enfants	Bagnols-sur-Cèze (rapatrié d'Algérie)	Adhérent depuis 1989, militant depuis 1998 et conseiller municipal FN depuis 2001
Jean-Claude	60	DUT Génie Civil	Retraité, (chargé d'affaires génie civil)	Marié à une ingénieure polytech-nicienne. 3 enfants	Bagnols-sur-Cèze-Villa-Propriétaire (originaire de Paris)	Militant FN depuis 2001, conseiller municipal
Jean-Robert	52	BTS Fabrique mécanique	Retraité (chef d'entreprise dans la sécurité)	Divorcé. 3 enfants	Bagnols-sur-Cèze (originaire région parisienne)	Militant depuis 20 ans et responsable FN
Prénom	Age	Diplôme	Profession	Situation matrimoniale et familiale	Lieu de résidence	Degré d'enga-gement au FN
Claire	50	CEP	Retraitée (employée d'usine puis femme de ménage)	Divorcée. 2 enfants	Bagnols-sur-Cèze-Appartement	Adhérente, militante depuis 2009, conseillère municipale
Louis	52	CAP Boucher	Artisan boucher	Divorcé, 2 enfants, en couple	L'Isle-sur-la-Sorgue-Villa-Propriétaire	Vote

Nom	Âge	Diplôme	Profession	Situation familiale	Logement	Vote
Estelle	22	M2 Information et Communication	Étudiante	A un petit ami	Marseille-Appartement étudiant	Vote
Charlène	23	Sans diplôme (en formation)	Stagiaire dans une pizzéria	A un petit ami	Le Pontet-Vit dans l'appartement de son père	Vote
Charlotte	22	M1 École commerce Nice-Bachelor (marketing luxe)	Étudiante	Célibataire	Nice-Appartement étudiant/ Caumont-Villa de sa mère	Vote
Anthony	18	Licence 1 AES	Étudiant	Célibataire	Avignon-Appartement étudiant (boursier)/ Marseille	Va voter aux municipales 2014
Jean-Marc	60	CEP – CAP peintre-carrossier	Chauffeur (transport de personnes handicapées)	Divorcé, vit avec son fils	Vedène-Appartement-Locataire	Vote
Titouan	18	Licence 3 (informatique)	Étudiant	En couple	Avignon-Appartement étudiant	Va voter aux municipales 2014
Marion	20	Licence 1 (droit)	Étudiante	Nièce d'Iris et petite amie de Valentin	Pernes-les-Fontaines-Appartement parents-Locataires	Vote
Valentin	21	BEP-Bac professionnel-BTS NRC et licence professionnelle agro-alimentaire	Étudiant en alternance	Petit ami de Marion	Mazan-Vit chez sa mère (originaire de la campagne normande)	Vote
Frédéric	47	Sans, arrêt en 3e	Chef entreprise de fabrication de sushis en gros	Marié avec 2 enfants	Le Pontet-Appartement-Locataire	Vote et candidat sur liste municipale 2014 au Pontet
Stéphane	42	BEP de vente-Bac commerce	Représentant-technicien pour une entreprise qui vend des portes d'entrée	Marié avec enfants	Le Pontet-Villa-Propriétaire (originaire du 93)	Vote et candidat sur liste municipale 2014 au Pontet
Iris	50	Sans	Ouvrière dans une entreprise de confection de pâtes de fruits-Maladie professionnelle	Tante de Marion	Carpentras-Maison-Locataire	Vote
Franck	44		Chauffeur-livreur de fuel	Marié avec enfants	Bédarrides-Maison-Propriétaire	Vote

Chapitre 16 / LE VOTE FRONT NATIONAL DANS LES ÉLECTORATS MUSULMAN ET JUIF

Jérôme Fourquet

Le vote FN a-t-il significativement progressé ces dernières années dans les électorats musulman et juif ? La question mérite d'être posée. Certains observateurs ont souligné, d'une part, les bons scores du FN dans certains territoires marqués par la forte présence d'une population arabo-musulmane (les quartiers nord de Marseille notamment) et, d'autre part, de nombreux signes d'une droitisation de la communauté juive. Pour ce qui est des votes musulmans, les données d'enquête d'opinion comme les résultats électoraux à l'échelle des bureaux de vote infirment l'hypothèse d'un vote FN significatif : les électeurs se déclarant musulmans constituent toujours la catégorie la plus hermétique au vote frontiste. Ce dernier a, en revanche, percé dans l'électorat juif lors de l'élection présidentielle de 2012, où il atteindrait 13,5 % (un niveau qui reste nettement inférieur à la moyenne nationale), sous l'effet notamment de la montée de l'insécurité ressentie dans cette catégorie de la population.

Mots clés : bureaux de vote – électorat juif – électorat musulman – FN – Front national – vote – vote anti-immigrés

La victoire du FN au second tour des municipales de mars 2014 dans le 7e secteur de Marseille, regroupant une partie des fameux quartiers nord, a fait dire à nombre de commentateurs que le parti frontiste avait opéré une percée dans l'électorat des cités issu de l'immigration maghrébine ; sous l'effet conjugué de l'insécurité, des trafics, des difficultés sociales et de la « dédiabolisation » à l'œuvre depuis l'arrivée de Marine Le Pen à la tête du parti, les cités voteraient désormais FN... Quelques mois plus tard, en juillet 2014, sur fond de tensions ravivées par le conflit à Gaza et les violences aux abords des synagogues à Paris et à Sarcelles, Marine Le Pen déclarait que, si la Ligue de défense juive existe, c'est « parce qu'un grand nombre de juifs se sentent menacés », ces propos venant rappeler que la présidente du FN a opté depuis 2012 pour une stratégie de séduction et de rapprochement en direction de l'électorat juif. Lors de la campagne présidentielle, elle a pris en effet plusieurs fois position contre ce qu'elle appelle l'« antisémitisme islamique », présentant le FN comme un rempart destiné à protéger cette population des agressions et des tensions communautaires auxquelles elle est exposée dans certains quartiers. Différents articles de presse indiquent à l'époque que, « selon des évaluations internes à la communauté juive », Marine Le Pen aurait obtenu 7 à 8 % des voix dans l'électorat juif[1].

Les enjeux symboliques, politiques mais aussi scientifiques soulevés par ces sujets sont considérables. On pourrait voir en effet dans les bons scores du FN auprès de l'électorat issu de l'immigration maghrébine, qui constitue la majorité de l'électorat musulman, mais aussi de l'électorat de confession juive, un indicateur (parmi d'autres) de la réussite de sa stratégie de dédiabolisation. Il convient donc de se pencher de manière rigoureuse sur cette question[2]. Or travailler sur ces sujets est une tâche ardue, du fait d'une part de l'absence de statistiques ethniques et religieuses[3], de l'autre du faible poids démographique des communautés juive et arabo-musulmane, rendant difficile les estimations à partir des sondages classiques. En nous inspirant des travaux de Céline Braconnier et Jean-Yves Dormagen[4], nous avons

---

1. *Voir par exemple l'article « Ces juifs qui votent Le Pen » paru dans le quotidien israélien Ha'Aretz, 2 mai 2012.*

2. *On rappellera tout d'abord que la dimension religieuse n'est qu'un aspect de l'identité politique. L'origine, le milieu social et le lieu de résidence influent également fortement sur les comportements électoraux des individus.*

3. *Rappelons qu'en France la loi du 6 janvier 1978 dite « loi informatique et libertés » interdit de recueillir et d'enregistrer des informations faisant apparaître, directement ou indirectement, les origines « raciales » ou ethniques, ainsi que les appartenances religieuses des personnes. Les chercheurs britanniques ne sont pas confrontés à cette difficulté et disposent de données précieuses sur le sujet. Voir par exemple la base du BES (British Election Study), consultable sur http://www.brin.ac.uk/news/2011/ethnic-minority-british-election-study-2009-2010-now-online/. Pour un état des débats sur cette question, voir « Quatre questions sur des statistiques ethniques », lemonde.fr, 6 mai 2015.*

4. *Céline Braconnier et Jean-Yves Dormagen, « Le vote des cités est-il structuré par un clivage ethnique ? », Revue française de science politique, 60 (4), 2010, p. 663-689.*

donc mobilisé différents outils nous permettant de reproduire à une très grande échelle la méthode utilisée par ces chercheurs dans le quartier des Cosmonautes à Saint-Denis[5].

La population se déclarant de confession musulmane pesant environ 5 % du corps électoral[6] et celle se déclarant de confession juive moins de 1 % (0,6 % selon des données d'enquête de l'IFOP[7]), il a été nécessaire d'effectuer des cumuls de sondages pour obtenir des échantillons nationaux représentatifs (plusieurs milliers d'interviews cumulées) afin d'obtenir des effectifs suffisants sur ces cibles. Pour analyser les votes de l'électorat de confession musulmane, nous nous sommes appuyés sur un cumul d'enquêtes électorales réalisées par l'IFOP durant la campagne présidentielle de 2012 sur un échantillon de 14 200 électeurs inscrits sur les listes électorales, parmi lesquels 680 se sont déclarés de confession musulmane. Pour étudier le vote de l'électorat juif, il a fallu recourir à un cumul plus important, représentant pas moins de 85 000 interviews réalisées entre 2012 et 2014 dans lesquelles les questions du vote à la présidentielle et de la religion avaient été posées. De cet échantillon ont été extraits 510 interviewés se déclarant de confession juive, qui ont servi de base à nos analyses sur cette cible[8].

Parallèlement, nous avons adopté une approche de géographie électorale à une échelle très fine – celle du bureau de vote – pour identifier et travailler sur les quartiers à forte présence de personnes

---

5. *Sur le même sujet, on pourra également se reporter à Camille Hamidi,* « *Catégorisations ethniques ordinaires et rapport au politique. Éléments sur le rapport au politique des jeunes des quartiers populaires* », Revue française de science politique, *60 (4), 2010, p. 719-743.*

6. *D'après l'estimation de Claude Dargent,* « *Les électorats sociologiques : le vote des musulmans* », note n° 5, Cevipof, 2011 *(consultable en ligne : http:// www.cevipof.com/rtefiles/File/AtlasEl3/NoteDARGENT.pdf) ; Patrick Simon et Vincent Tiberj arrivent, quant à eux, à environ 6 % de musulmans dans la population totale et 8 % dans la population électorale entre 18 et 50 ans à partir de l'enquête TeO (Trajectoires et origines) (consultable en ligne : http:// teo.site.ined.fr/).*

7. *Jérôme Fourquet,* « *Les votes juifs : poids démographique et comportement électoral des Juifs de France* », Ifop Focus, 116, 2014.

8. *Se pose alors la question du souvenir du vote antérieur, qui peut être altéré deux ans après l'élection, mais il s'agit là de la seule façon de constituer un échantillon empirique sur une cible aussi réduite numériquement.*

issues de l'immigration maghrébine, en nous appuyant sur l'occurrence des prénoms musulmans sur les listes électorales. Car, comme le soulignent Céline Braconnier et Jean-Yves Dormagen, « compte tenu de l'absence d'information sur les "origines" des citoyens de nationalité française, le codage de noms reste l'une des seules méthodes disponibles pour tenter d'identifier les "origines" des inscrits sur les listes électorales [...]. Malgré les imprécisions que comporte cette méthode et à condition de ne pas adopter une attitude trop fétichiste à l'égard des pourcentages produits, cette manière de faire permet d'objectiver et d'identifier les grandes tendances sociodémographiques à l'œuvre dans un bureau de vote[9] ». Pour ce faire, nous avons utilisé une liste de prénoms musulmans aussi complète que possible et procédé à plusieurs lectures de l'ensemble des listes électorales dans différentes villes : Marseille, Perpignan, Aulnay-sous-Bois, Toulouse, Roubaix et Mulhouse[10]. En dépit des multiples précautions qui ont entouré ce travail, une marge d'erreur évidente existe. La proximité culturelle des trois religions monothéistes du bassin méditerranéen nous a obligés notamment à la plus grande prudence dans le cas de certains prénoms et noms de famille. Rappelons en outre que toutes les personnes ayant un prénom musulman, quand bien même elles sont de culture musulmane et quelle que soit leur pratique religieuse, ne se définissent pas forcément comme musulmanes. Croire ou ne pas croire en Dieu

---

9. *Cécile Braconnier et Jean-Yves Dormagen, « Le vote des cités est-il structuré par un clivage ethnique ? », art. cité.*
10. *Ces différentes lectures avaient notamment pour but de compléter la liste des prénoms avec les nombreuses variantes orthographiques possibles d'un même prénom (par exemple, nous avons trouvé le prénom Mohamed écrit de cinq façons différentes dans les listes électorales des différentes villes étudiées), mais aussi avec les très nombreux prénoms composés à partir de plusieurs prénoms musulmans. D'autre part, il s'agissait d'éviter la confusion entre les personnes portant un prénom musulman issues de familles musulmanes et celles issues de familles maghrébines juives séfarades. À cet effet, le lieu et la date de naissance nous ont été très utiles, ainsi qu'une liste de noms de famille séfarades essentiellement dérivés de l'hébreu, de l'arabe, du berbère, de l'espagnol et de noms de lieux au Maghreb. En cas de doute sur les prénoms d'origine hébraïque appartenant également à la culture musulmane (comme Sarah), nous nous sommes abstenus de classer les électeurs afin d'éviter toute attribution erronée. Ce travail nous a ainsi permis de recenser essentiellement des personnes d'origine maghrébine, ouest-africaine, turque, comorienne ou encore pakistanaise.*

relève d'une opinion personnelle que l'analyse onomastique menée ici ne peut pas et n'a pas à vérifier. Nous emploierons donc dans ces pages l'expression de personnes « potentiellement musulmanes ». De même, les personnes converties ne sont pas identifiables par une telle méthode. D'où sans doute une légère sous-représentation des personnes de culture et/ou de religion musulmane.

Le vote FN dans l'électorat juif : un verrou qui a partiellement sauté

En cohérence avec les travaux de Sylvie Strudel[11], les données d'enquêtes cumulées de l'IFOP sur le vote de l'électorat de confession juive à l'élection présidentielle de 2002[12] montrent que ce vote hétérogène est en phase avec celui de l'ensemble du corps électoral, avec un rapport de force gauche-droite très proche de la moyenne nationale. La diversité du vote juif était encore observable lors de la présidentielle de 2007, mais l'ensemble des candidats de gauche recueillirent auprès de cette population un score moins important que dans l'ensemble du corps électoral, quand la droite, elle, « surperformait ». Ce tropisme droitier semble avoir été en gestation depuis longtemps puisque, après avoir majoritairement voté à gauche en 1981 et 1988, cet électorat bascula majoritairement à droite en 1995 au second tour, comme une bonne partie du corps électoral français. En relation avec le déclenchement de la seconde intifada en 2000, et les tensions communautaires en ayant résulté en France, ce déplacement vers la droite du centre de gravité idéologique de l'électorat de confession juive allait s'accélérer à l'occasion de l'élection présidentielle de 2002, dont la campagne se déroula dans un climat particulier. En effet, à quelques jours du premier tour, le 7 avril 2002, une grande manifestation avait réuni à

---

11. *Sylvie Strudel*, Votes juifs : itinéraires migratoires, religieux et politiques, *Paris, Presses de Sciences Po, 1996.*

12. *Ces données produites via un cumul d'enquêtes sont utiles car elles permettent de compléter et de poursuivre par d'autres méthodes les travaux menées par Sylvie Strudel jusqu'au milieu des années 1990.*

Paris près de 100 000 personnes derrière le slogan «Contre les actes antisémites et pour la sécurité d'Israël». Jacques Chirac, alors président de la République, avait déclaré, le 26 janvier 2002 : «il n'y a pas de poussée d'antisémitisme en France». Alain Madelin adopta à cette époque un positionnement radicalement différent, très en pointe dans la défense d'Israël et de la communauté juive de France. Le leader de Démocratie libérale prit notamment part à la manifestation du 7 avril et obtint au premier tour 21,5 % auprès de cet électorat (soit 17,5 points de plus que dans la moyenne du corps électoral), quand Jacques Chirac n'en obtenait «que» 14,5 % (un score inférieur de 5,5 points par rapport à la moyenne nationale[13]). Bien que restant divers, le vote juif devenait un vote sur enjeu, avec une prime nette pour le candidat de droite donnant des gages en matière de soutien à l'État d'Israël, mais aussi de lutte contre l'insécurité (générée notamment par des personnes issues de l'immigration maghrébine). On retrouvera le même phénomène, de manière encore amplifiée, en 2007, quand Nicolas Sarkozy reprit ce positionnement et obtint dès le premier tour près de 46 % des voix des électeurs se déclarant de confession juive (la moyenne nationale étant de 31 %).

Mais ce mouvement de droitisation d'une partie de l'électorat juif ne s'est traduit ni en 2002 ni en 2007 par un score significatif en faveur de l'extrême droite. D'après les données cumulées de l'IFOP, le total des voix recueillies par Bruno Mégret et Jean-Marie Le Pen y atteignit seulement 6 % en 2002 (contre 19,2 % au plan national) et Jean-Marie Le Pen n'obtint que 4 % en 2007, soit 6,5 points de moins que dans l'ensemble de la population. Le score relativement marginal de l'extrême droite restait donc une constante au sein de cet électorat qui, bien qu'en voie de droitisation, demeurait imperméable au discours du FN. Il semble que le paysage ait évolué. D'après les données d'enquêtes cumulées, si en 2012 Nicolas Sarkozy a maintenu un lien privilégié avec l'électorat juif en ralliant 45 % de ses voix dès

---

13. À titre d'exemple, dans les cinq bureaux de la commune de Sarcelles composant ce que l'on appelle la «petite Jérusalem», qui constitue le quartier où vit une importante communauté juive, Alain Madelin a obtenu des scores oscillant entre 30 et 44 %, alors que Jacques Chirac n'a recueilli qu'entre 8 % et 17 % des voix.

le premier tour, cette domination de l'UMP s'est accompagnée d'une progression sensible du FN, puisque le score de Marine Le Pen y a atteint 13,5%. Ce niveau est certes toujours significativement inférieur à la moyenne nationale (17,9%), mais le vote frontiste n'est désormais plus résiduel parmi l'électorat de confession juive, alors même que Nicolas Sarkozy a capté près d'un électeur juif sur deux en tenant une ligne très droitière et sécuritaire (voir tableau 17).

Tableau 17 : Le vote au 1er tour de l'élection présidentielle de 2012 (en % des suffrages exprimés)

	Ensemble des Français	Juifs	Écarts
Candidats d'extrême gauche	2	2.5	+0.5
Jean-Luc Mélenchon	11.5	8.5	-3
François Hollande	28	22.5	-5.5
Eva Joly	2	3	+1
François Bayrou	9	4.5	-4.5
Nicolas Sarkozy	27	45	+18
Nicolas Dupont-Aignan	2	0.5	-1.5
Marine Le Pen	18	13.5	-4.5
Jacques Cheminade	0.5	-	-0.5

Source : cumuls d'enquêtes IFOP 2012-2014.

La progression inédite du vote frontiste auprès de cet électorat s'explique sans doute par trois facteurs. Tout d'abord, l'effet conjugué d'un climat d'insécurité lancinant, consécutif à la montée de l'islamisme radical (affaire Merah, mars 2012) et aux tensions intercommunautaires[14], a pesé sur le quotidien de cette population. Ensuite, la stratégie de dédiabolisation conduite par Marine Le Pen a permis de faire sauter des verrous jusqu'à présent très solides. Enfin, dans l'électorat juif comme dans l'ensemble du corps électoral, la frange la plus droitière a été déçue par Nicolas Sarkozy, qui n'a pas tenu toutes ses promesses, en matière de lutte contre l'insécurité notamment. Affaire Merah, agressions, incivilités ou provocations dont

---

14. Voir par exemple à ce sujet Sylvain Brouard et Vincent Tiberj, *Français comme les autres ? Enquête sur les citoyens d'origine maghrébine, africaine et turque*, Paris, Presses de Sciences Po, 2005.

sont victimes des personnes de confession juive suscitent une crainte palpable au sein de cette communauté, où se développe le sentiment que l'État républicain, en dépit des discours officiels, n'assurerait plus efficacement la protection des citoyens juifs. Ce climat s'est notamment traduit en Île-de-France par un regroupement accru de familles juives dans certains quartiers et par une hausse sensible de la scolarisation dans des établissements confessionnels[15]. Par ailleurs, d'après les chiffres diffusés par l'Agence juive[16], jamais les départs vers Israël (*aliyah*) n'ont été aussi nombreux que ces dernières années, la montée d'un climat antisémite en France étant invoqué au premier rang des motivations du départ, devant les considérations économiques ou les ressorts religieux et identitaires.

Parallèlement à ces évolutions propres à la communauté juive[17], les choses ont également bougé au FN. L'une des priorités de Marine Le Pen dès son accession à la tête du parti a été de rompre de manière nette avec les ambiguïtés de son père sur l'antisémitisme. En février 2011, elle déclarait ainsi au *Point* : « Tout le monde sait ce qui s'est passé dans les camps et dans quelles conditions. Ce qui s'y est passé est le summum de la barbarie. Et, croyez-moi, cette barbarie, je l'ai bien en mémoire. » Cette ligne a été martelée avec constance à de nombreuses occasions. Marine Le Pen a compris que la normalisation de l'image du parti passait par un positionnement irréprochable sur la question (ce qui ne suffit pas, cependant, à en faire un parti normalisé). En juin 2014, elle déclarait dans *Valeurs actuelles* : « Il existe – pourquoi le nier ? – une suspicion d'antisémitisme qui pèse sur le Front national et que je conteste avec la plus grande force » ; et estimait que son père « aurait dû constater qu'il n'avait pas anticipé que ses propos sur "la fournée" évoquée à propos de l'artiste Patrick Bruel, de confession

---

15. *Le regain de religiosité que l'on observe dans une partie de cette population contribue sans doute aussi au choix d'écoles confessionnelles, mais la préoccupation sécuritaire pèse significativement, notamment en Seine-Saint-Denis.*
16. *Voir « La France, terre d'aliyah »,* Le Point, *5 septembre 2014.*
17. *Et qui se sont accélérées ces dernières années mais étaient déjà à l'œuvre depuis 2000. On citera notamment le rapt puis le meurtre d'Ilan Halimi en janvier 2006, évènement qui marqua fortement les esprits.*

juive, prêteraient le flanc à une énième attaque contre le FN, et arrêter là cette polémique[18] ». Derrière la volonté de changer l'image du parti auprès de tous les Français, de lui ôter un côté sulfureux régulièrement entretenu par son fondateur, le but de ses propos était également de conquérir une part de l'électorat juif, resté jusqu'à présent sourd aux arguments du FN. Dans la même interview, elle déclarait ainsi : « Je ne cesse de le répéter aux Français juifs, qui sont de plus en plus nombreux à se tourner vers nous : non seulement, le Front national n'est pas votre ennemi, mais il est sans doute dans l'avenir le meilleur bouclier pour vous protéger, il se trouve à vos côtés pour la défense de nos libertés de pensée ou de culte face au seul vrai ennemi, le fondamentalisme islamiste. »

La combinaison de ce nouveau positionnement en rupture très nette avec les dérapages de Jean-Marie Le Pen[19], de la montée du sentiment d'insécurité et de la « menace islamiste » dans une partie de cet électorat a donc rendu le vote FN possible. Marine Le Pen a ainsi obtenu 13,5 % parmi les personnes se déclarant de confession juive au premier tour de la présidentielle de 2012. Un verrou a donc partiellement sauté, et le FN espère accroître encore son score au sein de cet électorat. C'est dans cette optique que, au lendemain des attaques de synagogues et de commerces juifs à Sarcelles et à Paris en marge des manifestations propalestiniennes de juillet 2014, Marine Le Pen a présenté le FN comme un bouclier protecteur et a défendu la Ligue de défense juive. Cette prise de position, qui en a surpris plus d'un, participe de

---

18. Dans le même ordre d'idées, on peut citer l'entretien que Louis Aliot a accordé à Valérie Igounet, Le Front national de 1972 à nos jours. Le parti, les hommes, les idées, Paris, Seuil, 2014, et plus particulièrement page 420, où le vice-président frontiste explique pourquoi, selon lui, l'image d'antisémitisme est le plus grand obstacle à leur progression : « c'est l'antisémitisme qui empêche les gens de voter pour nous ».

19. Ce nouveau positionnement porté par Marine Le Pen n'a pas pour autant été adopté par l'ensemble de son électorat car comme le montrent les travaux de la CNCDH, les sympathisants frontistes se distinguent toujours par une forte prévalence des opinions antisémites. Voir par exemple le rapport de la Commission nationale consultative des droits de l'homme, La Lutte contre le racisme, l'antisémitisme et la xénophobie – Année 2013, Paris, La Documentation française, 2014, p. 178.

sa stratégie d'implantation dans cet électorat. Stratégie qui, si elle était couronnée de succès, offrirait une nouvelle victoire symbolique à Marine Le Pen : quel meilleur gage de « normalisation » qu'un score élevé (ou conforme à la moyenne nationale) du FN dans l'électorat de confession juive ? Pour autant, il n'est pas dit que la progression enregistrée dans le contexte particulier de l'élection présidentielle s'amplifie. En effet, si nous ne disposons pas à ce jour de données actualisées sur l'évolution du vote juif depuis 2012 au plan national, les résultats électoraux des bureaux de vote sarcellois de la « petite Jérusalem » n'ont pas traduit de percée supplémentaire du FN ni aux européennes de 2014 ni aux départementales de 2015.

L'électorat musulman demeure très réfractaire au vote frontiste

La conquête par Stéphane Ravier du 7ᵉ secteur de Marseille lors des municipales de 2014 a constitué un autre succès à haute portée symbolique pour le FN. Non seulement il parvenait à arracher une victoire dans la cité phocéenne, ville ciblée de longue date par le parti, mais cette victoire survenait de surcroît dans les 13ᵉ et 14ᵉ arrondissements, qui recouvrent une partie des quartiers nord. De fait, lors de son intronisation en tant que maire, Stéphane Ravier déclarait « je suis le maire de tous les habitants, des noyaux villageois comme des cités », cette déclaration faisant écho à différents articles de presse révélant qu'une partie de l'électorat des cités avaient voté pour le FN[20].

Avant d'analyser le cas marseillais, il convient de revenir sur les résultats des deux dernières élections présidentielles. Si les enquêtes d'opinion ne contiennent quasiment jamais d'information sur les

---

20. Le journal La Provence écrivait ainsi au lendemain du premier tour « le vote FN progresse dans les cités ». Et, dans un article du Monde intitulé « Stéphane Ravier, le FN qui a séduit les cités "chaudes" de Marseille » (Le Monde, 31 mars 2014), Ariane Chemin et Gilles Rof parlent de « "barres" investies depuis les années 1960 par des Maghrébins puis des Comoriens, et qui se sont données à Stéphane Ravier, offrant à l'extrême droite l'une des plus grosses prises de son histoire ».

« personnes issues de l'immigration maghrébine ou africaine », le critère de la religion, posé à très grande échelle, nous a permis, via un cumul d'enquêtes, de disposer de résultats sur le vote des musulmans déclarés. Cette catégorie est certes distincte de celle « des personnes issues de l'immigration maghrébine ou africaine », mais elle rend possible de recueillir des éléments chiffrés sur une population qui recoupe en partie la précédente – d'après l'enquête de Sylvain Brouard et Vincent Tiberj, 60 % des personnes ayant une ascendance maghrébine se déclarent musulmanes.

Alors que l'électorat juif se caractérise en 2007 et 2012 par un tropisme droitier (et plus particulièrement sarkozyste) très marqué, l'électorat musulman a massivement voté à gauche, ces données confirmant les travaux de Patrick Simon et Vincent Tiberj[21] (voir tableau 18). Mais une autre différence de taille apparaît entre les deux électorats à la lecture de ces résultats. Alors que juifs et musulmans avaient très majoritairement rejeté Jean-Marie Le Pen en 2007 (4 % de vote pour lui parmi les juifs et 1 % parmi les musulmans), la progression enregistrée par sa fille dans l'électorat juif en 2012 ne s'est pas retrouvée dans l'électorat de confession musulmane (4 % de vote en sa faveur contre 13,5 % parmi les juifs).

Tableau 18 : Les votes des musulmans au premier tour de la présidentielle en 2007 et 2012 (en % des suffrages exprimés)

	Présidentielle de 2007	Présidentielle de 2012	Évolution
Extrême gauche + PC / FdG	10	21	+11
Royal/Hollande	58	57	-1
Voynet-Bové/Joly	3	2	-1
Bayrou	15	6	-9
Sarkozy	8	7	-1
Villiers/Dupont-Aignan	2	2	=
J.-M. Le Pen / M. Le Pen	1	4	+3
Autres	3	1	-2

Source : cumuls d'enquêtes IFOP 2007-2012.

21. Voir notamment Vincent Tiberj et Patrick Simon, La Fabrique du citoyen. Origines et rapport au politique en France, *Document de travail n° 175*, Paris, INED, 2012.

La digue est donc demeurée très étanche dans cette partie de l'électorat jusqu'à l'élection présidentielle de 2012. Mais cet électorat est également confronté à des difficultés sociales et à des problèmes d'insécurité, soit autant de facteurs stimulant le vote FN. Certains faits divers ont pu faire naître des tensions, comme par exemple celles entre des musulmans et des Roms, si bien que d'aucuns ont avancé, lors des élections municipales, l'hypothèse d'un vote FN significatif dans l'électorat maghrébin dans les quartiers nord de Marseille. De plus, dans ces quartiers, la multiplication des règlements de comptes liés au trafic de drogue contribue à créer un climat d'insécurité très pesant.

Pour valider ou infirmer cette hypothèse, nous nous sommes appuyés sur une analyse croisant, par bureau de vote, les résultats électoraux et la proportion de prénoms musulmans figurant sur les listes électorales (voir figure 13).

Figure 13 : Listes arrivées en tête au second tour des municipales de 2014 dans les bureaux de vote du 7ᵉ secteur de Marseille selon la proportion de prénoms musulmans sur les listes électorales

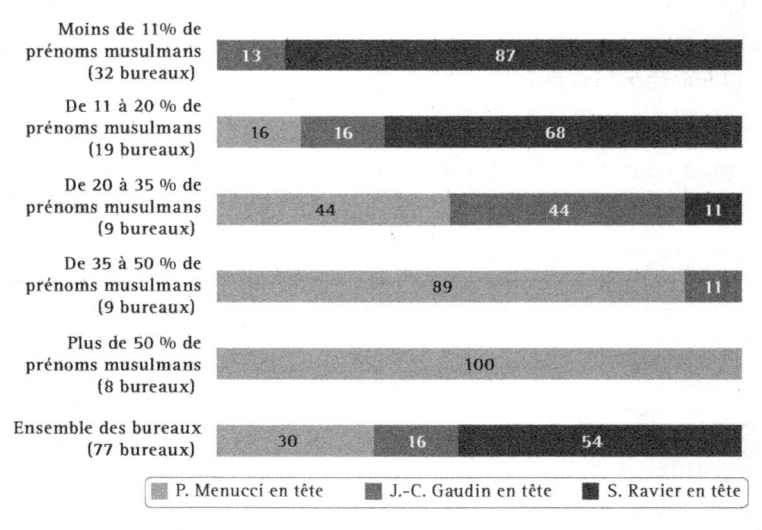

Proportion de prénoms musulmans	P. Menucci en tête	J.-C. Gaudin en tête	S. Ravier en tête
Moins de 11 % (32 bureaux)		13	87
De 11 à 20 % (19 bureaux)	16	16	68
De 20 à 35 % (9 bureaux)	44	44	11
De 35 à 50 % (9 bureaux)	89		11
Plus de 50 % (8 bureaux)	100		
Ensemble des bureaux (77 bureaux)	30	16	54

Source : IFOP. Note de lecture : dans 87 % des 32 bureaux où la proportion de prénoms musulmans est inférieure à 11 %, le candidat du FN, Stéphane Ravier, arrive en tête au second tour des municipales.

Cette analyse menée à l'échelle du 7e secteur de Marseille montre que c'est d'abord, et très majoritairement, l'électorat non issu de l'immigration qui a voté Stéphane Ravier au second tour des municipales, alors que les bureaux à plus forte proportion de prénoms musulmans sont restés massivement fidèles à la gauche. Ainsi, les 8 bureaux comptant plus de 50 % de prénoms musulmans sur les listes électorales ont sans exception placé la liste de gauche en tête, comme 8 des 9 bureaux en comptant entre 35 et 50 %. Inversement, le FN s'est imposé dans 28 des 32 bureaux « potentiellement les moins musulmans » du secteur et dans 13 des 19 bureaux présentant 11 à 20 % de prénoms musulmans. De la même façon, l'analyse du score de chacune de ces trois listes en fonction de la proportion de prénoms musulmans dans les 77 bureaux de vote que compte le 7e secteur indique une corrélation très positive entre cette variable et le vote pour la liste Menucci, et à l'inverse une relation très négative avec le vote Ravier[22] (voir figure 14).

Figure 14 : Le vote au second tour des municipales dans le 7e secteur de Marseille en fonction de la proportion de prénoms musulmans dans le bureau de vote (en % des suffrages exprimés)

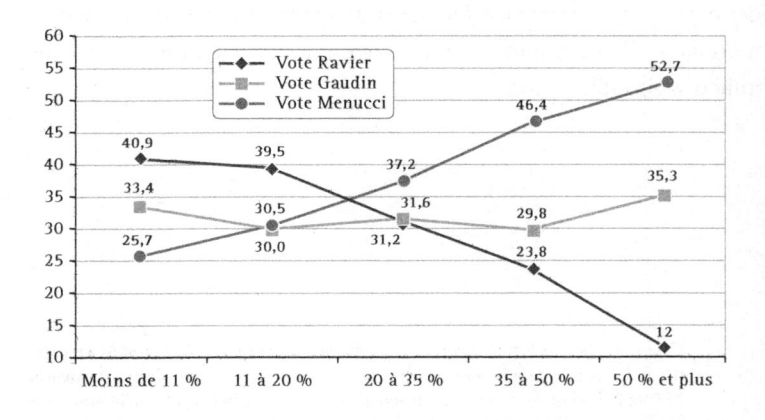

Proportion de prénoms musulmans	Vote Ravier	Vote Gaudin	Vote Menucci
Moins de 11 %	40,9	33,4	25,7
11 à 20 %	39,5	30,5	30,0
20 à 35 %	37,2	31,6	31,2
35 à 50 %	23,8	29,8	46,4
50 % et plus	12	35,3	52,7

Source : IFOP.

22. On ne constate pas, en revanche, de relation statistique entre vote Gaudin et proportion de prénoms musulmans. On peut faire l'hypothèse qu'au second tour une partie de l'électorat « potentiellement musulman » a voté Gaudin pour faire barrage au FN.

Au vu de ces chiffres, on ne peut évidemment pas exclure que des personnes d'origine musulmane aient voté pour le FN au second tour des municipales. Mais on voit que, d'une part, cela n'a pas pu être fréquent et que, d'autre part, le vote frontiste émane d'abord et principalement dans les quartiers nord de la population non issue de l'immigration.

Même si ce «clivage ethnique» renvoie aussi à un clivage sociologique dans cette partie de Marseille, les quartiers à plus forte concentration de prénoms musulmans étant plus pauvres que les bureaux de vote à faible présence immigrée, ces quartiers «blancs» du nord de Marseille abritent majoritairement une population de classes moyennes et populaires. On retrouve ici la fracture, pointée notamment par Florent Gougou, entre des ouvriers et employés «blancs», votant très fortement FN, et leurs homologues issus de l'immigration, encore extrêmement réfractaires et acquis massivement à la gauche[23]. À partir de notre cumul d'enquêtes menées à l'occasion de la dernière élection présidentielle, la comparaison des comportements électoraux à catégorie socioprofessionnelle identique (sur la base des ouvriers et des employés), permet en effet, de constater que les musulmans votent nettement plus à gauche que la moyenne des personnes du même milieu (voir tableau 19).

---

23. *Céline Braconnier et Jean-Yves Dormagen notent aussi à ce propos «L'identité et le vote de gauche s'inscrivent, pour nombre d'électeurs, dans une logique de vote à dimension ethnique. Au sein de cette population issue de l'immigration africaine, la droite et l'extrême droite sont, en effet, majoritairement perçues comme hostiles aux "étrangers", tandis que la gauche est réputée leur être plus favorable. Que ce soit en 2002 ou en 2007, c'est l'une des raisons qui a pu conduire la très grande majorité des électeurs issus de l'immigration africaine à porter leurs suffrages sur les candidats de gauche, ou sur Jacques Chirac pour faire barrage à Jean-Marie Le Pen». Voir Céline Braconnier et Jean-Yves Dormagen, «Le vote des cités est-il structuré par un clivage ethnique?», art. cité, p. 675.*

Tableau 19 : Votes musulmans en milieu populaire comparés à l'ensemble de l'électorat populaire au premier tour de la présidentielle de 2012 (en % des suffrages exprimés)

	Ensemble des ouvriers et employés	Ouvriers et employés de confession musulmane	Écart ensemble/ musulmans parmi les ouvriers et employés	Rappel écart ensemble/ musulmans sur l'ensemble de la population
Arthaud+Poutou+Mélenchon	13	19	+6	+8
Hollande	27	63	+36	+28
Joly	2	2	=	=
Bayrou	7	6	-1	-3
Sarkozy	19	4	-15	-20
Dupont-Aignan	2	1	-1	=
Le Pen	29	5	-24	-14
Cheminade	-	-	-	+1

Source : cumuls d'enquêtes IFOP 2012.

Parmi les ouvriers et les employés, la prime pour la gauche est même encore un peu plus marquée que sur l'ensemble de la population. Elle profite surtout à François Hollande, et dans une moindre mesure à Jean-Luc Mélenchon. Dans les milieux populaires, le fait d'être ou non musulman influe profondément sur le vote. Ainsi, si François Hollande domine sans partage l'électorat populaire de confession musulmane avec 63 % des voix au premier tour, il est devancé de deux points par Marine Le Pen (29 % contre 27 %) sur l'ensemble des ouvriers et employés. Inversement, la candidate du FN qui, d'une manière générale, a obtenu ses meilleurs scores dans l'électorat populaire, n'a rallié que 5 % des voix des ouvriers et employés se déclarant musulmans (contre 63 % pour François Hollande). Aussi la plus grande prudence est-elle de mise lorsque l'on évoque le vote des « quartiers populaires », réservoirs de voix pour la gauche pour certains, en voie de droitisation pour les autres. La variable religieuse, combinée avec la composition ethnique de la population locale, introduit une ligne de clivage très marquée au sein même des milieux populaires[24].

---

24. *C'est encore plus vrai parmi les plus jeunes générations dans ces milieux populaires. Florent Gougou note ainsi : « Le contexte de socialisation des plus jeunes cohortes est décisif pour comprendre leur polarisation sur les enjeux*

Présence arabo-musulmane et vote FN

Si les électeurs d'origine maghrébine votent très peu pour le FN, il semble en revanche que leur présence dope les scores du FN dans les bureaux de vote à Marseille comme à Mulhouse[25]. À la présidentielle, le vote Le Pen augmente ainsi avec la proportion de prénoms musulmans dans le bureau de vote, jusqu'à un certain niveau à partir duquel il se met à décliner très vite. Les trajectoires ne sont pas similaires dans les deux villes du fait du poids des contextes locaux, mais le processus est le même, donnant une forme incurvée ou courbe en cloche (voir figure 15).

Figure 15 : Le vote Le Pen au premier tour de l'élection présidentielle de 2012 en fonction de la proportion de prénoms musulmans par bureau de vote à Marseille et à Mulhouse (en % des suffrages exprimés)

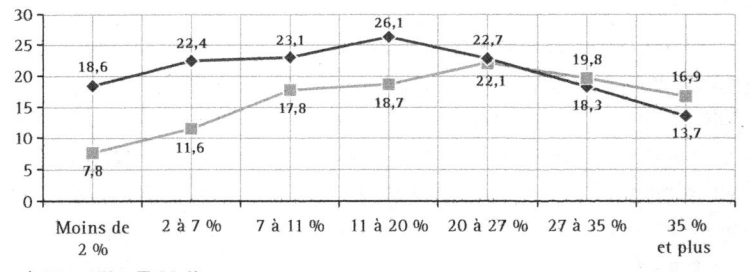

Proportion de prénoms musulmans	Marseille	Mulhouse
Moins de 2 %	18,6	7,8
2 à 7 %	22,4	11,6
7 à 11 %	23,1	17,8
11 à 20 %	26,1	18,7
20 à 27 %	22,7	22,1
27 à 35 %	19,8	18,3
35 % et plus	13,7	16,9

Source : IFOP.

> ethnoculturels. Contrairement à leurs aînées, elles n'ont pas connu la vie politique française avant la phase de réalignement des années 1980 : elles ont grandi au sein d'un ordre électoral marqué par la présence d'un FN significatif, par l'enjeu immigration et par la personnalité de Jean-Marie Le Pen. Plus généralement, elles ont vécu la cristallisation d'un vote à forte composante culturelle produit par la mondialisation dans le jeu politique français, de la même façon que les cohortes ouvrières de l'entre-deux-guerres avaient vécu la cristallisation du clivage de classe. En clair, elles se sont polarisées sur la ligne de conflit dominante au moment de leur socialisation, tandis que les générations précédentes ont conservé de leur socialisation une plus grande sensibilité aux enjeux économiques ». Voir Florent Gougou, « La droitisation des ouvriers en France », dans Jean-Michel De Waele et Mathieu Vieira (dir.), Une droitisation de la classe ouvrière en Europe ?, Paris, Economica, 2011, p. 155.
>
> 25. On retrouve le même phénomène à Toulouse, à Roubaix, Aulnay-sous-Bois ou Perpignan, autres communes étudiées, mais dont les données ne sont pas présentées ici faute de place.

Ces résultats, assez spectaculaires, nous permettent de tirer trois enseignements. Premièrement, en dépit du tournant « social-étatiste » imprimé par Marine Le Pen et de la montée en puissance, dans le discours frontiste, de thématiques comme la sortie de l'euro ou la défense du modèle social français, la question de l'immigration reste toujours au cœur des motivations des électeurs frontistes[26]. Plus spécifiquement, le rejet de la population maghrébine demeure déterminant dans la structuration de cet électorat[27]. C'est même le ciment qui permet à ses différentes composantes sociales, aux intérêts parfois divergents, de tenir ensemble. Le rejet ou la peur de l'islamisme constitue également, on l'a vu, le principal ressort du basculement d'une partie de l'électorat juif vers le vote FN.

Dans ce contexte, et c'est là le deuxième enseignement de ces résultats, on comprend pourquoi, contrairement à ce qui s'est partiellement produit dans l'électorat juif, le verrou n'a pas cédé dans l'électorat français musulman. Le clivage ethnique est décisif dans ce vote. Si ceux qui votent pour le FN continuent de se déterminer d'abord sur le critère de l'immigration et de la présence arabo-musulmane sur notre territoire, c'est bien que le message émis par ce parti est en phase avec cette crainte et cette opposition. La population issue de l'immigration arabo-musulmane demeurant la cible et la cause, de manière plus ou moins explicite, dans le discours frontiste, des maux et des difficultés du pays, il est logique qu'elle continue en retour de manière très majoritaire à rejeter le FN. Cette polarisation autour du clivage ethnique se matérialise par la trajectoire en cloche observée

---

26. *« La lutte contre l'immigration clandestine » est ainsi citée comme principal enjeu au moment de voter par 77 % des électeurs de Marine Le Pen, loin devant « la lutte contre la délinquance » (54 %) et « le relèvement des salaires et du pouvoir d'achat » (31 %). Cette focalisation et la priorité attribuée à l'immigration constituent un vrai signe distinctif de cet électorat, puisque cet enjeu n'est mentionné que par 28 % des Français interrogés (soit près de 50 points d'écart) et n'arrive donc qu'en quatrième position. Sondage IFOP, réalisé en ligne le 22 avril 2012 pour Europe1-Paris Match-Public Sénat auprès d'un échantillon de 3 509 personnes, représentatif de la population âgée de 18 ans et plus inscrite sur les listes électorales.*

27. *Que ce rejet soit vécu objectivement (à proximité des populations d'origine étrangère) ou subjectivement (par effet de halo).*

précédemment. L'accroissement de la présence arabo-musulmane a pour effet « mécanique » de faire gonfler le vote frontiste, tant cette présence nourrit un sentiment antimaghrébin dans la population non issue de l'immigration vivant dans le quartier. Mais quand la proportion de l'électorat portant un prénom musulman atteint un certain niveau dans un bureau de vote, le vote FN décroche, du fait du poids de cette population très réfractaire à ce parti dans les résultats globaux du bureau de vote.

Le troisième enseignement à tirer de ces données est que si ces mécanismes se retrouvent dans différentes communes, les contextes locaux jouent également. Ainsi, pour une même élection, en l'occurrence l'élection présidentielle de 2012, on constate qu'à taux de prénoms musulmans identiques (jusqu'à 20%), les bureaux de vote marseillais votaient beaucoup plus Le Pen que ceux de Mulhouse. Tout se passe comme si, dans ces bureaux à présence « potentiellement musulmane » faible ou moyenne, l'hostilité à la population d'origine immigrée était nettement plus prégnante dans la cité phocéenne qu'à Mulhouse, la proximité avec cette population générant selon les contextes urbain, historique, sécuritaire et socio-économique un niveau de vote FN sensiblement différent.

Conclusion : le poids des fondamentaux

Marine Le Pen a certes élargi le spectre des thématiques traditionnelles du FN et elle n'hésite pas, désormais, à emprunter de temps à autre des accents « gauchisants ». Pour autant, elle prend soin de ne jamais aller trop loin dans cette voie et de revenir régulièrement aux fondamentaux du parti. On se rappelle que, lors de la présidentielle de 2007, une des affiches de campagne qu'elle avait fait réaliser donnait à voir une jeune métisse comme électrice naturelle de Jean-Marie Le Pen. Cela avait été présenté à l'époque comme un signe d'ouverture en direction de cet électorat. Or, force est de constater que Marine Le Pen ne s'est pas engagée sur cette pente et envoie toujours régulièrement des signaux très clairs sur le sujet. Cette stratégie lui a notamment permis de marquer des points dans l'électorat juif, mais continue d'obérer toute progression du parti dans l'électorat musulman. Le discours qu'elle a tenu lors du meeting de Nantes le 25 mars 2012, quelques jours après la mort de Mohamed Merah, est révélateur de ce double phénomène. L'immigration arabo-musulmane était une fois de plus clairement visée quand elle déclarait : « Combien de Mohamed Merah dans les bateaux, les avions, qui chaque jour arrivent en France remplis d'immigrés ? [...] Combien de Mohamed Merah parmi les enfants de ces immigrés non assimilés ? » Mais, dans le même temps, était dénoncée la menace islamiste : « Ce qui s'est passé n'est pas l'affaire de la folie d'un homme, ce qui s'est passé est le début de l'avancée du fascisme vert dans notre pays. » Ces propos allaient rencontrer un certain écho auprès d'une partie de la communauté juive, et cela d'autant plus que la nouvelle présidente du parti s'était clairement démarquée des dérapages antisémites de son père. L'analyse du positionnement du FN de Marine Le Pen à l'égard des populations arabo-musulmanes et juive fait certes apparaître une évolution marquée, mais également de lourdes permanences par rapport au FN de son père.

Chapitre 17 / LE CHANGEMENT DANS LA CONTINUITÉ GÉOGRAPHIES ÉLECTORALES DU FRONT NATIONAL DEPUIS 1992

Joël Gombin

La géographie électorale du FN révèle depuis le début des années 1990 de fortes continuités, en particulier du point de vue de la structure régionale de ces votes. On observe certes des évolutions significatives, qui concernent la macro-géographie aussi bien que la microgéographie de ces votes. Toutefois, le processus de changement partisan impulsé par l'arrivée de Marine Le Pen à la tête du parti en 2011 ne s'est pas traduit par des évolutions significatives, à l'exception d'une hausse importante du niveau moyen des suffrages recueillis par le Front national. On ne saurait donc parler, de ce point de vue, d'un « nouveau » FN.

Mots clés : dédiabolisation – France périphérique – FN – Front national – géographie électorale – inégalités – périurbain – sociologie électorale

Les chroniqueurs de la vie politique soulignent volontiers les changements, les évolutions, voire les ruptures, et les attribuent à l'impulsion des acteurs politiques. La géographie et les sciences sociales du vote, elles, insistent plus souvent sur les formes de continuité, d'invariance et de permanence. Dans le cas du Front national, le *storytelling* de la rupture s'est imposé sous la forme de la dédiabolisation[1]. Non seulement la stratégie et le leadership du parti auraient changé avec l'accession de Marine Le Pen à la tête du parti dirigé pendant quarante ans par son père ; mais, plus encore,

---

1. Alexandre Dézé, Le Front national : à la conquête du pouvoir?, *Paris, Armand Colin, 2012* ; Sylvain Crépon, Enquête au cœur du nouveau Front national, *Paris, Nouveau Monde Éditions, mars 2012* ; Laura Garnier, Le « Nouveau Visage » du Front national : les ressorts d'une communication politique entre « dédiabolisation » et radicalisation, *mémoire de master 1, École des hautes études en sciences de l'information et de la communication – Université Paris-4-Sorbonne, 2014.*

l'identité, l'essence même de ce parti en auraient été transformées. La passe d'armes entre la présidente du Front national et son père, au printemps et à l'été 2015, qui a abouti à l'exclusion de Jean-Marie Le Pen, figurerait le point d'orgue de ce processus. Ce phénomène serait le principe explicatif des succès nouveaux rencontrés par la formation frontiste.

Sauf à se faire le relais des stratégies de communication du FN, il importe pourtant d'interroger la réalité de cette corrélation. Si l'effet « Marine Le Pen » sur le programme et les structures du FN a déjà été analysé[2], son impact du point de vue de l'implantation électorale du parti l'est moins. C'est précisément cet aspect auquel ce chapitre s'intéresse. La phase « mariniste » du FN se traduit-elle par des changements significatifs dans la géographie et la sociologie électorales sous-jacente de ce parti? Ou bien les éléments de continuité l'emportent-ils? On répondra à ces questions en trois temps. Incontestablement, le niveau moyen du soutien au FN s'est élevé au cours des dernières années, tant pour l'élection présidentielle que lors des élections intermédiaires. Pour autant, la structure macro-géographique du vote frontiste n'en a guère été modifiée dans ses grandes lignes, malgré une forme de rééquilibrage entre Nord et Sud. Quant aux structures microgéographiques du vote FN, elles ont connu de réelles évolutions sur le moyen terme.

La hausse du niveau électoral

Après la scission mégrétiste de 1998-1999, une séquence marquée par une alternance de contre-performances (élections européennes de 1999, présidentielle de 2007) et de succès électoraux (présidentielle de 2002) s'ouvre pour le FN. À partir de 2010-2011, elle fait place à

---

2. *Alexandre Dézé*, Le Front national..., op. cit. ; *Sylvain Crépon*, Enquête au cœur du nouveau Front national, op. cit. ; *Alexandre Dézé*, Le « Nouveau » Front national en question, *Paris, Fondation Jean-Jaurès, Observatoire des Radicalités Politiques, 2015* ; *Valérie Igounet*, Le Front national de 1972 à nos jours. Le parti, les hommes, les idées, *Paris, Seuil, 2014* ; *Cécile Alduy et Stéphane Wahnich*, Marine Le Pen prise aux mots. Décryptage du nouveau discours frontiste, *Paris, Seuil, 2015*.

une période de croissance tendancielle des votes en sa faveur, tandis que, parallèlement, l'audience électorale du Front lors des élections intermédiaires s'accroît.

Une croissance tendancielle depuis 2011

L'augmentation des scores obtenus par le FN s'observe dès les élections cantonales de 2011. Avec 6,4 % des inscrits (soit 15,0 % des exprimés, dans un contexte de faible participation), son résultat a plus que doublé par rapport au scrutin de 2008 (3 % des inscrits) et lui permet d'être présent au second tour dans 399 cantons, essentiellement dans le cadre de duels. Il s'agit d'une performance relative, comparée aux élections cantonales antérieures. Mais la dynamique observée est confirmée lors de la séquence électorale de 2012 : Marine Le Pen obtient 13,9 % des inscrits au scrutin présidentiel (17,9 % des exprimés), soit le score le plus élevé obtenu par un candidat frontiste lors de cette élection majeure, environ 25 % au-delà de l'étiage observé aux premiers tours des élections présidentielles de 1988, 1995 et 2002.

Les élections législatives qui suivent la présidentielle de 2012 confirment cette tendance à la hausse. Avec 7,6 % des inscrits (13,6 % des exprimés), le FN réalise certes une moins bonne performance qu'en 1993 et 1997. Mais, ces élections législatives n'étant pas couplées à une élection présidentielle, le FN y bénéficiait de la dynamique d'une élection de premier rang. À l'inverse, en 2012 comme en 1988, en 2002 et en 2007, l'élection législative intervient dans la foulée de l'élection présidentielle. Cette configuration ne semble guère favorable au FN, dont les électeurs potentiels peuvent être tentés de s'abstenir, de soutenir le président élu ou au contraire de voter « utile » en faveur des candidats de l'opposition. En tout état de cause, le résultat obtenu aux élections législatives de 2012 est le meilleur de cette série, et aboutit à l'élection de deux députés frontistes, Marion Maréchal-Le Pen et Gilbert Collard, à la faveur de triangulaires. On note que Jacques Bompard, dissident du FN et président de la Ligue du Sud, est également élu à Orange, en duel (voir figure 16).

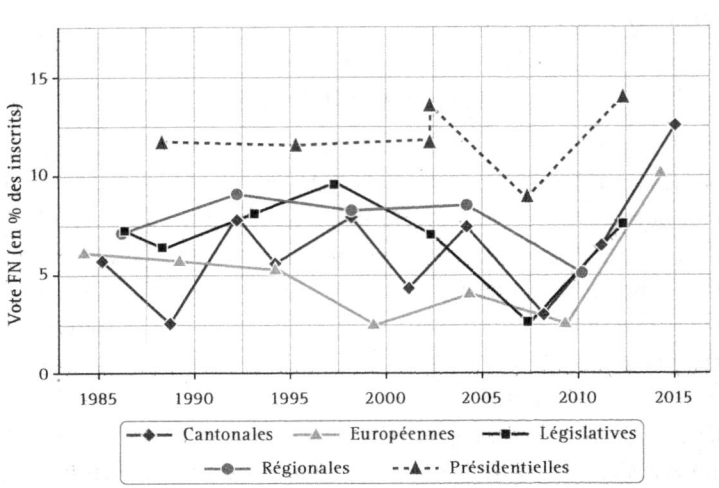

Figure 16 : Évolution du vote FN aux principales élections entre 1984 et 2015 (en % des inscrits)

Source : ministère de l'Intérieur et Laurent de Boissieu, www.france-politique.fr. Calculs de l'auteur.

Les élections intermédiaires qui ponctuent la première moitié du quinquennat de François Hollande permettent au parti de Marine Le Pen de renforcer son audience électorale de manière significative. Lors du scrutin municipal de 2014, c'est d'abord la présence du Front qui progresse : le FN présente des listes dans 583 communes de plus de 1 000 habitants, un record. La comparaison est toutefois rendue difficile par le fait qu'aux élections précédentes, le scrutin de liste ne s'appliquait qu'aux communes de plus de 3 500 habitants. Dans les grandes villes, le FN revient à peu près à son niveau de 1995, avant la scission mégretiste qui l'a privé de nombre de ses cadres et militants. Le parti l'emporte toutefois bien plus souvent qu'en 1995, où il avait conquis trois mairies, celles de Toulon, Orange et Marignane.

Cette fois-ci, c'est dans une dizaine de communes, majoritairement dans le Midi méditerranéen (de Béziers à Fréjus), mais aussi dans le fief personnel de Marine Le Pen d'Hénin-Beaumont (mais sans Marine Le Pen) ou encore à Hayange, en Moselle, que les candidats frontistes l'emportent. De plus, le FN a bénéficié d'un relais médiatique extrêmement important, le plaçant au centre de la couverture de la campagne. Si les résultats obtenus, dans les grandes villes en tout cas, dépassent de peu ceux recueillis en 1995[3], ils traduisent clairement le mouvement ascensionnel dont le Front bénéficie depuis 2011.

Les élections européennes de mai 2014, quelques semaines après les municipales, confirment la bonne santé électorale du FN. Plus encore peut-être que lors des municipales, ce dernier bénéficie d'un cadrage médiatique extrêmement favorable, faisant de son score et de son rang d'arrivée le premier enjeu du scrutin. Ainsi, dès le 9 octobre 2013, soit plus de sept mois avant le scrutin, le *Nouvel Observateur* fait sa une sur un sondage réalisé par l'IFOP annonçant le FN en tête à 24 % aux européennes[4]. La prévision, bien que parfois présentée comme irréaliste lors de sa publication, s'avère finalement assez juste : les listes frontistes recueillent finalement 24,8 % des suffrages exprimés, en tête du scrutin, devant l'UMP. Il s'agit, de loin, du meilleur score jamais enregistré par le FN à une élection au plan national, *a fortiori* à une élection européenne. Le parti d'extrême droite bénéficie certes d'une faible participation (relativement supérieure toutefois à celle de l'élection européenne de 2009), mais l'explication du score frontiste ne saurait se limiter au constat d'une mobilisation différentielle des électeurs (potentiellement) frontistes. Ainsi, dans 5 440 communes, le score des listes frontistes, rapporté aux inscrits, est supérieur à celui de Marine Le Pen lors de l'élection présidentielle de 2012[5]. Le FN parvient donc, lors d'une élection qui lui est structurellement défavorable du fait de la faible participation des citoyens les moins politisés, à conquérir de nouveaux électeurs.

Les élections départementales de 2015 constituent un nouveau test de cette tendance à la hausse du vote pour le FN. Là encore, il a

---

3. Florent Gougou et Simon Persico, « Municipales : non, le FN n'a pas "triomphé" au premier tour », slate.fr, 27 mars 2015.
4. Sondage IFOP pour Le Nouvel Observateur du 9 octobre 2013, disponible en ligne : http://www.ifop.fr/?option = com_publication&type=poll&id=2355.
5. Voir Joël Gombin, « Vote FN aux européennes : une nouvelle assise électorale ? », note de l'Observatoire des radicalités politiques, 9, Fondation Jean-Jaurès, 2014.

été placé au centre du cadrage médiatique de la séquence électorale. Malgré la réforme du scrutin départemental, qui conduit désormais au renouvellement de l'ensemble des conseillers départementaux et complique la tâche du Front national, ce dernier parvient à présenter des candidats dans 1 912 cantons, soit 93 % du total, le taux de couverture le plus élevé de tous les partis politiques en lice, les autres grands partis « sous-traitant » certains cantons à leurs alliés. Les résultats obtenus au premier tour (12,04 % des inscrits, 25,24 % des exprimés – soit 26,25 % dans les seuls cantons où le FN était présent) témoignent de sa capacité à rassembler une proportion importante d'électeurs, y compris lors d'élections locales, dont l'enjeu avait été, il est vrai, largement nationalisé, la stratégie de Manuel Valls consistant notamment à polariser la campagne autour du Front national.

Un rééquilibrage entre élection présidentielle et élections intermédiaires ?

Ces résultats conduisent à se demander si le rapport entre élection présidentielle et élections intermédiaires ne s'est pas inversé pour le FN. Historiquement, ses scores ont toujours été meilleurs à l'élection présidentielle, tirés par la notoriété de Jean-Marie Le Pen – et aussi probablement parce que, tendanciellement, les électeurs susceptibles de voter FN sont plus abstentionnistes que la moyenne, cet écart diminuant lors de l'élection présidentielle, la plus mobilisatrice[6]. Les résultats des autres scrutins ont généralement été inférieurs, tant rapportés aux inscrits qu'aux exprimés. La seule exception observée fut celle des élections régionales de 1998, à l'occasion desquelles le FN égala, avec 15 % des suffrages exprimés, le score de Jean-Marie Le Pen lors de l'élection présidentielle précédente. Qu'en est-il depuis 2011 ?

---

6. Céline Braconnier et Jean-Yves Dormagen, *La Démocratie de l'abstention : aux origines de la démobilisation en milieu populaire*, *Paris, Gallimard, 2007*.

Figure 17 : Rapport entre le score du FN à une élection et son score au premier tour de l'élection présidentielle précédente (en % des inscrits)

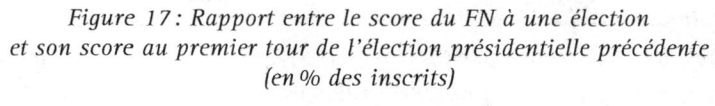

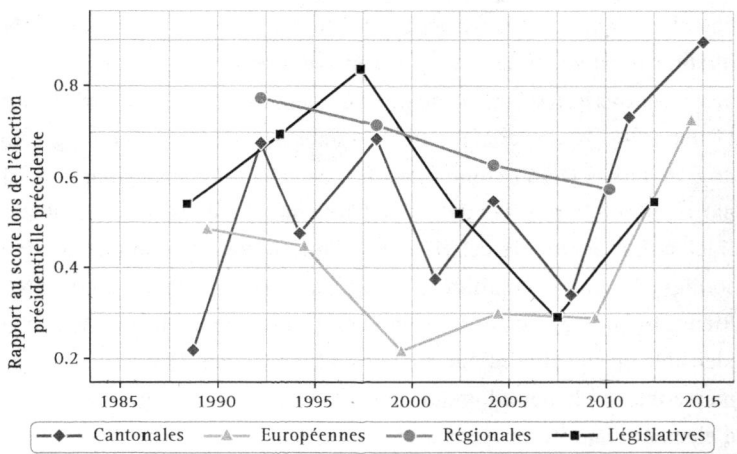

Source : ministère de l'Intérieur et Laurent de Boissieu, www.france-politique.fr. Calculs de l'auteur. Note de lecture : lors des élections départementales de 2015, le score du FN correspond à 90 % – soit un ratio de 0,9 – du score de Marine Le Pen lors de l'élection présidentielle de 2012.

La figure 17 permet de rapporter le score du FN à chaque élection à celui qu'il a réalisé lors de l'élection présidentielle précédente. Incontestablement, depuis 2011 inclus, les élections intermédiaires ne se caractérisent plus par des résultats en retrait ; au contraire, elles marquent des moments de forte mobilisation en faveur de ce parti, comme le confirment les bons scores obtenus par le FN à nombre d'élections partielles intervenues depuis 2011. Plusieurs pistes d'interprétation de ce phénomène sont possibles, sans que l'on puisse trancher de manière définitive entre elles, ni que ces pistes soient mutuellement exclusives.

En premier lieu, il est possible que l'orientation de la courbe corresponde à une augmentation du potentiel de vote pour le FN. On peut ainsi y voir les signes précurseurs d'une hausse significative du score présidentiel de Marine Le Pen en 2017 comparé à celui de 2012. *A contrario*, on pourrait penser que ce score de 2012 ne correspondait pas au potentiel réel du FN, compte tenu de la campagne très droitière menée par Nicolas Sarkozy, qui, s'il ne parvint pas à rééditer sa performance de 2007 en termes de siphonnage du vote FN[7], chercha néanmoins clairement à concurrencer Marine Le Pen. Cette hypothèse est cohérente avec l'observation précédente selon laquelle, aux élections européennes comme aux départementales, les scores du FN rapportés aux inscrits progressent dans un nombre non négligeable de communes (7 969 communes lors des élections départementales) par rapport à la présidentielle. La deuxième hypothèse est celle d'une fidélisation accrue de cet électorat. Patrick Lehingue avait naguère souligné la grande volatilité, d'un vote à l'autre, des électeurs du FN[8]. Rien n'indique que cette volatilité se soit maintenue, il semble même plausible qu'elle ait diminué. Cette éventuelle fidélisation pourrait elle-même relever de deux logiques distinctes. Soit un plus grand nombre d'électeurs manifesteraient une « identification politique » au FN, au sens que les chercheurs de Michigan ont donné à ce terme[9]. Or les données dont nous disposons ne confortent guère cette piste : dans les enquêtes académiques, la part des électeurs FN se déclarant proche du FN demeure minoritaire[10]. Soit la stratégie affichée d'implantation et de formation des candidats frontistes porterait ses fruits. Cette explication ne saurait toutefois être que partielle : si, dans les territoires où

---

7. Nonna Mayer, « *Comment Nicolas Sarkozy a rétréci l'électorat Le Pen* », Revue française de science politique, 57 (3), 2007, p. 429-445.

8. Patrick Lehingue, « *L'objectivation scientifique des électorats : que savons-nous des électeurs du Front national ?* », dans Jacques Lagroye (dir.), La Politisation, *Paris, Belin, 2003, p. 247-278.*

9. Angus Campbell, Philip E. Converse, Warren Edward Miller et Donald Stokes, The American Voter, *New York (N. Y.), John Wiley & Sons, 1960.*

10. *Dans l'enquête postélectorale « French electoral study » menée par le CEE lors de l'élection présidentielle de 2012, environ 41 % des enquêtés déclarant avoir voté pour Marine Le Pen disent également se sentir proches du FN. À titre d'exemple, la proportion correspondante est de 75 % pour Nicolas Sarkozy et l'UMP. Je remercie Nicolas Sauger pour la mise à disposition des données de cette enquête. Mais il faut comparer aux électeurs de Le Pen avant car le chiffre fluctue : en 1988 et 1995, la proportion d'électeurs de Le Pen proches du FN est d'un tiers, en 1997 il atteint la moitié (Nonna Mayer,* Ces Français qui votent Le Pen, *Paris, Flammarion, 2002, p. 212), en 2002 de nouveau un tiers selon le Panel électoral français 2002 (enquête postélectorale du Cevipof).*

le FN est particulièrement bien implanté (par exemple les communes qu'il dirige), il tend à bénéficier d'une prime électorale, ailleurs, des candidats sans aucune implantation locale obtiennent également d'excellents scores. L'hypothèse la plus vraisemblable reste donc que les très bons scores observés lors des élections intermédiaires depuis 2011 traduisent une augmentation tendancielle du potentiel électoral du Front national.

Les points cardinaux du vote FN

Si le niveau électoral du FN monte, qu'en est-il de l'évolution de la structure géographique de ses soutiens ? L'opposition entre une France de l'Est et une France de l'Ouest demeure pertinente, mais l'on observe aussi un rééquilibrage entre le Nord et le Sud.

France de l'Est contre France de l'Ouest

La structure géographique globale du vote FN n'a que peu changé depuis son émergence en 1984. Elle oppose deux France, l'une à l'est d'une ligne Cherbourg-Roanne-Perpignan, plus favorable au Front national, l'autre à l'ouest de cette ligne, où ses scores sont nettement plus faibles. La figure 18 permet de visualiser les champs de force[11] du vote FN sur la période s'étendant de 1992 à 2015[12]. On y repère très nettement le littoral méditerranéen et le sillon rhodanien, l'axe

---

11. Au sens donné à ce terme par Frédéric Bon et Jean Paul Cheylan, La France qui vote, Paris, Hachette, 1988.
12. Les résultats électoraux au niveau communal ne sont pas disponibles avant 1992. Les valeurs représentées ont été calculées en estimant, sur la base de tous les résultats obtenus par le FN par commune depuis 1992, un modèle multiniveau avec des ordonnées à l'origine (c'est-à-dire des valeurs moyennes, toutes choses égales par ailleurs) modélisées pour chaque commune et pour chaque élection. Ici, ce sont les ordonnées à l'origine pour chaque commune qui sont représentées. Cela revient à calculer la moyenne par commune de tous les résultats obtenus sur la période (le coefficient de corrélation entre les deux estimations est supérieur à 0,99), ou encore, comme le font Bon et Cheylan, à utiliser les coordonnées des communes sur la première composante principale d'une analyse en composantes principales (ACP) (coefficient de corrélation supérieur à 0,95). Sur la modélisation multiniveau, voir Joël Gombin,

Narbonne-Bordeaux, la région lyonnaise, ainsi qu'un grand quart nord-est de la France, de la pointe du Cotentin à la Franche-Comté en passant par Orléans. Seul Paris et sa région apparaissent en négatif sur cette carte.

Sur la période considérée, qui couvre plus de vingt ans, cette carte résume bien la géographie électorale du Front national. Une analyse multiniveau [13] montre que les variations des résultats du FN observées sur l'ensemble des élections présidentielles, législatives, européennes, régionales et cantonales entre 1992 et 2015 sont liées essentiellement à trois facteurs. Le premier, qui vaut pour la moitié environ de la variance observée, correspond au *swing*, c'est-à-dire aux variations du niveau électoral du FN d'une élection à l'autre. Le second, qui explique un quart de la variance, tient à la permanence de la structure géographique de ce vote représentée sur la figure 18. Le troisième, qui rend compte du dernier quart de la variance, correspond aux écarts par rapport à cette structure. Autrement dit, la structure géographique, alliée aux variations de niveau propres à chaque élection, explique trois quarts des variations observées. Cela confirme la grande stabilité de l'implantation électorale du FN, que les variations de niveau affectent peu.

« Contextualiser sans faire de l'espace un facteur autonome. La modélisation multiniveau comme lieu de rencontre entre sociologie et géographie électorales », L'Espace politique *[en ligne], 23, 2014.*

13. *Il s'agit du modèle multiniveau présenté dans l'avant-dernière note et utilisé pour la figure 18.*

Le changement dans la continuité

Figure 18 : Les champs de force du vote pour le Front national sur la période allant de 1992 à 2015

Structure du vote FN entre 1992 et 2015

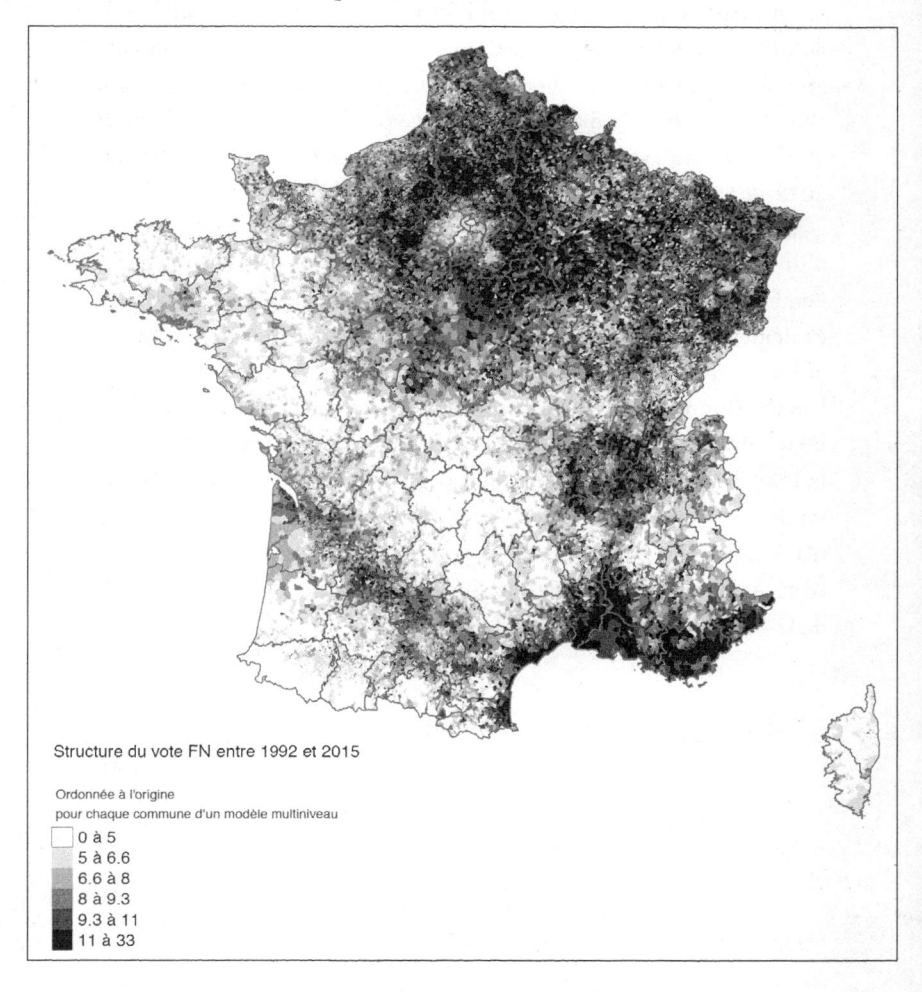

Ordonnée à l'origine
pour chaque commune d'un modèle multiniveau
- 0 à 5
- 5 à 6.6
- 6.6 à 8
- 8 à 9.3
- 9.3 à 11
- 11 à 33

Source : ministère de l'Intérieur, OpenStreetMap.org et ses contributeurs. Réalisation : Joël Gombin. Discrétisation[14] selon la méthode des quantiles.

14. La discrétisation est le découpage de données en classes homogènes, ici des quantiles. Les valeurs pour chaque commune sont regroupées en six quantiles, c'est-à-dire six classes regroupant un nombre équivalent d'observations.

Un rééquilibrage Nord-Sud ?

La structure macro-géographique du vote FN n'est pas pour autant totalement stable. Certaines évolutions régionales peuvent être relevées. La figure 19 permet de les quantifier en calculant, pour chaque commune, la différence entre le vote FN moyen sur la période 1993-1997 (à l'exception des cantonales de 1994[15]) et sur la période 2012-2015.

Le FN connaît un recul relatif dans ses pôles traditionnels d'influence (Île-de-France, Rhône-Alpes, littoral méditerranéen de l'embouchure du Rhône à Menton, Alsace). Mais sa progression est également inférieure à la moyenne dans des zones où il était moins puissant dans les années 1980 et 1990 (Ouest, Pyrénées-Atlantiques, Landes, Gironde). Dans le même temps, le FN progresse davantage dans un quadrilatère nord-est de la France, allant de la Haute-Normandie à la Franche-Comté et de la pointe nord du pays à Sarreguemines. Les seules taches qui ressortent sur la figure 19 sont les capitales régionales (Amiens, Reims, Lille et Metz). Le vote frontiste se renforce également dans certaines zones rurales du Sud-Ouest ou encore dans la totalité de la Sarthe à l'exception du Mans.

---

15. *Pour lesquelles seule la moitié des cantons est renouvelée, et qui induirait une dissymétrie de structure avec la période 2012-2015.*

*Figure 19 : Différence entre le vote FN moyen sur la période
1993-1997 (à l'exception des cantonales de 1994)
et sur la période 2012-2015*

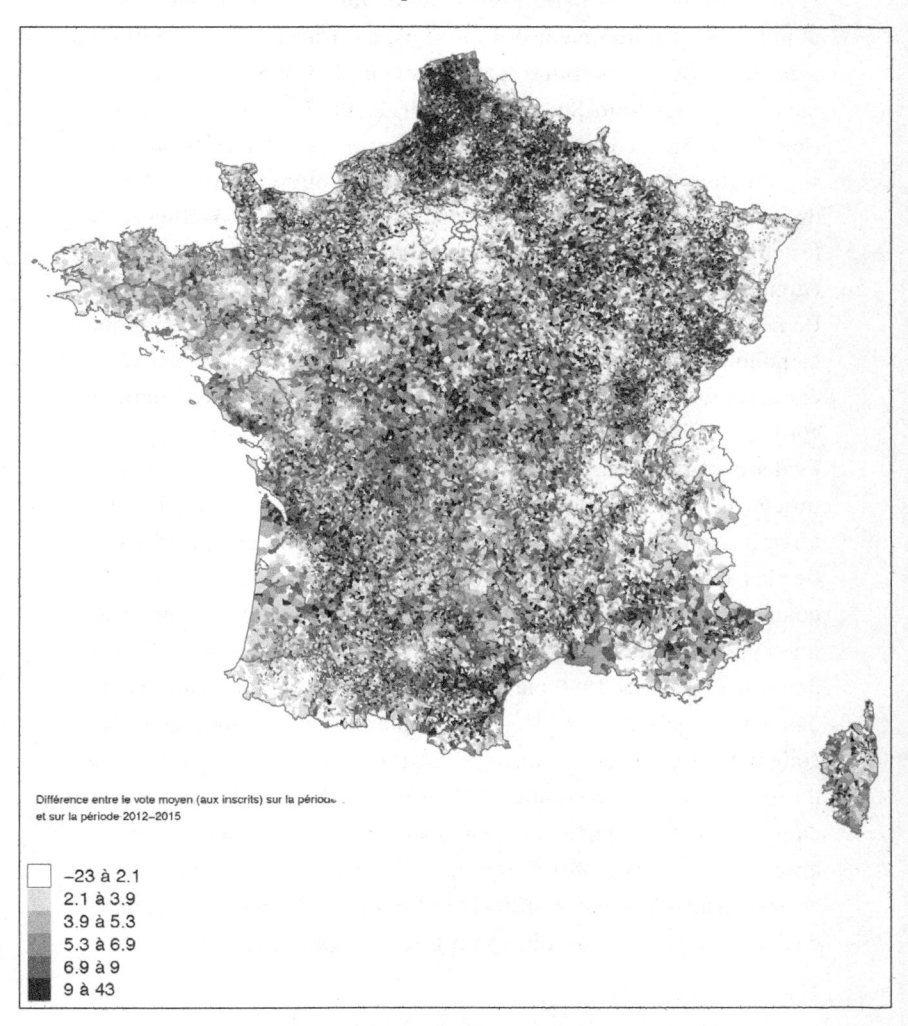

Différence entre le vote moyen (aux inscrits) sur la période
et sur la période 2012-2015

- −23 à 2.1
- 2.1 à 3.9
- 3.9 à 5.3
- 5.3 à 6.9
- 6.9 à 9
- 9 à 43

Source : ministère de l'Intérieur, OpenStreetMap.org et ses contributeurs. Réalisation : Joël Gombin. Discrétisation selon la méthode des quantiles.

Cette évolution renvoie au moins à deux logiques. Elle correspond d'abord à ce que l'on sait de l'évolution de la sociologie électorale du Front national. La pénétration électorale du FN au sein des classes populaires, et notamment des ouvriers, s'est accrue sur la période considérée. Or, la répartition spatiale des ouvriers recoupe assez largement un clivage Nord-Sud, leurs effectifs étant plus nombreux dans le Nord. À l'échelle communale, on observe une corrélation faible mais significative ($R = 0,15$) entre la proportion d'ouvriers et l'évolution du vote FN moyen entre 1993-1997 et 2012-2015. Par ailleurs, le lecteur féru de géographie aura peut-être reconnu dans les territoires égrenés un certain nombre d'anciens fiefs de la pratique catholique. De fait, il existe une corrélation négative ($R = -0,38$) entre la pratique catholique (des ruraux uniquement) telle qu'elle était mesurée par les enquêtes du chanoine Boulard[16] et l'évolution du FN sur la période considérée. Faut-il y voir les effets d'un « catholicisme zombie[17] », les « valeurs organisatrices du catholicisme » continuant à exercer une influence sur les comportements politiques ? On peut en douter, tant on voit mal quels mécanismes concrets assureraient cette médiation. De plus, les données Boulard étaient très imparfaites et ne concernaient qu'une France rurale qui a quasiment disparu en l'état. On avancera ici une hypothèse alternative : les bastions du catholicisme de la France des années 1950 et 1960 étaient aussi ceux d'une droite chrétienne-démocrate, puis gaulliste[18], dont l'implantation et l'ancrage social étaient forts et anciens. Dans ces territoires, la progression du FN a pu se heurter à une résistance de la droite traditionnelle. À l'inverse, dans des territoires historiquement ancrés à gauche et/ou caractérisés, après 1962, par le poids d'une droite non gaulliste prenant appui essentiellement sur le ressentiment à l'égard du règlement de la guerre d'Algérie, le champ était libre pour une progression plus importante.

---

16. *François-André Isambert et Jean-Paul Terrenoire*, Atlas de la pratique religieuse des catholiques en France, *Paris, Presses de Sciences Po, CNRS Éditions, 1980.*
17. *Hervé Le Bras et Emmanuel Todd*, Le Mystère français, *Paris, Seuil, 2013.*
18. François Goguel, « L'élection présidentielle française de décembre 1965 », Revue française de science politique, *16 (2), 1966, p. 221-254.*

On peut toutefois s'interroger sur les rapports contemporains entre la répartition spatiale des identifications religieuses et du vote FN. Il n'existe malheureusement plus de données comparables à celles du chanoine Boulard sur la pratique catholique. Mais certains instituts de sondage ont produit des estimations de l'identification religieuse, à défaut de la pratique, dans chaque département. Il ressort de ces estimations que le lien se fait moins entre identification au catholicisme et évolution du vote FN qu'entre identification à d'autres religions (dont l'islam serait la principale) et évolution du vote FN. Ainsi, on relève une forte corrélation négative entre la proportion des habitants d'un département qui s'identifie à une autre religion qu'au catholicisme et l'évolution du vote FN sur la période concernée ($R = -0,58$)[19]. Des analyses plus poussées seraient nécessaires pour interpréter plus finement ces résultats. On peut néanmoins formuler deux hypothèses. Au cours des vingt dernières années, de nombreux jeunes adultes français de culture ou de confession musulmane sont devenus électeurs. Or ceux-ci votent beaucoup moins souvent pour le FN que la moyenne des Français[20]. D'autre part, il est possible également qu'un mouvement de ségrégation accrue à l'encontre des classes populaires issues de l'immigration nord-africaine, africaine ou turque[21], accroisse l'association spatiale (négative) entre identification à la religion musulmane et vote FN. Soulignons que, sur la période, la rhétorique islamophobe frontiste s'est très nettement affirmée[22].

---

19. *Données issues d'un cumul d'enquêtes réalisées par téléphone par l'institut CSA au premier semestre 2012 (notice méthodologique consultable: http://www.csa.eu/multimedia/data/etudes/etudes/etu20130329-note-d-analyse-csa-decrypte-mars-2013.pdf). Je remercie Yves-Marie Cann, de l'institut CSA, qui a bien voulu me communiquer ces chiffres.*

20. *Sylvain Brouard et Vincent Tiberj*, Français comme les autres? Enquête sur les citoyens d'origine maghrébine, africaine et turque, *Paris, Presses de Sciences Po, 2005. Voir également le chapitre 18 de cet ouvrage.*

21. *Parmi les travaux d'Antoine Jardin sur cette question, voir notamment «Le vote intermittent. Comment les ségrégations urbaines influencent-elles les comportements électoraux en Ile-de-France?», L'Espace Politique [revue en ligne], 23, 2014.*

22. *Cécile Alduy et Stéphane Wahnich*, Marine Le Pen prise aux mots..., op. cit.

Le poids de la géographie des inégalités ?

La géographie du vote FN, au plan régional, est aussi fortement liée à la géographie des inégalités sociales[23]. Cette relation est toutefois complexe et ambivalente. D'un côté, les inégalités de revenu, mesurées à l'échelle des aires urbaines, sont corrélées positivement avec les votes FN, dans la période 1993-1997 comme dans la période 2012-2015, avec à peu près la même intensité ($R = 0,36$ et $0,38$ respectivement[24]). Les aires urbaines les plus inégalitaires sont ainsi celles où le vote FN est le plus élevé. À l'échelle départementale cependant, cette corrélation disparaît[25], quelle que soit la période considérée. En revanche, la corrélation entre l'évolution du niveau moyen du FN entre 1993-1997 et 2012-2015 et le coefficient de Gini[26] des revenus disponibles, à l'échelle départementale, est forte et négative ($R = -0,51$, et $-0,29$ si l'on enlève Paris et les Hauts-de-Seine). Une analyse de régression multiple confirme que cette influence subsiste si l'on prend en compte la variable religieuse, qu'il s'agisse de la pratique catholique dans les années 1960 ou de l'identification religieuse aujourd'hui. Ainsi, le vote FN a d'autant plus progressé entre le milieu des années 1990 et la période 2012-2015 qu'un département est égalitaire en termes de

---

23. Pour des analyses plus détaillées, voir Joël Gombin et Jean Rivière, « Éléments quantitatifs sur la dimension spatiale des effets électoraux des inégalités sociales dans les mondes périurbains français (2007-2012) », communication présentée à la session conjointe des RT 5 et 9, « Espaces périurbains : une forme urbaine spécifique, des parcours de promotion, domination ou déclassement ? », Congrès de l'Association française de sociologie, Nantes, 2-5 septembre 2013 ; et Joël Gombin, « Contextualiser sans faire de l'espace un facteur autonome... », art. cité ; Le Bras traite également de cette question dans son Atlas des inégalités : les Français face à la crise, Paris, Autrement, 2014.
24. Source des données sur les inégalités de revenu : dispositif « Revenus disponibles localisés », 2011, Insee.
25. Une corrélation négative apparaît, mais uniquement du fait de deux « outliers » dont l'indice de Gini est particulièrement élevé et le vote FN particulièrement faible, Paris et les Hauts-de-Seine. Si on enlève ces départements, il ne subsiste plus de corrélation statistiquement significative.
26. Le coefficient de Gini mesure le degré d'inégalité dans la répartition des revenus. Il est égal à 0 lorsque tous les individus disposent du même revenu, et à 1 lorsqu'un seul individu accapare l'ensemble des revenus.

revenu et peu touché par la présence de religions minoritaires[27]. Ce résultat, qui peut sembler paradoxal, illustre la nécessité de prendre en compte le caractère multiscalaire des inégalités, soit leur variation selon le territoire considéré. Un des problèmes est celui des inégalités entre les villes et les zones rurales. Celles-ci sont saisies si l'on mesure les inégalités à l'échelle du département, elles ne le sont pas si l'on se contente de considérer les aires urbaines. Les rapports entre inégalités et vote FN restent à l'évidence à analyser plus finement.

Front des villes et Front des champs

Sur la moyenne durée, l'ancrage urbain du vote en faveur du FN diminue. Dès 1995, le vote FN s'amplifie dans des territoires périphériques, même si l'on ne saurait réduire l'explication de ce comportement électoral à ce seul facteur.

La fin du Front des villes ?

Les médias ont souvent mis l'accent, sous l'influence des travaux de Jacques Lévy[28] et plus encore de Christophe Guilluy[29], sur le «gradient d'urbanité[30]» comme facteur déterminant du vote FN. Celui-ci serait devenu principalement le fait des communes périurbaines ou de la

---

27. *Au sens de distinctes du catholicisme, religion historiquement dominante en France.*

28. *Jacques Lévy, «Vote et gradient d'urbanité. L'autre surprise du 21 avril», EspacesTemps.net, juin 2003 ; Dominique Andrieu et Jacques Lévy, «L'archipel français. Les votes de 2007, indicateurs d'une nouvelle configuration de l'espace français», EspacesTemps.net, juillet 2007.*

29. *Christophe Guilluy, Fractures françaises, Paris, François Bourin Éditeur, 2010 ; Christophe Guilluy, La France périphérique. Comment on a sacrifié les classes populaires, Paris, Flammarion, 2014.*

30. *La notion de gradient d'urbanité renvoie au caractère plus ou moins urbain des différents territoires. Elle est opérationnalisée de manière différente selon les chercheurs, soit au travers du recours à la distinction entre centres urbains et couronnes périurbaines (Jacques Lévy, «Vote et gradient d'urbanité...», art. cité), soit au travers de la distance au centre-ville (Loïc Ravenel, Pascal Buléon et Jérôme Fourquet, «Vote et gradient d'urbanité : les nouveaux territoires des élections présidentielles de 2002», Espace, populations, sociétés, 21 (3), 2003, p. 469-482).*

«France périphérique». Incontestablement, par rapport à la première moitié des années 1990, le vote FN est plus présent dans les périphéries des aires urbaines. La figure 20 permet de visualiser les mêmes données que la figure 19, c'est-à-dire la différence entre le score moyen du FN sur la période 1993-1997 et sur la période 2012-2015. Mais cette carte est en «anamorphose», c'est-à-dire que la superficie de chaque commune est proportionnelle à sa population. Cette déformation montre à quel point l'évolution a été différente au centre des aires urbaines, dans les villes-centre et leur banlieue, et à leurs marges, et ce au-delà des effets régionaux. Dans les centres urbains, le vote FN a régressé ou enregistré une progression inférieure à la moyenne. À l'inverse, dans les interstices entre les pôles urbains, le vote FN progresse généralement plus que la moyenne.

Il convient toutefois de nuancer l'importance de ce facteur. D'abord, l'examen du vote FN dans chaque type de commune distingué par l'Insee (voir figure 21) laisse apparaître que, dès l'élection présidentielle de 1995, le vote frontiste est plus élevé dans les communes périurbaines (en particulier multipolarisées, c'est-à-dire les plus éloignées des centres des aires urbaines) que dans les centres. Le phénomène s'amplifie par la suite, mais d'une manière progressive, et avec une intensité plus marquée lors des scrutins de plus haute intensité électorale. Ensuite, on constate que dans les zones rurales (au sein desquelles l'Insee distingue entre les «pôles d'emploi de l'espace rural», leur couronne et les autres communes – autrefois appelées «rural isolé»), le vote FN est moins élevé que dans les communes périurbaines. Cela conduit à relativiser la notion de «France périphérique». En réalité, le vote FN demeure bien marqué par un rapport à l'urbanité. C'est dans les franges urbaines, et non en dehors des villes, qu'il s'avère le plus élevé. Le FN n'est donc pas tant «sorti des villes» que déplacé du centre vers la périphérie des aires urbaines. Les mondes ruraux sont, eux, marqués par une importante hétérogénéité de leur rapport au vote FN.

Le changement dans la continuité

Figure 20 : Différence entre le score moyen du FN sur la période 1993-1997 et sur la période 2012-2015

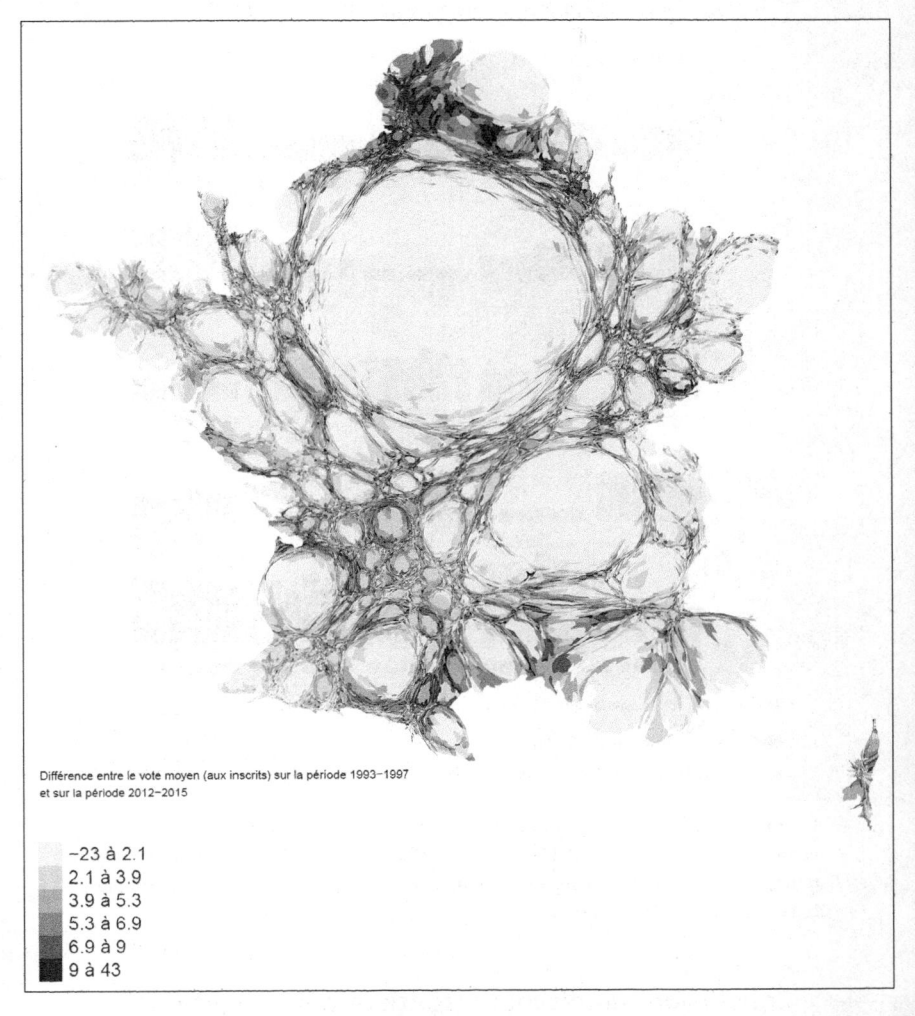

Différence entre le vote moyen (aux inscrits) sur la période 1993-1997 et sur la période 2012-2015

- −23 à 2.1
- 2.1 à 3.9
- 3.9 à 5.3
- 5.3 à 6.9
- 6.9 à 9
- 9 à 43

Source : ministère de l'Intérieur, OpenStreetMap.org et ses contributeurs. Réalisation : Joël Gombin. Création du fonds de carte : logiciel ScapeToad. Carte en anamorphose : la surface des communes est déformée afin d'être proportionnelle à la population de la commune. Discrétisation selon la méthode des quantiles.

LES FAUX-SEMBLANTS DU FRONT NATIONAL

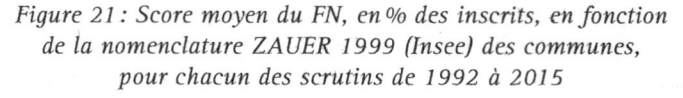

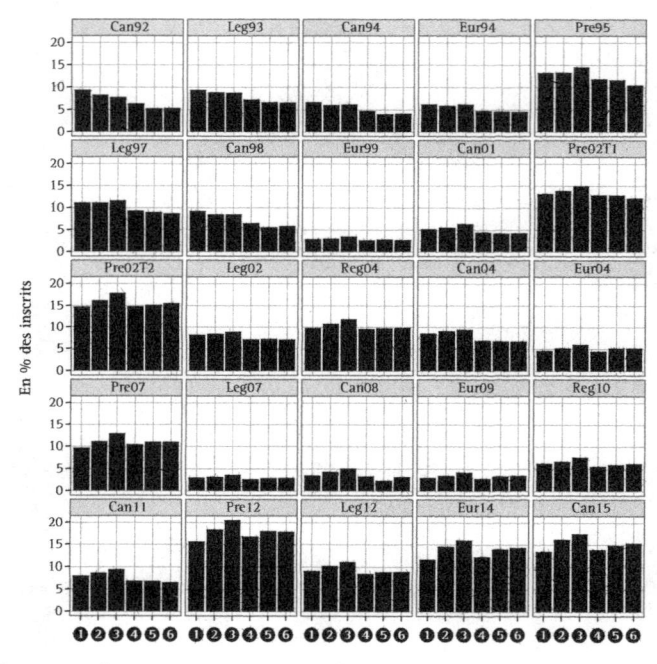

Figure 21 : Score moyen du FN, en % des inscrits, en fonction de la nomenclature ZAUER 1999 (Insee) des communes, pour chacun des scrutins de 1992 à 2015

❶ Pôle urbain ❷ Communes monopolarisées
❸ Communes multipolarisées ❹ Pôle d'emploi de l'espace rural
❺ Couronne d'un pôle d'emploi de l'espace rural ❻ Autres communes de l'espace à dominante rurale

Source : ministère de l'Intérieur, Insee. Calculs et réalisation : Joël Gombin. Note de lecture : Lors de l'élection présidentielle de 2012, le vote FN s'établissait légèrement au-dessus de 20 % dans les communes périurbaines multipolarisées, contre un peu plus de 15 % dans les pôles urbains.

Conclusion : un discours frontiste qui s'adapte aux évolutions électorales

La géographie urbaine n'éclaire que partiellement le vote FN, et elle reste intimement liée à la sociologie des territoires concernés. Si l'on tient compte de la composition socioprofessionnelle des communes, l'opposition la plus forte n'est plus entre les centres urbains et leur couronne périurbaine, mais entre les communes périurbaines et les communes rurales[31]. La ligne de fracture passe plus au sein des «France périphériques», éloignées des centres des métropoles connectées à la mondialisation, qu'entre ces dernières et les territoires qui n'en relèvent pas. En tout état de cause, cette dynamique s'inscrit dans le long terme. Elle a débuté avant que les chercheurs ne la décèlent, et *a fortiori* bien avant que le débat public ne s'en saisisse. En ce domaine, comme dans beaucoup d'autres, l'arrivée de Marine Le Pen à la tête du Front national ne marque pas de rupture. C'est plutôt la présidente du FN qui adapte le discours du FN à une réalité électorale qui lui préexiste. Notons enfin que, lors des élections européennes de 2014 comme lors des départementales de 2015, le parti lepéniste a connu des progressions significatives dans de nombreux centres urbains[32]. Dans un contexte de faible participation électorale, ce retour du FN dans les villes pourrait indiquer une pénétration accrue du vote FN dans le milieu des entreprises, tant chez les petits patrons que les cadres supérieurs. On peut y voir le signe d'une radicalisation d'une partie du «bloc des droites» habituellement plus enclin à voter pour l'UMP, un peu sur le modèle du vote FN des années 1984-1986[33].

La géographie électorale d'un parti se transforme sur le temps long. Celle du Front national est caractérisée, depuis ses premiers succès en 1984, par une grande stabilité. Les évolutions, bien réelles, qu'elle a cependant connues s'inscrivent dans la longue durée et semblent relativement peu sensibles à la conjoncture politique de court terme. Le niveau du vote FN a incontestablement atteint un nouveau palier à partir de 2011, durablement supérieur à celui observé antérieurement. Pour autant, la structure géographique de ce vote ne semble pas

---

31. *Des modèles de régression multiniveau sans, puis avec, la composition socioprofessionnelle de la population ont été estimés afin de vérifier cette affirmation. L'auteur tient les données, le code source et les résultats à disposition.*
32. Joël Gombin, Vote FN aux européennes : une nouvelle assise électorale ?, op. cit.
33. *Voir par exemple Nonna Mayer, «De Passy à Barbès : deux visages du vote Le Pen à Paris»,* Revue française de science politique, *37 (6), 1987, p. 891-906.*

fondamentalement modifiée. Tout se passe comme si la pénétration du vote FN avait augmenté dans tous les groupes sociaux et dans tous les territoires, mais de manière inégale. Le *storytelling* de la dédiabolisation tenu par les représentants du FN tire une partie de son efficacité de son adéquation apparente avec ces évolutions.

Chapitre 18 / VOTER FRONT NATIONAL EN MILIEU RURAL
UNE PERSPECTIVE ETHNOGRAPHIQUE

Sylvain Barone, Emmanuel Négrier

Souvent associé à des territoires périurbains, le vote FN a pris en 2012 une ampleur nouvelle dans les zones rurales, ce qu'ont confirmé les élections postérieures (même si le phénomène semble s'être stabilisé avec les départementales de 2015). Quelles sont la signification et la spécificité du vote frontiste dans ce milieu souvent considéré comme conservateur ou modéré? Pour le comprendre, nous avons combiné les trois grandes traditions d'analyse du comportement électoral (sociologique, écologique et stratégique), en nous basant sur une enquête ethnographique longitudinale réalisée dans deux communes du sud de la France entre 2007 et 2012. Nous cherchons à reconstituer la diversité des motivations et des sens d'un vote frontiste rural. Après en avoir tiré les enseignements à la fois théoriques et empiriques, nous nous interrogeons sur la spécificité du vote FN dans les zones où le parti a le plus progressé lors des dernières élections.

Mots clés : comportement électoral – CPNT – enquête ethnographique – FN – Front national – profils d'électeurs – ruralité – vote FN

Historiquement, le vote FN a d'abord été interprété comme l'expression d'un « malaise urbain[1] », la ville étant associée, après la crise économique de la fin des années 1970, à un lieu de désintégration sociale et politique. En 1988, c'est bien dans les grandes métropoles que le FN capte l'essentiel des suffrages. À partir de 2002, participant du « nouveau désordre électoral[2] », le parti enregistre une forte progression dans les zones rurales, y compris, et même surtout, chez les agriculteurs, que l'on croyait pourtant indifférents

---

1. Pascal Perrineau, *Le Symptôme Le Pen. Radiographie des électeurs du Front national*, Paris, Fayard, 1997.
2. Bruno Cautrès et Nonna Mayer (dir.), *Le Nouveau Désordre électoral. Les leçons du 21 avril 2002*, Paris, Presses de Sciences Po, 2004.

aux sirènes frontistes[3]. Entre 2002 et 2012, l'assise électorale du FN en milieu rural se renforce encore. Ainsi, en 2012, le vote Le Pen atteint 20,9 % dans les communes de moins de 500 habitants, trois points de plus que dans les communes de plus grande taille.

L'objectif de ce chapitre n'est pas à proprement parler d'expliquer cette progression mais de mieux cerner ce que voter FN veut dire en milieu rural. On pourrait considérer que ce qui vaut pour les électeurs FN en général vaut *a fortiori* pour les électeurs FN en milieu rural : des « attitudes » et/ou des « valeurs » communes, comme le rejet de l'autre, le pessimisme, le ressentiment, l'importance attachée à des enjeux comme l'immigration et l'insécurité, ou encore un certain nombre de traits sociaux (un électorat plutôt masculin, avec un faible niveau de diplôme, en précarité économique, etc.)[4]. La progression du vote FN en milieu rural pourrait être croisée avec les variables précédentes en considérant que c'est dans le monde rural que celles-ci s'expriment désormais avec le plus de force. L'analyse spatiale proposée par certains géographes aboutit à une conclusion similaire. Selon eux, si ce sont les petites villes situées entre 20 et 50 kilomètres des métropoles qui votent le plus Le Pen, c'est que ces zones concentrent la proportion la plus élevée de petits salariés et, de manière cumulée, des difficultés spécifiques liées à la hausse des prix du carburant, à la suppression de services publics, à la peur d'être « rattrapé par la banlieue[5] », etc.

Ces approches ne permettent cependant pas, seules, de différencier le vote FN selon les espaces ruraux. Elles en réduisent la complexité en envisageant une série assez standardisée de variables. Le recours à des études de cas s'avère dès lors fort utile afin de ne pas oublier les configurations sociales et territoriales dans lesquelles s'inscrit ce

---

3. *Nonna Mayer, « Les hauts et les bas du vote Le Pen 2002 »,* Revue française de science politique, *52 (5), 2002, p. 505-520.*

4. *Pascal Perrineau,* Le Symptôme Le Pen..., *op. cit. ; Nonna Mayer, « Les hauts et les bas du vote Le Pen », art. cité et* Ces Français qui votent Le Pen, *Paris, Flammarion, 2002.*

5. *Michel Bussi, Jérôme Fourquet et Céline Colange, « Analyse et compréhension du vote lors des élections présidentielles de 2012. L'apport de la géographie électorale »,* Revue française de science politique, *62 (5-6), 2012, p. 941-964.*

vote[6]. Cela ne signifie pas que d'autres variables, à commencer par les variables sociologiques « lourdes », soient condamnées à la relégation. Au contraire : ce type d'approche aide à mieux comprendre comment celles-ci sont activées en contexte, à côté d'autres variables.

Comment saisir et qualifier les logiques du vote FN en milieu rural ? À travers notre enquête de terrain, nous avons découvert une très grande diversité de profils d'électeurs frontistes. Cette diversité constitue un véritable défi pour l'analyse et nous a semblé de nature à mettre à l'épreuve les grandes approches d'analyse du vote. Rappelons que l'on distingue traditionnellement trois types de modèles d'analyse du vote[7] : les modèles psychosociaux, qui tentent de cerner, grâce aux enquêtes par sondages en particulier, qui vote pour qui et pourquoi, en fonction principalement de caractéristiques sociales, d'appartenances de groupe ou de l'identification à un parti sur la longue durée[8] ; les modèles écologiques, dans la lignée de Siegfried[9], qui cherchent à déceler dans la localisation des électeurs et dans les caractéristiques des espaces où ils évoluent l'origine de leurs comportements électoraux ; et les modèles économiques, qui font du vote l'équivalent d'une décision d'achat, l'électeur, considéré comme un acteur rationnel et globalement compétent, choisissant le candidat dont les propositions lui semblent les plus désirables ou les plus conformes à ses intérêts[10].

6. Emmanuel Pierru et Sébastien Vignon, « Déstabilisation des lieux d'intégration traditionnels et transformations de l'"entre-soi" rural. L'exemple du département de la Somme », dans Céline Bessière et al. (dir.), Les Mondes ruraux à l'épreuve des sciences sociales, Paris, Quae, 2007, p. 267-288 ; « L'inconnue de l'équation FN : ruralité et vote d'extrême droite. Quelques éléments à propos de la Somme », dans Annie Antoine et Julian Mischi (dir.), Sociabilités et politique en milieu rural, Rennes, Presses universitaires de Rennes, 2008, p. 407-419.
7. Nonna Mayer, « Qui vote pour qui et pourquoi ? Les modèles explicatifs du choix électoral », Pouvoirs, 120, 2007, p. 17-27 ; Patrick Lehingue, Le Vote. Approches sociologiques de l'institution et des comportements électoraux, Paris, La Découverte, 2011.
8. Paul F. Lazarsfeld et al., The People's Choice, New York (N. Y.), Columbia University Press, 1944 ; Angus Campbell, Philip E. Converse, Warren Edward Miller et Donald Stokes, The American Voter, New York (N. Y.), Wiley and Sons, 1960.
9. André Siegfried, Tableau Politique de la France de l'Ouest sous la Troisième République, Paris, Armand Colin, 1960 [1913].
10. Norman H. Nie et al., The Changing American Voter, Cambridge (Mass.), Harvard University Press, 1979 ; Hilde Himmelweit et al., How Voters Decide, Philadelphia (Pa.), Open University Press, 1981.

La diversité des votes FN à laquelle nous avons été confrontés nous conduit à faire l'hypothèse que les facteurs intervenant dans le choix électoral se rapportent de manière plus ou moins directe, selon les cas, à l'une ou l'autre de ces approches; ou, plus précisément, à certaines configurations particulières, révélatrices de «significations plurielles». L'objet n'est donc pas, ici, d'ouvrir à nouveau la discussion sur les mérites et les écueils respectifs de ces approches, mais de les mobiliser comme de «grands regards» sur le comportement électoral, afin d'envisager un éventail aussi large que possible de variables permettant de rendre compte du vote FN dans un contexte rural.

Nous commencerons par présenter notre terrain et notre démarche d'enquête. Nous présenterons ensuite cinq profils d'électeurs. Nous en tirerons des éléments d'analyse avant d'engager une discussion plus générale sur le vote FN en milieu rural.

Une enquête sur le vote FN à «Carignan»

Notre terrain d'étude se situe en Languedoc-Roussillon, région où Marine Le Pen a dépassé de 6 points la moyenne nationale en recueillant 23,45% des suffrages au premier tour de l'élection présidentielle de 2012. Les communes rurales ne sont pas, ici non plus, en reste: entre 2010 (élections régionales) et 2012 (élection présidentielle), le FN est passé de 8,2 à 18,7% des voix dans les communes de moins de 200 inscrits, et de 10,4 à 21,7% des voix dans les communes de 200 à 500 inscrits[11] – soit une progression en pourcentages de plus de 100%, qui plus est dans des zones où la participation est la plus importante[12]. Les espaces infrarégionaux offrent cependant d'importantes singularités, liées à leur histoire, leur sociologie, leur économie

---

11. *Les élections municipales de 2014 ont permis de constater l'importance croissante du vote FN dans les petites communes, lorsqu'il a pu y présenter des candidats. Cependant, l'élection municipale reste la moins pertinente pour examiner l'enracinement territorial du vote FN, dans la mesure où, à l'instar de nos terrains d'enquête, sa présence effective dans la compétition reste ultra-minoritaire.*

12. Emmanuel Négrier, «Le Pen et le peuple. Géopolitiques du vote FN en Languedoc-Roussillon», Pôle Sud, 37, 2012, p.153-164.

et à la manière dont ils sont travaillés politiquement, comme l'illustre le cas du Gard[13]. Notre terrain se situe dans le département (fictif) des Pyrénées-Maritimes[14]. L'enquête porte sur l'analyse du vote dans deux communes que nous fusionnons ici sous l'appellation « Carignan », symbolisant un territoire à dominante viticole[15]. Ces communes comptent chacune quelques centaines d'habitants et sont situées à environ 50 kilomètres de la grande agglomération la plus proche. L'historique du vote FN à Carignan est rappelé dans le tableau 20 :

Tableau 20 : Le vote FN à Carignan (1986-2012)

Type d'élection	Année	Nombre	% exprimés	FN/inscrits
Législatives	1986	44	16 %	13 %
	1988	47	17 %	13 %
	1993	40	13 %	10 %
	1997	59	19 %	13 %
	2002	47	13 %	9 %
	2007	18	5 %	4 %
	2012	59	18 %	12 %
Présidentielles	1988	58	18 %	16 %
	1995	69	19 %	16 %
	2002	56	15 %	11 %
	2007	54	12 %	11 %
	2012	83	20 %	16 %
Régionales	1992	58	19 %	14 %
	1998	39	14 %	9 %
	2004	43	13 %	9 %
	2010	22	8 %	4 %
Européennes	1999	20	8 %	5 %
	2004	13	5 %	3 %
	2009	20	7 %	4 %
	2014	75	24 %	14 %
Départementales	2015	77	27 %	15 %

Source : ministère de l'Intérieur.

13. Catherine Bernié-Boissard et al., Vote FN : pourquoi ?, Vauvert, Au Diable Vauvert, 2013.
14. C'est pour des motifs d'anonymisation de nos interlocuteurs que nous avons eu recours à ce département fictif.
15. Ici, comme ailleurs, le rural est très loin de se résumer à la dimension agricole. Carignan accueille d'ailleurs une proportion bien plus importante d'employés que d'agriculteurs.

À la lecture de ce tableau, on constate que la trajectoire électorale de Carignan est représentative de l'évolution observable au plan national (report massif sur le candidat Sarkozy en 2007, bons résultats en 2012 et 2014-2015) tout en s'en démarquant parfois, comme l'indique la régression en 2002. Celle-ci ne peut être comprise que par l'importance du vote CPNT (Chasse, pêche, nature et traditions), qui approche alors 20% des suffrages exprimés. D'une manière générale, les scores moyens du FN se situent autour de 15-20%, hormis le cas particulier des élections européennes, jusqu'à celles de 2014. À l'occasion de ce scrutin, il bénéficie d'une claire mobilisation différentielle, comme lors des élections départementales de 2015, captant pratiquement la même part des inscrits qu'à une élection présidentielle, alors qu'il s'agit d'un scrutin de plus faible intensité.

Enquêter sur la politique en milieu rural soulève d'épineuses questions de méthodologie[16]. L'anonymat, en particulier, peut dans certains cas sembler difficile à garantir, compte tenu du niveau d'interconnaissance entre habitants d'une même commune. En outre, la présence de l'enquêteur peut être vécue comme intrusive ou perturbatrice, surtout lorsque l'on parle du vote FN. Rien n'indique que ces terrains appellent, par leur nature même, des méthodologies singulières. Pour autant, si le politique n'est pas le simple miroir du social, les jeux et les enjeux politiques en milieu rural renvoient pour une large part à la sphère sociale locale[17] et ne peuvent se comprendre sans référence à l'échelle interindividuelle. Le point de vue «microscopique[18]» (biographie, monographie locale, observation participante, techniques d'entretiens approfondis et contextualisés) semble à cet égard plutôt bien adapté. Les choix méthodologiques que nous avons faits vont dans ce sens.

Initialement conduite dans le cadre d'un projet ANR[19] dont l'objectif était d'analyser les comportements électoraux dans leur

---

16. Sylvain Barone et Aurélia Troupel (dir.), Battre la campagne. Élections et pouvoir municipal en milieu rural, Paris, L'Harmattan, 2011.
17. Daniel Gaxie et Patrick Lehingue (dir.), Enjeux municipaux : la constitution des enjeux politiques dans une élection municipale, Paris, PUF, CURAPP, 1984.
18. Frédéric Sawicki, «Les politistes et le microscope», dans Myriam Bachir (dir.), Les Méthodes au concret, Paris, PUF, CURAPP, 2000, p. 143-164.
19. Il s'agissait du projet PAECE (Pour une approche écologique des comportements électoraux, 2007-2009) sur lequel nous avons travaillé, à «Carignan», avec Aurélia Troupel.

contexte local, cette recherche s'est à la fois étendue dans le temps et dans la problématique abordée. Il s'agit aujourd'hui d'une enquête longitudinale sur la plupart des élections ayant eu lieu entre 2007 et 2012. Nous avons réalisé des entretiens, dont certains avec les mêmes personnes, au cours de la période, conduit des questionnaires « sortie des urnes » à certaines élections et procédé à des observations *in situ* (café, dépouillements électoraux, réunions publiques, etc.). Cette approche élargie nous a permis de prendre au sérieux à la fois le « temps court » des campagnes électorales et le « temps long » au travers duquel se structurent les prédispositions et les attitudes politiques[20]. Si notre travail n'avait pas originellement pour objectif l'analyse des électeurs FN, les modalités de cette enquête nous ont permis de rassembler des éléments sur le vote frontiste. Cela ne nous a pas empêchés de rencontrer certaines des difficultés classiques dans l'étude du vote FN. Si nombre d'enquêtés parlent assez facilement de leur vote FN, le caractère toujours un peu « honteux » de ce vote en a conduits d'autres à plus de prudence. Chez certains électeurs ayant déclaré n'avoir jamais voté FN mais « n'excluant pas de le faire », le doute quant à la pratique réelle de vote était parfois permis. Par ailleurs, sur l'ensemble des questionnaires « sortie des urnes » récoltés, non seulement la sous-déclaration des électeurs frontistes est patente (sans doute par crainte d'être malgré tout identifiés), mais les électeurs FN ont la plupart du temps mal rempli le questionnaire (sans doute, là aussi, afin de maintenir l'anonymat dans un contexte où la profession déclarée, par exemple, peut suffire à identifier un individu).

Le vote Le Pen en profils

Notre enquête dans ces deux villages des Pyrénées-Maritimes nous a conduits à rencontrer 56 électeurs ayant, de manière très diversifiée, des pratiques de vote FN ou n'excluant pas d'en avoir. Nous nous

---

20. Bruno Cautrès et Anne Muxel, « Le processus de la décision électorale », dans Bruno Cautrès et Anne Muxel (dir.), Comment les électeurs font-ils leur choix ? Le Panel électoral français 2007, *Paris, Presses de Sciences Po, 2009, p. 27-43.*

concentrons essentiellement sur ceux qui ont déjà voté FN, au nombre de 35, mais intégrons également, à la lumière de nos résultats, le groupe des «aspirants» (21 personnes).

Pour comprendre les configurations de vote FN à partir des électeurs, nous disposons, on l'a dit, de plusieurs explications concurrentes, qui s'inscrivent dans des traditions politologiques anciennes. La première est l'explication sociologique, que nous appréhendons sous la forme dure d'un jeu de variables en nombre limité : niveau d'éducation, âge, catégorie sociale personnelle et celle des conjoints, parents et grands-parents, profession, religion, habitat. Ce qui nous intéresse dans ce premier bloc d'indices est la façon dont nos interlocuteurs nous semblent «engager» ces traits ; ainsi, nous pourrions identifier des «ouvriéro-lepénistes[21]», dont le profil sociologique correspondrait en grande partie aux marqueurs de cette catégorie sociopolitique. La deuxième est l'explication écologique, qui s'appuie sur des variables liées aux interactions localisées, à un rapport singulier à l'espace ; ainsi, nous pourrions dégager des profils d'électeurs où le vote Le Pen s'inscrit dans une tradition ou une fidélité à certains groupes ou pratiques sociales localisés. La troisième est l'explication stratégique, qui correspond plus directement, chez nos interlocuteurs, à des argumentations élaborées d'un vote Le Pen reposant sur des justifications «objectives» à caractère pseudo-scientifique (racialistes, malthusiennes, etc.), un niveau assez important de réflexivité, et nous apparaissant conditionnées par une lecture construite des «intérêts en jeu».

Premier constat : aucun des électeurs rencontrés n'offre de profil «pur» relevant exclusivement d'un registre explicatif au détriment des autres. Pour chaque électeur, plusieurs explications sont requises. Cependant, tous les électeurs ne présentent pas la même combinaison ou hybridation de causes. Une dominante s'observe chez la plupart, tempérée par le poids de l'une des deux autres variables. Nous aboutissons donc à plusieurs combinaisons possibles, en fonction de trois explications majeures, auxquelles sont, en théorie, rattachées deux mineures possibles. Toutefois, on peut noter que toutes les cases

---

21. *Nonna Mayer*, Ces Français qui votent Le Pen, op. cit.

du tableau croisé ci-après ne sont pas remplies (voir tableau 21) et constater des combinaisons plus ou moins fréquentes, renvoyant à autant de portraits possibles, qu'il nous a semblé intéressant de décrire. Une fois cette description entreprise, nous pourrons examiner les implications éventuelles sur les dynamiques de vote en faveur du FN, en termes de régularité ou d'intermittence, d'enracinement ou de volatilité. Nous pouvons faire l'hypothèse que ces combinaisons ont une influence non seulement sur le vote FN, mais aussi sur la façon dont on vote FN. En effet, parmi nos électeurs, nous pouvons distinguer 21 personnes pour lesquelles le vote FN a dépassé la seule expérience ponctuelle ; 9 personnes qui ont voté une seule fois FN, sans l'exclure pour l'avenir ; 5 qui ont voté FN mais qui nous expliquent que c'est désormais exclu pour ce qui les concerne.

Tableau 21 : Les différents profils d'électeurs FN, réels et potentiels[22]

Profil	Nombre	Contenu-type
Sociologique-Écologique	13 (7)	Les variables sociologiques (PCS, niveau d'étude) sont conformes aux analyses classiques. Elles dominent l'explication, en se concrétisant dans une trajectoire familiale. Mais elles se renforcent par un rapport difficile à l'environnement, un problème de reconnaissance, d'insertion sociale, de convivialité. Le contexte socio-spatial vient donc en appui de l'explication sociologique. Un changement de situation sociale ainsi qu'un changement de contexte peuvent influer sur le vote.
Sociologique-Stratégique	5 (2)	Les variables sociologiques dominent encore, avec la présence de métiers comme l'artisanat, les forces de l'ordre. Le niveau de diplôme est plus élevé que dans le profil précédent, mais demeure cependant de niveau moyen. La mineure stratégique se traduit par une capacité à justifier le vote FN, à argumenter en fonction d'un programme.
Écologique-Sociologique	9 (1)	La variable écologique domine. On observe un sentiment de dépossession lié à un enracinement local ancien mais difficile ; une hostilité à l'égard des étrangers ; une sociabilité très sectorisée dans la société locale, avec une première sympathie pour CPNT. Des traumatismes territoriaux anciens comme causes du vote FN sont rappelés. Le faible niveau de diplôme ne fait qu'accompagner sans dominer l'explication.

22. Ces profils sont davantage développés et illustrés dans la version présentée lors du congrès de l'AFSP qui s'est tenu à Paris en 2013 (consultable sur http://www.congres-afsp.fr/st/st27/st27.html).

Stratégique- Sociologique A	3 (7)	La vision stratégique domine, et avec elle la capacité à argumenter en fonction d'un programme, à théoriser le bienfondé de celui-ci. Le vote FN a lieu à d'autres élections que la présidentielle. Le sous-profil de type A combine cela avec un niveau d'étude élevé, qui permet de théoriser le vote. Il est le profil où la part des électeurs potentiels est la plus grande, par refus d'avouer le vote ou hésitation à passer à l'acte.
Stratégique- Sociologique B	4 (2)	La vision stratégique domine aussi. Le vote FN est systématique, l'espérance de victoire et un certain militantisme sont présents. Une socialisation partisane ancienne, souvent à gauche, renforce cette aspiration. Mais ce sous-profil de type B correspond à une identité populaire. La force de conviction qui justifie le vote FN est mise au service d'une rupture, violente, à l'égard d'un héritage politique souvent à gauche.

Source : auteurs. Entre parenthèses, le nombre d'électeurs potentiels, qui indiquent n'avoir pas encore voté FN mais étant prêts à le faire.

Les six leçons de l'enquête

Le terrain d'enquête dit bien la grande variété des trajectoires qui peuvent, dans un contexte rural comme celui de Carignan, conduire au vote FN. Notre examen croisé des trois manières de comprendre le vote FN nous permet de tirer les leçons suivantes :

1. Les profils d'électeurs potentiels du FN – qui déclarent ne pas exclure de voter pour lui sans l'avoir encore fait – se retrouvent beaucoup plus souvent dans les profils « stratégiques », comme si le basculement dans le vote FN était « préparé » par un tour de chauffe argumentatif. Pour certains, cette posture est le signe d'une intellectualisation de l'enjeu, par des électeurs compétents, dont l'aisance et le capital scolaire semblent freiner le passage à l'acte de vote FN.

2. La variable écologique pouvait sembler, dans un espace rural assez spécifique, dominante. Elle l'est en réalité moins qu'attendu. Chez beaucoup d'électeurs, la dimension sociologique nous semble l'emporter. Mais cela ne fait pas obstacle au fait que, pour certains d'entre eux, qui sont aussi le plus souvent des natifs, l'environnement paraît particulièrement influent. Des trajectoires de vote, par exemple, sont modifiées quand le contexte change (déménagement, réinterprétation de l'espace vécu, interactions localisées d'où émerge, directement ou indirectement, une consigne de vote), alors que l'électeur conserve le même statut social.

3. De la même manière, un changement dans l'identité sociologique (par exemple la reconnaissance liée à l'obtention d'un emploi) peut conduire à un changement de comportement électoral : adopter un vote frontiste ; le reléguer dans son passé. Cette dimension sociologique nous semble la plus contribuer à décrire non seulement la situation de vote mais aussi les changements de vote à propos du FN, y compris, donc, en milieu rural.

4. Ces différents constats permettent d'identifier – cela n'est pas une nouveauté, mais mérite d'être souligné – un électorat extrêmement versatile, où ceux qui votent FN à toutes les élections auxquelles ils participent sont très fortement minoritaires. Cette versatilité est également le fait des processus d'entrée-sortie du vote FN sur des périodes relativement courtes, et au profit d'autres offres politiques très variées. Si, sur sept ans, les chemins Le Pen-Laguiller restent rares (mais pas inédits), les parcours FN-gauche ne sont pas négligeables. Sur l'ensemble de nos électeurs, un examen des matrices politiques familiales (en remontant jusqu'aux grands-parents) révèlent 22 héritages exclusivement de droite, 10 exclusivement de gauche, tandis que 14 restent panachés et 4 ignorés de nos interlocuteurs.

5. Si l'on observe un peu plus de diplômés chez les « stratégiques », la différence, de ce point de vue, avec les autres profils ne saute pas aux yeux. La dimension stratégique ne doit pas être rabattue sur la seule compétence politique, elle-même ne pouvant être réduite au degré d'information politique[23]. On note cependant une compatibilité fréquente de profils de très faible niveau éducatif et de compétence considérable en termes de repérage de l'offre politique. Vingt et un électeurs connaissent l'ensemble des représentants politiques titulaires de mandat aux échelles municipale, cantonale, législative, départementale et régionale, et savent en définir l'étiquette politique. Sur ce même capital de connaissances, 13 ont un niveau moyen, et 15 sont d'un niveau faible ou nul, alors que 8 sont titulaires du niveau bac. Seuls 4 titulaires du niveau bac sur les 8 recensés ont une compétence élevée en termes de repérage politique (plus de la moitié des électeurs de Carignan sont titulaires du niveau bac). Il y a

---

23. Patrick Lehingue, Enjeux municipaux..., op. cit.

là un désalignement cognitif qui peut être propre au monde rural. Les « compétents sans bagage » sont souvent plus âgés, détonent par une lecture régulière du quotidien régional, l'écoute de la radio publique départementale. Mais cette compétence est sans doute également liée à l'importance plus manifeste, en zone rurale, des figures électives : le maire, bien sûr, mais aussi le député, dont on fait grand cas de la visite, sinon des réserves parlementaires. C'est encore plus évident des politiques départementales et de leur représentant « sur place », le conseiller général, dont les maires de petites communes dépendent en partie pour leurs projets. Lorsque nous aurons ajouté les débats qui entourent les diverses formes d'intercommunalité, dans un territoire dont les ressources proviennent largement des dotations publiques, nous aurons sans doute résolu le paradoxe de la « compétence sans bagage ».

6. Dans la configuration électorale qui résulte de ces constats, nous relevons un élément presque toujours présent, bien qu'exprimé de façon variée selon la personne. Il s'agit d'une forme de rapport douloureux à une « blessure ». Particulièrement claire dans l'examen des rapports entre soi et la communauté villageoise, elle apparaît aussi dans le récit d'une humiliation professionnelle passée, d'un événement familial, d'une perte de statut, etc. Ces électeurs n'ont bien sûr pas le monopole de la souffrance, mais ce qui est important, ici, c'est de voir les individus construire leur souffrance comme une cause acceptable de vote FN, sans évidemment que cela soit exprimé ainsi.

Quelle est la spécificité rurale du vote FN ?

Nous tenterons, pour finir, d'identifier ce qui pourrait constituer la double spécificité de ce vote : être d'abord un vote rural et, en second lieu, incarner un électorat spécifique au sein du monde rural. La question de la spécificité du vote FN en milieu rural pose en effet celle de la spécificité du milieu rural en tant que tel, à l'heure de la rurbanisation du territoire et de la mixité des parcours de vie et d'habitat.

Les instances de sociabilité rurale et leur politisation

Les instances de sociabilité partisane locale du FN peuvent être considérées comme faibles voire nulles sur notre terrain d'étude. Le parti est d'ailleurs aujourd'hui peu en mesure de « travailler » les espaces ruraux en dehors de l'introduction de mesures programmatiques spécifiques et d'un activisme militant très localisé. On aurait beaucoup de difficultés à établir l'existence d'un « milieu partisan[24] » et, plus encore, d'une subculture politique territorialisée[25] de nature frontiste. Certes, la reproduction dans un espace-temps de vingt ans de scores FN très largement supérieurs à la moyenne, assortie d'explications de ce vote faisant la part belle aux caractéristiques locales, laisse à penser qu'il pourrait exister des cultures territoriales plus ou moins favorables à ce vote. Mais, dans les cas observés, comme en Petite-Camargue languedocienne par exemple, les dimensions culturelles sont toujours associées à des variables sociologiques et politiques qui empêchent d'essentialiser ces espaces.

Certains électeurs sont notablement engagés dans des instances sociales telles que le foyer rural, la fédération de pêche ou de chasse, ou l'association d'irrigants. Ces structures sont pourvoyeuses de clés de comportement politique. Les dianes de chasse, en particulier, se révèlent des espaces collectifs propices à la diffusion de « consignes » électorales, tant les interactions y sont nombreuses et variées entre les individus. Plusieurs générations s'y côtoient, donnant l'impression à leurs membres d'appartenir à une sorte de famille élargie. Les échanges de biens, de savoir-faire strictement liés à l'activité cynégétique s'accompagnent de fréquentes réunions, où les responsables communiquent les chiffres qui les concernent (démographie, prélèvements), mais aussi les changements liés au cadre politique et réglementaire,

---

24. Frédéric Sawicki, Les Réseaux du parti socialiste. Sociologie d'un milieu partisan, Paris, Belin, 1997.
25. Mario Caciagli, « Toscanes rouges : du PSI au PCI, du PCI au PDS », dans Daniel Cefaï (dir.), Cultures politiques, Paris, PUF, 2001, p. 299-316 ; Emmanuel Négrier, « Il Linguadoca-Rossiglione : culture politiche e geografia elettorale di una regione francese », Quaderni dell'Osservatorio Elettorale, 48, 2002, p. 81-118.

régional, national ou européen. Au-delà, ce sont des espaces de convivialité aux libations régulières, disposant de locaux, organisant des événements tournés vers l'espace public (loto, grand repas, etc.). Le vote CPNT y est bien sûr plus élevé, et les cantons piémontais de la région y sont particulièrement sensibles, avec des scores dépassant, selon les élections, 13 % des voix. Aux élections présidentielles, notamment en 2002, certaines communes ont allègrement dépassé 15 %, voire même 20 % des voix au premier tour.

Le vote CPNT a pu être présenté comme un facteur de freinage du vote frontiste[26]. Il faut y regarder à deux fois avant de l'affirmer de façon catégorique. D'une part, des électeurs CPNT demeurent fidèles, une fois exprimée une « protestation de campagne[27] », à leur comportement politique antérieur à l'existence du CPNT : retour à la gauche, à la droite, plus rarement abstention, par exemple au deuxième tour de l'élection présidentielle. Ce sont donc des électeurs qui ne peuvent globalement pas être regardés, comme le suggère l'hypothèse du frein, comme des frontistes potentiels. Ainsi, lors de la protestation à l'égard de l'appel de Jean Saint-Josse en faveur de Jacques Chirac, en 2002, seule une partie des électeurs de CPNT au premier tour applique la « consigne » en faveur de Jean-Marie Le Pen. D'autre part, si les dianes peuvent, à un moment donné, « fixer » une partie de leurs membres en faveur de CPNT, nous avons vu que cela pouvait ensuite contribuer, au contraire, à l'amplification du vote en faveur du FN. En définitive, le frein CPNT ne s'est-il pas mué en tremplin, d'autant plus qu'il connaît une véritable crise depuis 2002[28], précisément ? Efficace pour arracher

---

26. Emmanuel Pierru et Sébastien Vignon, « L'inconnue de l'équation FN : ruralité et vote d'extrême droite. Quelques éléments à propos de la Somme », dans Annie Antoine et Julian Mischi (dir.), Sociabilités et politique en milieu rural, Rennes, Presses universitaires de Rennes, 2008, p. 407-419.

27. Michel Bussi, « Le vote Saint-Josse : la protestation en campagne », dans Pascal Perrineau et Colette Ysmal (dir.), Le Vote de tous les refus. Les élections présidentielles et législatives de 2002, Paris, Presses de Sciences Po, 2003, p. 311-338.

28. Frédéric Nihous a perdu, en 2007, près de la moitié des voix obtenues par Jean Saint-Josse en 2002. Sa non-candidature en 2012 peut expliquer une partie du surcroît de voix en faveur de Marine Le Pen au premier tour des élections présidentielles : + 54 % en 2012 par rapport à 2007 ou à 2002 en nombre de voix.

certains électeurs à leur affiliation politique antérieure, le vote CPNT est en difficulté pour durer. Le vote FN est alors l'une des hypothèses de cette sortie, quand la protestation thématique (contre un projet environnemental restreignant les marges de liberté des chasseurs, par exemple) laisse la place à une forme plus diffuse d'exaspération (contre la perte d'une «identité rurale», par exemple, liée à la confrontation avec de nouvelles populations et leurs demandes «urbaines»).

Le compromis rural et le FN

L'univers dont nous parlons ici, s'il n'est pas périurbain (c'est-à-dire, au sens de l'Insee, qu'il ne fait pas partie de l'aire urbaine dont le pôle est le chef-lieu des Pyrénées-Maritimes), ne vit pas pour autant à l'écart des enjeux urbains. Les stratégies de localisation de certains habitants, ou les représentations qu'ils se font des lieux, sont pleinement urbains. Mais cela ne concerne qu'une partie des habitants. L'autre, la plus conforme à l'image ruralo-rurale, vit de ressources, de représentations, de sociabilités, d'émotions différentes, en partie rivales avec les premières. L'enjeu, pour ces communes, est la coexistence, à une petite échelle, de natifs dont le statut social et symbolique est souvent en pente descendante – bien que leur statut économique et foncier puisse être en essor – et, schématiquement, des nouveaux habitants.

Certes, ces enjeux de cohabitation sont également présents dans l'univers périurbain. Ils y génèrent d'ailleurs d'autres manifestations du vote FN, très différentes selon le type d'habitat périurbain dont on parle[29]. Mais ici, c'est le fait qu'ils se manifestent à petite échelle qui importe. Les contraintes d'intégration sont spécifiques. Les groupes sociaux ne peuvent vivre séparément, comme ils le feraient en ville. Au Central Bar de Carignan, l'électeur FN (connu comme tel et sachant que l'électeur communiste le sait) doit côtoyer l'autre, au risque de se priver de lieu de convivialité. Cet univers rural, pourtant moins dense que l'urbain, pousse à un rapport à la communauté plus prégnant, plus obligé. Il ne s'agit pas ici de souscrire au mythe de la communauté

---

29. Emmanuel Négrier, «Le Pen et le peuple...», art. cité.

villageoise solidariste. Mais le fait de devoir côtoyer des adversaires politiques impose une certaine euphémisation des identités politiques. Pour le dire de façon un peu caricaturale, la publicisation d'une opposition entre un frontiste et un socialiste prend plus souvent la forme des provocations entre supporters de football, à l'exclusion des ultras de chaque camp.

Les contextes locaux ont une influence considérable sur la façon dont un territoire se colore de frontisme. Sans doute pourrait-on être amené à confronter la pénétration rurale du vote Le Pen, la façon dont il est porté dans un village, avec la «culture politique» plus générale de ce même village. En l'occurrence, dans une subculture viticole, anciennement rouge, l'incarnation d'un leadership frontiste et, plus encore, l'activité militante semblent hors d'atteinte, ce qui n'est peut-être plus le cas dans d'autres configurations territoriales[30]. Du coup, le score du FN lui-même, n'est pas forcément le seul ni le meilleur indicateur d'une lepénisation des villages, assortie de sa banalisation.

Un électorat divers, mais spécifique

Quelle est la spécificité des électeurs FN par rapport à ceux qui, dans le même espace rural, ne votent pas FN ? Le premier enseignement de notre analyse de familles d'électeurs est qu'il est impossible d'identifier une configuration unique de vote rural FN. D'une part, nos cinq familles combinent les trois dimensions (psychologique, sociologique et économique) avec des intensités et des complémentarités distinctes. La variété de profils semble revêtir une moindre spécificité qu'initialement attendu. D'autre part, si l'on étend l'analyse aux électeurs qui ne votent pas FN, on constate que beaucoup d'entre eux qui, en certains points, tendraient à correspondre à telle ou telle famille n'y adhèrent pas pour autant. Les électeurs potentiels, qui constituent le deuxième cercle autour du vote FN, relèvent plus souvent du registre «stratégique». Mais, sociologiquement, ils correspondent à différentes

---

30. Christian Duplan, Mon village à l'heure Le Pen, *Paris, Seuil, 2003.*

catégories de revenu, d'âge, de sexe. Ce sont aussi bien des natifs que de nouveaux habitants. Autrement dit, il n'y a pas de spécificité absolue du vote rural FN.

Le deuxième enseignement est qu'il n'y a pas non plus de fongibilité généralisée des deux électorats : il n'est qu'à voir l'effroi qui naît parfois à la seule évocation que l'interlocuteur pourrait être tenté de voter FN, l'émotion qui submerge alors ce fils de déporté, cette fille d'immigré républicain espagnol pour se convaincre que la banalisation que suggérerait la fongibilité des profils électoraux est une erreur. Par ailleurs, nous rencontrons sur le terrain de vrais racistes qui ne votent pas FN car pris dans un héritage de droite gaulliste, une certaine idée de ce qu'est un comportement électoral « respectable », etc. Il ne faut pas se fier seulement à la radicalité du discours.

Au fond, nous devons constater qu'il reste une spécificité relative du vote FN, qui tient au jeu des variables. Or cet assemblage est construit par les individus, de telle sorte que, le plus souvent, le vote FN est rapporté à un malaise par les individus mêmes qui s'y adonnent. D'où qu'elle vienne, c'est cette construction douloureuse d'une blessure qui participe de la dynamique électorale frontiste. Un tel malaise est identifiable dans l'interaction de proximité, même si, en l'occurrence, nous sommes ici à la limite de ce qu'il est possible de percevoir en situation d'enquête, et d'objectiver en sciences sociales. Les blessures dont nous parlons correspondent d'ailleurs assez bien aux trois dimensions évoquées plus haut : sociologique lorsqu'elle se rapporte à la perte d'un emploi, ou de statut social à la suite d'un décès ; écologique lorsqu'elle témoigne d'une souffrance dans le rapport aux autres (rejet, moquerie, etc.) ; stratégique lorsqu'elle exprime l'idée d'une trahison des promesses faites par tel ou tel (de CPNT à Nicolas Sarkozy en passant par la gauche).

Cette appréciation nous maintient à distance de deux illusions. La première serait que l'électorat rural du FN, analysé de près, répondrait à des indicateurs tellement spécifiques que son extension resterait hautement improbable, puisque réunir de telles variables ne concernerait structurellement qu'une partie minoritaire des électeurs. La variété des trajectoires de vote FN contredit radicalement cette hypothèse.

La seconde serait que l'électorat rural du FN concerne de façon désormais indifférenciée n'importe quel électeur qui, au gré de sa propre trajectoire, peut ou non, en fonction des circonstances, donner son vote au FN. Les familles d'électeurs ne dessinent pas le portrait général d'une communauté villageoise. Le vote FN, s'il s'est affranchi d'une certaine indicibilité, se décline presque toujours encore comme la conséquence d'un problème. Il continue de susciter un rejet sans véritable équivalent dans l'ensemble des offres politiques, quelle que soit l'élection. Mais on peut aussi se convaincre, à la lumière de cette plongée dans l'électorat FN, réel, plus ou moins fidèle, ou seulement potentiel, que sa progression est envisageable, et dépend à la fois du sort de variables sociologiques, de la façon dont change l'environnement, et des évolutions qui affectent les aspects stratégiques du vote : adaptation du discours, « dédiabolisation » partisane[31], actions ou inactions à cet égard de la part des autres formations politiques.

Conclusion : pour une analyse en trois dimensions

Quelles sont les enseignements principaux que nous pouvons tirer de cette analyse en trois dimensions du vote FN en milieu rural ? L'explication sociologique du vote suggère un lien étroit entre analyse des politiques publiques et vote FN, dans la mesure où s'y déploie une problématique d'intégration sociale, largement liée aux conditions et à l'intensité de l'intervention publique, notamment en milieu rural. L'explication écologique met plus volontiers l'accent sur les logiques d'action collective. Ici, le vote FN est rapproché des transformations de la vie associative, des espaces publics, des formes de convivialité villageoise. Enfin, l'explication stratégique mobilise plutôt une perspective idéologique ou discursive, par laquelle l'électorat se construit et se différencie. Mais ce n'est pas le moindre intérêt de cette étude que de montrer que cet aspect idéologique, souvent perçu comme le propre du vote FN, n'en est qu'une dimension, et pas la plus déterminante.

---

31. Alexandre Dézé, Le Front national : à la conquête du pouvoir ?, Paris, Armand Colin, 2012.

Chapitre 19 / LE RENOUVELLEMENT DU MILITANTISME FRONTISTE

Sylvain Crépon, Nicolas Lebourg

Loin des approches souvent péjoratives du militantisme frontiste, il s'agit ici d'aborder les adhérents du FN tant du point de vue sociologique que des convictions qu'ils affichent. À l'heure où le FN de Marine Le Pen s'applique à devenir un « parti comme les autres », qui sont les membres qui le composent ou le rejoignent, quelles sont leurs aspirations et comment trouvent-ils leur place dans l'appareil ?

Mots clés : adhésion – candidats – classes sociales – effectifs – élections – engagement – FN – Front national – implantation – militants – rétributions – ressources – technocrate

Si les membres d'un parti politique sont censés se retrouver *a priori* dans sa ligne officielle, leur modalité d'appropriation de l'idéologie partisane, leur « degré de conviction » diffèrent selon le niveau de compétence politique et la position qu'ils occupent dans l'appareil. Les cadres, dès lors qu'ils sont susceptibles d'exercer le pouvoir, doivent ainsi composer avec une « éthique de la responsabilité » leur intimant de s'adapter au réel, tandis que les militants, mus davantage par une « éthique de la conviction » et maintenus en dehors du pouvoir, se révèlent souvent plus radicaux[1]. Cette problématique, classique en sociologie des organisations politiques, prend une acuité particulière dans un parti comme le FN qui cherche précisément à sortir

---

1. Pour une mise en discussion du rapport différencié des membres d'un parti à l'idéologie, voir John D. May, « Opinion Structure of Political Parties : The Special Law of Curvilinear Disparity », Political Studies, 21 (2), 1973, p. 135-151 ; Herbert Kitschelt, « The Internal Politics of Parties : The Law of Curvilinear Disparity Revisited », Political Studies, 37 (3), 1989, p. 400-421.

de son ornière extrémiste afin de devenir une organisation à même d'exercer le pouvoir. Si la plupart des cadres ont intégré cet impératif, les dernières élections municipales (2014) et départementales (2015) ont montré que le parti était fréquemment débordé par des candidats fraîchement investis dont les déclarations intempestives (racistes, homophobes, sexistes) le ramenaient à ses fondements extrémistes. Connaître ces militants s'avère indispensable pour comprendre l'appareil frontiste, ses logiques de production et de reproduction idéologique, mais également la mécanique par laquelle il entend transformer une partie de ses membres, autant dévoués que potentiellement sulfureux, en cadres aptes à servir efficacement ses desseins politiques. Loin des approches souvent caricaturales du militantisme frontiste, nous aborderons dans ces pages les adhérents du FN tant du point de vue sociologique que des convictions qu'ils affichent. À l'heure où le FN de Marine Le Pen s'applique à devenir un « parti comme les autres », qui sont les membres qui le composent ou le rejoignent, quelles sont leurs aspirations et comment trouvent-ils leur place dans l'appareil ?

Le FN, combien de divisions ?

Connaître le nombre exact d'adhérents d'un parti politique est souvent plus compliqué qu'il n'y paraît. Il est de notoriété publique que les effectifs avancés par les partis sont généralement gonflés afin de donner une image d'assise populaire : il s'agit ni plus ni moins d'une ressource comme une autre dans la compétition politique. En 1988, le FN n'hésitait pas à affirmer qu'il avait 100 000 adhérents – un chiffre qui devait être au moins le triple du réel. Lors de la scission de l'hiver 1998-1999, dans le cadre du procès qui l'opposait au Mouvement national républicain de Bruno Mégret, la saisie du fichier militant par la justice chargée de trancher le différend entre les deux parties avait révélé le chiffre de 42 000 adhérents. Sur la base des comptes de la Commission nationale des comptes de campagne et des financements politiques rapportés au coût moyen de la carte d'adhésion, le journaliste David Doucet affirmait en 2009 que le FN ne pouvait compter que sur 13 381 militants. Le renouvellement du leadership frontiste a manifestement généré un flux d'arrivée important, puisqu'en se basant sur cette même méthode, on obtient pour 2011[2] le chiffre de 46 868 militants. À ce moment précis, ce chiffre est cependant sûrement significativement inférieur, puisque le nombre de votants s'exprimant sur le choix du président lors du congrès de Tours en janvier 2011 n'était que de 17 066. Au congrès de 2014, on retrouve le même hiatus : le parti avance un chiffre de 83 087 militants, alors que le taux de participation pour désigner les membres du comité central est de 53 % et que 22 239 votants vont prendre part à la réélection de Marine Le Pen à la présidence... ce qui, toutes données combinées, donne un nombre de 42 130 militants[3]. En définitive, 51 551 adhérents étaient officiellement à jour de cotisation en juillet 2015, au moment de la mise en place de la procédure de vote par correspondance (finalement annulée) devant statuer sur l'éviction de Jean-Marie Le Pen. Le FN est donc au-dessus de son niveau historique (42 000 en 1998). L'observation sur le terrain confirme bien cette tendance à l'accroissement : à Perpignan, en janvier 2012, une réunion interne préparatoire de la campagne des élections présidentielles rassemblait 25 personnes ; en octobre 2013, l'Assemblée générale départementale réunissait 225 adhérents ; un an après, en dehors de tout contexte électoral mobilisateur, la même assemblée préparatoire en comptait 150 sur 1 400 revendiqués (les départementales étant moins mobilisatrices que les municipales, il est vrai)[4].

Ces fluctuations attestent que les perspectives de victoires électorales locales du FN ont indéniablement contribué à susciter des ralliements. Ce point confirme le constat établi par la sociologie électorale et des organisations politiques : ce n'est pas l'afflux de militants qui précède et donc permet les victoires électorales, mais bien plutôt les victoires électorales, voire les perspectives de victoires,

---

2. *Il s'agit des comptes certifiés par la Commission nationale des comptes de campagne et des financements politiques (CNCCFP).*
3. *Voir Alexandre Dézé,* Le « Nouveau » Front national en question, *Paris, Fondation Jean-Jaurès, Observatoire des radicalités politiques, 2015, p. 15.*
4. *Selon nos propres observations dans une ville qui constitue depuis longtemps l'un de nos terrains de recherche de prédilection.*

qui drainent les adhésions[5]. Le nouveau maire d'Hayange, le frontiste Fabien Engelmann, nous a ainsi rapporté que, dans les semaines qui ont suivi sa conquête de la mairie en 2014, la section frontiste locale aurait enregistré plusieurs dizaines d'adhésions, soit une augmentation de plus du quart des effectifs[6]. L'espoir d'obtenir des rétributions au contact de la nouvelle équipe dirigeante ou même, en cas de défaite avec un bon score, de pouvoir côtoyer des notables qui comptent dans la commune peut suffire à susciter les adhésions. Le fait que le FN dirige à présent des exécutifs locaux contribue également à atténuer son image de parti illégitime, surtout si le maire parvient à établir des liens de proximité avec sa population. De ce point de vue, le cas de Steeve Briois à Hénin-Beaumont s'avère emblématique : son élection n'a suscité presque aucun départ chez les employés municipaux, l'ancien secrétaire général frontiste ayant sans doute contribué plus que tout autre à la normalisation *in situ* de son parti. Aussi, la nouvelle équipe dirigeante frontiste s'est beaucoup investie lors des élections municipales de 2014, avec pour objectif affiché de pouvoir conquérir une dizaine de villes afin d'y mettre en œuvre la stratégie de la normalisation destinée à montrer que le FN, loin de n'être qu'un parti protestataire, était en mesure de gérer des exécutifs locaux. Alors que Jean-Marie Le Pen n'avait jamais pris la peine de faire de ce scrutin un élément clé de sa stratégie électorale, sa fille a compris tout le bénéfice qu'elle pouvait tirer de la constitution d'un réseau d'élus locaux qui, en s'implantant et en se notabilisant, seraient susceptibles de relayer efficacement sa propre normalisation.

Reste que la question de la mobilisation est un problème structurel au FN, ce dernier ayant du mal à transformer les adhérents en militants et surtout en candidats. Malgré ses appels répétés durant des mois à la constitution de listes aux élections municipales, le parti n'a pu finalement en présenter, tardivement, que 597. Les manifestations du FN, comme celle du 1er Mai, affichent des effectifs bien

---

5. Philippe Juhem, « *La production notabiliaire du militantisme au Parti socialiste* », Revue française de science politique, 56 (6), 2006, p. 909-941.
6. Entretien réalisé le 1er mai 2015.

malingres – quelques milliers de participants tout au plus –, quand La Manif pour tous ou le mouvement plus radical Jour de colère ont montré qu'il existait un réel potentiel de mobilisation et, parfois, de radicalisation. En revanche, les adhérents mobilisés partagent tous une même communauté. Le FN continue à ce titre de fonctionner comme une «sous-société» – expression forgée par Guy Birenbaum en référence à la notion de «contre-société» proposée par Annie Kriegel[7] –, soit un espace de socialisation dans lequel les militants entretiennent des relations qui dépassent le simple engagement.

De même, on peut considérer qu'il n'y a pas eu de bouleversement majeur dans la sociologie militante du parti. Comme par le passé, on note parmi les militants frontistes une forte hétérogénéité des origines sociales, des trajectoires biographiques et des profils socioprofessionnels de ses membres. Il suffit, pour en prendre la mesure, de parcourir les récentes enquêtes qui ont pu être réalisées[8] et de les mettre en perspective avec les observations développées dans des travaux plus anciens[9]. Pas plus aujourd'hui qu'hier ne se dégage un profil type de militant FN. Parmi les néomilitants frontistes, on trouve ainsi des individus dont les origines politiques couvrent un large spectre allant de la gauche à l'extrême droite radicale, issus de milieux modestes mais

---

7. Guy Birenbaum, Le Front national en politique, *Paris, Balland, 1992*; Annie Kriegel, Les Communistes français, *Paris, Seuil, 1985*.

8. Sylvain Crépon, La Nouvelle Extrême Droite. Enquête sur les jeunes militants du Front national, *Paris, L'Harmattan, 2006*; Claire Checcaglini, Bienvenue au Front. Journal d'une infiltrée, *Paris, Jacob-Duvernet, 2012*; Charlotte Rotman, 20 ans et au Front. Les nouveaux visages du FN, *Paris, Robert Laffont, 2014*.

9. Valérie Lafont, «Les jeunes militants du Front national: trois modèles d'engagement et de cheminement», Revue française de science politique, *51 (1-2), 2001, p. 175-198*; Daniel Bizeul, Avec ceux du FN. Un sociologue au Front national, *Paris, La Découverte, 2003*; Magali Boumaza, Le Front national et les jeunes de 1972 à nos jours. Hétérodoxie d'un engagement partisan juvénile: pratiques, socialisations, carrières militantes et politiques à partir d'observations directes et d'entretiens semi-directifs, *thèse de doctorat de science politique, université Robert-Schuman, Institut d'études politiques de Strasbourg, 2002*; Violaine Roussel, «Labels politiques et construction de l'identité militante: le cas du Front national», dans Michel Dobry (dir.), Le Mythe de l'allergie française au fascisme, *Paris, Albin Michel, 2003, p. 237-278*; Ivan Bruneau, «Un mode d'engagement singulier au Front national. La trajectoire scolaire effective d'un fils de mineur», Politix, *15 (57), 2002, p. 183-211*.

aussi aisés, diplômés du supérieur mais aussi sans diplôme, exerçant des professions aussi diverses que celles d'agriculteur ou de chargé de communication. Les logiques de l'engagement et les investissements militants demeurent également pluriels. L'adhésion au FN peut ainsi s'opérer par conviction idéologique ou sans réelle connaissance de la culture et de l'histoire du Front national, pour se conformer à l'un des membres du couple, pour compenser un sentiment d'anomie, de désenchantement ou de désintégration sociale, pour faire face à un événement personnel ou familial (rupture, décès) ou par attrait pour Marine Le Pen, par peur du déclassement social, ou, tout simplement, pour tenter d'y faire carrière.

Certains changements sont cependant repérables. Les travaux sociologiques ou pychosociologiques ont montré que l'adhésion à ce parti avait un coût très élevé avant le changement de présidence frontiste, les aspirants à l'adhésion avouant souvent craindre pour leurs relations tant amicales que familiales, voire pour leur emploi si jamais leur engagement était rendu public. Aussi l'enquêteur était-il souvent contraint de ne pas indiquer les noms ni même les prénoms des militants qu'il interviewait, une demande moins fréquente dans les autres partis politiques. Dans le même temps, l'illégitimité du parti frontiste pouvait constituer un attrait chez ceux qui étaient prêts à encourir les risques inhérents à une adhésion. Le fait que le FN soit un parti minoritaire permettait une socialisation puissante au sein de la structure partisane, avec pour conséquence une marginalisation au sein du reste de la société [10]. Ce processus avait alors pour conséquence un engagement pensé comme un «investissement total», demandant d'effacer «toute distinction entre sphère militante et sphère privée», voire de faire passer la carrière professionnelle au second plan [11]. Si bien que devenir militant frontiste pouvait s'apparenter à une carrière

---

10. Birgitta Orfali, «Le droit chemin ou les mécanismes de l'adhésion politique», dans Nonna Mayer et Pascal Perrineau (dir.), Le Front national à découvert, Paris, Presses de Sciences Po, 1996, p. 127.

11. Olivier Fillieule et Nonna Mayer, «Introduction» au numéro «Devenirs militants», Revue française de science politique, 1 (51), 2001, p. 22.

déviante[12]. Cet aspect sulfureux du FN a vraisemblablement contribué à limiter les ralliements en sa faveur. Beaucoup de ceux ayant franchi le pas évoquaient d'ailleurs leur malaise à l'idée de devoir affronter tôt ou tard un entourage hostile qui renvoyait souvent leur engagement à l'embrigadement dans les États autoritaires ou totalitaires[13]. Il semble désormais que ce soit beaucoup moins le cas. La force du stigmate lié au port de l'étiquette frontiste semble ainsi s'être estompée. Nous reviendrons ultérieurement sur ce point.

La structuration du corps militant

En novembre 2013, Nicolas Bay, alors secrétaire-général adjoint du FN, nous a communiqué divers renseignements quant à la composition du corps militant, annonçant 74 000 adhérents à jour de cotisation au 1er novembre. Ces chiffres sont évidemment à prendre avec précaution puisqu'il est probable qu'ils sont supérieurs au chiffre réel de l'époque. Selon ces données, la pyramide des âges montre une forte présence de jeunes : 29,3 % des adhérents auraient moins de 30 ans, 34,2 % entre 30 et 50 ans, 18,1 % entre 50 et 65 ans, 18,4 % plus de 65 ans. La population militante frontiste aurait donc rajeuni. Ce rajeunissement, que l'on retrouve pour partie chez les électeurs, ainsi que chez les candidats frontistes, a certes des avantages, mais il a également l'inconvénient de nécessiter un important investissement en formation militante, difficile étant donné le manque de cadres en proportion.

Selon cette même source, la répartition hommes-femmes serait de 39 % de femmes et 61 % d'hommes. Ici aussi, la féminisation s'observe sur le terrain, mais, comme pour le rajeunissement, cet affichage se fait plus net dans la composition des listes électorales, parité oblige. Cet impératif de parité aux élections n'est d'ailleurs pas sans poser de problèmes à un parti toujours mû par des valeurs conservatrices et continuant de cultiver, dans certaines sections, un entre-soi masculin.

---

12. Valérie Lafont, «Les jeunes militants du Front national...», art. cité, p. 175.
13. Sylvain Crépon, La Nouvelle extrême droite..., op. cit., p. 219-236.

Ainsi, lors d'une réunion de préparation aux élections législatives dans la section frontiste de Hénin-Beaumont, en septembre 2011, le responsable local a demandé à un militant de la première heure, qui voyait enfin ses efforts sur le point d'être rétribués en devenant le candidat frontiste d'une circonscription des environs, de bien vouloir céder sa place au bénéfice de sa femme, absente de la réunion, en raison du respect des règles de parité.

On observe par ailleurs que les militants récents représentent une part significative des candidats : 52 % de celles et ceux qui ont été investis lors du scrutin départemental de 2015 étaient encartés depuis 2008, dont 19 % depuis 2012 seulement[14]. En outre, le maillage territorial paraît en amélioration constante, puisque 93 % des cantons ont été pourvus en binômes paritaires aux élections départementales de 2015. Le FN y présentait à la fois la doyenne des candidats (91 ans), et la benjamine (18 ans).

Ces données peuvent être complétées avec celles recueillies localement. Lors des élections municipales de 2014, la section perpignanaise comptait 425 fiches d'encartés. Étant donné qu'un fichier privé n'est pas censé suivre les règles normatives d'un travail statistique et afin d'éviter des biais d'analyse, nous avons procédé à un redressement du corpus pour travailler sur 397 fiches[15]. L'étude a permis d'identifier un noyau ferme de militants qui correspond au schéma de la contre-société. L'adhésion paraît en effet avoir des valeurs inclusives : sur les 388 encartés perpignanais sur lesquels nous disposons des indications de naissance, seulement 27 % sont originaires du département (contre 40 % pour la liste électorale). Dans un territoire à la sociabilité complexe et aux antagonismes interethniques marqués, il est possible qu'ils ressentent le besoin de compenser un déficit de repères sociaux et identitaires. Le FN aurait alors une fonction de représentation réintégratrice à la «communauté nationale» face aux «Catalans», «Gitans», «Arabes» de Perpignan. Vingt-trois encartés sont d'ailleurs issus du quart nord-est de la France, une zone où la question nationale est

---

14. Email de Nicolas Bay à Nicolas Lebourg, 5 novembre 2013.
15. Voir Jérôme Fourquet, Nicolas Lebourg, Sylvain Manternach, Perpignan, une ville avant le Front national ?, *Paris, Fondation Jean-Jaurès, 2014.*

particulièrement sensible – et qui a donné au FN des cadres comme Bruno Gollnisch ou jadis Carl Lang, ce dernier étant aujourd'hui à la tête du Parti de la France. Par ailleurs, à l'échelle locale, la féminisation est particulièrement nette, puisque nous obtenons ici un taux de 44 % d'adhérentes. La section compte en revanche une part importante de seniors : 24,5 % de notre échantillon (nous avons pu calculer l'âge de 301 adhérents) a entre 50 et 64 ans, et 47,1 % plus de 65 ans, la population locale affichant quant à elle un taux de plus de 60 ans de 26 %. Au regard de la structure du marché du travail et de l'offre politique frontiste, il n'y a pas là forcément de paradoxe.

Le vote FN peut être motivé par une difficulté d'accès au travail ou à la propriété, entraînant un désir de régulation sur des critères non pas sociaux mais nationaux correspondant à l'offre programmatique frontiste (« préférence nationale », « protectionnisme intelligent »). Mais si cette difficulté d'accès peut engendrer des votes, elle est également, paradoxalement, susceptible de freiner l'engagement partisan. Aux meetings de Marine Le Pen à Perpignan en 2012 et 2014, comme aux défilés parisiens des 1er mai 2014 et 2015, tant la jeunesse que les seniors étaient surreprésentés. Autrement dit, s'y affichaient ceux qui ne sont pas, ou plus, sur le marché du travail ou dans la production et pour lesquels être présent ou se montrer dans une manifestation frontiste n'a en principe aucune conséquence sur le plan professionnel. Ce décalage entre les pyramides d'âge des électeurs, des sympathisants et des militants montre que la dédiabolisation n'est pas achevée, l'adhésion étant encore manifestement perçue comme porteuse d'un coût – du moins pour ceux qui hésitent à franchir le pas.

Autre indicateur lié à la même problématique : le décalage entre le vote et l'engagement parmi les catégories supérieures. La forte présence des catégories populaires est attestée dans les rangs frontistes par le fait que, lors des départementales de 2015, 26 % des candidats FN étaient des employés et 4 % des ouvriers, contre respectivement 13 % et moins de 1 % dans les rangs socialistes [16]. Mais le vote FN est inter-

---

16. *À titre comparatif, la composition sociale des candidats FN aux élections de mars 1973 est révélatrice. Ils sont à 56,7 % des patrons d'industrie et du commerce, des cadres ou professions libérales (contre 10,6 % pour le PCF à cette date), et 2,7 % d'entre eux sont des ouvriers, ce qui situe le FN à proximité*

classiste : à l'élection présidentielle de 2012, Marine Le Pen rassemblait près du tiers des ouvriers et 16 % des patrons [17]. Si la progression du FN dans les classes populaires a souvent été commentée, sa hausse dans certains quartiers huppés est quant à elle presque passée inaperçue. À Neuilly-sur-Seine, par exemple, le vote FN a progressé de 31 % de 2012 à 2014. Or, cette bourgeoisie frontiste paraît plus rétive à l'encartement. À Perpignan, quand on compare les scores du FN entre les bureaux de vote au second tour de l'élection municipale, le nombre de militants inscrits et le prix du foncier tel que relevé dans des agences immobilières, on observe que le bureau périurbain le plus bourgeois a voté FN à plus de 50 % mais ne comporte aucun militant. Cet électorat ne souhaite manifestement pas prendre le risque de déstabiliser son capital social par cet engagement. *A contrario*, le quartier plus populaire du bureau 4, situé en lisière d'une zone d'ensembles immobiliers affichant une forte présence d'origine immigrée, enregistre un score plus modeste mais dispose du plus grand nombre d'encartés (20). Retraitée de la fonction publique, la secrétaire départementale Marie-Thérèse Fesenbeck est représentative de ce qu'est socialement le noyau militant local : essentiellement des membres de la classe moyenne. Bien que ces données demeurent partielles, l'hypothèse selon laquelle l'adhésion aurait un coût social bien plus exorbitant pour les personnes issues de la classe moyenne-supérieure que pour celles des milieux populaires s'avère hautement plausible.

Le FN constitue néanmoins un formidable outil de promotion sociale pour ceux des adhérents qui acceptent d'être investis aux élections locales. L'organisation frontiste comptant parfois jusqu'à quatre fois plus de candidats ouvriers ou employés que les autres partis politiques, y compris de gauche, ces investitures sont pour ces derniers l'occasion de s'essayer à la carrière politique en dépit de faibles ressources à

---

des socialistes (2,4 % d'ouvriers candidats à la FGDS et 2 % au PSU) et très largement au-dessus des partis de droite où cette catégorie est quasiment inexistante. Voir Henri Laux, La Formation du Front national pour l'unité française (octobre 1972-juin 1973), *mémoire de diplôme de l'Institut d'études politiques de Paris, 1974, p. 28.*

17. Voir les chapitres 13 et 14 de cet ouvrage.

faire valoir, que ce soit en termes politique, professionnel, de niveau de diplôme ou d'inclusion dans des réseaux. Nul autre parti ne leur offre de telles perspectives, y compris les partis de gauche censés les représenter, ces derniers étant, bien souvent, investis par les classes moyennes éduquées du secteur public, bien mieux armées en capital scolaire pour affronter la compétition interne qui s'y joue[18].

Une partie de la presse a abondamment relayé ces dernières années la mise en scène médiatique des technocrates se ralliant au FN. Or, l'observation de ces transferts, tant à l'échelle locale que nationale, montre que ces transfuges sont soit retraités ou en fin de carrière, soit au seuil de celle-ci. Le FN deviendrait un instrument potentiel de promotion et un accélérateur de carrière (ce qui n'a rien de nouveau, puisqu'il s'est présenté comme tel dès qu'il s'est inscrit dans une phase de croissance électorale). Si Florian Philippot n'est pas sorti de l'ENA avec un classement prestigieux, à peine encarté au FN il en a été nommé numéro 2. Non élu sur son nom aux législatives et aux municipales à Forbach, il est désormais député européen. Il est probable qu'aucun autre parti ne lui aurait offert une telle ascension, ni une telle omniprésence médiatique lui assurant un capital social, ni la possibilité de viser le fauteuil de numéro 1 en cas d'échec électoral de Marine Le Pen en 2017 et 2022. Pour autant, le nombre de technocrates au FN demeure encore inférieur à celui d'avant la scission mégretiste, organisée avec l'appui de Jean-Yves Le Gallou, également collègue et proche de Florian Philippot à l'Inspection générale de l'administration. Paradoxalement, ces personnes recrutées pour normaliser et dédiaboliser le parti sont celles qui semblent avoir le plus de problèmes avec la gestion du pluralisme, notamment à l'égard des enquêteurs extérieurs, journalistes, chercheurs, qu'elles tiennent soigneusement à distance, ce que ne faisaient plus depuis longtemps les cadres historiques. La venue de technocrates au FN n'est pas tant le signe d'un changement idéologique du parti ou de ses hommes

---

18. Rémi Lefebvre, « Le sens flottant de l'engagement socialiste. Usages et effets de la "démocratisation" interne au PS », dans Rémi Lefebvre et Antoine Roger (dir.), Les Partis politiques à l'épreuve des procédures délibératives, Rennes, Presses universitaires de Rennes, 2009, p. 115.

que du redéploiement constant de la technostructure à la recherche de capitaux sociaux accessibles. D'où la volonté de ces cadres de se démarquer du terme d'«extrême droite».

L'ambivalence de la perception de cette technostructure au sein de l'appareil est édifiante. Si nombre de militants du FN, principalement ceux ayant adhéré dans le sillage de la nouvelle présidente, s'enorgueillissent de l'arrivée d'experts susceptibles de légitimer et de défendre son programme, beaucoup témoignent de la défiance envers ces nouveaux venus qui n'ont «jamais chaussé des baskets pour coller une affiche», selon les mots d'un militant de l'est de la France[19]. Nombre d'anecdotes circulent sur leur difficulté à se montrer tout à fait à l'aise avec l'électorat populaire, à faire corps avec les gens du peuple lors de réunions – un problème que n'a pas Marine Le Pen, bien au contraire. Un cadre historique du parti résumait la difficulté de Florian Philippot à s'intégrer à son équipe de campagne de la cité ouvrière de Forbach par un lapidaire : «Bref, c'est un énarque.»

Cette défiance se manifeste aussi du côté des cadres. L'omnipotence du chef, définie par les statuts du parti, impose d'avoir son oreille pour peser dans l'appareil. Il n'y a pas de courants reconnus au sein du FN, où les débats contradictoires sont quasi inexistants. Or, beaucoup se plaignent de ce que la présidente n'écoute désormais plus que ces technocrates, encartés de la dernière heure mais près de s'accaparer l'essentiel des dividendes politiques et médiatiques résultant de l'ascension du parti, entamée pourtant bien avant leur arrivée. Il en résulte inévitablement un certain ressentiment, notamment parmi ceux qui ont rêvé d'une carrière politique en dépit d'une origine sociale et d'une trajectoire scolaire modestes, et dont plusieurs évoquent l'humiliation qu'a suscitée chez eux la mise en cause de leur compétence. La problématique populiste qui fonde le discours antisystème structure désormais les tensions internes au FN.

---

19. Entretien réalisé le 1ᵉʳ mai 2014.

Ce que disent les congrès des lignes idéologiques internes

Les militants FN ont-ils idéologiquement changé ? L'élection des membres du comité central lors des congrès fournit une indication rationnelle de l'évolution de la sensibilité des militants frontistes. Il faut cependant tenir compte des modifications des règles de désignation. Jusqu'en 1990, les délégués présents au congrès étaient désignés par les secrétaires départementaux, eux-mêmes nommés par le bureau politique sur proposition du secrétaire général. Depuis 1990, 80 % d'entre eux sont élus par la base militante (sur les 100 membres que compte le comité central, le président en coopte 20). La démocratisation s'amplifie en 2007 : désormais, les militants votent directement – l'opération visait alors à renforcer Marine Le Pen contre Bruno Gollnisch, ce dernier comptant plus de soutiens parmi l'encadrement, la fille du chef étant plus populaire parmi les militants. Les congrès de 2011 et de 2014 ont soumis le parti à cette innovation de la vie politique que constitue la prise de carte d'adhésion directement par internet. Pour le congrès de 2011, cela importe d'autant plus qu'il est celui de la succession et que Marine Le Pen y profite d'un coup de pouce du service public. La veille de la clôture des adhésions, elle passe sa soirée sur le plateau de télévision de l'émission d'Arlette Chabot (France 2) : 1 500 cartes de plus sont enregistrées entre la fin de l'émission et le lendemain soir. Non aguerris aux affres des courants internes, ces nouveaux adhérents sont censés avoir un réflexe de vote pour les «maristes» clairement identifiés. Pour qu'ils ne se trompent pas, la future chef a publié sur internet la liste de candidats qui la parrainaient et que donc elle-même parrainait.

Le congrès de 1990 fournit une base logique de référence, puisqu'il s'agit du premier congrès où le FN s'affirme apte à gouverner la France. Bruno Mégret y déclare que le FN n'est pas en recherche d'alliance avec les droites mais a pour but de «réaliser la grande alternance, de prendre en charge la direction des affaires de la République». Cependant, comme au congrès précédent, c'est Carl Lang (alors secrétaire général et homme de terrain apprécié des militants) qui obtient le plus grand nombre de mandats. La ligne avalisée est donc celle d'un national-populisme assumé, isolationniste sur le plan partisan (le parti refuse toujours le principe de l'alliance avec la droite), mais soucieux de l'implantation locale. Le congrès de 1994 place, par un hasard si extraordinaire qu'il nourrit quelques suspicions, Carl Lang et Bruno Mégret premiers ex-æquo. Les deux travaillant alors à organiser le parti, ce résultat suggère néanmoins qu'il s'agit, somme toute, d'une reconnaissance par la base de ce travail de structuration.

C'est auréolé de son succès par procuration à Vitrolles (inéligible, il a fait élire sa femme) que Bruno Mégret triomphe au congrès de 1997. Non seulement les votes le placent en tête, mais son lieutenant et mentor Jean-Yves Le Gallou est deuxième, Bruno Gollnisch arrivant troisième. Marine Le Pen se présente pour la première fois mais elle n'est pas élue, les mégrétistes affichant leur hostilité envers ce qu'ils qualifient de «dérive monégasque» du clan Le Pen. C'est donc une ligne de droite extrême qui est avalisée : la volonté de prendre le pouvoir en s'appuyant sur des alliances électorales et sur la conquête des territoires, tout en affichant des conceptions ethniques très marquées.

Le congrès de 2000 est bien sûr spécifique. La scission a saigné à blanc le parti et seuls les lepénistes sont encore présents. L'issue en est donc logique : les trois premiers élus sont, dans l'ordre, Bruno Gollnisch, Roger Holeindre et Jacques Bompard (ultime maire frontiste à cette date). Marine Le Pen bénéficie dès lors, tout aussi logiquement, de la fidélité lepéniste en se plaçant à la dixième place.

Au congrès de 2003 commence la bataille pour la succession. Dans son discours, Bruno Gollnisch se pose comme l'orthodoxe. Il achève son propos par ces mots : «Ce monde vétuste et sans joie croulera demain devant notre foi», l'un des vers des «Lansquenets», le chant préféré des jeunes nationalistes français que l'on entend souvent dans les défilés de l'extrême droite radicale. Les listes de noms de ses amis permettant finalement d'écraser Marine Le Pen et les siens sont filmées par les caméras de France 2. Sur les trente premiers élus au comité central... trente sont des soutiens de Bruno Gollnisch. La bonne organisation des rétifs à la patrimonialisation du FN fait qu'au vote pour le comité central Bruno Gollnisch sort premier, Marine Le Pen trente-quatrième. Si l'opposition entre un Bruno Gollnisch traditionaliste et une Marine Le Pen «moderne» constituera par la suite un *storytelling* médiatisé, ce congrès voit la victoire d'une ligne ligueuse, de droite extrême légitimiste, considérant que le FN doit conserver sa nature de parti antisystème.

Le congrès de 2007 apporte une originalité à la vie politique française : la grève des cadres accompagnant l'ouverture vers les militants voulue par Jean-Marie Le Pen au profit de sa fille. C'est un succès, car si Bruno Gollnisch caracole à 85,1 % des voix, Marine Le Pen en obtient 75,8 %. Elle bondit ainsi de sa trente-quatrième place de 2003 à la deuxième. Ce saut paraît lié à l'espoir des militants de voir Marine Le Pen réussir à désenclaver le parti et à lui apporter des victoires d'ampleur, en particulier dans la perspective de l'élection présidentielle, tout en incarnant la continuité par son patronyme. La ligne reste on ne peut plus orthodoxe : les deux suivants dans les suffrages des militants sont des lepénistes parmi les plus fidèles, Roger Holeindre et Louis Aliot. La montée en puissance de ce dernier (classé soixante-deuxième au congrès de 2003) se confirme au congrès de 2011, où il est le premier élu. Certes, il est à cette date le compagnon de Marine Le Pen et bénéficie donc du halo de légitimité de sa compagne, dans le même temps élue présidente du parti. Néanmoins, il présente deux traits en propre qu'il ne faut pas omettre : l'importance de son engagement dans les fédérations, où il se déplace très régulièrement ; une ligne politique fidèle au national-populisme mais refusant toute référence antisémite ou racialiste. À cette époque, de plus en plus de militants se disent exaspérés par ce que l'on a pudiquement appelé les «provocations» de Jean-Marie Le Pen, qui, sans être nécessairement condamnées sur le fond, sont perçues comme autant d'obstacles au décollage politique du parti frontiste. Ces scores en sont indéniablement l'expression.

Le congrès de 2014 est celui qui doit montrer à la nation le nouveau visage du FN dédiabolisé. L'enjeu pointé par les médias est de savoir qui, de Marion Maréchal-Le Pen ou de Florian Philippot, sera élu premier. Les militants tranchent et, contre toute attente, classent dans l'ordre d'arrivée : Marion Maréchal-Le Pen, Louis Aliot, Steeve Brois et Florian Philippot. Le résultat, fort loin de celui espéré par le très médiatisé vice-président, fait donc la part belle à ceux qui soignent leur implantation électorale locale, ne rechignent pas à se rendre dans les fédérations, portent une ligne national-populiste assumée et peuvent se prévaloir d'une légitimité historique, voire familiale, dans le parti. Les technocrates nouveaux venus, s'ils incarnent la rénovation du FN, ne parviennent pas à en être l'incarnation.

Dans le long cours, entre 1990 et 2014, il n'y a donc pas de rupture dans les votes des militants frontistes. Dans le nouveau FN, comme dans l'ancien, la position militante se réclame de la préférence nationale, défend un enracinement stratégique dans les territoires et critique les provocations de Jean-Marie Le Pen, que celles-ci relèvent de la gestion clanique du parti ou de sorties verbales qualifiées de dérapages par la presse.

Conclusion : le FN dans ses contradictions

Le FN se trouve désormais à la croisée des chemins, mais il peine à franchir le cap de la normalisation. Si celle-ci lui a permis indéniablement d'engranger des dividendes électoraux, ses principaux cadres ont conscience que la radicalité, la posture antisystème, voire les outrances liées à l'affirmation identitaire, propres au nationalisme, constituent des ressources dont le FN a du mal à se passer pour pouvoir se distinguer dans le champ politique[20]. Par ailleurs, si nombre de nouveaux adhérents poussent dans le sens de la rénovation affichée, moteur de leur adhésion, beaucoup expriment, sous couvert d'anonymat, leur incompréhension devant les sanctions qui frappent désormais les militants ou candidats exclus en raison de propos ou d'attitudes racistes ou extrémistes jugés contraires à la nouvelle orientation du parti. Mais l'omnipotence de la présidence et sa légitimité acquise au

---

20. Voir sur ce point Alexandre Dézé, Le Front national : à la conquête du pouvoir ?, Paris, Armand Colin, 2012.

gré de succès électoraux pour l'instant ininterrompus freinent pour le moment toute dissidence. Dédiaboliser tout en maintenant le cap de la radicalité, ouvrir le parti à de nouveaux profils susceptibles de lui donner un nouvel élan tout en ménageant la base historique, affirmer un populisme antisystème tout en favorisant l'ascension de hauts fonctionnaires en interne, la ligne du nouveau FN comporte de nombreuses contradictions. Comme il en a toujours été dans ce parti.

IV – LA POLARISATION DU CHAMP POLITIQUE ET MÉDIATIQUE

Chapitre 20 / LA CONSTRUCTION MÉDIATIQUE DE LA « NOUVEAUTÉ » FN

Alexandre Dézé

> *Les instituts de sondage et les médias ont contribué à installer à tort l'idée qu'un « nouveau » FN avait émergé à partir de 2011, et à donner corps au roman de la « dédiabolisation » mariniste. Les modalités de cette construction fictionnelle apparaissent très nettement quand on passe au crible les enquêtes, les questions qui sont posées aux personnes interrogées, leurs biais méthodologiques et l'interprétation sélective des résultats, ainsi que la façon dont les médias ont entrepris de traiter du FN depuis que Marine Le Pen a été élue à sa présidence.*

Mots clés : *cadrage – dédiabolisation – FN – Front national – médias – sondages*

« Le nouveau FN de Marine Le Pen » (*lemonde.fr*, 7 septembre 2011) ; « Marine Le Pen esquisse les traits d'un "nouveau" Front national » (*lefigaro.fr*, 25 avril 2012) ; « Laurent Lopez ou la victoire du nouveau FN » (*bfmtv.fr*, 13 octobre 2013) ; « Les nouveaux visages du Front national » (*leparisien.fr*, 1er avril 2014)... Depuis que Marine Le Pen a été élue à sa présidence en janvier 2011, la « nouveauté » du Front national s'est imposée comme une véritable doxa dans le champ médiatique[1]. Or, s'il est évident que le FN s'inscrit dans une dynamique électorale retrouvée, on ne saurait considérer son évolution récente comme le produit d'une mutation partisane. L'actuelle organisation frontiste n'est peut-être plus la même que par le passé. Mais elle n'est pas non plus fondamentalement différente. Comme le montrent les différentes

---

[1]. Ce chapitre procède de la fusion de ce qui devait initialement constituer deux chapitres distincts. Pour plus de cohérence, nous les avons réunis en un seul et même chapitre. D'où sa longueur inhabituelle en regard des autres chapitres de ce livre.

contributions réunies dans cet ouvrage, le FN mariniste compte bien plus d'invariants (organisationnels, stratégiques, programmatiques, discursifs, sociologiques, géographiques) que d'innovations par rapport au FN lepéniste. De fait, penser que l'organisation frontiste est devenue un nouveau parti procède d'une double ignorance : ignorance du caractère nécessairement complexe, incertain et chronophage de tout processus de transformation partisane ; ignorance de la réalité même du phénomène frontiste. De ce point de vue, la plupart des médias semblent désormais plus prompts à rendre compte des querelles de la famille Le Pen[2], de la couleur de la robe de la présidente frontiste lors de la soirée de gala du *Time* à New York en avril 2015[3] ou du chagrin suscité par la perte de sa chatte bengalaise[4] qu'à s'intéresser au FN en tant qu'organisation partisane.

Si le FN n'a pas vraiment changé, il n'en demeure pas moins que la perception de ce parti a profondément évolué. Ce changement cognitif tient sans doute à la stratégie de « dédiabolisation » de Marine Le Pen[5] et aux effets de nouveauté liés au renouvellement du leadership frontiste[6]. Mais il importe également, pour le comprendre, de s'intéresser à l'activité des instituts de sondages et des médias et à la manière dont ils ont participé de la construction et de l'imposition d'une réalité partisane frontiste... sans rapport avec la réalité. Il ne s'agit pas, ici, de prêter aux sondages ou aux médias un pouvoir qu'ils n'ont pas[7], mais

---

2. « *La famille Le Pen : les dessous d'un meurtre* », lexpress.fr, 14 avril 2015.
3. « *Marine Le Pen et sa robe "sortie d'un mauvais supermarché de province" : une idée de génie ?* », closermag.fr, 22 avril 2014.
4. « *"Mère à chat" : Marine Le Pen raconte son dernier chagrin* », liberation.fr, 23 avril 2015.
5. Voir sur ce point le chapitre 1 de cet ouvrage.
6. Pour une analyse plus globale des modalités de production de la « nouveauté » FN, voir Alexandre Dézé, Le « Nouveau » Front national en question, Paris, Fondation Jean-Jaurès, Observatoire des radicalités politiques, 2015, p. 120 et suiv.
7. Pour un aperçu synthétique et critique de la question des effets des médias et des sondages, voir Grégory Derville, Le Pouvoir des médias. Mythes et réalités, Paris, Presses universitaires de Grenoble, 2010 [2005] ; Nonna Mayer et Gérard Grunberg, « L'effet sondage. Des citoyens ordinaires aux élites politiques », dans Yves Déloye, Alexandre Dézé et Sophie Maurer (dir.), Institutions, élections, opinion. Mélanges en l'honneur de Jean-Luc Parodi, Paris, Presses de Sciences Po, 2014, p. 223-240.

plutôt de chercher à comprendre comment la «nouveauté» frontiste a été mise à l'agenda médiatique avant même que les responsables du parti n'aient entrepris le moindre changement, et comment elle est devenue un cadrage dominant (mais non exclusif) du parti. On ne s'intéressera donc pas dans ces pages aux effets d'agenda[8] ou aux effets de cadrage[9] des médias sur les perceptions du public[10]. On examinera davantage la façon dont la «nouveauté» FN est devenue le principal «schéma cognitif», la principale «idée organisatrice[11]» pour parler du parti frontiste dans les médias, ce que Jacques Gerstlé appelle encore le «cadrage de configuration[12]». Dans cette perspective, on commencera par revenir sur la façon dont la question de la «nouveauté» frontiste a été introduite par les instituts de sondages au gré des nombreuses enquêtes réalisées pour le compte de différents médias. On démontrera ensuite le caractère infondé des résultats de ces enquêtes en déconstruisant leurs nombreux biais méthodologiques. On complètera enfin cette analyse en s'intéressant au traitement médiatique du FN. Il s'agira ici de dévoiler les procédés par lesquels la presse, la télévision ou encore les sites d'information sur internet ont édifié l'image improbable d'un parti renouvelé.

---

8. *Sur ce point, voir Maxwell E. McCombs et Dondald L. Shaw, «The Agenda-Setting Function of Mass Media»*, Public Opinion Quarterly, 36 (2), 1972, p. 176-187. *Pour une mise en discussion de la fonction d'agenda, voir Jean-Louis Missika, «Les médias et la campagne présidentielle : autour de la notion de "fonction d'agenda"»*, Études de communication, 10, 1989, p. 41-46 ; *Dorine Bregman, «La fonction d'agenda : une problématique en devenir»*, Hermès, 4, 1989, p. 191-202 ; *Jean Charron, «Les médias et les sources. Les limites du modèle de l'agenda-setting»*, Hermès, 17-18, 1995, p. 73-92.

9. *Voir par exemple Shanto Iyengar*, Is Anyone Responsible ? How TV Frames Political Issues ?, *Chicago (Ill.), The Chicago University Press, 1991.*

10. *On revient sur ce point dans la conclusion de ce chapitre.*

11. *Pour rependre ici des éléments définitionnels de base de la notion de cadrage. Voir notamment William A. Gamson et Andre Modigliani, «Media Discourse and Public Opinion on Nuclear Power: A Constructionist Approach»*, American Journal of Sociology, 95 (1), 1989, p. 1-37 ; *Zhongdang Pan et Gerald M. Kosicki, «Framing Analysis: An Approach to News Discourse»*, Political Communication, 10 (1), 1993, p. 55-75.

12. *Jacques Gerstlé,* La Communication politique, *Paris, Armand Colin, 2008 [2004], p. 90.*

LES FAUX-SEMBLANTS DU FRONT NATIONAL

La « nouveauté » FN : une construction sondagière

La question de l'émergence d'un « nouveau » FN est concomitante de l'élection de Marine Le Pen à la présidence du parti en janvier 2011. En raison de son caractère inédit dans l'histoire frontiste, ce renouvellement de leadership suscite dès le lendemain du congrès de Tours toute une série de questionnements sur « l'avenir du FN » (*rfi.fr*, 17 janvier 2011). Rien n'interdit alors de penser que la fille de Jean-Marie Le Pen va entreprendre un travail de rénovation partisane. Depuis le début des années 2000, elle a en effet clairement exprimé sa volonté de faire évoluer le FN[13]. Pourtant, dans les semaines qui suivent le congrès de Tours, la nouvelle présidente s'efforce surtout de consolider ses positions à l'intérieur du parti en s'alignant sur l'orthodoxie frontiste : le 17 janvier 2011, elle réaffirme la centralité du principe de la préférence nationale dans l'offre de programme du parti[14] ; le 18 janvier, elle déclare que « le FN ne changer[a] pas de nature[15] », même si elle précise que les thèmes économiques et sociaux y seront davantage développés ; le 28 janvier, elle rappelle son « opposition totale » au mariage homosexuel[16] ; le 21 février, elle brandit la menace de « l'aggravation d'une immigration extra-européenne », avec pour risque « le remplacement pur et simple de la population française[17] ». Au cours de cette période, le seul écart à l'orthodoxie frontiste intervient lors de l'entretien qu'elle accorde au journal *Le Point* du 3 février 2011, dans lequel elle déclare : « Tout le monde sait ce qui s'est passé dans les camps [d'extermination nazis] et dans quelles conditions. Ce qui s'y est passé est le summum de la

---

13. Sur la stratégie de dédiabolisation de Marine Le Pen, voir le chapitre 1 de cet ouvrage.

14. « Marine Le Pen reprend le credo de la préférence nationale », lemonde.fr, 17 janvier 2011.

15. « M. Le Pen : Le FN ne "changera pas de nature" », europe1.fr, 18 janvier 2011.

16. « Marine Le Pen totalement contre le mariage homosexuel », lci.tf1.fr, 28 janvier 2011.

17. « Marine Le Pen fait monter les enchères sur l'immigration », leparisien.fr, 21 février 2012.

barbarie. Et croyez-moi, cette barbarie, je l'ai bien en mémoire.» À cette exception près – certes tout sauf négligeable –, Marine Le Pen cherche donc plutôt, après son élection, à s'inscrire dans la lignée du FN lepéniste. Au début du mois de mars 2011, la transformation annoncée du Front national est encore loin d'avoir débuté. Pourtant, c'est une tout autre représentation du parti qui commence à prendre forme dans les médias, avec la multiplication des enquêtes par sondages et la diffusion médiatique de leurs résultats.

Le décollage de Marine Le Pen et du FN dans les enquêtes par sondages

Jusqu'alors créditée de 13 à 15 % d'intentions de vote pour l'élection présidentielle de 2012, Marine Le Pen enregistre tout d'abord une soudaine et nette progression dans les enquêtes. Les 16 et 17 février 2011, un sondage réalisé par l'IFOP pour le compte de *France Soir* indique que 20 % des personnes interrogées déclarent vouloir voter pour la présidente du FN[18]. Au début du mois de mars 2011, le quotidien *Le Parisien* (voir figure 22) publie les résultats d'un sondage Harris Interactive qui la placent en tête du premier tour du scrutin présidentiel avec 23 % d'intentions de vote, devant tous les autres candidats testés (Martine Aubry pour le PS à 21 %, Nicolas Sarkozy pour l'UMP à 21 %), et avec 24 % dans l'hypothèse d'une candidature de Dominique Strauss-Kahn (23 %). En janvier 2012, le potentiel de Marine Le Pen atteint 30 % selon l'institut Viavoice pour *Libération* (voir figure 23), tandis que les résultats de ces différents sondages sont abondamment diffusés et commentés dans l'ensemble des médias[19].

---

18. Source : *www.ifop.com/media/poll/1426-1-study_file.pdf* (consultation : décembre 2014).

19. Voir par exemple : «Sondage 2012, Marine Le Pen en tête du premier tour», rtl.fr, 6 mars 2011 ; «2012 : Marine Le Pen en tête au premier tour selon un sondage», lexpress.fr, 6 mars 2011 ; «Sondages : où se situe vraiment Le Pen ?», europe1.fr, 9 janvier 2012 ; «Le Pen : les curieux 30 % de Libé et de BFM TV», arretsurimages.net, 9 janvier 2012.

Figures 22 et 23 : Les unes du Parisien *(6 mars 2011) et de* Libération *(9 janvier 2012)*

C'est ensuite la perception du Front national qui semble également avoir soudain changé. Au lendemain des élections cantonales de mars 2011, un sondage effectué par l'institut BVA pour France Info et *Les Échos* montre que, pour 52 % des personnes interrogées, le FN serait devenu un « parti comme les autres », soit une progression de 10 points par rapport au mois de septembre 2010[20]. Là encore, les résultats de ce sondage sont largement repris par les médias[21]. Parallèlement, c'est le vote FN qui lui aussi semble avoir évolué. Les résultats d'une enquête réalisée en avril 2011 par l'institut OpinionWay pour le magazine *Lyon Capitale* indiquent ainsi qu'il serait devenu en l'espace de quelques semaines un « vote d'adhésion » (et non plus un « vote de protestation[22] »). Enfin, le nombre de Français partageant les idées du FN paraît également connaître une hausse brutale. Ainsi, en

20. Source : http://www.franceinfo.fr/sites/default/files/IMG/pdf/oeuvre/BVA-FRANCEINFO-MARS2011.pdf (consultation : décembre 2014).
21. Voir par exemple : « Le FN, "un parti comme les autres" pour une majorité de Français, selon un sondage » (lepoint.fr et leparisien.fr 28 mars 2011) ; « Le FN, "un parti comme les autres" pour 52 % des Français » (lefigaro.fr, 28 mars 2011)
22. « Enquête. Pourquoi ils votent FN ? », Lyon Capitale, 700, 2011, p. 12-23.

janvier 2012, un tiers des personnes interrogées par TNS Sofres dans le cadre du baromètre d'image du FN pour le journal *Le Monde*[23] déclarent être d'accord avec les idées du FN, soit une progression de 9 points par rapport à janvier 2011 permettant au parti d'atteindre un niveau qualifié de « record » dans la plupart des commentaires[24].

En l'espace de quelques semaines, l'organisation frontiste aurait donc profondément changé, du moins si l'on s'en tient aux résultats des sondages. La concordance des résultats de ces différentes enquêtes s'avère remarquable, tout autant que les interprétations auxquelles elles donnent lieu. De manière quasi unanime, les responsables d'instituts vont en effet considérer que si le FN progresse dans les sondages, c'est parce que le parti aurait changé, un changement qui serait lié tout à la fois à l'arrivée de Marine Le Pen et aux vertus de sa stratégie de dédiabolisation (voir encadré 5).

Encadré 5 : L'interprétation unanime des instituts de sondages pour expliquer les résultats du FN dans les enquêtes

- « Si nos études montrent une progression des intentions de vote en faveur de Marine Le Pen (entre août 2010 et février 2011, elle est passée de 12-13 % à 17-19 %), cette évolution semble surtout liée au *processus de dédiabolisation du parti consécutif à l'accession de Marine Le Pen à sa présidence et aux inflexions idéologiques entamées* [nous soulignons], plutôt qu'à une évolution de son image personnelle » (présentation de l'enquête TNS Sofres sur « l'effet Marine Le Pen » pour « La Matinale » de Canal +, 14 mars 2011)[25].
- « Alors que la politique économique du gouvernement bat un nouveau record d'impopularité avec 75 % de mauvaises opinions, *Marine Le Pen semble avoir clairement gagné son pari de la dédiabolisation, et même de la normalisation de son parti* [nous soulignons] : pour la première fois, le FN est désormais considéré comme "un parti comme les autres" par

---

23. Source : http://www.tns-sofres.com/sites/default/files/2012.01.12-barofn.pdf (consultation : mai 2013).

24. « Le taux d'adhésion aux idées du FN est supérieur à celui de 2002 », lemonde.fr, 12 janvier 2012 ; « Sondage : La pénétration des idées du Front national », franceinfo.fr, 11 janvier 2012 ; « Près d'un Français sur trois d'accord avec les idées du FN », lci.tf1.fr, 12 janvier 2012.

25. Source : www.tns-sofres.com/etudes-et-points-de-vue/leffet-marine-le-pen (consultation : mai 2013).

une majorité de Français» (présentation de l'enquête BVA pour Absoluce, *Les Échos* et France Info, 28 mars 2011)[26].
- «Le FN est devenu un vote d'adhésion [...]. C'est l'enseignement de l'enquête réalisée par OpinionWay [...]. C'est la première fois qu'un sondage mesure aussi nettement "l'effet Marine Le Pen"» (présentation de l'enquête OpinionWay pour *Lyon Capitale*, 28 avril 2011)[27].
- «*Le terme Front national est en train de se normaliser* [...]. *L'effet Marine Le Pen se confirme* [nous soulignons]» (explications d'Édouard Lecerf, alors directeur général de TNS Sofres, à propos du baromètre d'image du Front national, pour *Le Monde*, 12 janvier 2012)[28].

La «nouveauté» supposée du FN procède ainsi à l'origine d'une construction sondagière. C'est par la production et la diffusion répétée de ces enquêtes que s'est installée la croyance dans l'avènement d'un parti d'extrême droite «normalisé» et que s'est imposée l'interprétation – aujourd'hui dominante – selon laquelle cette normalisation s'expliquerait par l'entreprise de dédiabolisation de Marine Le Pen. Or, au moment où les résultats de ces enquêtes commencent à être diffusés et commentés, la présidente du FN s'inscrit encore, comme on l'a rappelé, dans la pleine orthodoxie frontiste, et le parti n'a subi aucun changement. L'image du FN telle qu'elle est dépeinte dans les sondages est donc largement fictionnelle. Mais elle est également artefactuelle, tant la plupart de ces enquêtes accumulent les biais méthodologiques.

Artefacts et biais méthodologiques des sondages sur le FN

Le premier biais tient à la temporalité sondagière. La plupart des enquêtes d'intentions de vote sont réalisées bien avant le premier tour de l'élection (près de 400 durant la seule campagne présidentielle de 2012, soit quatre fois plus que pour la campagne présidentielle de 1981). Or, plus un sondage est élaboré en amont du scrutin, plus il est imprécis. Ainsi, lorsque *Le Parisien* publie en mars 2011 les résultats

---

26. Source : http://www.franceinfo.fr/sites/default/files/IMG/pdf/oeuvre/BVA-FRANCEINFO-MARS2011.pdf (consultation : décembre 2014).
27. «Enquête. Pourquoi ils votent FN?», art. cité, p. 12.
28. «*Près d'un tiers des Français sont d'accord avec les idées du FN*», lemonde.fr, *12 janvier 2012*.

du sondage Harris Interactive indiquant que 23 ou 24% des personnes interrogées voteraient pour Marine Le Pen «si l'élection présidentielle de 2012 avait lieu dimanche prochain», il reste encore treize mois avant l'échéance. Non seulement l'enquête installe les répondants dans une situation politique irréelle ; non seulement les listes de candidats qui sont testées sont arbitraires et loin de correspondre à l'offre définitive (Dominique Strauss-Kahn et Martine Aubry ne seront finalement pas candidats) ; mais, en outre, près d'une personne sur deux se déclare encore à cet instant incertaine de son choix. Au mieux, le sondage enregistre donc un état ponctuel du rapport de forces potentiel entre différents acteurs politiques artificiellement mis en concurrence. Et ce rapport de forces reste bien éloigné de la réalité du premier tour de l'élection présidentielle de 2012.

Le deuxième biais est lié à l'évaluation sondagière du phénomène frontiste, qui s'est toujours avérée problématique. La raison en est simple. Dans le cadre d'enquêtes par téléphone ou en face à face, les personnes interrogées par les instituts ont tendance à sous-déclarer leur intention de vote ou leur sympathie pour le FN, n'assumant pas toujours, en présence des enquêteurs, le stigmate social encore associé au soutien à ce parti[29]. Dans le cadre d'enquêtes par internet, ce problème de sous-déclaration serait pour partie corrigé par le fait que les répondants s'administrent eux-mêmes les questionnaires. En l'absence de «contrôle social» exercé par un tiers enquêteur, ils seraient plus libres d'exprimer des opinions considérées comme illégitimes ou de déclarer des intentions de vote pour des formations extrêmes. Il reste que les résultats «bruts» recueillis lors des enquêtes par téléphone ou par internet se révèlent le plus souvent «faux» – pour reprendre les termes de Roland Cayrol, politologue du Cevipof et ancien directeur de l'institut CSA[30]. «Faux» car ils sont bien en deçà de la réalité du poids électoral du FN. C'est la raison pour laquelle les instituts pratiquent

---

29. *Dans les années 2000, il y avait encore deux fois moins d'électeurs déclarant leur intention de vote pour le FN dans les enquêtes sondagières, lors du recueil des résultats bruts, que d'électeurs votant pour le FN dans la réalité. Voir Patrick Lehingue,* Subunda. Coups de sonde dans l'océan des sondages, *Bellecombe-en-Bauges, Éditions du Croquant, 2007, p. 119 et suiv.*

30. *Le Monde, 9 mars 2011.*

des opérations de « redressement » vouées à corriger les résultats bruts. Les modalités de base de ces opérations sont connues : on interroge les électeurs sur leur vote aux précédentes élections, on compare les résultats recueillis avec les résultats effectifs de ces élections, et on en déduit un coefficient multiplicateur qui sera appliqué aux résultats obtenus dans l'enquête en cours. Il reste que, au-delà des problèmes d'amnésie ou de confusion que rencontrent les répondants lorsqu'il s'agit de se souvenir de leurs pratiques électorales antérieures[31], on ignore la manière dont ces coefficients sont précisément utilisés – sachant qu'en général plusieurs hypothèses de redressement ou colonnes de référence (en fonction des élections prises en compte dans le redressement) sont testées. Ainsi, comme l'admet Pierre Weill, ancien président de la Sofres, les opérations de redressement suivent peut-être des « recettes », mais elles comportent également une « part de pifomètre[32] ». En somme, les estimations du potentiel électoral frontiste relèvent d'opérations approximatives, comme le montre assez bien l'examen comparé des différents sondages effectués pendant la campagne présidentielle de 2012. En septembre 2011, les écarts entre les estimations proposées par les principaux instituts s'élèvent à 7 points ; en décembre 2011, ils sont encore de 6,5 points ; en avril 2012, à la veille du scrutin, ils sont toujours de 3 points (voir tableau 22) – Marine Le Pen ayant finalement obtenu 17,9 % des voix.

Tableau 22 : Comparatif des estimations d'intentions de vote pour Marine Le Pen au premier tour de l'élection présidentielle de 2012 (en %)

	LH2	CSA	Ifop	Écarts
Septembre 2011	12	15	19	+ 7 points
Décembre 2011	13,5	16	20	+6,5 points
	BVA	LH2	TNS	Écarts
Avril 2012	14	15,5	17	+ 3 points

Source : www.sondages-en-france.fr

---

31. Voir Patrick Lehingue, Subunda..., op. cit., p. 116-117.
32. Ibid.

Le troisième biais tient aux modalités de constitution des échantillons. Dans l'enquête réalisée par OpinionWay pour le compte du magazine *Lyon Capitale* (et qui annonce la transformation supposée du vote FN en «vote d'adhésion»), l'échantillon s'avère de taille bien trop réduite pour que les résultats soient statistiquement exploitables (474 personnes interrogées). Dans la fiche technique accompagnant le sondage, il est certes précisé que la marge d'incertitude est de «4 à 5 points au plus[33]» (dès lors que les réponses en pourcentage sont de 50%, conviendrait-il de préciser). Mais il importe de rappeler que ces marges ne sont valables que dans le cadre d'enquêtes recourant à une méthode d'échantillonnage de type aléatoire; avec la méthode dite «des quotas» (celle utilisée par OpinionWay pour *Lyon Capitale*), elles ne sont tout simplement pas calculables, et sont donc appliquées par «analogie[34]». Or la méthode aléatoire est aujourd'hui trop onéreuse et presque impossible à mettre en œuvre, un nombre croissant et majoritaire de personnes refusant de répondre aux enquêtes. En dehors des enquêtes par panel constituées d'individus prérecrutés, il faut désormais une moyenne de 10 000 appels téléphoniques (entre 4 000 et 20 000) pour constituer un échantillon de 1 000 personnes. Les échantillons sont donc de moins en moins représentatifs, puisqu'il n'est pas certain que les 1 000 personnes ayant accepté de répondre soient vraiment représentatives des 9 000 autres qui ont refusé. Surtout, ce refus croissant implique, dans le cadre de la méthode aléatoire, de remplacer les personnes que le hasard a désignées par d'autres personnes... Au bout du compte, l'échantillon cesse donc d'être strictement aléatoire. La méthode des quotas, quant à elle, est tout à fait recevable, dès lors que les principaux critères constitutifs de la population sont connus et pris en compte (âge, sexe, profession, niveau de diplôme, lieu d'habitation) – ce qui est loin d'être toujours le cas. Mais elle est discutée par certains spécialistes dans le cas de son

---

33. «*Enquête. Pourquoi ils votent FN?*», art. cité, p. 13.

34. *De fait, la présence des tableaux d'indication des marges dans les rapports publiés par les instituts est inutile, même si elle vise sans doute à rappeler le caractère «estimatif» des sondages tout en garantissant une allure de scientificité aux résultats.*

application aux enquêtes par internet[35]. Les enquêtes Harris Interactive et OpinionWay que nous avons évoquées mobilisent précisément ce mode de recueil des données. Or même si les instituts parviennent à constituer des échantillons représentatifs (au regard des statistiques de l'Insee), le profil des répondants présente certaines singularités. Pour répondre à des questionnaires en ligne de nature politique, il faut en effet être équipé d'une connexion, éprouver un intérêt personnel à répondre et se sentir suffisamment compétent en politique pour le faire. Ce sont donc, *in fine*, des personnes connectées, intéressées et généralement politisées qui participent plus volontairement à ce genre de sondages. Par conséquent, on peut douter qu'elles soient représentatives de toutes les catégories de la population (par exemple des jeunes électeurs, connectés mais moins mobilisés politiquement que les adultes, ou des personnes âgées, plus politisés mais moins connectées que les autres).

Le quatrième biais tient à l'ordre, à la nature et à la formulation des questions. On ne prendra ici qu'un seul exemple. Le baromètre d'image du FN de TNS Sofres (dans son édition 2012 déjà citée) s'ouvre sur une série de questions présentées comme portant sur « certaines opinions concernant la société actuelle ». Il s'avère cependant que ces « opinions », avec lesquelles les personnes interrogées doivent se déclarer en accord ou en désaccord, sont toutes porteuses de valeurs intolérantes ou autoritaires et sont en phase avec celles que défend le Front national : « On ne défend pas assez les valeurs traditionnelles en France » ; « La justice n'est pas assez sévère avec les petits délinquants » ; « On accorde trop de droits à l'islam et aux musulmans en France » ; « Il y a trop d'immigrés en France » ; « Il faut donner plus de pouvoir à la police » ; « On ne se sent plus vraiment chez soi en France » ; « Il faut rétablir la peine de mort ». Or, formulées de la sorte et sur un tel mode itératif, ces propositions risquent non seulement d'encourager des

---

35. Voir sur ce point la note de Christian Barrault, « *Petite histoire des méthodes d'enquêtes par sondage* », disponible sur le site internet de l'observatoire des sondages : *www.observatoire-des-sondages.org/petite-histoire-des-methodes-d-enquetes-par-sondage* (consultation : mars 2015).

réponses favorables, mais en outre de créer un biais d'acquiescement. Bien plus, posées en ouverture de l'enquête, elles auront tendance à produire un effet de halo sur le reste du questionnaire.

Un cinquième biais tient à l'interprétation des résultats des sondages proposée dans les médias, interprétation qui s'avère le plus souvent favorable au Front national. La lecture des résultats du baromètre d'image du FN de 2012 en offre une illustration exemplaire. La plupart des commentaires, on l'a dit, ont surtout insisté sur le fait que, dans cette enquête, le taux d'adhésion aux « idées » frontistes avait augmenté de 9 points entre janvier 2011 et janvier 2012, passant de 22 % à 31 %, et qu'il s'agissait là d'un niveau « record ». Or, en procédant à une comparaison dans le temps (voir figure 24), on remarque que ce taux s'élevait à 32 % en 1991, soit un point de plus par rapport à 2012, et qu'il a connu d'autres pointes par le passé (en 1996 ou 2002).

Figure 24 : Baromètre TNS Sofres 2012.
Question portant sur le niveau d'adhésion global aux idées du FN

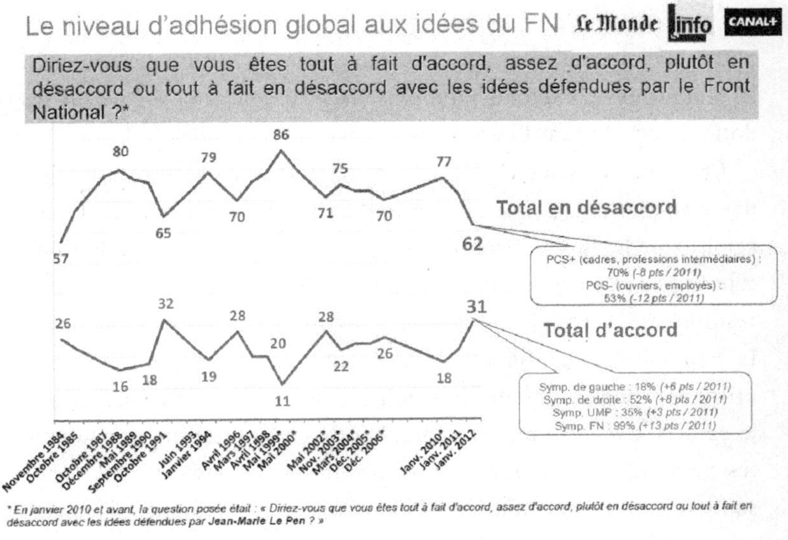
Le niveau d'adhésion global aux idées du FN
Le Monde
info
CANAL+
Diriez-vous que vous êtes tout à fait d'accord, assez d'accord, plutôt en désaccord ou tout à fait en désaccord avec les idées défendues par le Front National ?*
Total en désaccord
57
80
65
79
70
86
71
75
70
77
62
PCS+ (cadres, professions intermédiaires) : 70% (-8 pts / 2011)
PCS- (ouvriers, employés) : 53% (-12 pts / 2011)
Total d'accord
26
16
18
32
19
28
20
11
28
22
26
18
31
Symp. de gauche : 18% (+6 pts / 2011)
Symp. de droite : 52% (+8 pts / 2011)
Symp. UMP : 35% (+3 pts / 2011)
Symp. FN : 99% (+13 pts / 2011)
Novembre 1984
Octobre 1985
Octobre 1987
Décembre 1988
Mai 1989
Septembre 1990
Octobre 1991
Juin 1993
Janvier 1994
Avril 1996
Mars 1997
Avril 1998
Mai 1999*
Mai 2000*
Mai 2002*
Nov. 2003*
Mars 2004*
Déc. 2005*
Déc. 2006*
Janv. 2010*
Janv. 2011
Janv. 2012
* En janvier 2010 et avant, la question posée était : « Diriez-vous que vous êtes tout à fait d'accord, assez d'accord, plutôt en désaccord ou tout à fait en désaccord avec les idées défendues par Jean-Marie Le Pen ? »

Source : www.tns-sofres.com/sites/default/files/2012.01.12-barofn.pdf (consultation : mars 2012).

Il en va de même, toujours dans le baromètre de 2012, en ce qui concerne l'évolution du taux d'approbation des prises de position des leaders frontistes. Certes, la proportion de personnes acquises au point de vue de Marine Le Pen sur la sécurité ou les immigrés augmente entre 2011 et 2012. Mais elle diminue également par rapport à 2002, époque où Jean-Marie Le Pen était encore président du FN (-5 points en ce qui concerne les positions sur la sécurité, -2 points pour celles sur les immigrés). Quant à la perception du FN comme « danger pour la démocratie », le pourcentage de personnes interrogées partageant cette vision a bien reculé de 17 points au cours des années 2000 pour atteindre 53 % en 2012 ; on aurait là, pour *Le Monde*, « le marqueur le plus fort de la banalisation du Front national ». Pourtant, rapporté à son niveau de 1985, le résultat de 2012 est en augmentation de 3 points. Bien plus, le recul enregistré en 2012 sur cette question ne saurait s'expliquer par un « effet Marine Le Pen » puisque, en 2010, c'est-à-dire avant que la nouvelle présidente du parti ne prenne ses fonctions, les personnes interrogées n'étaient déjà plus que 52 % à considérer le FN comme un « danger pour la démocratie » (soit un point de moins qu'en 2012). En somme, dans la lecture des résultats, la plupart des commentateurs ont choisi de placer la focale sur les données accréditant l'idée d'une normalisation du FN.

Cette lecture sélective est encore repérable dans l'interprétation des résultats de l'enquête OpinionWay pour *Lyon Capitale*. L'idée selon laquelle le vote frontiste serait devenu un vote « d'adhésion » repose pour l'essentiel, dans cette enquête, sur l'exploitation de ce résultat : 86 % des électeurs du FN déclarent souhaiter que Marine Le Pen soit élue présidente de la République, alors que seuls 53 % affirment qu'ils auraient aimé voir son père à l'Élysée. Passons sur le caractère pour le moins particulier de cette question, qui somme les personnes interrogées de se prononcer *a posteriori* sur leur souhait de voir Jean-Marie Le Pen occuper la fonction de président, alors même qu'il n'est plus candidat. Surtout, on voit mal ce qui autorise à parler de mutation du vote FN sur la base du résultat évoqué. D'autant qu'en examinant les autres résultats du sondage, on remarque que 48 % des personnes interrogées déclarent voter FN «pour soutenir un parti qui incarne [leurs] valeurs», mais que 48 % disent également voter FN «pour exprimer [leur] mécontentement à l'égard du cours des choses». Ainsi, le vote de protestation s'avère aussi important que le vote d'adhésion, si tant est que ces deux catégories soient d'un quelconque intérêt pour comprendre les comportements électoraux[36].

On peut prendre un dernier exemple, parmi d'autres, en évoquant la lecture des résultats de l'enquête BVA de mars 2011 sur la normalisation du FN, où l'on apprend, notamment, qu'une majorité de Français considère désormais le Front national comme «un parti comme les autres». C'est du moins sous ce titre que les résultats de l'enquête vont être repris et diffusés dans les médias. Or, dans l'enquête BVA, la question n'est pas: «Vous, personnellement, considérez-vous le FN comme un parti comme les autres?» mais «Vous, personnellement, estimez-vous que le Front national devrait être à présent considéré comme un parti comme les autres?» Ce n'est donc pas une majorité de Français qui estime que le FN est un parti comme les autres, mais une majorité de Français qui estime que ce parti *devrait être* considéré comme un parti comme les autres. La nuance est de taille. De fait, la manière dont sont présentés les résultats ne correspond pas à la question posée (formulée de manière indirecte et au conditionnel) et a pour effet d'accréditer, là encore, l'idée d'une normalisation partisane accomplie du FN.

Au-delà de ces nombreux biais, d'autres problèmes touchant à la déontologie même de la pratique sondagière et journalistique sont repérables. En janvier 2012, on l'a évoqué, le journal *Libération* annonce en première page, sur la base d'une enquête réalisée par l'institut Viavoice, que «30% [d'électeurs] n'excluraient pas de voter Marine Le Pen». Mais, en examinant le détail des chiffres en pages intérieures, on découvre que les 30% annoncés résultent en réalité du

---

36. Sur l'ancienneté de cette transformation supposée du vote de protestation frontiste en vote d'adhésion, voir Nonna Mayer, «Du vote lepéniste au vote frontiste», Revue française de science politique, 47 (3-4), 1997, p. 438-453.

cumul du pourcentage de personnes ayant répondu qu'elles voteraient «certainement» (8 %) pour Marine Le Pen, «oui, probablement» (10 %) et «non, probablement pas» (12 %). Ainsi, pour parvenir au score final de 30 %, on a estimé que les personnes déclarant qu'elles ne voteraient «probablement pas» pour Marine Le Pen avaient autant de chances de le faire que celles qui avaient répondu «oui, probablement» ou «oui, certainement» (8+12+10) ! À moins de considérer que les mots n'ont aucun sens ou que lorsqu'ils sont interrogés, les sondés n'attachent aucune importance à leur réponse, on peut légitimement se demander ce qui autorise de telles pratiques comptables, sinon la volonté d'attirer à tout prix l'attention sur la progression du FN ou, plus prosaïquement, celle de faire un coup éditorial avec l'espoir de gains de vente.

Au terme de cette analyse, il semble donc possible d'affirmer que les sondages réalisés à partir de mars 2011 ont bien contribué à installer l'idée qu'un «nouveau» FN était en train de voir le jour. Cette «nouveauté» a été construite sur la base de résultats d'enquêtes bénéficiant d'une vaste diffusion médiatique (éditorial après éditorial, une après une, revue de presse après revue de presse...), plaçant le parti d'extrême droite à des niveaux particulièrement élevés dans l'opinion, qui ont été interprétés comme autant d'indices d'une banalisation supposée du FN. Avec leurs enquêtes, les instituts de sondages ont donc contribué à donner corps et forme au «roman de la dédiabolisation» mariniste. Alors même que les responsables frontistes réactivaient les ressorts ordinaires d'une stratégie de conquête du pouvoir pour édifier une façade plus respectable du parti, les instituts dessinaient les contours d'un Front national imaginaire. En à peine quelques mois, ce dernier aurait ainsi réussi le tour de force de «changer» et de devenir un parti «comme les autres» – soit une complète illusion, tant le FN campe (toujours) sur ses fondamentaux, bâtie en outre sur la base de résultats d'enquête pour le moins discutables.

Pourtant, l'emballement sondagier autour du FN ne s'est pas éteint, loin de là. Depuis lors, la plupart des instituts n'ont eu de cesse de concevoir des enquêtes dont les résultats apparaissent toujours un peu plus spectaculaires, suivant une logique de prophétie autoréalisatrice. On peut toujours se demander, comme Joël Gombin, si les sondages enregistrent un « mouvement qui existe bel et bien » ou si « cet outil de mesure participe à alimenter la vague[37] ». Il n'en reste pas moins que beaucoup d'enquêtes sur le FN, toujours produites en abondance, continuent de cumuler les biais et problèmes qui viennent d'être évoqués.

Des écueils persistants
Problèmes liés à la temporalité des sondages et aux méthodes de recueil des réponses

En octobre 2013, l'IFOP réalise pour le compte du *Nouvel Observateur* un sondage dont les résultats placent le Front national à 24% d'intentions de vote pour les élections européennes de 2014[38]. Les titres de la couverture choisis par l'hebdomadaire (voir figure 25) illustrent parfaitement les modalités du traitement dominant du FN par les médias, par son ton anxiogène (« Le sondage qui fait peur ») et sa prédiction alarmiste (« Le Front national menace de devenir le premier parti de France »). Notons d'emblée que ces « 24% » attribués au FN ont pris *après coup* une résonance particulière, les listes frontistes ayant *effectivement* obtenu un peu plus de 24% aux élections européennes. De quoi accréditer l'idée selon laquelle les sondages sur le FN seraient désormais « plus fiables qu'auparavant[39] ». Pourtant, cette correspondance paraît hasardeuse compte tenu des nombreux biais repérables dans le sondage IFOP. Autrement dit, il était effectivement probable que le FN obtienne 24% des voix aux élections européennes, mais on ne pouvait pas le déduire du sondage réalisé en octobre 2013.

---

37. Cité dans « *Départementales : les sondages font-ils le jeu du FN ?* », lemonde.fr, *4 mars 2015*.

38. Source : *www.ifop.fr/media/poll/2355-1-study_file.pdf (consultation : octobre 2013).*

39. *Pour reprendre ici les termes de deux journalistes du* Monde *dans cet article :* « Dans le Doubs, les leçons du "séisme souterrain" du vote FN », lemonde.fr, *9 février 2015.*

Figure 25 : « 24 %. Le sondage qui fait peur. »
Couverture du Nouvel Observateur, *10-16 octobre 2013*

Tout d'abord, on l'a dit, mesurer les intentions de vote à neuf mois d'un scrutin n'a guère de sens. À ce stade, les enjeux de l'élection tout comme l'identité des candidats qui seront en lice restent largement indéterminés. Ensuite, l'IFOP a testé dans son sondage non pas l'ensemble des listes présentées par circonscription, mais une seule liste nationale par parti, « soutenue » par un représentant de ce parti : Olivier Besancenot pour le NPA, Cécile Duflot pour EELV, Harlem Désir pour le PS, Jean-François Copé pour l'UMP, Marine Le Pen pour le FN, etc. Les personnes interrogées ont donc dû se prononcer sur un scrutin sans rapport avec sa réalité finale. Enfin, l'enquête a été conduite sur internet, selon un mode d'auto-administration posant un certain nombre de problèmes du fait du profil quelque peu singulier des répondants[40]. Autant de paramètres qui entachent fortement la crédibilité

---

40. *Pour une analyse critique complémentaire des biais constitutifs de ce sondage, voir la note de Joël Gombin déjà mentionnée (disponible sur son blog : www.joelgombin.fr/sondageifop).*

des résultats. On peut, de même, légitimement douter de la valeur des enquêtes qui, à partir du mois d'avril 2013, soit quatre années avant l'élection présidentielle de 2017, ont commencé à annoncer la présence de Marine Le Pen au second tour du scrutin[41], voire, à partir d'août 2014, sa victoire finale[42].

Problèmes liés à l'évaluation sondagière du potentiel électoral frontiste

Les responsables d'instituts assurent que la dédiabolisation mariniste aurait permis de gagner en précision dans l'évaluation sondagière du phénomène frontiste. Avec la normalisation supposée du FN, un nombre croissant de personnes interrogées n'hésiteraient plus à exprimer dans le cadre des enquêtes leur soutien ou leur sympathie pour le parti d'extrême droite, réduisant ainsi les possibilités d'erreur liées aux opérations de redressement. Il reste que l'examen comparé des données des sondages ne confirme pas ce gain de précision. Si les instituts ne rencontraient plus de difficultés dans l'appréciation du phénomène frontiste (ou dans son redressement), on observerait des résultats relativement identiques d'une enquête à l'autre – du moins pour celles qui portent sur les intentions de vote, et dont les questions sont en général assez similaires : « Si l'élection avait lieu dimanche prochain, pour quel(le) candidat/parti/liste voteriez-vous ? » Durant la campagne présidentielle de 2012, on l'a noté, les écarts repérables entre les estimations des différents instituts avaient atteint jusqu'à 7 points. Lors des élections européennes de 2014, on a pu encore relever des écarts de plus de 5 points, y compris dans les enquêtes réalisées à quelques jours du scrutin, alors même que la proximité de l'échéance est censée garantir une précision optimale (voir tableau 23). Et, pendant la campagne pour les élections départementales de 2015,

---

41. *« Sondage BFM TV – Aujourd'hui Marine Le Pen serait au second tour de la présidentielle »*, bfmtv.com, *29 avril 2013 (sondage CSA).*

42. *« 2017 : un sondage place Marine Le Pen en tête du premier tour, Hollande éliminé »*, lefigaro.fr, *1ᵉʳ août 2014 (sondage Ifop pour* Marianne*) ; « Sondage : Marine Le Pen bat tout le monde »*, latribune.fr, *5 septembre 2014 (sondage IFOP pour* Le Figaro*).*

ces écarts sont également montés jusqu'à 5 points, avec un différentiel entre les estimations de l'institut Odoxa et les résultats finaux du FN (25,2 %) de 8 points environ (voir tableau 24). La mesure sondagière du potentiel électoral frontiste reste donc indiscutablement imprécise.

Tableau 23 : Estimations des instituts de sondages concernant les intentions de vote pour les listes FN aux élections européennes de 2014 (en %)

LH2 15-16 mai 2014	OpinionWay 14-16 mai 2014	Sofres 9-11 mai 2014	IFOP 20-23 mai 2014	Ipsos 21-22 mai 2014	YouGov 19-22 mai 2014	Écarts max.
21	22	23	23,5	24	26,1	5,1 points

Source : www.sondages-en-france.fr (consultation : avril 2015)

Tableau 24 : Estimations des instituts de sondages concernant les intentions de vote pour le FN aux élections départementales de 2015 (en %)

CSA 16-18 mars 2015	Ipsos 19-20 avril 2015	IFOP 9-11 mai 2015	Odoxa 5-6 mars 2015	Écarts max.
28	29	30	33	5 pts

Source : www.sondages-en-france.fr (consultation : avril 2015)

Problèmes liés à la formulation des questions

Un autre problème persistant tient à la formulation des questions posées. L'édition 2013 du baromètre d'image du Front national de TNS Sofres en offre une belle illustration. Dans cette édition, il était demandé aux personnes interrogées de se prononcer sur l'image de Marine Le Pen. Pour ce faire, les répondants devaient indiquer si tel ou tel qualificatif s'appliquait « bien » ou « mal » à la dirigeante frontiste. Or il s'avère que tous ces qualificatifs sont positifs (« volontaire », « capable de prendre des décisions », « comprend les problèmes quotidiens des Français », « sympathique et chaleureuse », etc.), limitant *de facto* les possibilités d'émettre une appréciation négative et contribuant à dessiner en creux un portrait plutôt flatteur de la présidente du FN (voir figure 26). Dans l'une de ses enquêtes de

La construction médiatique de la «nouveauté» FN

septembre 2013, l'institut BVA a posé la même question, mais en proposant une série d'items à la fois positifs et négatifs («d'extrême droite», «agressive», «démagogique» «raciste», etc.). Mécaniquement, comme le montrent les résultats de la figure 27, l'image de Marine Le Pen s'en trouve dégradée. Cela signifie que la façon dont est conçue la question oriente la réponse et, partant, l'image de la présidente du FN. En somme, on peut faire dire tout et son contraire à un sondage.

Figure 26 : Baromètre TNS Sofres 2013.
Question portant sur «l'image de Marine Le Pen»

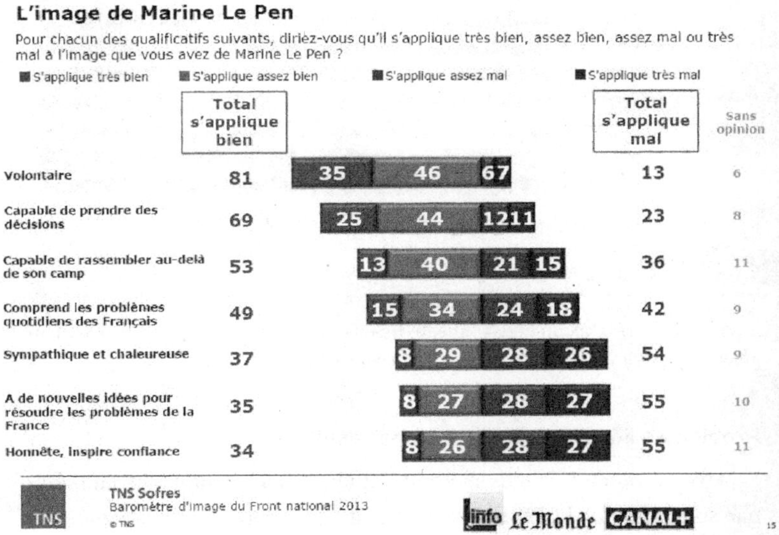

L'image de Marine Le Pen

Pour chacun des qualificatifs suivants, diriez-vous qu'il s'applique très bien, assez bien, assez mal ou très mal à l'image que vous avez de Marine Le Pen ?

■ S'applique très bien   ■ S'applique assez bien   ■ S'applique assez mal   ■ S'applique très mal

	Total s'applique bien	S'applique très bien	S'applique assez bien	S'applique assez mal	S'applique très mal	Total s'applique mal	Sans opinion
Volontaire	81	35	46			13	6
Capable de prendre des décisions	69	25	44	12	11	23	8
Capable de rassembler au-delà de son camp	53	13	40	21	15	36	11
Comprend les problèmes quotidiens des Français	49	15	34	24	18	42	9
Sympathique et chaleureuse	37	8	29	28	26	54	9
A de nouvelles idées pour résoudre les problèmes de la France	35	8	27	28	27	55	10
Honnête, inspire confiance	34	8	26	28	27	55	11

TNS Sofres
Baromètre d'image du Front national 2013
© TNS

info Le Monde CANAL+

Source : www.tns-sofres.com/sites/default/files/2012.01.12-barofn.pdf (consultation : mars 2013)

LES FAUX-SEMBLANTS DU FRONT NATIONAL

Figure 27 : Sondage BVA pour Le Parisien-Aujourd'hui en France, *septembre 2013. Question portant sur «l'image détaillée de Marine Le Pen»*

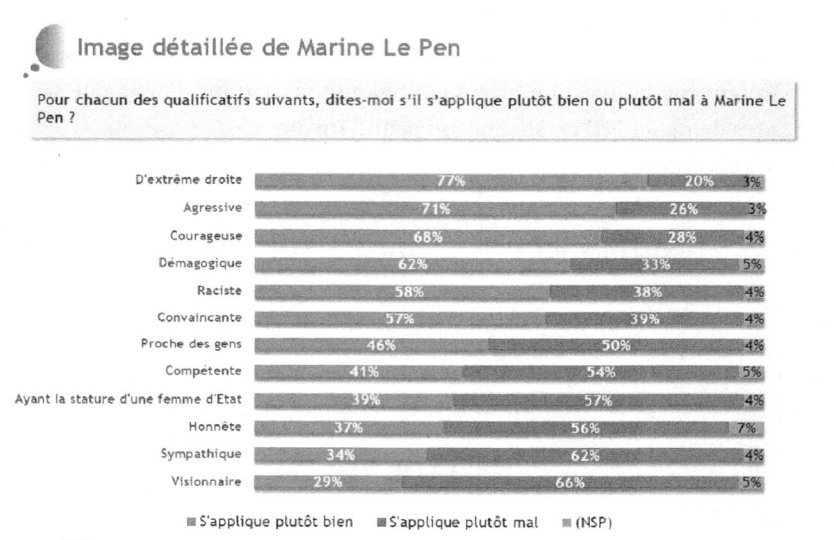

Image détaillée de Marine Le Pen

Pour chacun des qualificatifs suivants, dites-moi s'il s'applique plutôt bien ou plutôt mal à Marine Le Pen ?

Qualificatif	S'applique plutôt bien	S'applique plutôt mal	(NSP)
D'extrême droite	77%	20%	3%
Agressive	71%	26%	3%
Courageuse	68%	28%	4%
Démagogique	62%	33%	5%
Raciste	58%	38%	4%
Convaincante	57%	39%	4%
Proche des gens	46%	50%	4%
Compétente	41%	54%	5%
Ayant la stature d'une femme d'État	39%	57%	4%
Honnête	37%	56%	7%
Sympathique	34%	62%	4%
Visionnaire	29%	66%	5%

Source : bva.fr/data/sondage/sondage_fiche/1338/fichier_bva_pour_le_parisien-aujourdhui_en_france_marine_le_pen5792b.pdf (consultation : janvier 2014).

Problèmes liés l'interprétation des résultats

Aux nombreux écueils méthodologiques relevés dans les enquêtes par sondages sur le FN s'ajoute celui de l'interprétation des résultats. Prenons l'exemple de l'édition 2013 du baromètre TNS Sofres sur l'image du FN. On note que, dans les commentaires médiatiques, la plupart des données allant à l'encontre de la thèse de la banalisation du FN ont été soit occultées, soit placées au second plan. Ainsi, on a relativement peu insisté sur le fait que 81 % des personnes interrogées n'approuvent pas les solutions que Marine Le Pen propose, que 67 % d'entre elles n'envisagent pas de voter pour ce parti à l'avenir, que 54 %

considèrent qu'il a plutôt vocation à rassembler les votes d'opposition[43]. Ce constat vaut également pour la manière dont les résultats de l'édition 2015 ont été traités. Il se trouve que les données de cette ultime édition se sont avérées plutôt décevants pour le Front national. Les résultats montrent en effet que le niveau d'adhésion à ses idées a légèrement baissé par rapport à 2014 (33 %, -1 point), que le FN est davantage perçu comme un « danger pour la démocratie » (54 %, +3 points), que l'image de Marine Le Pen s'est « écornée » et que les fondamentaux du parti sont « massivement rejetés », selon les termes d'Abel Mestre, qui en a proposé une analyse détaillée pour le journal *Le Monde*[44]. Mais, plutôt que de mettre en valeur ces différents résultats, pourtant clairement mentionnés par le journaliste dans son article, le quotidien a préféré titrer : « Élections départementales : un sympathisant UMP sur deux favorable à des alliances avec le FN », tout en considérant que la porosité entre les électorats FN et UMP constituait le « principal enseignement du baromètre d'image du parti d'extrême droite[45] ». Or c'est précisément cet enseignement qui a été repris et diffusé par la plupart des médias. Dans leurs manchettes, ceux-ci ont en outre généralement omis de préciser que les sympathisants UMP interrogés s'exprimaient en l'occurrence sur des alliances « locales, au cas par cas » : « La moitié des électeurs UMP voudraient des alliances avec le FN » (*capital.fr* ; *francebleu.fr* ; *reuters.fr*, 16 février 2015) : « 50 % des sympathisants UMP favorables à des alliances avec le FN » (*franceinfo.fr*, 16 février 2015) ; « Départementales : le FN séduit les électeurs UMP » (*francesoir.fr*, 16 février 2015). Autrement dit, les médias ont choisi ici de mettre en avant l'un des rares résultats du baromètre de 2015 indiquant une évolution positive pour le FN par rapport à 2014.

Ce type de lecture oblique est devenu quasi systématique. Ainsi, en septembre 2013, un sondage BVA-Orange réalisé pour *L'Express*, la

---

43. *Pour de plus amples développements critiques sur ce baromètre, voir Alexandre Dézé, « La banalisation médiatique du FN », liberation.fr, 11 février 2013.*

44. Abel Mestre, « Un sympathisant sur deux favorable à des alliances locales avec le FN », lemonde.fr, *16 février 2015.*

45. *« Élections départementales : un sympathisant sur deux favorable à des alliances avec le FN »,* lemonde.fr, *16 février 2015.*

presse régionale et France Inter annonce que 63 % des sympathisants de droite interrogés déclarent « préférer » Marine Le Pen à François Hollande (29 %) – si tant est que cette question ait un sens[46]. En examinant les autres données de cette enquête, on apprend surtout que « seulement » 26 % des personnes interrogées souhaiteraient voir Marine Le Pen avoir « davantage d'influence dans la vie politique française » ; que 72 % des personnes interrogées ont une « mauvaise opinion » du FN ; et que 57 % de l'ensemble des personnes interrogées continuent de préférer François Hollande à Marine Le Pen... Or, ces résultats ont été relégués au second plan par les médias : « Les sympathisants de droite préfèrent Marine Le Pen à François Hollande » (*lefigaro.fr*, 30 septembre 2013) ; « Les sympathisants de droite préfèrent Le Pen à Hollande » (*francetvinfo.fr*, 30 septembre 2013) ; « Sondage : les sympathisants de droite préfèrent Marine Le Pen à François Hollande » (*20minutes.fr*, 1er octobre 2013). De même, sur la base d'un sondage réalisé par l'IFOP en février 2015, le *Journal du dimanche*, *Le Point*, *Le Parisien*, *L'Express*, *20 Minutes* et le site internet de RTL titraient à peu près dans les mêmes termes : « Départementales : 30 % des Français souhaitent le succès du FN[47] ». On peut tout d'abord se demander ce que signifie « souhaiter le succès du FN ». Pour certains journalistes, la réponse semble claire : cela équivaut à vouloir voter pour le FN (« Le vote FN, hier vote de protestation, commence à ressembler à un vote d'adhésion. Selon notre enquête, 30 % des Français disent "souhaiter" un succès du FN lors des départementales[48] »). D'un résultat indiquant que « 30 % des Français souhaitent le succès du FN », on est ainsi passé, sans autre forme d'inventaire et de manière implicite, à « 30 % des

---

46. *Dans le même sondage, les personnes interrogées devaient également indiquer si elles préféraient François Hollande à Nicolas Sarkozy, François Hollande à Jean-François Copé, et François Hollande à François Fillon. Pour consulter les résultats de ce sondage, voir http://fr.calameo.com/read/001524739f3b540d24785 (consultation : février 2015).*

47. *Voir par exemple : « Élections départementales 2015 : près de 30 % des Français souhaitent le succès du FN », rtl.fr, 15 février 2015 ; « Départementales : près de 30 % des Français souhaitent le succès du FN », 20minutes.fr, 15 février 2015.*

48. *« FN : le sondage qui inquiète le PS et l'UMP », lejdd.fr, 14 février 2015.*

Français votent» pour le FN. Mais une autre question vient irrémédiablement à l'esprit : si 30% des personnes interrogées souhaitent le succès du FN, est-ce à dire que 70% ne le souhaitent pas ? Et, si tel est le cas, pourquoi ne pas avoir mis en avant ce résultat, qui se déduit en creux du premier[49] ?

Problèmes liés à la déontologie des sondages et des médias

D'autres pratiques dans la production et l'analyse de ces sondages s'avèrent plus problématiques encore. Prenons quelques exemples.

En décembre 2014, le tout nouvel institut Odoxa réalise un sondage d'intentions de vote pour les élections départementales de 2015. Le principal résultat mis en exergue concerne, sans grande surprise, le Front national, qui serait crédité de 28% d'intentions de vote au niveau national, «soit 3 points de plus que son score "canon" des dernières européennes[50]». Outre que la comparaison entre élections départementales et européennes est dénuée de sens tant ces scrutins sont de nature différente, le niveau d'intentions de vote prêté au FN paraît également peu fondé. Passons sur le mode de recueil de l'échantillon par internet, dont on a déjà souligné les défauts, et sur les problèmes de redressement qui en résultent. Il faut d'abord rappeler que, dans l'enquête réalisée, près de la moitié des personnes interrogées ne sont pas certaines d'aller voter. Ce résultat est certes mentionné dans le rapport publié par l'institut, mais nullement dans les différents commentaires des médias, donnant l'impression que les intentions de vote frontiste sont assurées. Plus discutable encore, l'enquête a été réalisée comme s'il s'agissait d'une élection nationale, autrement dit sans tenir compte des caractéristiques locales du scrutin départemental, ni même des particularités du mode d'élection, impliquant la consti-

---

49. *Même s'il ne résulte d'aucune question formulée dans l'enquête. Pour une présentation des résultats de ce sondage, voir www.ifop.com/media/poll/2938-1-study_file.pdf (consultation : février 2015).*

50. *C'est ce qu'on peut lire dans le rapport éditorialisé de l'institut disponible en ligne : http://www.odoxa.fr/wp-content/uploads/2014/12/Barom%C3%A8tre-politique-Odoxa-LExpress-Presse-R%C3%A9gionale-France-Inter-D%C3%A9cembre-2014.pdf (consultation : décembre 2014).*

tution de binômes paritaires pour les candidats et les suppléants, et potentiellement de binômes mixtes politiquement. Quelle peut être la valeur des résultats d'un sondage qui cherche à mesurer des intentions de vote pour un scrutin en ignorant ses singularités[51]? Pourtant, le sondage d'Odoxa a été abondamment repris et diffusé sans que soient jamais évoqués les problèmes liés à ses modalités de production[52]. Dans le rapport d'enquête d'Odoxa, on apprend par ailleurs que «les Français estiment qu'il faut désormais considérer le FN comme "un parti comme les autres"». Pourtant, à regarder dans le détail, ce sont non pas «tous» les Français mais 58 % des personnes interrogées qui ont répondu favorablement à la question : «Vous personnellement, estimez-vous que le FN devrait être à présent considéré comme un parti comme les autres ?» On retrouve ici l'un des biais précédemment évoqués : celui du décalage entre la façon dont est formulée la question et la façon dont sont restituées les réponses. Au-delà du caractère problématique des données d'enquête Odoxa, le ton du rapport ne peut manquer de surprendre. Précisons tout d'abord que ce rapport, signé Gaël Sliman, le président d'Odoxa, a été présenté le 15 décembre 2014 lors d'un «petit déjeuner politique» organisé par l'institut en présence de Marine Le Pen, qui en était l'invitée. Or, le document met surtout en valeur les résultats obtenus par le FN. Gaël Sliman y évoque en effet, de manière particulièrement contrastée, un président de la République qui «demeure incroyablement impopulaire», un Parti socialiste «grand perdant» et un Front national «créant la "surprise" aux prochaines élections départementales», comme si ces élections avaient déjà eu lieu, annonçant semble-t-il avec enthousiasme la «promesse de scores inédits» et de «"cartons" auprès de pans entiers de la population»!

---

51. Cette absence de prise en compte des singularités du scrutin explique pour partie que la plupart des instituts se soient trompés dans l'estimation des intentions de vote pour cette élection. Sur ce point, voir Alexandre Dézé, «Départementales : pourquoi les sondeurs se sont-ils trompés», lefigaro.fr, 24 mars 2015.

52. Sur ce sondage, voir Alexandre Dézé, «Méfions-nous de la surenchère sondagière en faveur du FN», lemonde.fr, 29 décembre 2014.

Toujours au mois de décembre 2014, l'institut OpinionWay réalise pour CLAI-Metronews une enquête sur le «bilan de l'année politique 2014». Les résultats sont divers, mais l'un d'eux en particulier retient l'attention des médias et fait les titres de l'actualité au moins deux jours, les 14 et 15 décembre. D'après ce sondage, Marine Le Pen serait pour les Français la «personnalité politique de 2014». D'abord diffusée sur le site internet de Metronews («Marine Le Pen, personnalité politique de 2014 pour les Français», *metronews.fr*, 15 décembre 2014), l'information est rapidement reprise par un grand nombre de médias: «Marine Le Pen: personnalité politique 2014 pour les Français» (*leparisien.fr*, 15 décembre 2014); «Sondage: Marine Le Pen, personnalité politique de l'année 2014» (*sudouest.fr*, 15 décembre 2014); «Marine Le Pen désignée personnalité politique de l'année par les Français» (*rtl.fr*, 15 décembre 2014); «Marine Le Pen élue personnalité politique 2014 par les Français» (*ladepeche.fr*, 15 décembre 2014); etc. Le résultat semble donc sans appel. Personne ne paraît devoir douter que Marine Le Pen puisse être la personnalité politique de l'année pour les Français. Et, si personne ne doute, c'est que personne n'a pris soin d'examiner en détail les résultats du sondage. Le rapport d'étude d'OpinionWay est pourtant accessible en ligne[53]. Or, comme on peut aisément le remarquer en le parcourant, les personnes interrogées par cet institut n'ont pas désigné ou élu Marine Le Pen personnalité politique de l'année, elles ont simplement répondu à la question «Quelles sont, selon vous, les trois personnalités qui ont le plus marqué l'actualité politique en 2014? [54]»; 42% des personnes interrogées ont répondu Marine Le Pen, 39% Manuel Valls et 36% Nicolas Sarkozy. Marine Le Pen arrive donc bien en tête des personnalités qui «ont marqué l'actualité politique en 2014», mais cela n'en fait pas «la personnalité

---

53. Source: www.opinion-way.com/pdf/opinionway_pour_clai_metro_lci-questions_d_actualite-dec2014.pdf (consultation: février 2015).

54. *Seize personnalités étaient testées dans ce sondage, parmi lesquelles Cécile Duflot, François Fillon, François Hollande, Anne Hidalgo, Alain Juppé, Nathalie Kosciusco-Morizet, Bruno Le Maire, Marine Le Pen, Emmanuel Macron, Marion Maréchal-Le Pen, Jean-Luc Mélenchon, Arnaud Montebourg, Florian Philippot, Ségolène Royal, Nicolas Sarkozy, Manuel Valls.*

politique de 2014 ». Là encore, le décalage entre la question, les résultats et la manière dont ils sont présentés dans les médias est remarquable, contribuant une nouvelle fois à gonfler artificiellement l'importance politique du FN.

Des travers similaires sont repérables dans bien d'autres enquêtes. Ainsi, en septembre 2014, l'IFOP réalise un sondage pour *Le Figaro* qui donne Marine Le Pen première au premier tour de l'élection présidentielle de 2017, et l'emportant sur François Hollande au second. Ces résultats ont de quoi surprendre, tout autant que les commentaires livrés dans les pages du journal : « Ce n'est qu'une hypothèse, mais c'est la première fois qu'un sondage l'envisage : Marine Le Pen peut être élue présidente de la République. Et de manière large, même si c'est dans le scénario aujourd'hui le moins probable : celui d'une finale avec François Hollande. » En somme, la victoire de Marine Le Pen est annoncée sur la base d'une « hypothèse » s'inscrivant dans le cadre d'un scénario « le moins probable[55] » ! Pourtant, l'annonce de la défaite de François Hollande face à Marine Le Pen est relayée par la plupart des médias. Or, ce second tour est parfaitement inenvisageable puisque dans le sondage, François Hollande n'obtient pas assez d'intentions de vote pour accéder au second tour, sauf dans l'hypothèse d'une candidature à droite de François Fillon – et encore, puisque tous deux obtiennent le même score (17 % d'intentions de vote). Dans les deux autres hypothèses (candidature Juppé ou candidature Sarkozy), il échoue au premier tour[56]. De même, en novembre 2014, l'IFOP réalise pour le compte du *Journal du dimanche* un sondage avec pour principale question : « Parmi les personnalités suivantes de droite, laquelle s'oppose le plus selon vous dans ses propos et ses actions à François Hollande[57] ? » 60 % des personnes interrogées répondent Marine Le Pen, 21 % Nicolas Sarkozy, 8 % Alain Juppé, 4 % François Bayrou et François Fillon. Il n'en fallait pas tant

---

55. Voir « *Une déflagration qui défie la droite et humilie la gauche* », lefigaro. fr, 5 septembre 2014.

56. Source : www.ifop.fr/media/poll/2755-1-study_file.pdf (consultation : février 2015).

57. Source : www.ifop.com/media/poll/2823-1-study_file.pdf (consultation : février 2015).

pour que Marine Le Pen apparaisse comme la «meilleure opposante à François Hollande pour 60 % des Français» – un titre repris tel quel par *lemonde.fr*, *bfmtv.com*, *lefigaro.fr*, *atlantico.fr*, *midilibre.fr*, *rtl.fr*, *nouvelobs.com*, *latribune.fr*, *20minutes.fr*. Pourtant, il est clair que les scores obtenus par la présidente du FN tiennent à l'intensité de son opposition par rapport aux autres personnalités de droite qui ont été testées dans l'enquête. C'est d'ailleurs cette différence d'intensité que vise à mesurer la question posée, et ce en des termes plutôt clairs («la personnalité qui s'oppose le plus dans ses *propos* et dans ses *actions*» [nous soulignons]). Que Marine Le Pen soit, parmi les différentes «personnalités de droite», la plus radicale en paroles et en actes à l'égard du président de la République ne semble guère faire de doute. Mais cela ne saurait suffire à en faire la «meilleure opposante» à François Hollande. Pourtant, encore une fois, c'est bien cette idée, en total décalage avec la question posée et les réponses obtenues, qui s'est imposée.

L'examen critique systématique des sondages portant sur le FN appellerait bien d'autres développements tant la production d'enquêtes ou de résultats d'enquêtes sur le parti d'extrême droite est abondante. Pour ne prendre qu'un seul exemple, entre le 14 et le 16 février 2015, pas moins de quatre sondages relatifs au FN ont été publiés :

– le 14 février : sondage BVA pour Orange et I-Télé indiquant que le «Front national atteint pour la première fois les 30 % de bonnes opinions» ;

– le 15 février : sondage IFOP pour *Le Journal du dimanche* rapportant que 30 % des Français souhaitent le succès du FN lors des départementales ;

– le 16 janvier : sondage TNS Sofres pour *Le Monde* et France Info faisant état des résultats du baromètre d'image du Front national, avec comme principal résultat : «un sympathisant UMP sur deux favorable à des alliances avec le FN» ;

– le 16 janvier : sondage Odoxa pour *Le Parisien* selon lequel 42 % des électeurs de Nicolas Sarkozy seraient prêts à voter FN.

On mesure, à l'aune de ce simple rappel, à quel point les sondages occupent désormais une place centrale dans la production de l'information sur le Front national[58], à quel point leur publication dans les médias contribue à placer ce parti au cœur de l'actualité, et à quel point ils servent d'étalon pour son analyse. Pourtant, et ce n'est pas le moindre des paradoxes, les enquêtes des instituts, on l'a vu, présentent souvent des données peu satisfaisantes pour appréhender la réalité du FN. Et l'on peut s'étonner que, en dépit des mises en garde régulièrement publiées[59], les résultats de ces enquêtes soient si rarement remis en question ou, du moins, qu'ils ne soient pas traités et interprétés avec prudence. Ainsi, les erreurs notables commises par les instituts dans l'évaluation du potentiel électoral frontiste pour les élections départementales, tout comme dans l'estimation du niveau d'abstention, n'ont pas empêché les médias de confier le soin aux responsables des instituts de commenter les résultats des premier et deuxième tours, ni de leur commander dès la clôture de cette séquence électorale de nouveaux sondages sur les élections régionales de 2015[60]. L'importance des sondages en France – qui n'a que peu d'équivalent à l'étranger – est intimement liée à la croyance selon laquelle les instituts auraient la capacité de prévoir l'avenir en politique. Cette croyance est aujourd'hui d'autant plus solidement établie que l'information sondagière est recherchée dans le champ médiatique. Elle est en effet peu coûteuse et susceptible de générer des gains de vente et d'audience. Ainsi, avec son numéro d'octobre 2013 annonçant le FN à 24 % aux élections européennes de 2014, *Le Nouvel Observateur* aurait augmenté ses ventes de 30 %. En somme, un sondage sur le FN s'avère nécessairement *intéressant* pour les médias, *a fortiori* dans le contexte de crise qu'ils traversent depuis une décennie. Cette dimension économique est

---

58. *Sur l'importance de ce «journalisme de sondage», voir Philippe Riutort, «Renoncer au journalisme de sondage pour combattre Marine Le Pen», lemonde. fr, 28 mai 2014. Pour une analyse critique complémentaire de la production sondagière sur le FN, on pourra se reporter utilement aux contributions publiées sur deux sites internet: www.acrimed.org et www.observatoire-des-sondages.org.*
59. *Parmi une littérature abondante, on se reportera notamment à Patrick Lehingue, Subunda. Coups de sonde dans l'océan des sondages, op. cit. et Alain Garrigou, L'Ivresse des sondages, Paris, La Découverte, 2006.*
60. *Voir par exemple le sondage réalisé le 29 mars par Harris Interactive pour le compte de la Chaîne parlementaire. Source: http://www.harrisinteractive.fr/news/2015/Results_HIFR_LCP_03042015.pdf (consultation: avril 2015).*

d'autant plus importante à prendre en considération qu'elle se trouve pour partie au fondement de la dynamique spéculative qui s'est emparée de la production sondagière sur le FN depuis 2011. Cette dynamique ne suscite pas seulement un nombre croissant d'enquêtes sur l'organisation frontiste. Elle encourage également certains instituts à produire des résultats d'autant plus vendeurs qu'ils seront spectaculaires – parfois au mépris des règles déontologiques les plus élémentaires. De la sorte, les instituts s'offrent un accès facilité aux médias en leur donnant la possibilité de faire des «coups» éditoriaux. Rappelons que les sondages d'opinion représentent entre 3 et 10% du chiffre d'affaires des instituts – 1% à peine pour les sondages «politiques». Leur activité réside donc pour l'essentiel dans la production d'autres types d'enquêtes. Il reste que la reprise et la diffusion médiatiques de ces sondages leur offrent une opportunité exclusive de valoriser leur marque et d'accroître leur notoriété – en somme de vendre leurs autres produits.

Le traitement médiatique du FN en question

La construction de la «nouveauté» supposée du Front national procède également du traitement médiatique proprement dit du parti. Ce traitement est certes loin d'être homogène. Tous les journaux, toutes les chaînes de télévision, tous les sites d'information sur internet n'appréhendent pas le FN de la même manière. On constate néanmoins, parmi les médias dominants (chaînes généralistes de télévision et de radio, chaînes d'information de la TNT, grands quotidiens et grands hebdomadaires, sites internet généralistes, sites d'information), un net alignement des cadres d'interprétation. Pour comprendre comment ces médias ont contribué à produire une réalité fictionnelle du FN, il faut insister sur l'intervention de trois ressorts complémentaires.

La couverture médiatique du FN

Le premier ressort réside dans la couverture médiatique du FN. L'organisation frontiste constitue l'un des objets politiques les plus rentables pour les médias. Les représentants du parti se plaignent certes régulièrement d'être sous-représentés à la télévision ou à la radio. Leurs revendications se fondent sur le temps d'antenne qui leur est alloué en regard du « principe de pluralisme politique » du Conseil supérieur de l'audiovisuel, et qui s'avère en effet nettement inférieur à celui des porte-parole du PS ou de l'UMP. Cela dit, on ne saurait se fonder sur ce seul indicateur pour prendre la mesure de l'importance du FN *dans* et *pour* les médias. En premier lieu, il faut se souvenir que Marine Le Pen, tout comme son père autrefois, réalise parmi les meilleures audiences de la télévision. Ces performances sont d'ailleurs souvent soulignées dans les médias : « Marine Le Pen toujours championne de l'audimat » (*lejdd.fr*, 24 juin 2011) ; « Marine Le Pen fait exploser l'audience de Ruquier » (*lalibre.be*, 20 février 2012) ; « Audiences : Marine Le Pen booste *Parole de candidat* » (*Presimat*, 6 mars 2012) ; « *Des paroles et des actes* : Marine Le Pen offre un record d'audience à France 2 » (*Le Nouvel Observateur*, 11 avril 2014). La présidente du FN est incontestablement télégénique, ce qui n'est pas le moindre de ses atouts lorsqu'on sait que l'évaluation des acteurs politiques tend de plus en plus à s'aligner sur l'évaluation de leurs performances médiatiques. Arlette Chabot (Europe 1) estime ainsi que Marine Le Pen est une « bête médiatique[61] ». Pour Nathalie Saint-Cricq (France 2), elle maîtrise « l'art oratoire et un sens de la formule qui font que l'on ne s'ennuie pas[62] ». Avec elle, « on sait qu'il va se passer quelque chose[63] », déclare encore Hervé Béroud, directeur de l'information à BFMTV. Marine Le Pen n'est cependant pas la seule représentante frontiste à assurer le « spectacle[64] ». Jean-Marie Le Pen, Florian Philippot, Marion Maréchal-Le Pen sont également appréciés pour leur capacité à capter l'attention du public[65]. On l'aura compris, le FN tout autant que ses leaders *intéressent* au premier chef les médias.

---

61. « *Marine Le Pen et les médias : comment monter au Front* », telerama.fr, 16 *février 2012*.
62. « *Bons clients et bonnes audiences* », lejdd.fr, 5 *mai 2013*.
63. « *Marine Le Pen et les médias : la prise de pouvoir* », teleobs.nouvelobs.com, 7 *novembre 2014*.
64. Ibid.
65. « *Florian Philippot, le Front médiatique* », lemonde.fr, 28 *novembre 2014*.

Ce phénomène n'est certes pas nouveau, comme le montrent les travaux de Jacques Le Bohec[66], mais il a manifestement redoublé d'ampleur depuis 2011. En 2013 et 2014, Marine Le Pen et Florian Philippot ont été les deux personnalités politiques les plus conviées dans les émissions d'information matinale (télévision et radio confondues) avec respectivement 56 et 51 invitations[67]. À ce jour, c'est Marine Le Pen qui, avec Jean-Luc Mélenchon, détient le record de participation à l'émission de France 2 « Des paroles et des actes », devant François Hollande. On ne compte plus par ailleurs les unes de journaux[68] ou de magazines consacrées au FN[69], les articles qui paraissent chaque

---

66. Voir Jacques Le Bohec, Sociologie du phénomène Le Pen, Paris, La Découverte, 2005, p. 24 et suiv. Voir également du même auteur : L'Implication des journalistes dans le phénomène Le Pen, Paris, L'Harmattan, 2004.

67. « Marine Le Pen et Florian Philippot, plus gros squatteurs de matinales depuis un an », lelab.europe1.fr, 16 octobre 2014.

68. Entre septembre 2013 et mars 2014, et pour ne prendre que cet exemple, le journal Le Monde aura consacré pas moins de quatorze unes au Front national. La seule semaine du 6 avril 2015, le FN fait la première page du journal à trois reprises (8, 9 et 10 avril).

69. Pour ne donner ici que quelques exemples : « Enquête sur Marine Le Pen », Le Point, 29 avril 2010 ; « Pourquoi elle fait peur ? La face cachée de Marine Le Pen », VSD, 9 septembre 2010 ; « Le piège. Comment Sarkozy a fait monter le FN », Le Nouvel Observateur, 10 mars 2011 ; « Le séisme Marine Le Pen menace d'écroulement la droite et la gauche », Marianne, 12 mars 2011 ; « Marine Le Pen. L'attrape-tout », Le Point, 12 mai 2011 ; « Marine Le Pen : l'illusionniste », Challenges, 14 avril 2011 ; « Marine Le Pen. Secrets de famille », L'Express, 2 novembre 2011 ; « Marine Le Pen. Jusqu'où ira-t-elle ? », Valeurs actuelles, 17 novembre 2011 ; « La face cachée de Marine Le Pen », Dossiers spéciaux, 1er février 2012 ; « Marine cherche parrain désespérément... le grand bluff ? », VSD, 9 février 2012 ; « Marine Le Pen et les présidentielles », Le Magazine, mai 2012 ; « Duel chez les Le Pen », Le Nouvel Observateur, 20 juin 2013 ; « La déferlante Marine Le Pen », Valeurs actuelles, 12 septembre 2013 ; « Et pendant ce temps, elle monte », L'Express, 24 septembre 2013 ; « Les réseaux secrets du Front national », Le Figaro Magazine, 8-9 novembre 2013 ; « Le FN à l'assaut », L'Express, 19 mars 2014 ; « L'argent secret du Front national », Le Figaro Magazine, 2-3 mai 2014 ; « Merci qui ? Les vies cachées de Marine Le Pen », Le Point, 29 mai 2014 ; « Marine Le Pen en tête », Marianne, 1er août 2014 ; « Présidente en 2017 ? Pourquoi le pire est possible », L'Express, 5 novembre 2014 ; « À qui la faute ? Marine Le Pen à 30 % », Marianne, 30 janvier 2015 ; « Le Pen, affaires de famille », Le Figaro Magazine, 13-14 février 2015 ; « Un Français sur quatre », Causeur, 1er avril 2015.

jour sur les sites d'information en ligne (42 pour le seul mois de janvier 2015 sur le site du Lab Europe 1), les documentaires ou les grands reportages programmés à la radio ou à la télévision[70].

Plus un jour ne s'écoule sans que le FN soit propulsé au cœur de l'actualité – et ce, quelle que soit la valeur de l'information relayée. Ainsi, pas moins d'une quinzaine de médias (parmi lesquels BFMTV, RTL, France TV Info, *L'Express*, *20 Minutes*, *Les Échos*, *Le Nouvel Observateur*, *Les Dernières Nouvelles d'Alsace*, *Closer*, atlantico.fr, Yahoo Actualités) ont relaté l'incident survenu chez Jean-Marie Le Pen à la fin du mois de novembre 2014, lorsque l'un des dobermans du président d'honneur du FN a dévoré l'une des «chattes bengalaises» de Marine Le Pen[71]. Quelques semaines après cet événement, *Metronews* va même jusqu'à publier sur son site internet un *selfie* montrant côte à côte, Marine Le Pen, Florian Philippot et l'une des chattes bengalaises survivantes[72]! Ainsi, n'importe quel type d'événement touchant au FN semble devoir être systématiquement rapporté: l'exclusion de deux militants pour avoir versé du laxatif dans le vin de Louis Aliot (*lesinrocks.com*, 30 décembre 2014); la fracture que s'est faite Marine Le Pen en tombant dans sa piscine vide (*huffingtonpost.fr*, 18 mai 2013), etc.

L'importance de cette couverture médiatique n'est pas sans servir les intérêts de Marine Le Pen. La présidente du FN a su parfaitement tirer profit de la fenêtre d'exposition qui lui était offerte pour imposer le roman de la dédiabolisation frontiste et créer l'impression qu'avec

---

70. *Pour ne mentionner ici que la liste, sans doute incomplète, des documentaires diffusés à la télévision depuis 2013: «Le Pen, le diable de la République, 40 ans de Front national», 6 mai 2013, France 3; «Ils ont voté Front national», 9 juin 2013, M6; «Le FN: toujours à l'extrême droite», 12 janvier 2014, LCP; «Le 21 avril, le traumatisme de la Ve République?», LCP, 20 avril 2014; «Plongée au cœur du parti de Marine Le Pen», 28 mai 2014, D8; «Ravis par Marine», 29 septembre 2014, France 3; «Adieu Le Pen», France 2, 14 octobre 2014; «Bassin miné», 20 décembre 2014, Public Sénat. Cette production est évidemment sans équivalent en regard des documentaires réalisés sur les autres organisations partisanes françaises.*

71. *Voir par exemple «Le Pen: un chien de Jean-Marie tue une chatte de Marine, qui quitte la propriété familiale», 20minutes.fr, 1er octobre 2014.*

72. *«Philippot, Le Pen et son chat réunis sur un selfie», metronews.fr, 23 novembre 2014.*

elle, un nouveau parti était en train de naître. On a déjà eu l'occasion de souligner la contribution des sondages à la construction de cette réalité largement illusoire du FN. Mais la réussite de ce *storytelling* s'explique également par l'intérêt que lui ont manifesté les médias. Il faut convenir que la dédiabolisation, autrement dit la transformation *a priori* improbable du parti d'extrême droite français en un parti «comme les autres», offre une puissante intrigue politique dont l'exploitation a pu être perçue comme un moyen de maximiser les gains associés au traitement médiatique ordinaire du FN. La dédiabolisation est ainsi devenue le principal angle de traitement du parti, l'étalon de mesure de son évolution en même temps qu'un support propice à sa scénarisation. Une véritable saga médiatique s'est mise en place, avec son séquençage propre, depuis l'élection de Marine Le Pen à la présidence du FN, qui fournit l'élément déclencheur de l'intrigue originelle – la question de l'avènement d'un «nouveau» parti – jusqu'à son aboutissement pressenti : la promesse de l'accession au pouvoir (voir tableau 25)[73].

---

73. *On pourrait pousser l'analogie narrative encore un peu plus loin. Comme toute histoire, celle de la dédiabolisation fait intervenir toute une série d'actants (ou de rôles narratifs) qui fonctionnent par paire dans la structure du récit (sujet-objet, destinateur-destinataire, adjuvant-opposant) et entretiennent des relations différenciées (selon le «schéma actantiel» établi par Algirdas Julien Greimas à partir des travaux de Vladimir Propp sur la morphologie des contes populaires). Le principal axe relationnel relie le sujet à l'objet et est déterminé par une logique de quête. L'adjuvant intervient pour aider le sujet dans sa quête de l'objet de valeur, contre l'opposant (ou antisujet). On a là la trame minimale de la plupart des grands récits. Or, en repartant de ce schéma actantiel, on peut considérer que le roman de la dédiabolisation ne raconte rien d'autre que l'histoire d'un sujet-héros (Marine Le Pen) en quête de l'objet de valeur (le pouvoir), aidé en cela de l'adjuvant (la dédiabolisation) pour faire face à l'antisujet (tout ce qui est susceptible d'empêcher le sujet de parvenir à ses fins, et notamment son père, du moins construit comme tel dans la narration médiatique). Pour une approche actantielle du discours politique, voir Dominique Memmi,* Du récit en politique. L'affiche électorale italienne, *Paris, Presses de la FNSP, 1986. Pour une analyse de la dimension fictionnelle du discours politique, voir Denis Bertrand, Alexandre Dézé et Jean-Louis Missika,* Parler pour gagner. Sémiotique des discours de la campagne présidentielle de 2007, *Paris, Presses de Sciences Po, 2007.*

Tableau 25 : Quelques « épisodes » emblématiques de la saga médiatique de la « dédiabolisation » frontiste

Épisodes	Titres dans les médias
L'intrigue originelle : la question de l'avènement d'un « nouveau » FN	« Marine Le Pen : vers un nouveau FN ? » (*Ce soir ou jamais*, 17 janvier 2011)
L'entreprise de dédiabolisation	« Marine Le Pen mène l'opération de dédiabolisation du Front » (*liberation.fr*, 20 avril 2011)
La transformation du parti	« Front national : la dédiabolisation, c'est fait » (*franceinfo.fr*, 6 septembre 2013)
Le début de la conquête du pouvoir	« Le Front national part à la conquête du pouvoir » (*Le Monde*, 14 septembre 2013)
La progression « inéluctable » de Marine Le Pen	« Qui peut arrêter Marine Le Pen ? » (*VSD*, 17 octobre 2013)
	« Jusqu'où ira le Front national de Marine Le Pen ? » (*franceculture.fr*, 16 septembre 2013)
Les « obstacles » à l'accomplissement de la quête de Marine Le Pen[74]	« Exclusif FN : Jean-Marie Le Pen, un boulet pour Marine Pen selon une majorité de Français » (*Europe 1*, 27 novembre 2014)
	« Jean-Marie Le Pen peut-il saborder son propre parti ? » (*lefigaro.fr*, 11 juin 2014)
La promesse de l'accession au pouvoir	« Marine Le Pen : la marche vers l'Élysée » (*lepoint.fr*, 30 novembre 2014)

Finalement, toute l'histoire récente du Front national a été rapportée à ce roman de la dédiabolisation, que ce soit pour le conforter ou pour l'infirmer. Ainsi, les succès électoraux du parti, ses résultats dans les enquêtes sondagières, les ralliements de personnalités extérieures ont été généralement expliqués comme le produit de la stratégie de dédiabolisation de Marine Le Pen : « Une stratégie de dédiabolisation payante, une image qui s'améliore » (*letelegramme.fr*, 12 février 2014) ; « Succès aux élections municipales, européennes et sénatoriales, ralliement d'anciens UMP : le FN a engrangé les succès en 2014. Le résultat d'une stratégie de dédiabolisation réussie » (*ledauphine.com*, 28 décembre 2014) ; « Marine Le Pen en tête au premier tour en 2017 : la stratégie du FN porte ses fruits » (*bfmtv.com*, 30 janvier 2015). À l'inverse, les saillies verbales de Jean-Marie Le Pen, le dévoilement de comportements ou de propos illicites (de militants ou de candidats)

---

74. Voir note précédente.

ou encore les tensions internes ont été interprétés comme autant de remises en question de cette même stratégie : « Le nouveau dérapage de Jean-Marie Le Pen risque d'écorner la stratégie de "dédiabolisation" du FN » (*lesechos.fr*, 9 juin 2014) ; « Insultes, racisme : les ratés de la "dédiabolisation" du FN » (*lopinion.fr*, 2 novembre 2013) ; « Gros temps pour Marine Le Pen : quand la bête de com' paie à la fois ses piètres qualités de stratégie et la fronde de sa famille » (*atlantico.fr*, 23 janvier 2015).

Dans tous les cas, la dédiabolisation s'est imposée comme la principale grille de lecture médiatique du parti d'extrême droite, contribuant en retour non seulement à la faire exister, mais aussi à la crédibiliser. On a certes pu observer quelques tentatives ponctuelles d'inversion du *storytelling* mariniste dans la couverture du FN, notamment lors de la séquence qui a suivi les attentats contre *Charlie Hebdo* en janvier 2015 – « Unité nationale : le FN hors-jeu ? » (*francetvinfo.fr*, 23 janvier 2015) ; « Marine Le Pen en difficulté entre sa gestion chaotique des attentats et des bisbilles internes au FN » (*huffingtonpost.fr*, 21 janvier 2015) ; « Au FN, des boulets en batterie », *liberation.fr*, 30 janvier 2015 – ou lorsque les médias ont entrepris de révéler les propos illicites d'une centaine de candidats du FN aux élections départementales[75]. Néanmoins, c'est bien la version d'un FN dédiabolisé qui semble aujourd'hui l'avoir emporté dans les médias. Comme l'affirme – de manière symptomatique – Marie-Ève Malouines dans l'un de ses éditoriaux politiques, « Front national : la dédiabolisation, c'est fait » (*franceinfo.fr*, 6 septembre 2013).

Le renouvellement des codes de représentation du leadership frontiste

Si le FN paraît aujourd'hui « nouveau », c'est aussi en vertu du renouvellement des codes intervenu dans les représentations médiatiques du leadership du parti. Ce renouvellement s'explique tout d'abord par les relations différenciées de Marine et Jean-Marie Le Pen avec les médias.

---

75. Voir par exemple : « *Départementales : la cuvée raciste et homophobe des candidats FN* », rue89.nouvelobs.com, *23 février 2015* ; « *FN. Quand les candidats aux départementales dérapent* », ouest-france.fr, *16 mars 2015*.

La présidente du FN semble de ce point de vue se distinguer de son père : « Elle apparaît plus avenante et compassionnelle que Jean-Marie Le Pen, affirme Denis Muzet[76] dans *Télérama*. Chez lui, la brutalité dominait. Sur les plateaux, c'était un éléphant dans un magasin de porcelaine. Marine Le Pen, elle, neutralise la plupart des reproches que son père suscitait[77]. » Ce constat semble faire consensus auprès d'une partie des journalistes : « On est tous beaucoup moins crispés, avance Arlette Chabot [...]. Avant il fallait organiser tout un ballet pour éviter que les invités ne croisent Jean-Marie Le Pen. Il fallait les maquiller à part, installer deux entrées pour que les politiques n'aient pas à le saluer[78]. » À l'inverse, Marine Le Pen a cherché à nouer des liens de cordialité : « Elle reste parfois après l'émission pour fumer une cigarette ou boire un verre[79] », rapportent ainsi Erwan Desplanques et Hélène Marzolf. « Dans nombre de médias, elle ne s'appell[e] plus "Le Pen" mais "Marine"[80] », note Marine Turchi. « Marine Le Pen est joviale, pas désagréable[81] », estime même l'animateur Stéphane Bern. Ce comportement n'empêche certes pas la présidente du FN de répondre sèchement à certaines questions, de continuer de tenir un discours critique à l'égard des médias et d'intenter des procès à des journalistes[82]. Mais le rapport que les médias pouvaient entretenir avec le FN n'en a pas moins connu une inflexion depuis l'avènement de Marine Le Pen à la présidence du parti, inflexion qui a joué sur les modalités de traitement du parti[83].

---

76. Fondateur et président de l'institut Médiascopie.

77. Cité dans « *Marine Le Pen et les médias : comment monter au Front* », telerama.fr, *16 février 2012*.

78. Idem.

79. Idem.

80. *Marine Turchi, « Le Pen, les médias et le "FN new-look" »*, mediapart.fr, *16 septembre 2013*.

81. Cité dans « *Vidéo. Le FN se banalise* », lexpress.fr, *24 avril 2013*.

82. *Sur cet aspect, voir « 5 exemples de relations un poil compliquées entre le FN et les médias »*, lelab.europe1.fr, *6 février 2015*.

83. *Sur cet aspect, on pourra encore se reporter au traitement édifiant réservé par l'hebdomadaire Le Point aux « nouveaux » visages du Front national dans un dossier intitulé « Jeunes et jolis : bienvenue à la FN Academy ! »*, lepoint.fr, *27 août 2013*.

Ce traitement n'est bien sûr pas homogène. Nombre de journalistes ont maintenu un rapport distant avec la présidente du FN et se contentent de l'interroger sur des sujets de politique. D'autres peinent à dissimuler leur hostilité à son égard et adoptent un comportement agressif. En revanche, d'aucuns la considèrent désormais comme une femme politique comme les autres, au prix d'une omission totale de ses prises de position, du programme ou encore de l'histoire du parti qu'elle dirige, et comme si elle était aux «portes du pouvoir»: «Que feriez-vous si vous étiez au pouvoir?» (TF1, «20 heures», 13 septembre 2013); «En cas de victoire à la présidentielle [de 2017], quel serait votre premier acte politique?» (*lefigaro.fr*, 27 novembre 2014); «Vous installeriez Nicolas Sarkozy à Matignon?» (*lejdd.fr*, 2 novembre 2014). D'autres journalistes, enfin, adoptent un registre d'entretien plus frivole. «Mes confrères l'interviewent souvent comme le feraient *Elle* ou *Marie-Claire*, affirme ainsi Alain Duhamel. En lui posant les mêmes questions superficielles sur son histoire familiale digne de *Dynastie* ou de *Dallas*[84].» «Les interviews des dirigeants du FN ne sont plus aussi militantes», admet de son côté Jean-Michel Aphatie[85]. Le personnel frontiste habilité à parler au nom du parti dans les médias semble d'ailleurs s'accorder sur ce constat: «Je n'ai pas à me plaindre du ton des interviews», déclare Florian Philippot, qui affirme recevoir «au moins une demande d'interview par jour», parfois vingt[86]. Même Jean-Marie Le Pen semble avoir bénéficié de ce nouveau traitement, comme l'illustre le contenu du dernier livre[87] mais aussi du dernier documentaire[88] de Serge Moati. Les relations nimbées d'empathie du réalisateur à l'égard du président historique du Front national y transparaissent pour le moins clairement.

---

84. Cité dans «*Marine Le Pen et les médias: comment monter au Front*», telerama.fr, *16 février 2012*.
85. Cité par Éric Dupin, «*Les voies de la normalisation médiatique. Le Front national sur un plateau*», monde.diplomatique.fr, *mars 2014*.
86. Cité dans «*Florian Philippot, le Front médiatique*», lemonde.fr, *28 novembre 2014*.
87. Serge Moati, Le Pen, vous et moi, *Paris, Flammarion, 2014*.
88. «*Adieu Le Pen*», *diffusé le 14 octobre 2014 sur France 2*.

Dans tous les cas, le rapport de nombre de journalistes au leadership frontiste semble bien avoir évolué depuis 2011, rejaillissant sur l'image portée du FN et autorisant manifestement des pratiques jusqu'alors inédites dans le champ médiatique. Ainsi, à la veille du congrès frontiste de novembre 2014, deux rédacteurs du site internet de France Télévisions ont jugé opportun de mettre en ligne un « générateur de nouveaux noms pour le Front national », invitant les internautes à proposer un nouveau label pour le parti d'extrême droite et à partager l'application sur les réseaux sociaux : « Cliquez, faites défiler, partagez[89] ! » Mais l'indice le plus flagrant de ce rapport désormais décomplexé à l'égard du FN est venu du prix que le jury du *Trombinoscope*, composé de 120 journalistes, a décerné à Steeve Briois en janvier 2015 au titre d'« élu local de l'année 2014[90] ». L'attribution de ce prix a certes nourri de vives discussions au sein du jury et donné lieu à des échanges polémiques jusqu'au moment de la cérémonie officielle (agitée) qui s'est tenue à l'Assemblée nationale. Mais elle est pleinement révélatrice du changement qui s'est opéré dans les interrelations entre FN et médias et témoigne tout aussi clairement de la conviction d'un certain nombre de journalistes que le FN serait devenu un parti dédiabolisé. Membre du jury du *Trombinoscope*, et donc pour partie responsable de l'attribution du prix de l'élu local de l'année à Steeve Briois, Christophe Barbier a tenté de justifier le choix du jury de cette manière : « On a considéré que la banalisation du FN était déjà accomplie. Le changement impulsé par Marine Le Pen a marché : électoralement parlant, le FN est considéré comme un parti comme les autres[91]. »

Cette normalisation du traitement médiatique du leadership frontiste ne s'explique pas seulement par l'élection de Marine Le Pen

---

89. Source : *www.francetvinfo.fr/politique/front-national/choisissez-un-nouveau-nom-pour-le-front-national_755921.html (consultation : novembre 2014)*.

90. Voir par exemple « Des journalistes politiques consacrent un maire FN "élu local de l'année" », *lemonde.fr, 27 janvier 2015*.

91. Cité dans « *Steeve Briois "élu local de l'année" par des journalistes : le jury s'explique* », lesinrocks.com, *28 janvier 2015*.

à la présidence du FN et par la rupture que cette élection a induite dans le rapport que les médias entretenaient jusqu'à présent au parti d'extrême droite français. Elle tient également aux nouvelles modalités de production de l'information politique, de plus en plus travaillée par des logiques de spectacularisation, de peopolisation et d'intimisation[92]. Jusqu'à une date récente, le traitement médiatique du Front national semblait épargné par cette tendance de fond. Jean-Marie Le Pen pouvait certes apparaître dans quelques hebdomadaires tels que *Paris Match* ou *VSD*, mais de manière exceptionnelle. Cette époque semble révolue. Les représentants du FN sont désormais régulièrement invités dans des programmes d'*infotainment*[93] (voir encadré 6) et leur intimité est devenue un objet d'attention médiatique légitime – même si ce constat vaut surtout, pour l'heure, pour Marine Le Pen[94].

Encadré 6 : Les programmes d'*infotainment* :
des émissions où l'on parle du FN tout en se divertissant

La présence des représentants frontistes dans ces émissions s'est renforcée depuis l'élection de Marine Le Pen à la présidence du FN. Les invitations se sont ainsi succédé dans des programmes comme le « Grand Journal » et « Salut les terriens » sur Canal+, « On n'est pas couché » sur France 2, « Ce soir ou jamais » sur France 3, « C à vous » sur France 5, « Zemmour et Naulleau » sur Paris Première, etc. Or, le dispositif de ces émissions, qui mélange tout à la fois les genres (divertissement et information), les registres des rubriques (reportages, éditos, sketches, propos dérisoires, etc.) et les invités (acteur politique, comédien, écrivain, humoriste, chanteur, etc.), tend bien à neutraliser l'illégitimité politique du FN et du personnel qui le représente. Cette restitution,

---

92. Sur ces différents points, voir Benoît Grevisse, « Le journalisme gagné par la peopolisation. Identités professionnelles, déontologie et culture de la dérision », Communication, *27* (1), 2009, p. 179-197 ; François Jost, « L'information à la télévision, un spectacle ? », Revue française des sciences de l'information et de la communication *[en ligne]*, 5, 2014.

93. Le « Grand Journal » et « Salut les terriens » sur Canal+, « On n'est pas couché » sur France 2, « Ce soir ou jamais » sur France 3, « C à vous » sur France 5, « Zemmour et Naulleau » sur Paris Première, etc.

94. Florian Philippot n'a pas été épargné par cette tendance puisque le magazine people Closer a décidé de révéler son homosexualité et de l'afficher en une. Voir « Closer révèle l'homosexualité de Florian Philippot », lepoint.fr, 11 décembre 2014.

par le journal *L'Express*, du passage de Marine Le Pen dans l'émission de Thierry Ardisson sur Canal+ en mars 2013 permet d'en prendre la mesure: Marine Le Pen est «tranquillement assise à côté de Nicolas Bedos, dos à un public bon enfant, qui, jure un cadre frontiste, n'était pas gonflé de sympathisants réquisitionnés pour faire la claque. Sur le plateau, Ardisson vanne: "Désormais, tout le monde le sait, la présidente du Front n'est pas raciste. Vous n'avez pas peur que les militants l'apprennent?" Nicolas Bedos souffle un coup de chaud, puis un petit coup de froid, en direction de sa voisine: "Vous êtes trop sympathique, mais, de temps en temps, vous manquez un peu d'imagination." Ardisson compare: "Tous les deux ensemble sur le même plateau, c'est formidable, parce que c'est vrai qu'à l'époque on n'aurait jamais imaginé Guy Bedos et Jean-Marie Le Pen"» (cité dans: «Le FN se banalise», lexpress.fr, 24 avril 2013).

Ainsi, ce n'est plus seulement la femme politique qui intéresse les médias, mais ce qu'elle est dans sa vie quotidienne: une personne qui travaille, la mère de trois enfants, la compagne de Louis Aliot, la fille de Jean-Marie Le Pen, la propriétaire d'animaux de compagnie, etc. Les contributions abordant ces dimensions personnelles de la vie de Marine Le Pen se sont ainsi multipliées au cours de ces trois dernières années. Ses problèmes de couple ont été placés sous les feux de l'actualité par le magazine *Closer*[95]. Le supplément *Styles* de *L'Express* a fait l'inventaire de ses différentes coupes de cheveux[96]. L'hebdomadaire féminin *Elle* s'est intéressé à sa garde-robe («cintrée dans une longue redingote grise sur un jean et des bottes noires, entre cigarette light et café-sucrette, Madame la présidente s'affiche ostensiblement décontractée») tout en relatant son emploi du temps quotidien

---

95. «Marine Le Pen. Son couple explose», closermag.fr, 29 mai 2014 (le couple apparaît en photo sur la une de la version papier du numéro). Publication à laquelle la présidente du FN a répondu en diffusant sur Twitter un «selfie» où on la voit embrasser Louis Aliot (information que n'ont pas manqué de relayer lefigaro.fr, lci.tf1.fr, rtl.fr, huffingtonpost.fr). Voir par exemple: «Marine Le Pen embrasse Louis Aliot pour démentir la rumeur de séparation relayée par "Closer"», rtl.fr, 30 mai 2014.

96. «Marine Le Pen: l'ambivalente madame tout-le-monde», lexpress.fr, 6 mars 2012, cité par Frédérique Matonti, «Paradoxes du stigmate: les représentations médiatiques de Marine Le Pen», Genre, Sexualité & Société, hors-série 2, 2013 (disponible en ligne: http://gss.revues.org/2626#quotation).

qui la conduit à «jongler "entre enfants et dossiers"», mais aussi à organiser des «apéros à l'improviste avec des copains à la maison[97]». Les reporters de *Paris Match*, qui ont pu l'accompagner «pendant sa séance shopping avec son amie Lydia Schénardi [où] elle cultive son côté bonne copine», précisent qu'elle «termine ses repas avec le fromage 0% autorisé par le fameux régime hyperprotéiné Dukan», qu'elle soigne «son look impeccable», qu'elle ne dédaigne pas «une paire de lunettes de soleil griffées» et que, «pendant ses vacances en Espagne, elle a recueilli une petite chatte abandonnée[98]». C'est encore le même hebdomadaire qui l'a saisie en photo quelques mois plus tard en train de prendre son petit déjeuner avec son compagnon dans un hôtel à Lille avant un meeting (la main de Louis tenant le menton de Marine Le Pen[99]). Le site internet Aufeminin.com l'a interrogée sur la répartition des tâches ménagères dans son foyer: «J'ai de la chance, j'ai été mariée deux fois, à chaque fois, ce sont mes époux qui faisaient la cuisine[100].» Le magazine *VSD* a étalé au grand jour ses «secrets de famille[101]», etc. En somme, le traitement médiatique du leadership frontiste s'est aligné sur certaines des nouvelles modalités de traitement de l'actualité politique, qui tendent non seulement à désacraliser la politique (autrement dit, à n'en faire qu'une sphère sociale profane parmi les autres), mais aussi à la dépolitiser[102]. En dévoilant l'ordinaire de la vie de Marine Le Pen, les médias rendent la présidente du FN un peu plus ordinaire, contribuant à faire oublier ce qu'elle reste fondamentalement (la présidente d'un parti encore perçu

---

97. «Qui est vraiment Marine Le Pen?», Elle, 4 mars 2011, p. 247. Pour une mise en perspective analytique des ressorts de la construction médiatique de Marine Le Pen comme figure féminine, voir Frédérique Matonti, «Paradoxes du stigmate: les représentations médiatiques de Marine Le Pen», art. cité.
98. Voir «Marine Le Pen: le nouveau visage de l'extrême droite», parismatch.com, 5 novembre 2010.
99. «Marine Le Pen: Front commun avec Louis», parismatch.com, 26 février 2012.
100. Source: www.aufeminin.com/societe/marine-le-pen-c-est-mon-mari-qui-fait-la-cuisine-video-s2436.html (consultation: février 2015).
101. «Secrets de famille. Pourquoi le clan Le Pen se déchire», VSD, 19 juin 2014.
102. Voir Pierre Leroux et Philippe Riutort, La Politique sur un plateau. Ce que la télévision fait à la représentation, Paris, PUF, 2014.

comme d'extrême droite par une majorité de Français) tout en effaçant les stigmates associés à l'exercice du leadership frontiste. Ils participent de la sorte à son entreprise de dédiabolisation.

Une lecture hyperbolique de la réalité frontiste

Il faut encore évoquer un troisième ressort pour comprendre la manière dont les médias ont opéré comme des agents exogènes de la normalisation du FN. Ce troisième ressort tient aux modalités de traitement journalistique de la réalité frontiste, qui se retrouve souvent distordue et gonflée. Là encore, ce phénomène n'est pas nouveau. L'organisation frontiste a toujours été sujette à des traitements tendant à en amplifier l'importance – que ce soit pour alerter le public sur le danger qu'elle pouvait représenter ou pour susciter son attention et, partant, obtenir davantage de ventes ou d'audience. Mais cette lecture hyperbolique trouve désormais une illustration presque quotidienne dans la couverture que les médias accordent au FN. Marine Le Pen entreprend de «dédiaboliser» le Front national et il devient en l'espace de quelques mois un «nouveau» parti. Laurent Lopez remporte l'élection cantonale partielle de Brignoles et le scrutin prend des allures de «test national [103]». Le Front national remporte 11 mairies et 1 500 conseillers municipaux et son résultat est jugé «triomphal [104]». Les listes frontistes recueillent près de 25 % des voix aux élections européennes de 2014, et il n'en faut pas davantage pour consacrer le FN «premier parti de France [105]». Il décroche deux sièges de sénateurs et l'événement est considéré comme «historique [106]». Il obtient le

---

103. «Le FN à Brignoles : victoire locale, test national ?», franceinfo.fr, 14 octobre 2013 ; «Brignoles : le FN vole vers la victoire, un scrutin test pour l'avenir», huffingtonpost.fr, 13 octobre 2013.

104. «Municipales : le FN triomphal, le PS sanctionné», Le Monde, 24 mars 2014.

105. «Le Front national devient le premier parti de France : les cinq explications», sudouest.fr, 26 mai 2014 ; «Le Front national, premier parti de France», parismatch.com, 1er juin 2014.

106. «Le Sénat bascule à droite, entrée historique du FN avec deux élus», francebleu.fr, 2 septembre 2014 ; «Élections : entrée historique du FN au Sénat avec Rachline et Ravier», lepoint.fr, 2 septembre 2014.

soutien de 81 grands électeurs en Ille-et-Vilaine à l'occasion de cette élection, alors qu'il n'en compte que deux, et ce score est présenté dans *L'Express* comme le produit d'une augmentation de «4050%[107]»! Marine Le Pen est réélue à la présidence du parti en novembre 2014 et c'est désormais la perspective de l'Élysée qui s'ouvre à elle[108]. Environ 40% des électeurs UMP auraient voté pour la candidate frontiste Sophie Montel au second tour de la législative partielle dans le Doubs en février 2015, mais c'est une véritable «fusion» à laquelle on assisterait entre l'électorat de droite et celui du FN[109]. Les représentants d'un diocèse invitent Marion Maréchal-Le Pen à participer à une table ronde lors des universités de la Sainte-Baume en août 2015 et l'on en déduit que «l'Église ne tourne plus le dos au FN[110]», etc. La réalité frontiste se voit ainsi constamment déformée, renvoyant l'image d'un parti qui suivrait une logique inexorable de progression électorale censée le conduire nécessairement au pouvoir. L'analyse journalistique se réduit dès lors souvent (mais pas exclusivement) à un exercice d'anticipation consistant à prophétiser une évolution toujours plus spectaculaire du Front national (voir encadré 7).

Encadré 7 : Les annonces prophétiques des médias concernant l'évolution du FN

- «En tête pour les Européennes, le FN menace de devenir le premier parti de France» (*Le Nouvel Observateur*, 10-16 octobre 2013);
- «Sondage exclusif : le Front national "créera la surprise" aux municipales» (*metronews.fr*, 13 octobre 2013);
- «FN : et maintenant, objectif Élysée!» (*nouvelobs.com*, 29 mai 2014);
- «Présidente en 2017? Pourquoi le pire est possible?» (*L'Express*, 5-11 novembre 2014);

---

107. «*Les chiffres sont éloquents : en Ille-et-Vilaine, où le FN possède deux grands électeurs, il récolte 81 voix. Un différentiel de + 4050%. Dans le Rhône, où le FN possède 42 grands électeurs, il récolte 163 voix. Un différentiel de + 388%.*» L'Express, 5-11 novembre 2014, p. 48.
108. «*Marine Le Pen, la marche vers l'Élysée*», lepoint.fr, *30 novembre 2014.*
109. «*Législative dans le Doubs. Fusion des électeurs FN et UMP au second tour*», ouest-france.fr, *13 février 2015.*
110. Le Monde, *26 août 2015.*

- « Le FN brise les plafonds de verre les uns après les autres » (*lefigaro.fr*, 27 novembre 2014);
- « Le FN, ravi par 2014, regarde 2015 avec appétit » (*nouvelobs.com*, 27 décembre 2014);
- « Les prochaines élections pourraient un peu plus consacrer un parti qui cherche toujours à se dédiaboliser » (*bfmtv.com*, 30 janvier 2015);
- « Départementales : le FN en pole position » (*lefigaro.fr*, 22 janvier 2015);
- « Législative du Doubs : le score du FN augure de conquêtes aux départementales » (*nouvelobs.com*, 10 février 2015);
- « Élections départementales. Des 21 avril partout. En se qualifiant massivement pour le second tour, les candidats de Marine Le Pen pourraient durablement bouleverser la donne politique », *Libération*, 2 mars 2015.

Il ne fait aucun doute que le FN progresse d'élection en élection. Mais cette dynamique ne justifie aucunement de telles spéculations. Certains médias voient le parti d'extrême droite tellement « gros » qu'ils finissent par confondre les chiffres des enquêtes sondagières. Évoquant les résultats du sondage Viavoice paru dans *Libération* le 2 mars 2015, *L'Express* titrait ainsi, dans un beau *lapsus calami* : « Une majorité de Français se sentent compris par le FN [111] ». Or ce ne sont pas « 51 % des Français » qui estiment que le Front national « comprend mieux les gens » (ce chiffre n'existe pas dans les données recueillies par Viavoice), mais 24 % des personnes interrogées qui citent le FN en tête des partis « qui comprennent le mieux les gens [112] » ! Il reste qu'en gonflant son importance politique, la plupart des médias ont renforcé l'idée selon laquelle le FN serait devenu un nouveau parti. Cette nouveauté supposée est ainsi devenue l'explication clé de son évolution, en même temps que la justification d'un traitement toujours plus emphatique du FN, qui finit par se transformer, pour nombre de médias, en croyance établie. En témoigne l'accolement désormais presque systématique de l'épithète

---

111. « Une majorité de Français se sentent compris par le FN », lexpress.fr, 1er mars 2015 (l'article est toujours en ligne et a fait l'objet de 10 600 partages).
112. « Départementales, le FN s'invite place de la République », liberation.fr, 1er mars 2015. Le seul chiffre correspondant à 51 % dans l'enquête Viavoice est le suivant : 51 % des personnes interrogées estiment que le FN « incarne mal les valeurs républicaines ».

«nouveau» au nom du FN: «Législative partielle: Villeneuve-sur-Lot, terrain de jeu du "nouveau FN"» (*lexpress.fr*, 17 juin 2013); «Laurent Lopez ou la victoire du nouveau FN» (*bfmtv.com*, 13 octobre 2013); «Le Var: élève modèle du "nouveau FN"» (*Le Monde*, 28 janvier 2014); «Derrière Marine Le Pen, les soldats du nouveau FN» (*Le Magazine de la rédaction, 13-14,* France Culture, 28 février 2014).

Conclusion: un mirage politique

L'examen rétrospectif de la façon dont les instituts de sondages et les médias ont traité le Front national au cours de ces dernières années ne laisse pas de surprendre. Sur la base de résultats d'enquêtes souvent discutables, les entreprises sondagières ont créé la fiction d'un parti qui serait devenu en l'espace de quelques mois un parti normal, dédiabolisé. De leur côté, la plupart des journaux, des chaînes de télévision et de radio ainsi que des sites internet d'information ont cherché à maximiser la rentabilité médiatique du phénomène frontiste en lui accordant une attention disproportionnée, en traitant sur un mode ordinaire n'importe quel type d'information relevant de la vie politique du parti, et en gonflant artificiellement son importance politique. De fait, la «nouveauté» du FN provient autant sinon plus de la façon dont ces instances l'appréhendent que du parti lui-même.

Nous avons cherché à comprendre *comment* la «nouveauté» supposée du FN est apparue dans l'agenda médiatique et *comment* elle s'est imposée comme cadrage dominant. Il conviendrait désormais, au-delà des quelques raisons que nous avons pu avancer au gré de nos développements, de s'interroger sur le *pourquoi*. Or, le choix d'un cadrage procède toujours de logiques complexes qui tiennent aussi aux multiples contraintes pesant sur l'activité des journalistes: prises de position des acteurs politiques et sociaux, orientations politiques de la rédaction[113], modalités d'accès aux sources d'information[114], poids de

---

113. Philippe Juhem, «*Alternances politiques et transformations du champ de l'information en France après 1981*», Politix, 14 (56), 2001, p. 185-208.
114. Philip Schlesinger, «*Repenser la sociologie du journalisme. Les stratégies de la source d'information et les limites du média-centrisme*», Réseaux, 10 (51), 1992, p. 75-98.

la division du travail au sein de la rédaction[115], logiques commerciales, rythmes de production, formats imposés[116], etc. Il manque de fait à notre analyse une investigation auprès des producteurs d'information. De la même manière, il conviendrait, pour compléter notre propos, de procéder à une enquête sociologique de réception afin d'évaluer l'impact que le traitement médiatique du FN a pu avoir non seulement sur les perceptions des citoyens mais également sur leurs pratiques électorales. Les raisons invoquées par les nouveaux électeurs frontistes pour justifier leur vote permettent de s'en faire une idée : « Si Marine Le Pen n'avait pas pris la tête du parti, je n'aurais jamais voté pour son père[117] » ; « Je n'aurais jamais voté pour son père, mais elle, elle voulait changer le Front en Front des patriotes[118] » ; « C'est quelqu'un d'accessible. On se sent touché. Elle est convaincante. Je n'aurais jamais voté pour son père[119] »... Tous ces nouveaux électeurs sont ainsi persuadés qu'il existe une césure nette entre Marine et Jean-Marie Le Pen, entre le Front mariniste et le Front lepéniste. Pourtant, ce livre le démontre, les continuités l'emportent encore largement sur les différences, et ce constat vaut également pour la comparaison entre les deux leaders historiques du parti. Certes, Marine Le Pen n'est pas Jean-Marie Le Pen : elle appartient à une autre génération, elle n'a pas les mêmes référents et elle n'envisage certainement pas la politique de la même manière. Mais il faut encore une fois insister sur la façon dont les sondages et les médias ont participé de la construction de ces différences entre le père et la fille, contribuant de la sorte à la disqualification de l'un et à la qualification de l'autre. Marine Le Pen n'était même pas encore élue à la présidence du FN qu'elle était déjà

---

115. Jérôme Berthaut, « La mise en image du "problème des banlieues" au prisme de la division du travail journalistique », Agone, 40, 2008, p. 109-130.
116. Cyril Lemieux, Mauvaise presse. Une sociologie compréhensive du travail journalistique et de ses critiques, Paris, Métailié, 2000.
117. Fabien, 22 ans, interrogé par le journal Marianne dans le cadre d'un article intitulé : « Avoir 20 ans et voter FN », marianne.fr, 27 septembre 2012.
118. Selon le témoignage que livre Thierry dans Nadia et Thierry Portheault, Revenus du Front. Deux anciens militants FN racontent, Paris, Grasset, 2014, p. 32.
119. Jeune femme de 23 ans interrogée par francetvinfo.fr, 18 avril 2012.

présentée, dans les médias, comme le « nouveau visage de l'extrême droite » (*parismatch.com*, 5 novembre 2010) ou comme la représentante d'un « nouveau Front national » (*lemonde.fr*, 7 septembre 2010). Or, la construction exogène de cette figure renouvelée du leadership frontiste s'est notamment appuyée sur la production d'un portrait *ex adverso* de Jean-Marie Le Pen, tour à tour présenté comme un « boulet » pour le parti[120], comme « nuisant à Marine Le Pen dans sa stratégie de conquête du pouvoir » (*lexpress.fr*, 27 novembre 2014), comme cherchant à « saborder » le FN (*lefigaro.fr*, 11 juin 2014) ou encore comme étant rejeté par les militants frontistes et plus largement par les Français[121] – en somme, l'inverse de sa fille. Il est indéniable que des dissemblances et des tensions existent entre la nouvelle présidente du FN et son père. Elles ont même pris une dimension paroxystique à la suite de la publication de l'entretien de Jean-Marie Le Pen dans *Rivarol* en avril 2015, débouchant sur l'exclusion du président d'honneur du parti et sur un nouvel épisode judiciaire – comme il y en a déjà eu par le passé, notamment au moment des deux processus scissionnistes qu'a connus le parti (en 1973 et en 1998). Cependant, il est également manifeste que ces divergences ont été exagérées par les observateurs. On l'a rappelé, les différences discursives entre le père et la fille ne sont pas si flagrantes[122]. Mais cette remarque vaut aussi bien en ce qui concerne le leadership du FN. Ainsi, la manière dont Marine Le Pen a cherché à évincer son propre père, la dureté dont elle a fait preuve à son égard dans le conflit judiciaire de l'été 2015, ne sont pas sans rappeler la façon dont Jean-Marie Pen a écarté celles et ceux (le plus souvent des proches) qui avaient exprimé leur prétention à la présidence du FN pendant les années 1990 ou 2000. De même, il faut se souvenir que, comme son père autrefois, Marine Le Pen ne bénéficie

---

120. « Exclusif FN : Jean-Marie Le Pen, un boulet pour Marine Le Pen, selon une majorité de Français », 20minutes.fr, *27 novembre 2014* ; « Le boulet de Marine Le Pen », leparisien.fr, *10 juin 2014* ; Notons que le terme de « boulet » n'apparaît à aucun moment dans les questions ou les items utilisés dans le sondage réalisé par l'institut Yougov pour 20 Minutes.

121. « 91 % des Français ont une mauvaise opinion de Jean-Marie Le Pen », francetvinfo.fr, *15 juin 2014*.

122. Voir les chapitres 1 et 11 de cet ouvrage.

plus aujourd'hui de son immunité parlementaire et qu'elle est visée par une plainte du MRAP en raison de ses propos de décembre 2011 sur l'«occupation» des rues par les musulmans en prière. Enfin, à vouloir faire à tout prix de Marine Le Pen une «femme politique normalisée», on oublie que la présidente du FN continue également d'entretenir des liens avec les mouvements et personnalités de la droite radicale française et européenne[123]. Ce qui n'empêche manifestement pas les nouveaux soutiens du FN de la voir sous un autre jour...

---

123. Voir par exemple «Frédéric Chatillon: la face cachée de Marine Le Pen», liberation.fr, 25 décembre 2014; «Marine Le Pen en Italie. L'ombre portée du MSI», droites-extremes.blog.lemonde.fr, 22 octobre 2011. Voir également les chapitres 2 et 5 de cet ouvrage.

Chapitre 21 / LA GAUCHE ET LA DROITE FACE AU FRONT NATIONAL

Gaël Brustier, Fabien Escalona

On ne peut pas comprendre le FN sans s'interroger sur la façon dont les organisations partisanes françaises appréhendent ses positions programmatiques ou sa dynamique électorale et sans examiner les leçons qu'ils en tirent en matière de pratiques militantes, de discours ou de stratégies électorales. L'arrivée de Marine Le Pen à la tête du parti en 2011 et les seuils électoraux inédits atteints par le FN dans les élections intermédiaires qui se sont tenues depuis 2012 n'ont pas remis en cause son isolement sur la scène politique. Pour autant, ils ont provoqué d'importants ajustements idéologiques et stratégiques, à gauche comme à droite.

Mots clés : conservatisme nouveau – cordon sanitaire – FN – Front national – front républicain – Jean-François Copé – lutte anti-FN – Nicolas Sarkozy – Patrick Buisson – oligopole droitier – tripartisme – tripartition – vote utile

Comment les autres organisations partisanes réagissent-elles à la présence du FN dans l'espace politique français ? Afin de répondre à cette question, il convient d'observer la façon dont elles appréhendent la posture antisystème revendiquée par le FN. Selon Giovanni Capoccia, cette posture peut revêtir une dimension profondément idéologique consistant à rejeter les principes mêmes d'un régime politique représentatif et pluraliste, ou se réduire à une dimension relationnelle résultant de l'absence ou de la rareté des coopérations envisageables avec d'autres acteurs du système partisan[1]. C'est cet antisystémisme relationnel qui nous intéresse ici, appréhendé du point de vue des adversaires du FN. Nous examinerons la façon dont ceux-ci

---

[1]. Giovanni Capoccia, « Anti-System Parties : A Conceptual Reassessment », Journal of Theoretical Politics, 14 (1), 2002, p. 9-35.

analysent la nature et la dynamique de ce parti, mais aussi les leçons qu'ils en tirent sur le plan de leurs pratiques militantes, de leur discours et de leurs stratégies électorales. Sans négliger les périodes précédentes, nous nous focaliserons sur l'évolution de ces réactions depuis 2007 et plus particulièrement depuis 2011.

L'année 2007 marque la réussite temporaire de la stratégie sarkozyste d'étouffement du FN suivie d'une reconquête du terrain électoral perdu, avant que le FN n'atteigne des niveaux inédits sous la présidence de François Hollande. L'année 2011 voit l'élection de Marine Le Pen à la présidence du FN et la mise en œuvre d'une stratégie de dédiabolisation qui n'a pas débouché pour autant sur une remise en cause du cœur de la doctrine partisane. Ce changement de direction, couplé à cette capacité nouvelle à bousculer, sinon la structure, du moins l'équilibre des forces du système partisan, a logiquement affecté les perceptions et les réactions suscitées jusqu'alors par le parti. C'est ce que nous observerons chez les principaux partis d'alternance – l'Union pour un mouvement populaire (UMP), désormais Les Républicains (LR), et le Parti socialiste (PS) –, mais aussi chez d'autres formations ayant produit des pratiques ou un discours singuliers sur le FN, comme le Parti de gauche de Jean-Luc Mélenchon[2].

La gauche face au FN

Un mythe tenace voudrait qu'un calcul machiavélique de François Mitterrand ait permis l'essor du FN[3]. Si la tentation d'instrumentaliser ce parti pour gêner, voire diviser la droite, a bien été présente, cette interprétation n'est pas crédible sur un plan chronologique et accorde un pouvoir excessif au premier président socialiste de la Cinquième

---

2. *Nos sources proviennent de documents partisans, de l'expression des responsables politiques dans les médias et d'entretiens exploratoires sur une question que nous ne faisons ici que défricher.*
3. *Voir notamment Yvan Blot,* Mitterrand, Le Pen. Le piège, *Paris, Rocher, 2007. Ancien membre du RPR, Yvan Blot rejoint le FN en 1989, avant d'en être exclu en 1998 à la suite de la scission mégrétiste.*

République[4]. Les premières percées du FN, aux municipales de 1983 et aux européennes de 1984, peuvent difficilement être imputées à sa seule irruption sur la scène médiatique. Quant à l'introduction du mode de scrutin proportionnel pour les élections législatives de 1986, elle n'était que la réalisation d'une promesse de campagne dont il était surtout attendu qu'elle limite les pertes de sièges socialistes. Le scénario d'une absence de majorité pour le RPR et l'UDF à l'Assemblée, supposant des alliances par-delà l'opposition droite-gauche, n'était clairement pas souhaité. Enfin, si le FN a réussi à s'ancrer dans le jeu politique français au-delà de ces épisodes conjoncturels, c'est qu'il doit son succès à autre chose qu'à une exposition télévisuelle ou à un changement de mode de scrutin. Son ascension doit être replacée, d'une part, dans l'histoire longue de la présence d'un courant nationaliste « ultra » dans le champ politique français, d'autre part dans la dynamique européenne d'une droite radicale (ou « extrême droite mutante », selon l'expression de Jean-Yves Camus[5]) parvenue dans plusieurs pays à agréger des segments sociaux conséquents autour d'une doctrine « nativiste »[6].

Le Parti socialiste et son « meilleur ennemi » lepéniste

L'installation du FN dans le paysage politique à partir du milieu des années 1980 a incontestablement permis au PS de faire vibrer la corde du combat antifasciste, dont la puissance symbolique et la charge mémorielle relayaient celles d'une union de la gauche en voie de décomposition. Le soupçon de connivence avec le FN, qu'elle soit

---

4. Ce « mythe » néglige aussi le fait que c'est bien la droite classique qui a été un agent de politisation de l'enjeu migratoire au niveau électoral, en particulier lors des municipales de mars 1983. Voir Pierre Martin, Comprendre les évolutions électorales : la théorie des réalignements revisitée, Paris, Presses de Sciences Po, 2000, p. 260-261. C'est cet enjeu qui, aujourd'hui encore, est le plus volontiers cité parmi les motivations de vote des électeurs frontistes.
5. Jean-Yves Camus, « Extrêmes droites mutantes en Europe », Le Monde diplomatique, 720, mars 2014.
6. Hans-Georg Betz, « Contre la mondialisation : xénophobie, politiques identitaires et populisme d'exclusion en Europe occidentale », Politique et sociétés, 21, 2002, p. 9-28.

d'ordre programmatique ou électoral, est dès lors devenu une arme utilisée contre la droite pour l'empêcher de développer certains de ses thèmes et éventuellement en décrocher les électeurs les plus modérés. L'antiracisme a fait figure de nouveau cri de ralliement de la gauche socialiste dont des militants ont notamment créé en 1984 l'association SOS Racisme. Ces développements ont favorisé la structuration progressive de l'espace politique français autour d'une «tripartition» entre le FN, la droite et la gauche. D'une part, les valeurs des électorats mobilisés par chacun de ces trois pôles sont apparues distinctes : xénophobie et autoritarisme pour le FN, libéralisme économique et conservatisme moral pour la droite, interventionnisme économique et libéralisme culturel pour la gauche. D'autre part, des systèmes d'alliances exclusifs se sont organisés autour du RPR et du PS, dont le FN ne parvenait pas à perturber le jeu d'alternance en raison du «cordon sanitaire» tracé autour de lui[7].

Bien que le début des années 1990 fut une période de basses eaux électorales pour le PS, cette tripartition a semblé gêner surtout la droite, comme en témoignent les élections législatives de 1997, lors desquelles le maintien des candidats FN a occasionné de nombreuses triangulaires fatales pour la majorité RPR-UDF de l'époque, et les élections régionales de 1998, durant desquelles plusieurs exécutifs de droite ont été critiqués pour avoir bâti leur majorité grâce à des élus frontistes. L'élection présidentielle de 2002 a cependant introduit une rupture dont les effets continuent à se faire sentir. Celle-ci n'a pas tant concerné la vie politique française dans son ensemble (l'alternance régulière droite-gauche a suivi son cours, chacun de ces deux camps restant dominé par les post-gaullistes et les socialistes) que le rapport du PS au FN. L'élimination de Lionel Jospin dès le premier tour, dépassé par Jean-Marie Le Pen, a constitué un événement «traumatique». Pour le dépasser, les élites socialistes l'ont converti en ressource en tirant argument du 21 avril pour appeler au vote utile. Il s'agissait ainsi d'inciter les électeurs à se détourner des offres de gauche concurrentes au PS pour assurer à ce dernier d'être au moins en seconde position face

---

7. Gérard Grunberg et Étienne Schweisguth, «La tripartition de l'espace politique», dans Pascal Perrineau et Colette Ysmal (dir.), Le Vote de tous les refus, Paris, Presses de Sciences Po, 2003, p. 339-362.

à la droite. Sans pouvoir être précisément mesurée, la puissance de cet argument a été réelle. À la présidentielle de 2007, le vote pour Ségolène Royal au premier tour pesait 70 % du total des suffrages exprimés en faveur des candidats de gauche, soit l'un des plus hauts niveaux sous la Cinquième République, toutes élections confondues, et une proportion de deux tiers supérieure à celle enregistrée en 2002 (42 %) par Lionel Jospin. À la présidentielle de 2012, le vote pour François Hollande pesait 64 % du total de la gauche, une proportion plus faible mais toujours dans la fourchette haute comparée aux élections précédentes, notamment grâce aux gains réalisés au cours de la campagne auprès d'électeurs de gauche initialement attirés par les candidatures de Jean-Luc Mélenchon ou d'Eva Joly[8].

À partir du milieu des années 2000 et surtout de 2007, le FN apparaît toutefois affaibli et ne fait pas l'objet d'un discours original de la part des socialistes par rapport aux décennies précédentes. C'est Nicolas Sarkozy qui est désormais la figure-repoussoir du PS, le premier candidat de droite à avoir permis à son camp de se succéder à lui-même depuis 1981. Même si les motifs antiracistes et l'accusation de « faire le jeu du FN » ne sont pas absents du corpus antisarkozyste manié par le PS, le combat moral des socialistes se concentre sur « le Président des riches » à qui sont notamment reprochés son comportement égoïste, son mépris des institutions et des corps intermédiaires et l'association qu'il opère entre les questions migratoires et le thème de l'identité nationale. Le reflux du FN n'aura cependant été que de courte durée. Le renouvellement du leadership marque *a posteriori* la relance de la dynamique électorale frontiste, avec une évolution doctrinale allant vers le protectionnisme intégral, voire l'étatisme. S'il ne s'agit certes pas d'un discours de gauche (le programme frontiste reste anti-universaliste et nie les antagonismes de classe), l'accent mis par le FN mariniste sur la protection sociale et le dirigisme économique brouille les repères. Confronté à ces mutations électorales et discursives de l'extrême droite française, le PS est incité à faire évoluer les modalités de son analyse et de son combat contre le FN.

---

8. Flora Chanvril et Henri Rey, « *Les flux à l'intérieur de la gauche : un univers décloisonné* », dans Pascal Perrineau (dir.), La Décision électorale en 2012, Paris, Armand Colin, 2012, p. 91-108.

Le Parti socialiste et son « meilleur ennemi » mariniste

Au cours des premiers mois qui suivent l'élection de François Hollande, un travail souterrain est mené par deux élues locales et secrétaires nationales du PS, Elsa Di Méo et Sarah Proust. Dans la logique d'un parcours marqué par le combat antifrontiste dès leur entrée en militantisme (respectivement à l'UNEF-ID en Provence et au Manifeste contre le Front national à Paris), les deux responsables socialistes souhaitent que la direction nationale de leur parti s'empare concrètement de cette question. L'objectif poursuivi consiste à fournir des clés de compréhension, mais aussi des contre-argumentaires à des militants parfois laissés à eux-mêmes face à un FN de plus en plus influent sur leurs territoires et dont le discours s'adapte aux problématiques locales. À une remontée des expériences du niveau local doit répondre, selon elles, une mobilisation des ressources d'expertise du niveau national afin de décrédibiliser le programme du FN au-delà des seules mises en cause morales. Les deux élues obtiennent une première victoire avec l'organisation d'une plénière sur l'extrême droite à l'université d'été de la Rochelle du mois d'août 2013. C'est toutefois après les élections municipales et européennes de 2014 qu'un dispositif propre, s'assimilant à une cellule de riposte contre le FN, voit le jour. Ces derniers scrutins ont été marqués par la poursuite des progrès électoraux du FN, sanctionnée par la mise à l'écart de Harlem Désir de la direction du parti au mois d'avril au profit de Jean-Christophe Cambadélis. Une impulsion nouvelle est alors donnée.

À la fin du mois de novembre 2014, la création d'un dispositif est annoncée à l'issue d'une réunion des responsables départementaux et régionaux, justement consacrée à la lutte anti-FN et animée par Elsa Di Méo et Sarah Proust qui publient alors un premier bilan à charge des municipalités frontistes[9]. À partir de cette date, les deux secrétaires nationales font régulièrement paraître des commu-

---

9. *« Cambadélis évoque un "dispositif" anti-FN au PS »*, lemonde.fr, 30 novembre 2014 ; Parti socialiste, *« 6 mois de mandat pour les élus FN : 6 masques qui tombent »*, 30 novembre 2014 (source : http://www.parti-socialiste.fr/communiques/6-mois-de-mandat-pour-les-elus-fn-6-masques-qui-tombent).

niqués poursuivant un travail de démystification du parti de Marine Le Pen, qu'il s'agisse de ses annonces sur l'écologie, de ses positions sur l'euro ou la laïcité, ou des aléas de ses élus. Avant les élections départementales de mars 2015, un livret édité par le parti[10], offrant un passage en revue systématique et critique de l'argumentaire frontiste, est même envoyé aux candidats socialistes. Souple, peu institutionnalisé, le dispositif anti-FN ne dispose pas de ressources dédiées mais peut compter sur les services de Solférino (le siège du parti). Cette entreprise se nourrit aussi d'échanges avec des chercheurs spécialistes de l'extrême droite, ainsi que de dialogues plus ou moins informels avec d'autres partis de gauche afin d'échanger des expériences tirées de différents territoires.

Cet effort, inédit, d'un travail centralisé sur la nature du FN et les moyens de s'y opposer a été clairement favorisé par l'arrivée de Jean-Christophe Cambadélis à la tête du PS. Là encore, la centralité du combat anti-FN constitue un marqueur ancien de son parcours militant. Ayant intégré le PS en 1986, après avoir été formé à l'école trotskyste lambertiste, Cambadélis s'est toujours illustré par son implication contre l'extrême droite. En 1990, il fonde l'organisation Manifeste contre le Front national, à laquelle adhérera la jeune Sarah Proust cinq ans plus tard. Déjà à cette époque, l'objectif du mouvement consiste non seulement à mobiliser sur le terrain les opposants au FN, mais aussi à produire une analyse de l'idéologie de ce parti, considérée comme irréductible à un simple « retour du fascisme » mais bien dangereuse pour la République[11]. Il n'est pas anodin non plus qu'une autre caractéristique du Manifeste soit son plaidoyer pour la constitution d'un grand parti unifiant toute la gauche. Si Jean-Christophe Cambadélis ne va pas aussi loin aujourd'hui, sa focalisation sur la menace frontiste comme argument pour l'union de la gauche (derrière le PS) est patente. Avant même de devenir Premier secrétaire,

---

10. Parti socialiste, « Révéler l'imposture du FN et combattre son projet antirépublicain », mars 2015 (source : http://www.parti-socialiste.fr/articles/reveler-limposture-du-fn-et-combattre-son-projet-antirepublicain).

11. Renaud Dély, « Le Manifeste contre le Front national lance une grande campagne », Libération, 9 décembre 1996.

il appelait, en amont des municipales de 2014, à un rassemblement de la gauche dès le premier tour. Lors de ses interventions médiatiques avant les dernières élections départementales, il a encore vivement déploré à plusieurs reprises la multiplicité des candidatures de gauche dans la grande majorité des cantons.

L'évidente instrumentalisation de la dynamique frontiste pour conforter la domination, voire l'hégémonie du PS sur l'ensemble de la gauche, s'appuie chez Jean-Christophe Cambadélis sur une analyse qu'il s'est efforcé de diffuser abondamment dans les médias et dont la notion clé est le tripartisme. Censée caractériser l'«autre monde» dans lequel serait entrée la vie politique française depuis l'élection de François Hollande, l'expression désigne une configuration où le FN serait devenu un concurrent de même statut que l'UMP-LR et le PS, ce dernier devant alors batailler sur un double front, à la fois «contre le libéralisme [et] contre la tentation xénophobe[12]». Les leçons politiques que Cambadélis en tire ne sont pas sans arrière-pensées stratégiques : dans l'intérêt de la République elle-même, la situation exigerait que toute la gauche se rassemble derrière le PS, sous peine de marginalisation, et que la droite respecte un «front républicain» contre le FN dans tous les cas où ce dernier serait présent au second tour d'une élection. Sur le fond, le terme de «tripartisme» est en réalité contestable, même si la troisième place du PS aux européennes de 2014 a conforté sa diffusion. Faisant écho au bipartisme, il suggère que trois partis seraient désormais capables d'accéder au pouvoir, en alternance régulière avec les deux autres. À l'heure où ces lignes sont écrites, il s'agit pourtant davantage d'un scénario que d'une réalité : hors de tout système d'alliance, rejeté par une majorité de l'opinion, le FN n'a toujours pas les ressources pour conquérir le pouvoir national[13]. Ce vocabulaire nouveau indique cependant la prise de conscience grandissante qu'une nouvelle configuration du système partisan est

---

12. Jean-Christophe Cambadélis, «Le tripartisme est en marche», 25 mars 2014 (source : http://www.cambadelis.net/2014/03/25/le-tripartisme-est-en-marche/).
13. Voir la conclusion de cet ouvrage.

en train d'émerger d'une phase chaotique de réalignement électoral, toujours en cours, dont on peut faire remonter l'origine à l'élection de rupture de 2007[14].

Si la campagne socialiste des départementales de 2015 a été à ce point focalisée sur le FN, c'est aussi le fait d'un acteur de premier plan, le Premier ministre Manuel Valls. Après avoir exprimé sa «peur» que le pays ne se «fracasse» sur le parti de Marine Le Pen, ce dernier a assumé vouloir «stigmatiser» le FN au nom des idéaux républicains. La cohérence de sa position avec les développements internes au PS, mentionnés ci-dessus, n'est toutefois pas évidente. D'un côté, la croisade vallsiste semble ressusciter les accents moraux des années 1980-1990 au détriment du travail de décryptage plus fin effectué par le nouveau dispositif anti-FN. D'un autre côté, la coloration idéologique et les visées stratégiques qui sous-tendent cette offensive relèvent plutôt de l'aile droite du PS que de son centre de gravité à partir duquel souhaite pourtant opérer Jean-Christophe Cambadélis. C'est ce qui apparaît à la lecture d'une note de Jean-Marie Le Guen (proche de Manuel Valls et secrétaire d'État aux relations avec le Parlement), dont la publication à la Fondation Jean-Jaurès a opportunément coïncidé avec les déclarations du Premier ministre[15]. Dans ce texte, Jean-Marie Le Guen n'hésite pas à affirmer que «la lutte contre le FN est [...] LA question politique centrale» et que le socialisme doit subordonner ses buts à la défense de la République contre cette menace. Surtout, en concédant qu'«une grande coalition semble improbable au regard de nos institutions et de nos habitudes politiques», l'auteur déplore les ambiguïtés d'une gauche radicale à qui il reproche sa critique de l'intégration européenne et du PS au pouvoir. Selon lui, des «échanges transpartisans» entre gauche et droite «donnerai[en]t à notre pays une stabilité, une capacité à

---

14. Florent Gougou et Simon Labouret, «*Electoral Disorder in a Realignment Era: The Changing Shape of the French Political Universe, 2007-2012*», dans Alistair Cole, Sophie Meunier et Vincent Tiberj (dir.), Developments in French Politics 5, Basingstoke, Palgrave Macmillan, 2013, p. 153-169.

15. Jean-Marie Le Guen, «*Front national: le combat prioritaire de la gauche*», note n°254, Fondation Jean-Jaurès, 8 mars 2015.

enjamber utilement les alternances, et donc à mener certaines des réformes structurelles nécessaires ». Or, quelques mois auparavant, un autre socialiste proche de Valls, Luc Carvounas, publiait un essai suggérant, parmi d'autres propositions, l'introduction d'une proportionnelle intégrale pour les législatives [16]. Celle-ci pourrait permettre des alliances entre un PS coupé de son flanc gauche et un centre-droit hostile aux courants les plus identitaires de la droite.

Ces remarques soulignent à quel point le nouveau rapport du PS au FN ne reflète pas seulement un changement de statut objectif de ce dernier. Il est aussi le fruit d'une coalition d'acteurs, que l'on pourrait qualifier d'« entrepreneurs de la cause anti-FN », ayant plus ou moins précocement épousé cette cause dans leurs trajectoires militantes et qui la défendent actuellement au nom d'intérêts et de fins stratégiques variées. Jusqu'au congrès de juin 2015, un de leurs points communs restait cependant leur assise fragile au sein du PS. Auparavant, Jean-Christophe Cambadélis apparaissait comme un Premier secrétaire n'ayant pas subi l'épreuve du suffrage des militants. Si un scrutin interne l'a désormais légitimé dans sa fonction, le poids de la sensibilité la plus à droite du parti n'a, pour sa part, été mesuré qu'aux primaires de l'automne 2011 qui se sont soldées par un résultat de seulement 6 % pour Manuel Valls. Lui aussi s'est néanmoins vu renforcer depuis le congrès de Poitiers dans la mesure où sa ligne politique, diluée dans la large motion victorieuse présentée par Jean-Christophe Cambadélis, n'a pas fait l'objet de débats approfondis et encore moins de désaveu interne. Les différences entre les entrepreneurs de la cause anti-FN n'en sont pas moins persistantes, comme l'a illustré la gestion par Manuel Valls de l'après-départementales. Son injonction au rassemblement de la gauche ne s'est pas accompagnée de promesses d'une union plus étroite grâce à une évolution de la politique gouvernementale. Or, plusieurs responsables de l'appareil socialiste, pourtant acquis à la thèse du tripartisme, sont restés circonspects devant la personnalisation

---

16. Luc Carvounas, La Politique autrement. Réinventons nos institutions, *Paris, Fondation Jean-Jaurès, 2014.*

du combat anti-FN par le Premier ministre et considèrent que le nouveau rapport de forces électoral nécessite des gestes d'ouverture à la gauche du PS[17].

La gauche alternative face au FN

Du côté de la gauche écologiste et surtout radicale, les appels au rassemblement de la part des socialistes sont en effet récusés au motif que ces derniers portent eux-mêmes une grande responsabilité dans cette division en menant une politique beaucoup trop proche de celle de la droite sur la période 2002-2012. Le rejet du FN n'en est pas moins vif, pour des raisons historiques, liées à la mémoire de la Résistance et de l'anticolonialisme, notamment dans les milieux communistes. Le cas d'Europe-Écologie-Les Verts (EELV) est emblématique d'une distance radicale à l'égard de l'extrême-droite. En France comme en Europe, l'électeur écologiste est citadin, diplômé, porteur de valeurs universalistes et permissives, ce qui explique que l'implantation territoriale des écologistes soit quasiment l'envers de celle du FN[18]. Du fait de son peu de contacts directs avec l'influence frontiste, EELV a moins besoin que le PS de développer un discours propre sur ce parti. Notons toutefois qu'un groupe de travail sur ce sujet a été créé, qui anime une page web recensant des analyses et des argumentaires anti-FN, en particulier sur les questions énergétiques et environnementales[19].

Au sein du Front de gauche, coalition fédérative de la gauche radicale fondée en 2009, le FN reste généralement vu comme une incarnation du vieil ennemi fasciste adapté à l'ère de la mondialisation

---

17. Bastien Bonnefous et David Revault d'Allonnes, «Manuel Valls, au risque du "déni"», Le Monde, 25 mars 2015.
18. Martin Dolezal, «Exploring the Stabilization of a Political Force: The Social and Attitudinal Basis of Green Parties in the Age of Globalization», West European Politics, 33 (3), 2010, p. 534-552. La différence la plus spectaculaire réside dans leurs performances relatives dans les grandes villes. Dans les villes-centres les plus connectées à la mondialisation (les «idéopôles», voir infra), Eva Joly a même quasiment doublé son score national en 2012, tandis que Marine Le Pen y atteignait un niveau électoral inférieur de 40% à son niveau national.
19. http://antifn.eelv.fr/

et de la désindustrialisation, et faisant *in fine* le jeu des puissances économiques en divisant inutilement les classes populaires. Des responsables du Front de gauche, c'est Jean-Luc Mélenchon qui s'est le plus engagé dans le combat contre Marine Le Pen, une fois celle-ci devenue présidente du FN. Convaincu que la démonstration rationnelle des mensonges ou incohérences du parti est nécessaire à son recul (selon l'« effet Dracula[20] » qui veut qu'un vampire soit vaincu par la lumière), il a aussi usé à plusieurs reprises de l'arme de la disqualification morale. Au cours d'une confrontation télévisée tendue pendant la campagne présidentielle de 2012, Jean-Luc Mélenchon a par exemple accusé Marine Le Pen de complaisance face aux propos de son père, qui venait de célébrer le collaborateur Brasillach[21]. De façon générale, il n'hésite pas à convoquer la référence au fascisme, ce qui lui a d'ailleurs valu un procès (qu'il a gagné) de la part du FN.

Cette référence s'inscrit dans une interprétation de la situation politique qui voit l'avenir des sociétés se jouer entre « eux [le FN] et nous [la gauche radicale] ». Comme lors de la guerre civile européenne qui a déchiré le continent dans la première moitié du XXe siècle, les ravages d'une « société de marché » en décomposition provoqueraient une polarisation politique entre, d'un côté, les partisans d'une réponse xénophobe et autoritaire et, de l'autre, ceux qui promeuvent un ordre démocratique et égalitaire dépassant les impasses du capitalisme[22]. Après être allé défier Marine Le Pen aux législatives de 2012 (en l'affrontant sans succès dans la circonscription d'Hénin-Beaumont), Jean-Luc Mélenchon a atténué la visibilité médiatique de son combat anti-FN, même si son parti compte dans son organigramme un secrétaire national à la lutte contre l'extrême droite, Alexis Corbière. Attaché à démontrer régulièrement dans ses interventions médiatiques que les milieux populaires votant FN proviennent rarement de la gauche, Jean-Luc Mélenchon a pour cap stratégique prioritaire

---

20. Alexis Corbière, « *Avec le FN, l'effet Dracula fonctionne* », Libération, *24 février 2012.*
21. *Émission « Des Paroles et des actes » sur France 2, 23 Février 2012.*
22. Karl Polanyi, La Grande Transformation. Aux origines politiques et économiques de notre temps, *Paris, Gallimard, 1983.*

la construction d'une force capable de dépasser le PS dans ce camp plutôt que de convaincre des citoyens sans proximité partisane ou de sensibilités différentes.

La droite face au FN

La percée du FN lors de l'élection partielle de Dreux, en septembre 1983, avait amené la droite locale à faire alliance avec la liste de Jean-Pierre Stirbois, alors secrétaire général d'un parti frontiste qui n'avait réalisé que quelques scores notables, comme dans le 20e arrondissement de Paris au mois de mars précédent. La question d'une entente de la droite avec le FN ne s'est cependant pas posée lors des élections européennes de 1984, chaque liste envoyant ses élus au Parlement européen, ni lors des élections législatives de 1986. Si le FN est alors entré au Palais Bourbon à la faveur d'un scrutin de listes départementales à la proportionnelle et a pu former un groupe de 35 députés, ce dernier ne s'est pas avéré décisif pour la constitution d'une majorité par le RPR et l'UDF. Localement, en revanche, la situation est restée plus floue.

La progressive acceptation du « cordon sanitaire »

En Provence-Alpes-Côte d'Azur notamment, le RPR et l'UDF ont fait alliance avec le FN et dirigé la région avec lui de 1986 jusqu'en mars 1992. À la suite de propos de Jean-Marie Le Pen comparant les chambres à gaz à un « point de détail de l'histoire de la seconde guerre mondiale » (13 septembre 1987), la possibilité d'alliances dans d'autres collectivités ou au niveau national a toutefois été écartée par la droite gouvernementale. Cette ligne ne fut véritablement contestée qu'en 1998, notamment dans la région Rhône-Alpes, où le président sortant Charles Millon a conclu un accord politique avec le FN pour conserver l'exécutif de la collectivité. En mars 1998, deux phénomènes ont favorisé la remise en question plus générale de la stratégie dite du « cordon sanitaire ». D'une part, comme dans l'exemple Rhône-alpin, plusieurs présidents de conseils régionaux, tous membres de l'UDF, acceptent les voix du FN et sont réélus grâce à lui. D'autre part, au FN même, les lignes bougent, un nombre croissant de cadres et de sympathisants considérant que Jean-Marie Le Pen, leader du parti depuis 1972, est devenu un «handicap» pour le parti d'extrême droite[23]. En interne, depuis le congrès de Strasbourg (avril 1987), le délégué général Bruno Mégret cherche une stratégie d'alliances pour sortir le FN de l'isolement dans lequel il est tenu depuis plus d'une décennie. L'étanchéité relationnelle entre droite et extrême droite est cependant restaurée, d'un côté par la décision des présidents du RPR (Philippe Séguin) et de l'UDF (François Léotard) d'exclure de leurs partis les élus participant aux alliances locales avec le FN, de l'autre par la scission et la marginalisation à laquelle sont poussés Mégret et ses amis en 1999. La confrontation au second tour de l'élection présidentielle de 2002 de Jacques Chirac et Jean-Marie Le Pen, qui transforme le premier en candidat de tous les «républicains», ne fait que conforter ce retour à la stratégie du cordon sanitaire.

Deux événements symbolisent ensuite l'entrée dans une nouvelle séquence des relations droite-FN : en avril 2007, lorsque Nicolas Sarkozy obtient au premier tour de la présidentielle un score trois fois supérieur à celui du leader d'extrême droite ; puis en janvier 2011, lorsque Marine Le Pen est élue à la présidence du FN au congrès de Tours. Avec près de 6,5 millions de voix et 17,9 % des suffrages exprimés au premier tour de la présidentielle de 2012, elle accomplit un retour électoral qui se confirme et s'amplifie lors des élections intermédiaires tenues après l'arrivée de François Hollande et des socialistes au pouvoir.

La stratégie de l'attractivité électorale pour assécher l'électorat FN

Lors de l'élection présidentielle d'avril-mai 2007, le FN a régressé en pourcentage et en nombre d'électeurs inscrits. Comme l'analyse Sylvie Strudel, ce scrutin fut le théâtre électoral, «dès le premier tour, d'une

---

23. Cas Mudde, *Populist Radical Right Parties in Europe*, Cambridge, Cambridge University Press, 2007, p. 262.

distanciation conséquente et d'une disqualification significative [par le candidat de l'UMP] du candidat de l'extrême droite, Jean-Marie Le Pen, dont Nicolas Sarkozy s'était promis de ravir les électeurs "un à un"[24]». Cette «captation» d'une partie de l'électorat lepéniste, qui s'est opérée à travers un renouvellement du profil et des équilibres idéologiques de la droite, s'est traduite par un déploiement de logiques discursives particulièrement travaillées, notamment autour de la thématique de l'identité nationale.

On peut définir l'attractivité électorale de Nicolas Sarkozy de 2007 comme une stratégie «tous azimuts», évoquant un «syncrétisme tourmenté[25]». Parmi la pluralité de logiques sociales et discursives (incluant l'invocation du patrimoine historique de la gauche, avec la figure de Jean Jaurès) qui ont contribué à ce «syncrétisme», on trouve une logique de séduction d'un vote antérieurement «acquis» à Jean-Marie Le Pen. Présentée dans les médias comme un «siphonnage» du FN, elle a en réalité correspondu à des évolutions politiques, électorales et sociales dépassant l'enjeu de la seule concurrence UMP-FN. L'attractivité sarkozyste exercée sur l'électorat frontiste (notamment en raison de la reprise d'une partie du discours frontiste par le candidat)[26] a ainsi correspondu à une radicalisation de l'offre de l'UMP et de sa base sur les questions d'immigration et de multiculturalisme, tandis que sa victoire finale a contribué à remettre en cause un ordre électoral né en 1984-1985 en redéfinissant la «tripartition» de l'espace politique français[27]. Ce qui a été nommé dans les médias la «ligne Buisson» (d'après le nom du conseiller politique de Sarkozy) a été présenté de façon réductrice comme une orientation uniquement idéologique ou

---

24. Sylvie Strudel, «*L'électorat de Nicolas Sarkozy: "rupture tranquille" ou syncrétisme tourmenté?*», Revue française de science politique, 57 (3), 2007, p. 459-474; voir également sur ce point Nonna Mayer, «*Comment Nicolas Sarkozy a rétréci l'électorat Le Pen*», Revue française de science politique, 57 (3), 2007, p. 429-445.
25. Sylvie Strudel, «*L'électorat de Nicolas Sarkozy: "rupture tranquille" ou syncrétisme tourmenté?*», art. cité.
26. Voir Nonna Mayer, «*Comment Nicolas Sarkozy a rétréci l'électorat Le Pen*», art. cité.
27. Florent Gougou et Simon Labouret, «*La fin de la tripartition?*», Revue française de science politique, 63 (2), 2013, p. 279-302.

discursive. La ligne Buisson peut également se définir comme la prise en compte du caractère déterminant de l'élection présidentielle et de la nécessité de se positionner comme le parti capable non seulement de rassembler suffisamment d'électeurs pour arriver au second tour, mais aussi d'exercer durablement le pouvoir. L'objectif promu par Patrick Buisson consistait donc bien, à l'origine, à briser la tripartition des votes observable depuis 1984 afin d'établir un bloc électoral droitier comme soubassement d'un exercice du pouvoir par la droite sur le long terme. Cette ambition s'est ensuite traduite par la volonté de développer l'attractivité de la droite non uniquement vers le centre, mais aussi vers ses franges les plus radicales et vers un électorat marqué par un rapport négatif à l'altérité.

Le succès de 2007 ne saurait masquer le fait que l'attitude de l'UMP à l'égard de cette stratégie s'est révélée assez hétérogène. La reconquête de l'électorat du parti de Jean-Marie puis de Marine Le Pen n'a fait qu'exacerber le décalage des points de vue à l'intérieur des instances, entre la base et le sommet du parti, ou encore selon les territoires, compte tenu de la diversité géographique des situations électorales auxquelles l'UMP est confrontée (par exemple entre le Sud-Est, le Nord-Est et l'Ouest).

La stratégie face au FN après 2012

Dès la fin du quinquennat de Nicolas Sarkozy, plusieurs «mouvements» s'organisent à l'intérieur du parti. Leur existence relève de la gestion du pluralisme au sein de l'UMP depuis sa fondation, c'est-à-dire de la nécessité de laisser s'exprimer en son sein les différentes cultures politiques qui l'ont composé à l'origine[28]. La plupart de ces mouvements ont en commun de porter un message véritablement «de droite» destiné à séduire l'électorat tenté par le vote FN. On remarque des concurrences générationnelles entre des députés bien établis, ceux de la «Droite populaire» (Thierry Mariani, Christian Vanneste), et des

---

28. Florence Haegel, «Le pluralisme à l'UMP. Structuration idéologique et compétition interne», dans Florence Haegel (dir.), Partis politiques et système partisan en France, Paris, Presses de Sciences Po, 2007, p. 219-254.

cadres politiques encore dépourvus de mandats nationaux, ceux de la « Droite forte » (Geoffroy Didier, Guillaume Peltier). La Droite populaire (collectif parlementaire créé en juillet 2010, devenu « mouvement » au sein de l'UMP à l'occasion du congrès de 2012, puis association politique en 2014) vise à porter des thèmes comme l'identité, la sécurité, l'immigration. Elle obtient 10,9 % des voix des militants UMP en 2012. Créée cette même année, la Droite forte lui fait concurrence et obtient le soutien, lors du même congrès, de 27,8 % des voix des militants. On peut rattacher à ces mouvements, qui utilisent le référentiel « droite » pour légitimer leur position à l'intérieur du parti, la « Droite sociale » fondée par Laurent Wauquiez, dont les principaux marqueurs doctrinaux sont la valorisation des classes moyennes « abandonnées » et la contestation des contraintes européennes. Le point commun à ces trois mouvements est d'adopter des pratiques discursives censées séduire l'électorat lepéniste (donc empruntant le registre et les thématiques frontistes), lui-même analysé comme un électorat refusant une « droite molle » et recherchant une « vraie droite ». Mais, en dehors de ces mouvances, d'autres représentants nationaux n'hésitent pas à s'approprier le vocable du FN pour consolider leur positionnement. C'est le cas de Jean-François Copé, défenseur d'une « droite décomplexée » alors qu'il est candidat à la présidence de l'UMP[29].

---

29. *Dans son* Manifeste pour une droite décomplexée *(Fayard, 2012), il écrit ainsi : « Un "racisme anti-Blanc" se développe dans les quartiers de nos villes où des individus – dont certains ont la nationalité française – méprisent des Français qualifiés de "Gaulois", au prétexte qu'ils n'ont pas la même religion, la même couleur de peau ou les mêmes origines qu'eux. J'entends de plus en plus d'habitants de Meaux s'en plaindre et ce racisme-là est aussi inacceptable que toutes les autres formes de racisme ». Et le 6 octobre 2012, il déclare encore : « Il est des quartiers où je peux comprendre l'exaspération de certains de nos compatriotes, père ou mère de famille rentrant du travail le soir, apprenant que leur fils s'est fait arracher son pain au chocolat à la sortie du collège par des voyous qui lui expliquent qu'on ne mange pas pendant le ramadan ». Jean-François Copé n'a cependant pas l'exclusive de ce type de déclaration. François Fillon (« Je propose que le Parlement organise un débat chaque année sur la politique nationale d'immigration, sur le nombre d'immigrés que nous pouvons accueillir », 13 novembre 2014), Nadine Morano (« Les vagues d'immigrés qui s'abattent sur la France depuis les dix dernières années ne font l'objet d'aucune maîtrise en raison de la pensée dominante socio-humaniste qui nous interdit toute politique de quotas et de choix de ceux que l'on "accueille" »,*

Après le congrès de l'UMP, marqué par une lutte fratricide au sommet entre François Fillon et Jean-François Copé, une analyse supplémentaire vient donner corps aux pratiques discursives de ces droites «adjectivales». En février 2013, alors qu'il est président de l'UMP et après une bataille interne particulièrement disputée et violente aux résultats finaux contestés, Jean-François Copé lance une «révolution civique» qui a pour ambition d'instaurer ce qu'il définit comme «un parti de services» en prise avec la situation économique et sociale des populations qu'il entend rallier au vote UMP[30]. Quoi qu'il en soit, la brièveté du mandat de ce dernier, écourté en raison des scandales financiers touchant le parti, a contribué à ce que son projet fasse long feu. De retour à la tête de l'UMP, Nicolas Sarkozy doit désormais composer avec un ordre électoral en bouleversement depuis 2007 et dont il a été une des victimes en 2012.

L'émergence d'un «conservatisme nouveau» à droite

Malgré la reconquête électorale entamée par le FN ces dernières années, on peut douter qu'elle préfigure un retour à la situation du champ politique antérieure à 2007, c'est-à-dire divisé en trois ensembles distincts «FN-droite-gauche». La «rupture sarkozyste» a produit une fusion relative entre les électorats UMP et FN, et donc une concurrence frontale entre les deux appareils politiques[31]. On en trouve une illustration dans l'élection partielle du Doubs de février 2015[32], qui témoigne de la difficulté, pour un parti, à se qualifier au second tour dans un contexte de faible participation et avec un seuil de qualification fixé à 12,5% des inscrits.

---

22 février 2014), Guy Teissier («Ce n'est pas parce qu'on est des gens du Midi qu'il faut qu'on s'africanise. On doit avoir un comportement normal dans notre société», 17 avril 2014) vont également avoir des propos souvent proches du discours du FN sur l'immigration.

30. Judith Waintraub, «Copé veut transformer l'UMP en "parti de service"», lefigaro.fr, 8 octobre 2012.

31. Jérôme Fourquet et Marie Gariazzo, FN et UMP: électorats en fusion?, Paris, Fondation Jean-Jaurès, 2013.

32. Joël Gombin, «UMP, PS, abstentionnistes: qui s'est reporté sur le FN au second tour de la législative partielle du Doubs?», slate.fr, 13 février 2015.

Le risque d'élimination au premier tour se précisant, Nicolas Sarkozy, redevenu président de l'UMP, oppose le «FNPS» à l'accusation «UMPS» portée par Marine Le Pen et à l'accusation «UMPFN» portée par le Parti socialiste. Cet argumentaire n'est pas neuf, il avait déjà été utilisé dans les années 1990 pour mettre en garde les électeurs contre le développement de triangulaires qui s'avéraient alors favorables, aux dires des dirigeants du RPR et de l'UDF d'alors, au PS et à ses alliés. La position de Nicolas Sarkozy est la suivante : voter pour le FN, dans un système de qualification au second tour à 12,5 % des inscrits, c'est mécaniquement voter pour le PS au second tour. Cette présentation des choses confirme que, dans un contexte de proximité tendancielle croissante, même relative, des électorats FN et UMP, la qualification au second tour est vitale et nécessite à la fois une logique d'union des droites et d'attraction électorale envers les sympathisants frontistes. En même temps, l'UMP, en tant qu'appareil, est contrainte de freiner la dynamique électorale du FN là où elle le peut, quitte à abandonner la position du «ni-ni» en laissant la gauche l'emporter par une stratégie de retrait. Ainsi, au lendemain du premier tour des élections départementales de 2015, sur sept retraits de candidats UMP afin d'éviter des triangulaires là où le FN est arrivé en tête, deux se situent dans l'Aisne, deux dans la Somme, un dans le Pas-de-Calais, un dans la Drôme et un dans le Vaucluse. L'attitude de l'UMP diffère selon les territoires, mais elle répond à la nécessité de rester dans le jeu politique en empêchant le FN de l'emporter, quitte à renoncer à figurer au second tour.

Sur l'attitude à adopter face au FN, deux stratégies s'affrontent actuellement au sein de l'UMP, devenue LR : l'une table sur une radicalisation du discours et le refus d'un front républicain contre le FN (la fameuse position du «ni-ni»), l'autre privilégie une expression plus modérée et le réflexe de «faire barrage» à l'extrême droite en toute circonstance. Leur antagonisme relève de deux ordres explicatifs différents. D'une part, une appréhension différenciée de l'enjeu en fonction de l'implantation géographique des différents responsables politiques, ce qui aboutit à une gamme de positionnements possibles adaptés aux configurations locales, allant du rejet de principe du FN à une lutte électorale « à mort » contre lui en passant par une tentative moins conflictuelle de captation de sa base électorale. D'autre part, l'expression d'une pluralité de conceptions idéologiques à propos de ce que doit devenir la droite française après la disparition des grandes traditions politiques qui furent les siennes après 1945 (gaullisme, démocratie chrétienne...).

En premier lieu, des réalités géographiques et sociologiques différentes, elles-mêmes porteuses d'attitudes électorales différentes, sont au cœur des clivages internes à l'UMP-LR par rapport à l'attitude à adopter à l'égard du FN. Ainsi, les débats internes relatifs au positionnement à l'égard de l'extrême droite doivent être analysés à travers le prisme des réalités électorales auxquelles doivent faire face les acteurs implantés localement. D'un côté, Alain Juppé, maire de Bordeaux où Marine Le Pen a obtenu 8,2 % des suffrages exprimés le 22 avril 2012, est fermement opposé à la logique dite du « ni-ni ». Nathalie Kosciusko-Morizet, désormais élue au Conseil de Paris, ville dans laquelle la candidate du FN avait obtenu 6,2 % des voix, partage la même position. De l'autre, Laurent Wauquiez, candidat à la présidence de la grande région Rhône-Alpes-Auvergne, un territoire où le FN est beaucoup plus fort (on se souvient que c'est au conseil régional de Rhône-Alpes que s'était posée la question de l'alliance avec le FN en 1998)[33], défend davantage la position « ni FN, ni PS ». Le mouvement de la droite populaire recrute aussi beaucoup dans les régions méridionales, où un véritable effet de subduction électorale s'opère à certains endroits au détriment de la droite classique et au profit de l'extrême droite. C'est par exemple le cas dans le Vaucluse, à Orange et Bollène, dont Jacques et Marie-Claude Bompard, dissidents du FN, sont les maires respectifs. On peut ainsi distinguer plusieurs attitudes électorales différentes au sein de l'électorat UMP, selon qu'il participe d'un espace où le FN est encore faible (en particulier les « idéopôles[34] »), ou qu'il se trouve dans des territoires où le FN est en progression.

---

33. Cécile Bressat-Bodet, « La région au banc d'essai des FN », dans Bernard Jouve, Vincent Spenlehauer et Philippe Warin (dir.), La Région, laboratoire politique, Paris, La Découverte, 2001, p. 175-189.
34. Fabien Escalona et Mathieu Vieira, « Pourquoi les "idéopôles" votent-ils encore à gauche ? », slate.fr, 14 avril 2014. Les idéopôles sont les villes-centres

Un second facteur d'explication des prises de position internes quant au FN relève du type de refondation idéologique souhaité par la droite. L'une des tentatives de réponses émergeant actuellement est celle d'un travail à mener sur l'identité de la droite, la définition de son projet, de son programme et de ses stratégies d'alliance. Cette perspective ne peut être coupée de l'émergence, au cours de l'année 2012-2013, d'un « mouvement social conservateur » dans le sillage des manifestations contre le mariage pour tous[35], dont Nicolas Sarkozy perçoit le potentiel idéologique autant que d'encadrement. Dans cette perspective, la dénonciation du caractère « étatiste » du programme du FN de Marine Le Pen a pour vocation de détacher de ce parti l'électorat du « premier » Front national, notamment celui du Sud-Est, davantage droitier et conservateur, et ainsi empêcher la prise de contrôle de départements comme le Var ou le Vaucluse par le parti de Marine Le Pen. Les prises de position des différents animateurs de ce courant conservateur, qu'il s'agisse du nouveau secrétaire général du parti Laurent Wauquiez, ou d'animateurs du mouvement « Sens commun », se situent délibérément dans le registre du refus de choix entre FN et PS et dans celui de l'élaboration d'un corpus doctrinal susceptible d'attirer vers l'UMP-LR et la droite parlementaire un électorat potentiellement séduit par le vote FN. Avant les résultats de la partielle du Doubs, Laurent Wauquiez déclarait ainsi en août 2014 : « La droite dont les Français ne veulent plus, c'est celle du filet d'eau tiède », avant d'ajouter : « Ils en ont assez d'une droite pâle copie de la gauche[36]. »

Si l'on perçoit les logiques discursives à l'œuvre, il est trop tôt pour prédire si elles seront de nature à bénéficier au parti Les Républicains, en position d'attractivité électorale sur le modèle de 2007, ou si elles contribueront au contraire à un renforcement du FN.

des métropoles les plus intégrées à la globalisation, dont ils représentent des « points d'ancrage ». Ils concentrent plus qu'ailleurs les groupes sociaux pour lesquels la mondialisation est une source d'opportunités ou, tout du moins, ne représente ni une menace matérielle ni une menace identitaire.
35. Gaël Brustier, *Le Mai 1968 conservateur. Que restera-t-il de la Manif pour tous*, Paris, Éditions du Cerf, 2014.
36. Voir lexpress.fr, *17 août 2014*.

Conclusion : face au FN, changer pour que rien ne change

L'UMP comme le PS ont dû s'adapter ces dernières années au nouveau statut acquis par le FN mariniste dans le paysage politique français. Pour l'instant, le « cordon sanitaire » face à une formation jugée étrangère aux valeurs républicaines a été respecté par ces deux partis. Si des raisons idéologiques l'expliquent, qui sont évidemment un facteur déterminant à gauche, la chose a été, et reste, moins évidente à droite. Certains élus locaux de cette dernière ont pu observer une porosité croissante entre leur électorat et celui du parti lepéniste et ont parfois même été tentés de compter sur les voix du FN pour s'emparer de l'exécutif de collectivités territoriales. L'interdit a toutefois tenu jusqu'ici, d'un côté parce que le FN ne cherche pas tant à épauler la droite classique qu'à l'éliminer, de l'autre parce que les règles institutionnelles et électorales de la Cinquième République ont efficacement protégé les partis dominants de tout outsider. Si les seuils électoraux atteints par le FN dans les élections intermédiaires s'étant déroulées après 2012 sont inédits, ils ne remettent pas encore en cause son isolement, même s'ils provoquent des recherches d'ajustements stratégiques à gauche comme à droite, allant dans la direction de « l'union à tout prix » et/ou d'éventuels changements de règles permettant des coalitions droite-gauche contre le FN.

Dans le cas de la gauche, la lutte contre le FN peut alors devenir une ressource discursive pour promouvoir un projet politique et un système d'alliances donnés. Ceux-ci peuvent s'inscrire soit dans une logique d'union de toute la gauche et de « vote utile » (la stratégie actuelle), soit dans une configuration encore inédite sous la Cinquième République, celle de passerelles entre un PS détaché de ses franges internes et externes les plus radicales et allié aux courants les plus modérés de la droite. S'agissant de cette dernière, l'évolution la plus marquante depuis la campagne de Nicolas Sarkozy en 2007 et l'arrivée de Marine Le Pen à la tête du FN en 2011 est le rapprochement opéré entre droite et extrême droite sur les questions identitaires et le fossé grandissant sur les questions économiques. Ce qui empêche des alliances programmatiques entre LR et le FN a donc changé, au prix d'une légitimation par les premiers des conceptions altérophobes et unitaristes véhiculées par le second. Davantage qu'un supposé tripartisme, l'ascension électorale du FN sous la présidence de Marine Le Pen semble plutôt nourrir la constitution d'un oligopole droitier. Encore dominé par la droite de gouvernement, la taille de celui-ci excède largement celle des gauches françaises, tandis que son point de fusion idéologique réside dans des positions radicales sur les enjeux de l'identité nationale et du multiculturalisme.

Conclusion / QUELLES PERSPECTIVES POUR LE FRONT NATIONAL ?

Sylvain Crépon, Alexandre Dézé, Nonna Mayer

Cet ouvrage collectif ambitionnait de prendre la mesure de l'évolution du Front national, notamment depuis l'élection de Marine Le Pen à sa présidence en janvier 2011. Le pari éditorial de départ était triple : appréhender les développements récents du FN comme un processus routinier affectant n'importe quelle organisation partisane ; mobiliser les outils ordinaires de la recherche pour mieux objectiver le phénomène frontiste ; explorer les multiples dimensions de ce phénomène pour repérer ses invariants et ses mutations. Le bilan de l'entreprise est sans appel : entre le FN mariniste et le FN lepéniste, les continuités l'emportent largement sur les innovations, qu'il s'agisse de l'organisation, du programme, du discours, de la stratégie ou de la sociologie de ses soutiens. Le FN de Marine Le Pen n'est sans doute pas le même que celui de Jean-Marie Le Pen. Mais il n'est pas non plus foncièrement différent. La « nouveauté » du Front national procède donc d'une illusion.

Un tel constat est important à rappeler tant l'organisation frontiste est soumise, dans les commentaires quotidiens, à des appréciations déformantes. À s'en remettre au discours dominant, le FN aurait substantiellement changé, il se serait dédiabolisé, ce qui lui aurait permis de devenir le « premier parti de France[1] » et d'être désormais

---

1. Voir par exemple : « Ces électeurs qui font du Front national le "premier parti de France" », lefigaro.fr, 26 mai 2014 ; « Le Front national devient le premier parti de France : les cinq explications », sudouest.fr, 26 mai 2014 ; « Le Front national, premier parti de France », parismatch.com, 1er juin 2014.

« aux portes du pouvoir[2] ». Il s'agit pourtant là de fausses évidences qui ne résistent guère à l'examen attentif de la réalité partisane.

Le FN n'est (toujours) pas le « premier parti de France »

Le FN a sans conteste obtenu des scores inédits à l'occasion des derniers scrutins. Aux élections municipales de 2014, les listes frontistes ont souvent dépassé les 30 % des suffrages, permettant au parti d'obtenir un nombre record de mairies et de conseillers municipaux. Aux élections européennes de 2014, le FN a réussi pour la première fois à devancer l'UMP et le PS dans un scrutin national, terminant en tête dans 5 des 8 circonscriptions hexagonales, 16 des 22 régions métropolitaines et 71 des 101 départements. En définitive, ce sont 23 eurodéputés FN qui siègent actuellement au Parlement de Strasbourg. Aux élections départementales de 2015, les binômes frontistes étaient présents dans 93 % des cantons, soit la plus forte couverture territoriale parmi les formations en lice. Et ils sont arrivés en tête des binômes présentés par les différents partis, totalisant 25,2 % des suffrages exprimés, loin devant les candidats regroupés sous les labels « Union de la droite » (20,9 %), « Parti socialiste » (13,3 %), « Union de la gauche » (8,2 %) ou encore « Union pour un mouvement populaire » (6,7 %). Ce n'est donc qu'au prix d'un regroupement des voix par blocs politiques (gauche, droite, FN) que le FN « rate la pole position[3] ». Il n'en demeure pas moins que les candidats frontistes ont fini premiers dans 43 départements, qu'ils ont réalisé ailleurs des scores souvent élevés et qu'ils se sont maintenus dans 1 107 cantons.

Ces scores sont indiscutablement élevés et d'autant plus remarquables qu'ils s'inscrivent dans un contexte de forte démobilisation

---

2. *Selon les termes de Manuel Valls lors d'une conférence en Italie le 7 septembre 2014, repris ensuite par les médias (voir par exemple le thème de l'émission « Du grain à moudre » de France Culture du 15 septembre : « Le Front national est-il aux portes du pouvoir ? »).*

3. *« Le FN rate la pole position, la gauche résiste »*, liberation.fr, 22 mars 2015.

électorale. Mais ils ne sauraient suffire à faire de l'organisation frontiste la première force politique française – un statut qu'il convient d'apprécier à l'aune de bien d'autres critères. Ainsi, la représentation du parti reste non seulement marginale à l'échelle municipale mais également très relative à l'échelle départementale (61 conseillers sur 4 108 dans 14 départements, aucun département remporté), régionale (118 conseillers sur 1 880, aucune présidence de conseil régional) et parlementaire (2 députés sur 577, dont un député Rassemblement Bleu Marine, et 2 sénateurs sur 348). De même, contrairement aux chiffres avancés en octobre 2014, le FN se situe encore loin derrière l'UMP et le PS en ce qui concerne le nombre de ses adhérents. Plus généralement, il paraît abusif de parler de «vague mariniste[4]», voire, au plan européen, de «vague populiste[5]». Non seulement le FN a connu plusieurs phases de flux et de reflux électoral au cours de son histoire, mais encore il est tout sauf un phénomène nouveau dans la vie politique française. On oublie en effet, sans doute en raison de son érosion électorale dans les années 2000 et de sa discrétion relative sur la scène politique française pendant cette décennie, que ce parti existe depuis plus de quarante ans. Son émergence politique date du début des années 1980 et son niveau électoral, avant l'arrivée de Marine Le Pen à sa tête, se situait déjà entre 10 et 20 % des suffrages exprimés à l'échelle nationale.

Le FN n'est pas (encore) « aux portes du pouvoir »

Si le FN n'est pas le premier parti de France, est-il pour autant aux «portes du pouvoir» ou «sur la route de l'Élysée[6]»? Là encore, une telle lecture relève de la fiction politique. Pour l'heure, le FN ne bénéficie

---

4. *Voir les chapitres 13 et 17 de cet ouvrage.*
5. *Compte tenu de la diversité des forces regroupées sous cette étiquette. Voir sur ce point Jean-Yves Camus, «50 nuances de droite. Typologie des radicalités politiques en Europe», note de l'Observatoire des radicalités politiques, 8, Fondation Jean-Jaurès, 2014.*
6. *«Marine Le Pen : à l'Élysée peut-être dès 2017»,* laprovence.com, *8 juillet 2013; «Marine Le Pen : et maintenant objectif Élysée 2017»,* nouvelobs.com, *29 mai 2014; «Marine Le Pen, la marche vers l'Élysée»,* lepoint.fr, *30 octobre 2014.*

ni de l'implantation, ni du réseau d'élus ni même du nombre de cadres suffisants pour prétendre à l'exercice du pouvoir. Au cours de ces derniers mois, l'organisation frontiste (à travers le FN ou le Rassemblement Bleu Marine) a certes réussi à recruter des individus pourvus d'un capital académique et/ou politique notable. Mais ces ralliements restent numériquement limités, et la cohabitation interne avec ces nouvelles recrues est par ailleurs loin d'aller de soi[7]. Toujours pour pallier son déficit structurel de cadres, le FN a bien lancé en septembre 2013 un Comité de gestion et de suivi des administrations (CGSA) chargé de « constituer et de coordonner un réseau de cadres territoriaux (DGS, DGA, directeurs financiers...) amené demain à compléter les équipes d'encadrement et d'administration déjà existantes[8] », mais on ignore tout, à ce jour, du résultat de ce travail. De même, il est impossible d'évaluer avec précision le bilan des actions de mobilisation menées par les différents collectifs thématiques frontistes (Racine, Marianne, Audace, Cardinal, Nouvelle Écologie, Clic, Comef), ni même l'importance de leurs effectifs. On comprend dès lors un peu mieux qu'au sein même du FN certains responsables, pourtant proches de la direction, déclarent redouter la perspective d'accéder aux responsabilités nationales. Marine Le Pen peut toujours se dire « prête à gouverner », y compris dans le cadre improbable d'une cohabitation avec François Hollande[9] ; d'aucuns en interne estiment à l'inverse qu'une telle issue serait dramatique. En septembre 2014, un cadre FN affirmait : « Vous imaginez demain "Marine" à l'Élysée ? Il n'y a pas assez de ministres ! Qui est son directeur de cabinet ? Qui est ambassadeur à Washington ? S'il n'y a qu'une dissolution, et qu'on peut avoir 150 députés, on met qui[10] » ? Marine Le Pen et, plus largement, l'équipe dirigeante du FN comptent certes encore sur la gestion des mairies frontistes pour

---

7. Voir, sur ces différents points, les chapitres 1 et 2 de cet ouvrage.
8. Communiqué du secrétariat général du Front national, 12 septembre 2013. Source : http://www.frontnational.com/2013/09/communique-du-secretariat-general-du-front-national/ (consultation : avril 2015).
9. « Marine Le Pen prête à cohabiter avec François Hollande », lexpress.fr, 29 août 2014.
10. Cité dans « FN : des doutes sur la capacité à gouverner au sein même du parti », rtl.fr, 9 septembre 2014.

apporter la preuve que le parti a toute légitimité pour prétendre à la conduite du pays. Mais certaines des municipalités dirigées par le FN ont connu des débuts chaotiques, entre la politique menée à base de coups d'éclat à Béziers par Robert Ménard[11] ; la condamnation à un an d'inéligibilité de Fabien Engelmann (le maire d'Hayange) à la suite du rejet de ses comptes de campagne, finalement annulée par le Conseil d'État ; l'annulation de l'élection du maire du Pontet (Joris Hébrard, depuis lors réélu) ; la condamnation à 3 000 euros d'amende de Julien Sanchez, le maire de Beaucaire[12] ; les départs en série du personnel municipal à la mairie de Mantes-la-Ville ; la défection de près de 10 % des conseillers municipaux frontistes un an après les élections municipales[13] ; et les différentes mesures qui tendent à contrarier la stratégie nationale de présentation du parti[14].

Penser que le FN est aux portes du pouvoir, c'est oublier encore que le parti frontiste reste isolé sur la scène politique française – ce que les « marches républicaines » du 11 janvier 2015 et les débats qui les ont précédées ont rappelé[15]. C'est aussi oublier que cet isolement constitue

---

11. *Parmi les différentes mesures adoptées, rappelons : les arrêtés interdisant de cracher dans la rue, d'étendre le linge aux fenêtres ou d'installer des paraboles sur les balcons ; l'instauration du couvre-feu après 20 heures pour les moins de 13 ans ; le jumelage de la ville de Béziers avec Maaloula en Syrie ; la diffusion d'affiches vantant les mérites de l'armement de la police municipale ; la décision de débaptiser la rue du 19-Mars-1962 (date de la signature des Accords d'Évian qui ont mis fin à la guerre d'Algérie) pour lui donner le nom d'un officier partisan de l'Algérie française, le commandant Hélie Denoix de Saint-Marc.*

12. *Julien Sanchez a été condamné pour provocation à la haine raciale ou à la violence pour des commentaires écrits par des tiers et considérés comme racistes sur sa page Facebook.*

13. *Dominique Albertini, « Sur le terrain, le Front national perd des plumes »,* Libération, *22 juillet 2015.*

14. *Telles que : l'augmentation du salaire de Joris Hébrard de 44 % (finalement annulée par la préfecture du Vaucluse) ; la hausse du salaire du maire de Luc-en-Provence, Philippe de La Grange, et de ses adjoints à hauteur de 15 % ; la revalorisation de 14,7 % du salaire de Marc-Étienne Lansade, maire de Cogolin, en plus de la création d'une nouvelle indemnité de frais de représentation ; la suppression de la gratuité de la cantine pour les enfants de familles démunies au Pontet ; la suppression de l'accueil du matin à l'école primaire pour les enfants de personnes sans emploi à Béziers.*

15. *Voir « La présence ou non du FN à la marche républicaine de dimanche fait débat », lemonde.fr, 8 janvier 2015 ; « À Beaucaire, la marche républicaine réunit avant tout des frontistes », lemonde.fr, 12 janvier 2015.*

un obstacle important pour accéder au pouvoir dans un système politique dominé par le scrutin majoritaire à deux tours – comme l'ont encore illustré les résultats du FN aux élections départementales. De ce point de vue, il paraît clair que l'organisation frontiste « n'est pas encore une machine de second tour », comme le souligne à juste titre Gaël Brustier[16]. La question des alliances politiques reste donc cruciale pour le FN, qui s'est mis en quête de soutiens extérieurs. En septembre 2013, les responsables du parti ont ainsi publié une « charte d'action municipale au service du peuple français » susceptible de servir de plateforme d'entente avec toute liste ou formation souhaitant nouer des accords en vue des élections locales de 2014. Or, le FN n'a réussi à fusionner ses listes avec la droite que dans deux villes (Villeneuve-Saint-Georges et L'Hôpital) et n'a apporté son soutien qu'à une seule liste (divers droite, à Sevran). Plus récemment, Marine Le Pen a bien appelé à la constitution d'une « grande alliance patriote[17] » avec les partis de Nicolas Dupont-Aignan, Jean-Pierre Chevènement et Philippe de Villiers. Mais une telle alliance paraît pour l'heure improbable. Comme le rappelle Jean-Yves Camus, les chevènementistes sont bien trop ancrés à gauche pour s'entendre avec le FN, tandis que les souverainistes de droite n'ont guère d'intérêt à s'allier avec le parti frontiste, sinon à perdre leur autonomie – comme l'illustre le cas récent du SIEL (Souveraineté, Indépendance et Libertés), qui avait été dirigé par Paul-Marie Coûteaux et sur lequel le FN a désormais la mainmise[18]. À ce jour, seul le mouvement Agir pour la France (coordonné par un ancien proche de Paul-Marie Coûteaux) a répondu favorablement aux appels du FN. Mais il compte à peine une centaine d'adhérents et

---

16. *« Le FN n'est pas encore une machine de second tour »*, Le Monde, *31 mars 2015. Voir également Abel Mestre, « Le Front national rate son second tour »,* Le Monde, *31 mars 2015.*
17. *« Marine Le Pen évoque une grande alliance patriote »*, nouvelobs.com, *24 novembre 2014. Sur l'inspiration « buissonniste » de cette stratégie, voir « Patrick Buisson, retour sur une stratégie politique vieille de trente ans : l'union de toutes les droites »,* atlantico.fr, *16 mars 2014.*
18. *Jean-Yves Camus, « Le Pen et le FN avec Dupont-Aignan et Chevènement ? Pourquoi on en est encore loin »*, nouvelobs.com, *26 novembre 2014.*

Conclusion

n'a aucun élu[19]. Dans la perspective du «troisième tour» des élections départementales de 2015, Marine Le Pen a de nouveau proposé une «charte d'engagement politique pour le département». Ce texte présentait huit «principes d'action» devant être préalablement acceptés par tout candidat à la présidence des départements souhaitant bénéficier des voix des élus frontistes[20]. Mais cette nouvelle tentative pour sceller des alliances n'a guère reçu d'écho, et les présidents des assemblées ont été élus sans le soutien des voix du FN. Le potentiel de coalition frontiste reste donc encore limité, restreignant sa capacité à accéder au pouvoir au niveau local comme au niveau national.

Enfin, si le Front national apparaît sans doute aujourd'hui à beaucoup comme un parti dédiabolisé, il faut rappeler qu'il peine toujours à être perçu comme un parti de gouvernement crédible et acceptable. Si l'on se fie aux résultats des enquêtes des instituts de sondages, seuls 27 % des personnes interrogées reconnaissent à Marine Le Pen «l'étoffe d'un président de la République[21]». De même, 78 % déclarent ne pas lui faire confiance pour diriger le pays[22] et 65 % estiment que le FN n'est «pas capable» de gouverner[23]. En dépit des efforts de sa présidente pour le normaliser, il semble que le Front national reste majoritairement considéré comme un parti à vocation protestataire[24].

---

19. «FN: d'anciens partisans de Pasqua et de Villiers soutiennent Marine Le Pen pour 2017», huffingtonpost.fr, 24 février 2015.
20. «Le FN dévoile sa "charte d'engagement politique pour le département"», lemonde.fr, 31 mars 2015.
21. Sondage CSA réalisé pour atlantico.fr, 30 août 2014.
22. Sondage CSA pour leparisien.fr, *10 mai 2014.*
23. Sondage Odoxa pour I-Télé-CQFD et Le Parisien-Aujourd'hui en France, 13 septembre 2014. Source: http://www.leparisien.fr/flash-actualite-politique/pour-deux-francais-sur-trois-le-fn-n-est-pas-capable-de-gouverner-la-france-13-09-2014-4131921.php
24. Ainsi, dans le Baromètre d'image du Front national de février 2015 (sondage TNS Sofres pour France Info, Le Monde et Canal +), pour 54 % des personnes interrogées, le FN «est seulement un parti qui a vocation à rassembler les votes d'opposition», contre 36 % qui lui reconnaissent «la capacité de participer à un gouvernement».

Forces et faiblesses d'une organisation partisane comme les autres

Il ne s'agit pas, à travers ces remarques conclusives, de sous-estimer l'importance politique du FN mais de tenter, sur la base d'un état des lieux réaliste, de mieux évaluer les perspectives qui lui sont offertes. De ce point de vue, il est important de rappeler que l'organisation frontiste ne suit pas nécessairement une logique de progression électorale censée la conduire inexorablement au pouvoir. On peut certes convenir que le parti est aujourd'hui plus fort que jamais, et cette remarque vaut également d'un point de vue financier. Il faut se souvenir qu'à la fin des années 2000, les dettes du FN s'élevaient à 9 millions d'euros environ[25] – un passif aujourd'hui effacé grâce aux scores qu'il a engrangés (notamment aux élections législatives de 2012, sur lesquelles est indexé le financement public des partis) et aux prêts que ses responsables ont pu contracter à l'étranger. Compte tenu, par ailleurs, du budget alloué aux groupes parlementaires européens, on comprend les efforts déployés par Marine Le Pen depuis 2014 pour trouver à Strasbourg un accord avec les représentants des formations homologues au FN[26]. On ne saurait négliger cet aspect : le Front national dispose dorénavant des moyens matériels de ses ambitions. Bien plus, le contexte actuel lui est à nouveau clairement favorable, tout comme il l'était il y a trente ans, au moment de son émergence politique. On retrouve en effet, aujourd'hui comme hier, une même combinaison de facteurs conjoncturels porteurs : crise économique et sociale, rejet du politique, déceptions et ressentiments envers l'exécutif socialiste,

---

25. Dettes en partie liées aux mauvais résultats des candidats frontistes aux élections législatives de 2007 (4,3 % des suffrages, soit une baisse de 6,8 points par rapport à 2002). Non seulement les frais de campagne de près de 360 candidats frontistes ne sont pas remboursés (puisqu'ils n'ont pas atteint le seuil de 5 % des voix au premier tour), mais en outre la somme que le FN reçoit de l'État se voit mécaniquement réduite de plus de moitié, passant de 4,5 millions d'euros en 2007 à 1,8 millions d'euros en 2008.

26. Accord finalement conclu en juin 2015. Le groupe percevra ainsi 2,43 millions d'euros par an et bénéficiera, par ailleurs, d'un secrétariat et d'assistants financés par Bruxelles. Voir « Le Front national aura son groupe au Parlement européen, mais sans Jean-Marie Le Pen », lexpress.fr, 16 juin 2015.

Conclusion

réactions conservatrices aux éléments progressistes du programme de la gauche gouvernementale, critique de l'État-providence, critique de l'Union européenne, politisation des thématiques de l'immigration et de l'insécurité, etc.[27]. Cela dit, il reste encore un certain nombre d'écueils sur la «route vers l'Élysée» que cherche à emprunter Marine Le Pen.

À l'heure où nous écrivons ces lignes, le FN se trouve tout d'abord impliqué dans plusieurs affaires judiciaires. La plus spectaculaire est sans doute le conflit particulièrement violent qui oppose Marine Le Pen à son père depuis la suspension de celui-ci par le bureau exécutif du FN, le 4 mai 2015, suivie par son exclusion par le bureau exécutif réuni en formation disciplinaire, le 20 août. Il est bien sûr impossible d'évaluer les conséquences à moyen terme de ces décisions, qui font l'objet de plusieurs procédures judiciaires en cours[28], mais il est évident qu'elles provoquent de vives tensions au sein même du parti[29] et qu'elles peuvent nuire potentiellement à son image. De manière encore plus préoccupante pour la direction mariniste, le FN se trouve aujourd'hui mis en cause pour financement illégal et enrichissement illicite. Avant que la mise en examen du parti n'intervienne le 9 septembre 2015 pour recel d'abus de bien sociaux et complicité d'escroquerie, l'organisation frontiste en comptait déjà huit dans le cadre de cette affaire (dont celles de Frédéric Chatillon, ancien membre du GUD, proche de Marine Le Pen, bien que non membre du FN, et responsable de

---

27. *Pour une analyse pionnière du jeu de ces facteurs, voir Nonna Mayer et Pascal Perrineau (dir.),* Le Front national à découvert, *Paris, Presses de Sciences Po, 1996 [1989].*

28. *La suspension du 4 mai a été annulée par le Tribunal de grande instance de Nanterre le 2 juillet 2015, annulation confirmée en appel le 28 juillet. Le congrès extraordinaire par voie postale lancé par le FN le 20 juin pour réformer les statuts et supprimer le poste de président d'honneur a également été annulé par le Tribunal de grande instance de Nanterre, le 8 juillet, et le FN a fait appel. Quant à Jean-Marie Le Pen, il promet de contester en justice la mesure d'exclusion prise contre lui le 20 août.*

29. *Voir par exemple «En Paca, des élus FN réclament la démission de Florian Philippot»,* liberation.fr, *10 juillet 2015; «Crise au FN: vers des listes dissidentes en PACA?»,* liberation.fr, *17 juillet 2015. Un sondage IFOP réalisé pour* Le Figaro *du 21 au 22 août 2015 montre qu'une courte majorité de sympathisants déclarés approuve l'exclusion de Jean-Marie Le Pen (53%, contre 22% qui désapprouvent et 25% d'indifférents).*

la société Riwal qui s'occupe pour partie de la communication du FN, et de Jean-François Jalkh, vice-président du Front national en charge des questions juridiques et secrétaire général de Jeanne, l'un des micropartis frontistes)[30]. Par ailleurs, vingt assistants parlementaires engagés par les députés européens frontistes sont visés depuis le mois de mars 2015 par une procédure pour fraude dont le montant s'élèverait à 7,5 millions d'euros[31]. Jean-Marie Le Pen lui-même est sous le coup d'une enquête pour blanchiment de fraude fiscale et soupçonné de posséder des comptes bancaires dissimulés à l'étranger[32]. Enfin, rappelons qu'en juillet 2013 le Parlement européen a décidé de lever l'immunité parlementaire de Marine Le Pen, à la demande du parquet de Lyon, afin de pouvoir l'entendre dans le cadre d'une enquête pour incitation à la haine raciale. La présidente du FN est en effet visée par une plainte du Mouvement contre le racisme et pour l'amitié entre les peuples (MRAP) pour ses propos de décembre 2010 comparant les prières de rue dans l'espace public à une «occupation»[33].

Au-delà de ces affaires judiciaires, il faut insister sur le fait que le FN demeure d'un point de vue sociologique une organisation partisane comme les autres, autrement dit un espace de lutte pour l'imposition des orientations légitimes du parti et, partant, pour le contrôle de ses ressources (matérielles, symboliques). On s'étonne ainsi de relever depuis quelque temps des conflits au Front national, quitte à les exagérer[34], alors qu'ils constituent en réalité l'ordi-

---

30. Sur ces différents aspects, voir «Mise en examen de Frédéric Chatillon, un très proche de Marine Le Pen», lefigaro.fr, 30 janvier 2015; «Le trésorier de Jeanne, le microparti de Marine Le Pen, mis en examen pour escroquerie», lemonde.fr, 20 mars 2015; «Marine Le Pen rattrapée par l'affaire du financement du FN», lemonde.fr, 16 avril 2015; «Mise en examen de Jean-François Jalkh, vice-président du Front national», lemonde.fr, 22 mai 2015; «Le Front national mis en examen dans l'enquête sur le financement du parti», lemonde.fr, 9 septembre 2015.
31. Voir lemonde.fr, 9 mars 2015.
32. Voir lemonde.fr, 9 juin 2015.
33. Voir lemonde.fr, 2 juillet 2013.
34. Comme ce fut par exemple le cas avant et pendant le congrès de novembre 2014. Voir par exemple: «À la veille du congrès, tensions au FN entre Marion Maréchal-Le Pen et Florian Philippot», lefigaro.fr, 24 novembre 2014.

naire du parti et, plus largement, de toute organisation partisane. Le FN n'a jamais cessé, depuis sa création, de constituer un agrégat d'individus issus de sensibilités diverses et poursuivant au sein du parti des intérêts différenciés. Ce constat vaut pour le FN de Marine Le Pen. Dès 2011, Caroline Monnot et Abel Mestre y repéraient la présence de plusieurs groupements : les « lepéno-lepénistes » (proches de Jean-Marie Le Pen), les « grécistes » (issus de la Nouvelle droite), les « héninois » (en référence à l'équipe mariniste d'Hénin-Beaumont), les anciens « gudards » (tel Frédéric Chatillon), mais aussi les nouveaux ralliés de l'époque (comme les souverainistes Paul-Marie Coûteaux et Bertrand Dutheil de La Rochère)[35]. Cette cartographie partisane a certes évolué depuis[36], mais les tensions internes entre celles et ceux qui incarnent ces différentes tendances ne cessent de se manifester[37]. En outre, de nouvelles lignes de clivage sont apparues au sein du parti, que ce soit sur la question économique et le degré d'interventionnisme étatique, sur l'immigration et la théorie du « grand remplacement », sur l'homosexualité, sur la peine de mort, sur le conflit israélo-palestinien ou encore sur la laïcité[38]. Ces oppositions ne relèvent pas de désaccords purement doctrinaux. Elles procèdent aussi de la compétition interne pour le contrôle du parti. Si celle-ci a pu un temps s'effacer

---

35. *Voir Caroline Monnot et Abel Mestre,* Le Système Le Pen. Enquête sur les réseaux du Front national, *Paris, Denoël, 2011.*
36. *Voir le chapitre 2 de cet ouvrage.*
37. *Jean-Marie Le Pen a suggéré à Gilbert Collard de « changer les consonnes de son nom » après que ce dernier l'a invité à prendre sa « retraite » (lefigaro. fr, 8 juin 2014) ; Marine Le Pen a déclaré à Bruno Gollnisch lors d'un bureau politique : « Tu vois, il y a deux portes, celle des toilettes et celle de la sortie. Si tu n'es pas content, tu peux t'en aller ! » (nouvelobs.com, 26 décembre 2014) ; Bruno Gollnisch a estimé que l'hommage annuel de Florian Philippot sur la tombe du général de Gaulle n'était « pas très utile » (lefigaro.fr, 9 novembre 2014) ; Marion Maréchal-Le Pen a décidé de passer outre l'interdiction de Marine Le Pen de diffuser la vidéo controversée d'Aymeric Chauprade (liberation.fr, 20 janvier 2015) ; Florian Philippot a avancé la possibilité que Jean-Marie Le Pen ait pris « un peu de vodka » après avoir évoqué une thèse complotiste dans le cadre des attentats du 7 janvier 2015 (lemonde. fr, 24 janvier 2015) ; etc.*
38. *« Front national : derrière le leadership de Marine Le Pen, les rivalités idéologiques affleurent », huffingtonpost.fr, 30 novembre 2014 ; « Congrès du FN : des divergences sur la ligne du Front », francetvinfo.fr, 29 novembre 2014.*

derrière les effets d'homogénéisation liés à l'imposition du leadership mariniste, elle ne s'est en réalité jamais interrompue et tend même à s'intensifier depuis que la marque frontiste a repris de la valeur sur le marché politique. Notons encore que cette concurrence interne ne concerne pas le seul échelon national. Elle se développe également au niveau local, où les tensions semblent s'intensifier : dans le Puy-de-Dôme, où la direction du FN est en « guerre ouverte[39] » ; en Gironde, où s'affrontent « jeunes marinistes » et « vieille garde locale[40] » ; à la mairie d'Hayange, où trois adjoints frontistes ont été congédiés par Fabien Engelmann[41] ; à Draguignan, où la question des investitures pour les élections départementales a provoqué de vives querelles[42] ; à Beauvais, où le groupe municipal FN s'est scindé six mois après les élections municipales[43] ; à Marseille, où le FN local et le RBM sont en rivalité[44]. Et le conflit familial en cours ne fait qu'envenimer les choses. De fait, l'avenir du Front national dépend aussi de la capacité de sa présidente à maintenir la cohésion interne au sein du parti, dans un contexte où l'accroissement du capital frontiste est précisément susceptible d'intensifier la compétition entre ses agents.

Réaffirmer le caractère ordinaire du FN comme organisation partisane, c'est aussi rappeler que ce parti est une « entreprise doctrinale[45] » comme les autres, à savoir un groupement politique dont la vocation est de conquérir le pouvoir en même temps que de défendre et d'imposer ses fondements idéologiques. Or, dans le cas du FN, l'articulation entre logique électorale et logique doctrinale ne va pas forcément de soi. En vertu de ses orientations programmatiques et du choix délibéré de ses dirigeants de participer à la compétition politique démocratique, le FN constitue en effet un cas idéal-typique

---

39. Voir lamontagne.fr, *7 octobre 2014.*
40. Voir lefigaro.fr, *20 juin 2014.*
41. Voir lci.tf1.fr, *20 septembre 2014.*
42. Voir varmatin.com, *16 décembre 2014.*
43. Voir lobservateurdebeauvais.fr, *16 septembre 2014.*
44. Voir lefigaro.fr, *27 novembre 2014.*
45. Voir Alexandre Dézé, *« Le Front national comme "entreprise doctrinale" »*, dans Florence Haegel, Partis politiques et système partisan en France, *Paris, Presses de Sciences Po, 2007, p. 255-284.*

de parti antisystème – c'est-à-dire un parti qui évolue dans un système dont il ne partage ni les principes ni les valeurs. Or l'une des principales ressources politiques du FN réside précisément dans son antisystémisme, autrement dit dans son côté radical, extrémiste, hors norme. On comprend dès lors pourquoi la dédiabolisation, qui est généralement présentée comme un processus inéluctable, porte en elle-même ses propres limites. Si le FN devait se dédiaboliser, il prendrait le risque de perdre non seulement ce qui fait la valeur de sa marque sur le marché politique, mais aussi les soutiens qui sont attachés à cette marque. Cela n'obère en rien la possibilité pour Marine Le Pen de conduire ce processus jusqu'à son terme, au risque de fragiliser de manière substantielle l'économie du collectif partisan frontiste. En Europe, on ne compte qu'un seul cas de conversion systémique réussi : celui de l'ancien mouvement néofasciste italien, le MSI, devenu dans les années 1990, au prix d'un abandon total de ses positions originelles, un parti de droite conservateur[46].

Le Front national a-t-il pour autant besoin de renoncer à ses fondements pour conquérir le pouvoir ? La question mérite d'être posée tant ses idées se sont banalisées au cours de ces dernières années, notamment du fait de leur reprise par un certain nombre d'acteurs politiques, de droite comme de gauche, en vue d'en tirer quelques profits électoraux[47]. Compte tenu de l'acceptabilité croissante de

---

46. Sur le processus de cette transformation, voir Piero Ignazi, «From Neo-Fascists to Post-Fascists ? The Transformation of the MSI into the AN», West European Politics, 19 (4), 1996, p. 693-714 ; Roberto Chiarini et Marco Maraffi (dir.), La Destra allo specchio. La cultura politica di Alleanza nazionale, Venise, Marsilio Editori, 2001 ; Piero Ignazi, «Strappi a destra. Le trasformazioni di Alleanza nazionale», Il Mulino, 53 (411), 2004, p. 67-76; Carlo Ruzza et Stefano Fella, Re-inventing the Italian Right. Territorial Politics, Populism and "Post-fascism", Londres, Routledge, 2009, p. 141-182.

47. Voir Alexandre Dézé, Le «Nouveau» Front national en question, op. cit., p. 120 et suiv. [«La banalisation des idées frontistes par des agents exogènes au parti»]. Pourtant, comme l'a démontré le chercheur allemand Kai Arzheimer, plus les formations politiques accordent de l'importance dans leur programme à des enjeux comme l'immigration, plus elles favorisent le vote pour l'extrême droite. Voir Kai Arzheimer, «Contextual Factors and the Extreme Right Vote in Western Europe, 1980-2002», American Journal of Political Science, 53 (2), 2009, p. 259-275.

ces idées et de leur valeur sur le marché politique, on comprend que le FN n'ait pas entrepris d'aggiornamento. Cela dit, les orientations défendues par l'organisation frontiste sont encore loin d'être majoritaires au sein de la population française. Ses résultats aux élections départementales apparaissent, à ce titre, riches d'enseignements. À l'occasion de ce scrutin, le FN a certes renforcé son implantation, mais sa dynamique semble malgré tout entravée. Le parti attire davantage d'électeurs, qui proviennent pour l'essentiel de la droite et se reconnaissent plus particulièrement dans ses positions sur l'immigration, l'islam ou l'insécurité. Mais ces renforts semblent pour l'heure insuffisants pour lui permettre de s'imposer comme un parti de deuxième tour dans des consultations d'envergure nationale. Ce qui pose de nouveau la question de ses choix stratégiques. Car, pour constituer un socle d'électeurs plus large, le FN devra sans doute à un moment ou à un autre en passer par la révision de certains points de son programme. Les positions économiques qu'il défend aujourd'hui (sur l'euro, la durée légale de travail, l'âge de la retraite ou l'ISF) s'avèrent difficilement compatibles avec les orientations libérales de l'électorat droitier[48]. Or, s'il devait être amené à redéfinir ses positions pour s'ajuster aux attentes de cet électorat, il prendrait le risque de s'aliéner le soutien des catégories populaires. Ce problème stratégique redouble celui du positionnement politique du FN dans la compétition électorale. Pour conquérir le pouvoir, ou à tout le moins surmonter les écueils du mode de scrutin majoritaire à deux tours, le FN devra sans doute nouer des alliances. Mais une telle perspective semble pour l'heure peu compatible avec le discours antisystème de ses dirigeants et l'importance de ce dernier dans la valorisation de la marque frontiste. Et, quoi qu'il en soit, elle se heurte à l'attitude des dirigeants nationaux de la droite – hier l'UMP, aujourd'hui Les Républicains – et du centre, qui refusent pour l'instant tout partenariat avec le FN. Ainsi, Marine Le Pen pouvait toujours fustiger l'«UMPS» dans sa déclaration officielle à l'issue du second tour des

---

48. Voir «*Le "ni droite ni gauche" du FN est-il tenable?*», liberation.fr, *4 avril 2015.*

élections départementales de mars 2015. Deux jours plus tard, elle n'en appelait pas moins, mais sans succès, à des accords dans la perspective de l'élection des présidents de conseils départementaux. Il semble ainsi que l'organisation mariniste n'en ait pas fini avec certaines des ambivalences qui structuraient déjà le FN lepéniste.

Repères chronologiques[1]

Le lancement du FN

1972

10-11 juin : le deuxième congrès du mouvement nationaliste-révolutionnaire Ordre nouveau (ON) entérine le principe de constitution d'un «Front national», bannière partisane sous laquelle les responsables du mouvement entendent présenter des candidats aux élections législatives de 1973. Il choisit pour emblème du FN la flamme francisée du MSI.

5 octobre : congrès constitutif du Front national pour l'unité française (FNUF), dit Front national (FN), à l'initiative d'ON, salle des Horticulteurs (Paris). Jean-Marie Le Pen est président, François Brigneau vice-président.

1973

4 mars : premier tour des élections législatives. L'extrême droite réunie obtient 0,52 % des suffrages exprimés en métropole (Jean-Marie Le Pen recueillant le meilleur score : 5,22 %, première circonscription de Paris).

28-29 avril : premier congrès du FN à l'hôtel PLM de Paris.

21 juin : le meeting d'ON à Paris «Halte à l'immigration sauvage» dégénère en vifs affrontements entre la police et la Ligue communiste (LC).

28 juin : dissolution d'ON et de la LC.

---

1. *Les directeurs de l'ouvrage remercient Franck Timmermans pour ses précisions concernant divers éléments de cette chronologie.*

Octobre-novembre : dissidence d'une partie des anciens membres d'ON, qui créent le journal *Faire front*, puis à partir de février 1974 les Comités Faire Front. Jean-Marie Le Pen récupère par la suite l'usage exclusif du sigle FN (contre Faire Front).

La «traversée du désert»

1974

5 mai : premier tour de l'élection présidentielle. Jean-Marie Le Pen obtient 0,75 % des suffrages exprimés (France entière).

9-11 novembre : Alain Robert (ON) crée le Parti des forces nouvelles (PFN).

1976

24 septembre : décès de l'industriel Hubert Lambert, héritier milliardaire de la dynastie des Ciments Lambert dont Jean-Marie Le Pen devient légataire universel.

1-2 novembre : attentat nocturne contre l'appartement parisien de Jean-Marie Le Pen.

1978

12 mars : premier tour des législatives. Le FN obtient 0,29 % des suffrages exprimés en métropole.

18 mars : mort de François Duprat, théoricien français du nationalisme-révolutionnaire, membre du bureau politique du FN depuis 1976 et numéro 2 du parti, dans un attentat à l'explosif.

1979

10 juin : élections européennes. Le PFN se présente seul après l'échec de la constitution d'une liste commune avec le FN, conduite par Michel de Saint Pierre.

1981

Avril : Jean-Marie Le Pen n'obtient pas les 500 parrainages nécessaires pour être candidat à l'élection présidentielle.

14 juin : premier tour des élections législatives. Le Rassemblement pour les libertés et la patrie (RLP, label de substitution du FN) recueille 0,18 % des suffrages exprimés en métropole.

1982

8 mars : premier tour des cantonales. Le FN approche les 10 % des suffrages exprimés dans plusieurs cantons.

26 mai : lettre de Jean-Marie Le Pen au président de la République réclamant un traitement équitable du FN par les chaînes publiques (le leader frontiste estimant que le congrès du parti n'a pas été suffisamment couvert par les médias).

22 juin : lettre de François Mitterrand aux directions des chaînes publiques les invitant à respecter leur obligation de pluralisme et à recevoir le président du FN.

13 septembre 1982 : la première fête des BBR (Bleu Blanc Rouge) se tient à La Roche Couloir, dans la Vallée de Chevreuse.

—— L'émergence politique

1983

6-13 mars : élections municipales. Jean-Marie Le Pen est élu conseiller municipal du 20e arrondissement de Paris avec 11,26 % des suffrages exprimés au premier tour et 8,54 % au second (20e secteur de Paris). À Dreux, une liste commune RPR-FN, « Dreux d'abord – Union de l'opposition pour le changement », menée par Jean Fontanille (RPR), gagne 30,76 % des suffrages exprimés au premier tour. La maire sortante, Françoise Gaspard (PS), l'emporte de peu au second tour mais le scrutin est annulé

4 septembre : premier tour des élections municipales partielles à Dreux. La liste FN menée par Jean-Pierre Stirbois obtient 16,7 % des suffrages exprimés.

11 septembre : la liste RPR-UDF alliée à la liste FN remporte la mairie de Dreux au second tour avec 55,3 % des suffrages exprimés. Dix élus FN entrent au conseil municipal.

1984

13 février : Jean-Marie Le Pen est l'invité de l'émission politique « L'heure de vérité ».

17 juin : élections européennes. Les listes Front d'opposition nationale pour l'Europe des patries (label de substitution du FN) obtiennent 10,95 % des suffrages exprimés et dix élus au Parlement européen.

21 novembre : Jean Fontaine, député non inscrit de La Réunion, rejoint le FN, lui donnant son premier député.

1985

10-17 mars : élections cantonales. Les 1 521 candidats du FN obtiennent 8,8 % des suffrages exprimés au premier tour et pour la première fois un élu, Jean Roussel.

10 juillet : loi réformant le mode de scrutin des élections législatives et remplaçant le scrutin majoritaire à deux tours par le scrutin proportionnel à la plus forte moyenne.

1986

16 mars : élections législatives. Les listes du Rassemblement national (label de substitution) obtiennent 9,83 % des suffrages exprimés et 35 députés, dont Jean-Marie Le Pen. Aux élections régionales, le même jour, le FN recueille 9,57 % des suffrages exprimés et 135 élus, dont les votes permettent à la droite d'obtenir la présidence de six régions (Aquitaine, Franche-Comté, Languedoc-Roussillon, Haute-Normandie, Picardie, Midi-Pyrénées).

1987

13 septembre : invité sur l'antenne de RTL, Jean-Marie Le Pen déclare que les chambres à gaz des camps d'extermination nazis sont « un point de détail de l'histoire de la seconde guerre mondiale ».

1988

24 avril : premier tour de l'élection présidentielle. Jean-Marie Le Pen recueille 14,38 % des suffrages exprimés.

5-12 juin : élections législatives. Avec 9,66 % des suffrages exprimés, soit à peu près le même score qu'en 1986, le FN n'obtient qu'une élue (Yann Piat, exclue du parti en octobre) en raison du retour au scrutin majoritaire.

5 novembre : décès accidentel de Jean-Pierre Stirbois, secrétaire général du parti. Il est remplacé par Carl Lang.

1989

12-19 mars : élections municipales. Élection du premier maire FN, Charles de Chambrun, à Saint-Gilles (Gard).

11 décembre : levée de l'immunité parlementaire européenne de Jean-Marie Le Pen pour incitation à la haine raciale.

—— À la conquête du pouvoir

1990

22 mars : levée de l'immunité parlementaire européenne de Jean-Marie Le Pen pour ses propos sur l'« Internationale juive ».

30-31 mars : huitième congrès du Front national, à Nice, dont les principaux mots d'ordre sont : « La conquête du pouvoir », « La France au pouvoir ».

10 mai : découverte de la profanation du cimetière juif de Carpentras, dont la responsabilité est d'emblée attribuée (à tort) au FN.

14 mai : manifestations dans toute la France contre le racisme, l'antisémitisme et l'intolérance ; à Paris, 200 000 personnes défilent, dont le président de la République, François Mitterrand.

1991

Janvier-février : première guerre du Golfe. Jean-Marie Le Pen, qui a soutenu Saddam Hussein pendant tout le prologue du conflit, refuse de soutenir la coalition alliée partie libérer le Koweït des troupes irakiennes.

1992

22 mars : élections régionales. Le FN progresse en obtenant 13,65 % des suffrages exprimés et 239 élus.

Dans le courant de l'année, le parti publie une brochure marquant une inflexion programmatique et une prise en compte plus importante des thématiques sociales intitulée « 51 mesures pour faire le point sur le social ».

1993

21 mars : Marine Le Pen est candidate aux élections législatives dans la 16e circonscription de Paris et recueille au premier tour 11,1 % des suffrages exprimés.

1995

23 avril : au premier tour de l'élection présidentielle, Jean-Marie Le Pen obtient près de 15 % des suffrages exprimés et effectue une importante percée au sein de l'électorat des ouvriers et des chômeurs.

1er mai : mort de Brahim Bouarram, Marocain de 29 ans jeté dans la Seine par des skinheads en marge du défilé frontiste parisien.

11-18 juin : élections municipales. Le FN remporte trois municipalités de taille importante : Marignane (Daniel Simonpieri), Orange (Jacques Bompard) et Toulon (Jean-Marie Le Chevallier).

30 août-20 septembre : bombardements de l'OTAN sur l'armée serbe de Bosnie. Jean-Marie Le Pen, qui soutient les nationalistes serbes, condamne l'intervention.

1997

9 février : élection municipale partielle à Vitrolles. Catherine Mégret remporte la mairie avec 46,7 % des suffrages exprimés au premier tour et 52,48 % au second.

30 mars : ouverture du 10ᵉ congrès du FN à Strasbourg ; Bruno Mégret arrive largement en tête à l'élection du comité central.

La scission

1998

15 mars : élections régionales. Le FN réalise un score record de 15 %, reposant la question des alliances avec la droite parlementaire. Cinq présidents de région sont élus grâce aux voix des élus FN.

6 octobre : levée de l'immunité parlementaire européenne de Jean-Marie Le Pen pour la réitération de ses propos sur les chambres à gaz.

5 décembre : conflit ouvert entre partisans du chef historique et partisans du délégué général Bruno Mégret, écarté de la conduite de la liste FN pour les européennes au profit de Jany Le Pen, l'épouse de Jean-Marie Le Pen, qui risquait alors l'inéligibilité pour deux ans.

13 décembre : Bruno Mégret et ses alliés organisent un conseil national parallèle.

23 décembre : Bruno Mégret est exclu du FN et fait sécession avec plus de la moitié des cadres et la moitié des élus.

LES FAUX-SEMBLANTS DU FRONT NATIONAL

1999

13-24 janvier : congrès de Marignane. Bruno Mégret lance le Front national-Mouvement national (FN-MN).

11 mai : le tribunal de grande instance de Paris annule les actes du conseil national et du congrès de Marignane, la propriété exclusive de la marque FN restant à son fondateur. À l'occasion du procès, un décompte établit le nombre d'adhérents à jour de cotisation à près de 42 000.

13 juin : aux élections européennes, la liste FN, finalement conduite par Jean-Marie Le Pen, obtient 5,69 % des suffrages exprimés et celle de Mégret 2,34 %.

2 octobre : Bruno Mégret rebaptise son parti le Mouvement national républicain (MNR).

2002

21 avril-5 mai : élection présidentielle. Avec un score de 16,86 % au premier tour, Jean-Marie Le Pen se qualifie pour le second tour, devançant de 194 505 voix Lionel Jospin. Bruno Mégret obtient 2,34 % et appelle à voter Le Pen. Ce résultat donne lieu à des mobilisations contre le FN dans toute la France, celles du 1er Mai rassemblant plus de 1,5 million de participants. Au second tour, Jean-Marie Le Pen est battu par Jacques Chirac (82,21 % *vs* 17,79 %).

Le recul

2002

9-16 juin : élections législatives. Avec un score de 11,34 % des voix, le FN recule de 3,8 points par rapport au précédent scrutin du même type. La dotation accordée au parti se voit réduite de 25 %, passant de 6,2 à 4,7 millions d'euros.

2003

10 avril : Jean-Marie Le Pen est destitué de son mandat de parlementaire européen pour l'agression, six ans plus tôt, d'une élue socialiste à Mantes-la-Jolie.

19-21 avril : douzième congrès du FN à Nice. Jean Marie Le Pen impose sa fille comme vice-présidente du parti en dépit de son mauvais classement (34ᵉ) à l'élection du comité central.

9 septembre : exclusion de Jacques Bompard (qui rejoint le MPF) puis, en octobre, suspension provisoire de Marie-France Stirbois qui l'a défendu.

2004

21-28 mars : élections régionales. Les listes du Front national obtiennent 14,70 % des suffrages exprimés et 156 sièges.

13 juin : élections européennes. Les listes frontistes recueillent 9,81 % des suffrages exprimés et sept sièges.

2005

7 janvier : interview de Jean-Marie Le Pen pour *Rivarol*, dans laquelle il déclare « en France du moins, l'Occupation allemande n'a pas été particulièrement inhumaine ». Sa fille se met en congé du bureau politique pour deux mois.

29 mai : le FN appelle à voter « non » au référendum sur le Traité constitutionnel européen.

2007

22 avril-6 mai : élection présidentielle. Jean-Marie Le Pen (dont la campagne a été dirigée par sa fille Marine) obtient 10,44 % des suffrages exprimés au premier tour (soit un recul de 6,4 points par rapport à 2002).

10-17 juin : élections législatives. Les candidats FN recueillent 4,29 % des voix, soit un recul de plus de 7 points par rapport au précédent scrutin du même type. Non seulement les frais de campagne de près de 360 candidats frontistes ne sont pas remboursés (puisqu'ils n'ont pas atteint le seuil des 5 % des voix au premier tour), mais en outre la somme que le FN reçoit de l'État se voit mécaniquement réduite de plus de moitié.

2008

Octobre-novembre : vague de dissidences en vue des élections européennes : Jean-Claude Martinez, vice-président du Front national, monte des listes concurrentes (MVL-Maison de la vie et de la liberté), suivi de Fernand Le Rachinel, tandis que le député européen Carl Lang monte sa propre liste dans la circonscription Nord-Ouest face à Marine Le Pen et fonde, l'année suivante, le Parti de la France (PDF).

2009

11 février : avant de connaître un nouveau recul aux élections européennes de juin (6,34 %, -3,5 points), le parti est condamné par la cour d'appel de Versailles à payer 6,9 millions d'euros de dettes majorées ainsi que 600 000 euros d'intérêts à l'ancien député européen frontiste Fernand Le Rachinel, qui avait avancé les fonds de la campagne des élections législatives de 2007. Le montant total des dettes du parti s'élève alors à 9 millions d'euros environ, obligeant ses dirigeants à des coupes drastiques : mise en vente du siège de Saint-Cloud (finalement conclue en avril 2011), licenciement de plus d'un tiers des permanents, arrêt de la parution de l'organe du parti, *Français d'abord*, annulation de la fête Bleu Blanc Rouge, etc.

11 novembre : rassemblement de partis dissidents du FN (PDF, MNR, Nouvelle Droite populaire) au Forum de Grenelle, à Paris.

2010

10 décembre : à Lyon, Marine Le Pen compare les « prières de rue » des musulmans à une « occupation ».

L'avènement du FN mariniste

2011

16 janvier 2011 : au quatorzième congrès de Tours, Marine Le Pen est élue présidente du parti contre Bruno Gollnisch (67,65 % des voix contre 32,35 %), Jean-Marie Le Pen devient président d'honneur du parti.

2012

3 février : Marine Le Pen déclare dans *Le Point* que « tout le monde sait ce qui s'est passé dans les camps [nazis] et dans quelles conditions : ce qui s'y est passé est le summum de la barbarie ».

9 avril : mort du cofondateur du FN, François Brigneau.

22 avril-6 mai : élection présidentielle. Marine Le Pen obtient 6,4 millions des voix, soit 17,9 % des suffrages exprimés, un score supérieur à celui de son père dix ans auparavant.

10-17 juin : élections législatives. Le FN obtient 13,6 % des suffrages exprimés et deux élus, Marion Maréchal-Le Pen (Vaucluse), petite-fille du fondateur du FN, et Gilbert Collard (Var), membre du Rassemblement Bleu Marine (RBM) fondé en mai 2012 par Marine Le Pen pour accueillir des candidats extérieurs au FN.

La reconquête électorale

2014

23-30 mars : élections municipales. Le FN conquiert 11 mairies, Steeve Briois est élu à Hénin-Beaumont dès le premier tour avec 50,26 % des suffrages exprimés.

25 mai : élections européennes. Le FN arrive en tête de toutes les listes avec un score de 24,86 % et plus de 4,7 millions de voix.

6 juin : dans son « journal de bord » vidéo diffusé sur le site internet du FN, Jean-Marie Le Pen suggère de faire une « fournée » d'artistes

hostiles au parti. Marine Le Pen qualifie le fait que son père n'ait pas « anticipé l'interprétation qui serait faite de cette formulation » de « faute politique ».

10 juin : la direction du FN décide de ne plus héberger sur son site le blog vidéo de Jean-Marie Le Pen.

28 septembre-5 octobre : élections sénatoriales. Le FN obtient pour la première fois deux élus : Stéphane Ravier (Bouches-du-Rhône) et David Rachline (Var).

29-30 novembre : quinzième congrès du FN à Lyon. Le parti revendique 83 087 militants (en réalité, il en compte deux fois moins puisque seuls 22 329 militants à jour de cotisation ont participé à la réélection de Marine Le Pen à la présidence du FN, soit un taux de participation de 53 %). Marion Maréchal-Le Pen est élue première au comité central.

La guerre des Le Pen

2015

22-29 mars : élections départementales. Le FN obtient 25,24 % des suffrages exprimés au premier tour (5,1 millions de voix), 22,23 % au second, et 62 élus.

9 avril : entretien de Jean-Marie Le Pen à *Rivarol*, dans lequel il revient sur le « point de détail » tout en défendant Pétain et l'Europe « boréale ».

4 mai : le bureau exécutif suspend Jean-Marie Le Pen de sa qualité d'adhérent et convoque une assemblée générale extraordinaire par voie postale pour modifier les statuts du parti.

2 juillet : le TGI de Nanterre annule la suspension de Jean-Marie Le Pen. Le FN fait appel.

8 juillet : le TGI de Nanterre annule la décision de convoquer une assemblée générale extraordinaire et demande un congrès physique.

28 juillet : l'annulation de la suspension de Jean-Marie Le Pen est confirmée en appel.

20 août : Jean-Marie Le Pen est exclu par le bureau exécutif du FN réuni en formation disciplinaire.

5 septembre : à Marseille, Jean-Marie Le Pen annonce le lancement d'un mouvement, le Rassemblement Bleu Blanc Rouge.

5-6 septembre : université d'été du FN à Marseille, à laquelle Jean-Marie Le Pen renonce finalement à participer.

9 septembre : le FN est mis en examen pour recel d'abus de bien sociaux et complicité d'escroquerie dans l'enquête sur le financement de ses campagnes électorales.

Bibliographie

ACHIN (Catherine) et LEVÊQUE (Sandrine), *Femmes en politique*, Paris, La Découverte, 2006.

ACHTERBERG (Peter), HOUTMAN (Dick) et DERKS (Anton), «Two of a Kind? An Empirical Investigation of Anti-Welfarism and Economic Egalitarianism», *Public Opinion Quarterly*, 75 (4), 2011, p. 748-760.

ADAMS (James), CLARK (Michael), EZROW (Lawrence) et GLASGOW (Garett), «Are Niche Parties Fundamentally Different from Mainstream Parties? The Causes and the Electoral Consequences of Western European Parties' Policy Shifts, 1976-1998», *American Journal of Political Science*, 50 (3), 2006, p. 525.

AÏT-AOUDIA (Myriam) et DÉZÉ Alexandre, «Contribution à une approche sociologique de la genèse partisane. Une analyse du Front national, du Movimento sociale italiano et du Front islamique de salut», *Revue française de science politique*, 61 (4), 2011, p. 631-657.

AKKERMAN (Tjitske), «Immigration Policy and Electoral Competition in Western Europe: a Fine-Grained Analysis of Party Positions over the Past Two Decades», *Party Politics*, 21 (1), 2015, p. 54-67.

AKKERMAN (Tjitske) et HAGELUNG (Annike), «"Women and Children First!" Anti-Immigration Parties and Gender in Norway and the Netherlands», *Patterns of Prejudice*, 41 (2), 2007, p. 197-214.

ALBERTINI (Dominique) et DOUCET (David), *Histoire du Front national*, Paris, Éditions Tallandier, 2013.

ALDUY (Cécile) et WAHNICH (Stéphane), *Marine Le Pen prise aux mots. Décryptage du nouveau discours frontiste*, Paris, Seuil, 2015.

AL-MATARY (Sarah), «"Gare au Juif!": Le Gorille d'Oscar Méténier, portrait du Sémite en enleveur de femmes», dans Elsa Dorlin (dir.), *Sexe, race, classe. Pour une épistémologie de la domination*, Paris, PUF, 2009, p. 215-229.

AMOSSY (Ruth) et ADAM (Jean-Michel), *Images de soi dans le discours. La construction de l'ethos*, Lausanne, Delachaux et Niestlé, 1999.

ANDOLFATTO (Dominique), «Le FN et l'entreprise», dans Pascal Perrineau (dir.), *Les Croisés de la société fermée. L'Europe des extrêmes droites*, La Tour d'Aigues, Éditions de l'Aube, 2001, p. 103-125.

ANDOLFATTO (Dominique) et LABBÉ (Dominique), *Toujours moins! Déclin du syndicalisme à la française*, Paris, Gallimard, 2009.

ANDOLFATTO (Dominique) et LABBÉ (Dominique), *Sociologie des syndicats*, Paris, La Découverte, 2011.

ANGENOT (Marc), *La Parole pamphlétaire. Contribution à la typologie des discours modernes*, Paris, Payot, 1982.

ANGENOT (Marc), *Ce que l'on dit des Juifs en 1889. Antisémitisme et discours social*, Saint-Denis, Presses universitaires de Vincennes, 1989.

ARZHEIMER (Kai) et CARTER (Elisabeth), «Christian Religiosity and Voting for West European Radical Right Parties», *West European Politics*, 32 (5), 2009, p. 985-1011.

BAJOS (Nathalie) et BELTZER (Nathalie), «Les sexualités homo-bisexuelles : d'une acceptation de principe aux vulnérabilités sociales et préventives», dans Nathalie Bajos et Michel Bozon (dir.), *Enquête sur la sexualité en France. Pratiques, genre et santé*, Paris, La Découverte, 2008, p. 243-271.

BAJOS (Nathalie) et BOZON (Michel) (dir.), *Enquête sur la sexualité en France. Pratiques, genre et santé*, Paris, La Découverte, 2008.

BALENT (Magali), *Le Monde selon Marine. La politique internationale du Front national, entre rupture et continuité*, Paris, Armand Colin, IRIS Éditions, 2012.

BARBONI (Thierry), *Les Changements d'une organisation. Le Parti socialiste, entre configuration partisane et cartellisation (1971-2007)*, thèse de science politique, Université Paris-1, 2008.

BARBONI (Thierry) et TREILLE (Éric), «L'engagement 2.0. Les nouveaux liens militants au sein de l'e-parti socialiste», *Revue française de science politique*, 60 (6), 2010, p. 1137-1157.

BARGEL (Lucie), «La socialisation politique sexuée : apprentissage des pratiques politiques et normes de genre chez les jeunes militant-e-s», *Nouvelles questions féministes*, 24 (3), 2005, p. 36-49.

BARILLER (Damien) et TIMMERMANS (Franck), *20 ans au Front. L'histoire vraie du Front national*, Paris, Éditions nationales, 1993.

BARISIONE (Mauro) et MAYER (Nonna), «The Transformation of the Radical Right Gender Gap : The Case of the 2014 EP Election», papier présenté à la 22e International Conference for Europeanists du Council for European Studies, Paris, 8-10 juillet 2015.

BARONE (Sylvain) et TROUPEL (Aurélia) (dir.), *Battre la campagne. Élections et pouvoir municipal en milieu rural*, Paris, L'Harmattan, 2011.

BARTHES (Roland), *Mythologies*, Paris, Seuil, 1957.

BASSE (Pierre-Louis) et KALMY (Caroline), *La Tentation du pire. L'extrême droite en France de 1880 à nos jours*, Paris, Hugo Image, 2013.

BASTIEN (Frédérick) et BLANCHARD (Gersende), «Les internautes face à la communication électorale à l'ère des campagnes postmodernes», dans Philippe J. Maarek (dir.), *Présidentielle 2012, une communication politique bien singulière*, Paris, L'Harmattan, 2013, p. 137-164.

BEAUREGARD (Joseph) et LEBOURG (Nicolas), *Dans l'ombre des Le Pen. Une histoire des numéros 2 du FN*, Paris, Nouveau Monde Éditions, 2012.

BEAUREGARD (Joseph) et LEBOURG (Nicolas), *François Duprat, l'homme qui inventa le Front national*, Paris, Denoël, 2012.

BEAUREGARD (Joseph), LEBOURG (Nicolas) et PREDA (Jonathan), *Aux racines du FN. L'histoire du mouvement Ordre nouveau*, Paris, Fondation Jean-Jaurès, 2014.

BECKER (Howard S.), *Outsiders. Études de sociologie de la déviance*, Paris, Métailié, 1985.

BELOT (Céline), CAUTRES (Bruno) et STRUDEL (Sylvie), «L'Europe comme enjeu clivant, ses effets perturbateurs sur l'offre électorale et les orientations de vote lors de l'élection présidentielle de 2012», *Revue française de science politique*, 63 (6), 2013, p. 1081-1112.

BERNIÉ-BOISSARD (Catherine) *et al.*, *Vote FN : pourquoi ?*, Vauvert, Au Diable Vauvert, 2013.

BERTAUD (Jean-Paul), «L'armée et le brevet de virilité», dans Alain Corbin, Jean-Jacques Courtine et Georges Vigarello (dir.), *Histoire de la virilité*, tome 2, *Le Triomphe de la virilité au XIXe siècle*, Paris, Seuil, 2011, p. 63-79.

BERTHAUT (Jérôme), «La mise en image du "problème des banlieues" au prisme de la division du travail journalistique», *Agone*, 40, 2008, p. 109-130.

BERTRAND (Denis), DÉZÉ (Alexandre) et MISSIKA (Jean-Louis), *Parler pour gagner. Sémiotique des discours de la campagne présidentielle de 2007*, Paris, Presses de Sciences Po, 2007.

BETZ (Hans-Georg), *Radical Right Wing Populism in Western Europe*, New York (N. Y.), St. Martin's Press, 1994.

BETZ (Hans-Georg), «Contre la mondialisation : xénophobie, politiques identitaires et populisme d'exclusion en Europe occidentale», *Politique et sociétés*, 21, 2002, p. 9-28.

BETZ (Hans-Georg) et MERET (Susi), «Right-wing Populist Parties and the Working Class Vote: What Have You Done for Us Lately?», dans Jens Rydgren (ed.), *Class Politics and the Radical Right*, Londres, Routledge, 2013, p. 107-121.

BIHR (Alain), *L'Actualité d'un archaïsme. La pensée d'extrême droite et la crise de la modernité*, Lausanne, Éditions Page deux, 1998.

BIHR (Alain), *Le Spectre de l'extrême droite. Les Français dans le miroir du Front national*, Paris, Les Éditions de l'Atelier, 1998.

BIRENBAUM (Guy), *Les Stratégies du Front national : participation au champ politique et démarcation*, mémoire de DEA de sociologie politique, Université Paris-1, 1985.

BIRENBAUM (Guy), *Le Front national en politique*, Paris, Balland, 1992.

BIRENBAUM (Guy), *Les Modalités de l'institutionnalisation d'un parti politique : le cas du Front national*, thèse en science politique, Université Paris-1, 1992.

BIRENBAUM (Guy) et FRANÇOIS (Bastien), «Unité et diversité des dirigeants frontistes», dans Nonna Mayer et Pascal Perrineau (dir.), *Le Front national à découvert*, Paris, Presses de Sciences Po, 1996 [1989], p. 83-106.

BIRNBAUM (Pierre), *Le Peuple et les gros*, Paris, Fayard, 1979.
BIRNBAUM (Pierre), *Un mythe politique: la «République juive». De Léon Blum à Mendès France*, Paris, Gallimard, 1995.
BIZEUL (Daniel), *Avec ceux du FN. Un sociologue au Front national*, Paris, La Découverte, 2003.
BLEE (Kathleen M.) et DEUTSCH (Sandra MacGee), *Women of the Right. Comparisons and Interplay Across Borders*, Philadelphie (Pa.), The Pennsylvania State University Press, 2012.
BLONDEL (Jacqueline) et LACROIX (Bernard), «Pourquoi votent-ils Front national?», dans Nonna Mayer et Pascal Perrineau (dir.), *Le Front national à découvert*, Paris, Presses de Sciences Po, 1996, p. 150-169.
BLONDIAUX (Loïc), «Faut-il se débarrasser de la notion de compétence politique? Retour critique sur un concept classique de la science politique», *Revue française de science politique*, 57 (6), 2007, p. 759-774.
BOILY (Frédéric), «Aux sources idéologiques du Front national: le mariage du traditionalisme et du populisme», *Politiques et sociétés*, 24 (1), 2005, p. 23-47.
BOLTANSKI (Luc) et ESQUERRE (Arnaud), *Vers l'extrême. Extension des domaines de la droite*, Paris, Éditions Dehors, 2014.
BON (Frédéric) et CHEYLAN (Jean Paul), *La France qui vote*, Paris, Hachette, 1988.
BORDEAUX (Michèle), «Femmes hors de l'État français. 1940-1944», dans Rita Thalmann (dir.), *Femmes et fascismes*, Paris, Tierce, 1986, p. 135-156.
BORNSCHIER (Simon), «The New Cultural Divide and the Two-Dimensional Political Space in Western Europe», *West European Politics*, 33 (3), 2010, p. 419-444.
BORNSCHIER (Simon) et KRIESI (Hanspeter), «The Populist Right, the Working Class, and the Changing Face of Class Politics», dans Jens Rydgren (ed.), *Class Politics and the Radical Right*, Londres, Routledge, 2013, p. 10-29.
BOUILLAUD (Christophe) et REUNGOAT (Emmanuelle) (dir), «Opposés dans la diversité. Les usages de l'opposition à l'Europe en France», *Politique européenne*, 43, 2014 (numéro spécial).

BOULLIER (Dominique) et LOHARD (Audrey), *Opinion mining et Sentiment analysis. Méthodes et outils*, Marseille, OpenEdition Press, 2012.

BOUMAZA (Magali), *Le Front national et les jeunes de 1972 à nos jours. Hétérodoxie d'un engagement partisan juvénile : pratiques, socialisations, carrières militantes et politiques à partir d'observations directes et d'entretiens semi-directifs*, thèse de science politique, Université Robert-Schuman, Institut d'études politiques de Strasbourg, 2002.

BOUMAZA (Magali), « Les militants "frontistes" face à la question européenne », dans Türkmen Füsun (dir.), *Turquie, Europe : le retour des nationalismes ?*, Paris, L'Harmattan, 2010.

BOURDIEU (Pierre), « La représentation politique. Éléments pour une théorie du champ politique », *Actes de la recherche en sciences sociales*, 35-37, 1981, p. 3-24.

BOURDIEU (Pierre), *La Domination masculine*, Paris, Seuil, 1998.

BOYADJIAN (Julien), « Twitter, un nouveau baromètre de l'opinion publique ? », *Participations*, 8, 2014, p. 55-74.

BOZEC (Géraldine) et REGUER-PETIT (Manon), « Les femmes, plus vulnérables mais résistantes », dans Céline Braconnier et Nonna Mayer (dir.), *Les Inaudibles. Sociologie politique des précaires*, Paris, Presses de Sciences Po, 2015, p. 235-271.

BRACONNIER (Céline), *Une autre sociologie du vote. Les électeurs dans leurs contextes : bilan critique et perspectives*, Cergy-Pontoise, Lextenso Éditions, 2010.

BRACONNIER (Céline) et DORMAGEN (Jean-Yves), *La Démocratie de l'abstention. Aux origines de la démobilisation en milieu populaire*, Paris, Gallimard, 2007.

BRACONNIER (Céline) et DORMAGEN (Jean-Yves), « Le vote des cités est-il structuré par un clivage ethnique ? », *Revue française de science politique*, 60 (4), 2010, p. 663-689.

BRACONNIER (Céline) et MAYER (Nonna) (dir.), *Les Inaudibles. Sociologie politique des précaires*, Paris, Presses de Sciences Po, 2015.

BREGMAN (Dorine), «La fonction d'agenda : une problématique en devenir», *Hermès*, 4, 1989, p. 191-202.

BRESSAT-BODET (Cécile), «La région au banc d'essai des FN», dans Bernard Jouve, Vincent Spenlehauer et Philippe Warin (dir.), *La Région, laboratoire politique*, Paris, La Découverte, 2001, p. 175-189.

BROUARD (Sylvain) et TIBERJ (Vincent), *Français comme les autres ? Enquête sur les citoyens d'origine maghrébine, africaine et turque*, Paris, Presses de Sciences Po, 2005.

BROUARD (Sylvain) et TIBERJ (Vincent), «The French Referendum : The Not So Simple Act of Saying "Nay"», *PS – Political Science and Politics*, 39 (2), 2006, p. 261-268.

BRUSTIER (Gaël), *Le mai 1968 conservateur. Que restera-t-il de la Manif pour tous ?*, Paris, Éditions du Cerf, 2015.

BUDGE (Ian), «A New Theory of Party Competition : Uncertainty, Ideology, and Policy Equilibria Viewed Comparatively and Temporally», *British Journal of Political Science*, 24 (4), 1994, p. 443-467.

BUDGE (Ian), KLINGEMANN (Hans-Dieter), VOLKENS (Andrea) et BARA (Judith), *Mapping Policy Preferences. Estimates for Parties, Electors, and Governments 1945-1998*, Oxford, Oxford University Press, 2001.

BUSSI (Michel), «Le vote Saint-Josse : la protestation en campagne», dans Pascal Perrineau et Colette Ysmal (dir.), *Le Vote de tous les refus. Les élections présidentielles et législatives de 2002*, Paris, Presses de Sciences Po, 2003, p. 311-338.

BUSSI (Michel), FOURQUET (Jérôme) et COLANGE (Céline), «Analyse et compréhension du vote lors des élections présidentielles de 2012. L'apport de la géographie électorale», *Revue française de science politique*, 62 (5-6), 2012, p. 941-964.

BUTON (François), LEHINGUE (Patrick), MARIOT (Nicolas) et ROZIER (Sabine) (dir.), *Enquêtes sur les rapports ordinaires au politique*, Paris, PUF, CURAPP, 2015 (à paraître).

CACIAGLI (Mario), «Toscanes rouges : du PSI au PCI, du PCI au PDS», dans Daniel Cefaï (dir.), *Cultures politiques*, Paris, PUF, 2001, p. 299-316.

CAHUZAC (Yannick), «Les stratégies de communication de la mouvance identitaire. Le cas du Bloc identitaire», *Questions de communication*, 23, 2013, p. 275-292.

CAMPBELL (Angus), CONVERSE (Philip E.), MILLER (Warren Edward) et STOKES (Donald), *The American Voter*, New York (N. Y), John Wiley & Sons, 1960.

CAMUS (Jean-Yves), «Origine et formation du Front national (1972-1981)», dans Nonna Mayer et Pascal Perrineau (dir.), *Le Front national à découvert*, Paris, Presses de Sciences Po, 1996 [1989], p. 17-36.

CAMUS (Jean-Yves), «Front national», dans Jean Leselbaum et Antoine Spire (dir.), *Dictionnaire français du judaïsme français depuis 1944*, Paris, Armand Colin, 2013, p. 362-364.

CAMUS (Jean-Yves), «50 nuances de droite. Typologie des radicalités politiques en Europe», note de l'Observatoire des radicalités politiques, 8, Fondation Jean-Jaurès, 2014.

CAMUS (Jean-Yves) et MONZAT (René), *Les Droites nationales et radicales en France*, Lyon, Presses universitaires de Lyon, 1992.

CAPOCCIA (Giovanni), «Anti-System Parties : A Conceptual Reassessment», *Journal of Theoretical Politics*, 14 (1), 2002, p. 9-35.

CARTIER (Marie), COUTANT (Isabelle), MASCLET (Olivier) et SIBLOT (Yasmine), *La France des «petits-moyens». Enquêtes sur la banlieue pavillonnaire*, Paris, La Découverte, 2008.

CARVOUNAS (Luc), *La Politique autrement. Réinventons nos institutions*, Paris, Fondation Jean-Jaurès, 2014.

CAUTRÈS (Bernard) et MUXEL (Anne), *Comment les électeurs font-ils leur choix ? Le Panel électoral français 2007*, Paris, Presse de Sciences Po, 2009.

CAUTRÈS (Bruno) et MAYER (Nonna) (dir.), *Le Nouveau Désordre électoral. Les leçons du 21 avril 2002*, Paris, Presses de Sciences Po, 2014.

CAUTRÈS (Bruno) et MUXEL (Anne), « Le processus de la décision électorale », dans Bruno Cautrès et Anne Muxel (dir.), *Comment les électeurs font-ils leur choix. Le Panel électoral français 2007*, Paris, Presses de Sciences Po, 2009, p. 27-43.

CHAMPAGNE (Patrick), *Faire l'opinion. Le nouveau jeu politique*, Paris, Minuit, 1990.

CHANVRIL (Flora) et REY (Henri), « Les flux à l'intérieur de la gauche : un univers décloisonné », dans Pascal Perrineau (dir.), *La Décision électorale en 2012*, Paris, Armand Colin, 2012, p. 91-108.

CHARLOT (Jean), *Les Partis politiques*, Paris, Armand Colin, 1971.

CHARRON (Jean), « Les médias et les sources. Les limites du modèle de l'agenda-setting », *Hermès*, 17-18, 1995, p. 73-92.

CHEBEL D'APPOLONIA (Ariane), *L'Extrême Droite en France. De Maurras à Le Pen*, Bruxelles, Complexe, 1988.

CHECCAGLINI (Claire), *Bienvenue au Front! Journal d'une infiltrée*, Paris, Jacob-Duvernet, 2012.

CHIARINI (Roberto) et MARAFFI (Marco) (dir.), *La destra allo specchio. La cultura politica di Alleanza nazionale*, Venise, Marsilio Editori, 2001.

CHOFFAT (Thierry), « Le national-syndicalisme », dans Dominique Andolfatto et Dominique Labbé (dir.), *Un demi-siècle de syndicalisme en France et dans l'Est*, Nancy, Presses universitaires de Nancy, 1998, p. 59-72.

CHOMBEAU (Christiane), *Le Pen fille & père*, Paris, Panama, 2007.

COHEN (Philippe) et PÉAN (Pierre), *Le Pen, une histoire française*, Paris, Robert Laffont, 2012.

COLLECTIF, *Bêtes et méchants. Petite histoire des jeunes fascistes français*, Paris, Reflex, 2002.

COLLOVALD (Annie), *Le « Populisme du FN » : un dangereux contresens*, Bellecombe-en-Bauges, Éditions du Croquant, 2004.

COMMISSION NATIONALE CONSULTATIVE DES DROITS DE L'HOMME, *La Lutte contre le racisme, l'antisémitisme et la xénophobie – Année 2013*, Paris, La Documentation française, 2014.

CONTAMIN (Jean-Gabriel), « Genre et modes d'entrée dans l'action collective. L'exemple du mouvement pétitionnaire contre le projet de loi Debré », *Politix*, 2 (78), 2007, p. 13-37.

CRÉPON (Sylvain), « Anti-utilitarisme et déterminisme identitaire. Le cas de l'extrême droite contemporaine », *Revue du MAUSS*, 27, 2006, p. 240-251.

CRÉPON (Sylvain), *La Nouvelle extrême droite. Enquête sur les jeunes militants du Front national*, Paris, L'Harmattan, 2006.

CRÉPON (Sylvain), *Enquête au cœur du nouveau Front national*, Paris, Nouveau Monde Éditions, 2012.

CURAPP, *L'Identité politique*, Paris, PUF, 1994.

DARD (Olivier), « Itinéraire intellectuel et politique, des années vingt à Nouvelle École », *Philosophia Scientiæ*, http://philosophiascientiae.revues.org/429

DARGENT (Claude), « Les électorats sociologiques : le vote des musulmans », note n° 5, Cevipof, 2011.

DE BENOIST (Alain), *Comment peut-on être païen ?*, Paris, Albin Michel, 1981.

DE BENOIST (Alain), *Les Traditions d'Europe*, Paris, Labyrinthe, 1986.

DE KOSTER (Willem), ACHTERBERG (Peter) et VAN DER WAAL (Jeroen), « The New Right and the Welfare State : On the Electoral Relevance of Welfare Chauvinism and Welfare Populism in the Netherlands », *International Political Science Review* (publié en ligne le 28 septembre 2012).

DE LANGE (Sarah L.), « A New Winning Formula ? The Programmatic Appeal of the Radical Right », *Party Politics*, 13 (4), 2007, p. 411-435.

DE LESQUEN (Henry) et le Club de l'Horloge, *La Politique du vivant*, Paris, Albin Michel, 1979.

DELPHY (Christine), *L'Ennemi principal*, tome 1, *Économie politique du patriarcat*, Paris, Syllepse, 2009.

DELWIT (Pascal) (dir.), *Le Front national. Mutations de l'extrême droite française*, Bruxelles, Éditions de l'Université de Bruxelles, 2012.

DÉLY (Renaud), *Histoire secrète du Front national*, Paris, Grasset, 1999.

DERVILLE (Grégory), *Le Pouvoir des médias. Mythes et réalités*, Paris, Presses universitaires de Grenoble, 2010 [2005].

DÉZÉ (Alexandre), « Justifier l'injustifiable. Fondements, place et fonctions du discours scientifique dans la propagande xénophobe du Front national», dans Philippe Hamman, Jean-Mathieu Méon et Benoît Verrier (dir.), *Discours savants, discours militants. Mélange des genres*, Paris, L'Harmattan, 2002, p. 57-82.

Dézé (Alexandre), «Le Front national comme "entreprise doctrinale"», dans Florence Haegel (dir.), *Partis politiques et système partisan en France*, Paris, Presses de Sciences Po, 2007, p. 255-284.

Dézé (Alexandre), «L'image fixe en questions. Retour sur une enquête de réception du discours graphique du Front national», dans Pierre Favre, Olivier Fillieule et Fabien Jobard (dir.), *L'Atelier du politiste. Théories, actions et représentations*, Paris, La Découverte, 2007, p. 313-330.

Dézé (Alexandre), «Un parti "virtuel"? Le Front national au prisme de son site internet», dans Fabienne Greffet (dir.), *Continuerlalutte. com. Les partis politiques sur le web*, Paris, Presses de Sciences Po, 2011, p. 139-152.

Dézé (Alexandre), *Le Front national : à la conquête du pouvoir ?*, Paris, Armand Colin, 2012.

Dézé (Alexandre), *Le «Nouveau» Front national en question*, Paris, Fondation Jean-Jaurès, Observatoire des radicalités politiques, 2015.

Dolez (Charlotte) et Garcia (Guillaume), «Rapport au politique et mobilisation des expériences : exploration de discussion politique à partir d'entretiens de couple», dans François Buton, Patrick Lehingue, Nicolas Mariot et Sabine Rozier (dir.), *Enquêtes sur les rapports ordinaires au politique*, Paris, PUF, CURAPP, 2015 (à paraître).

Dolezal (Martin), «Exploring the Stabilization of a Political Force : The Social and Attitudinal Basis of Green Parties in the Age of Globalization», *West European Politics*, 33 (3), 2010, p. 534-552.

Domenach (Jean-Marie), *La Propagande politique*, Paris, PUF, 1973.

Dormagen (Jean-Yves), *I communisti. Dal PCI alla nascita di Rifondazione comunista. Una semiologica politica*, Rome, Edizioni Koinè, 1996.

Doucet (David), «Pierre Sidos, ce pétainiste qui a voulu tuer de Gaulle», *Charles*, 5, 2013, p. 106-130.

DUGUIT (Léon), *Les Transformations du droit public*, Paris, Armand Colin, Paris, 1913.
DUGUIT (Léon), *Traité de droit constitutionnel*, Paris, Fontemoing, 5 vol., 1927 [3ᵉ édition].
DUHAMEL (Olivier) et GRUNBERG (Gérard), «Les dix France», dans Sofres, *L'État de l'opinion*, Paris, Seuil, 1993, p. 79-85.
DUPLAN (Christian), *Mon village à l'heure Le Pen*, Paris, Seuil, 2003.
DURANTON-CRABOL (Anne-Marie), *Visages de la Nouvelle droite : le GRECE et son histoire*, Paris, Presses de Sciences Po, 1988.
ELIAS (Norbert), «Les transformations de la balance des pouvoirs entre les sexes. Étude sociologique d'un processus à travers l'exemple de l'État romain antique», *Politix*, 13 (51), 2000, p. 15-53.
ELIAS (Norbert), *Qu'est-ce que la sociologie?*, Paris, Pocket, 2004 [1981].
ERIKSON (Robert) et GOLDTHORPE (John H.), *The Constant Flux : A Study of Class Mobility in Industrial Societies*, Oxford, Clarendon, 1992.
EVANS (Jocelyn), «Le vote gaucho-lepéniste. Le masque extrême d'une dynamique normale», *Revue française de science politique*, 50 (1), 2000, p. 21-51.
FASSIN (Éric), *L'Inversion de la question homosexuelle*, Paris, Éditions Amsterdam, 2005.
FILLIEULE (Olivier), «*Post scriptum*. Propositions pour une analyse processuelle de l'engagement individuel», *Revue française de science politique*, 51 (1-2), 2001, p. 199-215.
FILLIEULE (Olivier), «Travail militant, action collective et rapports de genre», dans Olivier Fillieule et Patricia Roux (dir.), *Le Sexe du militantisme*, Paris, Presses de Sciences Po, 2009, p. 23-72.
FILLIEULE (Olivier) et MAYER (Nonna), «Introduction» au numéro «Devenirs militants», *Revue française de science politique*, 1 (51), 2001, p. 19-25.
FILLIEULE (Olivier) et ROUX (Patricia) (dir.), *Le Sexe du militantisme*, Paris, Presses de Sciences Po, 2009.
FOUREST (Caroline) et VENNER (Fiammetta), *Marine Le Pen*, Paris, Grasset, 2011.
FOURQUET (Jérôme), «Les votes juifs : poids démographique et comportement électoral des juifs de France», *Ifop focus*, 116, 2014.

FOURQUET (Jérôme) et GARIAZZO (Marie), *FN et UMP : électorats en fusion ?*, Paris, Fondation Jean-Jaurès, 2013.

FOURQUET (Jérôme), LEBOURG (Nicolas) et MANTERNACH (Sylvain), *Perpignan, une ville avant le Front national ?*, Paris, Fondation Jean-Jaurès, 2014.

FRONT NATIONAL, *Défendre les Français avec la droite sociale, populaire et nationale*, affiche-texte programmatique de 1973.

FRONT NATIONAL, *Texte de base du Front national*, 1973.

FRONT NATIONAL, *Le Programme du Front national : défendre les Français*, 1983.

FRONT NATIONAL, *Droite et démocratie économique. Doctrine économique du Front national*, 1984 [1978].

FRONT NATIONAL, *Pour la France. Programme du Front national*, Paris, Albatros, 1985.

FRONT NATIONAL, *1972-1992. Le Front national a vingt ans*, Paris, APFN, 1992.

FRONT NATIONAL, *300 Mesures pour la renaissance de la France. Programme de gouvernement*, Paris, Éditions nationales, 1993.

FRONT NATIONAL, *Le Contrat pour la France avec les Français. Le Pen Président*, Saint-Brieux, Les Presses bretonnes, 1995.

FRONT NATIONAL, *Pour un avenir français. Le programme de gouvernement du Front national*, Paris, Godefroy de Bouillon, 2001.

FRONT NATIONAL, *Notre projet. Programme politique du Front national*, 2012.

FRONT NATIONAL, *Face aux trahisons de l'UMPS, l'espérance Bleu Marine*, 2015.

FRONT NATIONAL, INSTITUT DE FORMATION NATIONALE, *Militer au Front*, Paris, Éditions nationales, 1991.

GAMSON (William A.), *Talking Politics*, Cambridge, Cambridge University Press, 1992.

GAMSON (William A.) et MODIGLIANI (Andre), « Media Discourse and Public Opinion on Nuclear Power : A Constructionist Approach », *American Journal of Sociology*, 95 (1), 1989, p. 1-37.

GARAUDY (Roger), *Les États-Unis, avant-garde de la décadence*, Paris, Éditions du Vent du large, 1997.

GARNIER (Laura), « Le "nouveau visage" du Front national : les ressorts d'une communication politique entre "dédiabolisation" et radicalisation », mémoire de master 1, École des hautes études en sciences de l'information et de la communication, Université Paris-4-Sorbonne, 2014.

GARRIGOU (Alain), *L'Ivresse des sondages*, Paris, La Découverte, 2006.

GAUTIER (Jean-Paul), *De Le Pen à Le Pen : continuités et ruptures*, Paris, Syllepse, 2015.

GAXIE (Daniel), « Économie des partis et rétributions du militantisme », *Revue française de science politique*, 27 (1), 1977, p. 123-154.

GAXIE (Daniel), *Le Cens caché. Inégalités culturelles et ségrégation politique*, Paris, Seuil, 1978.

GAXIE (Daniel), « Des penchants vers les ultra-droites », dans Annie Collovald et Brigitte Gaïti (dir.), *La Démocratie aux extrêmes. Sur la radicalisation politique*, Paris, La Dispute, 2006, p. 223-245.

GAXIE (Daniel) et LEHINGUE (Patrick) (dir.), *Enjeux municipaux : la constitution des enjeux politiques dans une élection municipale*, Paris, PUF, CURAPP, 1984.

GENGA (Nicola), *Il Front national da Jean-Marie a Marine Le Pen. La destra nazional-populista in Francia*, Soveria Mannelli, Rubbettino Editore, 2014.

GERSTLÉ (Jacques), *La Communication politique*, Paris, Armand Colin, 2008 [2004].

GIRARDET (Raoul), *Mythes et mythologies politiques*, Paris, Seuil, 1986.

GIVENS (Terri), « The Radical Right Gender Gap », *Comparative Political Studies*, 37 (1), 2004, p. 30-54.

GOGUEL (François), « L'élection présidentielle française de décembre 1965 », *Revue française de science politique*, 16 (2), 1966, p. 221-254.

GOMBIN (Joël), « Contextualiser sans faire de l'espace un facteur autonome. La modélisation multiniveau comme lieu de rencontre entre sociologie et géographie électorales », *L'Espace politique* [en ligne], 23, 2014.

GOMBIN (Joël), «Vote FN aux européennes : une nouvelle assise électorale ?», note de l'Observatoire des radicalités politiques, 9, Fondation Jean-Jaurès, 2014.

GOMBIN (Joël) et RIVIÈRE (Jean), «Éléments quantitatifs sur la dimension spatiale des effets électoraux des inégalités sociales dans les mondes périurbains français (2007-2012)», communication présentée à la session conjointe des RT 5 et 9, «Espaces périurbains : une forme urbaine spécifique, des parcours de promotion, domination ou déclassement ?», Congrès de l'Association française de sociologie, Nantes, 2-5 septembre 2013.

GOMEZ-REINO (Margarita) et LLAMAZARES (Ivan), «The Populist Radical Right and European Integration : A Comparative Analysis of Party-Voter Links», *West European Politics*, 36 (4), 2013, p. 789-816.

GOUGOU (Florent), «Comprendre les mutations du vote des ouvriers. Vote de classe, transformation des clivages et changement électoral en France et en Allemagne depuis 1945», thèse de doctorat de l'Institut d'études politiques de Paris, 2012.

GOUGOU (Florent), «La droitisation du vote des ouvriers en France. Désalignement, réalignement et renouvellement des générations», dans Jean-Michel De Waele et Mathieu Vieira (dir.), *Une droitisation de la classe ouvrière en Europe ?*, Paris, Economica, 2012, p. 142-172.

GOUGOU (Florent) et LABOURET (Simon), «Critical Elections : A Revisited Framework. The 2005 German Elections and the 2007 French Elections in Comparative Perspective», communication présentée au congrès annuel de l'American Political Science Association, Chicago, août 2013.

GOUGOU (Florent) et LABOURET (Simon), «Electoral Disorder in a Realignment Era : The Changing Shape of the French Political Universe, 2007-2012», dans Alistair Cole, Sophie Meunier et Vincent Tiberj (eds), *Developments in French Politics 5*, Basingstoke, Palgrave Macmillan, 2013, p. 153-169.

GOUGOU (Florent) et LABOURET (Simon), «La fin de la tripartition ?», *Revue française de science politique*, 63 (2), 2013, p. 279-302.

Gougou (Florent) et Mayer (Nonna), «The Class Basis of Extreme Right Voting in France : Generational Replacement and the Rise of New Cultural Issues (1984-2007) », dans Jens Rydgren (ed.), *Class Politics and the Radical Right*, Londres, Routledge, 2013, p. 156-172

Goul Andersen (Jorgen), « Denmark : the Progress Party – Populist Neo-Liberalism and Welfare State Chauvinism », dans Paul Hainsworth (ed.), *The Extreme Right in Europe and the USA*, New York (N. Y.), St. Martin's Press, p. 193-205.

Grevisse (Benoît), « Le journalisme gagné par la peopolisation. Identités professionnelles, déontologie et culture de la dérision », *Communication*, 27 (1), 2009, p. 179-197.

Grunberg (Gérard) et Schweisguth (Étienne), « La tripartition de l'espace politique », dans Pascal Perrineau et Colette Ysmal (dir.), *Le Vote de tous les refus*, Paris, Presses de Sciences Po, 2003, p. 339-362.

Guénon (René), *Le Règne de la quantité ou le signes des temps*, Paris, Gallimard, 1945.

Guilluy (Christophe), *Fractures françaises*, Paris, François Bourin, 2010.

Guilluy (Christophe), *La France périphérique. Comment on a sacrifié les classes populaires*, Paris, Flammarion, 2014.

Haegel (Florence), « Le pluralisme à l'UMP. Structuration idéologique et compétition interne », dans Florence Haegel (dir.), *Partis politiques et système partisan en France*, Paris, Presses de Sciences Po, 2007, p. 219-254.

Haegel (Florence), « La mobilisation partisane de droite. Les logiques organisationnelles et sociales d'adhésion à l'UMP », *Revue française de science politique*, 1 (59), 2009, p. 7-27.

Haegel (Florence), *Les Droites en fusion. Transformations de l'UMP*, Paris, Presses de Sciences Po, 2012.

Hamidi (Camille), « Catégorisations ethniques ordinaires et rapport au politique. Éléments sur le rapport au politique des jeunes des quartiers populaires », *Revue française de science politique*, 60 (4), 2010, p. 719-743.

Harmel (Robert) et Svåsand (Lars), « Party Leadership and Party Institutionalization : Three Phases of Development », *West European Politics*, 16 (2), 1993, p. 67-88.

HARMEL (Robert), JANDA (Kenneth) et TAN (Alexander), «Substance vs. Packaging: An Empirical Analysis of Parties' Issue Profiles», *APSA Annual Meeting*, Chicago, 1995.

HARMSEN (Robert), «L'Europe et les partis politiques nationaux: les leçons d'un non-clivage», *Revue internationale de politique comparée*, 12 (1), 2005, p. 77-94.

HARTEVELD (Eelco), DAHLBERG (Stefan), KOKKONEN (Andrej) et VAN DER BROUG (Wouter), «The Gender Gap in Voting: Extremity, Ambiguity and Social Cues», communication présentée à la conférence générale de l'ECPR, Bordeaux, 4-7 septembre 2013.

HASTINGS (Michel), «Partis politiques et administration du sens», dans Dominique Andolfatto, Fabienne Greffet et Laurent Olivier (dir.), *Les Partis politiques: quelles perspectives?*, Paris, L'Harmattan, 2001, p. 21-36.

HAUDRY (Jean), *Les Indo-Européens*, Paris, PUF, 1981.

HEINDERYCKX (François), «Obama 2008: l'inflexion numérique», *Hermès*, 59, 2011, p. 135-136.

HIMMELWEIT (Hilde T.) *et al.*, *How Voters Decide*, Philadelphie (Pa.), Open University Press, 1981.

HOLEINDRE (Roger), *C'étaient des hommes*, Pont-Authou, Éditions d'Héligoland, 2012.

HUNKE (Sigrid), *La Vraie Religion de l'Europe. La foi des «hérétiques»*, Paris, Le Labyrinthe, 1985.

IGNAZI (Piero), «From Neo-Fascists to Post-Fascists? The Transformation of the MSI into the AN», *West European Politics*, 19 (4), 1996, p. 693-714.

IGNAZI (Piero), «Strappi a destra. Le trasformazioni di Alleanza nazionale», *Il Mulino*, 53 (411), 2004, p. 67-76.

IGOUNET (Valérie), *Le Front national de 1972 à nos jours. Le parti, les hommes, les idées*, Paris, Seuil, 2014.

IMMERZEEL (Tim), COFFÉ (Hilde) et VAN DER LIPPE (Tanja), «Explaining the Gender Gap in Radical Right Voting: A Cross-National Investigation in 12 Western European Countries», *Comparative European Politics*, 13 (2), 2015, p. 263-268.

ISAMBERT (François-André) et TERRENOIRE (Jean-Paul), *Atlas de la pratique religieuse des catholiques en France*, Paris, Presses de Sciences Po. CNRS Éditions, 1980.

IVALDI (Gilles), «Permanences et évolutions de l'idéologie frontiste», dans Pascal Delwit (dir.), *Le Front national. Mutations de l'extrême droite française*, Bruxelles, Éditions de l'Université de Bruxelles, 2012, p. 95-112.

IVALDI (Gilles), «A New Populist Radical Right Economy? The Economic Transformation of the French Front National (1981-2012)», communication présentée au panel «What's Left of the Radical Right? The Social-Economic Programmes of Radical Right-Wing Populist Parties», *ECPR General Conference*, Université de Glasgow, 3-6 septembre, 2014.

IVARSFLATEN (Elisabeth) «The Vulnerable Populist Right Parties: No Economic Realignment Fuelling their Economic Success», *European Journal of Political Research*, 44 (3), 2005, p. 465-492.

IYENGAR (Shanto), *Is Anyone Responsible? How TV Frames Political Issues?*, Chicago (Ill.), The Chicago University Press, 1991.

JARDIN (Antoine), «Le vote intermittent. Comment les ségrégations urbaines influencent-elles les comportements électoraux en Île-de-France?», *L'Espace politique* [en ligne], 23, 2014.

JOST (François), «L'information à la télévision, un spectacle?», *Revue française des sciences de l'information et de la communication* [en ligne], 5, 2014.

JUHEM (Philippe), «Alternances politiques et transformations du champ de l'information en France après 1981», *Politix*, 14 (56), 2001, p. 185-208.

JUHEM (Philippe), «La production notabiliaire du militantisme au Parti socialiste», *Revue française de science politique*, 56 (6), 2006, p. 909-941.

KESTEL (Laurent), «Le Front national et le Parlement européen. Usages d'une institution parlementaire», dans Laure Neumayer, Antoine Roger et Frédéric Zalewski (dir.), *L'Europe contestée. Espaces et enjeux des positionnements contre l'intégration européenne*, Paris, Michel Houdiard, 2008, p. 210-232.

KITSCHELT (Herbert), «The Internal Politics of Parties : The Law of Curvilinear Disparity Revisited», *Political Studies,* 37 (3), 1989, p. 400-421.

KITSCHELT (Herbert), *The Transformation of European Social Democracy,* Cambridge, Cambridge University Press, 1994.

KITSCHELT (Herbert), en collaboration avec Anthony J. McGann, *The Radical Right in Western Europe. A Comparative Analysis,* Ann Arbor (Mich.), University of Michigan Press, 1995.

KLANDERMANS (Bert) et MAYER (Nonna) (eds), *Extreme Right Activists in Europe. Throught the Magnifying Glass,* Londres, Routledge, 2006.

KRAUS (François), «Les électorats sociologiques. Gay, bis et lesbiennes : des minorités sexuelles ancrées à gauche», note n° 8, Cevipof, 2012.

KRIEGEL (Annie), *Les Communistes français,* Paris, Seuil, 1985.

LABBÉ (Dominique) et MONIÉRE (Denis), «La spirale de la négativité. Contenu et thèmes de la communication des candidats du 25 mars au 7 avril 2012» (publiée le 13 avril 2012 sur le site www.trielec2012.fr).

LABOURET (Simon), *La Rupture de 2007. Changement électoral et dynamiques de réalignement en France,* thèse de science politique, Université de Grenoble, décembre 2014.

LAFONT (Valérie), «Les jeunes militants du Front national : trois modèles d'engagement et de cheminement», *Revue française de science politique,* 1 (51), 2001, p. 175-198.

LAFONT (Valérie), «France. A Two Century Old Galaxy», dans Bert Klandermans et Nonna Mayer (eds), *Extreme Right Activists in Europe. Throught the Magnifying Glass,* Londres, Routledge, 2006, p. 113-146.

LANGE (Sarah de) et MÜGGE (Liza M.), «Gender and Right-Wing Populism in the Low Countries : Ideological Variations across Parties and Times», *Patterns of Prejudice,* 49 (1-2), 2015, p. 60-80.

LAUX (Henri), *La Formation du Front national pour l'unité française (octobre 1972-juin 1973),* mémoire de diplôme de l'Institut d'études politiques de Paris, 1974.

Lazarsfeld (Paul F.) *et al.*, *The People's Choice*, New York (N. Y.), Columbia University Press, 1944.

Le Bart (Christian), *Le Discours politique*, Paris, PUF, 1998.

Le Bohec (Jacques), *L'Implication des journalistes dans le phénomène Le Pen*, Paris, L'Harmattan, 2004.

Le Bohec (Jacques), *Sociologie du phénomène Le Pen*, Paris, La Découverte, 2005.

Le Bras (Hervé), *Atlas des inégalités: les Français face à la crise*, Paris, Autrement, 2014.

Le Bras (Hervé) et Todd (Emmanuel), *Le Mystère français*, Paris, Seuil, 2013.

Le Gallou (Jean-Yves) et le Club de l'Horloge, *La Préférence nationale: réponse à l'immigration*, Paris, Albin Michel, 1985.

Le Guen (Jean-Marie), «Front national: le combat prioritaire de la gauche», note n° 254, Fondation Jean-Jaurès, 8 mars 2015.

Le Pen (Jean-Marie), *Les Français d'abord*, Paris, Carrère-Lafon, 1984.

Le Pen (Jean-Marie), *L'Espoir*, Paris, Albatros, 1989.

Le Pen (Marine), *À contre flots*, Paris, Grancher, 2006.

Le Pen (Marine), *Pour que vive la vraie France*, Paris, Grancher, 2006.

Lebourg (Nicolas), *Le Monde vu de la plus petite extrême droite: du fascisme au nationalisme-révolutionnaire*, Perpignan, Presses universitaires de Perpignan, 2010.

Lebourg (Nicolas) et Beauregard (Joseph), *Dans l'ombre des Le Pen. Une histoire des numéros 2 du FN*, Paris, Nouveau Monde Éditions, 2012.

Lebourg (Nicolas) et Beauregard (Joseph), *François Duprat, l'homme qui inventa le Front national*, Paris, Denoël, 2012.

Lecœur (Erwan), *Un néopopulisme à la française. Trente ans de Front national*, Paris, La Découverte, 2002.

Lefebvre (Rémi), «Le sens flottant de l'engagement socialiste. Usages et effets de la "démocratisation" interne au PS», dans Rémi Lefebvre et Antoine Roger (dir.), *Les Partis politiques à l'épreuve des procédures délibératives*, Rennes, Presses universitaires de Rennes, 2009, p. 105-129.

LEFKOFRIDI (Zoe), WAGNER (Markus) et WILLMANN (Johanna), « Left-Authoritarian Citizens in Europe : Seeking Policy Representation across Issue Dimensions », *ECPR Joint Sessions of Workshops*, 12-17 avril 2011, St. Gallen, Suisse.

LEHINGUE (Patrick), « L'objectivation statistique des électorats : que savons-nous des électeurs du Front national ? », dans Jacques Lagroye (dir.), *La Politisation*, Paris, Belin, 2003, p. 247-278.

LEHINGUE (Patrick), *Subunda. Coups de sonde dans l'océan des sondages*, Bellecombe-en-Bauges, Éditions du Croquant, 2007.

LEHINGUE (Patrick), *Le Vote. Approches sociologiques de l'institution et des comportements électoraux*, Paris, La Découverte, 2011.

LEMIEUX (Cyril), *Mauvaise presse. Une sociologie compréhensive du travail journalistique et de ses critiques*, Paris, Métailié, 2000.

LEROUX (Pierre) et RIUTORT (Philippe), *La Politique sur un plateau. Ce que la télévision fait à la représentation*, Paris, PUF, 2014.

LISZKAI (Laszlo), *Marine Le Pen. Un nouveau Front national ?*, Paris, Favre, 2011.

LOWE (Will), BENOIT (Kenneth), MIKHAYLOV (Slava) et LAVER (Michael), « Scaling Policy Preferences from Coded Political Texts », *Legislative Studies Quarterly*, 36 (1), 2011, p. 123-155.

MABIRE (Jean) et VIAL (Pierre), *Les Solstices, histoire et actualité*, Paris, Le Flambeau, 1991.

MACHURET (Patrice), *Dans la peau de Marine Le Pen*, Paris, Seuil, 2012.

MAISONNEUVE (Christophe), *Le Front national à l'Assemblée nationale : histoire d'un groupe parlementaire, 1986-1988*, mémoire de DEA d'histoire du XXe siècle, IEP de Paris, 1991.

MALINOWSKI (Bronislaw), *Crime and Custom in Savage Society*, New York (N. Y.), Humanities Press, 1926.

MARCHAND-LAGIER (Christèle), « Le retour aux enquêtés, option méthodologique heuristique pour une analyse longitudinale des préférences électorales », *Interrogations ?*, 13, 2011 (consultable en ligne : http://www.revue-interrogations.org/article.php?article=254).

MARKS (Gary) (ed.) « Special Symposium : Comparing Measures of Party Positioning : Expert, Manifesto, and Survey Data », *Electoral Studies*, 26 (1), 2007 (numéro spécial).

MARTIN (Pierre), « Le vote Le Pen : l'électorat du Front national », *Notes de la Fondation Saint-Simon*, 84, 1996.

MARTIN (Pierre), « Qui vote pour le Front national français ? », dans Pascal Delwit, Jean-Michel De Waele et Andrea Rea (dir.), *L'Extrême Droite en France et en Belgique*, Bruxelles, Complexe, 1998, p. 133-165.

MARTIN (Pierre), *Comprendre les évolutions électorales : la théorie des réalignements revisitée*, Paris, Presses de Sciences Po, 2000.

MATONTI (Frédérique), « Paradoxes du stigmate : les représentations médiatiques de Marine Le Pen », *Genre, sexualité & société* [en ligne], hors-série 2, 2013.

MAY (John D.), « Opinion Structure of Political Parties : The Special Law of Curvilinear Disparity », *Political Studies*, 21 (2), 1973, p. 135-151.

MAYER (Nonna), « De Passy à Barbès : deux visages du vote Le Pen à Paris », *Revue française de science politique*, 37 (6), 1987, p. 891-906.

MAYER (Nonna), « Du vote lepéniste au vote frontiste », *Revue française de science politique*, 47 (3-4), 1997, p. 438-453.

MAYER (Nonna), *Ces Français qui votent FN*, Paris, Flammarion, 1999.

MAYER (Nonna), « Les hauts et les bas du vote Le Pen 2002 », *Revue française de science politique*, 52 (5), 2002, p. 505-520.

MAYER (Nonna), *Ces Français qui votent Le Pen*, Flammarion, 2002.

MAYER (Nonna), « Comment Nicolas Sarkozy a rétréci l'électorat Le Pen », *Revue française de science politique*, 57 (3), 2007, p. 429-445.

MAYER (Nonna), « Gaucho-lepénisme ou ouvriéro-lepénisme », dans Erwan Lecœur (dir.), *Dictionnaire de l'extrême droite*, Paris, Larousse, 2007, p. 160-162.

MAYER (Nonna), « Qui vote pour qui et pourquoi ? Les modèles explicatifs du choix électoral », *Pouvoirs*, 120, 2007, p. 17-27.

MAYER (Nonna), « De Jean-Marie à Marine Le Pen », dans TNS Sofres, *L'État de l'opinion 2013*, Paris, Seuil, 2013, p.81-98.

MAYER (Nonna), « From Jean-Marie to Marine Le Pen : Electoral Change on the Far Right », *Parliamentary Affairs*, 66 (1), 2013, p. 160-178.

MAYER (Nonna), «Is Marine Le Pen Breaking the Electoral "Glass Ceiling"?», *French Politics* (à paraître en 2015).

MAYER (Nonna) et GRUNBERG (Gérard), «L'effet sondage. Des citoyens ordinaires aux élites politiques», dans Yves Déloye, Alexandre Dézé et Sophie Maurer (dir.), *Institutions, élections, opinion. Mélanges en l'honneur de Jean-Luc Parodi*, Paris, Presses de Sciences Po, 2014, p. 223-240.

MAYER (Nonna) et MICHELAT (Guy), «Les transformations du rapport à l'autre : le rôle des identités politiques et religieuses», *Commission nationale consultative des droits de l'homme. La Lutte contre le racisme et la xénophobie. 2006*, Paris, La Documentation française, 2007, p. 122-138.

MAYER (Nonna) et PERRINEAU (Pascal), «Pourquoi votent-ils pour le Front national?», *Pouvoirs*, 55, 1990, p. 163-184.

MAYER (Nonna) et PERRINEAU (Pascal) (dir.), *Le Front national à découvert*, Paris, Presses de Sciences Po, 1996 [1989].

McCOMBS (Maxwell E.) et SHAW (Dondald L.), «The Agenda-Setting Function of Mass Media», *Public Opinion Quarterly*, 36 (2), 1972, p. 176-187.

McGANN (Anthony J.) et KITSCHELT (Herbert), «The Radical Right in The Alps. Evolution of Support for the Swiss SVP and Austrian FPÖ», *Party Politics*, 11 (2), 2005, p. 147-171.

MÉGRET (Bruno), *L'Impératif de renouveau. Les enjeux de demain*, Paris, Albatros, 1986.

MÉGRET (Bruno), *La Flamme. Les voies de la renaissance*, Paris, Robert Laffont, 1990.

MEGUID (Bonnie), *Party Competition between Unequals : Strategies and Electoral Fortunes in Western Europe*, Cambridge, Cambridge University Press, 2008.

MEMMI (Dominique), *Du récit en politique. L'affiche électorale italienne*, Paris, Presses de Sciences Po, 1986.

MERGIER (Alain) et FOURQUET (Jérôme), *Le Point de rupture. Enquête sur les ressorts du FN en milieux populaires*, Paris, Fondation Jean-Jaurès, 2011.

MESTRE (Abel) et MONNOT (Caroline), *Le Système Le Pen. Enquête sur les réseaux du Front national*, Paris, Denoël, 2011.

MICHELAT (Guy) et DARGENT (Claude), «Système catholique symbolique et comportements électoraux», *Revue française de science politique*, 65 (1), 2015, p. 27-60.

MICHELAT (Guy) et SIMON (Michel), *Classe, religion et comportement politique*, Paris, Presses de Sciences Po, 1977.

MICHELAT (Guy) et SIMON (Michel), *Les Ouvriers et la politique. Permanence, ruptures, réalignements*, Paris, Presses de Sciences Po, 2004.

MISSIKA (Jean-Louis), «Les médias et la campagne présidentielle : autour de la notion de "fonction d'agenda"», *Études de communication*, 10, 1989, p. 41-46.

MOSSE (Georges L.), *Nationalism & Sexuality. Respectability and Abnormal Sexuality in Modern Europe*, New York (N. Y.), Howard Fertig, 1985.

MOSSE (George L.), *L'Image de l'homme. L'invention de la virilité moderne*, Paris, Éditions Abbeville, 1997.

MUDDE (Cas), «The War of Words : Defining the Extreme Right Party Family», *West European Politics*, 19 (2), 1996, p. 225-248.

MUDDE (Cas), *Populist Radical Right Parties in Europe*, Cambridge, Cambridge University Press, 2007.

NÉGRIER (Emmanuel), «Il Linguadoca-Rossiglione : culture politiche e geografia elettorale di una regione francese», *Quaderni dell'Osservatorio Elettorale*, 48, 2002, p. 81-118.

NÉGRIER (Emmanuel), «Le Pen et le peuple. Géopolitiques du vote FN en Languedoc-Roussillon», *Pôle Sud*, 37, 2012, p.153-164.

NIE (Norman H.) *et al.*, *The Changing American Voter*, Cambridge, Harvard University Press, 1979.

OESCH (Daniel), *Redrawing the Class Map : Stratification and Institutions in Britain, Germany, Sweden and Switzerland*, Basingstoke, Palgrave Macmillan, 2006.

OESCH (Daniel), «Explaining Voters' Support for Right-Wing Populist Parties in Western Europe. Evidence from Austria, Belgium, France,

Norway and Switzerland», *International Political Science Review*, 29 (3), 2008, p. 348-373.

OFFERLÉ (Michel), «Transformation d'une entreprise politique : de l'UDR au RPR (1973-1977)», *Pouvoirs*, 28, 1984, p. 5-26.

OFFERLÉ (Michel), *Les Partis politiques*, Paris, PUF, 1987.

OFFERLÉ (Michel), «Le nombre de voix. Électeurs, partis et électorat socialistes à la fin du XIXe siècle en France», *Actes de la recherche en sciences sociales*, 71, 1988, p. 5-21.

OLIVE (Maurice), «"Le Pen, le peuple". Autopsie d'un discours partisan», *Mots*, 43, 1995, p. 128-134.

ORFALI (Birgitta), «Le droit chemin ou les mécanismes de l'adhésion politique», dans Nonna Mayer et Pascal Perrineau (dir.), *Le Front national à découvert*, Paris, Presses de Sciences Po, 1996, p. 119-134.

ORFALI (Birgitta), *L'Adhésion. Militer, s'engager, rêver*, Paris, De Boeck, 2011.

OURAOUI (Mehdi), *Marine Le Pen, notre faute : essai sur le délitement républicain*, Paris, Michalon, 2014.

PAN (Zhongdang) et KOSICKI (Gerald M.), «Framing Analysis : An Approach to News Discourse», *Political Communication*, 10 (1), 1993, p. 55-75.

PARTI SOCIALISTE, «Programme de l'université d'été de La Rochelle», août 2013.

PARTI SOCIALISTE, «Révéler l'imposture du FN et combattre son projet antirépublicain», mars 2015.

PASSY (Florence), «Interactions sociales et imbrications des sphères de vie», dans Olivier Fillieule et Patricia Roux (dir.), *Le Sexe du militantisme*, Paris, Presses de Sciences Po, 2009, p. 111-130.

PERRINEAU (Pascal), «La dynamique du vote Le Pen : le poids du "gaucho-lepénisme"», dans Pascal Perrineau et Colette Ysmal (dir.), *Le Vote de crise : l'élection présidentielle de 1995*, Paris, Département d'études politiques du *Figaro* et Presses de Sciences Po, 1995, p. 243-261.

PERRINEAU (Pascal), «Les étapes d'une implantation électorale (1972-1988)», dans Nonna Mayer et Pascal Perrineau (dir.), *Le Front national à découvert*, Paris, Presses de Sciences Po, 1996 [1989], p. 37-62.

PERRINEAU (Pascal), *Le Symptôme Le Pen. Radiographie des électeurs du Front national*, Paris, Fayard, 1997.

PERRINEAU (Pascal), «L'électorat FN. Droitisation du vote ouvrier ou "gaucho-lepénisme": diversité d'analyses pour un même fait», *Notes de la Fondation Jean-Jaurès*, 5, 1997.

PERRINEAU (Pascal), «L'électorat de Marine Le Pen: ni tout à fait le même, ni tout à fait un autre», dans Pascal Perrineau (dir.), *Le vote normal: les élections présidentielle et législatives d'avril-mai-juin 2012*, Paris, Presses de Sciences Po, 2013, p. 227-247.

PERRINEAU (Pascal), *La France au Front: essai sur l'avenir du Front national*, Paris, Fayard, 2014.

PETITFILS (Anne-Sophie), «L'institution partisane à l'épreuve du management. Rhétorique et pratiques managériales dans le recrutement des "nouveaux adhérents" au sein de l'Union pour un mouvement populaire (UMP)», *Politix*, 79, 2007, p. 56-76.

PIERRU (Emmanuel), *Guerre aux chômeurs ou guerre au chômage*, Bellecombe-en-Bauges, Éditions du Croquant, 2005.

PIERRU (Emmanuel) et VIGNON (Sébastien), «Déstabilisation des lieux d'intégration traditionnels et transformations de l'"entre-soi" rural. L'exemple du département de la Somme», dans Céline Bessière *et al.* (dir.), *Les Mondes ruraux à l'épreuve des sciences sociales*, Paris, Quae, 2007, p. 267-288.

PIERRU (Emmanuel) et VIGNON (Sébastien), «L'inconnue de l'équation FN: ruralité et vote d'extrême droite. Quelques éléments à propos de la Somme», dans Annie Antoine et Julian Mischi (dir.), *Sociabilités et politique en milieu rural*, Rennes, Presses universitaires de Rennes, 2008, p. 407-419.

POLANYI (Karl), *La Grande Transformation. Aux origines politiques et économiques de notre temps*, Paris, Gallimard, 1983.

PORTHEAULT (Nadia) et PORTHEAULT (Thierry), *Revenus du Front. Deux anciens militants FN racontent*, Paris, Grasset, 2014.

PUAR (Jasbir K.), *Homonationalisme. Politiques queer après le 11 septembre*, Paris, Éditions Amsterdam, 2012.

PUDAL (Bernard), *Prendre parti. Pour une sociologie historique du PCF*, Paris, Presses de Sciences Po, 1989.

RAVENEL (Loïc), BULÉON (Pascal) et FOURQUET (Jérôme), « Vote et gradient d'urbanité : les nouveaux territoires des élections présidentielles de 2002 », *Espace, populations, sociétés*, 21 (3), 2003, p. 469-482.

REUNGOAT (Emmanuelle), *Résister c'est exister ? Comprendre la construction des résistances à l'intégration européenne au sein des partis politiques français (1979-2009)*, thèse de science politique, Université Paris-1, novembre 2012.

REUNGOAT (Emmanuelle), « Mobiliser l'Europe dans la compétition nationale. La fabrique de l'européanisation du Front national », *Politique européenne*, 43, 2014, p. 120-162.

REVENIN (Régis), « Homosexualité et virilité », dans Alain Corbin, Jean-Jacques Courtine et Georges Vigarello (dir.), *Histoire de la virilité*, tome 2, *Le Triomphe de la virilité au XIXe siècle*, Paris, Seuil, 2011, p. 369-401.

RIHOUX (Benoît), *Les Partis politiques : organisations en changement*, Paris, L'Harmattan, 2001.

RIPPEYOUNG (Phyllis), « When Women are Right : the Influence of Gender, Work and Values on European Far Right Party Support », *International Feminist journal of Politics*, 9 (3), 2007, p. 379-397.

ROLLET (Maurice), « Nous étions douze », dans *Le Mai 1968 de la Nouvelle Droite* (collectif), Paris, Éditions du Labyrinthe, 1998, p. 135-139.

ROSANVALLON (Pierre), *La Question syndicale*, Paris, Calmann-Lévy, 1988.

ROSANVALLON (Pierre), *La Contre-démocratie. La politique à l'âge de la défiance*, Paris, Seuil, 2008.

ROSSO (Romain) *La Face cachée de Marine Le Pen*, Paris, Flammarion, 2011.

ROTMAN (Charlotte), *20 ans et au Front. Les nouveaux visages du FN*, Paris, Robert Laffont, 2014.

ROVNY (Jan), «Where Do Radical Right Parties Stand? Position Blurring in Multi-Dimensional Competition», *European Political Science Review*, 5 (1), 2013, p. 1-26.

ROY (Jean-Philippe), «Le programme économique et social du Front national en France», dans Pascal Delwit, Jean-Michel De Waele et Andrea Rea (dir.), *L'Extrême Droite en France et en Belgique*, Bruxelles, Complexe, 1998, p. 85-100.

RUZZA (Carlo) et FELLA (Stefano), *Re-inventing the Italian Right. Territorial Politics, Populism and "Post-fascism"*, Londres, Routledge, 2009.

RYDGREN (Jens), «Is Extreme Right-Wing Populism Contagious? Explaining the Emergence of a New Party Family», *European Journal of Political Research*, 44 (3), 2005, p. 413-437.

RYDGREN (Jens) (dir.), *Class Politics and the Radical Right*, Londres, Routledge, 2013.

SARTORI (Giovanni), *Parties and Party Systems. A Framework for Analysis*, Cambridge, Cambridge University Press, 1976.

SARTORI (Giovanni), «Guidelines for Concept Analysis», dans Giovanni Sartori (ed.), *Social Science Concepts. A Systematic Analysis*, Beverly Hills, Sage, 1984, p. 15-88.

SAWICKI (Frédéric), *Les Réseaux du parti socialiste. Sociologie d'un milieu partisan*, Paris, Belin, 1997.

SAWICKI (Frédéric), «Les politistes et le microscope», dans Myriam Bachir (dir.), *Les Méthodes au concret*, Paris, PUF, CURAPP, 2000, p. 143-164.

SAWICKI (Frédéric), «Les partis comme entreprises culturelles», dans Daniel Céfai (dir.), *Les Cultures politiques*, Paris, PUF, 2001, p. 191-212.

SCHLESINGER (Philip), «Repenser la sociologie du journalisme. Les stratégies de la source d'information et les limites du média-centrisme», *Réseaux*, 10 (51), 1992, p. 75-98.

SIBLOT (Yasmine), CARTIER (Marie), COUTANT (Isabelle), MASCLET (Olivier) et RENAHY (Nicolas), *Sociologie des classes populaires contemporaines*, Paris, Armand Colin, 2015.

SIEGFRIED (André), *Tableau politique de la France de l'Ouest sous la Troisième République*, Paris, Armand Colin, 1913.

SIMON (Jean-Marc), *Marine Le Pen, au nom du père*, Paris, Jacob-Duvernet, 2011.

SINEAU (Mariette), «Les paradoxes du gender gap à la française», dans Bruno Cautrès et Nonna Mayer (dir.), *Le Nouveau Désordre électoral. Les leçons du 21 avril 2002*, Paris, Presses de Sciences Po, 2004, p. 207-252.

SIRINELLI (Jean-François) (dir.), *Histoire des droites en France*, tome 2, *Cultures* et tome 3, *Sensibilités*, Paris, Gallimard, 2006 [1992].

SOUCHARD (Maryse), WAHNICH (Stéphane), CUMINAL (Isabelle) et WATHIER (Virginie), *Le Pen, les mots. Analyse d'un discours d'extrême droite*, Paris, La Découverte, 1998.

SOUDAIS (Michel), *Le Front national en face*, Paris, Flammarion, 1996.

SPIERINGS (Niels), ZASLOVE (Andrej), MÜGGE (Liza M.) et DE LANGE (Sarah L.), «Gender and Populist Radical Right Politics: An Introduction», *Patterns of Prejudice*, 49 (1-2), 2015, p. 3-15.

SPIES (Dennis), «Explaining Working-Class Support for Extreme Right Parties: A Party Competition Approach», *Acta Politica*, 48, 2013, p. 296-325.

STERNHELL (Zeev), *Ni droite ni gauche: l'idéologie fasciste en France*, Bruxelles, Complexe, 2000 [1983].

STRUDEL (Sylvie), *Votes juifs: itinéraires migratoires, religieux et politiques*, Paris, Presses de Sciences Po, 1996.

STRUDEL (Sylvie), «L'électorat de Nicolas Sarkozy: "rupture tranquille" ou syncrétisme tourmenté?», *Revue française de science politique*, 57 (3), 2007, p. 459-474.

TAGUIEFF (Pierre-André), «La rhétorique du national-populisme», *Mots*, 9, 1984, p. 113-139.

TAGUIEFF (Pierre-André), «Nationalisme et réactions fondamentalistes en France. Mythologies identitaires et ressentiment antimoderne», *Vingtième Siècle. Revue d'histoire*, 25, 1990, p. 49-74.

TAGUIEFF (Pierre-André), *Sur la Nouvelle droite. Jalons d'une analyse critique*, Paris, Descartes & Cie, 1994.

Taguieff (Pierre-André), « Face à l'immigration : mixophobie, xénophobie ou sélection. Un débat français dans l'entre-deux-guerres », *Vingtième Siècle. Revue d'histoire*, 47, 1995, p. 103-131.

Taguieff (Pierre-André), *Le Nouveau National-populisme*, Paris, CNRS Éditions, 2012.

Taguieff (Pierre-André), « Diabolisation », dans Pierre-André Taguieff (dir.), *Dictionnaire historique et critique du racisme*, Paris, PUF, 2013, p. 456-459.

Taguieff (Pierre-André), *Du diable en politique. Réflexions sur l'antilepénisme ordinaire*, Paris, CNRS Éditions, 2014.

Tarchi (Marco), *Dal MSI ad AN : organizzazione e strategie*, Bologne, Il Mulino, 1997.

Tartakowsky (Danielle), *La Part du rêve. Histoire du 1er Mai en France*, Paris, Hachette, 2005.

Thébaud (Françoise), « Maternité et famille entre les deux guerres : idéologies et politiques familiales », dans Rita Thalmann (dir.), *Femmes et fascismes*, Paris, Tierce, 1986, p. 85-97.

Théviot (Anaïs), *Mobiliser et militer sur internet. Reconfigurations des organisations partisanes et du militantisme au Parti socialiste (PS) et à l'Union pour un mouvement populaire (UMP)*, thèse de doctorat en science politique, Sciences Po Bordeaux, 2014.

Toussenel (Alphonse), *Les Juifs, rois de l'époque. Histoire de la féodalité financière*, Paris, 1845 [réédité avec une préface d'Édouard Drumont en 1886].

Traïni (Christophe) (dir.), *Vote en PACA. Les élections de 2002 en Provence-Alpes-Côte d'Azur*, Paris, Karthala, 2004.

Turpin (Béatrice), « Pour une sémiotique du politique : schèmes mythiques du national-populisme », *Semiotica. Revue de l'Association internationale de sémiotique*, 159 (1-4), 2006, p. 285-304.

Valla (Jean-Claude), *Engagements pour la civilisation européenne*, Billère, Éditions Alexipharmaque, 2013.

Van der Brug (Wouter) et Van Spanje (Joost), « Immigration, Europe and the "New Socio-Cultural Dimension" », *European Journal of Political Research*, 48 (3), 2009, p. 309-334.

VENNER (Dominique) *Pour une critique positive*, Nantes, Ars Magna, 1997 [1962].

VENNER (Dominique), *Histoire et tradition des Européens : 30 000 ans d'identité*, Paris, Éditions du Rocher, 2004.

VILLALBA (Bruno), «Les petits partis et l'idéologie : le paradoxe de la différenciation», dans Annie Laurent et Bruno Villalba (dir.), *Les Petits Partis. De la petitesse en politique*, Paris, l'Harmattan, 1997, p. 67-90.

WAGNER (Markus), «Defining and Measuring Niche Parties», *Party Politics*, 18 (6), 2012, p. 845-864.

WEBER (Max), *Le Savant et le politique*, Paris, Plon, 1959.

WIEVIORKA (Michel), *Le Front national, entre extrémisme, populisme et démocratie*, Paris, Maison des sciences de l'homme, 2013.

WINOCK (Michel), «Le terrain vierge de la nouvelle gauche», *Le Banquet*, 7, 1995, p. 81-88.

YOUNG (Michaël) et WILLMOT (Peter), *Le Village dans la ville*, Paris, CCI, Centre Georges-Pompidou, 1983.

YSMAL (Colette), «Face à l'extrême droite, la droite existe-t-elle ?», dans Pierre Bréchon, Annie Laurent et Pascal Perrineau, *Les Cultures politiques des Français*, Paris, Presses de Sciences Po, 2000, p. 139-164.

ZASLOVE (Andrej), «Exclusion, Community, and a Populist Political Economy : The Radical Right as an Anti-Globalization Movement», *Comparative European Politics*, 6, 2008, p. 169-189.

ZVONIMIR (Novak), *Tricolores. Une histoire visuelle de l'extrême droite*, Montreuil, L'Échappée, 2011.

Index

Marine Le Pen et Jean-Marie Le Pen ne figurent pas dans cet index car leurs noms sont cités sur pesque toutes les pages de l'ouvrage.

Achin Catherine: 191
Adams James: 182
Aït-Aoudia Myriam: 33
Akkerman Tjitske: 169, 318
Al-Assad Bachar: 74
Albano Gilbert: 81
Albertini Dominique: 14, 130, 533
Alduy Cécile: 7, 11, 15, 19, 29, 35, 242, 247-249, 251, 255, 264, 396, 409
Aliot Louis: 38-39, 46, 54-55, 59, 63, 75, 92, 132-133, 194, 204, 235, 238, 293-295, 383, 449-450, 488, 496
Allais Maurice: 113, 266
Al-Matary Sarah: 189
Almirante Asunta: 70
Almirante Giorgio: 69-70
Al-Sissi Abdel Fattah: 74
Al-Tayyeb Ahmed: 73
Amossé Thomas: 333
Amossy Ruth: 267
Andersen Jorgen Goul: 213
Andolfatto Dominique: 5, 11, 18, 31, 77, 86, 89, 227
Andrieu Dominique: 411
Angenot Marc: 250, 254
Annan Kofi: 308
Antoine Annie: 419, 430
Antony Bernard: 110, 178, 191, 277, 280, 295
Aphatie Jean-Michel: 493
Ardisson Thierry: 496

Arnautu Marie-Christine: 51, 55, 235
Arthaud Nathalie: 389
Arzheimer Kai: 315, 541
Attali Jacques: 254
Aubry Martine: 239, 459, 463
Bachir Myriam: 422
Bacqué Raphaëlle: 44
Badinter Élisabeth: 266
Bajos Nathalie: 195, 204
Balent Magali: 15
Bara Judith: 166
Barbier Christophe: 494
Barboni Thierry: 16, 144
Bardèche Maurice: 190
Bardet Jean-Claude: 102, 106, 280
Bargel Lucie: 191
Bariller Damien: 38, 277, 280, 286
Barisione Mauro: 320
Baroin François: 308
Barone Sylvain: 9, 11, 21, 417, 422
Barrault Christian: 466
Barrès Maurice: 109, 287
Barthélémy Victor: 271
Barthes Roland: 247, 259, 262
Basse Pierre-Louis: 14, 34, 72
Bastien Frédérick: 147, 371
Bay Nicolas: 194, 441-442
Bayrou François: 150, 381, 385, 389, 482
Beauregard Joseph: 14, 33, 123-124, 139, 198-199, 261
Bechikh Camel: 39
Beck André-Yves: 136

Becker Howard S.: 199-200
Bedos Guy: 496
Bedos Nicolas: 496
Belbéoch Agnès: 108
Belot Céline: 243
Beltzer Nathalie: 204
Benedetti Yvan: 130-131
Benoit Kenneth: 170
Bernié-Boissard Catherine: 421
Béroud Hervé: 486
Bertaud Jean-Paul: 188
Bertrand Denis: 58, 250, 257, 489
Bertrand Xavier: 308, 489, 539
Besancenot Olivier: 358, 472
Bessière Céline: 419
Betz Hans-Georg: 180, 314, 507
Bihr Alain: 212, 251
Bilde Bruno: 59
Birenbaum Guy: 32, 41, 43, 61, 227, 275, 439
Birnbaum Pierre: 178, 189
Bizeul Daniel: 347, 439
Blanchard Gersande: 147
Blondiaux Loïc: 347
Blot Yvan: 28, 99, 103-104, 106, 229, 280, 506
Boily Frédéric: 230
Boltanski Luc: 15
Bompard Jacques: 134, 370, 397, 448, 524, 551, 553
Bompard Marie-Claude: 358, 524
Bon Frédéric: 403
Bonnefous Bastien: 515
Bordeaux Michèle: 189
Borghezio Mario: 68
Bornschier Simon: 164, 311-312
Bouchet Christian: 116, 132, 137, 157
Bouillaud Christophe: 244
Boulanger Georges: 122
Boullier Dominique: 148
Boumaza Magali: 231, 243, 272, 439
Bourbon Jérôme: 186, 198, 517
Bourdier Jean: 270
Bourdieu Pierre: 32, 350
Bourdin Jean-Jacques: 234-235

Bourgine Raymond: 105
Bourhis Stéphane: 99, 108
Boutin Christine: 129
Boutros-Ghali Boutros: 308
Boyadjian Julien: 6, 11, 18, 141, 149
Bozec Géraldine: 351
Bozon Michel: 195, 204
Braconnier: 2, 311, 332, 347, 350-351, 368, 376, 378, 388, 400
Bréchon Pierre: 243
Bregman Dorine: 457
Bressat-Bodet Cécile: 524
Brigneau François: 112, 545, 555
Brioys Steeve: 59, 61, 92, 135, 438, 450, 494, 555
Brouard Sylvain: 305, 381, 385, 409
Bruel Patrick: 382
Brustier Gaël: 10-11, 22, 198, 505, 525, 534
Budge Ian: 166, 174
Buisson Patrick: 505, 519-520, 534
Buléon Pascal: 411
Buresi Aude: 60
Bush George: 103
Bussi Michel: 313, 418, 430
Caciagli Mario: 429
Cahuzac Yannick: 154
Cambadélis Jean-Luc: 510-514
Campbell Angus: 402, 419
Camus Jean-Yves: 6, 11, 18, 37-38, 41, 56, 63, 65, 73-74, 97, 123, 211, 507, 531, 534
Capoccia Giovanni: 22, 505
Carter Elisabeth: 315
Cartier Marie: 312
Carvounas Luc: 514
Cautrès Bruno: 2, 243, 317, 346, 417, 423
Cayrol Roland: 463
Cefaï Daniel: 429
Chaboche Dominique: 288
Chabot Arlette: 447, 486, 492
Champagne Patrick: 146
ChampetierCharles: 112-113
Chanvril Flora: 509

Chardon Olivier : 333
Charlot Jean : 31
Charron Jean : 457
Chartraire Matthieu : 202
Chatel Luc : 308
Chatillon Frédéric : 59-60, 66, 70, 74, 136, 504, 537-539
Chauprade Aymeric : 39, 42, 44, 54, 62, 65-67, 72-73, 539
Checcaglini Claire : 15, 17, 439
Chemin Ariane : 384, 440
Cheminade Jacques : 381, 389
Chenu Sébastien : 37, 42-44, 67, 201
Chevènement Jean-Pierre : 42, 123, 240, 534
Cheylan Jean-Paul : 403
Chiappe Jean-François : 270, 273
Chirac Jacques : 2, 107, 124, 358, 380, 388, 430, 518, 552
Choffat Thierry : 5, 11, 18, 77
Christen Yves : 99
Clamer Chantal : 203
Clark Michael : 182
Clavet Bruno : 42
Coffé Hilde : 314
Cohen Philippe : 14
Colange Céline : 418
Cole Alistair : 513
Collard Gilbert : 37, 39, 42-43, 59-60, 201, 397, 539, 555
Collovald Annie : 326
Converse Philip E. : 402, 419
Copé Jean-François : 472, 478, 505, 521-522
Corbière Alexis : 516
Cornilleau Claude : 124
Costantini François : 39
Coutant Isabelle : 312
Coûteaux Paul-Marie : 42-43, 58, 63, 241, 262, 534, 539
Crépon Sylvain : 3-5, 7, 9-11, 13, 15, 19, 21, 23, 35, 41, 44, 185, 191, 194, 201-203, 227, 230, 249, 347, 395-396, 435, 439, 441, 529
Cuminal Isabelle : 242, 250-251

Dahlberg Stefan : 319
D'André Jean-Louis : 81
Dard Olivier : 102
Dargent Claude : 317, 377
De Benoist Alain : 97-102, 104-106, 107-109, 112-116, 118-119
De Chambrun Charles : 549
De Gaulle Charles : 2, 43, 130, 242, 539
De Koster Willem : 176
De Lange Sarah : 172, 316, 320
Delaporte André : 273
De La Pradelle Laure : 79-80
De La Tocnaye Thibaut : 39
Delcroix Éric : 291
Deléglise Aimé : 49
De Lepineau Hervé : 361
De Lesquen Henry : 103, 112
Déloye Yves : 456
Delphy Christine : 196
Delwit Pascal : 15, 212, 239, 326
Dély Renaud : 105, 511
Demassieux Roger : 85
Derks Anton : 176
Derville Grégory : 456
De Saint-Just Wallerand : 39
De Saint Pierre Michel : 546
Désir Harlem : 443, 472, 510
Desplanques Erwan : 492
De Villiers Philippe : 58, 129, 240-241, 534-535
De Waele Jean-Michel : 89, 212
Dézé Alexandre : 3-5, 9-11, 13, 15, 17, 22-23, 27, 31-33, 38, 50, 108, 136, 141-142, 154, 227, 242-243, 249-250, 257, 347, 395-396, 434, 437, 450, 455-456, 477, 480, 489, 529, 540-541
Didier Geoffroy : 521
Dieudonné (M'Bala M'Bala, Dieudonné) : 60, 87, 131
Di Giovanni Da Silva Marie : 84
Di Méo Elsa : 510
Djebbour Ahmed : 277
Dolez Charlotte : 359

Domenach Jean-Marie : 259
Doriot Jacques : 112
Dormagen Jean-Yves : 16, 376, 378, 388, 400
Doucet David : 14, 130, 232, 436
Drumont Edouard : 112, 254
Ducarne Pierre : 201
Duflot Cécile : 472, 481
Dufraisse André : 277
Duguet Olivier : 60, 135
Duguit Léon : 208, 210
Duhamel Alain : 493
Duhamel Olivier : 305
Duparc Agathe : 72
Duplan Christian : 432
Dupont-Aignan Nicolas : 56, 229, 240-241, 305, 381, 385, 389, 534
Duprat François : 14, 104, 124, 132, 137, 261, 271-272, 274, 546
Durand-Decaulin Daniel : 85
Duranton-Crabol Anne-Marie : 106
Dutheil de la Rochère Bertrand : 58, 262
Elias Norbert : 355
Engelmann Fabien : 81-85, 92-95, 438, 533, 540
Erikson Robert : 333
Escalona Fabien : 10-11, 22, 505, 524
Espagno Delphine : 7, 11, 19, 207
Evola Julius : 117
Ezrow Lawrence : 182
Fassin Éric : 204
Favre Pierre : 15, 46, 242
Faye Guillaume : 107
Faye Olivier : 67, 73
Ferrand Edouard : 55
Ferré Bernard : 92
Fesenbeck Marie-Thérèse : 444
Fillieule Olivier : 191, 242, 346, 349, 440
Fillon François : 365, 478, 481-482, 521-522
Fontanille Jean : 547
Fourest Caroline : 14, 17

Fourquet Jérôme : 8, 11, 21, 307, 375, 377, 411, 418, 442, 522
François Bastien : 43
François Stéphane : 7, 11, 207
Gabriac Alexandre : 130-131, 143
Gajas Dominique : 99
Galvaire Jean-François : 291
Gamson William A. : 457
Garaudy Roger : 113
Garcia Guillaume : 359
Gariazzo Marie : 522
Garnier Laura : 395
Garrigou Alain : 484
Gaspard Françoise : 547
Gauchet Marcel : 266
Gaudin Jean-Claude : 387
Gautier Jean-Paul : 14-15
Gaxie Daniel : 145, 347-348, 354, 422
Gayssot Jean-Claude : 110
Genga Nicola : 15
Gerstlé Jacques : 457
Girardet Raoul : 250, 253
Giscard d'Estaing Valéry : 363
Givens Terri : 314, 345
Glasgow Garett : 175, 182
Goguel François : 408
Goldthorpe John H. : 333
Gollnisch Bruno : 34, 44, 51, 55, 62, 64, 92, 125, 127, 130, 134, 194, 200-201, 203, 228, 236, 241, 280, 443, 447-449, 539, 555
Gombin Joël : 9, 11, 21, 395, 399, 403, 405, 407, 410, 413-415, 471-472, 522
Gómez-Reino Margarita : 243
Gougou Florent : 8, 11, 20, 89, 323, 328, 332, 335, 338, 341, 388-390, 399, 513, 519
Gourier Frédéric : 295
Gourlot Thierry : 92-94
Gramsci Antonio : 248
Greffet Fabienne : 31, 141, 227
Grevisse Benoît : 495
Grunberg Gérard : 305, 456, 508
Guénon René : 117

Guillemot Xavier : 108
Guilluy Christophe : 313, 411
Haegel Florence : 16-17, 32, 243, 362, 520, 540
Hagelund Annike : 318
Haider Jörg : 112
Hainsworth Paul : 214
Halimi Ilan : 382
Halimi Serge : 266
Hamidi Camille : 377
Harmel Robert : 164, 181
Harmsen Robert : 239-240
Harteveld Eelco : 319
Hastings Michel : 31, 227
Haudry Jean : 106, 109
Hays Michel : 39
Heinderyckx François : 144
Hemmerdinger Robert : 40
Herte Robert de : 112
Hidalgo Anne : 481
Himmelweit Hilde : 419
Hoffmann Lionel : 82
Holeindre Roger : 102, 198, 448-449
Hollande François : 146, 150, 235, 300, 312, 325, 331, 381, 385, 389, 398, 473, 478, 481-483, 487, 506, 509-510, 512, 518, 532
Houtman Dick : 176
Hunke Sigrid : 102
Igounet Valérie : 7, 11, 14, 20, 46, 269, 287, 293, 383, 396
Immerzeel Tim : 314
Isambert François-André : 408
Issaïev Andreï : 70
Ivaldi Gilles : 6, 12, 19, 163, 175, 239
Iyengar Shanto : 457
Jacquard Jean-Claude : 103
Jalkh Jean-François : 286, 288, 538
Jamet Alain : 55, 62
Jamet France : 55
Janda Kenneth : 164
Jardin Antoine : 409
Jaunait Alexandre : 204
Jobard Fabien : 242
Joly Eva : 150, 381, 385, 389, 509, 515

Jospin Lionel : 324, 331, 508-509, 552
Jost François : 495
Jouve Bernard : 524
Jouve Pierre : 255
Juhem Philippe : 438, 501
Juppé Alain : 42, 308, 481-482, 524
Kalmy Caroline : 14
Kestel Laurent : 245
Ki-Moon Ban : 308
Kitschelt Herbert : 169, 171-172, 180, 182, 435
Klingemann Hans-Dieter : 166
Koca Stéphanie : 195
Kokkonen Andrej : 319
Korwin-Mikke Janusz : 65
Kosciusko-Morizet Nathalie : 524
Kosicki Gerald M. : 457
Krebs Pierre : 117
Kriegel Annie : 439
Kriesi Hanspeter : 311-312, 341
Krugman Paul : 266
Krulic Brigitte : 109
Kyenge Cécile : 69
Labbé Dominique : 86, 89, 307
Labouret Simon : 338, 513, 519
Lafay Gérard : 39
Lafont Valérie : 347, 350, 439, 441
Lagarde Christine : 42
Lagroye Jacques : 147, 326, 402
Lambert Hubert : 546
Lang Carl : 55, 125, 128, 130, 269, 271-272, 279, 287-288, 290, 295, 443, 447-448, 549, 554
Larebière Bruno : 118
Laske Karl : 72
Laurendeau Jean-Paul : 79
Laurent Annie : 243
Laver Michael : 170
Lazarsfeld Paul F. : 419
Le Bart Christian : 242
Le Bohec Jacques : 141, 487
Lebourg Nicolas : 6, 9, 12, 14, 18, 21, 33, 121, 123-124, 139, 190, 198-199, 250, 261, 435, 442
Le Bras Hervé : 408, 410
Lebreton Gilles : 42, 308

Le Chevallier Jean-Marie : 551
Lecœur Erwan : 190, 215, 248, 327
Lefkofridi Zoe : 183
Le Gallou Jean-Yves : 35, 99, 102, 105, 108, 112, 132, 280, 445, 448
Le Guen Jean-Marie : 513
Lehingue Patrick : 147, 326, 329, 347-348, 359, 402, 419, 422, 427, 463-464, 484
Lemahieu Annie : 85, 92
Lemaire Bruno : 39, 295
Lemieux Cyril : 502
Léotard François : 518
Le Pen Jany : 551
Le Rachinel Fernand : 554
Le Renard Amélie : 204
Leroux Pierre : 497
Leroy Emmanuel : 56, 73, 136
Leroy Michel : 129
Leroy Sandrine : 55
Leselbaum Jean : 41
Levêque Sandrine : 191
Lévy Bernard-Henri : 105
Lévy Jacques : 313, 411
Liszkai Laszlo : 15, 46
Llamazares Iván : 243
Locchi Giorgio : 114
Lohard Audrey : 148
Lopez Laurent : 455, 498, 501
Loustau Axel : 60
Lowe Will : 170
Mabire Jean : 99, 109
Machuret Patrice : 14
Macron Emmanuel : 481
Madelin Alain : 380
Magoudi Ali : 255
Mahlab Ibrahim : 74
Maisonneuve Christophe : 213
Malinowski Bronislaw : 199-200
Malouines Marie-Ève : 491
Mandraud Isabelle : 71-72
Manternach Sylvain : 442
Marchand René : 39
Marchand-Lagier Christèle : 8, 12, 20, 345, 347
Maréchal Samuel : 55, 74

Maréchal-Le Pen Marion : 52-53, 56, 60-63, 71, 75, 128, 130, 135, 154-155, 197, 255, 359, 397, 449-450, 481, 486, 499, 538-539, 555-556
Mariani Thierry : 520
Marlaud Jacques : 98
Marmin Michel : 99
Martel Philippe : 42
Marteu Élisabeth : 204
Martin Edouard : 84
Martin Pierre : 326-328, 338, 507
Martinez Jean-Claude : 229, 554
Marx Karl : 266
Marzolf Hélène : 492
Masclet Olivier : 312
Maurer Sophie : 456
Maurras Charles : 29, 122, 124, 252, 266, 287
Mayer Nonna : 2-5, 8, 10, 12-13, 15, 20, 23, 43, 61, 77, 151, 211, 299-300, 307, 311, 316-317, 320, 325-327, 338, 345-347, 350-351, 368, 402, 415, 417-419, 424, 440, 456, 469, 519, 529, 537
McCombs Maxwell E. : 457
McGann Anthony J. : 171-172, 180, 182
Mégret Bruno : 21, 35, 38, 43, 55-56, 78, 97, 103-105, 109-112, 125-126, 134, 167, 190, 228-229, 232, 269, 278-280, 286-290, 336, 351, 357, 366, 380, 436, 447-448, 518, 551-552
Mégret Catherine : 551
Meguid Bonnie : 164
Mélenchon Jean-Luc : 149-150, 305, 381, 389, 481, 487, 506, 509, 516
Mellies Antoine : 194
Meloni Giorgia : 69
Memmi Dominique : 489
Ménard Robert : 42, 61, 136, 533
Mendès-France Pierre : 266
Menucci Patrick : 386, 387
Merah Mohamed : 381, 393
Meret Susi : 180

Mergier Alain : 307
Mestre Abel : 5, 12, 15, 17, 37, 51, 57, 62, 68, 70, 72-73, 75-76, 133, 248, 477, 534, 539
Metzger Régis : 95
Meunier Sophie : 513
Michéa Jean-Claude : 113
Michelat Guy : 317, 341, 343
Mikhaylov Slava : 170
Miller Warren Edward : 402, 419
Milliau Philippe : 106, 111-112
Million Charles : 104
Milloz Pierre : 40
Minh Tran Long : 136
Mischi Julian : 419, 430
Missika Jean-Louis : 250, 257, 457, 489
Mitterrand François : 2, 28, 331, 506, 547, 550
Moati Serge : 238, 493
Modigliani Andre : 457
Mohler Armin : 114
Monnerot Jules : 40
Monnot Caroline : 5, 12, 15, 17, 37, 51, 57, 72-73, 133, 539
Montebourg Arnaud : 300, 481
Montel Sophie : 49, 499
Monzat René : 41, 56
Morano Nadine : 521
Mosse George L. : 188-189
Mudde Cas : 121, 166, 518
Mügge Liza : 316, 320
Mundell Robert : 111
Muxel Anne : 2, 423
Muzet Denis : 492
Narychkine Serguei : 71
Nauth Cyril : 61
Négrier Emmanuel : 9, 12, 21, 417, 420, 429, 431
Neumayer Laure : 245
Nie Norman H. : 419, 509
Nihous Frédéric : 430
Noguès Louis : 202
Notin Bernard : 108
Oesch Daniel : 311, 333, 343
Offerlé Michel : 16, 30, 142, 146, 226

Olive Maurice : 32
Olivier Laurent : 31, 227
Olivier Philippe : 56-58, 73, 136
Onfray Michel : 105
Orfali Birgitta : 346, 440
Ottaviani Robert : 136
Ouraoui Mehdi : 15
Ozon Laurent : 56
Palma Norman : 39
Pan Zhongdang : 457
Parodi Jean-Luc : 456
Pauwels Louis : 104, 112
Péan Pierre : 14
Pedra Jonathan : 33
Peltier Guillaume : 521
Pennelle Gilles : 108
Perrineau Pascal : 2, 15, 43, 61, 151, 172, 211, 243, 302, 315, 324-327, 329, 347, 417-418, 430, 440, 508-509, 537
Philippot Florian : 36, 42, 44, 51-53, 58, 62-63, 73, 75, 95, 119, 129, 131-133, 135, 139, 154-155, 201, 203, 235, 241, 262, 308, 445-446, 449-450, 481, 486-488, 493, 495, 537-539
Pichon Olvier : 80
Pierru Emmanuel : 419, 430
Pigacé Christiane : 108
Piketty Thomas : 266
Pinay Antoine : 112
Plenel Edwy : 280
Pleven René : 110
Ploncard d'Assac Jacques : 112
Polanyi Karl : 516
Portheault Nadia : 15, 502
Portheault Thierry : 15, 502
Poujade Pierre : 210, 247
Poulet d'Achary Jean-Claude : 192
Poutine Vladimir : 53, 67, 70-72
Poutou Philippe : 389
Preda Jonathan : 14, 123
Preve Costanzo : 114
Propp Vladimir : 489
Proust Sarah : 510-511
Puar Jasbir K. : 205

Pudal Bernard : 16, 31
Rachline David : 61, 157, 498, 556
Racouchot Bruno : 108
Ravenel Loïc : 411
Ravier Stéphane : 55, 384, 386-387, 498, 556
Rayé Rémi : 359
Rea Andrea : 212, 326
Reagan Ronald : 103, 213, 263
Reguer-Petit Manon : 351
Reungoat Emmanuelle : 7, 12, 19, 225-226, 243-244
Revault d'Allonnes David : 515
Reveau Jean-Pierre : 288
Revenin Régis : 192
Rey Henri : 509
Ridet Philippe : 68
Rippeyoung Phyllis : 314
Riutort Philippe : 484, 497
Rivière Jean : 410
Robert Alain : 123, 546
Robert Paul : 272
Robichez Jacques : 40
Rochedy Julien : 203
Rof Gilles : 384
Roger Antoine : 85, 102, 113, 198, 245, 292, 445, 448-449
Rollet Maurice : 99
Roosevelt Franklin D. : 266
Rosanvallon Pierre : 86, 89-90, 266
Rosso Romain : 15
Rotman Charlotte : 15, 439
Roucas Jean : 42
Rougier Louis : 102
Rouquette Fabien : 49
Roussel Jean : 548
Roux Patricia : 191, 346, 349
Rovny Jan : 165, 169
Roy Jean-Philippe : 212
Royal Ségolène : 357, 385, 481, 509
Rozier Sabine : 347-348, 359
Ruquier Laurent : 486
Rydgren Jens : 166, 180, 300, 311, 339
Rykov Konstantin : 72
Saint-Cricq Nathalie : 486
Saint-Josse Jean : 430

Salvini Matteo : 67-70
Sanchez Julien : 61, 533
Sarkozy Nicolas : 2, 116, 146-147, 149-150, 164, 174, 234, 239, 300, 302, 310, 312, 352, 366, 380-381, 385, 389, 402, 422, 433, 459, 478, 481-483, 487, 493, 505, 509, 518-520, 522-523, 525-526
Sartori Giovanni : 22, 46
Sauger Nicolas : 300, 402
Sawicki Frédéric : 32, 422, 429
Schaffhauser Jean-Luc : 72
Schénardi Lydia : 497
Schlesinger Philip : 501
Schmitt Carl : 114
Schweisguth Etienne : 508
Séguin Philippe : 42, 58, 107, 518
Serbera Jean-Pascal : 108
Serguei : 71
Shaw Donald L. : 457
Siblot Yasmine : 312, 333
Sidos Pierre : 112, 129-130
Siegfried André : 419
Simon Jean-Marc : 14
Simon Michel : 341, 343
Simon Patrick : 377, 385
Simonpiéri Daniel : 81, 551
Sincyr Gilbert : 107
Sineau Mariette : 317, 346
Sliman Gaël : 480
Soral Alain : 34, 57, 60-61, 66-67, 119, 133-134, 136
Souchard Maryse : 242, 250-251
Soudais Michel : 37, 278
Spenlehauer Vincent : 524
Spiering Niels : 320
Spies Dennis : 311
Spire Antoine : 41
Sternhell Zeev : 257
Steuckers Robert : 107
Stirbois Jean-Pierre : 124, 517, 548-549, 553
Stirbois Marie-France : 553
Stirbois Michel : 39
Stokes Donald : 402, 419
Storace Francesco : 69

Strache Hanz-Christian: 70
Strauss-Kahn Dominique: 459, 463
Strudel Sylvie: 243, 352, 379, 518-519
Svåsand Lars: 181
Taguieff Pierre-André: 15, 28-29, 102, 181, 230, 250, 252, 257
Tan Alexander: 164
Tarchi Marco: 16
Tartakowsky Danielle: 88
Taubira Christiane: 49, 133, 158
Terrenoire Jean-Paul: 408
Thatcher Margaret: 103
Thébaud Françoise: 189
Théviot Anaïs: 144
Thibault Bernard: 83
Tiberj Vincent: 305, 377, 381, 385, 409, 513
Timmermans Franck: 38, 81, 273, 275, 277, 280, 287-291
Tixier-Vignancour Jean-Louis: 123, 228
Todd Emmanuel: 113, 266, 408
Toussenel Alphonse: 254
Treille Eric: 144
Tribalat Michèle: 266
Troupel Aurélia: 422
Tugdual Denis: 47
Turchi Marine: 72, 492
Turpin Béatrice: 250, 255
Valla Jean-Claude: 98-99, 104
Valls Manuel: 105, 300, 400, 481, 513-515, 530
Van der Brug Wouter: 182-183, 319
Van der Lippe Tanja: 314
Van der Waal Jeroen: 176
Van Ghele Yves: 270
Vanneste Christian: 520
Van Ruymbeke Renaud: 60
Van Spanje Joost: 182-183
Vardon Philippe: 63, 68, 135

Varenne Jean: 99, 106
Vauzelle Michel: 357
Veil Simone: 43, 127, 185-186, 194-195
Venner Dominique: 14, 17, 99-101, 109, 123-124, 127, 129, 138
Venner Fiammetta: 14, 17, 99-101, 109, 123-124, 127, 129, 138
Vial Pierre: 102, 106, 109, 118, 126, 280
Viallès Roselyne: 81
Vieira Mathieu: 90, 328, 390, 524
Vignon Sébastien: 419, 430
Villalba Bruno: 243
Vincent Bernard: 81
Volkens Andrea: 166
Vouzelaud Guillaume: 55
Wagner Markus: 168, 183
Wahnich Stéphane: 15, 29, 35, 242, 248-251, 255, 264, 396, 409
Waintraub Judith: 522
Waldheim Kurt: 308
Warin Philippe: 524
Wathier Virginie: 242, 250-251
Wauquiez Laurent: 521, 524-525
Weber Max: 30
Weill Pierre: 464
Wieviorka Michel: 15
Wilders Geert: 64, 70, 187, 236
Willmann Johanna: 183
Willmot Peter: 357
Winock Michel: 128
Young Michael: 357
Ysmal Colette: 172, 243, 302, 324, 430, 508
Zalewski Frédéric: 245
Zaslove Andrej: 172, 320
Zolo Danilo: 114
Zvonimir Novak: 14

Table des documents

—— Encadrés

Encadré 1	La «diabolisation» mariniste	47
Encadré 2	Corpus et indicateurs	170
Encadré 3	Matériaux d'enquête	348
Encadré 4	De l'investissement militant à «l'intériorisation de rôles sexués nettement différenciés»	351
Encadré 5	L'interprétation unanime des instituts de sondages pour expliquer les résultats du FN dans les enquêtes	461
Encadré 6	Les programmes d'*infotainment*: des émissions où l'on parle du FN tout en se divertissant	495
Encadré 7	Les annonces prophétiques des médias concernant l'évolution du FN	499

—— Figures

Figure 1	Page d'accueil du site www.lespatriotes.net (mai 2015)	144
Figure 2	Page Facebook de Marine Le Pen (septembre 2014)	148
Figures 3 et 4	Pages d'accueil des sites du Rassemblement Bleu Marine et du parti Les Républicains (juin 2015)	153
Figure 5	Position du FN sur la dimension économique (1986-2012)	171

Figure 6	Variance programmatique du Front national sur la dimension économique (1986-2012)	175
Figures 7a, b, c et d	Distribution des répertoires d'argumentation welfare-chauviniste, social-conservateur, international et populiste dans les mesures «de gauche» du FN (1986-2012)	177
Figure 8	Nuage de mots de Jean-Marie Le Pen, analyse lexicale de *Pour la France* (1985)	265
Figure 9	Nuage de mots de Marine Le Pen, analyse lexicale de *Pour que vive la France* (2012)	265
Figure 10	Vote FN-Le Pen aux élections présidentielles, législatives, régionales, européennes, cantonales et départementales (en % des suffrages exprimés)	301
Figure 11	Votes Le Pen par position sur l'échelle gauche droite (2007-2012, en % des suffrages exprimés)	303
Figure 12	Attitudes à l'égard de l'Europe par électorat présidentiel en 2012 (en %)	306
Figure 13	Listes arrivées en tête au second tour des municipales de 2014 dans les bureaux de vote du 7ᵉ secteur de Marseille selon la proportion de prénoms musulmans sur les listes électorales	386
Figure 14	Le vote au second tour des municipales dans le 7ᵉ secteur de Marseille en fonction de la proportion de prénoms musulmans dans le bureau de vote (en % des suffrages exprimés)	387
Figure 15	Le vote Le Pen au premier tour de l'élection présidentielle de 2012 en fonction de la proportion de prénoms musulmans par bureau de vote à Marseille et à Mulhouse (en % des suffrages exprimés)	390

Table des documents

Figure 16	Évolution du vote FN aux principales élections entre 1984 et 2015 (en% des inscrits)	398
Figure 17	Rapport entre le score du FN à une élection et son score au premier tour de l'élection présidentielle précédente (en% des inscrits)	401
Figure 18	Les champs de force du vote pour le Front national sur la période allant de 1992 à 2015	405
Figure 19	Différence entre le vote FN moyen sur la période 1993-1997 (à l'exception des cantonales de 1994) et sur la période 2012-2015	407
Figure 20	Différence entre le score moyen du FN sur la période 1993-1997 et sur la période 2012-2015	413
Figure 21	Score moyen du FN, en% des inscrits, en fonction de la nomenclature ZAUER 1999 (Insee) des communes, pour chacun des scrutins de 1992 à 2015	414
Figures 22 et 23	Les unes du *Parisien* (6 mars 2011) et de *Libération* (9 janvier 2012)	460
Figure 24	Baromètre TNS Sofres 2012. Question portant sur le niveau d'adhésion global aux idées du FN	467
Figure 25	« 24%. Le sondage qui fait peur. » Couverture du *Nouvel Observateur*, 10-16 octobre 2013	472
Figure 26	Baromètre TNS Sofres 2013. Question portant sur «l'image de Marine Le Pen»	475
Figure 27	Sondage BVA pour *Le Parisien-Aujourd'hui en France*, septembre 2013. Question portant sur «l'image détaillée de Marine Le Pen»	476

Tableaux

Tableau 1	Sympathie syndicale et vote FN (en % des personnes interrogées)	91
Tableau 2	Comparaison du nombre d'abonnés des principaux candidats sur Twitter avec leur pourcentage de voix parmi la population des inscrits au réseau social au premier tour de l'élection présidentielle du 22 avril 2012	150
Tableau 3	Nombre de fans des principaux partis politiques français sur Facebook (au 5 mai 2015)	151
Tableau 4	Saillance des enjeux socio-économiques et culturels dans les programmes du FN (1986-2012)	167
Tableau 5	Résultats du Front national en nombre de voix (en milliers)	300
Tableau 6	Opinions sur les immigrés et la peine de mort par électorat de 1988 à 2012 (en %)	304
Tableau 7	Sociologie des votes Le Pen aux premiers tours présidentiels (1988-2012) (en % des suffrages exprimés)	309
Tableau 8	Indicateurs de politisation par électorat présidentiel en 2012 (en % des suffrages exprimés)	310
Tableau 9	Vote des ouvriers aux deux tours présidentiels de 2012 par niveau de précarité (en %)	312
Tableau 10	Le pouvoir des modèles explicatifs du vote pour Marine Le Pen en 2012 selon le genre	319
Tableau 11	La sous-estimation du vote FN dans les enquêtes par sondage (en % des suffrages exprimés)	332
Tableau 12	La dynamique du vote des ouvriers pour l'extrême droite : un réalignement électoral	336

Table des documents

Tableau 13	Les facteurs sociaux et politiques des votes ouvriers pour le FN (1988-2012)	340
Tableau 14	Le poids du renouvellement des générations dans le vote des ouvriers (1988-2012)	342
Tableau 15	Échantillon suivi 1998-2014	369
Tableau 16	Autres électeurs-électrices rencontrés entre 1998 et 2014	371
Tableau 17	Le vote au 1er tour de l'élection présidentielle de 2012 (en % des suffrages exprimés)	381
Tableau 18	Les votes des musulmans au premier tour de la présidentielle en 2007 et 2012 (en % des suffrages exprimés)	385
Tableau 19	Votes musulmans en milieu populaire comparés à l'ensemble de l'électorat populaire au premier tour de la présidentielle de 2012 (en % des suffrages exprimés)	389
Tableau 20	Le vote FN à Carignan (1986-2012)	421
Tableau 21	Les différents profils d'électeurs FN, réels et potentiels	425
Tableau 22	Comparatif des estimations d'intentions de vote pour Marine Le Pen au premier tour de l'élection présidentielle de 2012 (en %)	464
Tableau 23	Estimations des instituts de sondages concernant les intentions de vote pour les listes FN aux élections européennes de 2014 (en %)	474
Tableau 24	Estimations des instituts de sondages concernant les intentions de vote pour le FN aux élections départementales de 2015 (en %)	474
Tableau 25	Quelques «épisodes» emblématiques de la saga médiatique de la «dédiabolisation» frontiste	490

Composition: Soft Office (38)

Achevé d'imprimer en octobre 2015 sur rotative numérique Prosper
par Soregraph à Nanterre (Hauts-de-Seine).

Dépôt légal : octobre 2015
N° d'impression : 14794

Imprimé en France